මහමෙව්නාවේ බෝධිඥාන ත්‍රිපිටක ග්‍රන්ථ මාලා 13

සූත්‍ර පිටකයට අයත්

ආශ්චර්යවත් ශ්‍රී සද්ධර්මය
අංගුත්තර නිකායේ
(පළමු වෙනි කොටස)
ඒකක, දුක සහ තික නිපාත

පරිවර්තනය
පූජ්‍ය කිරිබත්ගොඩ ඤාණානන්ද ස්වාමීන් වහන්සේ

ප්‍රකාශනය
මහාමේඝ ප්‍රකාශකයෝ
වඩුවාව, යටිගල්ඔළුව, පොල්ගහවෙල.
දුර : 037 2053300, 076 8255703
ඊ-මේල් : mahameghapublishers@gmail.com

ශ්‍රී බු.ව. 2551   ව්‍යවහාර වර්ෂ : 2007

මහමෙව්නාවේ බෝධිඥාන ත්‍රිපිටක ග්‍රන්ථ මාලාව - 13

සූත්‍ර පිටකයට අයත් ආශ්චර්යවත් ශ්‍රී සද්ධර්මය
අංගුත්තර නිකාය 1 කොටස
(ඒකක, දුක, තික නිපාත)

පරිවර්තනය : පූජ්‍ය කිරිබත්ගොඩ ඤාණානන්ද ස්වාමීන් වහන්සේ

ISBN : 978-955-0614-05-9

© සියලුම හිමිකම් ඇවිරිණි.

ප්‍රථම මුද්‍රණය : ශ්‍රී බුද්ධ වර්ෂ 2551/ ව්‍යවහාරික වර්ෂ   2007

- පරිගණක අකුරු සැකසුම සහ ප්‍රකාශනය -
මහාමේඝ ප්‍රකාශකයෝ
වඩුවාව, යටිගල්ඔළුව, පොල්ගහවෙල.
දුර : (+94) 37 20 53 300, (+94) 76 82 55 703
ඊ-මේල් : mahameghapublishers@gmail.com

Mahamevnawa Bodhiñāna Tripitaka Series, Volume 13

The Wonderful Dhamma in the Suttantapitaka
ANGUTTARA NIKĀYA
(THE FURTHER-FACTORED DISCOURSES
OF THE
TATHĀGATA SAMMĀSAMBUDDHA)

(Part 01)
EKAKA, DUKA and TIKA NIPĀTAS

(BOOK OF THE ONES, BOOK OF THE TWOS AND BOOK OF THE THREES)

Translated
By

VEN. KIRIBATHGODA ÑĀNĀNANDA BHIKKHU

PUBLISHED BY:

Mahamegha Publishers
Waduwawa, Yatigal-oluwa, Polgahawela, Sri Lanka.
Tel : (+94) 37 20 53 300, (+94) 76 82 55 703

e-mail : mahameghapublishers@gmail.com

B. E. 2551   C.E. 2007

"ධම්මෝ හි වාසෙට්ඨා, සෙට්ඨෝ ජනේතස්මිං
දිට්ඨේ චේව ධම්මේ, අභිසම්පරායේච."

වාසෙට්ඨයෙනි, මෙලොවෙහි ත්, පරලොවෙහි ත් සත්වයන් අතර
ධර්මය ම ශ්‍රේෂ්ඨ වෙයි !

- අපගේ ශාස්තෘන් වහන්සේ

පටුන

අංගුත්තර නිකායේ ඒකක නිපාතය
(කරුණු එක බැගින් ඇතුළත් වන දේශනා)

1. ඒකක නිපාතය
1. චිත්තපරියාදාන වර්ගය

1.1.1.	ප්‍රථම සූත්‍රය	....	37
1.1.2.	දෙවන සූත්‍රය	....	38
1.1.3.	තෙවන සූත්‍රය	....	38
1.1.4.	සිව්වන සූත්‍රය	....	38
1.1.5.	පස්වන සූත්‍රය	....	39
1.1.6.	හයවන සූත්‍රය	....	39
1.1.7.	හත්වන සූත්‍රය	....	39
1.1.8.	අටවන සූත්‍රය	....	40
1.1.9.	නවවන සූත්‍රය	....	40
1.1.10.	දසවන සූත්‍රය	....	40

පළමුවැනි වර්ගයයි.

2. නීවරණප්පහාණ වර්ගය

1.2.1.	ප්‍රථම සූත්‍රය	....	41
1.2.2.	දෙවන සූත්‍රය	....	41
1.2.3.	තෙවන සූත්‍රය	....	42
1.2.4.	සිව්වන සූත්‍රය	....	42
1.2.5.	පස්වන සූත්‍රය	....	42
1.2.6.	හයවන සූත්‍රය	....	43
1.2.7.	හත්වන සූත්‍රය	....	43
1.2.8.	අටවන සූත්‍රය	....	43
1.2.9.	නවවන සූත්‍රය	....	43
1.2.10.	දසවන සූත්‍රය	....	44

දෙවැනි වර්ගයයි.

7

3. අකම්මනිය වර්ගය

1.3.1.	ප්‍රථම සූත්‍රය	....	45
1.3.2.	දෙවන සූත්‍රය	....	45
1.3.3.	තෙවන සූත්‍රය	....	46
1.3.4.	සිව්වන සූත්‍රය	....	46
1.3.5.	පස්වන සූත්‍රය	....	46
1.3.6.	හයවන සූත්‍රය	....	46
1.3.7.	හත්වන සූත්‍රය	....	47
1.3.8.	අටවන සූත්‍රය	....	47
1.3.9.	නවවන සූත්‍රය	....	47
1.3.10.	දසවන සූත්‍රය	....	48

තුන්වැනි වර්ගයයි.

4. අදන්ත වර්ගය

1.4.1.	ප්‍රථම සූත්‍රය	....	49
1.4.2.	දෙවන සූත්‍රය	....	49
1.4.3.	තෙවන සූත්‍රය	....	49
1.4.4.	සිව්වන සූත්‍රය	....	50
1.4.5.	පස්වන සූත්‍රය	....	50
1.4.6.	හයවන සූත්‍රය	....	50
1.4.7.	හත්වන සූත්‍රය	....	51
1.4.8.	අටවන සූත්‍රය	....	51
1.4.9.	නවවන සූත්‍රය	....	51
1.4.10.	දසවන සූත්‍රය	....	51

හතරවැනි වර්ගයයි.

5. සූක වර්ගය

1.5.1.	ප්‍රථම සූත්‍රය	....	53
1.5.2.	දෙවන සූත්‍රය	....	53
1.5.3.	තෙවන සූත්‍රය	....	54
1.5.4.	සිව්වන සූත්‍රය	....	54
1.5.5.	පස්වන සූත්‍රය	....	54

8

1.5.6.	හයවන සූත්‍රය	....	55
1.5.7.	හත්වන සූත්‍රය	....	55
1.5.8.	අටවන සූත්‍රය	....	56
1.5.9.	නවවන සූත්‍රය	....	56
1.5.10.	දසවන සූත්‍රය	....	56

පස්වැනි වර්ගයයි.

6. පභස්සර වර්ගය

1.6.1.	ප්‍රථම සූත්‍රය	....	57
1.6.2.	දෙවන සූත්‍රය	....	57
1.6.3.	තෙවන සූත්‍රය	....	57
1.6.4.	සිව්වන සූත්‍රය	....	58
1.6.5.	පස්වන සූත්‍රය	....	58
1.6.6.	හයවන සූත්‍රය	....	58
1.6.7.	හත්වන සූත්‍රය	....	59
1.6.8.	අටවන සූත්‍රය	....	59
1.6.9.	නවවන සූත්‍රය	....	59
1.6.10.	දසවන සූත්‍රය	....	59

හයවැනි වර්ගයයි.

7. විරියාරම්භ වර්ගය

1.7.1.	ප්‍රථම සූත්‍රය	....	60
1.7.2.	දෙවන සූත්‍රය	....	60
1.7.3.	තෙවන සූත්‍රය	....	60
1.7.4.	සිව්වන සූත්‍රය	....	61
1.7.5.	පස්වන සූත්‍රය	....	61
1.7.6.	හයවන සූත්‍රය	....	61
1.7.7.	හත්වන සූත්‍රය	....	62
1.7.8.	අටවන සූත්‍රය	....	62
1.7.9.	නවවන සූත්‍රය	....	62
1.7.10.	දසවන සූත්‍රය	....	62

හත්වැනි වර්ගයයි.

9

8. කළ්‍යාණමිත්ත වර්ගය

1.8.1.	ප්‍රථම සූත්‍රය	64
1.8.2.	දෙවන සූත්‍රය	64
1.8.3.	තෙවන සූත්‍රය	65
1.8.4.	සිව්වන සූත්‍රය	65
1.8.5.	පස්වන සූත්‍රය	65
1.8.6.	හයවන සූත්‍රය	66
1.8.7.	හත්වන සූත්‍රය	66
1.8.8.	අටවන සූත්‍රය	66
1.8.9.	නවවන සූත්‍රය	66
1.8.10.	දසවන සූත්‍රය	67
1.8.11.	එකොළොස්වන සූත්‍රය	67

අටවැනි වර්ගයයි.

9. පමාද වර්ගය

1.9.1.	ප්‍රථම සූත්‍රය	68
1.9.2.	දෙවන සූත්‍රය	68
1.9.3.	තෙවන සූත්‍රය	68
1.9.4.	සිව්වන සූත්‍රය	69
1.9.5.	පස්වන සූත්‍රය	69
1.9.6.	හයවන සූත්‍රය	69
1.9.7.	හත්වන සූත්‍රය	69
1.9.8.	අටවන සූත්‍රය	70
1.9.9.	නවවන සූත්‍රය	70
1.9.10.	දසවන සූත්‍රය	70
1.9.11.	එකොළොස්වන සූත්‍රය	71
1.9.12.	දොළොස්වන සූත්‍රය	71
1.9.13.	දහතුන්වන සූත්‍රය	71
1.9.14.	දහහතරවන සූත්‍රය	71
1.9.15.	පහළොස්වන සූත්‍රය	72
1.9.16.	දහසයවන සූත්‍රය	72

නවවැනි වර්ගයයි.

10. අජ්ඣත්තික වර්ගය

1.10.1.	ප්‍රථම සූත්‍රය	73

10

1.10.2. දෙවන සූත්‍රය 73
1.10.3. තෙවන සූත්‍රය 73
1.10.4. සිව්වන සූත්‍රය 74
1.10.5. පස්වන සූත්‍රය 74
1.10.6. හයවන සූත්‍රය 74
1.10.7. හත්වන සූත්‍රය 74
1.10.8. අටවන සූත්‍රය 75
1.10.9. නවවන සූත්‍රය 75
1.10.10. දසවන සූත්‍රය 75
1.10.11. එකොළොස්වන සූත්‍රය 76
1.10.12. දොළොස්වන සූත්‍රය 76
1.10.13. දහතුන්වන සූත්‍රය 76
1.10.14. දහහතරවන සූත්‍රය 76
1.10.15. පහළොස්වන සූත්‍රය 77
1.10.16. දහසයවන සූත්‍රය 77
1.10.17. දහහත්වන සූත්‍රය 77
1.10.18. දහඅටවන සූත්‍රය 78
1.10.19. දහනවවන සූත්‍රය 78
1.10.20. විසිවන සූත්‍රය 78
1.10.21.-30 විසිවන සූත්‍රය - තිස්වන සූත්‍රය.. 78
1.10.31. තිස්එක්වන සූත්‍රය 79
1.10.32. තිස්දෙවන සූත්‍රය 79
1.10.33. තිස්තුන්වන සූත්‍රය 80
1.10.34.-35. තිස්හතරවන සූත්‍රය - තිස්පස්වන සූත්‍රය.. 80

දසවැනි වර්ගයයි.

11. අධම්ම වර්ගය

1.11.1. ප්‍රථම සූත්‍රය 81
1.11.2.-10. දෙවන සූත්‍රය - දසවන සූත්‍රය 81

එකොළොස්වැනි වර්ගයයි.

12. අනාපත්ති වර්ගය

1.12.1.-10 ප්‍රථම සූත්‍රය - දසවන සූත්‍රය.. 83

11

1.12.11.-20.	එකොළොස්වන සූත්‍රය - විසිවන සූත්‍රය	83

දොළොස්වැනි වර්ගයයි.

13. ඒකපුග්ගල වර්ගය

1.13.1.	ප්‍රථම සූත්‍රය	85
1.13.2.	දෙවන සූත්‍රය	85
1.13.3.	තෙවන සූත්‍රය	85
1.13.4.	සිව්වන සූත්‍රය	86
1.13.5.-13	පස්වන සූත්‍රය - දහතුන්වන සූත්‍රය...............	86
1.13.14.-25	දහහතරවන සූත්‍රය - විසිපස්වන සූත්‍රය................	87
1.13.26.	විසිහයවන සූත්‍රය	87

දහතුන්වැනි වර්ගයයි.

14. ඒතදග්ගපාළි

1.14.1.1-10	ප්‍රථම සූත්‍රය - දසවැනි සූත්‍රය	88

පළමුවැනි වර්ගයයි.

1.14.2.1-11	ප්‍රථම සූත්‍රය - එකොළොස්වැනි සූත්‍රය	89

දෙවැනි වර්ගයයි.

1.14.3.1-10	ප්‍රථම සූත්‍රය - දසවැනි සූත්‍රය	89

තුන්වැනි වර්ගයයි.

1.14.4.1-16	ප්‍රථම සූත්‍රය - දහසයවැනි සූත්‍රය	90

හතරවැනි වර්ගයයි.

1.14.5.1-13	ප්‍රථම සූත්‍රය - දහතුන්වැනි සූත්‍රය	91

පස්වැනි වර්ගයයි.

1.14.6.1-10	ප්‍රථම සූත්‍රය - දසවැනි සූත්‍රය	92

හයවැනි වර්ගයයි.

1.14.7.1-10	ප්‍රථම සූත්‍රය - දසවැනි සූත්‍රය	92

හත්වැනි වර්ගයයි.

15. අට්ඨානපාළි

1.15.1.	ප්‍රථම සූත්‍රය	94
1.15.2.	දෙවන සූත්‍රය	94
1.15.3.	තෙවන සූත්‍රය	94
1.15.4.	සිව්වන සූත්‍රය	95
1.15.5.	පස්වන සූත්‍රය	95
1.15.6.	හයවන සූත්‍රය	95
1.15.7.	හත්වන සූත්‍රය	96
1.15.8.	අටවන සූත්‍රය	96
1.15.9.	නවවන සූත්‍රය	96
1.15.10.	දසවන සූත්‍රය	96
1.15.11.	එකොළොස්වන සූත්‍රය	97
1.15.12.	දොළොස්වන සූත්‍රය	97
1.15.13.	දහතුන්වන සූත්‍රය	97
1.15.14-16.	දහහතරවන සූත්‍රය - දහසයවන සූත්‍රය	98
1.15.17.	දහහත්වන සූත්‍රය	98
1.15.18.-19.	දහඅටවන සූත්‍රය - දහනවවන සූත්‍රය	98
1.15.20.	විසිවන සූත්‍රය	99
1.15.21.-22.	විසිඑක්වන සූත්‍රය - විසිදෙවන සූත්‍රය	99
1.15.23.	විසිතුන්වන සූත්‍රය	99
1.15.24.-25.	විසිහතරවන සූත්‍රය - විසිපස්වන සූත්‍රය	100
1.15.26.	විසිහයවන සූත්‍රය	100
1.15.27.-28.	විසිහත්වන සූත්‍රය - විසිඅටවන සූත්‍රය	100

අට්ඨානපාළි අවසාන විය.

16. ඒකධම්මපාළි

1.16.1.1.	ප්‍රථම සූත්‍රය	101
1.16.1.2.-10	දෙවන සූත්‍රය - දසවන සූත්‍රය	101

පළමුවැනි වර්ගයයි.

1.16.2.1.	ප්‍රථම සූත්‍රය	102
1.16.2.2.	දෙවන සූත්‍රය	102
1.16.2.3.	තෙවන සූත්‍රය	103
1.16.2.4.	සිව්වන සූත්‍රය	103

13

1.16.2.5.	පස්වන සූත්‍රය	....	103
1.16.2.6.	හයවන සූත්‍රය	....	104
1.16.2.7.	හත්වන සූත්‍රය	....	104
1.16.2.8.	අටවන සූත්‍රය	....	104
1.16.2.9.-15	නවවන සූත්‍රය - පසළොස්වන සූත්‍රය	....	104
1.16.2.16-22.	දහසයවන සූත්‍රය - විසිදෙවන සූත්‍රය	....	105

දෙවැනි වර්ගයයි.

1.16.3.1.	ප්‍රථම සූත්‍රය	....	106
1.16.3.2.	දෙවන සූත්‍රය	....	107
1.16.3.3.	තෙවන සූත්‍රය	....	107
1.16.3.4.	සිව්වන සූත්‍රය	....	107
1.16.3.5.	පස්වන සූත්‍රය	....	108
1.16.3.6.	හයවන සූත්‍රය	....	108
1.16.3.7.	හත්වන සූත්‍රය	....	108
1.16.3.8.	අටවන සූත්‍රය	....	108
1.16.3.9.	නවවන සූත්‍රය	....	109
1.16.3.10.	දසවන සූත්‍රය	....	109
1.16.3.11.	එකොළොස්වන සූත්‍රය	....	109
1.16.3.12.	දොළොස්වන සූත්‍රය	....	109
1.16.3.13.	දහතුන්වන සූත්‍රය	....	110
1.16.3.14-17	දහහතරවන සූත්‍රය - දහහත්වන සූත්‍රය	....	110

තෙවැනි වර්ගයයි.

ජම්බුදීප පෙය්‍යාලය

1.16.4.1.	ප්‍රථම සූත්‍රය	....	110
1.16.4.2.	දෙවන සූත්‍රය	....	111
1.16.4.3.	තෙවන සූත්‍රය	....	111
1.16.4.4.	සිව්වන සූත්‍රය	....	111
1.16.4.5.	පස්වන සූත්‍රය	....	111
1.16.4.6.	හයවන සූත්‍රය	....	112
1.16.4.7.	හත්වන සූත්‍රය	....	112
1.16.4.8.	අටවන සූත්‍රය	....	112
1.16.4.9.	නවවන සූත්‍රය	....	113

14

1.16.4.10. දසවන සූත්‍රය 113
1.16.4.11. එකොළොස්වන සූත්‍රය 113
1.16.4.12. දොළොස්වන සූත්‍රය 113
1.16.4.13. දහතුන්වන සූත්‍රය 114
1.16.4.14. දහහතරවන සූත්‍රය 114
1.16.4.15. පහළොස්වන සූත්‍රය 114
1.16.4.16-18 දහසයවන සූත්‍රය - දහඅටවන සූත්‍රය 114
1.16.4.19.-21. දහනවවන සූත්‍රය - විසිඑක්වන සූත්‍රය 115
1.16.4.22.-24 විසිදෙවන සූත්‍රය - විසිහතරවන සූත්‍රය 115
1.16.4.25.-27. විසිපස්වන සූත්‍රය - විසිහත්වන සූත්‍රය 116
1.16.4.28.-30 විසිඅටවන සූත්‍රය - තිස්වන සූත්‍රය 116
1.16.4.31.-33.තිස්එක්වන සූත්‍රය - තිස්තුන්වන සූත්‍රය 116
1.16.4.34.-36 තිස්හතරවන සූත්‍රය - තිස්හයවන සූත්‍රය 116
1.16.4.37.-39. තිස්හත්වන සූත්‍රය - හතළිස්වන සූත්‍රය 117
1.16.4.40.-42. හතළිස්වන සූත්‍රය - හතළිස්දෙවන සූත්‍රය 117
1.16.4.43.-45. හතළිස්තුන්වන සූත්‍රය - හතළිස්පස්වන සූත්‍රය 117

ජම්බුදීපපෙය්‍යාලය අවසාන විය.
හතරවෙනි වර්ගයයි.

1.16.5.1.-16. පළමු සූත්‍රය - දහසයවන සූත්‍රය.. 118

සොළොස් ප්‍රසාදකර ධර්ම අවසාන විය.
පස්වෙනිවෙනි වර්ගයයි.

අච්ඡරාසංඝාත පෙය්‍යාලය

1.16.6.1. ප්‍රථම සූත්‍රය 118
1.16.6.2.-8 දෙවන සූත්‍රය - අටවන සූත්‍රය 119
1.16.6.9.-12 නවවන සූත්‍රය - දොළොස්වන සූත්‍රය 119
1.16.6.13.-16 දහතුන්වන සූත්‍රය - දහසයවන සූත්‍රය 119
1.16.6.17.-20 දහහත්වන සූත්‍රය - විසිවන සූත්‍රය සූත්‍රය 120
1.16.6.21.-25 විසිඑක්වන සූත්‍රය - විසිපස්වන සූත්‍රය 120
1.16.6.26.-30 විසිහයවන සූත්‍රය - තිස්වන සූත්‍රය 121
1.16.6.31.-37 තිස්එක්වන සූත්‍රය - තිස්හත්වන සූත්‍රය 121
1.16.6.38.-45 තිස්අටවන සූත්‍රය - හතළිස්පස්වන සූත්‍රය 121
1.16.6.46.-53 හතළිස්හයවන සූත්‍රය - පනස්තුන්වන සූත්‍රය 121

15

1.16.6.54.-1.16.6.61 පනස්හතරවන සූත්‍රය - හැටඑක්වන සූත්‍රය 122
1.16.6.62.-1.16.6.72 හැටදෙවන සූත්‍රය - හැත්තෑදෙවන සූත්‍රය 123
1.16.6.73.-1.16.6.82 හැත්තෑතුන්වන සූත්‍රය - අසූදෙවන සූත්‍රය 123
1.16.6.83.-1.16.6.92 අසූතුන්වන සූත්‍රය - අනූදෙවන සූත්‍රය 123
1.16.6.93.-1.16.6.103 අනූතුන්වන සූත්‍රය - එකසියතුන්වන සූත්‍රය 124
1.16.6.103-1.16.6.142 එකසියතුන්වන සූත්‍රය
- එකසියහතලිස් දෙවන සූත්‍රය..... 124
1.16.6.143.-1.16.6.182 එකසියහතලිස්තුන්වන සූත්‍රය - එකසිය අසූ දෙවන සූත්‍රය 125
හයවෙනි වර්ගයයි.

කායගතාසතිවර්ගය

1.16.7.1. ප්‍රථම සූත්‍රය 125
1.16.7.2.-8. දෙවන සූත්‍රය - අටවන සූත්‍රය.......................... 125
1.16.7.9.-12. නවවන සූත්‍රය - දොළොස්වන සූත්‍රය 126
1.16.7.13. දහතුන්වන සූත්‍රය 126
1.16.7.14. දහහතරවන සූත්‍රය 127
1.16.7.15.-19. පහළොස්වන සූත්‍රය - දහනවවන සූත්‍රය................ 127
1.16.7.20.-21. විසිවන සූත්‍රය - විසිඑක්වන සූත්‍රය 127
1.16.7.22.-24. විසිදෙවන සූත්‍රය - විසිහතරවන සූත්‍රය 128
1.16.7.25.-28. විසිපස්වන සූත්‍රය - විසිඅටවන සූත්‍රය..................... 128
1.16.7.29.-44. විසිනවවන සූත්‍රය - හතළිස්හතරවන සූත්‍රය............... 129
හත්වෙනි කායගතාසතිවර්ගයයි.

අමෘත වර්ගය

1.16.8.1.-8. ප්‍රථම සූත්‍රය - අටවැනි සූත්‍රය 130
1.16.8.9.-24. නවවන සූත්‍රය - විසිහතරවන සූත්‍රය 130
අටවෙනි අමෘත වර්ගයයි.

2. දුක නිපාතය

පළමු පණ්ණාසකය

1. වස්සූපනායික වර්ගය

2.1.1.1. වජ්ජ සූත්‍රය 132

16

2.1.1.2. පධාන සූත්‍රය 134
2.1.1.3. තපනීය සූත්‍රය 135
2.1.1.4. අතපනීය සූත්‍රය 135
2.1.1.5. උපඤ්ඤාත සූත්‍රය 136
2.1.1.6. සඤ්ඤෝජනීය සූත්‍රය 137
2.1.1.7. කණ්හා සූත්‍රය 137
2.1.1.8. සුක්ක සූත්‍රය 138
2.1.1.9. චරියා සූත්‍රය 138
2.1.1.10. වස්සූපනායික සූත්‍රය 139

පළමුවැනි වස්සූපනායික වර්ගයයි.

2. අධිකරණ වර්ගය

2.1.2.1. ප්‍රථම සූත්‍රය 140
2.1.2.2. දෙවන සූත්‍රය 141
2.1.2.3. තෙවන සූත්‍රය 141
2.1.2.4. සිව්වන සූත්‍රය 142
2.1.2.5. පස්වන සූත්‍රය 143
2.1.2.6. හයවන සූත්‍රය 145
2.1.2.7. හත්වන සූත්‍රය 146
2.1.2.8. අටවන සූත්‍රය 147
2.1.2.9. නවවන සූත්‍රය 149
2.1.2.10. දසවන සූත්‍රය 150

දෙවන අධිකරණ වර්ගයයි.

3. බාල වර්ගය

2.1.3.1. ප්‍රථම සූත්‍රය 151
2.1.3.2. දෙවන සූත්‍රය 151
2.1.3.3. තෙවන සූත්‍රය 152
2.1.3.4. සිව්වන සූත්‍රය 152
2.1.3.5. පස්වන සූත්‍රය 153
2.1.3.6. හයවන සූත්‍රය 153
2.1.3.7. හත්වන සූත්‍රය 153
2.1.3.8. අටවන සූත්‍රය 154
2.1.3.9. නවවන සූත්‍රය 154

17

2.1.3.10. දසවන සූත්‍රය 154
2.1.3.11. එකොළොස්වන සූත්‍රය 154

තුන්වන බාල වර්ගයයි.

4. සමචිත්ත වර්ගය

2.1.4.1. ප්‍රථම සූත්‍රය 156
2.1.4.2. දෙවන සූත්‍රය 157
2.1.4.3. තෙවන සූත්‍රය 157
2.1.4.4. සිව්වන සූත්‍රය 158
2.1.4.5. පස්වන සූත්‍රය 159
2.1.4.6. හයවන සූත්‍රය 162
2.1.4.7. හත්වන සූත්‍රය 165
2.1.4.8. අටවන සූත්‍රය 166
2.1.4.9. නවවන සූත්‍රය 167
2.1.4.10. දසවන සූත්‍රය 167

හතරවන සමචිත්ත වර්ගයයි.

5. පරිස වර්ගය

2.1.5.1. ප්‍රථම සූත්‍රය 169
2.1.5.2. දෙවන සූත්‍රය 169
2.1.5.3. තෙවන සූත්‍රය 170
2.1.5.4. සිව්වන සූත්‍රය 171
2.1.5.5. පස්වන සූත්‍රය 172
2.1.5.6. හයවන සූත්‍රය 172
2.1.5.7. හත්වන සූත්‍රය 174
2.1.5.8. අටවන සූත්‍රය 175
2.1.5.9. නවවන සූත්‍රය 176
2.1.5.10. දසවන සූත්‍රය 176

පස්වන පරිස වර්ගයයි.

පළමු පණ්ණාසකය නිමා විය.

දෙවන පණ්ණාසකය

6. පුග්ගල වර්ගය

2.2.6.1. ප්‍රථම සූත්‍රය 178
2.2.6.2. දෙවන සූත්‍රය 178

2.2.6.3.	තෙවන සූත්‍රය	179
2.2.6.4.	සිව්වන සූත්‍රය	179
2.2.6.5.	පස්වන සූත්‍රය	179
2.2.6.6.	හයවන සූත්‍රය	179
2.2.6.7.	හත්වන සූත්‍රය	180
2.2.6.8.	අටවන සූත්‍රය	180
2.2.6.9.	නවවන සූත්‍රය	180
2.2.6.10.	දසවන සූත්‍රය	181
2.2.6.11.	එකොළොස්වන සූත්‍රය	181
2.2.6.12.	දොළොස්වන සූත්‍රය	183
2.2.6.13.	දහතුන්වන සූත්‍රය	183

හයවන පුග්ගල වර්ගයයි.

7. සුබ වර්ගය

2.2.7.1.	ප්‍රථම සූත්‍රය	184
2.2.7.2.	දෙවන සූත්‍රය	184
2.2.7.3.	තෙවන සූත්‍රය	184
2.2.7.4.	සිව්වන සූත්‍රය	185
2.2.7.5.	පස්වන සූත්‍රය	185
2.2.7.6.	හයවන සූත්‍රය	185
2.2.7.7.	හත්වන සූත්‍රය	185
2.2.7.8.	අටවන සූත්‍රය	186
2.2.7.9.	නවවන සූත්‍රය	186
2.2.7.10.	දසවන සූත්‍රය	186
2.2.7.11.	එකොළොස්වන සූත්‍රය	186
2.2.7.12.	දොළොස්වන සූත්‍රය	187
2.2.7.13.	දහතුන්වන සූත්‍රය	187

හත්වන සුඛ වර්ගයයි.

8. සනිමිත්ත වර්ගය

2.2.8.1.	ප්‍රථම සූත්‍රය	188
2.2.8.2.	දෙවන සූත්‍රය	188
2.2.8.3.	තෙවන සූත්‍රය	188
2.2.8.4.	සිව්වන සූත්‍රය	189

2.2.8.5.	පස්වන සූත්‍රය	189
2.2.8.6.	හයවන සූත්‍රය	189
2.2.8.7.	හත්වන සූත්‍රය	189
2.2.8.8.	අටවන සූත්‍රය	190
2.2.8.9.	නවවන සූත්‍රය	190
2.2.8.10.	දසවන සූත්‍රය	190

අටවන සනිමිත්ත වර්ගයයි.

9. ධම්ම වර්ගය

2.2.9.1.	ප්‍රථම සූත්‍රය	191
2.2.9.2.	දෙවන සූත්‍රය	191
2.2.9.3.	තෙවන සූත්‍රය	191
2.2.9.4.	සිව්වන සූත්‍රය	192
2.2.9.5.	පස්වන සූත්‍රය	192
2.2.9.6.	හයවන සූත්‍රය	192
2.2.9.7.	හත්වන සූත්‍රය	192
2.2.9.8.	අටවන සූත්‍රය	193
2.2.9.9.	නවවන සූත්‍රය	193
2.2.9.10.	දසවන සූත්‍රය	193
2.2.9.11	එකොළොස්වන සූත්‍රය	193

නවවන ධම්ම වර්ගයයි.

10. බාල වර්ගය

2.2.10.1.	ප්‍රථම සූත්‍රය	194
2.2.10.2.	දෙවන සූත්‍රය	194
2.2.10.3.	තෙවන සූත්‍රය	194
2.2.10.4.	සිව්වන සූත්‍රය	195
2.2.10.5.	පස්වන සූත්‍රය	195
2.2.10.6.	හයවන සූත්‍රය	195
2.2.10.7.	හත්වන සූත්‍රය	196
2.2.10.8.	අටවන සූත්‍රය	196
2.2.10.9.	නවවන සූත්‍රය	196
2.2.10.10.	දසවන සූත්‍රය	196
2.2.10.11.	එකොළොස්වන සූත්‍රය	197

2.2.10.12. දොළොස්වන සූත්‍රය 197
2.2.10.13. දහතුන්වන සූත්‍රය 197
2.2.10.14. දහහතරවන සූත්‍රය 197
2.2.10.15. පහළොස්වන සූත්‍රය 198
2.2.10.16. දහසයවන සූත්‍රය 198
2.2.10.17. දහහත්වන සූත්‍රය 198
2.2.10.18. දහඅටවන සූත්‍රය 198
2.2.10.19. දහනවවන සූත්‍රය 199
2.2.10.20. විසිවන සූත්‍රය 199

දහවන බාල වර්ගයයි.

දෙවැනි පණ්ණාසකය නිමා විය.

තෙවන පණ්ණාසකය

11. ආසා වර්ගය

2.2.11.1. ප්‍රථම සූත්‍රය 200
2.2.11.2. දෙවන සූත්‍රය 200
2.2.11.3. තෙවන සූත්‍රය 200
2.2.11.4. සිව්වන සූත්‍රය 201
2.2.11.5. පස්වන සූත්‍රය 201
2.2.11.6. හයවන සූත්‍රය 201
2.2.11.7. හත්වන සූත්‍රය 202
2.2.11.8. අටවන සූත්‍රය 202
2.2.11.9. නවවන සූත්‍රය 202
2.2.11.10. දසවන සූත්‍රය 202
2.2.11.11. එකොළොස්වන සූත්‍රය 203
2.2.11.12. දොළොස්වන සූත්‍රය 203

එකොළොස්වන ආසා වර්ගයයි.

12. ආයාචනා වර්ගය

2.2.12.1. ප්‍රථම සූත්‍රය 204
2.2.12.2. දෙවන සූත්‍රය 204
2.2.12.3. තෙවන සූත්‍රය 204
2.2.12.4. සිව්වන සූත්‍රය 205

21

2.2.12.5. පස්වන සූත්‍රය 205
2.2.12.6. හයවන සූත්‍රය 205
2.2.12.7. හත්වන සූත්‍රය 206
2.2.12.8. අටවන සූත්‍රය 206
2.2.12.9. නවවන සූත්‍රය 207
2.2.12.10. දසවන සූත්‍රය 207
2.2.12.11. එකොළොස්වන සූත්‍රය 208
2.2.12.12. දොළොස්වන සූත්‍රය 208
2.2.12.13. දහතුන්වන සූත්‍රය 209
2.2.12.14. දහහතරවන සූත්‍රය 209
2.2.12.15. පහළොස්වන සූත්‍රය 209

දොළොස්වන ආයාචනා වර්ගයයි.

13. දාන වර්ගය

2.2.13.1. ප්‍රථම සූත්‍රය 210
2.2.13.2. දෙවන සූත්‍රය 210
2.2.13.3. තෙවන සූත්‍රය 210
2.2.13.4. සිව්වන සූත්‍රය 211
2.2.13.5. පස්වන සූත්‍රය 211
2.2.13.6. හයවන සූත්‍රය 211
2.2.13.7. හත්වන සූත්‍රය 212
2.2.13.8. අටවන සූත්‍රය 212
2.2.13.9. නවවන සූත්‍රය 212
2.2.13.10. දසවන සූත්‍රය 213

දහතුන්වන දාන වර්ගයයි.

14. සන්ථාර වර්ගය

2.2.14.1. ප්‍රථම සූත්‍රය 214
2.2.14.2. දෙවන සූත්‍රය 214
2.2.14.3. තෙවන සූත්‍රය 214
2.2.14.4. සිව්වන සූත්‍රය 215
2.2.14.5. පස්වන සූත්‍රය 215
2.2.14.6. හයවන සූත්‍රය 215
2.2.14.7. හත්වන සූත්‍රය 216

22

2.2.14.8. අටවන සූත්‍රය 216
2.2.14.9. නවවන සූත්‍රය 216
2.2.14.10. දසවන සූත්‍රය 216
2.2.14.11. එකොළොස්වන සූත්‍රය 217
2.2.14.12. දොළොස්වන සූත්‍රය 217

දහහතරවන සන්ථාර වර්ගයයි.

15. සමාපත්ති වර්ගය

2.2.15.1. ප්‍රථම සූත්‍රය 218
2.2.15.2. දෙවන සූත්‍රය 218
2.2.15.3. තෙවන සූත්‍රය 218
2.2.15.4. සිව්වන සූත්‍රය 218
2.2.15.5. පස්වන සූත්‍රය 219
2.2.15.6. හයවන සූත්‍රය 219
2.2.15.7. හත්වන සූත්‍රය 219
2.2.15.8. අටවන සූත්‍රය 219
2.2.15.9. නවවන සූත්‍රය 220
2.2.15.10. දසවන සූත්‍රය 220
2.2.15.11. එකොළොස්වන සූත්‍රය 220
2.2.15.12. දොළොස්වන සූත්‍රය 220
2.2.15.13. දහතුන්වන සූත්‍රය 221
2.2.15.14. දහහතරවන සූත්‍රය 221
2.2.15.15. පහළොස්වන සූත්‍රය 221
2.2.15.16. දහසයවන සූත්‍රය 221
2.2.16.17. දහහත්වන සූත්‍රය 222

පහළොස්වන සමාපත්ති වර්ගයයි.

තෙවන පණ්ණාසකය නිමා විය.

16. කෝධ වර්ගය

2.16.1.-5. ප්‍රථම සූත්‍රය - පස්වෙනි සූත්‍රය 223
2.16.6.-10. හයවන සූත්‍රය - දහවන සූත්‍රය 223
2.16.11.-15. එකොළොස්වන සූත්‍රය - පහළොස්වන සූත්‍රය 223
2.16.16.-20. දහසයවන සූත්‍රය - විසිවන සූත්‍රය 224

23

2.16.21.-25. විසිඑක්වන සූත්‍රය - විසිපස්වන සූත්‍රය 224
2.16.26.-30. විසිහයවන සූත්‍රය - තිස්වන සූත්‍රය 224
2.16.31.-35. තිස්එක්වන සූත්‍රය - තිස්පස්වන සූත්‍රය 225
2.16.36.-40. තිස්හයවන සූත්‍රය - හතළිස්වන සූත්‍රය 225
2.16.41.-45. හතළිස්එක්වන සූත්‍රය - හතළිස්පස්වන සූත්‍රය 226
2.16.46.-50. හතළිස්හයවන සූත්‍රය - පනස්වන සූත්‍රය 226

දහසයවන කෝධ වර්ගයයි.

17. දහහත්වෙනි වර්ගය

1. අකුසල පෙය්‍යාලය

1.-50. ප්‍රථම සූත්‍රය - පනස්වන සූත්‍රය 227

අකුසලය පෙය්‍යාලය නිමා විය.

2. විනය පෙය්‍යාලය

1.-10. ප්‍රථම සූත්‍රය - දහවන සූත්‍රය 227
11.-300. එකළොස්වන සූත්‍රය - තුන්සිය වන සූත්‍රය..................... 228

විනය පෙය්‍යාලය නිමා විය.

රාග පෙය්‍යාලය

1.-10. ප්‍රථම සූත්‍රය - දසවන සූත්‍රය 230
11.-70. එකළොස්වන සූත්‍රය - හැත්තෑවෙනි සූත්‍රය 230

රාග පෙය්‍යාලය නිමා විය.

දහහත්වෙනි වර්ගය නිමා විය.

දෙවෙනි නිපාතය සමාප්තයි.

3. තික නිපාතය

ප්‍රථම පණ්ණාසකය

1. බාල වර්ගය

3.1.1.1. ප්‍රථම සූත්‍රය 231
3.1.1.2. දෙවන සූත්‍රය 232
3.1.1.3. තෙවන සූත්‍රය 233

24

3.1.1.4.	සිව්වන සූත්‍රය	234
3.1.1.5.	පස්වන සූත්‍රය	235
3.1.1.6.	හයවන සූත්‍රය	235
3.1.1.7.	හත්වන සූත්‍රය	236
3.1.1.8.	අටවන සූත්‍රය	236
3.1.1.9.	නවවන සූත්‍රය	236
3.1.1.10.	දසවන සූත්‍රය	237

පළමුවන බාල වර්ගයයි.

2. රථකාර වර්ගය

3.1.2.1.	ප්‍රථම සූත්‍රය	239
3.1.2.2.	දෙවන සූත්‍රය	240
3.1.2.3.	තෙවන සූත්‍රය	241
3.1.2.4.	සිව්වන සූත්‍රය	243
3.1.2.5.	පස්වන සූත්‍රය	245
3.1.2.6.	හයවන සූත්‍රය	247
3.1.2.7.	හත්වන සූත්‍රය	249
3.1.2.8.	අටවන සූත්‍රය	250
3.1.2.9.	නවවන සූත්‍රය	250
3.1.2.10.	දසවන සූත්‍රය	251

දෙවන රථකාර වර්ගයයි.

3. පුග්ගල වර්ගය

3.1.3.1.	ප්‍රථම සූත්‍රය	254
3.1.3.2.	දෙවන සූත්‍රය	257
3.1.3.3.	තෙවන සූත්‍රය	259
3.1.3.4.	සිව්වන සූත්‍රය	260
3.1.3.5.	පස්වන සූත්‍රය	261
3.1.3.6.	හයවන සූත්‍රය	262
3.1.3.7.	හත්වන සූත්‍රය	263
3.1.3.8.	අටවන සූත්‍රය	266
3.1.3.9.	නවවන සූත්‍රය	267
3.1.3.10.	දසවන සූත්‍රය	268

තුන්වන පුග්ගල වර්ගයයි.

4. දේවදූත වර්ගය

3.1.4.1.	ප්‍රථම සූත්‍රය	272
3.1.4.2.	දෙවන සූත්‍රය	273
3.1.4.3.	තෙවන සූත්‍රය	274
3.1.4.4.	සිව්වන සූත්‍රය	275
3.1.4.5.	පස්වන සූත්‍රය	278
3.1.4.6.	හයවන සූත්‍රය	280
3.1.4.7.	හත්වන සූත්‍රය	285
3.1.4.8.	අටවන සූත්‍රය	287
3.1.4.9.	නවවන සූත්‍රය	288
3.1.4.10.	දසවන සූත්‍රය	291

හතරවෙනි දේවදූත වර්ගයයි.

5. චූල වර්ගය

3.1.5.1.	ප්‍රථම සූත්‍රය	295
3.1.5.2.	දෙවන සූත්‍රය	295
3.1.5.3.	තෙවන සූත්‍රය	296
3.1.5.4.	සිව්වන සූත්‍රය	296
3.1.5.5.	පස්වන සූත්‍රය	296
3.1.5.6.	හයවන සූත්‍රය	297
3.1.5.7.	හත්වන සූත්‍රය	297
3.1.5.8.	අටවන සූත්‍රය	298
3.1.5.9.	නවවන සූත්‍රය	298
3.1.5.10.	දසවන සූත්‍රය	299
3.1.5.11.	එකොළොස්වන සූත්‍රය	299

පස්වන චූල වර්ගයයි.

පළමු පණ්ණාසකය සමාප්තයි.

දෙවන පණ්ණාසකය

1. බ්‍රාහ්මණ වර්ගය

3.2.1.1.	ප්‍රථම සූත්‍රය	302
3.2.1.2.	දෙවන සූත්‍රය	303
3.2.1.3.	තෙවන සූත්‍රය	304
3.2.1.4.	සිව්වන සූත්‍රය	305

3.2.1.5. පස්වන සූත්‍රය 307
3.2.1.6. හයවන සූත්‍රය 308
3.2.1.7. හත්වන සූත්‍රය 310
3.2.1.8. අටවන සූත්‍රය 312
3.2.1.9. නවවන සූත්‍රය 317
3.2.1.10. දසවන සූත්‍රය 320

පළමුවන බ්‍රාහ්මණ වර්ගයයි.

2. මහා වර්ගය

3.2.2.1. ප්‍රථම සූත්‍රය 326
3.2.2.2. දෙවන සූත්‍රය 332
3.2.2.3. තෙවන සූත්‍රය 335
3.2.2.4. සිව්වන සූත්‍රය 341
3.2.2.5. පස්වන සූත්‍රය 344
3.2.2.6. හයවන සූත්‍රය 351
3.2.2.7. හත්වන සූත්‍රය 356
3.2.2.8. අටවන සූත්‍රය 358
3.2.2.9. නවවන සූත්‍රය 361
3.2.2.10. දසවන සූත්‍රය 366

දෙවන මහා වර්ගයයි.

3. ආනන්ද වර්ගය

3.2.3.1. ප්‍රථම සූත්‍රය 368
3.2.3.2. දෙවන සූත්‍රය 370
3.2.3.3. තෙවන සූත්‍රය 373
3.2.3.4. සිව්වන සූත්‍රය 384
3.2.3.5. පස්වන සූත්‍රය 386
3.2.3.6. හයවන සූත්‍රය 388
3.2.3.7. හත්වන සූත්‍රය 389
3.2.3.8. අටවන සූත්‍රය 390
3.2.3.9. නවවන සූත්‍රය 391
3.2.3.10. දසවන සූත්‍රය 396

තුන්වන ආනන්ද වර්ගයයි.

27

4. සමණ වර්ගය

3.2.4.1.	ප්‍රථම සූත්‍රය	396
3.2.4.2.	දෙවන සූත්‍රය	396
3.2.4.3.	තෙවන සූත්‍රය	397
3.2.4.4.	සිව්වන සූත්‍රය	398
3.2.4.5.	පස්වන සූත්‍රය	399
3.2.4.6.	හයවන සූත්‍රය	399
3.2.4.7.	හත්වන සූත්‍රය	401
3.2.4.8.	අටවන සූත්‍රය	404
3.2.4.9.	නවවන සූත්‍රය	406
3.2.4.10.	දසවන සූත්‍රය	406
3.2.4.11.	එකොළොස්වන සූත්‍රය	408

හතරවන සමණ වර්ගයයි.

5. ලෝණ වර්ගය

3.2.5.1.	ප්‍රථම සූත්‍රය	413
3.2.5.2.	දෙවන සූත්‍රය	414
3.2.5.3.	තෙවන සූත්‍රය	416
3.2.5.4.	සිව්වන සූත්‍රය	417
3.2.5.5.	පස්වන සූත්‍රය	418
3.2.5.6.	හයවන සූත්‍රය	420
3.2.5.7.	හත්වන සූත්‍රය	421
3.2.5.8.	අටවන සූත්‍රය	422
3.2.5.9.	නවවන සූත්‍රය	428
3.2.5.10.	දසවන සූත්‍රය	430
3.2.5.11.	එකොළොස්වන සූත්‍රය	434

පස්වන ලෝණ වර්ගයයි.
දෙවන මහාපණ්ණාසකය සමාප්තයි.

තුන්වෙනි පණ්ණාසකය
1. සම්බෝධි වර්ගය

3.3.1.1.	ප්‍රථම සූත්‍රය	438
3.3.1.2.	දෙවන සූත්‍රය	439
3.3.1.3.	තෙවන සූත්‍රය	440

3.3.1.4.	සිව්වන සූත්‍රය	....	441
3.3.1.5.	පස්වන සූත්‍රය	....	441
3.3.1.6.	හයවන සූත්‍රය	....	442
3.3.1.7.	හත්වන සූත්‍රය	....	442
3.3.1.8.	අටවන සූත්‍රය	....	444
3.3.1.9.	නවවන සූත්‍රය	....	445
3.3.1.10.	දසවන සූත්‍රය	....	446

පළමු සම්බෝධි වර්ගයයි.

2. ආපායික වර්ගය

3.3.2.1.	ප්‍රථම සූත්‍රය	....	450
3.3.2.2.	දෙවන සූත්‍රය	....	450
3.3.2.3.	තෙවන සූත්‍රය	....	451
3.3.2.4.	සිව්වන සූත්‍රය	....	452
3.3.2.5.	පස්වන සූත්‍රය	....	454
3.3.2.6.	හයවන සූත්‍රය	....	456
3.3.2.7.	හත්වන සූත්‍රය	....	458
3.3.2.8.	අටවන සූත්‍රය	....	459
3.3.2.9.	නවවන සූත්‍රය	....	459
3.3.2.10.	දසවන සූත්‍රය	....	461

දෙවන ආපායික වර්ගයයි.

3. භරණ්ඩු වර්ගය

3.3.3.1.	ප්‍රථම සූත්‍රය	....	463
3.3.3.2.	දෙවන සූත්‍රය	....	465
3.3.3.3.	තෙවන සූත්‍රය	....	466
3.3.3.4.	සිව්වන සූත්‍රය	....	467
3.3.3.5.	පස්වන සූත්‍රය	....	469
3.3.3.6.	හයවන සූත්‍රය	....	471
3.3.3.7.	හත්වන සූත්‍රය	....	472
3.3.3.8.	අටවන සූත්‍රය	....	473
3.3.3.9.	නවවන සූත්‍රය	....	477
3.3.3.10.	දසවන සූත්‍රය	....	478

තෙවන භරණ්ඩු වර්ගයයි.

29

4. යෝධාජීව වර්ගය

3.3.4.1.	ප්‍රථම සූත්‍රය	....	474
3.3.4.2.	දෙවන සූත්‍රය	....	479
3.3.4.3.	තෙවන සූත්‍රය	....	479
3.3.4.4.	සිව්වන සූත්‍රය	....	480
3.3.4.5.	පස්වන සූත්‍රය	....	480
3.3.4.6.	හයවන සූත්‍රය	....	482
3.3.4.7.	හත්වන සූත්‍රය	....	482
3.3.4.8.	අටවන සූත්‍රය	....	482
3.3.4.9.	නවවන සූත්‍රය	....	484
3.3.4.10.	දසවන සූත්‍රය	....	486
3.3.4.11.	එකොළොස්වන සූත්‍රය	....	487
3.3.4.12.	දොළොස්වන සූත්‍රය	....	488
3.3.4.13.	දහතුන්වන සූත්‍රය	....	488

හතරවන යෝධජීව වර්ගයයි.

5. මංගල වර්ගය

3.3.5.1.	ප්‍රථම සූත්‍රය	....	489
3.3.5.2.	දෙවන සූත්‍රය	....	489
3.3.5.3.	තෙවන සූත්‍රය	....	490
3.3.5.4.	සිව්වන සූත්‍රය	....	491
3.3.5.5.	පස්වන සූත්‍රය	....	491
3.3.5.6.	හයවන සූත්‍රය	....	492
3.3.5.7.	හත්වන සූත්‍රය	....	492
3.3.5.8.	අටවන සූත්‍රය	....	492
3.3.5.9.	නවවන සූත්‍රය	....	493
3.3.5.10.	දසවන සූත්‍රය	....	493

පස්වන මංගල වර්ගයයි.

තුන්වන ඛුද්දක පණ්ණාසකය සමාප්තයි.

6. පටිපදා වර්ගය

3.3.6.1.	ප්‍රථම සූත්‍රය	....	495
3.3.6.2.	දෙවන සූත්‍රය	....	497
3.3.6.3.	තෙවන සූත්‍රය	....	498

3.3.6.4. සිව්වන සූත්‍රය 498
3.3.6.5. පස්වන සූත්‍රය 498
3.3.6.6. හයවන සූත්‍රය 499
3.3.6.7. හත්වන සූත්‍රය 499

හයවන පටිපදා වර්ගයයි.

7. කම්මපථ පෙය්‍යාලය

3.3.7.1. ප්‍රථම සූත්‍රය 500
3.3.7.2. දෙවන සූත්‍රය 500
3.3.7.3. තෙවන සූත්‍රය 501
3.3.7.4. සිව්වන සූත්‍රය 501
3.3.7.5. පස්වන සූත්‍රය 501
3.3.7.6. හයවන සූත්‍රය 501
3.3.7.7. හත්වන සූත්‍රය 502
3.3.7.8. අටවන සූත්‍රය 502
3.3.7.9. නවවන සූත්‍රය 502
3.3.7.10. දසවන සූත්‍රය 502
3.3.7.11. එකොළොස්වන සූත්‍රය 503
3.3.7.12. දොළොස්වන සූත්‍රය 503
3.3.7.13. දහතුන්වන සූත්‍රය 503
3.3.7.14. දහහතරවන සූත්‍රය 503
3.3.7.15. පහළොස්වන සූත්‍රය 504
3.3.7.16. දහසයවන සූත්‍රය 504
3.3.7.17. දහහත්වන සූත්‍රය 504
3.3.7.18. දහඅටවන සූත්‍රය 504
3.3.7.19. දහනවවන සූත්‍රය 505
3.3.7.20. විසිවන සූත්‍රය 505

කම්මපථ පෙය්‍යාලය නිමා විය.

8. රාග පෙය්‍යාලය

රාග පෙය්‍යාලය නිමා විය.

තික නිපාතය නිමා විය.

උද්දාන ගාථා

ඒකක නිපාතය	....	508
දුක නිපාතය	....	510
තික නිපාතය	....	511

උද්දාන ගාථා නිමා විය.

දසබලසේලප්පභවා නිබ්බානමහාසමුද්දපරියන්තා
අට්ඨංග මග්ගසලිලා ජිනවචනනදී චිරං වහතූති

දසබලයන් වහන්සේ නමැති ශෛලමය පර්වතයෙන් පැන නැගී
අමා මහ නිවන නම් වූ මහා සාගරය අවසන් කොට ඇති
ආර්ය අෂ්ටාංගික මාර්ගය නම් වූ සිහිල් දිය දහරින් හෙබි
උතුම් ශ්‍රී මුඛ බුද්ධ වචන ගංගාව (ලෝ සතුන්ගේ සසර දුක් නිවාලමින්)
බොහෝ කල් ගලාබස්නා සේක්වා !

(සළායතන සංයුත්තය - උද්දාන ගාථා)

සූත්‍ර පිටකයට අයත්
අංගුත්තර නිකාය
පළමුවෙනි කොටස

ඒකක, දුක, තික නිපාත

නමෝ තස්ස භගවතෝ අරහතෝ සම්මාසම්බුද්ධස්ස
ඒ භාග්‍යවත් අරහත් සම්මා සම්බුදුරජාණන් වහන්සේට නමස්කාර වේවා!

සූත්‍ර පිටකයට අයත්
අංගුත්තර නිකාය
ඒකක නිපාතය

1. චිත්ත පරියාදාන වර්ගය
(සිත යටපත් කොට තිබෙන කරුණ ගැන වදාළ දෙසුම්
ඇතුළත් කොටස)

1.1.1.

1. මා හට අසන්නට ලැබුනේ මේ විදිහටයි. ඒ දිනවල භාග්‍යවතුන් වහන්සේ වැඩසිටියේ සැවැත් නුවර ජේතවනය නම් වූ අනේපිඬු සිටුතුමාගේ ආරාමයේ. එදා භාග්‍යවතුන් වහන්සේ "පින්වත් මහණෙනි" කියා භික්ෂුසංඝයා අමතා වදාළා. ඒ භික්ෂූන් වහන්සේලාත් "එසේය, ස්වාමීනී" කියලා භාග්‍යවතුන් වහන්සේට පිළිතුරු දුන්නා. භාග්‍යවතුන් වහන්සේ මේ දෙසුම වදාළා.

"පින්වත් මහණෙනි, යම් විදිහකින් පුරුෂයෙකුගේ සිත හැම පැත්තෙන්ම ග්‍රහණය කරගෙන තියෙන යම් රූපයක් තියෙනවා නම්, පින්වත් මහණෙනි, මේ ස්ත්‍රී රූපය තරම් වෙන එක රූපයක්වත් මා දකින්නෙ නෑ. පින්වත් මහණෙනි, ස්ත්‍රී රූපය හැම පැත්තෙන්ම පුරුෂයාගේ සිත ග්‍රහණය කරගෙනයි තියෙන්නෙ."

සාදු! සාදු!! සාදු!!!

1.1.2.

2. "පින්වත් මහණෙනි, යම් විදිහකින් පුරුෂයෙකුගේ සිත හැම පැත්තෙන්ම ග්‍රහණය කරගෙන තියෙන යම් හඬක් ඇත්නම්, පින්වත් මහණෙනි, මේ ස්ත්‍රියගේ හඬ තරම් වෙන එකම හඬක්වත් මා දකින්නෙ නෑ. පින්වත් මහණෙනි, ස්ත්‍රී හඬ හැම පැත්තෙන්ම පුරුෂයාගේ සිත ග්‍රහණය කරගෙනයි තියෙන්නෙ."

සාදු! සාදු!! සාදු!!!

1.1.3.

3. "පින්වත් මහණෙනි, යම් විදිහකින් පුරුෂයෙකුගේ සිත හැම පැත්තෙන්ම ග්‍රහණය කරගෙන තියෙන යම් ගන්ධයක් ඇත්නම්, පින්වත් මහණෙනි, මේ ස්ත්‍රී ගන්ධය තරම් වෙන එකම ගන්ධයක්වත් මා දකින්නෙ නෑ. පින්වත් මහණෙනි, ස්ත්‍රී ගන්ධය හැම පැත්තෙන්ම පුරුෂයාගේ සිත ග්‍රහණය කර ගෙනයි තියෙන්නෙ."

සාදු! සාදු!! සාදු!!!

1.1.4.

4. "පින්වත් මහණෙනි, යම් විදිහකින් පුරුෂයෙකුගේ සිත හැම පැත්තෙන්ම ග්‍රහණය කරගෙන තියෙන විදිහේ යම් රසයක් ඇත්නම්, පින්වත් මහණෙනි, මේ ස්ත්‍රී රසය තරම් වෙන එකම රසයක්වත් මා දකින්නෙ නෑ. පින්වත් මහණෙනි, ස්ත්‍රී රසය හැම පැත්තෙන්ම පුරුෂයාගේ සිත ග්‍රහණය කරගෙනයි තියෙන්නෙ."

සාදු! සාදු!! සාදු!!!

1.1.5.

5. "පින්වත් මහණෙනි, යම් විදිහකින් පුරුෂයෙකුගේ සිත හැම පැත්තෙන්ම ග්‍රහණය කරගෙන තියෙන යම් ස්පර්ශයක් ඇත්නම්, පින්වත් මහණෙනි, මේ ස්ත්‍රී ස්පර්ශය තරම් වෙන එකම ස්පර්ශයක්වත් මා දකින්නෙ නෑ. පින්වත් මහණෙනි, ස්ත්‍රී ස්පර්ශය හැම පැත්තෙන්ම පුරුෂයාගේ සිත ග්‍රහණය කර ගෙනයි තියෙන්නෙ."

සාදු! සාදු!! සාදු!!!

1.1.6.

6. "පින්වත් මහණෙනි, යම් විදිහකින් ස්ත්‍රියකගේ සිත හැම පැත්තෙන්ම ග්‍රහණය කරගෙන තියෙන යම් රූපයක් තියෙනවා නම්, පින්වත් මහණෙනි, මේ පුරුෂ රූපය තරම් වෙන එකම රූපයක්වත් මා දකින්නෙ නෑ. පින්වත් මහණෙනි, පුරුෂ රූපය හැම පැත්තෙන්ම ස්ත්‍රියගේ සිත ග්‍රහණය කරගෙනයි තියෙන්නෙ."

සාදු! සාදු!! සාදු!!!

1.1.7.

7. "පින්වත් මහණෙනි, යම් විදිහකින් ස්ත්‍රියකගේ සිත හැම පැත්තෙන්ම ග්‍රහණය කරගෙන තියෙන යම් හඬක් තියෙනවා නම්, පින්වත් මහණෙනි, මේ පුරුෂ හඬ තරම් වෙන එකම හඬක්වත් මා දකින්නෙ නෑ. පින්වත් මහණෙනි, පුරුෂ හඬ හැම පැත්තෙන්ම ස්ත්‍රියගේ සිත ග්‍රහණය කරගෙනයි තියෙන්නෙ."

සාදු! සාදු!! සාදු!!!

1.1.8.

8. "පින්වත් මහණෙනි, යම් විදිහකින් ස්ත්‍රියකගේ සිත හැම පැත්තෙන්ම ග්‍රහණය කරගෙන තියෙන යම් ගන්ධයක් තියෙනවා නම්, පින්වත් මහණෙනි, මේ පුරුෂ ගන්ධය තරම් වෙන එකම ගන්ධයක්වත් මා දකින්නෙ නෑ.

පින්වත් මහණෙනි, පුරුෂ ගන්ධය හැම පැත්තෙන්ම ස්ත්‍රියගේ සිත ග්‍රහණය කරගෙනයි තියෙන්නෙ."

සාදු! සාදු!! සාදු!!!

1.1.9.

9. "පින්වත් මහණෙනි, යම් විදිහකින් ස්ත්‍රියකගේ සිත හැම පැත්තෙන්ම ග්‍රහණය කරගෙන තියෙන යම් රසයක් තියෙනවා නම්, පින්වත් මහණෙනි, මේ පුරුෂ රසය තරම් වෙන එකම රසයක්වත් මා දකින්නෙ නෑ. පින්වත් මහණෙනි, පුරුෂ රසය හැම පැත්තෙන්ම ස්ත්‍රියගේ සිත ග්‍රහණය කරගෙනයි තියෙන්නෙ."

සාදු! සාදු!! සාදු!!!

1.1.10.

10. "පින්වත් මහණෙනි, යම් විදිහකින් ස්ත්‍රියකගේ සිත හැම පැත්තෙන්ම ග්‍රහණය කරගෙන තියෙන යම් ස්පර්ශයක් තියෙනවා නම්, පින්වත් මහණෙනි, මේ පුරුෂ ස්පර්ශය තරම් වෙන එකම ස්පර්ශයක්වත් මා දකින්නෙ නෑ. පින්වත් මහණෙනි, පුරුෂ ස්පර්ශය හැම පැත්තෙන්ම ස්ත්‍රියගේ සිත ග්‍රහණය කරගෙනයි තියෙන්නෙ."

සාදු! සාදු!! සාදු!!!

පළමු වැනි වර්ගයයි.

2. නීවරණප්පහාණ වර්ගය

(නීවරණ ප්‍රහාණය කිරීම ගැන වදාළ දෙසුම් ඇතුළත් කොටස)

1.2.1.

සැවැත් නුවරදී ....

1. "පින්වත් මහණෙනි, යම් දේකින් මේ නූපන් කාමච්ඡන්දය (රූප, ශබ්ද, ගන්ධ, රස, පහස ගැන ඇති ආශාව) උපදිනවා නම්, උපන් කාමච්ඡන්දය බොහෝ සෙයින් වැඩිවෙනවා නම්, වඩාත් වැඩිවීමට හේතු වෙනවා නම්, පින්වත් මහණෙනි, මේ සුභ නිමිත්ත (අරමුණු ගැන සුභ හැටියට සිතීම) තරම් එයට හේතු වන වෙන එකම දෙයක්වත් මා දකින්නේ නෑ. පින්වත් මහණෙනි, සුභ නිමිත්ත ගැන රාගය ඇතිවෙන අයුරින් සිහි කරන කෙනාට නූපන් කාමච්ඡන්දය උපදිනවා. උපන් කාමච්ඡන්දය බොහෝ සෙයින් වැඩිවීම පිණිසත් හේතුවෙනවා."

සාදු! සාදු!! සාදු!!!

1.2.2.

2. "පින්වත් මහණෙනි, යම් දේකින් නූපන් තරහ උපදිනවා නම්, උපන් තරහ බොහෝ සෙයින් වැඩිවෙනවා නම්, වඩාත් වැඩිවීමට හේතු වෙනවා නම්, පින්වත් මහණෙනි, මේ පටිඝ නිමිත්ත (තරහ ඇතිවෙන කරුණ) තරම් එයට හේතුවන වෙන එකම දෙයක්වත් මා දකින්නේ නෑ. පින්වත් මහණෙනි, පටිඝ නිමිත්ත ගැන තරහ ඇතිවෙන අයුරින් සිහිකරන කෙනාට නූපන් තරහ උපදිනවා. උපන් තරහ බොහෝ සෙයින් වැඩිවීම පිණිසත් හේතුවෙනවා."

සාදු! සාදු!! සාදු!!!

1.2.3.

3. "පින්වත් මහණෙනි, යම් දේකින් මේ නූපන් ථීනමිද්ධය උපදිනවා නම්, උපන් ථීනමිද්ධය බොහෝ සෙයින් වැඩිවෙනවා නම්, වඩාත් වැඩිවීමට හේතු වෙනවා නම්, පින්වත් මහණෙනි, ඒකට මේ කුසල් දහම්වල සිත නොඇලීමත්, අලසකමත්, ඇනුම් අරිමින් ඇඟමැලි කැඩීමත්, බත් මතයත්, සිතේ හැකුළුණු බවත් තරම් එයට හේතුවන වෙන එකම දෙයක්වත් මා දකින්නේ නෑ. පින්වත් මහණෙනි, හැකුළුණු සිතක් තියෙන කෙනාට නූපන් ථීනමිද්ධය උපදිනවා. උපන් ථීනමිද්ධය බොහෝ සෙයින් වැඩිවීම පිණිසත් හේතුවෙනවා."

සාදු! සාදු!! සාදු!!!

1.2.4.

4. "පින්වත් මහණෙනි, යම් දේකින් මේ නූපන් උද්ධච්චකුක්කුච්ච (නොසන්සුන්කමත් පසුතැවීමත්) උපදිනවා නම්, උපන් උද්ධච්චකුක්කුච්ච බොහෝ සෙයින් වැඩිවෙනවා නම්, වඩාත් වැඩිවීමට හේතුවෙනවා නම්, පින්වත් මහණෙනි, සිතේ නොසන්සිඳීම තරම් එයට හේතුවන වෙන එකම දෙයක්වත් මා දකින්නේ නෑ. පින්වත් මහණෙනි, නොසන්සිඳුණු සිතක් තියෙන කෙනාට නූපන් උද්ධච්චකුක්කුච්ච උපදිනවා. උපන් උද්ධච්චකුක්කුච්ච බොහෝ සෙයින් වැඩිවීම පිණිසත් හේතුවෙනවා."

සාදු! සාදු!! සාදු!!!

1.2.5.

5. "පින්වත් මහණෙනි, යම් දේකින් මේ නූපන් සැක උපදිනවා නම්, උපන් සැක බොහෝ සෙයින් වැඩිවෙනවා නම්, වඩාත් වැඩිවීමට හේතුවෙනවා නම්, පින්වත් මහණෙනි, නුවණින් තොරව හිතන එක තරම් එයට හේතුවන වෙන එකම දෙයක්වත් මා දකින්නේ නෑ. පින්වත් මහණෙනි, නුවණින් තොරව හිතන කෙනාට නූපන් සැක උපදිනවා. උපන් සැක බොහෝ සෙයින් වැඩිවීම පිණිසත් හේතුවෙනවා."

සාදු! සාදු!! සාදු!!!

1.2.6.

6. "පින්වත් මහණෙනි, යම් දේකින් මේ නූපන් කාමච්ඡන්දය උපදින්නේ නැත්නම්, උපන් කාමච්ඡන්දය ප්‍රහීණ වෙලා යනවා නම්, පින්වත් මහණෙනි, මේ අසුභ නිමිත්ත තරම් එයට උපකාරී වන වෙන එකම දෙයක්වත් මා දකින්නේ නෑ. පින්වත් මහණෙනි, අසුභ නිමිත්ත නුවණින් සිහිකරන කොට නූපන් කාමච්ඡන්දය වුනත් උපදින්නේ නෑ. උපන් කාමච්ඡන්දය පවා ප්‍රහීණ වෙලා යනවා."

සාදු! සාදු!! සාදු!!!

1.2.7.

7. "පින්වත් මහණෙනි, යම් දේකින් මේ නූපන් තරහ උපදින්නේ නැත්නම්, උපන් තරහ ප්‍රහීණ වෙලා යනවා නම්, පින්වත් මහණෙනි, මේ මෛත්‍රී චිත්ත විමුක්තිය තරම් එයට උපකාරී වන වෙන එකම දෙයක්වත් මා දකින්නේ නෑ. පින්වත් මහණෙනි, මෛත්‍රී චේතෝ විමුක්තිය නුවණින් සිහිකරන කොට නූපන් තරහ වුනත් උපදින්නේ නෑ. උපන් තරහ පවා ප්‍රහීණ වෙලා යනවා."

සාදු! සාදු!! සාදු!!!

1.2.8.

8. "පින්වත් මහණෙනි, යම් දේකින් මේ නූපන් ථීනමිද්ධය උපදින්නේ නැත්නම්, උපන් ථීනමිද්ධය ප්‍රහීණ වෙලා යනවා නම්, පින්වත් මහණෙනි, මේ පටන් ගැනීමේ වීරියත්, දිගටම පවත්වා ගැනීමේ වීරියත්, දැඩි ලෙස දියුණු කර ගත් වීරියත් තරම් එයට උපකාරී වන වෙන එකම දෙයක්වත් මා දකින්නේ නෑ. පින්වත් මහණෙනි, මේ පටන් ගත් වීරිය තියෙන කෙනාට නූපන් ථීනමිද්ධය පවා උපදින්නේ නෑ. උපන් ථීනමිද්ධය වුනත් ප්‍රහීණ වෙලා යනවා."

සාදු! සාදු!! සාදු!!!

1.2.9.

9. "පින්වත් මහණෙනි, යම් දේකින් මේ නූපන් උද්ධච්ච කුක්කුච්ච (උද්ධච්ච = නොසන්සුන්කම, කුක්කුච්ච = පසුතැවීම) උපදින්නෙත් නැත්නම්, උපන්

උද්ධච්ච කුක්කුච්ච වුනත් ප්‍රහීණ වෙලා යනවා නම්, පින්වත් මහණෙනි, මේ සිතේ සංසිඳීම තරම් එයට උපකාරී වන, වෙන එකම දෙයක්වත් මා දකින්නේ නෑ. පින්වත් මහණෙනි, සංසිඳී ගිය සිතක් ඇති කෙනාට නූපන් උද්ධච්චකුක්කුච්ච වුනත් උපදින්නේ නෑ. උපන් උද්ධච්චකුක්කුච්ච පවා ප්‍රහීණ වෙලා යනවා."

සාදු! සාදු!! සාදු!!!

1.2.10.

10. "පින්වත් මහණෙනි, යම් දේකින් මේ නූපන් සැක උපදින්නේ නැත්නම්, උපන් සැක ප්‍රහීණ වෙලා යනවා නම්, පින්වත් මහණෙනි, මේ ධර්මයට අනුව නුවණින් යුතුව මෙනෙහි කිරීම තරම් එයට උපකාරී වන වෙන එකම දෙයක්වත් මා දකින්නේ නෑ. පින්වත් මහණෙනි, ධර්මයට අනුව නුවණින් සිතන කෙනාට නූපන් සැක උපදින්නේ නෑ. උපන් සැක පවා ප්‍රහීණ වෙලා යනවා."

සාදු! සාදු!! සාදු!!!

දෙවැනි වර්ගයයි.

3. අකම්මනිය වර්ගය
(ක්‍රියාවට යෝග්‍ය සේ සකස් නොකළ සිත ගැන වදාළ දෙසුම් ඇතුළත් කොටස)

1.3.1.

සැවැත් නුවරදී ....

1. "පින්වත් මහණෙනි, යම් විදිහකින් සමථ විදර්ශනා වශයෙන් දියුණු නොකළ විට (කෙලෙස් නැසීමේ) ක්‍රියාවට යෝග්‍ය පරිදි සකස් නොවන්නා වූ යමක් වේද පින්වත් මහණෙනි, ඒ මේ සිත තරම් වෙන එකම දෙයක්වත් මා දකින්නේ නෑ. පින්වත් මහණෙනි, සමථ විදර්ශනා වශයෙන් දියුණු නොකළ විට සිත නිවන් අවබෝධයට සුදුසු පරිදි සකස් වෙන්නේ නෑ."

සාදු! සාදු!! සාදු!!!

1.3.2.

2. "පින්වත් මහණෙනි, යම් විදිහකින් සමථ විදර්ශනා වශයෙන් දියුණු කළ විට (කෙලෙස් නැසීමේ) ක්‍රියාවට යෝග්‍ය පරිදි සකස් වන්නා වූ යමක් වේද පින්වත් මහණෙනි, ඒ මේ සිත තරම් වෙන එකම දෙයක්වත් මා දකින්නේ නෑ. පින්වත් මහණෙනි, සමථ විදර්ශනා වශයෙන් දියුණු කළ විට සිත නිවන් අවබෝධයට සුදුසු පරිදි සකස් වෙනවා."

සාදු! සාදු!! සාදු!!!

1.3.3.

3. "පින්වත් මහණෙනි, යම් විදිහකින් සමථ විදර්ශනා වශයෙන් දියුණු නොකළ විට, මහා විපත පිණිස හේතුවන යම් දෙයක් ඇත්නම්, පින්වත් මහණෙනි, ඒ මේ සිත තරම් වෙන එකම දෙයක්වත් මා දකින්නේ නෑ. පින්වත් මහණෙනි, සමථ විදර්ශනා වශයෙන් දියුණු නොකළ සිත මහා විපත පිණිස හේතු වෙනවා."

සාදු! සාදු!! සාදු!!!

1.3.4.

4. "පින්වත් මහණෙනි, යම් විදිහකින් සමථ විදර්ශනා වශයෙන් දියුණු කළ විට, විශාල යහපතක් පිණිස හේතු වන යම් දෙයක් ඇත්නම්, පින්වත් මහණෙනි, ඒ මේ සිත තරම් වෙන එකම දෙයක්වත් මා දකින්නේ නෑ. පින්වත් මහණෙනි, සමථ විදර්ශනා වශයෙන් දියුණු කළ සිත විශාල යහපතක් පිණිස හේතු වෙනවා."

සාදු! සාදු!! සාදු!!!

1.3.5.

5. "පින්වත් මහණෙනි, යම් විදිහකින් සමථ විදර්ශනා වශයෙන් දියුණු නොකළ විට, මග-ඵල නිවන් පහළ නොවුන විට, මහා අනර්ථයක් පිණිස හේතු වන යම් දෙයක් ඇත්නම්, පින්වත් මහණෙනි, ඒ මේ සිත තරම් වෙන එකම දෙයක්වත් මා දකින්නේ නෑ. පින්වත් මහණෙනි, සමථ විදර්ශනා වශයෙන් දියුණු නොකළ, මග-ඵල නිවන් පහළ නොවූ සිත මහා අනර්ථයක් පිණිස හේතු වෙනවා."

සාදු! සාදු!! සාදු!!!

1.3.6.

6. "පින්වත් මහණෙනි, යම් විදිහකින් සමථ විදර්ශනා වශයෙන් දියුණු කළ විට, මග-ඵල නිවන් පහළ වුන විට, මහා අර්ථයක් පිණිස හේතු වන යම් දෙයක් ඇත්නම්, පින්වත් මහණෙනි, ඒ මේ සිත තරම් වෙන එකම දෙයක්වත් මා දකින්නේ නෑ. පින්වත් මහණෙනි, සමථ විදර්ශනා වශයෙන් දියුණු කළ,

මග-ඵල නිවන් පහළ වූ සිත මහා අර්ථයක් පිණිසම හේතු වෙනවා."

සාදු! සාදු!! සාදු!!!

1.3.7.

7. "පින්වත් මහණෙනි, යම් විදිහකින් සමථ විදර්ශනා වශයෙන් දියුණු නොකළ විට, බහුල වශයෙන් දියුණු නොකළ විට, මහා අනර්ථයක් පිණිස හේතු වන විදිහේ යම් දෙයක් ඇත්නම්, පින්වත් මහණෙනි, ඒ මේ සිත තරම් වෙන එකම දෙයක්වත් මා දකින්නේ නෑ. පින්වත් මහණෙනි, සමථ විදර්ශනා වශයෙන් දියුණු නොකළ, බහුල වශයෙන් දියුණු නොකළ සිත මහා අනර්ථයක් පිණිස හේතු වෙනවා."

සාදු! සාදු!! සාදු!!!

1.3.8.

8. "පින්වත් මහණෙනි, යම් විදිහකින් සමථ විදර්ශනා වශයෙන් දියුණු කළ විට, බහුල වශයෙන් දියුණු කළ විට, මහා අර්ථයක් පිණිස හේතු වන විදිහේ යම් දෙයක් ඇත්නම්, පින්වත් මහණෙනි, ඒ මේ සිත තරම් වෙන එකම දෙයක්වත් මා දකින්නේ නෑ. පින්වත් මහණෙනි, සමථ විදර්ශනා වශයෙන් දියුණු කළ, බහුල වශයෙන් දියුණු කළ සිත මහා අර්ථයක් පිණිස හේතු වෙනවා."

සාදු! සාදු!! සාදු!!!

1.3.9.

9. "පින්වත් මහණෙනි, යම් විදිහකින් සමථ විදර්ශනා වශයෙන් දියුණු නොකළ විට, බහුල වශයෙන් දියුණු නොකළ විට, දුක් ඇති කර දෙන්නා වූ යම් දෙයක් ඇත්නම්, පින්වත් මහණෙනි, ඒ මේ සිත තරම් වෙන එකම දෙයක්වත් මා දකින්නේ නෑ. පින්වත් මහණෙනි, සමථ විදර්ශනා වශයෙන් දියුණු නොකළ, බහුල වශයෙන් දියුණු නොකළ සිත දුක ඇති කර දෙන්නා වූ දෙයක් බවට පත් වෙනවා."

සාදු! සාදු!! සාදු!!!

1.3.10.

10. "පින්වත් මහණෙනි, යම් විදිහකින් සමථ විදර්ශනා වශයෙන් දියුණු කළ විට, බහුල වශයෙන් දියුණු කළ විට, සැප ඇති කර දෙන්නා වූ යම් දෙයක් ඇත්නම්, පින්වත් මහණෙනි, ඒ මේ සිත තරම් වෙන එකම දෙයක්වත් මා දකින්නේ නෑ. පින්වත් මහණෙනි, සමථ විදර්ශනා වශයෙන් දියුණු කළ, බහුල වශයෙන් දියුණු කළ සිත සැප ඇති කර දෙන්නා වූ දෙයක් බවට පත් වෙනවා."

සාදු! සාදු!! සාදු!!!

තුන් වෙනි වර්ගයයි.

4. අදන්ත වර්ගය
(දමනය නොවූ සිත ගැන වදාළ දෙසුම් ඇතුළත් කොටස)

1.4.1.

1. "පින්වත් මහණෙනි, යම් විදිහකින් දමනය නොකළ විට මහා අනර්ථයක් පිණිස හේතු වන විදිහේ යම් දෙයක් ඇත්නම්, පින්වත් මහණෙනි, ඒ මේ සිත තරම් වෙන එකම දෙයක්වත් මා දකින්නේ නෑ. පින්වත් මහණෙනි, දමනය නොවුන සිත මහා අනර්ථයක් පිණිසමයි හේතු වෙන්නෙ."

සාදු! සාදු!! සාදු!!!

1.4.2.

2. "පින්වත් මහණෙනි, යම් විදිහකින් දමනය කළ විට මහා අර්ථයක් පිණිස හේතු වන විදිහේ යම් දෙයක් ඇත්නම්, පින්වත් මහණෙනි, ඒ මේ සිත තරම් වෙන එකම දෙයක්වත් මා දකින්නේ නෑ. පින්වත් මහණෙනි, දමනය වුන සිත මහා අර්ථයක් පිණිසමයි හේතු වෙන්නෙ."

සාදු! සාදු!! සාදු!!!

1.4.3.

3. "පින්වත් මහණෙනි, යම් විදිහකින් භාවනා වශයෙන් වරදින් වළක්වා නොගත් විට මහා අනර්ථයක් පිණිස හේතු වන විදිහේ යම් දෙයක් ඇත්නම්, පින්වත් මහණෙනි, ඒ මේ සිත තරම් වෙන එකම දෙයක්වත් මා දකින්නේ

නෑ. පින්වත් මහණෙනි, භාවනා වශයෙන් වරදින් වළක්වා නොගත් සිත මහා අනර්ථයක් පිණිසමයි හේතු වෙන්නෙ."

සාදු! සාදු!! සාදු!!!

1.4.4.

4. "පින්වත් මහණෙනි, යම් විදිහකින් භාවනා වශයෙන් වරදින් වළක්වා ගත් විට මහා අර්ථයක් පිණිස හේතු වන විදිහේ යම් දෙයක් ඇත්නම්, පින්වත් මහණෙනි, ඒ මේ සිත තරම් වෙන එකම දෙයක්වත් මා දකින්නේ නෑ. පින්වත් මහණෙනි, භාවනා වශයෙන් වරදින් වළක්වා ගත් සිත මහා අර්ථයක් පිණිසමයි හේතු වෙන්නෙ."

සාදු! සාදු!! සාදු!!!

1.4.5.

5. "පින්වත් මහණෙනි, යම් විදිහකින් භාවනා වශයෙන් ආරක්ෂා නොකර ගත් විට මහා අයහපතක් පිණිස හේතු වන විදිහේ යම් දෙයක් ඇත්නම්, පින්වත් මහණෙනි, ඒ මේ සිත තරම් වෙන එකම දෙයක්වත් මා දකින්නේ නෑ. පින්වත් මහණෙනි, භාවනා වශයෙන් හොඳින් ආරක්ෂා නොකළ සිත මහා අයහපතක් පිණිසමයි හේතු වෙන්නෙ."

සාදු! සාදු!! සාදු!!!

1.4.6.

6. "පින්වත් මහණෙනි, යම් විදිහකින් භාවනා වශයෙන් ආරක්ෂා කර ගත් විට මහා යහපතක් පිණිස හේතු වන විදිහේ යම් දෙයක් ඇත්නම්, පින්වත් මහණෙනි, ඒ මේ සිත තරම් වෙන එකම දෙයක්වත් මා දකින්නේ නෑ. පින්වත් මහණෙනි, භාවනා වශයෙන් හොඳින් ආරක්ෂා කළ සිත මහා යහපතක් පිණිසමයි හේතු වෙන්නෙ."

සාදු! සාදු!! සාදු!!!

1.4.7.

7. "පින්වත් මහණෙනි, යම් විදිහකින් භාවනා වශයෙන් සංවර නොකර ගත් විට මහා අයහපතක් පිණිස හේතු වන විදිහේ යම් දෙයක් ඇත්නම්, පින්වත් මහණෙනි, ඒ මේ සිත තරම් වෙන එකම දෙයක්වත් මා දකින්නේ නෑ. පින්වත් මහණෙනි, භාවනා වශයෙන් හොඳින් සංවර නොවූ සිත මහා අයහපතක් පිණිසමයි හේතු වෙන්නෙ."

සාදු! සාදු!! සාදු!!!

1.4.8.

8. "පින්වත් මහණෙනි, යම් විදිහකින් භාවනා වශයෙන් සංවර කර ගත් විට මහා යහපතක් පිණිස හේතු වන විදිහේ යම් දෙයක් ඇත්නම්, පින්වත් මහණෙනි, ඒ මේ සිත තරම් වෙන එකම දෙයක්වත් මා දකින්නේ නෑ. පින්වත් මහණෙනි, භාවනා වශයෙන් හොඳින් සංවර වූ සිත මහා යහපතක් පිණිසමයි හේතු වෙන්නෙ."

සාදු! සාදු!! සාදු!!!

1.4.9.

9. "පින්වත් මහණෙනි, යම් විදිහකින් සමථ විදර්ශනා වශයෙන් දමනය නොකළ විට, වරදින් නොවැළැක්වූ විට, නොරැකගත් විට, සංවර නොකළ විට, මහා අනර්ථයක් පිණිස හේතු වන විදිහේ යම් දෙයක් ඇත්නම්, පින්වත් මහණෙනි, ඒ මේ සිත තරම් වෙන එකම දෙයක්වත් මා දකින්නේ නෑ. පින්වත් මහණෙනි, සමථ විදර්ශනා වශයෙන් දමනය නොකළ, වරදින් නොවැළැක්වූ, නොරැකගත්, සංවර නොකළ සිත මහා අනර්ථයක් පිණිසමයි හේතු වෙන්නෙ."

සාදු! සාදු!! සාදු!!!

1.4.10.

10. "පින්වත් මහණෙනි, යම් විදිහකින් සමථ විදර්ශනා වශයෙන් දමනය කළ විට, වරදින් වැළැක්වූ විට, රැකගත් විට, සංවර කළ විට, මහා අර්ථයක්

පිණිස හේතු වන විදිහේ යම් දෙයක් ඇත්නම්, පින්වත් මහණෙනි, ඒ මේ සිත තරම් වෙන එකම දෙයක්වත් මා දකින්නේ නෑ. පින්වත් මහණෙනි, සමථ විදර්ශනා වශයෙන් දමනය කළ, වරදින් වැළැක්වූ, රැකගත්, සංවර කළ සිත මහා අර්ථයක් පිණිසමයි හේතු වෙන්නෙ."

සාදු! සාදු!! සාදු!!!

හතර වෙනි වර්ගයයි.

5. සූක වර්ගය

(වී නංඩුව ගැන වදාළ දෙසුම් ඇතුළත් කොටස)

1.5.1.

සැවැත් නුවරදී....

1. "පින්වත් මහණෙනි, එය මෙවැනි දෙයක්. හැල් වී නංඩුවක් හරි, යව වී නංඩුවක් හරි, වැරදි විදිහට තැබුවොත් අතින් වේවා, පයින් වේවා තද වුනොත් ඒ අත හෝ පය හෝ තුවාල වී ලේ උපදින්නේය යන කරුණ, සිදුවන දෙයක් නොවේ. එයට හේතුව කුමක්ද? පින්වත් මහණෙනි, වී නංඩුව වැරදි විදිහට තැබීමයි. පින්වත් මහණෙනි, මෙකරුණත් එවැනිම දෙයක්. වැරදි විදිහට පිහිටුවා ගත් සිතකින් යුතු ඒ භික්ෂුව ඒකාන්තයෙන්ම අවිද්‍යාව බිඳ හෙළන්නේය, විද්‍යාව උපදවන්නේය, අමාමහ නිවන සාක්ෂාත් කරන්නේය යන කරුණ සිදු වන දෙයක් නොවේ. එයට හේතුව කුමක්ද? පින්වත් මහණෙනි, සිත වැරදි විදිහට පිහිටුවා ගැනීමයි."

සාදු! සාදු!! සාදු!!!

1.5.2.

2. "පින්වත් මහණෙනි, එය මෙවැනි දෙයක්. හැල් වී නංඩුවක් හරි, යව වී නංඩුවක් හරි, නිවැරදි විදිහට තැබුවොත් අතින් වේවා, පයින් වේවා තද වුනොත් ඒ අත හෝ පය හෝ තුවාල වී ලේ උපදින්නේය යන කරුණ, සිදුවන දෙයක්. එයට හේතුව කුමක්ද? පින්වත් මහණෙනි, වී නංඩුව නිවැරදි විදිහට තැබීමයි. පින්වත් මහණෙනි, මෙකරුණත් එවැනිම දෙයක්. නිවැරදි විදිහට පිහිටුවා ගත් සිතකින් යුතු ඒ භික්ෂුව ඒකාන්තයෙන්ම අවිද්‍යාව බිඳ හෙළන්නේය, විද්‍යාව

උපදවන්නේය, අමාමහ නිවන සාක්ෂාත් කරන්නේය යන කරුණ සිදු වන දෙයක්. එයට හේතුව කුමක්ද? පින්වත් මහණෙනි, සිත නිවැරදි විදිහට පිහිටුවා ගැනීමයි."

සාදු! සාදු!! සාදු!!!

1.5.3.

3. "පින්වත් මහණෙනි, මා මේ ලෝකයේ මගේ සිතින් සමහර නපුරු සිත් ඇති පුද්ගලයන්ව හොඳින් අවබෝධ කර ගන්නවා. 'මේ පුද්ගලයා නම් මේ වෙලාවේදී මිය පරලොව ගියොත්, හරියට ඔසවා ගෙන පැමිණි බරක් බිමින් තබනවා වගේ නිරයේ උපදිනවා. ඒකට හේතුව කුමක්ද? පින්වත් මහණෙනි, ඔහුගේ සිත දූෂිතයි. පින්වත් මහණෙනි, ඔය විදිහට සිත දූෂිත වීම හේතුවෙන් මෙහි සමහර සත්වයන් කය බිඳිලා මැරුණට පස්සේ අපාය, දුගතිය නම් වූ නිරයේ උපදිනවා."

සාදු! සාදු!! සාදු!!!

1.5.4.

4. "පින්වත් මහණෙනි, මා මේ ලෝකයේ මගේ සිතින් සමහර පහන් වූ සිත් ඇති පුද්ගලයන්ව හොඳින් අවබෝධ කර ගන්නවා. 'මේ පුද්ගලයා නම් මේ වෙලාවේදී මිය පරලොව ගියොත්, හරියට ඔසවා ගෙන පැමිණි බරක් බිමින් තබනවා වගේ සුගතියේ උපදිනවා. ඒකට හේතුව කුමක්ද? පින්වත් මහණෙනි, ඔහුගේ සිත ප්‍රසන්නයි. පින්වත් මහණෙනි, ඔය විදිහට සිතේ පැහැදීම හේතුවෙන් මෙහි සමහර සත්වයන් කය බිඳිලා මැරුණට පස්සේ සුගතිය නම් වූ ස්වර්ග ලෝකයෙහි උපදිනවා."

සාදු! සාදු!! සාදු!!!

1.5.5.

5. "පින්වත් මහණෙනි, ඒක මේ වගේ දෙයක්. වතුර විලක් තියෙනවා. ඒක කැළඹිලා බොර වෙලා, මඩ වෙලයි තියෙන්නේ. ඉතින් එතැන ඉවුරේ සිටින ඇස් ඇති පුරුෂයෙක් (ඒ ජලය දෙස බලා සිටිද්දී) සිප්පි බෙල්ලන් හෝ හක්

බෙල්ලන් හෝ මාළු රංචු හෝ සිටින බව හෝ පිහිනන බව හෝ දකින්නේ නෑ. ඒකට හේතුව මොකක්ද? පින්වත් මහණෙනි, ජලය කැළඹී තිබීමයි. පින්වත් මහණෙනි, අන්න ඒ වගේම තමයි කැළඹී ගිය සිතකින් යුතු වූ ඒ භික්ෂුව ඒකාන්තයෙන්ම 'තමන්ගේ යහපත දැනගන්නේය, අනුන්ගේ යහපත දැනගන්නේය ඒ දෙකේම යහපත දැනගන්නේය, මනුෂ්‍ය ගුණධර්මවලට වඩා උත්තරීතර වූ ආර්ය වූ ඤාණදර්ශන විශේෂයක් අවබෝධ කරන්නේය කියන එක සිද්ධ වෙන දෙයක් නොවෙයි. ඒකට හේතුව මොකක්ද? පින්වත් මහණෙනි, සිත කැළඹී තිබීමයි."

සාදු! සාදු!! සාදු!!!

1.5.6.

6. "පින්වත් මහණෙනි, ඒක මේ වගේ දෙයක්. වතුර විලක් තියෙනවා. ඒක කැළඹිලා නෑ. බොර වෙලා නෑ. මඩ වෙලා නැතුවයි තියෙන්නේ. ඉතින් එතැන ඉවුරේ සිටින ඇස් ඇති පුරුෂයෙක් (ඒ ජලය දෙස බලා සිටිද්දී) සිප්පි බෙල්ලන් හෝ හක් බෙල්ලන් හෝ මාළු රංචු හෝ සිටින ආකාරයත්, හැසිරෙන ආකාරයත් දකිනවා. ඒකට හේතුව මොකක්ද? පින්වත් මහණෙනි, ජලය නොකැළඹී තිබීමයි. පින්වත් මහණෙනි, අන්න ඒ වගේම තමයි නොකැළඹී ගිය සිතකින් යුතු වූ ඒ භික්ෂුව ඒකාන්තයෙන්ම 'තමන්ගේ යහපත දැනගන්නේය, අනුන්ගේ යහපත දැනගන්නේය, ඒ දෙකේම යහපත දැනගන්නේය, මනුෂ්‍ය ගුණධර්මවලට වඩා උත්තරීතර වූ ආර්ය වූ ඤාණදර්ශන විශේෂයක් අවබෝධ කරන්නේය කියන එක සිද්ධ වෙන දෙයක්. ඒකට හේතුව මොකක්ද? පින්වත් මහණෙනි, සිත නොකැළඹී තිබීමයි."

සාදු! සාදු!! සාදු!!!

1.5.7.

7. "පින්වත් මහණෙනි, ඒක මේ වගේ දෙයක්. යම් තාක් ගස් වර්ග තිබෙනවා නම්, ඒවා අතරින් මෘදු බවෙනුත්, ප්‍රයෝජනයට ගැනීම අතිනුත් මේ 'බුදුරුදමුනු' ගහ තමයි වඩාත්ම අග්‍ර වෙන්නේ. අන්න ඒ වගේම තමයි පින්වත් මහණෙනි, යම් දෙයක් සමථ විදර්ශනා වශයෙන් දියුණු කළ විට, බහුල වශයෙන් දියුණු කළ විට මෘදු වෙයි නම්, කර්මණ්‍ය වෙයි නම්, ඒ මේ සිත තරම් වෙන එකම දෙයක් වත් මා දකින්නේ නෑ. පින්වත් මහණෙනි, මේ

සිත සමථ විදර්ශනා වශයෙන් දියුණු කළොත්, නැවත නැවත දියුණු කළොත් මෘදු වෙනවා. අවබෝධයට සුදුසු පරිදි සකස් වෙනවා."

සාදු! සාදු!! සාදු!!!

1.5.8.

8. "පින්වත් මහණෙනි, යම් ආකාරයෙන් සැණෙකින් වෙනස් වෙලා යන්නා වූ දෙයක් ඇත්නම්, ඒ මේ සිත තරම් වෙන එකම දෙයක් වත් මා දකින්නේ නෑ. පින්වත් මහණෙනි, මේ සිත කොතරම් සැණෙකින් වෙනස් වෙලා යන්නා වූ දෙයක්ද යත් එයට උපමාවක් සොයාගන්න එක පවා ලේසි දෙයක් නොවෙයි."

සාදු! සාදු!! සාදු!!!

1.5.9.

9. "පින්වත් මහණෙනි, මේ සිත ප්‍රභාෂ්වරයි. එනමුදු ආගන්තුක වූ උපක්ලේශ (අකුසල් සිතුවිලි) වලින් තමයි කිළුටු වෙලා තියෙන්නේ."

සාදු! සාදු!! සාදු!!!

- **විශේෂ කරුණු :**

භාග්‍යවතුන් වහන්සේ මේ දෙසුමෙන් අදහස් කරන්නේ සිතේ කෙලෙස් හට ගන්නා විට එය සිතේ ප්‍රකෘති තත්වයක් හැටියට නොසළකා බාහිරින් සකස් වූ දෙයක් හැටියට තේරුම් ගෙන ඒ අකුසල් බැහැර කිරීමට වීරිය ගත යුතු බවයි.

1.5.10.

10. "පින්වත් මහණෙනි, මේ සිත ප්‍රභාෂ්වරයි. එනමුදු මේ සිත මනාකොට නිදහස් වුනේ ඒ ආගන්තුක උපක්ලේශවලින් තමයි."

සාදු! සාදු!! සාදු!!!

පස් වෙනි වර්ගයයි.

6. පභස්සර වර්ගය

(ප්‍රභාෂ්වර සිත ගැන වදාළ දෙසුම් ඇතුළත් කොටස)

1.6.1.

1. "පින්වත් මහණෙනි, මේ සිත ප්‍රභාෂ්වරයි. එනමුදු මේ සිත වනාහී ආගන්තුක උපක්ලේශවලින් කිළුටු වෙලා තියෙන්නේ. අශ්‍රැතවත් පෘථග්ජන පුද්ගලයා මේ කාරණය ඒ අයුරින් දන්නෙ නෑ. ඒ නිසා අශ්‍රැතවත් පෘථග්ජන පුද්ගලයා හට 'චිත්ත භාවනාවක් නැහැ' කියලයි මා කියන්නේ."

සාදු! සාදු!! සාදු!!!

1.6.2.

2. "පින්වත් මහණෙනි, මේ සිත ප්‍රභාෂ්වරයි. එනමුදු මේ සිත වනාහී ආගන්තුක උපක්ලේශවලින් කිළුටු වෙලා තියෙන්නේ. ශ්‍රැතවත් ආර්ය ශ්‍රාවකයා මේ කාරණය ඒ අයුරින්ම දන්නවා. ඒ නිසා ශ්‍රැතවත් ආර්ය ශ්‍රාවකයා හට 'චිත්ත භාවනාව තිබෙනවා' කියලයි මා කියන්නේ."

සාදු! සාදු!! සාදු!!!

1.6.3.

3. "පින්වත් මහණෙනි, යම් භික්ෂුවක් අසුරු සැණක් ගසන මොහොතක්වත් මෛත්‍රී සිත සේවනය කරනවා නම් පින්වත් මහණෙනි, මේකට තමයි කියන්නේ 'භික්ෂුව ධ්‍යාන භාවනාවෙන් හිස් නැතුව වාසය කරනවා, ශාස්තෘන් වහන්සේගේ අනුශාසනාව ඉටු කරනවා, අවවාදය පිළිපදිනවා, ගුණදහමින් හිස්

නොවී සැදැහැවතුන් දෙන දන්පැන් වළඳනවා' කියල. ඉතින් යම් කෙනෙක් මෙත් සිත බහුලව ප්‍රගුණ කරනවා නම්, ඒ ගැන කවර කතාද?"

සාදු! සාදු!! සාදු!!!

1.6.4.

4. "පින්වත් මහණෙනි, යම් භික්ෂුවක් අසුරු සැණක් ගසන මොහොතක්වත් මෛත්‍රී සිත ප්‍රගුණ කරනවා නම් පින්වත් මහණෙනි, මේකට තමයි කියන්නේ 'භික්ෂුව ධ්‍යාන භාවනාවෙන් හිස් නැතුව වාසය කරනවා, ශාස්තෘන් වහන්සේගේ අනුශාසනාව ඉටු කරනවා, අවවාදය පිළිපදිනවා, ගුණදහමින් හිස් නොවී සැදැහැවතුන් දෙන දන්පැන් වළඳනවා' කියලා. ඉතින් යම් කෙනෙක් මෙත් සිත බහුලව ප්‍රගුණ කරනවා නම්, ඒ ගැන කවර කතා ද?"

සාදු! සාදු!! සාදු!!!

1.6.5.

5. "පින්වත් මහණෙනි, යම් භික්ෂුවක් අසුරු සැණක් ගසන මොහොතක්වත් මෛත්‍රී සිත මෙනෙහි කරනවා නම් පින්වත් මහණෙනි, මේකට තමයි කියන්නේ 'භික්ෂුව ධ්‍යාන භාවනාවෙන් හිස් නැතුව වාසය කරනවා, ශාස්තෘන් වහන්සේගේ අනුශාසනාව ඉටු කරනවා, අවවාදය පිළිපදිනවා, ගුණදහමින් හිස් නොවී සැදැහැවතුන් දෙන දන්පැන් වළඳනවා' කියල. ඉතින් යම් කෙනෙක් මෙත් සිත බහුලව ප්‍රගුණ කරනවා නම්, ඒ ගැන කවර කතාද?"

සාදු! සාදු!! සාදු!!!

1.6.6.

6. "පින්වත් මහණෙනි, යම් දෙයක් අකුසල් නම්, අකුසලයට අයත් නම්, අකුසල් පැත්තට නම් වැටෙන්නෙ, ඒ හැම දෙයක්ම සිත මුල් කරගෙන තමයි තියෙන්නෙ. සිත තමයි ඒ දේවල්වලට මුලින්ම උපදින්නෙ. ඒ සමඟමයි අකුසල් උපදින්නෙ."

සාදු! සාදු!! සාදු!!!

1.6.7.

7. "පින්වත් මහණෙනි, යම් දෙයක් කුසල් නම්, කුසලයට අයත් නම්, කුසල් පැත්තට නම් වැටෙන්නෙ, ඒ හැම දෙයක්ම සිත මුල් කරගෙන තමයි තියෙන්නෙ. සිත තමයි ඒ දේවල්වලට මුලින්ම උපදින්නෙ. ඒ සමඟමයි කුසල් උපදින්නෙ."

සාදු! සාදු!! සාදු!!!

1.6.8.

8. "පින්වත් මහණෙනි, යම් කරුණකින් නූපන් අකුසල් උපදිනවා නම්, උපන් කුසල් දහම් පිරිහිලා යනවා නම්, පින්වත් මහණෙනි, මේ ප්‍රමාදය තරම් එයට හේතු වන, වෙන එකම දෙයක් වත් මා දකින්නේ නෑ. පින්වත් මහණෙනි, ප්‍රමාදී පුද්ගලයාට නූපන් අකුසල් උපදිනවා. උපන් කුසල් දහම් පිරිහිලා යනවා."

සාදු! සාදු!! සාදු!!!

1.6.9.

9. "පින්වත් මහණෙනි, යම් කරුණකින් නූපන් කුසල් උපදිනවා නම්, උපන් අකුසල් දහම් පිරිහිලා යනවා නම්, පින්වත් මහණෙනි, මේ අප්‍රමාදය තරම් එයට හේතු වන, වෙන එකම දෙයක් වත් මා දකින්නේ නෑ. පින්වත් මහණෙනි, අප්‍රමාදී පුද්ගලයාට නූපන් කුසල් උපදිනවා. උපන් අකුසල් දහම් පිරිහිලා යනවා."

සාදු! සාදු!! සාදු!!!

1.6.10.

10. "පින්වත් මහණෙනි, යම් කරුණකින් නූපන් අකුසල් උපදිනවා නම්, උපන් කුසල් දහම් පිරිහිලා යනවා නම්, පින්වත් මහණෙනි, මේ කුසීතකම තරම් එයට හේතු වන, වෙන එකම දෙයක් වත් මා දකින්නේ නෑ. පින්වත් මහණෙනි, ප්‍රමාදී පුද්ගලයාට නූපන් අකුසල් උපදිනවා. උපන් කුසල් දහම් පිරිහිලා යනවා."

සාදු! සාදු!! සාදු!!!

හය වෙනි වර්ගයයි.

7. විරියාරම්භ වර්ගය
(වීරිය ඇරඹුම ගැන වදාළ දෙසුම් ඇතුළත් කොටස)

1.7.1.

1. "පින්වත් මහණෙනි, යම් කරුණකින් නූපන් කුසල් උපදිනවා නම්, උපන් අකුසල් දහම් පිරිහිලා යනවා නම්, පින්වත් මහණෙනි, මේ වීරිය ඇරඹුම තරම් එයට හේතු වන, වෙන එක ම දෙයක් වත් මා දකින්නේ නෑ. පින්වත් මහණෙනි, පටන් ගත් වීරිය ඇති පුද්ගලයාට නූපන් කුසල් උපදිනවා. උපන් අකුසල් දහම් පිරිහිලා යනවා."

සාදු! සාදු!! සාදු!!!

1.7.2.

2. "පින්වත් මහණෙනි, යම් කරුණකින් නූපන් අකුසල් උපදිනවා නම්, උපන් කුසල් දහම් පිරිහිලා යනවා නම්, පින්වත් මහණෙනි, මේ තමා ගැන හුවා දක්වමින් ලාභ සත්කාර උපදවන්න කැමති බව තරම් එයට හේතු වන, වෙන එකම දෙයක් වත් මා දකින්නේ නෑ. පින්වත් මහණෙනි, තමා ගැන හුවා දක්වමින් ලාභ සත්කාර උපදවන්න කැමති පුද්ගලයාට නූපන් අකුසල් උපදිනවා. උපන් කුසල් දහම් පිරිහිලා යනවා."

සාදු! සාදු!! සාදු!!!

1.7.3.

3. "පින්වත් මහණෙනි, යම් කරුණකින් නූපන් කුසල් උපදිනවා නම්, උපන්

අකුසල් දහම් පිරිහිලා යනවා නම්, පින්වත් මහණෙනි, මේ තමාගේ ගුණදහම් ප්‍රකට නොකොට නිහතමානීව සිටීම තරම් එයට හේතු වන, වෙන එකම දෙයක් වත් මා දකින්නේ නෑ. පින්වත් මහණෙනි, තමාගේ ගුණදහම් ප්‍රකට නොකොට නිහතමානීව සිටින පුද්ගලයාට නූපන් කුසල් උපදිනවා. උපන් අකුසල් දහම් පිරිහිලා යනවා."

සාදු! සාදු!! සාදු!!!

1.7.4.

4. "පින්වත් මහණෙනි, යම් කරුණකින් නූපන් අකුසල් උපදිනවා නම්, උපන් කුසල් දහම් පිරිහිලා යනවා නම්, පින්වත් මහණෙනි, මේ ලද දෙයින් සතුටු නොවන බව තරම් එයට හේතු වන, වෙන එකම දෙයක් වත් මා දකින්නේ නෑ. පින්වත් මහණෙනි, ලද දෙයින් සතුටු නොවන පුද්ගලයාට නූපන් අකුසල් උපදිනවා. උපන් කුසල් දහම් පිරිහිලා යනවා."

සාදු! සාදු!! සාදු!!!

1.7.5.

5. "පින්වත් මහණෙනි, යම් කරුණකින් නූපන් කුසල් උපදිනවා නම්, උපන් අකුසල් දහම් පිරිහිලා යනවා නම්, පින්වත් මහණෙනි, මේ ලද දෙයින් සතුටු වන බව තරම් එයට හේතු වන, වෙන එකම දෙයක් වත් මා දකින්නේ නෑ. පින්වත් මහණෙනි, ලද දෙයින් සතුටු වන පුද්ගලයාට නූපන් කුසල් උපදිනවා. උපන් අකුසල් දහම් පිරිහිලා යනවා."

සාදු! සාදු!! සාදු!!!

1.7.6.

6. "පින්වත් මහණෙනි, යම් කරුණකින් නූපන් අකුසල් උපදිනවා නම්, උපන් කුසල් දහම් පිරිහිලා යනවා නම්, පින්වත් මහණෙනි, මේ නුවණින් තොරව මෙනෙහි කිරීම තරම් එයට හේතු වන, වෙන එකම දෙයක් වත් මා දකින්නේ නෑ. පින්වත් මහණෙනි, නුවණින් තොරව මෙනෙහි කරන පුද්ගලයාට නූපන් අකුසල් උපදිනවා. උපන් කුසල් දහම් පිරිහිලා යනවා."

සාදු! සාදු!! සාදු!!!

1.7.7.

7. "පින්වත් මහණෙනි, යම් කරුණකින් නූපන් කුසල් උපදිනවා නම්, උපන් අකුසල් දහම් පිරිහිලා යනවා නම්, පින්වත් මහණෙනි, මේ නුවණින් යුතුව මෙනෙහි කිරීම තරම් එයට හේතු වන, වෙන එකම දෙයක් වත් මා දකින්නේ නෑ. පින්වත් මහණෙනි, නුවණින් යුතුව මෙනෙහි කරන පුද්ගලයාට නූපන් කුසල් උපදිනවා. උපන් අකුසල් දහම් පිරිහිලා යනවා."

සාදු! සාදු!! සාදු!!!

1.7.8.

8. "පින්වත් මහණෙනි, යම් කරුණකින් නූපන් අකුසල් උපදිනවා නම්, උපන් කුසල් දහම් පිරිහිලා යනවා නම්, පින්වත් මහණෙනි, මේ සිහි මුලාවෙන් යුතුව සිටීම තරම් එයට හේතු වන, වෙන එකම දෙයක් වත් මා දකින්නේ නෑ. පින්වත් මහණෙනි, සිහි මුලාවෙන් යුතුව සිටින පුද්ගලයාට නූපන් අකුසල් උපදිනවා. උපන් කුසල් දහම් පිරිහිලා යනවා."

සාදු! සාදු!! සාදු!!!

1.7.9.

9. "පින්වත් මහණෙනි, යම් කරුණකින් නූපන් කුසල් උපදිනවා නම්, උපන් අකුසල් දහම් පිරිහිලා යනවා නම්, පින්වත් මහණෙනි, මේ මනා සිහි නුවණින් යුතුව සිටීම තරම් එයට හේතු වන, වෙන එකම දෙයක් වත් මා දකින්නේ නෑ. පින්වත් මහණෙනි, මනා සිහි නුවණින් යුතුව සිටින පුද්ගලයාට නූපන් කුසල් උපදිනවා. උපන් අකුසල් දහම් පිරිහිලා යනවා."

සාදු! සාදු!! සාදු!!!

1.7.10.

9. "පින්වත් මහණෙනි, යම් කරුණකින් නූපන් අකුසල් උපදිනවා නම්, උපන් කුසල් දහම් පිරිහිලා යනවා නම්, පින්වත් මහණෙනි, මේ පවිටු මිතුරන් ඇසුර තරම් එයට හේතු වන, වෙන එකම දෙයක් වත් මා දකින්නේ නෑ.

පින්වත් මහණෙනි, පවිටු මිතුරන් ඇසුරු කරන පුද්ගලයාට නූපන් අකුසල් උපදිනවා. උපන් කුසල් දහම් පිරිහිලා යනවා."

සාදු! සාදු!! සාදු!!!

හත් වෙනි වර්ගයයි.

8. කළ්‍යාණමිත්ත වර්ගය

(කලණ මිතුරන් පිළිබඳ ව වදාළ දෙසුම් ඇතුළත් කොටස)

1.8.1.

1. "පින්වත් මහණෙනි, යම් කරුණකින් නූපන් කුසල් උපදිනවා නම්, උපන් අකුසල් දහම් පිරිහිලා යනවා නම්, පින්වත් මහණෙනි, මේ (ශ්‍රී සද්ධර්මය පවසන) කලණ මිතුරන් ඇසුර තරම් එයට හේතු වන, වෙන එකම දෙයක් වත් මා දකින්නේ නෑ. පින්වත් මහණෙනි, (ශ්‍රී සද්ධර්මය පවසන) කලණ මිතුරන් ඇසුරු කරන පුද්ගලයාට නූපන් කුසල් උපදිනවා. උපන් අකුසල් දහම් පිරිහිලා යනවා."

සාදු! සාදු!! සාදු!!!

1.8.2.

2. "පින්වත් මහණෙනි, යම් කරුණකින් නූපන් අකුසල් උපදිනවා නම්, උපන් කුසල් දහම් පිරිහිලා යනවා නම්, පින්වත් මහණෙනි, අකුසල සහගත දේවල්වල යෙදීමත්, කුසල් දහම්වල නොයෙදීමත් තරම් එයට හේතු වන, වෙන එකම දෙයක් වත් මා දකින්නේ නෑ. පින්වත් මහණෙනි, අකුසල සහගත දේවල්වල යෙදීමත්, කුසල් දහම්වල නොයෙදීමත් නිසාමයි නූපන් අකුසල් උපදින්නේ. උපන් කුසල් දහම් පවා පිරිහී යන්නේ."

සාදු! සාදු!! සාදු!!!

1.8.3.

3. "පින්වත් මහණෙනි, යම් කරුණකින් නූපන් කුසල් උපදිනවා නම්, උපන් අකුසල් දහම් පිරිහිලා යනවා නම්, පින්වත් මහණෙනි, කුසල සහගත දේවල්වල යෙදීමත්, අකුසල් දහම්වල නොයෙදීමත් තරම් එයට හේතු වන, වෙන එකම දෙයක් වත් මා දකින්නේ නෑ. පින්වත් මහණෙනි, කුසල සහගත දේවල්වල යෙදීමත්, අකුසල් දහම්වල නොයෙදීමත් නිසාමයි නූපන් කුසල් උපදින්නේ. උපන් අකුසල් දහම් පවා පිරිහී යන්නේ."

සාදු! සාදු!! සාදු!!!

1.8.4.

4. "පින්වත් මහණෙනි, යම් කරුණකින් බොජ්ඣංග (චතුරාර්ය සත්‍ය අවබෝධයට උපකාර වන) ධර්මයන් උපදින්නේ නැත්නම්, උපන් බොජ්ඣංග ධර්මයන් භාවනාවෙන් සම්පූර්ණ වෙලා යන්නෙ නැත්නම්, පින්වත් මහණෙනි, නුවණින් තොරව මෙනෙහි කිරීම තරම් එයට හේතු වන වෙන එකම දෙයක්වත් මා දකින්නේ නෑ. පින්වත් මහණෙනි, නුවණින් තොරව මෙනෙහි කරන කෙනාට නූපන් බොජ්ඣංග ධර්ම උපදින්නෙ නෑ. උපන් බොජ්ඣංග ධර්ම වුනත් භාවනාවෙන් සම්පූර්ණ වෙන්නෙ නෑ."

සාදු! සාදු!! සාදු!!!

1.8.5.

5. "පින්වත් මහණෙනි, යම් කරුණකින් නූපන් බොජ්ඣංග (චතුරාර්ය සත්‍ය අවබෝධයට උපකාර වන) ධර්මයන් උපදිනවා නම්, උපන් බොජ්ඣංග ධර්මයන් භාවනාවෙන් සම්පූර්ණ වෙනවා නම්, පින්වත් මහණෙනි, ධර්මයට අනුව නුවණින් මෙනෙහි කිරීම තරම් එයට හේතු වන වෙන එකම දෙයක්වත් මා දකින්නේ නෑ. පින්වත් මහණෙනි, ධර්මයට අනුව නුවණින් මෙනෙහි කරන කෙනාට නූපන් බොජ්ඣංග ධර්ම උපදිනවා. උපන් බොජ්ඣංග ධර්ම වුනත් භාවනාවෙන් සම්පූර්ණ වෙනවා."

සාදු! සාදු!! සාදු!!!

1.8.6.

6. "පින්වත් මහණෙනි, යම් ඥාති පරිහානියක් තිබේද එය වනාහී ඉතා අල්ප වූ පරිහානියකි. නමුත් පින්වත් මහණෙනි, පිරිහීම් අතරින් මහත්ම පරිහානිය වන්නේ මේ ප්‍රඥාවෙන් පිරිහීමමයි."

සාදු! සාදු!! සාදු!!!

1.8.7.

7. "පින්වත් මහණෙනි, යම් ඥාතීන්ගේ වැඩි වීමක් තියෙනවා නම්, එය වනාහී අල්ප වූ වැඩිවීමකි. නමුත් පින්වත් මහණෙනි, වැඩි වීම් අතරින් මේ ප්‍රඥාව වර්ධනය වීමමයි අග්‍ර වෙන්නෙ. ඒ නිසා පින්වත් මහණෙනි, මෙන්න මේ විදිහටයි ඔබ හික්මෙන්න ඕන. 'ප්‍රඥා වර්ධනයෙන්ම වැඩෙනවා' කියලා. පින්වත් මහණෙනි, ඔබ විසින් මෙන්න මේ විදිහටමයි හික්මෙන්න ඕන."

සාදු! සාදු!! සාදු!!!

1.8.8.

8. "පින්වත් මහණෙනි, යම් භෝග පරිහානියක් තිබේද එය වනාහී ඉතා අල්ප වූ පරිහානියකි. නමුත් පින්වත් මහණෙනි, පිරිහීම් අතරින් මහත්ම පරිහානිය වන්නේ මේ ප්‍රඥාවෙන් පිරිහීමමයි."

සාදු! සාදු!! සාදු!!!

1.8.9.

9. "පින්වත් මහණෙනි, යම් භෝගයන්ගේ වැඩි වීමක් තියෙනවා නම්, ඒ වනාහී අල්ප වූ වැඩි වීමකි. නමුත් පින්වත් මහණෙනි, වැඩි වීම් අතරින් මේ ප්‍රඥාව වර්ධනය වීමමයි අග්‍ර වෙන්නෙ. ඒ නිසා පින්වත් මහණෙනි, මෙන්න මේ විදිහටයි ඔබ හික්මෙන්න ඕන. 'ප්‍රඥා වර්ධනයෙන්ම වැඩෙනවා' කියලා. පින්වත් මහණෙනි, ඔබ විසින් මෙන්න මේ විදිහටමයි හික්මෙන්න ඕන."

සාදු! සාදු!! සාදු!!!

1.8.10.

10. "පින්වත් මහණෙනි, යම් කීර්ති ප්‍රශංසාවල පරිහානියක් තිබේද එය වනාහී ඉතා අල්ප වූ පරිහානියකි. නමුත් පින්වත් මහණෙනි, පිරිහීම් අතරින් මහත්ම පරිහානිය වන්නේ මේ ප්‍රඥාවෙන් පිරිහීමමයි."

සාදු! සාදු!! සාදු!!!

1.8.11.

11. "පින්වත් මහණෙනි, යම් කීර්ති ප්‍රශංසාවල වැඩි වීමක් තියෙනවා නම්, ඒ වනාහී අල්පමාත්‍ර වූ වැඩි වීමකි. නමුත් පින්වත් මහණෙනි, වැඩි වීම් අතරින් මේ ප්‍රඥාව වර්ධනය වීමමයි අග්‍ර වෙන්නෙ. ඒ නිසා පින්වත් මහණෙනි, මෙන්න මේ විදිහටයි ඔබ හික්මෙන්න ඕන. 'ප්‍රඥා වර්ධනයෙන්ම වැඩෙනවා' කියලා. පින්වත් මහණෙනි, ඔබ විසින් මෙන්න මේ විදිහටමයි හික්මෙන්න ඕන."

සාදු! සාදු!! සාදු!!!

අට වෙනි වර්ගයයි.

9. පමාද වර්ගය
(ප්‍රමාදය ගැන වදාළ දෙසුම් ඇතුළත් කොටස)

1.9.1.

1. "පින්වත් මහණෙනි, යම් දෙයක් මෙතරම් මහා අනර්ථයක් පිණිස හේතු වෙනවා නම්, පින්වත් මහණෙනි, කුසල් දහම්වල යෙදීමට ප්‍රමාදවීම තරම් එයට හේතු වන වෙන එකම දෙයක් වත් මා දකින්නේ නෑ. පින්වත් මහණෙනි, මේ කුසල් දහම්වල යෙදීමට ප්‍රමාදවීම මහා අනර්ථයක් පිණිසම හේතු වෙනවා."

සාදු! සාදු!! සාදු!!!

1.9.2.

2. "පින්වත් මහණෙනි, යම් දෙයක් මෙතරම් මහා අර්ථයක් පිණිස හේතු වෙනවා නම්, පින්වත් මහණෙනි, කුසල් දහම්වල යෙදීමට අප්‍රමාදවීම තරම් එයට හේතු වන වෙන එකම දෙයක් වත් මා දකින්නේ නෑ. පින්වත් මහණෙනි, මේ කුසල් දහම්වල යෙදීමට අප්‍රමාදවීම මහා අර්ථයක් පිණිසම හේතු වෙනවා."

සාදු! සාදු!! සාදු!!!

1.9.3.

3. "පින්වත් මහණෙනි, යම් දෙයක් මෙතරම් මහා අනර්ථයක් පිණිස හේතු වෙනවා නම්, පින්වත් මහණෙනි, කුසීතකම තරම් එයට හේතු වන වෙන එකම දෙයක් වත් මා දකින්නේ නෑ. පින්වත් මහණෙනි, මේ කුසීතකම මහා අනර්ථයක් පිණිසම හේතු වෙනවා."

සාදු! සාදු!! සාදු!!!

1.9.4.

4. "පින්වත් මහණෙනි, යම් දෙයක් මෙතරම් මහා අර්ථයක් පිණිස හේතු වෙනවා නම්, පින්වත් මහණෙනි, කුසල් දහම්වල යෙදීමට පටන් ගත් වීරිය ඇති බව තරම් එයට හේතු වන වෙන එකම දෙයක් වත් මා දකින්නේ නෑ. පින්වත් මහණෙනි, මේ කුසල් දහම්වල යෙදීමට පටන්ගත් වීරිය ඇති බව මහා අර්ථයක් පිණිසම හේතු වෙනවා."

සාදු! සාදු!! සාදු!!!

1.9.5.

5. "පින්වත් මහණෙනි, යම් දෙයක් මෙතරම් මහා අනර්ථයක් පිණිස හේතු වෙනවා නම්, පින්වත් මහණෙනි, තමා ගැන හුවාදක්වමින් ලාභ සත්කාර උපදවන්න කැමති බව තරම් එයට හේතු වන වෙන එකම දෙයක් වත් මා දකින්නේ නෑ. පින්වත් මහණෙනි, මේ තමා ගැන හුවා දක්වමින් ලාභ සත්කාර උපදවන්න කැමති බව මහා අනර්ථයක් පිණිසම හේතු වෙනවා."

සාදු! සාදු!! සාදු!!!

1.9.6.

6. "පින්වත් මහණෙනි, යම් දෙයක් මෙතරම් මහා යහපතක් පිණිස හේතු වෙනවා නම්, පින්වත් මහණෙනි, මේ තමාගේ ගුණදහම් ප්‍රකට නොකොට නිහතමානීව සිටීම (අල්පේච්ඡතාව) තරම් එයට හේතු වන වෙන එකම දෙයක් වත් මා දකින්නේ නෑ. පින්වත් මහණෙනි, මේ තමාගේ ගුණදහම් ප්‍රකට නොකොට නිහතමානීව සිටීම මහා යහපතක් පිණිසම හේතු වෙනවා."

සාදු! සාදු!! සාදු!!!

1.9.7.

7. "පින්වත් මහණෙනි, යම් දෙයක් මෙතරම් මහා අනර්ථයක් පිණිස හේතු වෙනවා නම්, පින්වත් මහණෙනි, මේ ලද දෙයින් නොසතුටු වීම තරම් එයට

හේතු වන වෙන එකම දෙයක් වත් මා දකින්නේ නෑ. පින්වත් මහණෙනි, ලද දෙයින් නොසතුටු වීම මහා අනර්ථයක් පිණිසම හේතු වෙනවා."

සාදු! සාදු!! සාදු!!!

1.9.8.

8. "පින්වත් මහණෙනි, යම් දෙයක් මෙතරම් මහා යහපතක් පිණිස හේතු වෙනවා නම්, පින්වත් මහණෙනි, මේ ලද දෙයින් සතුටු වීම තරම් එයට හේතු වන වෙන එකම දෙයක් වත් මා දකින්නේ නෑ. පින්වත් මහණෙනි, ලද දෙයින් සතුටු වීම මහා යහපතක් පිණිසම හේතු වෙනවා."

සාදු! සාදු!! සාදු!!!

1.9.9.

9. "පින්වත් මහණෙනි, යම් දෙයක් මෙතරම් මහා අනර්ථයක් පිණිස හේතු වෙනවා නම්, පින්වත් මහණෙනි, මේ නුවණින් තොරව මෙනෙහි කිරීම (අයෝනිසෝ මනසිකාරය) තරම් එයට හේතු වන වෙන එකම දෙයක් වත් මා දකින්නේ නෑ. පින්වත් මහණෙනි, නුවණින් තොරව මෙනෙහි කිරීම මහා අනර්ථයක් පිණිසම හේතු වෙනවා."

සාදු! සාදු!! සාදු!!!

1.9.10.

10. "පින්වත් මහණෙනි, යම් දෙයක් මෙතරම් මහා යහපතක් පිණිස හේතු වෙනවා නම්, පින්වත් මහණෙනි, ධර්මයට අනුව නුවණින් මෙනෙහි කිරීම (යෝනිසෝ මනසිකාරය) තරම් එයට හේතු වන වෙන එකම දෙයක් වත් මා දකින්නේ නෑ. පින්වත් මහණෙනි, මේ ධර්මයට අනුව නුවණින් මෙනෙහි කිරීම මහා යහපතක් පිණිසම හේතු වෙනවා."

සාදු! සාදු!! සාදු!!!

1.9.11.

11. "පින්වත් මහණෙනි, යම් දෙයක් මෙතරම් මහා අනර්ථයක් පිණිස හේතු වෙනවා නම්, පින්වත් මහණෙනි, මේ සිහි නුවණින් තොර බව තරම් එයට හේතු වන වෙන එකම දෙයක් වත් මා දකින්නේ නෑ. පින්වත් මහණෙනි, සිහි නුවණින් තොර බව මහා අනර්ථයක් පිණිසම හේතු වෙනවා."

සාදු! සාදු!! සාදු!!!

1.9.12.

12. "පින්වත් මහණෙනි, යම් දෙයක් මෙතරම් මහා යහපතක් පිණිස හේතු වෙනවා නම්, පින්වත් මහණෙනි, අවබෝධයට හේතු වන පරිදි සිහි නුවණ පැවැත්වීම තරම් එයට හේතු වන වෙන එකම දෙයක් වත් මා දකින්නේ නෑ. පින්වත් මහණෙනි, අවබෝධයට හේතු වන පරිදි සිහි නුවණ පැවැත්වීම මහා යහපතක් පිණිසම හේතු වෙනවා."

සාදු! සාදු!! සාදු!!!

1.9.13.

13. "පින්වත් මහණෙනි, යම් දෙයක් මෙතරම් මහා අනර්ථයක් පිණිස හේතු වෙනවා නම්, පින්වත් මහණෙනි, පව්කාර මිතුරන් ඇති බව තරම් එයට හේතු වන වෙන එකම දෙයක් වත් මා දකින්නේ නෑ. පින්වත් මහණෙනි, පව්කාර මිතුරන් ඇති බව මහා අනර්ථයක් පිණිසම හේතු වෙනවා."

සාදු! සාදු!! සාදු!!!

1.9.14.

14. "පින්වත් මහණෙනි, යම් දෙයක් මෙතරම් මහා යහපතක් පිණිස හේතු වෙනවා නම්, පින්වත් මහණෙනි, කලණ මිතුරන් ඇති බව තරම් එයට හේතු වන වෙන එකම දෙයක් වත් මා දකින්නේ නෑ. පින්වත් මහණෙනි, කලණ මිතුරන් ඇති බව මහා යහපතක් පිණිසම හේතු වෙනවා."

සාදු! සාදු!! සාදු!!!

1.9.15.

15. "පින්වත් මහණෙනි, යම් දෙයක් මෙතරම් මහා අනර්ථයක් පිණිස හේතු වෙනවා නම්, පින්වත් මහණෙනි, අකුසල්වල යෙදීමත්, කුසල් දහම්වල නොයෙදීමත් තරම් එයට හේතු වන වෙන එකම දෙයක් වත් මා දකින්නේ නෑ. පින්වත් මහණෙනි, අකුසලයේ යෙදීමත්, කුසල් දහම්වල නොයෙදීමත් මහා අනර්ථයක් පිණිසම හේතු වෙනවා."

සාදු! සාදු!! සාදු!!!

1.9.16.

16. "පින්වත් මහණෙනි, යම් දෙයක් මෙතරම් මහා යහපතක් පිණිස හේතු වෙනවා නම්, පින්වත් මහණෙනි, කුසල්වල යෙදීමත්, අකුසල් දහම්වල නොයෙදීමත් තරම් එයට හේතු වන වෙන එකම දෙයක් වත් මා දකින්නේ නෑ. පින්වත් මහණෙනි, කුසල් දහම්වල යෙදීමත්, අකුසල්වල නොයෙදීමත් මහා යහපතක් පිණිසම හේතු වෙනවා."

සාදු! සාදු!! සාදු!!!

නව වෙනි වර්ගයයි.

10. අජ්ඣත්තික වර්ගය

(ආධ්‍යාත්මික දේ ගැන වදාළ දෙසුම් ඇතුළත් කොටස)

1.10.1.

1. "පින්වත් මහණෙනි, තමා තුළ පිහිටා තිබෙන අංගයක් වශයෙන් මෙතරම් මහා අනර්ථයක් පිණිස හේතු වෙනවා නම්, පින්වත් මහණෙනි, (කුසල් දහම්වල යෙදීමට) ප්‍රමාදය තරම් එයට හේතු වන වෙන එකම දෙයක් වත් මා දකින්නේ නෑ. පින්වත් මහණෙනි, මේ ප්‍රමාදය මහා අනර්ථයක් පිණිසම හේතු වෙනවා."

සාදු! සාදු!! සාදු!!!

1.10.2.

2. "පින්වත් මහණෙනි, තමා තුළ පිහිටා තිබෙන අංගයක් වශයෙන් මෙතරම් මහා අර්ථයක් පිණිස හේතු වෙනවා නම්, පින්වත් මහණෙනි, (කුසල් දහම්වල යෙදීමට) අප්‍රමාදය තරම් එයට හේතු වන වෙන එකම දෙයක් වත් මා දකින්නේ නෑ. පින්වත් මහණෙනි, මේ අප්‍රමාදය මහා අර්ථයක් පිණිසම හේතු වෙනවා."

සාදු! සාදු!! සාදු!!!

1.10.3.

3. "පින්වත් මහණෙනි, තමා තුළ පිහිටා තිබෙන අංගයක් වශයෙන් සළකන විට මෙතරම් මහා අනර්ථයක් පිණිස හේතුවන යම් දෙයක් ඇද්ද, පින්වත් මහණෙනි, (කුසල් දහම්වල යෙදීමට) කුසීතකම තරම් එයට හේතු වන වෙන එකම දෙයක් වත් මා දකින්නේ නෑ. පින්වත් මහණෙනි, මේ කුසීතකම මහා අනර්ථයක් පිණිසම හේතු වෙනවා."

සාදු! සාදු!! සාදු!!!

1.10.4.

4. "පින්වත් මහණෙනි, තමා තුළ පිහිටා තිබෙන අංගයක් වශයෙන් සළකන විට මෙතරම් මහා අර්ථයක් පිණිස හේතු වන යම් දෙයක් ඇද්ද, පින්වත් මහණෙනි, (කුසල් දහම්වල යෙදීමට) වීරිය පටන් ගැනීම තරම් එයට හේතු වන වෙන එකම දෙයක් වත් මා දකින්නේ නෑ. පින්වත් මහණෙනි, මේ වීරිය පටන් ගැනීම මහා අර්ථයක් පිණිසම හේතු වෙනවා."

සාදු! සාදු!! සාදු!!!

1.10.5.

5. "පින්වත් මහණෙනි, තමා තුළ පිහිටා තිබෙන අංගයක් වශයෙන් සළකන විට මෙතරම් මහා අනර්ථයක් පිණිස හේතු වන යම් දෙයක් ඇද්ද, පින්වත් මහණෙනි, තමා ගැන හුවාදක්වමින් ලාභ සත්කාර උපදවන්න කැමැති බව තරම් එයට හේතු වන වෙන එකම දෙයක් වත් මා දකින්නේ නෑ. පින්වත් මහණෙනි, මේ තමා ගැන හුවාදක්වමින් ලාභ සත්කාර උපදවන්න කැමති බව මහා අනර්ථයක් පිණිසම හේතු වෙනවා."

සාදු! සාදු!! සාදු!!!

1.10.6.

6. "පින්වත් මහණෙනි, තමා තුළ පිහිටා තිබෙන අංගයක් වශයෙන් සළකන විට මෙතරම් මහා අර්ථයක් පිණිස හේතු වන යම් දෙයක් ඇද්ද, පින්වත් මහණෙනි, තමාගේ ගුණදහම් ප්‍රකට නොකොට නිහතමානීව සිටීම (අල්පේච්ඡතාව) තරම් එයට හේතු වන වෙන එකම දෙයක් වත් මා දකින්නේ නෑ. පින්වත් මහණෙනි, මේ තමා ගේ ගුණදහම් ප්‍රකට නොකොට නිහතමානීව සිටීම (අල්පේච්ඡතාව) මහා අර්ථයක් පිණිසම හේතු වෙනවා."

සාදු! සාදු!! සාදු!!!

1.10.7.

7. "පින්වත් මහණෙනි, තමා තුළ පිහිටා තිබෙන අංගයක් වශයෙන් සළකන විට මෙතරම් මහා අනර්ථයක් පිණිස හේතු වන යම් දෙයක් ඇද්ද, පින්වත්

මහණෙනි, ලද දෙයින් නොසතුටු වීම තරම් එයට හේතු වන වෙන එකම දෙයක් වත් මා දකින්නේ නෑ. පින්වත් මහණෙනි, මේ ලද දෙයින් නොසතුටු වීම මහා අනර්ථයක් පිණිසම හේතු වෙනවා."

සාදු! සාදු!! සාදු!!!

1.10.8.

8. "පින්වත් මහණෙනි, තමා තුළ පිහිටා තිබෙන අංගයක් වශයෙන් සළකන විට මෙතරම් මහා අර්ථයක් පිණිස හේතු වන යම් දෙයක් ඇද්ද, පින්වත් මහණෙනි, ලද දෙයින් සතුටු වීම තරම් එයට හේතු වන වෙන එකම දෙයක් වත් මා දකින්නේ නෑ. පින්වත් මහණෙනි, මේ ලද දෙයින් සතුටු වීම මහා අර්ථයක් පිණිසම හේතු වෙනවා."

සාදු! සාදු!! සාදු!!!

1.10.9.

9. "පින්වත් මහණෙනි, තමා තුළ පිහිටා තිබෙන අංගයක් වශයෙන් සළකන විට මෙතරම් මහා අනර්ථයක් පිණිස හේතු වන යම් දෙයක් ඇද්ද, පින්වත් මහණෙනි, නුවණින් තොරව මෙනෙහි කිරීම තරම් එයට හේතු වන වෙන එකම දෙයක් වත් මා දකින්නේ නෑ. පින්වත් මහණෙනි, මේ නුවණින් තොරව මෙනෙහි කිරීම මහා අනර්ථයක් පිණිසම හේතු වෙනවා."

සාදු! සාදු!! සාදු!!!

1.10.10.

10. "පින්වත් මහණෙනි, තමා තුළ පිහිටා තිබෙන අංගයක් වශයෙන් සළකන විට මෙතරම් මහා අර්ථයක් පිණිස හේතු වන යම් දෙයක් ඇද්ද, පින්වත් මහණෙනි, ධර්මයට අනුව නුවණින් මෙනෙහි කිරීම තරම් එයට හේතු වන වෙන එකම දෙයක් වත් මා දකින්නේ නෑ. පින්වත් මහණෙනි, මේ ධර්මයට අනුව නුවණින් මෙනෙහි කිරීම මහා අර්ථයක් පිණිසම හේතු වෙනවා."

සාදු! සාදු!! සාදු!!!

1.10.11.

11. "පින්වත් මහණෙනි, තමා තුළ පිහිටා තිබෙන අංගයක් වශයෙන් සළකන විට මෙතරම් මහා අනර්ථයක් පිණිස හේතු වන යම් දෙයක් ඇද්ද, පින්වත් මහණෙනි, සිහි නුවණින් තොරව සිටීම තරම් එයට හේතු වන වෙන එකම දෙයක් වත් මා දකින්නේ නෑ. පින්වත් මහණෙනි, සිහි නුවණින් තොරව සිටීම මහා අනර්ථයක් පිණිසම හේතු වෙනවා."

සාදු! සාදු!! සාදු!!!

1.10.12.

12. "පින්වත් මහණෙනි, තමා තුළ පිහිටා තිබෙන අංගයක් වශයෙන් සළකන විට මෙතරම් මහා අර්ථයක් පිණිස හේතු වන යම් දෙයක් ඇද්ද, පින්වත් මහණෙනි, අවබෝධයට හේතු වන පරිදි සිහි නුවණින් සිටීම තරම් එයට හේතු වන වෙන එකම දෙයක් වත් මා දකින්නේ නෑ. පින්වත් මහණෙනි, අවබෝධයට හේතු වන පරිදි සිහි නුවණින් සිටීම මහා අර්ථයක් පිණිසම හේතු වෙනවා."

සාදු! සාදු!! සාදු!!!

1.10.13.

13. "පින්වත් මහණෙනි, තමා හට බාහිරින් සම්බන්ධ වන අංගයක් වශයෙන් සළකන විට මෙතරම් මහා අනර්ථයක් පිණිස හේතු වන යම් දෙයක් ඇද්ද, පින්වත් මහණෙනි, පව්ටු මිතුරන් ඇසුරු කිරීම තරම් එයට හේතු වන වෙන එකම දෙයක් වත් මා දකින්නේ නෑ. පින්වත් මහණෙනි, පව්ටු මිතුරන් ඇසුරු කිරීම මහා අනර්ථයක් පිණිසම හේතු වෙනවා."

සාදු! සාදු!! සාදු!!!

1.10.14.

14. "පින්වත් මහණෙනි, තමා හට බාහිරින් සම්බන්ධ වන අංගයක් වශයෙන් සළකන විට මෙතරම් මහා අර්ථයක් පිණිස හේතු වන යම් දෙයක් ඇද්ද, පින්වත් මහණෙනි, කලණ මිතුරන් ඇසුරු කිරීම තරම් එයට හේතු වන වෙන

එකම දෙයක් වත් මා දකින්නේ නෑ. පින්වත් මහණෙනි, කලණ මිතුරන් ඇසුරු කිරීම මහා අර්ථයක් පිණිසම හේතු වෙනවා."

සාදු! සාදු!! සාදු!!!

1.10.15.

15. "පින්වත් මහණෙනි, තමා තුළ පිහිටා තිබෙන අංගයක් වශයෙන් සළකන විට මෙතරම් මහා අනර්ථයක් පිණිස හේතු වන යම් දෙයක් ඇද්ද, පින්වත් මහණෙනි, පාපී අකුසල්වල යෙදීමත්, කුසල් දහම්වල නොයෙදීමත් තරම් එයට හේතු වන වෙන එකම දෙයක් වත් මා දකින්නේ නෑ. පින්වත් මහණෙනි, අකුසල්වල යෙදීමත්, කුසල් දහම්වල නොයෙදීමත් මහා අනර්ථයක් පිණිසම හේතු වෙනවා."

සාදු! සාදු!! සාදු!!!

1.10.16.

16. "පින්වත් මහණෙනි, තමා තුළ පිහිටා තිබෙන අංගයක් වශයෙන් සළකන විට මෙතරම් මහා අර්ථයක් පිණිස හේතු වන යම් දෙයක් ඇද්ද, පින්වත් මහණෙනි, කුසල් දහම්වල යෙදීමත්, අකුසල්වල නොයෙදීමත් තරම් එයට හේතු වන වෙන එකම දෙයක් වත් මා දකින්නේ නෑ. පින්වත් මහණෙනි, කුසල් දහම්හි යෙදීමත්, අකුසල්වල නොයෙදීමත් මහා අර්ථයක් පිණිසම හේතු වෙනවා."

සාදු! සාදු!! සාදු!!!

1.10.17.

17. "පින්වත් මහණෙනි, යම් දෙයක් මේ සද්ධර්මයේ විනාශය පිණිස, අතුරුදහන් වීම පිණිස හේතු වෙනවා නම්, පින්වත් මහණෙනි, මේ ධර්මයේ හැසිරීමට පමාවීම තරම් එයට හේතු වන, වෙන එකම දෙයක් වත් මා දකින්නේ නෑ. පින්වත් මහණෙනි, මේ ධර්මයේ හැසිරීමට පමාවීම සද්ධර්මයේ විනාශය පිණිසත්, අතුරුදහන් වීම පිණිසත් හේතු වෙනවා."

සාදු! සාදු!! සාදු!!!

1.10.18.

17. "පින්වත් මහණෙනි, යම් දෙයක් මේ සද්ධර්මයේ පැවැත්ම පිණිස, විනාශ නොවීම පිණිස, අතුරුදහන් නොවීම පිණිස හේතු වෙනවා නම්, පින්වත් මහණෙනි, මේ ධර්මයේ හැසිරීමට නොපමාවීම තරම් එයට හේතු වන, වෙන එකම දෙයක් වත් මා දකින්නේ නෑ. පින්වත් මහණෙනි, මේ ධර්මයේ හැසිරීමට නොපමාවීම සද්ධර්මයේ පැවැත්ම පිණිසත්, විනාශ නොවීම පිණිසත්, අතුරුදහන් නොවීම පිණිසත් හේතු වෙනවා."

සාදු! සාදු!! සාදු!!!

1.10.19.

19. "පින්වත් මහණෙනි, යම් දෙයක් මේ සද්ධර්මයේ විනාශය පිණිස, අතුරුදහන් වීම පිණිස හේතු වෙනවා නම්, පින්වත් මහණෙනි, මේ ධර්මයේ හැසිරීමට කම්මැලි වීම තරම් එයට හේතු වන, වෙන එකම දෙයක් වත් මා දකින්නේ නෑ. පින්වත් මහණෙනි, මේ ධර්මයේ හැසිරීමට කම්මැලි වීම සද්ධර්මයේ විනාශය පිණිසත්, අතුරුදහන් වීම පිණිසත් හේතු වෙනවා."

සාදු! සාදු!! සාදු!!!

1.10.20.

20. "පින්වත් මහණෙනි, යම් දෙයක් මේ සද්ධර්මයේ පැවැත්ම පිණිස, විනාශ නොවීම පිණිස, අතුරුදහන් නොවීම පිණිස හේතු වෙනවා නම්, පින්වත් මහණෙනි, මේ ධර්මයේ හැසිරීම උදෙසා පටන් ගත් වීරිය ඇති බව තරම් එයට හේතු වන, වෙන එකම දෙයක් වත් මා දකින්නේ නෑ. පින්වත් මහණෙනි, මේ ධර්මයේ හැසිරීම උදෙසා පටන් ගත් වීරිය ඇති බව සද්ධර්මයේ පැවැත්ම පිණිසත්, විනාශ නොවීම පිණිසත්, අතුරුදහන් නොවීම පිණිසත් හේතු වෙනවා."

සාදු! සාදු!! සාදු!!!

1.10.21-30.

21-30. "පින්වත් මහණෙනි, යම් දෙයක් මේ සද්ධර්මයේ විනාශය පිණිස, අතුරුදහන් වීම පිණිස හේතු වෙනවා නම්, පින්වත් මහණෙනි, මාන්නයෙන්

තමා ගැන කියා පෑම ....(පෙ).... අල්පේච්ඡතාවය ....(පෙ).... ලද දෙයින් නොසතුටු වීම ....(පෙ).... ලද දෙයින් සතුටු වීම ....(පෙ).... නුවණින් තොරව කල්පනා කිරීම ....(පෙ).... ධර්මයට අනුව නුවණින් කල්පනා කිරීම ....(පෙ).... සිහි නුවණින් තොරව සිටීම ....(පෙ).... සිහි නුවණින් යුතුව සිටීම ....(පෙ).... පාපී මිත්‍රයන් ඇති බව ....(පෙ).... කලණ මිතුරන් ඇති බව ....(පෙ).... පින්වත් මහණෙනි, කලණ මිතුරන් ඇති බව සද්ධර්මයේ පැවැත්ම පිණිසත්, විනාශ නොවීම පිණිසත්, අතුරුදහන් නොවීම පිණිසත් හේතු වෙනවා."

සාදු! සාදු!! සාදු!!!

1.10.31.

31. "පින්වත් මහණෙනි, යම් දෙයක් මේ සද්ධර්මයේ විනාශය පිණිස, අතුරුදහන් වීම පිණිස හේතු වෙනවා නම්, පින්වත් මහණෙනි, මේ අකුසල්වල යෙදීමත්, කුසල් දහම්වල නොයෙදීමත් තරම් එයට හේතු වන, වෙන එකම දෙයක් වත් මා දකින්නේ නෑ. පින්වත් මහණෙනි, මේ අකුසල්වල යෙදීමත්, කුසල් දහම්වල නොයෙදීමත් සද්ධර්මයේ විනාශය පිණිසත්, අතුරුදහන් වීම පිණිසත් හේතු වෙනවා."

සාදු! සාදු!! සාදු!!!

1.10.32.

32. "පින්වත් මහණෙනි, යම් දෙයක් මේ සද්ධර්මයේ පැවැත්ම පිණිස, විනාශ නොවීම පිණිස, අතුරුදහන් නොවීම පිණිස හේතු වෙනවා නම්, පින්වත් මහණෙනි, මේ කුසල් දහම්වල යෙදීමත්, අකුසල්වල නොයෙදීමත් තරම් එයට හේතු වන, වෙන එකම දෙයක් වත් මා දකින්නේ නෑ. පින්වත් මහණෙනි, මේ කුසල් දහම්වල යෙදීමත්, අකුසල්වල නොයෙදීමත් සද්ධර්මයේ පැවැත්ම පිණිසත්, විනාශ නොවීම පිණිසත්, අතුරුදහන් නොවීම පිණිසත් හේතු වෙනවා."

සාදු! සාදු!! සාදු!!!

චතුකෝටිකය නිමා විය.

1.10.33.

33. "පින්වත් මහණෙනි, යම් භික්ෂූන් වහන්සේලා අධර්මය ධර්මය වශයෙන් විස්තර කරනවා නම්, පින්වත් මහණෙනි, ඒ භික්ෂූන් වහන්සේලා බොහෝ ජනයාගේ අයහපත පිණිස, බොහෝ දෙනාගේ අපහසුව පිණිස, බොහෝ දෙනාගේත්, දෙව් මිනිසුන්ගේත් අනර්ථය පිණිසම, අහිත පිණිසම, දුක පිණිසම පිළිපන් පිරිසකි. පින්වත් මහණෙනි, ඒ භික්ෂූන් බොහෝ පව් රැස් කර ගන්නවා. ඔවුන් තමයි මේ සද්ධර්මය (බුදු සසුන) අතුරුදහන් කරන්නෙ."

සාදු! සාදු!! සාදු!!!

1.10.34-42.

34-42. "පින්වත් මහණෙනි, යම් භික්ෂූන් වහන්සේලා ධර්මය අධර්මය වශයෙන් විස්තර කරනවා නම්, ...(පෙ).... අවිනය විනය හැටියට විස්තර කරනවා නම්, ...(පෙ).... විනය අවිනය හැටියට විස්තර කරනවා නම්, ...(පෙ).... තථාගතයන් වහන්සේ විසින් දේශනා නොකළ, ප්‍රකාශ නොකළ දෙය තථාගතයන් වහන්සේ විසින් දේශනා කළ දෙයක් බවත්, ප්‍රකාශ කළ දෙයක් බවත් වශයෙන් විස්තර කරනවා නම්, ...(පෙ).... තථාගතයන් වහන්සේ විසින් දේශනා කළ, ප්‍රකාශ කළ දේ, තථාගතයන් වහන්සේ විසින් දේශනා කරලා නැහැ, ප්‍රකාශ කරලා නැහැ කියලා විස්තර කරනවා නම්, ...(පෙ).... තථාගතයන් වහන්සේ විසින් පුරුදු නොකරන ලද දේ, තථාගතයන් වහන්සේ විසින් පුරුදු කරන ලද දෙයක් හැටියට විස්තර කරනවා නම්, ...(පෙ).... තථාගතයන් වහන්සේ විසින් පුරුදු කරන ලද දේ, තථාගතයන් වහන්සේ විසින් පුරුදු නොකරන ලද දෙයක් හැටියට ප්‍රකාශ කරනවා නම්, ...(පෙ).... තථාගතයන් වහන්සේ විසින් නොපණවන ලද දේ, තථාගතයන් වහන්සේ විසින් පණවන ලද දෙයක් හැටියට විස්තර කරනවා නම්, ...(පෙ).... තථාගතයන් වහන්සේ විසින් පණවන ලද දේ, තථාගතයන් වහන්සේ විසින් නොපණවන ලද දෙයක් හැටියට විස්තර කරනවා නම්, පින්වත් මහණෙනි, ඒ භික්ෂූන් වහන්සේලා බොහෝ ජනයාගේ අයහපත පිණිස, බොහෝ දෙනාගේ අපහසුව පිණිස, බොහෝ දෙනාගේත්, දෙව් මිනිසුන්ගේත් අනර්ථය පිණිසම, අහිත පිණිසම, දුක පිණිසම පිළිපන් පිරිසකි. පින්වත් මහණෙනි, ඒ භික්ෂූන් බොහෝ පව් රැස් කර ගන්නවා. ඔවුන් තමයි මේ සද්ධර්මය (බුදු සසුන) අතුරුදහන් කරන්නෙ."

සාදු! සාදු!! සාදු!!!

දස වෙනි වර්ගයයි.

11. අධම්ම වර්ගය

1.11.1.

1. සැවැත් නුවරදී .....

"පින්වත් මහණෙනි, යම් ඒ භික්ෂූන් වහන්සේලා අධර්මය අධර්මය වශයෙන් විස්තර කරනවා නම්, පින්වත් මහණෙනි, ඒ භික්ෂූන් වහන්සේලා බොහෝ ජනයාගේ යහපත පිණිස, බොහෝ දෙනාගේ සැපය පිණිස, බොහෝ ජනයාගේත්, දෙව් මිනිසුන්ගේත් අර්ථය පිණිසම, යහපත පිණිසම, සැපය පිණිසම පිළිපන් පිරිසකි. පින්වත් මහණෙනි, ඒ භික්ෂූන් බොහෝ පින් රැස් කර ගන්නවා. ඔවුන් තමයි මේ සද්ධර්මය (බුද්ධ ශාසනය) පවත්වන්නෙ."

සාදු! සාදු!! සාදු!!!

1.11.2-10.

2.-10. "පින්වත් මහණෙනි, යම් භික්ෂූන් වහන්සේලා ධර්මය ධර්මය වශයෙන් විස්තර කරනවා නම්, ...(පෙ).... අවිනය අවිනය හැටියට විස්තර කරනවා නම්, ...(පෙ).... විනය විනය හැටියට විස්තර කරනවා නම්, ...(පෙ).... තථාගතයන් වහන්සේ විසින් දේශනා නොකළ, ප්‍රකාශ නොකළ දෙය තථාගතයන් වහන්සේ විසින් දේශනා නොකළ දෙයක් බවත්, ප්‍රකාශ නොකළ දෙයක් බවත් වශයෙන් විස්තර කරනවා නම්, ...(පෙ).... තථාගතයන් වහන්සේ විසින් දේශනා කළ, ප්‍රකාශ කළ දේ, තථාගතයන් වහන්සේ විසින් දේශනා කරන ලද, ප්‍රකාශ කරන ලද දේ හැටියට විස්තර කරනවා නම්, ...(පෙ).... තථාගතයන් වහන්සේ විසින් පුරුදු නොකරන ලද දේ, තථාගතයන් වහන්සේ විසින් පුරුදු නොකරන ලද දෙයක් හැටියට විස්තර කරනවා නම්, ...(පෙ).... තථාගතයන් වහන්සේ විසින් පුරුදු කරන ලද දේ, තථාගතයන් වහන්සේ විසින් පුරුදු කරන ලද

දෙයක් හැටියට ප්‍රකාශ කරනවා නම්, ...(පෙ).... තථාගතයන් වහන්සේ විසින් නොපණවන ලද දේ, තථාගතයන් වහන්සේ විසින් නොපණවන ලද දෙයක් හැටියට විස්තර කරනවා නම්, ...(පෙ).... තථාගතයන් වහන්සේ විසින් පණවන ලද දේ, තථාගතයන් වහන්සේ විසින් පණවන ලද දෙයක් හැටියට විස්තර කරනවා නම්, පින්වත් මහණෙනි, ඒ භික්ෂූන් වහන්සේලා බොහෝ ජනයාගේ යහපත පිණිස, බොහෝ දෙනාගේ සැපය පිණිස, බොහෝ ජනයාගේත්, දෙව් මිනිසුන්ගේත් අර්ථය පිණිසම, යහපත පිණිසම, සැපය පිණිසම පිළිපන් පිරිසකි. පින්වත් මහණෙනි, ඒ භික්ෂූන් බොහෝ පින් රැස් කර ගන්නවා. ඔවුන් තමයි මේ සද්ධර්මය (බුද්ධ ශාසනය) පවත්වන්නෙ."

සාදු! සාදු!! සාදු!!!

එකොළොස් වෙනි වර්ගයයි.

12. අනාපත්ති වර්ගය

1.12.1.-10.

1-10. "පින්වත් මහණෙනි, යම් භික්ෂූන් වහන්සේලා ආපත්තියක් (භික්ෂූන් අතින් සිදුවන වැරැද්දක්) නොවන දේ, ආපත්තියක් හැටියට පෙන්වා දෙනවා නම්, ...(පෙ).... ආපත්තිය, ආපත්තියක් නොවන දෙයක් හැටියට පෙන්වා දෙනවා නම්, ...(පෙ).... සුළු ආපත්තියක්, ලොකු ආපත්තියක් හැටියට පෙන්වා දෙනවා නම්, ...(පෙ).... ලොකු ආපත්තියක්, සුළු ආපත්තියක් හැටියට පෙන්වා දෙනවා නම්, ...(පෙ).... බරපතල ආපත්තියක්, බරපතල නොවන ආපත්තියක් හැටියට පෙන්වා දෙනවා නම්, ...(පෙ).... බරපතල නොවන ආපත්තියක්, බරපතල ආපත්තියක් හැටියට පෙන්වා දෙනවා නම්, ...(පෙ).... සම්පූර්ණ නොවූ ආපත්තියක්, සම්පූර්ණ ආපත්තියක් හැටියට පෙන්වා දෙනවා නම්, ...(පෙ).... සම්පූර්ණ වූ ආපත්තියක්, සම්පූර්ණ නොවූ ආපත්තියක් හැටියට පෙන්වා දෙනවා නම්, ...(පෙ).... පිළියම් කරන්න පුළුවන් ආපත්තියක්, පිළියම් කිරීමට බැරි ආපත්තියක් හැටියට පෙන්වා දෙනවා නම්, ...(පෙ).... පිළියම් කිරීමට බැරි ආපත්තියක්, පිළියම් කිරීමට හැකි ආපත්තියක් හැටියට පෙන්වා දෙනවා නම්, පින්වත් මහණෙනි, ඒ භික්ෂූන් වහන්සේලා බොහෝ ජනයාගේ අයහපත පිණිස, බොහෝ දෙනාගේ අපහසුව පිණිස, බොහෝ දෙනාගේත්, දෙව් මිනිසුන්ගේත් අනර්ථය පිණිසම, අහිත පිණිසම, දුක පිණිසම පිළිපන් පිරිසකි. පින්වත් මහණෙනි, ඒ භික්ෂූන් බොහෝ පව් රැස් කර ගන්නවා. ඔවුන් තමයි මේ සද්ධර්මය අතුරුදහන් කරන්නෙ."

සාදු! සාදු!! සාදු!!!

1.12.11.-20.

11-20. "පින්වත් මහණෙනි, යම් භික්ෂූන් වහන්සේලා අනාපත්තියක් (භික්ෂූන්

අතින් සිදුවන වැරැදි නොවන දේ), අනාපත්තියක් හැටියටම පෙන්වා දෙනවා නම්, ...(පෙ).... ආපත්තිය, ආපත්තිය හැටියටම පෙන්වා දෙනවා නම්, ...(පෙ).... සුළු ආපත්තිය, සුළු ආපත්තිය හැටියටම පෙන්වා දෙනවා නම්, ...(පෙ).... ලොකු ආපත්තිය, ලොකු ආපත්තිය හැටියටම පෙන්වා දෙනවා නම්, ...(පෙ).... බරපතල ආපත්තිය, බරපතල ආපත්තිය හැටියටම පෙන්වා දෙනවා නම්, ...(පෙ).... බරපතල නොවන ආපත්තිය, බරපතල නොවන ආපත්තිය හැටියටම පෙන්වා දෙනවා නම්, ...(පෙ).... සම්පූර්ණ නොවූ ආපත්තිය, සම්පූර්ණ නොවූ ආපත්තිය හැටියටම පෙන්වා දෙනවා නම්, ...(පෙ).... සම්පූර්ණ වූ ආපත්තිය, සම්පූර්ණ වූ ආපත්තිය හැටියටම පෙන්වා දෙනවා නම්, ...(පෙ).... පිළියම් කරන්න පුළුවන් ආපත්තිය, පිළියම් කිරීමට හැකි ආපත්තිය හැටියටම පෙන්වා දෙනවා නම්, ...(පෙ).... පිළියම් කිරීමට බැරි ආපත්තිය, පිළියම් කිරීමට බැරි ආපත්තිය හැටියටම පෙන්වා දෙනවා නම්, පින්වත් මහණෙනි, ඒ භික්ෂූන් වහන්සේලා බොහෝ ජනයාගේ යහපත පිණිස, බොහෝ දෙනාගේ සැපය පිණිස, බොහෝ ජනයාගේත්, දෙව් මිනිසුන්ගේත් අර්ථය පිණිසම, යහපත පිණිසම, සැපය පිණිසම පිළිපන් පිරිසකි. පින්වත් මහණෙනි, ඒ භික්ෂූන් බොහෝ පින් රැස් කර ගන්නවා. ඔවුන් තමයි මේ සද්ධර්මය ස්ථාපිත කරන්නෙ."

සාදු! සාදු!! සාදු!!!

දොළොස් වෙනි වර්ගයයි.

13. ඒකපුග්ගල වර්ගය

1.13.1.

1. "පින්වත් මහණෙනි, මේ ලෝකයෙහි උපදින එකම පුද්ගලයෙක් ඉන්නවා. බොහෝ ජනයා හට හිතසුව පිණිස, බොහෝ ජනයාගේ සැපය පිණිස, ලෝකයට අනුකම්පාව පිණිස, දෙව් මිනිසුන්ගේ යහපත පිණිසම, හිතසුව පිණිසම, සැපය පිණිසමයි උපදින්නේ. ඒ එකම පුද්ගලයා වනාහී කවරහුද? තථාගත අරහත් සම්මා සම්බුදුරජාණන් වහන්සේය. පින්වත් මහණෙනි, මොහු වනාහී බොහෝ ජනයා හට හිතසුව පිණිස, දෙව් මිනිසුන්ගේ යහපත පිණිසම හිතසුව පිණිසම සැපය පිණිස මේ ලෝකයෙහි උපදිනවා නම් උපදින එකම පුද්ගලයාය."

සාදු! සාදු!! සාදු!!!

1.13.2.

2. "පින්වත් මහණෙනි, එකම පුද්ගලයෙකුගේ පහළ වීම ලෝකයෙහි දුර්ලභ දෙයකි. ඒ කවර එකම පුද්ගලයෙකුගේ පහළ වීමක්ද යත්, තථාගත අරහත් සම්මා සම්බුදුරජාණන් වහන්සේගේ පහළ වීමය. පින්වත් මහණෙනි, මේ එකම පුද්ගලයාගේ පහළ වීම ලෝකයෙහි ඉතාමත් දුර්ලභ වූ දෙයයි."

සාදු! සාදු!! සාදු!!!

1.13.3.

3. "පින්වත් මහණෙනි, ආශ්චර්යවත් මනුෂ්‍යයෙක් වශයෙන් ලෝකයෙහි උපදිනවා නම් උපදින එකම පුද්ගලයෙක් ඉන්නවා. ඒ එකම පුද්ගලයා කවරහුද?

තථාගත අරහත් සම්මා සම්බුදුරජාණන් වහන්සේය. පින්වත් මහණෙනි, මොහු වනාහී ආශ්චර්යවත් මනුෂ්‍යයා වශයෙන් මේ ලෝකයෙහි උපදිනවා නම් උපදින එකම පුද්ගලයාය."

සාදු! සාදු!! සාදු!!!

1.13.4.

4. "පින්වත් මහණෙනි, මේ ලෝකයෙහි එකම පුද්ගලයෙකුගේ කළුරිය කිරීම බොහෝ දෙනා හට දුක් වීම පිණිස හේතු වෙනවා. ඒ කවර එකම පුද්ගලයෙකුගේ අභාවයක්ද යත්, තථාගත අරහත් සම්මා සම්බුදුරජාණන් වහන්සේගේ කළුරිය කිරීමයි. පින්වත් මහණෙනි, මේ එකම පුද්ගලයාගේ කළුරිය කිරීම බොහෝ ජනයාට දුක් වීමට හේතුවක් වෙනවා."

සාදු! සාදු!! සාදු!!!

1.13.5.-13.

5-13. "පින්වත් මහණෙනි, මේ ලෝකයෙහි උපදිනවා නම් උපදින්නා වූ අද්විතීය (දෙවැන්නෙක් නොමැති) වූ, අසහාය (සහායකයෙක් නොමැති) වූ, අප්‍රතිම (කිසිවෙකු හා සැසඳිය නොහැකි) වූ, අප්‍රතිභාග (කිසිවෙකුගේ කොටස්කරුවෙකු නොවන) වූ, අප්‍රතිපුද්ගල (කිසිවෙකු හා සම කළ නොහැකි) වූ, අසමසම (සම්මා සම්බුදුවරුන් සමඟ පමණක් සැසඳිය හැකි) වූ, දෙපා ඇති මිනිසුන්ට අග්‍ර වූ එකම පුද්ගලයෙක් ඉන්නවා. ඒ එකම පුද්ගලයා කවරහුද? තථාගත අරහත් සම්මා සම්බුදුරජාණන් වහන්සේය. පින්වත් මහණෙනි, මොහු වනාහී ලෝකයෙහි උපදිනවා නම් උපදින්නා වූ අද්විතීය (දෙවැන්නෙක් නොමැති) වූ, අසහාය (සහායකයෙක් නොමැති) වූ, අප්‍රතිම (කිසිවෙකු හා සැසඳිය නොහැකි) වූ, අප්‍රතිභාග (කිසිවෙකුගේ කොටස්කරුවෙකු නොවන) වූ, අප්‍රතිපුද්ගල (කිසිවෙකු හා සම කළ නොහැකි) වූ, අසමසම (සම්මා සම්බුදුවරුන් සමඟ පමණක් සැසඳිය හැකි) වූ, දෙපා ඇති මිනිසුන්ට අග්‍ර වූ එකම පුද්ගලයාය."

සාදු! සාදු!! සාදු!!!

1.13.14.-25.

14-25. "පින්වත් මහණෙනි, එකම පුද්ගලයෙකුගේ පහළ වීම වනාහී මහා ප්‍රඥා ඇසක පහළ වීමය. මහා ආලෝකයක පහළ වීමය. මහා එළියක පහළ වීමය. සය වැදෑරුම් අනුත්තරීය ධර්මයන්ගේ පහළ වීමය. සිව් පිළිසිඹියා ධර්මයන්ගේ සාක්ෂාත් කිරීමය. අනේක ධාතූන් ගැන අවබෝධ කිරීමය. නානා ධාතූන් ගැන අවබෝධ කිරීමය. විද්‍යා විමුක්ති ඵල සාක්ෂාත් කිරීමය. සෝතාපත්ති ඵලය සාක්ෂාත් කිරීමය. සකදාගාමී ඵලය සාක්ෂාත් කිරීමය. අනාගාමී ඵලය සාක්ෂාත් කිරීමය. අරහත් ඵලය සාක්ෂාත් කිරීමය. ඒ කවර පුද්ගලයෙකුගේ පහළ වීම නිසාද යත්, තථාගත අරහත් සම්මා සම්බුදුරජාණන් වහන්සේගේ පහළ වීම නිසාය. පින්වත් මහණෙනි, මේ එකම පුද්ගලයෙකුගේ පහළ වීම වනාහී මහා ප්‍රඥා ඇසක පහළ වීමය. මහා ආලෝකයක පහළ වීමය. මහා එළියක පහළ වීමය. සය වැදෑරුම් අනුත්තරීය ධර්මයන්ගේ පහළ වීමය. සිව් පිළිසිඹියා ධර්මයන්ගේ සාක්ෂාත් කිරීමය. අනේක ධාතූන් ගැන අවබෝධ කිරීමය. නානා ධාතූන් ගැන අවබෝධ කිරීමය. විද්‍යා විමුක්ති ඵල සාක්ෂාත් කිරීමය. සෝතාපත්ති ඵලය සාක්ෂාත් කිරීමය. සකදාගාමී ඵලය සාක්ෂාත් කිරීමය. අනාගාමී ඵලය සාක්ෂාත් කිරීමය. අරහත් ඵලය සාක්ෂාත් කිරීමය."

සාදු! සාදු!! සාදු!!!

1.13.26.

26. "පින්වත් මහණෙනි, යම් කෙනෙක් තථාගතයන් වහන්සේ විසින් මැනැවින් පවත්වන ලද අනුත්තර වූ ධර්ම චක්‍රය ඉතා මැනැවින් ඒ අයුරින් ම පවත්වනවා නම්, පින්වත් මහණෙනි, මේ පින්වත් සාරිපුත්තයන් (සාරිපුත්ත මහරහතන් වහන්සේ) හැර වෙන එකම පුද්ගලයෙකුවත් මා දකින්නේ නෑ. පින්වත් මහණෙනි, මේ පින්වත් සාරිපුත්තයන් තථාගතයන් වහන්සේ විසින් පවත්වන ලද අනුත්තර වූ ධර්ම චක්‍රය ඒ අයුරින්ම මැනැවින් පවත්වනවා."

සාදු! සාදු!! සාදු!!!

දහ තුන් වෙනි වර්ගයයි.

14. ඒතදග්ග පාළි

1.14.1.1.-10.

1-10. "පින්වත් මහණෙනි, මේ අඤ්ඤාකොණ්ඩඤ්ඤ නම් භික්ෂුවක් සිටියිද, මාගේ ශ්‍රාවක වූ පැවිදි වී බොහෝ කල් ගත කළ (චිරරාත්‍රඥ) භික්ෂූන් අතුරින් අග්‍ර භාවයට පත් වන්නේ මේ භික්ෂුවයි. ....(පෙ).... මේ සාරිපුත්තයන් වනාහී මහා ප්‍රඥාවන්ත භික්ෂූන් අතුරින් අග්‍ර භාවයට පත් වෙනවා. ....(පෙ).... මේ පින්වත් මහා මොග්ගල්ලානයන් වනාහී ඉර්ධිමත් භික්ෂූන් අතුරින් අග්‍ර භාවයට පත් වෙනවා. ....(පෙ).... මේ පින්වත් මහා කස්සපයන් වනාහී ධූතාංගධාරීව සිට එහි ගුණ පසසන භික්ෂූන් අතුරින් අග්‍ර භාවයට පත් වෙනවා. ....(පෙ).... මේ පින්වත් අනුරුද්ධයන් වනාහී දිවැස් (දිබ්බ චක්ඛු) ලාභී භික්ෂූන් අතුරින් අග්‍ර භාවයට පත්වෙනවා. ....(පෙ).... මේ කාළිගෝධාවගේ පුත්‍ර වූ පින්වත් භද්දියයන් වනාහී උසස් කුලයක උපන් භික්ෂූන් අතුරින් අග්‍ර භාවයට පත් වෙනවා. ....(පෙ).... මේ පින්වත් ලකුණ්ටක භද්දියයන් වනාහී මිහිරි කට හඬ ඇති භික්ෂූන් අතුරින් අග්‍ර භාවයට පත් වෙනවා. ....(පෙ).... මේ පින්වත් පිණ්ඩෝල භාරද්වාජයන් වනාහී සද්ධර්මයෙන් සිංහනාද පවත්වන භික්ෂූන් අතුරින් අග්‍ර භාවයට පත් වෙනවා. ....(පෙ).... මේ පින්වත් මන්තානි පුත්‍ර පුණ්ණයන් වනාහී ධර්මකථික භික්ෂූන් අතුරින් අග්‍ර භාවයට පත් වෙනවා. ....(පෙ).... මේ පින්වත් මහා කච්චායනයන් වනාහී තථාගතයන් වහන්සේ විසින් කෙටියෙන් වදාළ දේ විස්තරාත්මකව බෙදා විස්තර කරන භික්ෂූන් අතුරින් අග්‍ර භාවයට පත් වෙනවා."

සාදු! සාදු!! සාදු!!!

පළමු වෙනි වර්ගයයි.

1.14.2.1.-11.

1-11. "පින්වත් මහණෙනි, මේ පින්වත් චුල්ලපන්ථකයන් වනාහී මනෝමය කය මැවීමෙහි දක්ෂ වූ මාගේ ශ්‍රාවක භික්ෂූන් අතුරින් අග්‍ර භාවයට පත් වෙනවා. ....(පෙ).... මේ පින්වත් චුල්ලපන්ථකයන් වනාහී රූපාවචර ධ්‍යානයෙහි දක්ෂ වූ භික්ෂූන් අතුරින් අග්‍ර භාවයට පත් වෙනවා. ....(පෙ).... මේ පින්වත් මහාපන්ථකයන් වනාහී අරූපාවචර ධ්‍යානයෙහි දක්ෂ භික්ෂූන් අතුරින් අග්‍ර භාවයට පත් වෙනවා. ....(පෙ).... මේ පින්වත් සුභූති වනාහී කෙලෙස් රහිත විහරණයෙන් යුතු භික්ෂූන් අතුරින් අග්‍ර භාවයට පත් වෙනවා. ....(පෙ).... මේ පින්වත් සුභූති වනාහී දක්ෂිණාවන්ට සුදුසු භික්ෂූන් අතුරින් අග්‍ර භාවයට පත් වෙනවා. ....(පෙ).... මේ පින්වත් ඛදිරවනයේ රේවත වනාහී අරණ්‍යවාසී භික්ෂූන් අතුරින් අග්‍ර භාවයට පත් වෙනවා. ....(පෙ).... මේ පින්වත් කංඛාරේවත වනාහී ධ්‍යාන කරන භික්ෂූන් අතුරින් අග්‍ර භාවයට පත්වෙනවා. ....(පෙ).... මේ පින්වත් සෝණ කෝළිවීසයන් වනාහී පටන් ගත් වීරිය ඇති භික්ෂූන් අතුරින් අග්‍ර භාවයට පත් වෙනවා. ....(පෙ).... මේ පින්වත් සෝණ කුටිකණ්ණයන් වනාහී ඉතා කල්‍යාණ වූ බස් පවසන භික්ෂූන් අතුරින් අග්‍ර භාවයට පත් වෙනවා. ....(පෙ).... මේ පින්වත් සීවලී වනාහී ලැබීම් ඇති භික්ෂූන් අතුරින් අග්‍ර භාවයට පත් වෙනවා. ....(පෙ).... මේ පින්වත් වක්කලී වනාහී බලවත් ශ්‍රද්ධාව ඇති භික්ෂූන් අතුරින් අග්‍ර භාවයට පත් වෙනවා. "

සාදු! සාදු!! සාදු!!!

දෙවෙනි වර්ගයයි.

1.14.3.1.-10.

1-10. "පින්වත් මහණෙනි, මේ පින්වත් රාහුලයන් වනාහී මාගේ ශ්‍රාවක වූ හික්මීමට කැමැති භික්ෂූන් අතුරින් අග්‍ර භාවයට පත් වෙනවා. ....(පෙ).... මේ පින්වත් රට්ඨපාලයන් වනාහී ශ්‍රද්ධාවෙන් පැවිදි වූ භික්ෂූන් අතුරින් අග්‍ර භාවයට පත් වෙනවා. ....(පෙ).... මේ පින්වත් කුණ්ඩධානයන් වනාහී පළමු වෙනි දන් සලාකය ලබන භික්ෂූන් අතුරින් අග්‍ර භාවයට පත් වෙනවා. ....(පෙ).... මේ පින්වත් වංගීසයන් වනාහී නිර්මාණශීලී කුසලතා (ප්‍රතිභා ශක්තිය) ඇති භික්ෂූන් අතුරින් අග්‍ර භාවයට පත් වෙනවා. ....(පෙ).... මේ පින්වත් වංගන්ත පුත්‍ර උපසේනයන් වනාහී හැම අයුරින්ම පැහැදීම ඇති වෙන භික්ෂූන් අතුරින් අග්‍ර භාවයට පත් වෙනවා. ....(පෙ).... මේ පින්වත් මල්ල රාජ පුත්‍ර වූ දබ්බයන්

වනාහී (ආගන්තුක භික්ෂූන්ට) සේනාසන සකස් කිරීමේ භික්ෂූන් අතුරින් අග්‍ර භාවයට පත්වෙනවා. ....(පෙ).... මේ පින්වත් පිළින්දිවච්ඡයන් වනාහී දෙවියන්ට ප්‍රිය මනාප භික්ෂූන් අතුරින් අග්‍ර භාවයට පත් වෙනවා. ....(පෙ).... මේ පින්වත් බාහිය දාරුචීරියයන් වනාහී ඉතා ඉක්මනින් ධර්මය අවබෝධ කළ භික්ෂූන් අතුරින් අග්‍ර භාවයට පත් වෙනවා. ....(පෙ).... මේ පින්වත් කුමාර කස්සපයන් වනාහී විචිත්‍ර ධර්ම කථික භික්ෂූන් අතුරින් අග්‍ර භාවයට පත් වෙනවා. ....(පෙ).... මේ පින්වත් මහා කොට්ඨිතයන් වනාහී පටිසම්භිදාවන්ට පත් වූ භික්ෂූන් අතුරින් අග්‍ර භාවයට පත් වෙනවා."

සාදු! සාදු!! සාදු!!!

තුන් වෙනි වර්ගයයි.

1.14.4.1.-16.

1-16. "පින්වත් මහණෙනි, මේ පින්වත් ආනන්දයන් වනාහී මාගේ ශ්‍රාවක වූ බොහෝ ඇසූ පිරූ දේ ඇති භික්ෂූන් අතුරින් අග්‍ර භාවයට පත් වෙනවා. ....(පෙ).... පින්වත් ආනන්දයන් වනාහී මනාව පිහිටි සිහි නුවණ ඇති භික්ෂූන් අතුරින් අග්‍ර භාවයට පත් වෙනවා. ....(පෙ).... පින්වත් ආනන්දයන් වනාහී වහා වැටහෙන නුවණ ඇති භික්ෂූන් අතුරින් අග්‍ර භාවයට පත් වෙනවා. ....(පෙ).... පින්වත් ආනන්දයන් වනාහී බලවත් ස්මරණ ශක්තිය ඇති භික්ෂූන් අතුරින් අග්‍ර භාවයට පත් වෙනවා. ....(පෙ).... පින්වත් ආනන්දයන් වනාහී තථාගතයන් වහන්සේට උපස්ථාන කළ භික්ෂූන් අතුරින් අග්‍ර භාවයට පත් වෙනවා. ....(පෙ).... මේ පින්වත් උරුවේල කස්සපයන් වනාහී මහා පිරිස් ඇති භික්ෂූන් අතුරින් අග්‍ර භාවයට පත් වෙනවා. ....(පෙ).... මේ පින්වත් කාළුදායීයන් වනාහී දායක පවුල් පහදවන්නා වූ භික්ෂූන් අතුරින් අග්‍ර භාවයට පත් වෙනවා. ....(පෙ).... මේ පින්වත් බක්කුලයන් වනාහී අල්ප වූ ආබාධ ඇති භික්ෂූන් අතුරින් අග්‍ර භාවයට පත් වෙනවා. ....(පෙ).... මේ පින්වත් සෝභිතයන් වනාහී පෙර විසූ ජීවිත ගැන සිහි කිරීමේ කුසලතා ඇති භික්ෂූන් අතුරින් අග්‍ර භාවයට පත් වෙනවා. ....(පෙ).... මේ පින්වත් උපාලි වනාහී විනයධර භික්ෂූන් අතුරින් අග්‍ර භාවයට පත් වෙනවා. ....(පෙ).... මේ පින්වත් නන්දකයන් වනාහී භික්ෂුණීන්ට අවවාද කිරීමේ භික්ෂූන් අතුරින් අග්‍ර භාවයට පත් වෙනවා. ....(පෙ).... මේ පින්වත් නන්දයන් වනාහී මැනැවින් රැකගත් ඉන්ද්‍රියන් ඇති භික්ෂූන් අතුරින් අග්‍ර භාවයට පත් වෙනවා. ....(පෙ).... මේ පින්වත් මහා කප්පිනයන් වනාහී භික්ෂූන්ට අවවාද කිරීමේ භික්ෂූන් අතුරින් අග්‍ර භාවයට පත් වෙනවා. ....(පෙ).... මේ පින්වත් සාගතයන් වනාහී තේජෝ ධාතු සමාපත්තියට සමවැදීමේ භික්ෂූන් අතුරින් අග්‍ර භාවයට පත්

වෙනවා. ....(පෙ).... මේ පින්වත් රාධයන් වනාහී අවබෝධයට හේතු වන ධර්ම කථා පවසන්නා වූ භික්ෂූන් අතුරින් අග්‍ර භාවයට පත් වෙනවා. ....(පෙ).... මේ පින්වත් මෝඝරාජයන් වනාහී රළු සිවුරු දරණ භික්ෂූන් අතුරින් අග්‍ර භාවයට පත් වෙනවා."

සාදු! සාදු!! සාදු!!!

හතර වෙනි වර්ගයයි.

1.14.5.1.-13.

1-13. "පින්වත් මහණෙනි, මේ මහා ප්‍රජාපතී ගෞතමිය නම් වූ භික්ෂුණියක් සිටියිද, මාගේ ශ්‍රාවිකාවන් වූ පැවිදි වී බොහෝ කල් ගත කළ (චිරරාත්‍රඥ) භික්ෂුණීන් අතුරින් අග්‍ර භාවයට පත් වන්නේ මේ භික්ෂුණියයි. ....(පෙ).... මේ පින්වත් ඛේමාවන් වනාහී මහා ප්‍රඥා ඇති භික්ෂුණීන් අතුරින් අග්‍ර භාවයට පත් වෙනවා. ....(පෙ).... මේ පින්වත් උප්පලවණ්ණා වනාහී ඉර්ධිමත් භික්ෂුණීන් අතුරින් අග්‍ර භාවයට පත් වෙනවා. ....(පෙ).... මේ පින්වත් පටාචාරාවන් වනාහී විනයධර භික්ෂුණීන් අතුරින් අග්‍ර භාවයට පත් වෙනවා. ....(පෙ).... මේ පින්වත් ධම්මදින්නා වනාහී ධර්මකථික භික්ෂුණීන් අතුරින් අග්‍ර භාවයට පත් වෙනවා. ....(පෙ).... මේ පින්වත් නන්දා වනාහී ධ්‍යාන කරන භික්ෂුණීන් අතුරින් අග්‍ර භාවයට පත් වෙනවා. ....(පෙ).... මේ පින්වත් සෝණා වනාහී පටන් ගත් වීරිය ඇති භික්ෂුණීන් අතුරින් අග්‍ර භාවයට පත් වෙනවා. ....(පෙ).... මේ පින්වත් සකුලා වනාහී දිවැස් ලාභී භික්ෂුණීන් අතුරින් අග්‍ර භාවයට පත් වෙනවා. ....(පෙ).... මේ පින්වත් භද්‍රා කුණ්ඩලකේසා වනාහී ඉතා ඉක්මනින් ධර්මය අවබෝධ කළ භික්ෂුණීන් අතුරින් අග්‍ර භාවයට පත් වෙනවා. ....(පෙ).... මේ පින්වත් භද්‍රාකාපිලානි වනාහී පෙර ජීවිත ගැන සිහි කිරීමේ කුසලතා ඇති භික්ෂුණීන් අතුරින් අග්‍ර භාවයට පත් වෙනවා. ....(පෙ).... මේ පින්වත් භද්දකච්චානා වනාහී මහා අභිඥ්ඥාවන්ට (මහා අවබෝධයකට) පත් භික්ෂුණීන් අතුරින් අග්‍ර භාවයට පත් වෙනවා. ....(පෙ).... මේ පින්වත් කිසාගෝතමිය වනාහී රළු සිවුරු දරන භික්ෂුණීන් අතුරින් අග්‍ර භාවයට පත් වෙනවා. ....(පෙ).... මේ පින්වත් සිඟාලමාතා වනාහී බලවත් ශ්‍රද්ධාව මුල්කොට නිවනට පැමිණි භික්ෂුණීන් අතුරින් අග්‍ර භාවයට පත් වෙනවා."

සාදු! සාදු!! සාදු!!!

පස් වෙනි වර්ගයයි.

1.14.6.1.-10.

1-10. "පින්වත් මහණෙනි, මේ තපුස්ස භල්ලික නම් වූ වෙළඳ ව්‍යාපාරික පින්වතුන් දෙදෙනෙක් සිටිද්දී, මාගේ ගිහි ශ්‍රාවක වූ පළමුවෙන්ම (බුදුන්, දහම්) සරණ ගිය උපාසකයන් අතරින් අග්‍ර භාවයට පත් වන්නේ මේ උපාසකවරුන්ය. ....(පෙ).... අනාථපිණ්ඩික නම් වූ මේ සුදත්ත ගෘහපතිතුමා නම් උපාසකයෙක් සිටියිද, මාගේ ගිහි ශ්‍රාවක වූ දායක උපාසකයන් අතරින් අග්‍ර භාවයට පත් වන්නේ මේ උපාසකතුමායි. ....(පෙ).... මච්ඡිකාසණ්ඩ නගරවාසී මේ චිත්ත ගෘහපති නම් වූ උපාසකයෙක් සිටියිද, මාගේ ගිහි ශ්‍රාවක වූ ධර්මකථික උපාසකයන් අතරින් අග්‍ර භාවයට පත් වන්නේ මේ උපාසකතුමායි. ....(පෙ).... මේ හත්ථක ආළවක නම් වූ උපාසකයෙක් සිටියිද, මාගේ ගිහි ශ්‍රාවක වූ සතර සංග්‍රහ වස්තුවලින් පිරිසට සංග්‍රහ කරන උපාසකයන් අතරින් අග්‍ර භාවයට පත් වන්නේ මේ උපාසකතුමායි. ....(පෙ).... මේ ශාක්‍ය වංශික මහානාම නම් උපාසකයෙක් සිටියිද, මාගේ ගිහි ශ්‍රාවක වූ ප්‍රණීත දේ දන් දෙන උපාසකයන් අතරින් අග්‍ර භාවයට පත් වන්නේ මේ උපාසකතුමායි. ....(පෙ).... විශාලා නුවරවාසී මේ උග්ග ගෘහපති නම් උපාසකයෙක් සිටියිද, මාගේ ගිහි ශ්‍රාවක වූ මනාප වූ කැමැති දේ දන් දෙන උපාසකයන් අතරින් අග්‍ර භාවයට පත් වන්නේ මේ උපාසකතුමායි. ....(පෙ).... මේ උග්ග ගෘහපති නම් උපාසකයෙක් සිටියිද, මාගේ ගිහි ශ්‍රාවක වූ සංඝයාට උපස්ථාන කරන උපාසකයන් අතරින් අග්‍ර භාවයට පත් වන්නේ මේ උපාසකතුමායි. ....(පෙ).... මේ සූර අම්බට්ඨ නම් උපාසකයෙක් සිටියිද, මාගේ ගිහි ශ්‍රාවක වූ අචල පැහැදීමෙන් යුක්ත උපාසකයන් අතරින් අග්‍ර භාවයට පත් වන්නේ මේ උපාසකතුමායි. ....(පෙ).... මේ ජීවක කෝමාරභච්ච නම් උපාසකයෙක් සිටියිද, මාගේ ගිහි ශ්‍රාවක වූ පුද්ගලික පැහැදීමෙන් යුක්ත උපාසකයන් අතරින් අග්‍රභාවයට පත්වන්නේ මේ උපාසක තුමායි. මේ නකුලපිතු ගෘහපති නම් උපාසකයෙක් සිටියි ද, මාගේ ගිහි ශ්‍රාවක වූ විශ්වාසනීය වචන ඇති උපාසකයන් අතරින් අග්‍ර භාවයට පත් වන්නේ මේ උපාසකතුමායි."

සාදු! සාදු!! සාදු!!!

හය වෙනි වර්ගයයි.

1.14.7.1.-10.

1-10. "පින්වත් මහණෙනි, සේනානි සිටු දියණිය වන මේ සුජාතා නම් උපාසිකාවක් සිටියිද, මාගේ ගිහි ශ්‍රාවිකාවන් වූ පළමුවෙන්ම බුදුන් සරණ ගිය

උපාසිකාවන් අතුරින් අග්‍ර භාවයට පත් වන්නේ මේ උපාසිකාවයි. ....(පෙ).... මිගාර මාතාව නම් විරුදාවලිය ලත් මේ විශාඛා නම් උපාසිකාවක් සිටියිද, මාගේ ගිහි ශ්‍රාවිකාවන් වූ දායිකා උපාසිකාවන් අතරින් අග්‍ර භාවයට පත් වන්නේ මේ උපාසිකාවයි. ....(පෙ).... මේ ඛුජ්ජුත්තරා නම් උපාසිකාවක් සිටියිද, මාගේ ගිහි ශ්‍රාවිකාවන් වූ බොහෝ ඇසූ පිරූ තැන් ඇති උපාසිකාවන් අතරින් අග්‍ර භාවයට පත් වන්නේ මේ උපාසිකාවයි. ....(පෙ).... මේ සාමාවතී නම් උපාසිකාවක් සිටියිද, මාගේ ගිහි ශ්‍රාවිකාවන් වූ මෛත්‍රී ධ්‍යාන සිතින් වාසය කරන උපාසිකාවන් අතරින් අග්‍ර භාවයට පත් වන්නේ මේ උපාසිකාවයි. ....(පෙ).... මේ උත්තරා නන්ද මාතා නම් උපාසිකාවක් සිටියිද, මාගේ ගිහි ශ්‍රාවිකාවන් වූ ධ්‍යාන වඩන උපාසිකාවන් අතරින් අග්‍ර භාවයට පත් වන්නේ මේ උපාසිකාවයි. ....(පෙ).... කෝලිය දියණිය වන මේ සුප්පාවාසා නම් උපාසිකාවක් සිටියිද, මාගේ ගිහි ශ්‍රාවිකාවන් වූ ප්‍රණීත දන් පැන් පුදන්නා වූ උපාසිකාවන් අතරින් අග්‍ර භාවයට පත් වන්නේ මේ උපාසිකාවයි. ....(පෙ).... මේ සුප්පියා නම් උපාසිකාවක් සිටියිද, මාගේ ගිහි ශ්‍රාවිකාවන් වූ ගිලන් භික්ෂූන් වහන්සේලාට උපස්ථාන කරන්නා වූ උපාසිකාවන් අතරින් අග්‍ර භාවයට පත් වන්නේ මේ උපාසිකාවයි. ....(පෙ).... මේ කාතියානී නම් උපාසිකාවක් සිටියිද, මාගේ ගිහි ශ්‍රාවිකාවන් වූ අචල පැහැදීමෙන් යුතු උපාසිකාවන් අතරින් අග්‍ර භාවයට පත් වන්නේ මේ උපාසිකාවයි. ....(පෙ).... මේ නකුලමාතා ගෘහපතිනිය නම් උපාසිකාවක් සිටියිද, මාගේ ගිහි ශ්‍රාවිකාවන් වූ විශ්වාසනීය වචන ඇති උපාසිකාවන් අතරින් අග්‍ර භාවයට පත් වන්නේ මේ උපාසිකාවයි. ....(පෙ).... කුරරඝරවාසී මේ කාළි නම් උපාසිකාවක් සිටියිද, මාගේ ගිහි ශ්‍රාවිකාවන් වූ ඇසීමෙන් පැහැදීමට පත් උපාසිකාවන් අතරින් අග්‍ර භාවයට පත් වන්නේ මේ උපාසිකාවයි."

සාදු! සාදු!! සාදු!!!

හත් වෙනි වර්ගයයි.

15. අට්ඨාන පාළි

1.15.1.

සැවත් නුවරදී ....

1. "පින්වත් මහණෙනි, ආර්‍ය දර්ශනයෙන් යුක්ත සෝතාපන්න පුද්ගලයා යම්කිසි සංස්කාරයක් (හේතු ඵල දහමෙන් සකස් වූ දෙයක්) නිත්‍ය හැටියට ගන්නේය යන කරුණ සිදුවන දෙයක් නම් නොවෙයි. එය නොසිදුවන්නා වූ දෙයකි. ඉඩකඩ රහිත දෙයකි. එනමුත් පින්වත් මහණෙනි, පෘථග්ජන පුද්ගලයා නම් යම්කිසි සංස්කාරයක් (හේතු ඵල දහමෙන් සකස් වූ දෙයක්) නිත්‍ය හැටියට ගන්නේය යන කරුණ සිදුවන දෙයකි. මෙය දකින්නට ලැබෙන දෙයකි."

සාදු! සාදු!! සාදු!!!

1.15.2.

2. "පින්වත් මහණෙනි, ආර්‍ය දර්ශනයෙන් යුක්ත සෝතාපන්න පුද්ගලයා යම්කිසි සංස්කාරයක් (හේතු ඵල දහමෙන් සකස් වූ දෙයක්) සැප හැටියට ගන්නේය යන කරුණ සිදුවන දෙයක් නම් නොවෙයි. එය නොසිදුවන්නා වූ දෙයකි. ඉඩකඩ රහිත දෙයකි. එනමුත් පින්වත් මහණෙනි, පෘථග්ජන පුද්ගලයා නම් යම්කිසි සංස්කාරයක් (හේතු ඵල දහමෙන් සකස් වූ දෙයක්) සැප හැටියට ගන්නේය යන කරුණ සිදුවන දෙයකි. මෙය දකින්නට ලැබෙන දෙයකි."

සාදු! සාදු!! සාදු!!!

1.15.3.

3. "පින්වත් මහණෙනි, ආර්‍ය දර්ශනයෙන් යුක්ත සෝතාපන්න පුද්ගලයා යම්කිසි සංස්කාරයක් (හේතු ඵල දහමෙන් සකස් වූ දෙයක්) තම වසඟයෙහි

පැවැත්විය හැකි ආත්මයක් හැටියට ගන්නේය යන කරුණ සිදුවන දෙයක් නම් නොවෙයි. එය නොසිදුවන්නා වූ දෙයකි. ඉඩකඩ රහිත දෙයකි. එනමුත් පින්වත් මහණෙනි, පෘථග්ජන පුද්ගලයා නම් යම්කිසි සංස්කාරයක් (හේතු ඵල දහමෙන් සකස් වූ දෙයක්) තම වසඟයෙහි පැවැත්විය හැකි ආත්මයක් හැටියට ගන්නේය යන කරුණ සිදුවන දෙයකි. මෙය දකින්නට ලැබෙන දෙයකි."

සාදු! සාදු!! සාදු!!!

1.15.4.

4. "පින්වත් මහණෙනි, ආර්ය දර්ශනයෙන් යුක්ත සෝතාපන්න පුද්ගලයා තම මවගේ ජීවිතය තොර (ඝාතනය) කරන්නේය යන කරුණ සිදුවන දෙයක් නම් නොවෙයි. එය නොසිදුවන්නා වූ දෙයකි. ඉඩකඩ රහිත දෙයකි. එනමුත් පින්වත් මහණෙනි, පෘථග්ජන පුද්ගලයා නම් තම මවගේ ජීවිතය තොර (ඝාතනය) කරන්නේය යන කරුණ සිදුවන දෙයකි. දකින්නට ලැබෙන දෙයකි."

සාදු! සාදු!! සාදු!!!

1.15.5.

5. "පින්වත් මහණෙනි, ආර්ය දර්ශනයෙන් යුක්ත සෝතාපන්න පුද්ගලයා තම පියාගේ ජීවිතය තොර (ඝාතනය) කරන්නේය යන කරුණ සිදුවන දෙයක් නම් නොවෙයි. එය නොසිදුවන්නා වූ දෙයකි. ඉඩකඩ රහිත දෙයකි. එනමුත් පින්වත් මහණෙනි, පෘථග්ජන පුද්ගලයා නම් තම පියාගේ ජීවිතය තොර (ඝාතනය) කරන්නේය යන කරුණ සිදුවන දෙයකි. දකින්නට ලැබෙන දෙයකි."

සාදු! සාදු!! සාදු!!!

1.15.6.

6. "පින්වත් මහණෙනි, ආර්ය දර්ශනයෙන් යුක්ත සෝතාපන්න පුද්ගලයා රහතුන්ගේ ජීවිතය තොර (ඝාතනය) කරන්නේය යන කරුණ සිදුවන දෙයක් නම් නොවෙයි. එය නොසිදුවන්නා වූ දෙයකි. ඉඩකඩ රහිත දෙයකි. එනමුත් පින්වත් මහණෙනි, පෘථග්ජන පුද්ගලයා නම් රහතුන්ගේ ජීවිතය තොර (ඝාතනය) කරන්නේය යන කරුණ සිදුවන දෙයකි. දකින්නට ලැබෙන දෙයකි."

සාදු! සාදු!! සාදු!!!

1.15.7.

7. "පින්වත් මහණෙනි, ආර්ය දර්ශනයෙන් යුක්ත සෝතාපන්න පුද්ගලයා දුෂ්ට සිතින් තථාගතයන් වහන්සේගේ සිරුරෙහි ලේ සොලවන්නේය යන කරුණ සිදුවන දෙයක් නම් නොවෙයි. එය නොසිදුවන්නා වූ දෙයකි. ඉඩකඩ රහිත දෙයකි. එනමුත් පින්වත් මහණෙනි, පෘථග්ජන පුද්ගලයා නම් දුෂ්ට සිතින් තථාගතයන් වහන්සේගේ සිරුරෙහි ලේ සොලවන්නේය යන කරුණ සිදුවන දෙයකි. දකින්නට ලැබෙන දෙයකි."

සාදු! සාදු!! සාදු!!!

1.15.8.

8. "පින්වත් මහණෙනි, ආර්ය දර්ශනයෙන් යුක්ත සෝතාපන්න පුද්ගලයා සංඝභේදය කරන්නේය යන කරුණ සිදුවන දෙයක් නම් නොවෙයි. එය නොසිදුවන්නා වූ දෙයකි. ඉඩකඩ රහිත දෙයකි. එනමුත් පින්වත් මහණෙනි, පෘථග්ජන පුද්ගලයා නම් සංඝභේදය කරන්නේය යන කරුණ සිදුවන දෙයකි. දකින්නට ලැබෙන දෙයකි."

සාදු! සාදු!! සාදු!!!

1.15.9.

9. "පින්වත් මහණෙනි, ආර්ය දර්ශනයෙන් යුක්ත සෝතාපන්න පුද්ගලයා වෙනත් ශාස්තෘවරයෙක් අදහන්නේය යන කරුණ සිදුවන දෙයක් නම් නොවෙයි. එය නොසිදුවන්නා වූ දෙයකි. ඉඩකඩ රහිත දෙයකි. එනමුත් පින්වත් මහණෙනි, පෘථග්ජන පුද්ගලයා නම් වෙනත් ශාස්තෘවරයෙක් අදහන්නේය යන කරුණ සිදුවන දෙයකි. දකින්නට ලැබෙන දෙයකි."

සාදු! සාදු!! සාදු!!!

1.15.10.

10. "පින්වත් මහණෙනි, එක ම ලෝක ධාතුවක අරහත් සම්මා සම්බුදුරජාණන් වහන්සේලා දෙනමක් පෙර පසු නොවී එකවරම උපදින්නාහුය යන කරුණ සිදුවන දෙයක් නම් නොවෙයි. එය නොසිදුවන්නා වූ දෙයකි. ඉඩකඩ රහිත

දෙයකි. එනමුත් පින්වත් මහණෙනි, එක ලෝක ධාතුවක එක අරහත් සම්මා සම්බුදුරජාණන් වහන්සේ නමක් උපදින්නාහුය යන කරුණ සිදුවන දෙයකි. දකින්නට ලැබෙන දෙයකි."

සාදු! සාදු!! සාදු!!!

1.15.11.

11. "පින්වත් මහණෙනි, එකම ලෝක ධාතුවක සක්විති රජවරු දෙදෙනෙක් පෙර පසු නොවී එකවරම උපදින්නාහුය යන කරුණ සිදුවන දෙයක් නම් නොවෙයි. එය නොසිදුවන්නා වූ දෙයකි. ඉඩකඩ රහිත දෙයකි. එනමුත් පින්වත් මහණෙනි, එක ලෝක ධාතුවක එක සක්විති රජෙක් උපදින්නේය යන කරුණ සිදුවන දෙයකි. දකින්නට ලැබෙන දෙයකි."

සාදු! සාදු!! සාදු!!!

1.15.12.

12. "පින්වත් මහණෙනි, යම් හෙයකින් ස්ත්‍රියක් අරහත් සම්මා සම්බුදුරජාණන් වහන්සේ නමක් වන්නාහුය යන කරුණ සිදුවන දෙයක් නම් නොවෙයි. එය නොසිදුවන්නා වූ දෙයකි. ඉඩකඩ රහිත දෙයකි. එනමුත් පින්වත් මහණෙනි, යම් හෙයකින් පුරුෂයෙක් අරහත් සම්මා සම්බුදුරජාණන් වහන්සේ නමක් වන්නාහුය යන කරුණ සිදුවන දෙයකි. දකින්නට ලැබෙන දෙයකි."

සාදු! සාදු!! සාදු!!!

1.15.13.

13. "පින්වත් මහණෙනි, යම් හෙයකින් ස්ත්‍රියක් සක්විති රජ කෙනෙක් වන්නේය යන කරුණ සිදුවන දෙයක් නම් නොවෙයි. එය නොසිදුවන්නා වූ දෙයකි. ඉඩකඩ රහිත දෙයකි. එනමුත් පින්වත් මහණෙනි, යම් හෙයකින් පුරුෂයෙක් සක්විති රජ කෙනෙක් වන්නේය යන කරුණ සිදුවන දෙයකි. දකින්නට ලැබෙන දෙයකි."

සාදු! සාදු!! සාදු!!!

1.15.14.-16.

14.-16. "පින්වත් මහණෙනි, යම් හෙයකින් ස්ත්‍රියක් සක් දෙව් තනතුර දරනවා යන කරුණ ....(පෙ).... මාර තනතුර දරනවා යන කරුණ ....(පෙ).... බ්‍රහ්ම තනතුර දරනවා යන කරුණ සිදුවන දෙයක් නම් නොවෙයි. එය නොසිදුවන්නා වූ දෙයකි. ඉඩකඩ රහිත දෙයකි. එනමුත් පින්වත් මහණෙනි, යම් හෙයකින් පුරුෂයෙක් සක් දෙව් තනතුර දරනවා යන කරුණත් ....(පෙ).... මාර තනතුර දරනවා යන කරුණත්, බ්‍රහ්ම තනතුර දරනවා යන කරුණත් සිදුවන දෙයකි. දකින්නට ලැබෙන දෙයකි."

සාදු! සාදු!! සාදු!!!

1.15.17.

17. "පින්වත් මහණෙනි, යම් හෙයකින් කාය දුෂ්චරිතයට ඉෂ්ට වූ, කාන්ත වූ, මනාප වූ විපාක උපදින්නේය යන කරුණ සිදුවන දෙයක් නම් නොවෙයි. එය නොසිදුවන්නා වූ දෙයකි. ඉඩකඩ රහිත දෙයකි. එනමුත් පින්වත් මහණෙනි, යම් හෙයකින් කාය දුෂ්චරිතයට අනිෂ්ට වූ, අකාන්ත වූ, අමනාප වූ විපාක උපදින්නේය යන කරුණ සිදුවන දෙයකි. දකින්නට ලැබෙන දෙයකි."

සාදු! සාදු!! සාදු!!!

1.15.18.-19.

18.-19. "පින්වත් මහණෙනි, යම් හෙයකින් වචී දුෂ්චරිතයට ....(පෙ).... මනෝ දුෂ්චරිතයට ඉෂ්ට වූ, කාන්ත වූ, මනාප වූ විපාක උපදින්නේය යන කරුණ සිදුවන දෙයක් නම් නොවෙයි. එය නොසිදුවන්නා වූ දෙයකි. ඉඩකඩ රහිත දෙයකි. එනමුත් පින්වත් මහණෙනි, යම් හෙයකින් මනෝ දුෂ්චරිතයට අනිෂ්ට වූ, අකාන්ත වූ, අමනාප වූ විපාක උපදින්නේය යන කරුණ සිදුවන දෙයකි. දකින්නට ලැබෙන දෙයකි."

සාදු! සාදු!! සාදු!!!

1.15.20.

20. "පින්වත් මහණෙනි, යම් හෙයකින් කාය සුචරිතයට අනිෂ්ට වූ, අකාන්ත වූ, අමනාප වූ විපාක උපදින්නේය යන කරුණ සිදුවන දෙයක් නම් නොවෙයි. එය නොසිදුවන්නා වූ දෙයකි. ඉඩකඩ රහිත දෙයකි. එනමුත් පින්වත් මහණෙනි, යම් හෙයකින් කාය සුචරිතයට ඉෂ්ට වූ, කාන්ත වූ, මනාප වූ විපාක උපදින්නේය යන කරුණ සිදුවන දෙයකි. දකින්නට ලැබෙන දෙයකි."

සාදු! සාදු!! සාදු!!!

1.15.21.-22.

21.-22."පින්වත් මහණෙනි, යම් හෙයකින් වචී සුචරිතයට ....(පෙ).... මනෝ සුචරිතයට අනිෂ්ට වූ, අකාන්ත වූ, අමනාප වූ විපාක උපදින්නේය යන කරුණ සිදුවන දෙයක් නම් නොවෙයි. එය නොසිදුවන්නා වූ දෙයකි. ඉඩකඩ රහිත දෙයකි. එනමුත් පින්වත් මහණෙනි, යම් හෙයකින් මනෝ සුචරිතයට ඉෂ්ට වූ, කාන්ත වූ, මනාප වූ විපාක උපදින්නේය යන කරුණ සිදුවන දෙයකි. දකින්නට ලැබෙන දෙයකි."

සාදු! සාදු!! සාදු!!!

1.15.23.

23. "පින්වත් මහණෙනි, කාය දුෂ්චරිතයෙන් යුතු පුද්ගලයෙක්, ඒ හේතුවෙන් ඒ කාරණයෙන්, කය බිඳී මරණයට පත් වූ පසු සුගතිය නම් වූ දෙව් ලොව උපදින්නේය යන කරුණ සිදුවන දෙයක් නම් නොවෙයි. එය නොසිදුවන්නා වූ දෙයකි. ඉඩකඩ රහිත දෙයකි. එනමුත් පින්වත් මහණෙනි, කාය දුෂ්චරිතයෙන් යුතු පුද්ගලයෙක්, ඒ හේතුවෙන්, ඒ කාරණයෙන්, කය බිඳී මරණයට පත් වූ පසු අපාය නම් වූ දුගතිය නම් වූ විනිපාත නම් වූ නිරයේ උපදින්නේය යන කරුණ සිදුවන දෙයකි. දකින්නට ලැබෙන දෙයකි."

සාදු! සාදු!! සාදු!!!

1.15.24.-25.

24.-25."පින්වත් මහණෙනි, වචී දුෂ්චරිතයෙන් යුතු පුද්ගලයෙක්, ...(පෙ).... මනෝ දුෂ්චරිතයෙන් යුතු පුද්ගලයෙක්, ඒ හේතුවෙන් ඒ කාරණයෙන්, කය බිඳී මරණයට පත් වූ පසු සුගතිය නම් වූ දෙව් ලොව උපදින්නේය යන කරුණ සිදු වන දෙයක් නම් නොවෙයි. එය නොසිදුවන්නා වූ දෙයකි. ඉඩකඩ රහිත දෙයකි. එනමුත් පින්වත් මහණෙනි, මනෝ දුෂ්චරිතයෙන් යුතු පුද්ගලයෙක්, ඒ හේතුවෙන්, ඒ කාරණයෙන්, කය බිඳී මරණයට පත් වූ පසු අපාය නම් වූ දුගතිය නම් වූ විනිපාත නම් වූ නිරයේ උපදින්නේය යන කරුණ සිදුවන දෙයකි. දකින්නට ලැබෙන දෙයකි."

සාදු! සාදු!! සාදු!!!

1.15.26.

26. "පින්වත් මහණෙනි, කාය සුචරිතයෙන් යුතු පුද්ගලයෙක්, ඒ හේතුවෙන් ඒ කාරණයෙන්, කය බිඳී මරණයට පත් වූ පසු අපාය නම් වූ දුගතිය නම් වූ විනිපාත නම් වූ නිරයේ උපදින්නේය යන කරුණ සිදුවන දෙයක් නම් නොවෙයි. එය නොසිදුවන්නා වූ දෙයකි. ඉඩකඩ රහිත දෙයකි. එනමුත් පින්වත් මහණෙනි, කාය සුචරිතයෙන් යුතු පුද්ගලයෙක්, ඒ හේතුවෙන්, ඒ කාරණයෙන්, කය බිඳී මරණයට පත් වූ පසු සුගතිය නම් වූ දෙව් ලොව උපදින්නේය යන කරුණ සිදුවන දෙයකි. දකින්නට ලැබෙන දෙයකි."

සාදු! සාදු!! සාදු!!!

1.15.27.-28.

27.-28."පින්වත් මහණෙනි, වචී සුචරිතයෙන් යුතු පුද්ගලයෙක්, ...(පෙ).... මනෝ සුචරිතයෙන් යුතු පුද්ගලයෙක්, ඒ හේතුවෙන් ඒ කාරණයෙන්, කය බිඳී මරණයට පත් වූ පසු අපාය නම් වූ දුගතිය නම් වූ විනිපාත නම් වූ නිරයේ උපදින්නේය යන කරුණ සිදුවන දෙයක් නම් නොවෙයි. එය නොසිදුවන්නා වූ දෙයකි. ඉඩකඩ රහිත දෙයකි. එනමුත් පින්වත් මහණෙනි, මනෝ සුචරිතයෙන් යුතු පුද්ගලයෙක්, ඒ හේතුවෙන්, ඒ කාරණයෙන්, කය බිඳී මරණයට පත් වූ පසු සුගතිය නම් වූ දෙව් ලොව උපදින්නේය යන කරුණ සිදුවන දෙයකි. දකින්නට ලැබෙන දෙයකි."

සාදු! සාදු!! සාදු!!!

අට්ඨාන පාළිය නිමා විය.

16. ඒකධම්ම පාළිය

1.16.1.1.

1. සැවත් නුවරදී ....

"පින්වත් මහණෙනි, එකම එක දෙයක් භාවනා වශයෙන් වැඩුවොත්, බහුල වශයෙන් පුරුදු කළොත් ඒකාන්තයෙන් අවබෝධයෙන්ම කළකිරීම පිණිසම, නොඇලීම පිණිසම, කෙලෙසුන්ගෙන් නිදහස් වීම පිණිසම කෙලෙස් සංසිඳීම පිණිසම, විශේෂ වූ අවබෝධය පිණිසම, චතුරාර්ය සත්‍යය අවබෝධය පිණිසම, අමා නිවන පිණිසම හේතු වෙනවා. ඒ එකම එක දේ කුමක්ද? බුද්ධානුස්සතියයි. (බුදුරජාණන් වහන්සේගේ ගුණ නුවණින් සිහි කිරීමයි.) පින්වත් මහණෙනි, මෙය වනාහී භාවනා වශයෙන් වැඩුවොත්, බහුල වශයෙන් පුරුදු කළොත්, ඒකාන්තයෙන් අවබෝධයෙන්ම කළකිරීම පිණිසම, නොඇලීම පිණිසම, කෙලෙසුන්ගෙන් නිදහස් වීම පිණිසම, කෙලෙස් සංසිඳීම පිණිසම, විශේෂ වූ අවබෝධය පිණිසම, චතුරාර්ය සත්‍යය අවබෝධය පිණිසම, අමා නිවන පිණිසම හේතු වන එකම දෙය වේ."

සාදු! සාදු!! සාදු!!!

1.16.1.2.-10.

2.-10. "පින්වත් මහණෙනි, එකම එක දෙයක් භාවනා වශයෙන් වැඩුවොත්, බහුල වශයෙන් පුරුදු කළොත් ඒකාන්තයෙන් අවබෝධයෙන්ම කළකිරීම පිණිසම, නොඇලීම පිණිසම, කෙලෙසුන්ගෙන් නිදහස් වීම පිණිසම කෙලෙස් සංසිඳීම පිණිසම, විශේෂ වූ අවබෝධය පිණිසම, චතුරාර්ය සත්‍යය අවබෝධය පිණිසම, අමා නිවන පිණිසම හේතු වෙනවා. ඒ එකම එක දේ කුමක්ද? ධම්මානුස්සතියයි. (බුදුරජාණන් වහන්සේ අවබෝධයෙන්ම දේශනා කොට වදාළ ශ්‍රී සද්ධර්මය

නුවණින් සිහි කිරීමයි.) ....(පෙ).... සංඝානුස්සතියයි ....(පෙ).... සීලානුස්සතියයි ....(පෙ).... චාගානුස්සතියයි ....(පෙ).... දේවතානුස්සතියයි (සද්ධා, සීල, සුත, චාග, පඤ්ඤා යන සේඛ බල පහකින් සමන්විතව මනුලොව දී ධර්මයේ හැසිරී චාතුම්මහාරාජිකාදී දෙව් ලොව ඉපිද සිටින පින්වත් දෙවිවරුන් ඇති බවත්, ඒ සේඛ බල තමා තුළ ඇති බවත්, නුවණින් සිහි කිරීම දේවතානුස්සතියයි.) ....(පෙ).... ආනාපානසතියයි ....(පෙ).... මරණසතියයි ....(පෙ).... කායගතාසතියයි ....(පෙ).... උපසමානුස්සතියයි (තමා තුළ සංසිඳී ගිය කෙලෙස් ගැන නුවණින් සිහි කිරීමයි.) පින්වත් මහණෙනි, මෙය වනාහී භාවනා වශයෙන් වැඩුවොත්, බහුල වශයෙන් පුරුදු කළොත්, ඒකාන්තයෙන් අවබෝධයෙන්ම කළකිරීම පිණිසම, නොඇලීම පිණිසම, කෙලෙසුන්ගෙන් නිදහස් වීම පිණිසම, කෙලෙස් සංසිඳීම පිණිසම, විශේෂ වූ අවබෝධය පිණිසම, චතුරාර්ය සත්‍යය අවබෝධය පිණිසම, අමා නිවන පිණිසම හේතු වන එකම දෙය වේ."

සාදු! සාදු!! සාදු!!!

පළමු වෙනි වර්ගයයි.

1.16.2.1.

1. "පින්වත් මහණෙනි, යම් දෙයකින් නූපන් පාපී අකුසල් උපදිනවා නම්, උපන් පාපී අකුසල් පවා වැඩි වීමටත්, බොහෝ සේ වැඩි වීමටත් හේතු වෙනවා නම්, පින්වත් මහණෙනි, මේ මිත්‍යා දෘෂ්ටිය තරම් එයට හේතු වන වෙන එකම දෙයක් වත් මා දකින්නේ නෑ. පින්වත් මහණෙනි, මිත්‍යා දෘෂ්ටිකයාට නූපන් පාපී අකුසල් උපදිනවා. උපන් පාපී අකුසල් පවා වැඩි වීමටත්, බොහෝ සෙයින් වැඩි වීමටත් හේතු වෙනවා."

සාදු! සාදු!! සාදු!!!

1.16.2.2.

2. "පින්වත් මහණෙනි, යම් දෙයකින් නූපන් කුසල් උපදිනවා නම්, උපන් කුසල් පවා වැඩි වීමටත්, බොහෝ සේ වැඩි වීමටත් හේතු වෙනවා නම්, පින්වත් මහණෙනි, මේ සම්‍යක් දෘෂ්ටිය තරම් එයට හේතු වන වෙන එකම දෙයක් වත් මා දකින්නේ නෑ. පින්වත් මහණෙනි, සම්‍යක් දෘෂ්ටිකයාට නූපන් කුසල් උපදිනවා. උපන් කුසල් පවා වැඩි වීමටත්, බොහෝ සෙයින් වැඩි වීමටත් හේතු වෙනවා."

සාදු! සාදු!! සාදු!!!

1.16.2.3.

3. "පින්වත් මහණෙනි, යම් දෙයකින් නූපන් කුසල් දහම් නූපදිනවා නම්, උපන් කුසල් දහම් පවා පිරිහීමටත් හේතු වෙනවා නම්, පින්වත් මහණෙනි, එයට මේ මිත්‍යා දෘෂ්ටිය තරම් හේතු වන වෙන එකම දෙයක් වත් මා දකින්නේ නෑ. පින්වත් මහණෙනි, මිත්‍යා දෘෂ්ටිකයාට නූපන් කුසල් දහම් උපදින්නේ නෑ. උපන් කුසල් පවා පිරිහී යනවා."

සාදු! සාදු!! සාදු!!!

1.16.2.4.

4. "පින්වත් මහණෙනි, යම් දෙයකින් නූපන් පාපී අකුසල් නූපදිනවා නම්, උපන් පාපී අකුසල් පවා පිරිහීමට හේතු වෙනවා නම්, පින්වත් මහණෙනි, එයට මේ සම්‍යක් දෘෂ්ටිය තරම් හේතු වන වෙන එකම දෙයක් වත් මා දකින්නේ නෑ. පින්වත් මහණෙනි, සම්‍යක් දෘෂ්ටිකයාට නූපන් පාපී අකුසල් දහම් උපදින්නේ නෑ. උපන් පාපී අකුසල් පවා පිරිහී යනවා."

සාදු! සාදු!! සාදු!!!

1.16.2.5.

5. "පින්වත් මහණෙනි, යම් දෙයකින් මේ නූපන් මිත්‍යා දෘෂ්ටිය උපදිනවා නම්, උපන් මිත්‍යා දෘෂ්ටිය පවා වර්ධනය වෙනවා නම්, පින්වත් මහණෙනි, එයට මේ නුවණින් තොරව කල්පනා කිරීම (අයෝනිසෝ මනසිකාරය) තරම් හේතු වන වෙන එකම දෙයක් වත් මා දකින්නේ නෑ. පින්වත් මහණෙනි, මේ අයෝනිසෝ මනසිකාරයෙහි යෙදෙන පුද්ගලයාට නූපන් මිත්‍යා දෘෂ්ටිය උපදිනවා. උපන් මිත්‍යා දෘෂ්ටිය පවා වැඩි වෙනවා."

සාදු! සාදු!! සාදු!!!

1.16.2.6.

6. "පින්වත් මහණෙනි, යම් දෙයකින් මේ නූපන් සම්‍යක් දෘෂ්ටිය උපදිනවා නම්, උපන් සම්‍යක් දෘෂ්ටිය පවා වර්ධනය වෙනවා නම්, පින්වත් මහණෙනි,

එයට මේ ධර්මයට අනුව නුවණින් කල්පනා කිරීම (යෝනිසෝ මනසිකාරය) තරම් හේතු වන වෙන එක ම දෙයක් වත් මා දකින්නේ නෑ. පින්වත් මහණෙනි, මේ යෝනිසෝ මනසිකාරයෙහි යෙදෙන කෙනාට නූපන් සම්‍යක් දෘෂ්ටිය උපදිනවා. උපන් සම්‍යක් දෘෂ්ටිය පවා වැඩි වෙනවා."

සාදු! සාදු!! සාදු!!!

1.16.2.7.

7. "පින්වත් මහණෙනි, යම් දෙයක් නිසා මේ සත්වයන් කය බිඳී මරණයට පත් වූ පසු අපාය නම් වූ දුගතිය නම් වූ විනිපාත නම් වූ නිරයේ උපදිනවා නම්, පින්වත් මහණෙනි, එයට මේ මිත්‍යා දෘෂ්ටිය තරම් හේතු වන වෙන එකම දෙයක් වත් මා දකින්නේ නෑ. පින්වත් මහණෙනි, මිත්‍යා දෘෂ්ටියෙන් යුතු සත්වයන් කය බිඳී මරණයට පත් වූ පසු අපාය නම් වූ දුගතිය නම් වූ විනිපාත නම් වූ නිරයේ උපදිනවා."

සාදු! සාදු!! සාදු!!!

1.16.2.8.

8. "පින්වත් මහණෙනි, යම් දෙයක් නිසා මේ සත්වයන් කය බිඳී මරණයට පත් වූ පසු සුගතිය නම් වූ දෙව් ලොව උපදිනවා නම්, පින්වත් මහණෙනි, එයට මේ සම්‍යක් දෘෂ්ටිය තරම් හේතු වන වෙන එකම දෙයක් වත් මා දකින්නේ නෑ. පින්වත් මහණෙනි, සම්‍යක් දෘෂ්ටියෙන් යුතු සත්වයන් කය බිඳී මරණයට පත් වූ පසු සුගතිය නම් වූ දෙව් ලොව උපදිනවා."

සාදු! සාදු!! සාදු!!!

1.16.2.9.-15.

9.-15. "පින්වත් මහණෙනි, මිත්‍යා දෘෂ්ටික පුරුෂ පුද්ගලයා ගේ ඒ මිත්‍යා දෘෂ්ටියට අනුරූපව එයම සමාදන් ව, කයින් යම් ක්‍රියාවක් කරයි නම් ....(පෙ).... වචනයෙන් යම් ක්‍රියාවක් කරයි නම් ....(පෙ).... ඒ මිත්‍යා දෘෂ්ටියට අනුරූපව එයම සමාදන්ව මනසින් යම් ක්‍රියාවක් කරයි නම් ....(පෙ).... යම් චේතනාවක් ඇති කර ගනියි නම් ....(පෙ).... යම් පැතුමක් ඇති කර ගනියි නම් ....(පෙ)....

සිතින් යම් අධිෂ්ඨානයක් ඇති කර ගනියි නම් ....(පෙ).... යම් සංස්කාරත් වේ නම්, ඒ සෑම දෙයක්ම අනිෂ්ට බව පිණිසමයි, අකාන්ත බව පිණිසමයි, අමනාප බව පිණිසමයි, අහිත බව පිණිසමයි, දුක් බව පිණිසමයි පවතින්නේ. එයට හේතුව කුමක්ද? පින්වත් මහණෙනි, දෘෂ්ටිය පවිටු දෙයක් වීම මයි. පින්වත් මහණෙනි, එය මෙවැනි දෙයක්. කොහොඹ බීජයක් හෝ තිත්ත වැටකොළු බීජයක් හෝ තිත්ත ලබු බීජයක් හෝ තෙත පොළොවක සිටෙව්වොත් පොළොවෙහි යම් රසයක් ඇත්නම්, එයත් උරා ගන්නවා. ජලයෙහි යම් රසයක් ඇත්නම් එයත් උරා ගන්නවා. ඒ සියල්ලම පවතින්නේ තිත්ත බව පිණිසමයි. කටුක බව පිණිසමයි. අමිහිරි බව පිණිසමයි. එයට හේතුව කුමක්ද? පින්වත් මහණෙනි, එය පවිටු බීජයක් නිසාමයි. එමෙන්ම පින්වත් මහණෙනි, මිත්‍යා දෘෂ්ටික පුරුෂ පුද්ගලයාගේ ඒ මිත්‍යා දෘෂ්ටියට අනුරූපව එයම සමාදන්ව, කයින් යම් ක්‍රියාවක් කරයි නම් ....(පෙ).... වචනයෙන් යම් ක්‍රියාවක් කරයි නම් ....(පෙ).... ඒ මිත්‍යා දෘෂ්ටියට අනුරූපව එයම සමාදන්ව මනසින් යම් ක්‍රියාවක් කරයි නම් ....(පෙ).... යම් චේතනාවක් ඇති කර ගනියි නම් ....(පෙ).... යම් පැතුමක් ඇති කර ගනියි නම් ....(පෙ).... සිතින් යම් අධිෂ්ඨානයක් ඇති කර ගනියි නම් ....(පෙ).... යම් සංස්කාරත් වේ නම්, ඒ සෑම දෙයක්ම අනිෂ්ට බව පිණිසමයි, අකාන්ත බව පිණිසමයි, අමනාප බව පිණිසමයි, අහිත බව පිණිසමයි, දුක් බව පිණිසමයි පවතින්නේ. එයට හේතුව කුමක්ද? පින්වත් මහණෙනි, එය පවිටු දෘෂ්ටියක් නිසාය."

සාදු! සාදු!! සාදු!!!

1.16.2.16.-22.

16.-22. "පින්වත් මහණෙනි, සම්‍යක් දෘෂ්ටික පුරුෂ පුද්ගලයාගේ ඒ සම්‍යක් දෘෂ්ටියට අනුරූපව එයම සමාදන්ව, කයින් යම් ක්‍රියාවක් කරයි නම් ....(පෙ).... වචනයෙන් යම් ක්‍රියාවක් කරයි නම් ....(පෙ).... ඒ සම්‍යක් දෘෂ්ටියට අනුරූපව එයම සමාදන්ව, මනසින් යම් ක්‍රියාවක් කරයි නම් ....(පෙ).... යම් චේතනාවක් ඇති කර ගනියි නම් ....(පෙ).... යම් පැතුමක් ඇති කර ගනියි නම් ....(පෙ).... සිතින් යම් අධිෂ්ඨානයක් ඇති කර ගනියි නම් ....(පෙ).... යම් සංස්කාරත් වේ නම්, ඒ සෑම දෙයක්ම ඉෂ්ට බව පිණිසමයි, කාන්ත බව පිණිසමයි, මනාප බව පිණිසමයි, හිත පිණිසමයි, සැප පිණිසමයි පවතින්නේ. එයට හේතුව කුමක්ද? පින්වත් මහණෙනි, දෘෂ්ටිය සොඳුරු දෙයක් වීම මයි. පින්වත් මහණෙනි, එය මෙවැනි දෙයක්. උක් බීජයක් හෝ හැල් බීජයක් හෝ මිදි බීජයක් හෝ තෙත

පොළොවක සිටෙව්වොත් පොළොවෙහි යම් රසයක් ඇත්නම්, එයත් උරා ගන්නවා. ජලයෙහි යම් රසයක් ඇත්නම් එයත් උරා ගන්නවා. ඒ සියල්ලම පවතින්නේ මධුර බව පිණිසමයි. මිහිරි බව පිණිසමයි. අතිශයින්ම රසවත් බව පිණිසමයි. එයට හේතුව කුමක්ද? පින්වත් මහණෙනි, එය සොඳුරු බීජයක් නිසාමයි. එමෙන්ම පින්වත් මහණෙනි, සම්‍යක් දෘෂ්ටික පුරුෂ පුද්ගලයාගේ ඒ සම්‍යක් දෘෂ්ටියට අනුරූපව එයම සමාදන්ව, කයින් යම් ක්‍රියාවක් කරයි නම් ....(පෙ).... වචනයෙන් යම් ක්‍රියාවක් කරයි නම් ....(පෙ).... ඒ සම්‍යක් දෘෂ්ටියට අනුරූපව එයම සමාදන්ව මනසින් යම් ක්‍රියාවක් කරයි නම් ....(පෙ).... යම් චේතනාවක් ඇති කර ගනියි නම් ....(පෙ).... යම් පැතුමක් ඇති කර ගනියි නම් ....(පෙ).... සිතින් යම් අධිෂ්ඨානයක් ඇති කර ගනියි නම් ....(පෙ).... යම් සංස්කාරත් වේ නම්, ඒ සෑම දෙයක්ම ඉෂ්ට බව පිණිසමයි, කාන්ත බව පිණිස මයි, මනාප බව පිණිසමයි, හිත පිණිසමයි, සැප පිණිසමයි පවතින්නේ. එයට හේතුව කුමක්ද? පින්වත් මහණෙනි, එය සොඳුරු දෘෂ්ටියක් නිසාය."

සාදු! සාදු!! සාදු!!!

දෙවෙනි වර්ගයයි.

1.16.3.1.

1. "පින්වත් මහණෙනි, මේ ලෝකයෙහි එක පුද්ගලයෙක් උපදිනවා. ඒ උපදින්නේ බොහෝ දෙනාගේ අයහපත පිණිසයි. බොහෝ දෙනාගේ දුක පිණිසයි. බොහෝ ජනයාගේත්, දෙව් මිනිසුන්ගේත් අනර්ථය, අහිත, දුක පිණිසමයි. ඒ එකම පුද්ගලයා කවුද? ඒ තමයි වැරදි ආකල්පවලින් යුතු මිත්‍යා දෘෂ්ටිකයා. ඔහු බොහෝ ජනයා සද්ධර්මයෙන් අයින් කරලා, අධර්මයේ පිහිටුවනවා. පින්වත් මහණෙනි, මේ තමයි බොහෝ ජනයාගේ අහිත පිණිස, බොහෝ දෙනාගේ දුක පිණිස, බොහෝ ජනයාගේත්, දෙව් මිනිසුන්ගේත් අනර්ථය පිණිස, අහිත පිණිස, දුක පිණිස මේ ලෝකයේ උපදින එකම පුද්ගලයා."

සාදු! සාදු!! සාදු!!!

1.16.3.2.

2. "පින්වත් මහණෙනි, මේ බොහෝ දෙනාගේ යහපත පිණිස, බොහෝ දෙනාගේ සැපය පිණිස, බොහෝ දෙනාගේත්, දෙව් මිනිසුන්ගේත් අර්ථය

පිණිස, යහපත පිණිස, සැප පිණිස මේ ලෝකයේ උපදින එකම පුද්ගලයෙක් ඉන්නවා. කවුද ඒ එක ම එක පුද්ගලයා? ඒ තමයි නිවැරදි ආකල්ප ඇති සම්මා දිට්ඨියෙන් යුතු කෙනා. ඔහු බොහෝ දෙනාව අධර්මයෙන් අයින් කරලා, ධර්මයේ පිහිටුවනවා. පින්වත් මහණෙනි, මේ තමයි බොහෝ ජනයාගේ යහපත පිණිස, බොහෝ දෙනාගේ සැපය පිණිස, බොහෝ දෙනාගේත්, දෙව් මිනිසුන්ගේත් අර්ථය පිණිස, යහපත පිණිස, සැපය පිණිස මේ ලෝකයේ උපදින එකම පුද්ගලයා."

සාදු! සාදු!! සාදු!!!

1.16.3.3.

3. "පින්වත් මහණෙනි, මේ මිත්‍යා දෘෂ්ටිය තරම් බරපතල වැරදි සහගත එකම දෙයක් වත් මා දකින්නේ නෑ. පින්වත් මහණෙනි, සියලු වැරදි මේ මිත්‍යා දෘෂ්ටිය මුල් කරගෙනයි තියෙන්නේ."

සාදු! සාදු!! සාදු!!!

1.16.3.4.

4. "පින්වත් මහණෙනි, මේ මක්ඛලී ගෝසාල කියන හිස් පුරුෂයා තරම් බොහෝ දෙනාගේ අහිත පිණිස, බොහෝ දෙනාගේ දුක පිණිස, බොහෝ දෙනාගේත්, දෙව් මිනිසුන්ගේත් අනර්ථය පිණිස, අහිත පිණිස, දුක පිණිසම පැමිණි වෙනත් එකම පුද්ගලයෙක් වත් මා දකින්නේ නෑ. පින්වත් මහණෙනි, ඒක මෙන්න මේ වගෙයි. ගඟක මෝය කටක කෙමනක් අටවලා තියෙනවා. එය බොහෝ මත්ස්‍යයින්ගේ අහිත පිණිසත්, දුක පිණිසත්, අනර්ථය පිණිසත්, විනාශය පිණිසත් හේතු වෙනවා. අන්න ඒ වගේම තමයි පින්වත් මහණෙනි, ඔය මක්ඛලී කියන හිස් පුරුෂයා බොහෝ සත්වයන්ගේ අහිත පිණිසත්, දුක පිණිසත්, අනර්ථය පිණිසත්, විනාශය පිණිසත් මේ ලෝකෙ ඉපදිච්ච මිනිස් කෙමනක් කියලයි හිතෙන්නේ."

සාදු! සාදු!! සාදු!!!

1.16.3.5.

5. "පින්වත් මහණෙනි, යම් කෙනෙක් වැරදි විදිහට දෙසන ලද ධර්ම විනයක සමාදන් වෙනවා නම්, තවත් කෙනෙකුව එහි සමාදන් කරවනවා නම්,

ඒ සමාදන් කරවපු කෙනාත් ඒ වැරදි මාර්ගය පිළිපදිනවා නම්, ඒ සියලු දෙනාම බොහෝ පව් රැස් කරගන්නවා. ඒකට හේතුව මොකක්ද? පින්වත් මහණෙනි, ඒ වැරදි විදිහට පවසන ලද ධර්මයක් නිසයි."

සාදු! සාදු!! සාදු!!!

1.16.3.6.

6. "පින්වත් මහණෙනි, යම් කෙනෙක් ඉතා යහපත් ලෙස දෙසන ලද ධර්ම විනයක සමාදන් වෙනවා නම්, තවත් කෙනෙකුව එහි සමාදන් කරවනවා නම්, ඒ සමාදන් කරවපු කෙනාත්, ඒ යහපත් මාර්ගය පිළිපදිනවා නම්, ඒ සියලු දෙනාම බොහෝ පින් රැස් කරගන්නවා. ඒකට හේතුව මොකක්ද? පින්වත් මහණෙනි, ඒ ඉතා යහපත් ලෙස පවසන ලද ධර්මයක් නිසයි."

සාදු! සාදු!! සාදු!!!

1.16.3.7.

7. "පින්වත් මහණෙනි, වැරදි විදිහට දෙසන ලද ධර්ම විනය තුළ පුද පූජා කළ යුතු දේවල්වල ප්‍රමාණය දැන ගත යුත්තේ දායකයා විසිනුයි. පිළිගන්න කෙනා විසින් නොවෙයි. ඒකට හේතුව කුමක්ද? පින්වත් මහණෙනි, වැරදියට දෙසන ලද ධර්මයක් ඇති නිසයි."

සාදු! සාදු!! සාදු!!!

1.16.3.8.

8. "පින්වත් මහණෙනි, ඉතා යහපත් ලෙස දෙසන ලද ධර්ම විනය තුළ නම් පිළිගන්න කෙනා විසින් තමයි ප්‍රමාණය දැන ගත යුත්තේ. දායකයා විසින් නොවෙයි. ඒකට හේතුව කුමක් ද? පින්වත් මහණෙනි, ඉතා යහපත් ලෙස දෙසන ලද ධර්මයක් ඇති නිසයි."

සාදු! සාදු!! සාදු!!!

1.16.3.9.

9. "පින්වත් මහණෙනි, වැරදි විදිහට දෙසන ලද ධර්ම විනය තුළ යම්

කෙනෙක් පටන් ගත් වීරියෙන් යුක්ත නම්, ඔහු වාසය කරන්නේ දුකිනුයි. ඒකට හේතුව කුමක්ද? පින්වත් මහණෙනි, වැරදි විදිහට දෙසන ලද ධර්මයක් ඇති නිසයි."

සාදු! සාදු!! සාදු!!!

1.16.3.10.

10. "පින්වත් මහණෙනි, ඉතා යහපත් ලෙස දෙසන ලද ධර්ම විනය තුළ යම් කෙනෙක් අලසකමින් වාසය කරනවා නම්, ඔහු දුක සේ තමයි වාසය කරන්නේ. ඒකට හේතුව කුමක්ද? පින්වත් මහණෙනි, ඉතා යහපත් ලෙස දෙසන ලද ධර්මයක් තිබීම නිසයි."

සාදු! සාදු!! සාදු!!!

1.16.3.11.

11. "පින්වත් මහණෙනි, වැරදි විදිහට දෙසන ලද ධර්ම විනය තුළ යම් කෙනෙක් කුසීතව වාසය කරනවා නම්, ඔහු සැපයෙන් යුක්තවයි වාසය කරන්නේ. ඒකට හේතුව කුමක්ද? පින්වත් මහණෙනි, වැරදි විදිහට දෙසන ලද ධර්මයක් ඇති නිසයි."

සාදු! සාදු!! සාදු!!!

1.16.3.12.

12. "පින්වත් මහණෙනි, ඉතා යහපත් ලෙස දෙසන ලද ධර්ම විනය තුළ යම් කෙනෙක් පටන් ගත් වීරියෙන් යුක්තව වාසය කරනවා නම්, ඔහු සැප සේ තමයි වාසය කරන්නේ. ඒකට හේතුව කුමක්ද? පින්වත් මහණෙනි, ඉතා යහපත් ලෙස දෙසන ලද ධර්මයක් තිබීම නිසයි."

සාදු! සාදු!! සාදු!!!

1.16.3.13.

13. "පින්වත් මහණෙනි, යම් අයුරකින් ඉතාමත් ස්වල්ප වූ හෝ අසුචි දුගඳින්

යුක්ත වෙයිද, පින්වත් මහණෙනි, අන්න ඒ වගේමයි, ඉතා ස්වල්ප කාලයක් වූ භවයක් වුනත් මා වර්ණනා කරන්නේ නෑ. අඩු ගණනේ අසුරු සැණක් ගහන මොහොතක් තරම්වත් (මා වර්ණනා කරන්නේ නෑ.)"

සාදු! සාදු!! සාදු!!!

1.16.3.14.-17.

14.-17. "පින්වත් මහණෙනි, යම් අයුරකින් ඉතාමත් ස්වල්ප වූ හෝ මූත්‍රා දුගඳින් යුක්ත වෙයිද, ...(පෙ).... ඉතාමත් ස්වල්ප වූ හෝ කෙළ දුගඳින් යුක්ත වෙයිද, ...(පෙ).... ඉතාමත් ස්වල්ප වූ හෝ සැරව දුගඳින් යුක්ත වෙයිද, ...(පෙ).... ඉතාමත් ස්වල්ප වූ හෝ ලේ දුගඳින් යුක්ත වෙයිද, පින්වත් මහණෙනි, අන්න ඒ වගේමයි, ඉතා ස්වල්පය කාලයක් වූ භවයක් වුනත් මා වර්ණනා කරන්නේ නෑ. අඩු ගණනේ අසුරු සැණක් ගහන මොහොතක් තරම්වත් (මා වර්ණනා කරන්නේ නෑ.)"

සාදු! සාදු!! සාදු!!!

තුන් වෙනි වර්ගයයි.

ජම්බුදීප පෙයයාලය

1.16.4.1.

1. "පින්වත් මහණෙනි, මේ දඹදිව රමණීය ආරාම, රමණීය වනාන්තර, රමණීය භූමි, රමණීය පැන් පොකුණු තිබෙන්නේ ස්වල්පයයි. එනමුත් පින්වත් මහණෙනි, මේ බෑවුම්, පල්ලම්, ගංගා දුර්ග, කාණු, කටු තියෙන තැන් විසම කඳු ගැට ආදියම තමයි බහුලව තියෙන්නෙ. පින්වත් මහණෙනි, අන්න ඒ වගේ තමයි, මේ ගොඩබිම උපදින සත්වයන් ඉන්නේ ස්වල්පයයි. නමුත් යම් සත්වයෙක් ජලයේ උපදිනවා නම්, ඒ සත්වයන් තමයි බහුලව ඉන්නෙ."

සාදු! සාදු!! සාදු!!!

1.16.4.2.

2. "....(පෙ).... අන්න ඒ වගේම තමයි පින්වත් මහණෙනි, යම් කෙනෙක්

මිනිසුන් අතර උපදිනවා නම්, ඒ සත්වයන් ඉන්නෙ ස්වල්පයයි. එහෙත් යම් කෙනෙක් මේ මනුෂ්‍ය ජීවිතයෙන් බැහැර වෙනත් තැන්වල උපදිනවා නම්, ඒ සත්වයන්ම තමයි බහුලව ඉන්නෙ."

සාදු! සාදු!! සාදු!!!

1.16.4.3.

3. "....(පෙ).... අන්න ඒ වගේම තමයි පින්වත් මහණෙනි, යම් කෙනෙක් මේ මධ්‍යම ජනපදයෙහි (බුදුවරු පහළ වෙන, සද්ධර්මය පැතිරී ඇති ප්‍රදේශයෙහි) උපදිනවා නම්, ඒ සත්වයන් ඉන්නෙ ස්වල්පයයි. එහෙත් යම් කෙනෙක් අඥාන, මිලේච්ඡ උදවිය ඉන්න ප්‍රත්‍යන්ත (සද්ධර්මය අසන්නට නොලැබෙන) ජනපදවල උපදිනවා නම්, ඒ සත්වයන්ම තමයි බහුලව ඉන්නෙ."

සාදු! සාදු!! සාදු!!!

1.16.4.4.

4. "....(පෙ).... අන්න ඒ වගේම තමයි පින්වත් මහණෙනි, යම් කෙනෙක් ප්‍රඥාවන්ත නම්, මෝඩ නැත්නම්, බුද්ධිමත් ව කතා කරනවා නම්, සුභාෂිත වූ බුද්ධ වචනයත් දුර්භාෂිත වූ මිසදිටු වචනත් වෙන්ව හඳුනා ගැනීමට තරම් සමත් නම්, ඒ සත්වයන් ඉන්නෙ ස්වල්පයයි. ඒ වුනත් ප්‍රඥාව නැති, මෝඩ, කට වාචාල, සුභාෂිත වූ බුද්ධ වචනයත්, දුර්භාෂිත වූ මිසදිටු වචනත් වෙන්ව හඳුනා ගැනීමට තරම් අසමත් අය ඉන්නවා නම්, ඒ සත්වයන්ම තමයි බහුලව ඉන්නෙ."

සාදු! සාදු!! සාදු!!!

1.16.4.5.

5. "....(පෙ).... අන්න ඒ වගේම තමයි පින්වත් මහණෙනි, යම් කෙනෙකුට ආර්ය වූ ප්‍රඥා ඇස තියෙනවා නම්, ඒ සත්වයන් ඉන්නෙ ස්වල්පයයි. ඒ වුනත් අවිද්‍යාවෙන් මුළා වෙච්ච අය ඉන්නවා නම්, ඒ සත්වයන්ම තමයි බහුලව ඉන්නෙ."

සාදු! සාදු!! සාදු!!!

1.16.4.6.

6. "....(පෙ).... අන්න ඒ වගේම තමයි පින්වත් මහණෙනි, යම් කෙනෙකුට තථාගතයන් වහන්සේව දකින්නට ලැබෙනවා නම්, ඒ සත්වයන් ඉන්නෙ ස්වල්පයයි. ඒ වුනත් යම් කෙනෙකුට තථාගතයන් වහන්සේව දකින්න ලැබෙන්නේ නැත්නම්, ඒ සත්වයන්ම තමයි බහුලව ඉන්නෙ."

සාදු! සාදු!! සාදු!!!

1.16.4.7.

7. "....(පෙ).... අන්න ඒ වගේම තමයි පින්වත් මහණෙනි, යම් කෙනෙකුට තථාගතයන් වහන්සේ වදාළ ධර්මය විනය අහන්නට ලැබෙනවා නම්, ඒ සත්වයන් ඉන්නෙ ස්වල්පයයි. ඒ වුනත් යම් කෙනෙකුට තථාගතයන් වහන්සේ වදාළ ධර්ම විනය අහන්න ලැබෙන්නේ නැත්නම්, ඒ සත්වයන්ම තමයි බහුලව ඉන්නෙ."

සාදු! සාදු!! සාදු!!!

1.16.4.8.

8. "....(පෙ).... අන්න ඒ වගේම තමයි පින්වත් මහණෙනි, යම් කෙනෙක් ධර්මය අහලා, මතකයේ රඳවා ගන්නවා නම්, ඒ සත්වයන් ඉන්නෙ ස්වල්පයයි. ඒ වුනත් යම් කෙනෙක් ධර්මය අහලා, මතකයේ රඳවා ගන්නේ නැත්නම්, ඒ සත්වයන්ම තමයි බහුලව ඉන්නෙ."

සාදු! සාදු!! සාදු!!!

1.16.4.9.

9. "....(පෙ).... අන්න ඒ වගේම තමයි පින්වත් මහණෙනි, යම් කෙනෙක් මතකයේ රඳවා ගත් ඒ ධර්මයේ අර්ථ සිතා බලනවා නම්, ඒ සත්වයන් ඉන්නෙ ස්වල්පයයි. ඒ වුනත් යම් කෙනෙක් මතකයේ රඳවාගත් ධර්මයේ අර්ථ සිතා

බලන්නේ නැත්නම්, අන්න ඒ සත්වයන්ම තමයි බහුලව ඉන්නෙ."

සාදු! සාදු!! සාදු!!!

1.16.4.10.

10. "....(පෙ).... අන්න ඒ වගේම තමයි පින්වත් මහණෙනි, යම් කෙනෙක් අර්ථ දැනගෙන, ධර්මය දැනගෙන, ධර්මානුකූල වූ ප්‍රතිපත්තියේ යෙදෙනවා නම්, ඒ සත්වයන් ඉන්නෙ ස්වල්පයයි. ඒ වුනාට යම් කෙනෙක් අර්ථ දැන ගෙන, ධර්මය දැනගෙන, ධර්මානුකූල වූ ප්‍රතිපදාවේ යෙදෙන්නේ නැත්නම්, ඒ සත්වයන්ම තමයි බහුලව ඉන්නෙ."

සාදු! සාදු!! සාදු!!!

1.16.4.11.

11. "....(පෙ).... අන්න ඒ වගේම තමයි පින්වත් මහණෙනි, යම් කෙනෙක් සංවේගයට පත් විය යුතු තැන්වලදී සංවේගයට පත් වෙනවා නම්, ඒ සත්වයන් ඉන්නෙ ස්වල්පයයි. ඒත් යම් කෙනෙක් සංවේගයට පත් විය යුතු තැන්වලදී සංවේගයට පත්වෙන්නේ නැත්නම්, ඒ සත්වයන්ම තමයි බහුලව ඉන්නෙ."

සාදු! සාදු!! සාදු!!!

1.16.4.12.

12. "....(පෙ).... අන්න ඒ වගේම තමයි පින්වත් මහණෙනි, යම් කෙනෙක් සංවේගයට පත් වෙලා නුවණින් වීරිය කරන අය ඉන්නවා නම්, ඒ සත්වයන් ඉන්නෙ ස්වල්පයයි. ඒත් සංවේගයට පත් වෙලා නුවණින් වීරිය කරන්නේ නැති අය ඉන්නවා නම්, ඒ සත්වයන්ම තමයි බහුලව ඉන්නෙ."

සාදු! සාදු!! සාදු!!!

1.16.4.13.

13. "....(පෙ).... අන්න ඒ වගේම තමයි පින්වත් මහණෙනි, යම් කෙනෙක් නිවන අරමුණු කරලා සමාධිය ලබනවා නම්, සිතේ එකඟ බව ලබනවා නම්,

ඒ සත්වයන් ඉන්නෙ ස්වල්පයයි. ඒත් යම් කෙනෙක් නිවන අරමුණු කොට සමාධිය ලබන්නේ නැත්නම්, සිතේ එකඟ බව ලබන්නේ නැත්නම්, අන්න ඒ සත්වයන්ම තමයි බහුලව ඉන්නෙ."

සාදු! සාදු!! සාදු!!!

1.16.4.14.

14. "....(පෙ).... අන්න ඒ වගේම තමයි පින්වත් මහණෙනි, යම් කෙනෙකුට අග්‍ර වූ ආහාරත්, අග්‍ර වූ රසත් ලැබෙනවා නම්, ඒ සත්වයන් ඉන්නෙ ස්වල්පයයි. ඒත් පින්වත් මහණෙනි, යම් කෙනෙකුට අග්‍ර වූ ආහාරත්, අග්‍ර වූ රසයත් ලැබෙන්නේ නැත්නම්, බොහෝම නීරස කෑම බීම පවා අමාරුවෙන් සොයා ගන්නවා නම්, අන්න ඒ සත්වයන්ම තමයි බහුලව ඉන්නෙ."

සාදු! සාදු!! සාදු!!!

1.16.4.15.

15. "....(පෙ).... අන්න ඒ වගේම තමයි පින්වත් මහණෙනි, යම් කෙනෙක් අර්ථ රසය, ධර්ම රසය, අමා නිවන් රසය ලබනවා නම්, ඒ සත්වයන් ඉන්නෙ ස්වල්පයයි. ඒ වුනත් පින්වත් මහණෙනි, යම් කෙනෙක් අර්ථ රසය, ධර්ම රසය, අමා නිවන් රසය ලබන්නේ නැත්නම්, ඒ සත්වයන්ම තමයි බහුලව ඉන්නෙ. ඒ නිසා ම පින්වත් මහණෙනි, මෙන්න මේ විදිහට හික්මෙන්න ඕන. 'අපි ධර්ම රසයත්, අර්ථ රසයත්, අමා නිවන් රසත් ලබන අය වෙනවා' කියලා. පින්වත් මහණෙනි, මෙන්න මේ විදිහටමයි හික්මෙන්නට ඕන."

සාදු! සාදු!! සාදු!!!

1.16.4.16.-18.

16.-18. "පින්වත් මහණෙනි, ඒක මෙන්න මේ වගේ දෙයක්. මේ දඹදිව රමණීය ආරාම, රමණීය වනාන්තර, රමණීය භූමි භාග, රමණීය පොකුණු ආදිය අල්පයි. ඒ වුනත් වැඩිපුරම තියෙන්නේ වළ ගොඩැලි තැන්, ගංගා දුර්ග, කානු කටු තියෙන තැන්, විසම පර්වත වගේ තැන්. අන්න ඒ වගේම තමයි පින්වත්

මහණෙනි, යම් කෙනෙක් මේ මිනිස් ජීවිතයෙන් චුත වෙලා ගිහිල්ලා ආයෙමත් මිනිසුන් අතරම උපදිනවා නම්, අන්න ඒ සත්වයින් ඉන්නෙ ස්වල්පයයි. ඒ වුනත්, යම් කෙනෙක් මිනිස් ජීවිතයෙන් චුත වෙලා නිරයේ උපදිනවා නම්, අන්න ඒ සත්වයින්ම තමයි වැඩිපුරම ඉන්නෙ. ....(පෙ).... තිරිසන් ජීවිතයේ උපදිනවා නම්, ...(පෙ).... ප්‍රේත විෂයේ උපදිනවා නම් අන්න ඒ සත්වයන්ම තමයි වැඩිපුරම ඉන්නෙ."

සාදු! සාදු!! සාදු!!!

1.16.4.19.-21.

19.-21. "....(පෙ).... අන්න ඒ වගේ ම තමයි පින්වත් මහණෙනි, යම් කෙනෙක් මේ මිනිස් බවෙන් චුත වෙලා දෙවියන් අතර උපදිනවා නම්, අන්න ඒ සත්වයින් ඉන්නෙ ස්වල්පයයි. ඒ වුනත්, යම් කෙනෙක් මිනිසත් බවෙන් චුත වෙලා නිරයේ උපදිනවා නම්, අන්න ඒ සත්වයින්ම තමයි වැඩිපුරම ඉන්නෙ. ....(පෙ).... තිරිසන් ජීවිතයේ උපදිනවා නම්, ...(පෙ).... ප්‍රේත විෂයේ උපදිනවා නම් අන්න ඒ සත්වයන්ම තමයි වැඩිපුරම ඉන්නෙ."

සාදු! සාදු!! සාදු!!!

1.16.4.22.-24.

22.-24. "....(පෙ).... අන්න ඒ වගේ ම තමයි පින්වත් මහණෙනි, යම් කෙනෙක් මේ දෙවියන් අතරින් චුත වෙලා දෙවියන් අතර උපදිනවා නම්, අන්න ඒ සත්වයින් ඉන්නෙ ස්වල්පයයි. ඒ වුනත්, යම් කෙනෙක් දෙවියන් අතරින් චුත වෙලා නිරයේ උපදිනවා නම්, අන්න ඒ සත්වයින් ම තමයි වැඩිපුරම ඉන්නෙ. ....(පෙ).... තිරිසන් ජීවිතයේ උපදිනවා නම්, ...(පෙ).... ප්‍රේත විෂයේ උපදිනවා නම් අන්න ඒ සත්වයන්ම තමයි වැඩිපුරම ඉන්නෙ."

සාදු! සාදු!! සාදු!!!

1.16.4.25.-27.

25.-27. "....(පෙ).... අන්න ඒ වගේ ම තමයි පින්වත් මහණෙනි, යම් කෙනෙක්

මේ දෙවියන් අතරින් චුත වෙලා මිනිසුන් අතර උපදිනවා නම්, අන්න ඒ සත්වයින් ඉන්නෙ ස්වල්පයයි. ඒ වුනත්, යම් කෙනෙක් දෙවියන් අතරින් චුත වෙලා නිරයේ උපදිනවා නම් ....(පෙ).... තිරිසන් ජීවිතයේ උපදිනවා නම්, ...(පෙ).... ප්‍රේත විෂයේ උපදිනවා නම් අන්න ඒ සත්වයන්ම තමයි වැඩිපුරම ඉන්නෙ."

සාදු! සාදු!! සාදු!!!

1.16.4.28.-30.

28.-30. "....(පෙ).... අන්න ඒ වගේ ම තමයි පින්වත් මහණෙනි, යම් කෙනෙක් මේ නිරයෙන් චුත වෙලා මිනිසුන් අතර උපදිනවා නම්, අන්න ඒ සත්වයින් ඉන්නෙ ස්වල්පයයි. ඒ වුනත්, යම් කෙනෙක් නිරයෙන් චුත වෙලා නිරයේම උපදිනවා නම් ....(පෙ).... තිරිසන් ජීවිතයේ උපදිනවා නම්, ...(පෙ).... ප්‍රේත විෂයේ උපදිනවා නම් අන්න ඒ සත්වයන්ම තමයි වැඩිපුරම ඉන්නෙ."

සාදු! සාදු!! සාදු!!!

1.16.4.31.-33.

31.-33. "....(පෙ).... අන්න ඒ වගේ ම තමයි පින්වත් මහණෙනි, යම් කෙනෙක් මේ නිරයෙන් චුත වෙලා දෙවියන් අතර උපදිනවා නම්, අන්න ඒ සත්වයින් ඉන්නෙ ස්වල්පයයි. ඒ වුනත්, යම් කෙනෙක් නිරයෙන් චුත වෙලා නිරයේම උපදිනවා නම් ....(පෙ).... තිරිසන් ජීවිතයේ උපදිනවා නම්, ...(පෙ).... ප්‍රේත විෂයේ උපදිනවා නම් අන්න ඒ සත්වයන්ම තමයි වැඩිපුරම ඉන්නෙ."

සාදු! සාදු!! සාදු!!!

1.16.4.34.-36.

34.-36. "....(පෙ).... අන්න ඒ වගේ ම තමයි පින්වත් මහණෙනි, යම් කෙනෙක් මේ තිරිසන් ජීවිතයෙන් චුත වෙලා මිනිසුන් අතර උපදිනවා නම්, අන්න ඒ සත්වයින් ඉන්නෙ ස්වල්පයයි. ඒ වුනත්, යම් කෙනෙක් තිරිසන් ජීවිතයෙන් චුත වෙලා නිරයේ උපදිනවා නම් ....(පෙ).... තිරිසන් ජීවිතයේම උපදිනවා නම්,

....(පෙ).... ප්‍රේත විෂයේ උපදිනවා නම් අන්න ඒ සත්වයන්ම තමයි වැඩිපුරම ඉන්නෙ."

සාදු! සාදු!! සාදු!!!

1.16.4.37.-39.

37.-39. "....(පෙ).... අන්න ඒ වගේ ම තමයි පින්වත් මහණෙනි, යම් කෙනෙක් මේ තිරිසන් ජීවිතයෙන් චුත වෙලා දෙවියන් අතර උපදිනවා නම්, අන්න ඒ සත්වයින් ඉන්නෙ ස්වල්පයයි. ඒ වුනත්, යම් කෙනෙක් තිරිසන් ජීවිතයෙන් චුත වෙලා නිරයේ උපදිනවා නම් ....(පෙ).... තිරිසන් ජීවිතයේම උපදිනවා නම්, ...(පෙ).... ප්‍රේත විෂයේ උපදිනවා නම් අන්න ඒ සත්වයන්ම තමයි වැඩිපුරම ඉන්නෙ."

සාදු! සාදු!! සාදු!!!

1.16.4.40.-42.

40.-42. "....(පෙ).... අන්න ඒ වගේම තමයි පින්වත් මහණෙනි, යම් කෙනෙක් මේ ප්‍රේත විෂයෙන් චුත වෙලා මිනිසුන් අතර උපදිනවා නම්, අන්න ඒ සත්වයින් ඉන්නෙ ස්වල්පයයි. ඒ වුනත්, යම් කෙනෙක් ප්‍රේත විෂයෙන් චුත වෙලා නිරයේ උපදිනවා නම් ....(පෙ).... තිරිසන් ජීවිතයේ උපදිනවා නම්, ...(පෙ).... ප්‍රේත විෂයේම උපදිනවා නම් අන්න ඒ සත්වයන්ම තමයි වැඩිපුරම ඉන්නෙ."

සාදු! සාදු!! සාදු!!!

1.16.4.43.-45.

43.-45. "....(පෙ).... අන්න ඒ වගේ ම තමයි පින්වත් මහණෙනි, යම් කෙනෙක් මේ ප්‍රේත විෂයෙන් චුත වෙලා දෙවියන් අතර උපදිනවා නම්, අන්න ඒ සත්වයින් ඉන්නෙ ස්වල්පයයි. ඒ වුනත්, යම් කෙනෙක් ප්‍රේත විෂයෙන් චුත වෙලා නිරයේ උපදිනවා නම් ....(පෙ).... තිරිසන් ජීවිතයේ උපදිනවා නම්, ...(පෙ).... ප්‍රේත විෂයේම උපදිනවා නම් අන්න ඒ සත්වයන්ම තමයි වැඩිපුරම ඉන්නෙ."

සාදු! සාදු!! සාදු!!!

ජම්බුදීප පෙය්‍යාලය නිමා විය.

හතර වෙනි වර්ගයයි.

1.16.5.1.-16.

1.-16. "පින්වත් මහණෙනි, මේ අරණ්‍යවාසීව ජීවත් වීම ....(පෙ).... පිණ්ඩපාතයෙන් ජීවත් වීම ....(පෙ).... පාංශුකූලික සිවුරෙන් ජීවත් වීම ....(පෙ).... තුන් සිවුරෙන් ජීවත් වීම ....(පෙ).... ධර්ම කථික බව ....(පෙ).... විනයධර බව ....(පෙ).... බහුශ්‍රැත බව ....(පෙ).... ස්ථාවර බව ....(පෙ).... යහපත් ආකල්පයෙන් යුතු බව ....(පෙ).... පිරිවර ඇති බව ....(පෙ).... මහ පිරිවර ඇති බව ....(පෙ).... කුලවත් බව ....(පෙ).... රූපසම්පන්න බව ....(පෙ).... යහපත් වචන ඇති බව ....(පෙ).... අල්පේච්ඡ බව ....(පෙ).... රෝගාබාධ අල්ප බව කියන මෙන්න මේවා ලාභයන් අතර ඒකාන්තයෙන්ම ලාභයන්මයි."

සාදු! සාදු!! සාදු!!!

සොළොස් ප්‍රසාදකර ධර්ම නිමා විය.

පස් වෙනි වර්ගයයි.

අච්ඡරාසංඝාත වර්ගය

1.16.6.1.

1. "පින්වත් මහණෙනි, ඉදින් යම් භික්ෂුවක් අසුරු සැණක් ගසන මොහොතක් තරම්වත් පළවෙනි ධ්‍යානය වඩනවා නම්, පින්වත් මහණෙනි, මේකට තමයි කියන්නේ 'භික්ෂුව භාවනාවෙන් හිස් නැතුව වාසය කරනවා. ශාස්තෘන් වහන්සේගේ අනුශාසනාවත් කරනවා. අවවාදයත් පිළිපදිනවා. රට වැසියා පුදන පිණ්ඩපාතයත් (පිදූ අයට සැප විපාක ලබා දෙන නිසාත්) හිස් නැතුව වළඳනවා' කියල. ඉතින් පළවෙනි ධ්‍යානය බහුලව කරන කෙනෙක් ගැන කවර කතාද?"

සාදු! සාදු!! සාදු!!!

1.16.6.2.-8.

2.-8. "පින්වත් මහණෙනි, ඉදින් යම් භික්ෂුවක් අසුරු සැණක් ගසන මොහොතක් තරම්වත් දෙවෙනි ධ්‍යානය වඩනවා නම්, ...(පෙ).... තුන් වෙනි ධ්‍යානය වඩනවා නම්, ...(පෙ).... හතරවෙනි ධ්‍යානය වඩනවා නම්, ...(පෙ).... මෛත්‍රී චේතෝ විමුක්තිය වඩනවා නම්, ...(පෙ).... කරුණා චේතෝ විමුක්තිය වඩනවා නම්, ...(පෙ).... මුදිතා චේතෝ විමුක්තිය වඩනවා නම්, ...(පෙ)....

උපෙක්ඛා චේතෝ විමුක්තිය වඩනවා නම්, පින්වත් මහණෙනි, මේකට තමයි කියන්නේ 'භික්ෂුව භාවනාවෙන් හිස් නැතුව වාසය කරනවා. ශාස්තෘන් වහන්සේගේ අනුශාසනාවත් කරනවා. අවවාදයත් පිළිපදිනවා. රට වැසියා පුදන පිණ්ඩපාතයත් හිස් නැතුව වළඳනවා' කියල. ඉතින් උපෙක්ඛා චේතෝ විමුක්තිය බහුලව කරන කෙනෙක් ගැන කවර කතාද?"

සාදු! සාදු!! සාදු!!!

1.16.6.9.-12.

9.-12. "....(පෙ).... ඉදින් යම් භික්ෂුවක් කෙලෙස් තවා දමන වීරියෙන් යුතුව මනා සිහි නුවණින් යුතුව ජීවිතය නම් වූ ලෝකය පිළිබඳ පවතින ලෝභයත් දොම්නසත් දුරු කොට, මැනැවින් පිහිටුවා ගත් සිහියෙන් යුතුව කය පිළිබඳව කායානුපස්සනා භාවනාවෙන් වාසය කරනවා නම්, ...(පෙ).... වේදනාවන් පිළිබඳව වේදනානුපස්සනා භාවනාවෙන් වාසය කරනවා නම්, ...(පෙ).... සිත පිළිබඳව චිත්තානුපස්සනා භාවනාවෙන් වාසය කරනවා නම්, ...(පෙ).... කෙලෙස් තවා දමන වීරියෙන් යුතුව මනා සිහි නුවණින් යුතුව ජීවිතය නම් වූ ලෝකය පිළිබඳ පවතින ලෝභයත් දොම්නසත් දුරු කොට, මැනැවින් පිහිටුවා ගත් සිහියෙන් යුතුව ධර්මයන් පිළිබඳව ධම්මානුපස්සනා භාවනාවෙන් වාසය කරනවා නම්, ...(පෙ)...."

සාදු! සාදු!! සාදු!!!

1.16.6.13.-16.

13.-16. "....(පෙ).... නූපන් අකුසල් නූපදවීම පිණිස කැමැත්ත උපදවා ගන්නවා. උත්සාහ කරනවා. ඒ සඳහා වීරිය පටන් ගන්නවා. සිත දැඩි කොට ගන්නවා. පධන් වීරිය කරනවා නම්, ...(පෙ).... උපන් පාපී අකුසල් ප්‍රහාණය කිරීම පිණිස කැමැත්ත උපදවා ගන්නවා. ඒවා නැති කරන්න උත්සාහ කරනවා. ඒ සඳහා වීරිය පටන් ගන්නවා. සිත දැඩි කොට ගන්නවා. පධන් වීරිය කරනවා නම්, ...(පෙ).... නූපන් කුසල් දහම් උපදවා ගැනීම පිණිස කැමැත්ත උපදවා ගන්නවා. උත්සාහ කරනවා. ඒ සඳහා වීරිය පටන් ගන්නවා. සිත දැඩි කොට ගන්නවා. පධන් වීරිය කරනවා නම්, ...(පෙ).... උපන් කුසල් දහම් පවත්වා ගන්නත්, නැති නොවීම පිණිසත්, වැඩි දියුණු කරගැනීම පිණිසත්, භාවනාවෙන් සම්පූර්ණ කරගැනීම පිණිසත්, කැමැත්ත උපදවා ගන්නවා. උත්සාහ කරනවා. ඒ සඳහා වීරිය පටන්

ගන්නවා. සිත දැඩි කොට ගන්නවා. පධන් වීරිය කරනවා නම්, ...(පෙ)...."

සාදු! සාදු!! සාදු!!!

1.16.6.17.-20.

17.-20. "....(පෙ).... ධර්මාවබෝධයට අධික වූ කැමැත්තෙන් යුතුව වීරිය වඩමින් උපදවා ගන්නා සමාධි සංස්කාරයෙන් යුතුව ඡන්ද ඉර්ධිපාදය වඩයි නම්, ...(පෙ).... ධර්මාවබෝධයට අධික වූ වීරියෙන් යුතුව වීරිය වඩමින් උපදවා ගන්නා සමාධි සංස්කාරයෙන් යුතුව විරිය ඉර්ධිපාදය වඩයි නම්, ...(පෙ).... ධර්මාවබෝධයට අධික වූ අධිෂ්ඨානයෙන් යුතුව වීරිය වඩමින් උපදවා ගන්නා සමාධි සංස්කාරයෙන් යුතුව චිත්ත ඉර්ධිපාදය වඩයි නම්, ...(පෙ).... ධර්මාවබෝධයට අධික වූ විමසුම් නුවණින් යුතුව වීරිය වඩමින් උපදවා ගන්නා සමාධි සංස්කාරයෙන් යුතුව වීමංසා ඉර්ධිපාදය වඩයි නම්, ...(පෙ)...."

සාදු! සාදු!! සාදු!!!

1.16.6.21.-25.

21.-25. "....(පෙ).... ශ්‍රද්ධා ඉන්ද්‍රිය වඩයි නම්, ...(පෙ).... විරිය ඉන්ද්‍රිය වඩයි නම්, ...(පෙ).... සති ඉන්ද්‍රිය වඩයි නම්, ...(පෙ).... සමාධි ඉන්ද්‍රිය වඩයි නම්, ...(පෙ).... ප්‍රඥා ඉන්ද්‍රිය වඩයි නම්, ...(පෙ)...."

සාදු! සාදු!! සාදු!!!

1.16.6.26.-30.

26.-30. "....(පෙ).... ශ්‍රද්ධා බලය වඩයි නම්, ...(පෙ).... විරිය බලය වඩයි නම්, ...(පෙ).... සති බලය වඩයි නම්, ...(පෙ).... සමාධි බලය වඩයි නම්, ...(පෙ).... ප්‍රඥා බලය වඩයි නම්, ...(පෙ)...."

සාදු! සාදු!! සාදු!!!

1.16.6.31.-37.

31.-37. "....(පෙ).... නිවනට අංගයක් වන (බොජ්ඣංග) සිහිය නැමැති බොජ්ඣංගය වඩයි නම්, ...(පෙ).... ධර්මය නුවණින් විමසීම නැමැති බොජ්ඣංගය වඩයි නම්, ...(පෙ).... වීරිය නැමැති බොජ්ඣංගය වඩයි නම්, ...(පෙ)... ප්‍රීතිය නැමැති බොජ්ඣංගය වඩයි නම්, ...(පෙ).... සිතේ කයේ සංසිඳීම (පස්සද්ධි) නැමැති බොජ්ඣංගය වඩයි නම්, ...(පෙ).... සමාධි නැමැති බොජ්ඣංගය වඩයි නම්, ...(පෙ).... උපේක්ෂාව නැමැති බොජ්ඣංගය වඩයි නම්, ...(පෙ)...."

සාදු! සාදු!! සාදු!!!

1.16.6.38.-45.

38.-45. "....(පෙ).... සම්මා දිට්ඨිය වඩයි නම්, ...(පෙ).... සම්මා සංකල්ප වඩයි නම්, ...(පෙ).... සම්මා වාචා වඩයි නම්, ...(පෙ).... සම්මා කම්මන්ත වඩයි නම්, ...(පෙ).... සම්මා ආජීවය වඩයි නම්, ...(පෙ).... සම්මා වායාමය වඩයි නම්, ...(පෙ).... සම්මා සතිය වඩයි නම්, ...(පෙ).... සම්මා සමාධිය වඩයි නම්, ...(පෙ)...."

සාදු! සාදු!! සාදු!!!

1.16.6.46.-53.

46.-53. "....(පෙ).... ආධ්‍යාත්මයෙහි රූපී සඤ්ඤාව ඇතිව බාහිර වූ සුවර්ණ දුර්වර්ණ වූ ස්වල්ප වූ රූපයන් දකියි. ඒවා නුවණින් මඩිමින් දනිමි'යි දකිමි'යි යන මෙබඳු සඤ්ඤා ඇත්තේ වෙයි. ....(පෙ).... ආධ්‍යාත්මයෙහි රූපී සඤ්ඤාව ඇතිව බාහිර වූ සුවර්ණ දුර්වර්ණ වූ අප්‍රමාණ වූ රූපයන් දකියි. ඒවා නුවණින් මඩිමින් දනිමි'යි දකිමි'යි යන මෙබඳු සඤ්ඤා ඇත්තේ වෙයි. ....(පෙ).... ආධ්‍යාත්මයෙහි අරූපී සඤ්ඤාව ඇතිව බාහිර වූ සුවර්ණ දුර්වර්ණ වූ ස්වල්ප වූ රූපයන් දකියි. ඒවා නුවණින් මඩිමින් දනිමි'යි දකිමි'යි යන මෙබඳු සඤ්ඤා ඇත්තේ වෙයි. ....(පෙ).... ආධ්‍යාත්මයෙහි අරූපී සඤ්ඤාව ඇතිව බාහිර වූ සුවර්ණ දුර්වර්ණ වූ අප්‍රමාණ වූ රූපයන් දකියි. ඒවා නුවණින් මඩිමින් දනිමි'යි දකිමි'යි යන මෙබඳු සඤ්ඤා ඇත්තේ වෙයි. ....(පෙ).... ආධ්‍යාත්මයෙහි අරූපී සඤ්ඤාව ඇතිව බාහිර නිල් වූ නීලවර්ණ ඇති, නීල නිදර්ශන ඇති, නිල් ආලෝක ඇති රූපයන් දකියි. ඒවා නුවණින් මඩිමින් දනිමි'යි දකිමි'යි යන

මෙබඳු සඤ්ඤා ඇත්තේ වෙයි. ....(පෙ).... ආධ්‍යාත්මයෙහි අරූපී සඤ්ඤාව ඇතිව කහ වූ කහ වර්ණ ඇති, කහ නිදර්ශන ඇති, කහ ආලෝක ඇති රූපයන් දකියි. ඒවා නුවණින් මඩිමින් දනිමි'යි දකිමි'යි යන මෙබඳු සඤ්ඤා ඇත්තේ වෙයි. ....(පෙ).... ආධ්‍යාත්මයෙහි අරූපී සඤ්ඤාව ඇතිව බාහිර රතු වූ රතු වර්ණ ඇති, රතු නිදර්ශන ඇති, රතු ආලෝක ඇති රූපයන් දකියි. ඒවා නුවණින් මඩිමින් දනිමි'යි දකිමි'යි යන මෙබඳු සඤ්ඤා ඇත්තේ වෙයි. ....(පෙ).... ආධ්‍යාත්මයෙහි අරූපී සඤ්ඤාව ඇතිව බාහිර සුදු වූ සුදු වර්ණ ඇති, සුදු නිදර්ශන ඇති, සුදු ආලෝක ඇති රූපයන් දකියි. ඒවා නුවණින් මඩිමින් දනිමි'යි දකිමි'යි යන මෙබඳු සඤ්ඤා ඇත්තේ වෙයි. ....(පෙ)...."

සාදු! සාදු!! සාදු!!!

1.16.6.54.-61.

54.-61. "....(පෙ).... රූපවත් වූයේ රූපයන් දකියි නම්, ...(පෙ).... ආධ්‍යාත්මයෙහි අරූප සඤ්ඤී වූයේ බාහිර රූපයන් දකියි නම්, ...(පෙ).... (ධ්‍යාන) සුභ වශයෙන්ම ගෙන එහි ඇලී වසයි නම්, ...(පෙ).... සියලු රූප සඤ්ඤාවන් ඉක්මවා ගොස්, ගොරෝසු සඤ්ඤාවන් ඉක්මවා ගොස් නොයෙක් සඤ්ඤාවන් මෙනෙහි නොකිරීමෙන් 'අනන්ත වූ ආකාසය' යැයි මෙනෙහි කිරීමෙන් ආකාසානඤ්චායතනයට පැමිණ වාසය කරයි නම්, ...(පෙ).... සියලු ආකාසානඤ්චායතනය ඉක්මවා ගොස් 'අනන්ත වූ විඤ්ඤාණය' යැයි මෙනෙහි කිරීමෙන් විඤ්ඤාණඤ්චායතනයට පැමිණ වාසය කරයි නම්, ...(පෙ).... සියලු ආකාරයෙන් විඤ්ඤාණඤ්චායතනය ඉක්මවා ගොස් 'කිසිවක් නැත' යැයි මෙනෙහි කිරීමෙන් ආකිඤ්චඤ්ඤායතනයට පැමිණ වාසය කරයි නම්, ...(පෙ).... සියලු ආකාරයෙන් ආකිඤ්චඤ්ඤායතනය ඉක්මවා ගොස් නේවසඤ්ඤානාසඤ්ඤායතනයට පැමිණ වාසය කරයි නම් ....(පෙ).... සියලු ආකාරයෙන් නේවසඤ්ඤානාසඤ්ඤායතනය ඉක්මවා ගොස් සඤ්ඤාවේදයිත නිරෝධයට පැමිණ වාසය කරයි නම්, ...(පෙ)...."

සාදු! සාදු!! සාදු!!!

1.16.6.62.-72.

62.-72. "....(පෙ).... පඨවි කසිණය වඩයි නම්, ...(පෙ).... ආපෝ කසිණය වඩයි

නම්, ...(පෙ).... තේජෝ කසිණය වඩයි නම්, ...(පෙ).... වායෝ කසිණය වඩයි නම්, ...(පෙ).... නීල කසිණය වඩයි නම්, ...(පෙ).... පීත කසිණය වඩයි නම්, ...(පෙ).... ලෝහිත කසිණය වඩයි නම්, ...(පෙ).... ඕදාත කසිණය වඩයි නම්, ...(පෙ).... ආකාස කසිණය වඩයි නම්, ...(පෙ).... විඤ්ඤාණ කසිණය වඩයි නම්, ...(පෙ).... ආලෝක කසිණය වඩයි නම්, ...(පෙ)...."

සාදු! සාදු!! සාදු!!!

1.16.6.73.-82.

73.-82. "....(පෙ).... අසුභ සඤ්ඤාව වඩයි නම්, ...(පෙ).... මරණ සඤ්ඤාව වඩයි නම්, ...(පෙ).... ආහාරයේ පිළිකුල් සඤ්ඤාව වඩයි නම්, ...(පෙ).... සියලු ලෝකයෙහි නොඇලීමේ සඤ්ඤාව වඩයි නම්, ...(පෙ).... අනිත්‍ය සඤ්ඤාව වඩයි නම්, ...(පෙ).... අනිත්‍යයෙහි දුක් සඤ්ඤාව වඩයි නම්, ...(පෙ).... දුකෙහි අනාත්ම සඤ්ඤාව වඩයි නම්, ...(පෙ).... ප්‍රහාණ සඤ්ඤාව වඩයි නම්, ...(පෙ).... විරාග සඤ්ඤාව වඩයි නම්, ...(පෙ).... නිරෝධ සඤ්ඤාව වඩයි නම්, ...(පෙ)...."

සාදු! සාදු!! සාදු!!!

1.16.6.83.-92.

83.-92. "....(පෙ).... අනිත්‍ය සඤ්ඤාව වඩයි නම්, ...(පෙ).... අනාත්ම සඤ්ඤාව වඩයි නම්, ...(පෙ).... මරණ සඤ්ඤාව වඩයි නම්, ...(පෙ).... ආහාරයේ පිළිකුල් සඤ්ඤාව වඩයි නම්, ...(පෙ).... සියලු ලෝකයෙහි නොඇලීමේ සඤ්ඤාව වඩයි නම්, ...(පෙ).... අට්ඨික සඤ්ඤාව (කය ඇට කටු ගොඩ ලෙස) වඩයි නම්, ...(පෙ).... පුලවක සඤ්ඤාව (මළ සිරුර පණුවන් විසින් කා දමනය ආකාරය) වඩයි නම්, ...(පෙ).... විනීලක සඤ්ඤාව (මළ සිරුර නිල් වී ඇති ආකාරය) වඩයි නම්, ...(පෙ).... විච්ඡිද්දක සඤ්ඤාව (මළ සිරුරේ හිල් සෑදී ඇති ආකාරය) වඩයි නම්, ...(පෙ).... උද්ධුමාතක සඤ්ඤාව (මළ සිරුර ඉදිමී ඇති ආකාරය) වඩයි නම්, ...(පෙ)...."

සාදු! සාදු!! සාදු!!!

1.16.6.93.-102.

93.-102. "....(පෙ).... බුද්ධානුස්සතිය වඩයි නම්, ...(පෙ).... ධම්මානුස්සතිය වඩයි නම්, ...(පෙ).... සංඝානුස්සතිය වඩයි නම්, ...(පෙ).... සීලානුස්සතිය වඩයි නම්, ...(පෙ).... චාගානුස්සතිය වඩයි නම්, ...(පෙ).... දේවතානුස්සතිය වඩයි නම්, ...(පෙ).... ආනාපානසතිය වඩයි නම්, ...(පෙ).... මරණානුස්සතිය වඩයි නම්, ...(පෙ).... කායගතාසතිය (කය පිළිබඳ සම්පූර්ණ සිහිය) වඩයි නම්, ...(පෙ).... උපසමානුස්සතිය (කෙලෙස් සංසිඳීම පිණිස යෙදෙන සිහිය) වඩයි නම්, ...(පෙ)...."

සාදු! සාදු!! සාදු!!!

1.16.6.103.-142.

103.-142. "....(පෙ).... ප්‍රථම ධ්‍යානයෙන් යුතුව ශ්‍රද්ධා ඉන්ද්‍රිය වඩයි නම්, ...(පෙ).... විරිය ඉන්ද්‍රිය වඩයි නම්, ...(පෙ).... සති ඉන්ද්‍රිය වඩයි නම්, ...(පෙ).... සමාධි ඉන්ද්‍රිය වඩයි නම්, ...(පෙ).... ප්‍රඥා ඉන්ද්‍රිය වඩයි නම්, ...(පෙ).... ශ්‍රද්ධා බලය වඩයි නම්, ...(පෙ).... විරිය බලය වඩයි නම්, ...(පෙ).... සති බලය වඩයි නම්, ...(පෙ).... සමාධි බලය වඩයි නම්, ...(පෙ).... ප්‍රඥා බලය වඩයි නම්, ...(පෙ).... දෙවන ධ්‍යානයෙන් යුතුව ....(පෙ).... තුන් වන ධ්‍යානයෙන් යුතුව ....(පෙ).... හතරවන ධ්‍යානයෙන් යුතුව ප්‍රඥා බලය වඩයි නම් ....(පෙ)...."

සාදු! සාදු!! සාදු!!!

1.16.6.143.-182.

143.-182. "....(පෙ).... මෛත්‍රී සහගත ....(පෙ).... කරුණා සහගත ....(පෙ).... මුදිතා සහගත ....(පෙ).... උපේක්ෂා සහගත ....(පෙ).... ශ්‍රද්ධා ඉන්ද්‍රිය වඩයි නම්, ...(පෙ).... විරිය ඉන්ද්‍රිය වඩයි නම්, ...(පෙ).... සති ඉන්ද්‍රිය වඩයි නම්, ...(පෙ).... සමාධි ඉන්ද්‍රිය වඩයි නම්, ...(පෙ).... ප්‍රඥා ඉන්ද්‍රිය වඩයි නම්, ...(පෙ).... ශ්‍රද්ධා බලය වඩයි නම්, ...(පෙ).... විරිය බලය වඩයි නම්, ...(පෙ).... සති බලය වඩයි නම්, ...(පෙ).... සමාධි බලය වඩයි නම්, ...(පෙ).... ප්‍රඥා බලය වඩයි නම්, පින්වත් මහණෙනි, මේකට තමයි කියන්නේ 'භික්ෂුව භාවනාවෙන් හිස් නැතුව වාසය කරනවා. ශාස්තෲන් වහන්සේගේ අනුශාසනාවත් කරනවා. අවවාදයත් පිළිපදිනවා. රට වැසියා පුදන පිණ්ඩපාතයත් හිස් නැතුව වළඳනවා' කියල.

ඉතින් ප්‍රඥා බලය බහුලව කරන කෙනෙක් ගැන කවර කතාද?"

සාදු! සාදු!! සාදු!!!

හයවෙනි වර්ගයයි.

(පෙයාාල වශයෙන් දක් වූ සූත්‍ර 182 ක් මෙම අච්ඡරා සංඝාත වර්ගයෙහි ඇත.)

කායගතාසති වර්ගය

1.16.7.1.

1. "පින්වත් මහණෙනි, යම් කෙනෙකු විසින් මහා සමුද්‍රය සිතින් ස්පර්ශ කෙරුවොත් එවිට ඒ මහ මුහුදට ගලා බස්නා යම් කිසි කුඩා ගංගාවන් ඇත්නම්, ඒවාත් එයට ඇතුළත් වෙනවා. පින්වත් මහණෙනි, අන්න ඒ ආකාරයෙන් යම් කිසිවෙකු විසින් කායගතාසති භාවනාව වැඩුවොත්, බහුල වශයෙන් ප්‍රගුණ කළොත් එවිට අවබෝධය ඇති කරවන්නා වූ යම්කිසි කුසල් දහම් ඇත්නම් ඒවාත් එයට ඇතුළත් වෙනවා."

සාදු! සාදු!! සාදු!!!

1.16.7.2.-8.

2.-8. "පින්වත් මහණෙනි, එකම දෙයක් භාවනා වශයෙන් වැඩුවොත්, බහුල වශයෙන් පුරුදු කළොත් (සසර පිළිබඳ) මහත් සංවේගයකට හේතු වෙනවා. ....(පෙ).... මහා යහපතක් පිණිස හේතු වෙනවා ....(පෙ).... මහත් වූ කෙලෙස් යෝගයන් ඉක්මවා යන්නට හේතු වෙනවා ....(පෙ).... සිහියත්, මනා අවබෝධයත් පිණිස හේතු වෙනවා. ....(පෙ).... ඤාණදර්ශනය ලැබීම පිණිස හේතු වෙනවා. ....(පෙ).... මේ ජීවිතයේදීම සැප සේ ජීවත් වීම පිණිස හේතු වෙනවා. ....(පෙ).... විද්‍යා විමුක්ති ඵල සාක්ෂාත් කිරීම පිණිස හේතු වෙනවා. මොකක්ද ඒ එකම දේ? කායගතාසතියයි. පින්වත් මහණෙනි, මේ එකම දේ භාවනා වශයෙන් වැඩුවොත්, බහුල වශයෙන් පුරුදු කළොත් මහත් සංවේග යකට හේතු වෙනවා. මහා යහපතක් පිණිසම හේතු වෙනවා. මහත් වූ යෝග යන් ඉක්මවා යන්නට හේතු වෙනවා. සිහියත්, මනා අවබෝධයත් පිණිස හේතු

වෙනවා. ඤාණදර්ශනය ලැබීම පිණිස හේතු වෙනවා. මේ ජීවිතයේදීම සැප සේ ජීවත් වීම පිණිස හේතු වෙනවා. විද්‍යා විමුක්ති ඵල සාක්ෂාත් කිරීම පිණිස හේතු වෙනවා."

සාදු! සාදු!! සාදු!!!

1.16.7.9.-12.

9.-12. "පින්වත් මහණෙනි, මේ එකම දෙයක් භාවනා වශයෙන් වැඩීමෙන්, බහුල වශයෙන් පුරුදු කිරීමෙන් කයත් සංසිඳෙනවා. ....(පෙ).... සිතත් සංසිඳෙනවා. ....(පෙ).... විතක්ක විචාරත් සංසිඳෙනවා. ....(පෙ).... අමා නිවන් අවබෝධයට වුවමනා කරන සියලුම ධර්මයන් භාවනාවෙන් සම්පූර්ණ වෙනවා. කවර එකම දෙයක් වැඩීමෙන්ද? කායගතාසතිය වැඩීමෙන්. පින්වත් මහණෙනි, මේ එකම දේ වැඩීමෙන්, බහුල වශයෙන් වැඩීමෙන් කයත් සංසිඳෙනවා. සිතත් සංසිඳෙනවා. විතර්ක විචාරත් සංසිඳෙනවා. අමා නිවන් අවබෝධයට වුවමනා කරන සියලු ධර්මයනුත් භාවනාවෙන් සම්පූර්ණ වෙලා යනවා."

සාදු! සාදු!! සාදු!!!

1.16.7.13.

13. "පින්වත් මහණෙනි, එකම දෙයක් භාවනා වශයෙන් වැඩීමෙන්, බහුල වශයෙන් පුරුදු කිරීමෙන් නූපන් පාපී අකුසල් වුනත් උපදින්නේ නෑ. උපන් පාපී අකුසල් පවා ප්‍රහීණ වෙනවා. කවර එකම ධර්මයක් වැඩීමෙන්ද? කායගතාසතිය වැඩීමෙන්. පින්වත් මහණෙනි, මේ එකම දේ වැඩීමෙන්, බහුල වශයෙන් වැඩීමෙන් නූපන් පාපී අකුසල් වුනත් උපදින්නේ නෑ. උපන් පාපී අකුසල් පවා ප්‍රහීණ වෙනවා."

සාදු! සාදු!! සාදු!!!

1.16.7.14.

14. "පින්වත් මහණෙනි, මේ එකම දෙයක් භාවනා වශයෙන් වැඩීමෙන්, බහුල වශයෙන් පුරුදු කිරීමෙන් නූපන් කුසල් දහම් පවා උපදිනවා. උපන් කුසල් දහම්වල වැඩි වීමටත්, වඩාත් වැඩි වීමටත් හේතු වෙනවා. කවර එකම

ධර්මයක් වැඩීමෙන්ද? කායගතාසතිය වැඩීමෙන්. පින්වත් මහණෙනි, මේ එකම දේ භාවනා වශයෙන් වැඩීමෙන්, බහුල වශයෙන් පුරුදු කිරීමෙන් නූපන් කුසල් දහම් පවා උපදිනවා. උපන් කුසල් දහම්වල වැඩි වීමටත්, වඩාත් වැඩි වීමටත් හේතු වෙනවා."

සාදු! සාදු!! සාදු!!!

1.16.7.15.-19.

15-19. "පින්වත් මහණෙනි, එකම දෙයක් භාවනා වශයෙන් වැඩීමෙන්, බහුල වශයෙන් පුරුදු කිරීමෙන් අවිද්‍යාව ප්‍රහීණ වෙලා යනවා. ....(පෙ).... විද්‍යාව උපදිනවා ....(පෙ).... අස්මිමානය ('මම වෙමි' කියන හැඟීම) ප්‍රහීණ වෙනවා. ....(පෙ).... මුල් බැස ගත් කෙලෙස් නැසිලා යනවා. ....(පෙ).... සියලු බන්ධන ප්‍රහීණ වෙලා යනවා. කවර එකම ධර්මයක් වැඩීමෙන්ද? කායගතාසතිය වැඩීමෙන්. පින්වත් මහණෙනි, මේ එකම දේ භාවනා වශයෙන් වැඩීමෙන්, බහුල වශයෙන් පුරුදු කිරීමෙන් අවිද්‍යාව ප්‍රහීණ වෙලා යනවා. ....(පෙ).... විද්‍යාව උපදිනවා ....(පෙ).... අස්මිමානය ප්‍රහීණ වෙලා යනවා. ....(පෙ).... මුල් බැස ගත් කෙලෙස් නැසිලා යනවා ....(පෙ).... සියලු බන්ධන ප්‍රහීණ වෙනවා."

සාදු! සාදු!! සාදු!!!

1.16.7.20.-21.

20-21. "පින්වත් මහණෙනි, එකම දෙයක් භාවනා වශයෙන් වැඩීමෙන්, බහුල වශයෙන් පුරුදු කිරීමෙන් ප්‍රඥාව ප්‍රභේද වශයෙන් ඇති වීම පිණිස හේතු වෙනවා. ....(පෙ).... අනුපාද පරිනිර්වාණය පිණිස හේතු වෙනවා. කවර එකම ධර්මයක් වැඩීමෙන්ද? කායගතාසතිය වැඩීමෙන්. පින්වත් මහණෙනි, මේ එකම දේ භාවනා වශයෙන් වැඩීමෙන්, බහුල වශයෙන් පුරුදු කිරීමෙන් ප්‍රඥා ප්‍රභේදය පිණිස හේතු වෙනවා. අනුපාද පරිනිර්වාණය පිණිස හේතු වෙනවා."

සාදු! සාදු!! සාදු!!!

1.16.7.22.-24.

22-24. "පින්වත් මහණෙනි, එකම දෙයක් භාවනා වශයෙන් වැඩීමෙන්, බහුල වශයෙන් පුරුදු කිරීමෙන් අනේක ධාතු ස්වභාවයන් අවබෝධ වෙනවා.

....(පෙ).... නානා ධාතු ස්වභාවයන් අවබෝධ වෙනවා ....(පෙ).... අනේක ධාතු ස්වභාවයන් විස්තර වශයෙන් අවබෝධ වෙනවා. කවර වූ එකම දෙයක් වැඩීමෙන්ද? කායගතාසතිය වැඩීමෙනි. පින්වත් මහණෙනි, මේ එකම දේ භාවනා වශයෙන් වැඩීමෙන්, බහුල වශයෙන් පුරුදු කිරීමෙන් අනේකධාතු ස්වභාවයන් අවබෝධ වෙනවා. ....(පෙ).... නානා ධාතු ස්වභාවයන් අවබෝධ වෙනවා. ....(පෙ).... අනේකධාතු ස්වාභාවයන් විස්තර වශයෙන් අවබෝධ වෙනවා."

සාදු! සාදු!! සාදු!!!

1.16.7.25.-28.

25-28. "පින්වත් මහණෙනි, මේ එකම දෙයක් භාවනා වශයෙන් වැඩීමෙන්, බහුල වශයෙන් පුරුදු කිරීමෙන් සෝවාන් ඵලය සාක්ෂාත් කිරීම පිණිස හේතු වෙනවා. ....(පෙ).... සකදාගාමී ඵලය සාක්ෂාත් කිරීම පිණිස හේතු වෙනවා. ....(පෙ).... අනාගාමී ඵලය සාක්ෂාත් කිරීම පිණිස හේතු වෙනවා. ....(පෙ).... අරහත් ඵලය සාක්ෂාත් කිරීම පිණිස හේතු වෙනවා. මොකක්ද ඒ එකම දේ? කායගතාසතියයි. පින්වත් මහණෙනි, මේ එකම දේ භාවනා වශයෙන් වැඩීමෙන්, බහුල වශයෙන් පුරුදු කිරීමෙන් සෝවාන් ඵලය සාක්ෂාත් කිරීම පිණිස හේතු වෙනවා. ....(පෙ).... සකදාගාමී ඵලය සාක්ෂාත් කිරීම පිණිස හේතු වෙනවා. ....(පෙ).... අනාගාමී ඵලය සාක්ෂාත් කිරීම පිණිස හේතු වෙනවා. ....(පෙ).... අරහත් ඵලය සාක්ෂාත් කිරීම පිණිස හේතු වෙනවා."

සාදු! සාදු!! සාදු!!!

1.16.7.29.-44.

29-44. "පින්වත් මහණෙනි, මේ එක ම දෙයක් භාවනා වශයෙන් වැඩීමෙන්, බහුල වශයෙන් පුරුදු කළොත් ප්‍රඥාව ලැබීම පිණිස හේතු වෙනවා. ....(පෙ).... ප්‍රඥාව වැඩීම පිණිස හේතු වෙනවා. ....(පෙ).... ප්‍රඥාව විපුල බවට පත් වීම පිණිස හේතු වෙනවා. ....(පෙ).... මහා ප්‍රඥාවක් ලැබීම පිණිස හේතු වෙනවා. ....(පෙ).... පළල් ප්‍රඥාවක් ලැබීම පිණිස හේතු වෙනවා. ....(පෙ).... විශාල ප්‍රඥාවක් ලැබීම පිණිස හේතු වෙනවා. ....(පෙ).... ගැඹුරු ප්‍රඥාවක් ලැබීම පිණිස හේතු වෙනවා. ....(පෙ).... අසාමාන්‍ය ප්‍රඥාවක් ලැබීම පිණිස හේතු වෙනවා. ....(පෙ).... මහා ගැඹුරු ප්‍රඥාවක් පිණිස හේතු වෙනවා. ....(පෙ)....

බහුල ප්‍රඥාවක් ඇති වීම පිණිස හේතු වෙනවා. ....(පෙ).... සීඝ්‍ර ප්‍රඥාවක් ඇති වීම පිණිස හේතු වෙනවා. ....(පෙ).... ඉක්මන් ප්‍රඥාවක් ඇති වීම පිණිස හේතු වෙනවා. ....(පෙ).... ක්ෂණික ප්‍රඥාවක් ඇති වීම පිණිස හේතු වෙනවා. ....(පෙ).... වේගවත් ප්‍රඥාවක් ඇති වීම පිණිස හේතු වෙනවා. ....(පෙ).... තීක්ෂණ ප්‍රඥාවක් ඇති වීම පිණිස පිණිස හේතු වෙනවා. ....(පෙ).... අවබෝධයෙන්ම කළකිරීමට හේතු වන ප්‍රඥාවක් ඇති වීම පිණිස හේතු වෙනවා. ඒ කවර විදිහේ එකම දෙයක් වැඩීමෙන්ද? කායගතාසතිය වැඩීමෙන්. පින්වත් මහණෙනි, මේ එකම දේ භාවනා වශයෙන් වැඩීමෙන්, බහුල වශයෙන් පුරුදු කිරීමෙන් ප්‍රඥාව ලැබීම පිණිස හේතු වෙනවා. ප්‍රඥාව වැඩීම පිණිස හේතු වෙනවා. ප්‍රඥාව විපුල බවට පත් වීම පිණිස හේතු වෙනවා. මහා ප්‍රඥාවක් ලැබීම පිණිස හේතු වෙනවා. පළල් ප්‍රඥාවක් ලැබීම පිණිස හේතු වෙනවා. විශාල ප්‍රඥාවක් ලැබීම පිණිස හේතු වෙනවා. ගැඹුරු ප්‍රඥාවක් ලැබීම පිණිස හේතු වෙනවා. අසාමාන්‍ය ප්‍රඥාවක් ලැබීම පිණිස හේතු වෙනවා. මහා ගැඹුරු ප්‍රඥාවක් ලැබීම පිණිස හේතු වෙනවා. බහුල ප්‍රඥාවක් ලැබීම පිණිස හේතු වෙනවා. සීඝ්‍ර ප්‍රඥාවක් ලැබීම පිණිස හේතු වෙනවා. ඉක්මන් ප්‍රඥාවක් ලැබීම පිණිස හේතු වෙනවා. ක්ෂණික ප්‍රඥාවක් ලැබීම පිණිස හේතු වෙනවා. වේගවත් ප්‍රඥාවක් ලැබීම පිණිස හේතු වෙනවා. තීක්ෂණ ප්‍රඥාවක් ලැබීම පිණිස හේතු වෙනවා. අමා නිවන අවබෝධයට හේතු වන ප්‍රඥාවක් ලැබීම පිණිස හේතු වෙනවා."

සාදු! සාදු!! සාදු!!!

හත් වෙනි කායගතාසති වර්ගයයි.

අමත වර්ගය

1.16.8.1.-8

1. "පින්වත් මහණෙනි, යම් කෙනෙක් කායගතාසතිය පරිභෝග කරන්නේ නැත්නම්, ඔවුන් අමෘතය පරිභෝග කරන්නේ නෑ."

2. "පින්වත් මහණෙනි, යම් කෙනෙක් කායගතාසතිය පරිභෝග කරනවා නම්, ඔවුන් අමෘතය පරිභෝග කරනවා."

3. "පින්වත් මහණෙනි, යම් කෙනෙක් කායගතාසතිය නොවැළඳුවා නම්, ඔවුන් අමෘතය වැළඳුවා වෙන්නේ නෑ."

4. "පින්වත් මහණෙනි, යම් කෙනෙක් කායගතාසතිය වැළඳුවා නම්, ඔවුන් අමෘතය වැළඳුවා වෙනවා."

5. "පින්වත් මහණෙනි, යම් කෙනෙක් කායගතාසතියෙන් පිරිහුනොත්, ඔවුන් අමෘතයෙන් පිරිහුනා වෙනවා."

6. "පින්වත් මහණෙනි, යම් කෙනෙක් කායගතාසතියෙන් පිරිහුනේ නැත්නම්, ඔවුන් අමෘතයෙන් පිරිහුනේ නෑ."

7. "පින්වත් මහණෙනි, යම් කෙනෙක් කායගතාසතිය අතහැරියොත්, ඔවුන් අමෘතය අත්හැරියා වෙනවා."

8. "පින්වත් මහණෙනි, යම් කෙනෙක් කායගතාසතිය පටන් ගත්තොත්, ඔවුන් අමෘතය පටන් ගත්තා වෙනවා."

සාදු! සාදු!! සාදු!!!

1.16.8.9.-24

9. "පින්වත් මහණෙනි, යම් කෙනෙක් කායගතාසතිය ප්‍රමාද කළොත්, ඔවුන් අමෘතය ප්‍රමාද කළා වෙනවා."

10. "පින්වත් මහණෙනි, යම් කෙනෙක් කායගතාසතිය ප්‍රමාද කළේ නැත්නම්, ඔවුන් අමෘතය ප්‍රමාද කළා වෙන්නේ නෑ."

11. "පින්වත් මහණෙනි, යම් කෙනෙක් කායගතාසතියෙහි සිත හරියට පිහිටුවන්නේ නැතුව මුලා වුනොත්, ඔවුන් අමෘතයේ මුලා වුනා වෙනවා."

12. "පින්වත් මහණෙනි, යම් කෙනෙක් කායගතාසතිය තුළ මුලා නොවී සිහිය පිහිටුවා ගත්තොත්, ඔවුන් අමෘතයෙහි මුලා නොවී සිටියා වෙනවා."

13. "පින්වත් මහණෙනි, යම් කෙනෙක් කායගතාසතිය සේවනය කළේ නැත්නම්, ඔවුන් අමෘතය සේවනය කළා වෙන්නේ නෑ."

14. "පින්වත් මහණෙනි, යම් කෙනෙක් කායගතාසතිය සේවනය කළොත්, ඔවුන් අමෘතය සේවනය කළා වෙනවා."

15. "පින්වත් මහණෙනි, යම් කෙනෙක් කායගතාසතිය වැඩුවෙ නැත්නම්, ඔවුන් අමෘතය වැඩුවා වෙන්නෙ නෑ."

16. "පින්වත් මහණෙනි, යම් කෙනෙක් කායගතාසතිය වැඩුවොත්, ඔවුන් අමෘතය වැඩුවා වෙනවා."

17. "පින්වත් මහණෙනි, යම් කෙනෙක් කායගතාසතිය බහුලව පුරුදු කළේ නැත්නම්, ඔවුන් අමෘතය බහුලවම පුරුදු කළා වෙන්නෙ නෑ.

18. "පින්වත් මහණෙනි, යම් කෙනෙක් කායගතාසතිය බහුලව පුරුදු කළොත්, ඔවුන් අමෘතයම බහුලව පුරුදු කළා වෙනවා.

19. "පින්වත් මහණෙනි, යම් කෙනෙක් කායගතාසතිය අවබෝධ කළේ නැත්නම්, ඔවුන් අමෘතය අවබෝධ කළා වෙන්නේ නෑ.

20. "පින්වත් මහණෙනි, යම් කෙනෙක් කායගතාසතිය අවබෝධ කළොත්, ඔවුන් අමෘතය අවබෝධ කළා වෙනවා.

21. "පින්වත් මහණෙනි, යම් කෙනෙක් කායගතාසතිය පිරිසිඳ අවබෝධ කළේ නැත්නම්, ඔවුන් අමෘතය පිරිසිඳ අවබෝධ කළා වෙන්නෙ නෑ.

22. "පින්වත් මහණෙනි, යම් කෙනෙක් කායගතාසතිය පිරිසිඳ අවබෝධ කළොත්, ඔවුන් අමෘතය පිරිසිඳ අවබෝධ කළා වෙනවා.

23. "පින්වත් මහණෙනි, යම් කෙනෙක් කායගතාසතිය සාක්ෂාත් කළේ නැත්නම්, ඔවුන් අමෘතය සාක්ෂාත් කළා වෙන්නේ නෑ.

24. "පින්වත් මහණෙනි, යම් කෙනෙක් කායගතාසතිය සාක්ෂාත් කළොත්, ඔවුන් අමෘතය සාක්ෂාත් කළා වෙනවා.

සාදු! සාදු!! සාදු!!!

අට වෙනි අමත වර්ගයයි.

ඒක ධම්ම පාළි නිමා විය.

ඒකක නිපාතයේ සූත්‍ර දහස නිමා විය.

නමෝ තස්ස භගවතෝ අරහතෝ සම්මාසම්බුද්ධස්ස
ඒ භාග්‍යවත් අරහත් සම්මා සම්බුදුරජාණන් වහන්සේට නමස්කාර වේවා!

සූත්‍ර පිටකයට අයත්

අංගුත්තර නිකාය

දුක නිපාතය

පළමු පණ්ණාසකය

1. වස්සූපනායිකා වර්ගය

(වස් වැසීම ගැන වදාළ දෙසුම් ඇතුළත් කොටස)

2.1.1.1.
වජ්ජ සූත්‍රය

අපරාධ ගැන වදාළ දෙසුම

1. මා හට අසන්නට ලැබුනේ මේ විදිහටයි. ඒ දිනවල භාග්‍යවතුන් වහන්සේ වැඩ සිටියේ සැවැත් නුවර ජේතවනය නම් වූ අනේපිඬු සිටුතුමාගේ ආරාමයේ. එදා භාග්‍යවතුන් වහන්සේ "පින්වත් මහණෙනි" කියලා භික්ෂූන් අමතා වදාළා. ඒ භික්ෂූන් වහන්සේලාත් "පින්වතුන් වහන්ස" කියලා භාග්‍යවතුන් වහන්සේට පිළිතුරු දුන්නා. එතකොට භාග්‍යවතුන් වහන්සේ මේ කාරණය වදාළා.

පින්වත් මහණෙනි, මේ අපරාධ දෙකක් තියෙනවා. ඒ දෙක මොනවාද? මෙලොව විපාක දෙන අපරාධත්, පරලොව විපාක දෙන අපරාධත්ය. පින්වත් මහණෙනි, මෙලොව විපාක දෙන අපරාධය මොකක්ද? පින්වත් මහණෙනි, මෙහි යම් කෙනෙකුට වැරදි කරපු හොරෙක්ව රජවරුන් විසින් අල්ලගන්නවා දකින්න ලැබෙනවා. අල්ලාගෙන නොයෙක් දඬුවම් කරන හැටි දකින්න ලැබෙනවා. කසවලින් තලනවා. වේවැල් වලිනුත් තලනවා. දිග පොලුවලිනුත් තලනවා. අත් කපා දමනවා. කකුල් කපා දමනවා. අත් පා කපා දමනවා. කන් කපා දමනවා. නාසය කපා දමනවා. කන් නාස කපා දමනවා. බිලංගථාලික කියන දඬුවමත් කරනවා. සංඛමුණ්ඩික කියන දඬුවමත් කරනවා. රාහුමුඛ කියන දඬුවමත් කරනවා. ජෝතිමාලික කියන දඬුවමත් කරනවා. හත්ථපජ්ජෝතික කියන දඬුවමත් කරනවා. ඒරකවත්ත කියන දඬුවමත් කරනවා. චීරකවාසික කියන දඬුවමත් කරනවා. ඒණෙය්‍යක කියන දඬුවමත් කරනවා. බලිසමංසික කියන දඬුවමත් කරනවා. කහාපණ කියන දඬුවමත් කරනවා. ඛාරාපතච්ඡික කියන දඬුවමත් කරනවා. පලිඝපරිවත්තික කියන දඬුවමත් කරනවා. පලාලපිට්ඨික කියන දඬුවමත් කරනවා. කැකෑරෙන තෙල් ඇඟට ඉහිනවා. සැර බල්ලන් ලව්වා කවවනවා. පණ පිටින් උලේ හින්දවනවා. කඩුවෙන් බෙල්ල කපා දානවා. ඉතින් මේ දඬුවම් දකින අර කෙනාට මෙහෙම හිතෙනවා. "යම් විදිහක වැරදි නිසා රජවරුන් සොරුන්ව අල්ලා ගෙන නොයෙක් දඬුවම්, වද දෙනවා. කසවලිනුත් තලනවා. ....(පෙ).... කඩුවෙන් බෙල්ලත් කපා දානවා. ඉතින් මා ත් ඒ වගේ පව්කම් කළොත් රජවරු මාවත් අල්ලාගෙන ඔය නොයෙක් විදිහේ දඬුවම්ම තමයි කරන්නෙ. කසවලිනුත් තලාවි. ....(පෙ).... කඩුවෙන් බෙල්ලත් කපා දමාවි" කියලා. ඉතින් ඔහු මොකද කරන්නේ, මේ මෙලොව කරන වැරදිවලට භය වෙනවා. අනුන්ගේ දේවල් හොරකම් කිරීමෙන්, මංකොල්ල කෑමෙන් වැළකිලා ජීවත් වෙනවා. මේක තමයි පින්වත් මහණෙනි, මෙලොවදී විපාක දෙන අපරාධය කියලා කියන්නෙ.

පින්වත් මහණෙනි, මොකක්ද පරලොව විපාක දෙන අපරාධය කියල කියන්නෙ? මෙහි සමහර කෙනෙක් මෙන්න මේ විදිහට හිතනවා. කයෙන් කරන දුසිරිත්වල විපාක පරලොවදී විඳින්න සිද්ධ වෙනවා. වචනයෙන් කරන දුසිරිත්වල විපාක පරලොවදී විඳින්න සිද්ධ වෙනවා. සිතින් කරන දුසිරිත්වල විපාක පරලොවදී විඳින්න සිද්ධ වෙනවා. ඉතින් මමත් කයෙන් දුසිරිත් කළොත්, වචනයෙන් දුසිරිත් කළොත්, සිතින් දුසිරිත් කළොත්, කය බිඳිලා මැරුණට පස්සේ ආපාය නම් වූ දුගතිය නම් වූ විනිපාත නම් වූ නිරයේ උපදින්නෙ නැතුව සිටීවිද? (ඒක වෙනවාමයි) ඒ නිසා ඔහු මේ පරලොවදී විඳින්න වෙන දඬුවමට භය වෙනවා. කයෙන් කරන දුසිරිත් අත්හරිනවා. කාය සුචරිතය පුරුදු

කරනවා. වචනයෙන් කරන දුසිරිත් අත්හරිනවා. වචී සුචරිතය පුරුදු කරනවා. සිතින් කරන දුසිරිත් අත්හරිනවා. මානෝ සුචරිතය පුරුදු කරනවා. තමන්ගේ ජීවිතය පිරිසිදුව ගතකරනවා. මේක තමයි පින්වත් මහණෙනි, පරලොව විපාක දෙන අපරාධය කියල කියන්නේ. මේවා තමයි පින්වත් මහණෙනි, අපරාධ දෙක ඒ නිසා පින්වත් මහණෙනි, මෙන්න මේ විදිහට හික්මෙන්න ඕන. 'මෙලොව විපාක දෙන අපරාධයටත් භය වෙනවා. පරලොව විපාක දෙන අපරාධයටත් භය වෙනවා. වැරැද්දට භය වෙලා, වැරැද්දේ භය දකින අය වෙනවා' කියලා. පින්වත් මහණෙනි, ඔබ හික්මිය යුත්තේ ඔය විදිහට තමයි. පින්වත් මහණෙනි, වරදට බිය වන, වරදේ භය දකින කෙනා 'සියලු වරදවලින් නිදහස් වෙනවා' කියන මෙන්න මේ දේටම තමයි කැමති වෙන්න තියෙන්නේ.

සාදු! සාදු!! සාදු!!!

2.1.1.2.
පධාන සූත්‍රය
වීරිය ගැන වදාළ දෙසුම

2. පින්වත් මහණෙනි, ඉතාමත් දුක සේ සම්පූර්ණ කර ගත යුතු වීරියයන් දෙකක් මේ ලෝකයෙහි තියෙනවා. ඒ දෙක මොනවාද? ගිහි ගෙයි ජීවත් වෙන යම් කෙනෙක් සිවුරු (ඇඳුම්), පිණ්ඩපාත (ආහාර), සේනාසන (නිවාස), ගිලන්පස බෙහෙත් පිරිකර (ඖෂධ) ආදිය සඳහා කරන වීරියයත්, ඒ වගේම ගිහිගෙයින් නික්මිලා අනගාරික පැවිදි ජීවිතයට පැමිණි අය සියලු කෙලෙසුන් අතහැරීම සඳහා කරන වීරියයත්ය. පින්වත් මහණෙනි, මේ තමයි මේ ලෝකයේ ඉතාමත් දුක සේ සම්පූර්ණ කර ගන්න තියෙන වීරියයන් දෙක. පින්වත් මහණෙනි, සියලු කෙලෙසුන් අත්හැරීම නම් වූ අමා මහ නිවන වෙනුවෙන් කරන යම් වීරියයක් ඇද්ද, මේ වීරියයන් දෙක අතරින් වඩාත්ම අග්‍ර වෙන්නෙ මෙයයි. ඒ නිසා පින්වත් මහණෙනි, මෙන්න මේ විදිහට හික්මෙන්න ඕන. 'සියලු කෙලෙස් අත් හැරීම පිණිසම වීරිය කරනවා' කියලා. පින්වත් මහණෙනි, ඔබ මෙන්න මේ විදිහටමයි හික්මෙන්න ඕන.

සාදු! සාදු!! සාදු!!!

2.1.1.3.
තපනීය සූත්‍රය
සිතේ තැවීම ඇති කරන දේ ගැන වදාළ දෙසුම

3. පින්වත් මහණෙනි, සිත් තැවුල් ඇති කරන කාරණා දෙකක් තියෙනවා. ඒ දෙක මොනවාද? පින්වත් මහණෙනි, මෙහි ඇතැම් කෙනෙක් කයින් දුසිරිත් කරලා තියෙනවා. කයින් සුසිරිත් කරලා නෑ. වචනයෙන් දුසිරිත් කරලා තියෙනවා. වචනයෙන් සුසිරිත් කරලා නෑ. මනසින් දුසිරිත් කරලා තියෙනවා. මනසින් සුසිරිත් කරලා නෑ. ඉතින් ඔහු 'අනේ! මා කයින් දුසිරිත් කළා නේද?' කියලා තැවෙනවා. 'මා කයින් යහපත් දේ කළේ නෑ නේද?' කියලත් තැවෙනවා. 'මා වචනයෙන් දුසිරිත් කළා නේද?' කියල තැවෙනවා. 'මා වචනයෙන් යහපත් දේ කළේ නෑ නේද?' කියලත් තැවෙනවා. 'මා සිතින් දුසිරිත් කළා නේද?' කියල තැවෙනවා. 'මා සිතින් යහපත් දේ කළේ නෑ නේද?' කියලත් තැවෙනවා. පින්වත් මහණෙනි, මේ තමයි සිතේ තැවුල් ඇති කරන කාරණා දෙක.

සාදු! සාදු!! සාදු!!!

2.1.1.4.
අතපනීය සූත්‍රය
සිතේ තැවීම ඇති නොකරන දේ ගැන වදාළ දෙසුම

4. පින්වත් මහණෙනි, සිත් තැවුල් ඇති කරන්නෙ නැති කාරණා දෙකක් තියෙනවා. ඒ දෙක මොනවාද? පින්වත් මහණෙනි, මෙහි ඇතැම් කෙනෙක් කයින් සුසිරිත් කරලා තියෙනවා. කයින් දුසිරිත් කරලා නෑ. වචනයෙන් සුසිරිත් කරලා තියෙනවා. වචනයෙන් දුසිරිත් කරලා නෑ. මනසින් සුසිරිත් කරලා තියෙනවා. මනසින් දුසිරිත් කරලා නෑ. ඔහු 'මා කයින් යහපත් දේ කරලා තියෙනවා' කියලා තැවෙන්නෙ නෑ. 'මා කයින් දුසිරිත් කළේ නෑ' කියල තැවෙන්නෙ නෑ. 'මා වචනයෙන් යහපත් දේ කරල තියෙනවා' කියල තැවෙන්නෙ නෑ. 'මා වචනයෙන් දුසිරිත් කළේ නෑ' කියල තැවෙන්නෙ නෑ. 'මා සිතින් යහපත් දේ කරලා තියෙනවා' කියල තැවෙන්නෙ නෑ. 'මා සිතින් දුසිරිත් කළේ නෑ' කියල තැවෙන්නෙ නෑ. පින්වත් මහණෙනි, මේ තමයි සිතේ තැවුල් ඇති නොකරන කාරණා දෙක.

සාදු! සාදු!! සාදු!!!

2.1.1.5.
උපඤ්ඤාත සූත්‍රය
අවබෝධයට පැමිණ දැනගත් දේ ගැන වදාළ දෙසුම

5. පින්වත් මහණෙනි, මේ කාරණා දෙකක තියෙන වටිනාකම මා දැන ගත්තේ අවබෝධයෙන්මයි. කුසල් දහම් දියුණු කර ගැනීම ගැන යම් සෑහීමකට පත් නොවීමක් ඇද්ද, පධන් වීරිය කිරීමේදී යම් නොපසුබස්නා බවක් ඇද්ද, යන මේ කරුණු දෙකයි. පින්වත් මහණෙනි, නොපසුබස්නා වීරියෙන් යුතු මා මෙන්න මේ විදිහට වීරිය කරනවා. 'මේ ශරීරයේ සමත්, නහරත්, ඇටත් ඉතිරි වෙතොත් ඉතිරි වේවා! මස්, ලේ වියළී යේවා! යම් දෙයකට පුරුෂ ශක්තියෙන් යුතුව, පුරුෂ වීරියෙන් යුතුව, පුරුෂ පරාක්‍රමයෙන් යුතුව, පත් විය යුතු නම්, ඒ උතුම් දෙයට නොපැමිණ, මේ වීරිය නම් අත්හරින්නෙ නෑ' කියලා. පින්වත් මහණෙනි, ඒ මා අප්‍රමාදය තුළින්මයි මේ උතුම් සම්බෝධියට පත් වුනේ. අප්‍රමාදය තුළින්මයි මේ උතුම් වූ යෝගක්ෂේමයට පත් වුනේ.

ඒ නිසා පින්වත් මහණෙනි, ඔබත් නොපසුබට උත්සාහයෙන් වීරිය කරන්න. 'මේ ශරීරයේ සමත්, නහරත්, ඇටත් ඉතිරි වෙතොත් ඉතිරි වේවා! මස්, ලේ වියළී යේවා! යම් දෙයකට පුරුෂ ශක්තියෙන් යුතුව, පුරුෂ වීරියෙන් යුතුව, පුරුෂ පරාක්‍රමයෙන් යුතුව, පත් විය යුතු නම්, ඒ උතුම් දෙයට නොපැමිණ මේ වීරිය නම් අත්හරින්නෙ නෑ' කියලා. ඒ නිසා පින්වත් මහණෙනි, ඔබත් පින්වත් කුල පුතුන් මැනැවින් මේ ගිහි ගෙයින් නික්මිලා අනගාරික පැවිදි ජීවිතයට පත්වෙන්නේ යම් අර්ථයක් පිණිස නම්, ඒ උතුම් බ්‍රහ්මචාරී ජීවිතයේ කෙලවර වන ඒ අමා නිවන මේ ජීවිතයේදීම තමන් විසින්ම විශේෂ ඤාණයෙන් අවබෝධ කරලා, එයට පැමිණ වාසය කරන්න.

ඒ නිසා පින්වත් මහණෙනි, මෙන්න මේ විදිහට හික්මෙන්නට ඕන. 'මේ ශරීරයේ සමත්, නහරත්, ඇටත් ඉතිරි වෙතොත් ඉතිරි වේවා! මස්, ලේ වියළී යේවා! යම් දෙයකට පුරුෂ ශක්තියෙන් යුතුව, පුරුෂ වීරියෙන් යුතුව, පුරුෂ පරාක්‍රමයෙන් යුතුව, පත් විය යුතු නම්, ඒ උතුම් දෙයට නොපැමිණ මේ වීරිය නම් අත්හරින්නෙ නෑ'යි නොපසුබටව වීරිය වඩන අය වෙනවා කියලා. පින්වත් මහණෙනි, ඔබ මෙන්න මේ විදිහටම හික්මෙන්න ඕන.

සාදු! සාදු!! සාදු!!!

2.1.1.6.
සඤ්ඤෝජනීය සූත්‍රය
සසර බන්ධනය ඇති කරවන දෙය ගැන වදාළ දෙසුම

6. පින්වත් මහණෙනි, මේ කාරණා දෙකක් තියෙනවා. කවර කරුණු දෙකක් ද? සසර බන්ධනය ඇති කරවන දේ ගැන ආශ්වාදයට අනුව බැලීමත්, සසර බන්ධන ඇති කරවන දේ ගැන අවබෝධයෙන්ම කලකිරීමෙන් යුතුව බැලීමත්ය.

පින්වත් මහණෙනි, සසර බන්ධන ඇති කරවන දේ ගැන ආශ්වාදයට අනුව දකිමින් ජීවත් වෙන විට රාගය අත්හරින්නේ නෑ. ද්වේෂය අත්හරින්නේ නෑ. මෝහය අත්හරින්නේ නෑ. රාගය අත් හරින්නේ නැතුව, ද්වේෂය අත්හරින්නේ නැතුව, මෝහය අත්හරින්නේ නැතුව ඉපදීමෙන්, දිරීමෙන්, මරණයෙන්, ශෝකයෙන්, සන්තාපයෙන්, දුකෙන්, දොම්නසින්, සුසුම් හෙළීම්වලින්, නිදහස් වීමක් නම් නැහැ. 'දුකින් නිදහස් වීමක් නෑ' කියලයි මා කියන්නේ.

පින්වත් මහණෙනි, සසර බන්ධන ඇති කරවන දේ ගැන අවබෝධයකින් යුතුව කළකිරීමෙන් දකිමින් ජීවත් වෙන විට රාගය අත්හරිනවා. ද්වේෂය අත් හරිනවා. මෝහය අත් හරිනවා. රාගය අත්හැරලා, ද්වේෂය අත්හැරලා, මෝහය අත්හැරලා තමයි ඉපදීමෙන්, දිරීමෙන්, මරණයෙන්, ශෝකයෙන්, සන්තාපයෙන්, දුකෙන්, දොම්නසින්, සුසුම් හෙළීම්වලින් නිදහස් වීමක් තියෙන්නේ. 'දුකෙන් නිදහස් වෙනවා' කියලයි මා කියන්නේ. පින්වත් මහණෙනි, මේ තමයි ඒ කාරණා දෙක.

සාදු! සාදු!! සාදු!!!

2.1.1.7.
කණ්හ සූත්‍රය
පාපයන් ගැන වදාළ දෙසුම

7. පින්වත් මහණෙනි, මේ අකුසල් දෙකක් තියෙනවා. මොනවාද ඒ දෙක? පවට ලැජ්ජා නැතිකමත්, පවට භය නැතිකමත්. පින්වත් මහණෙනි, මේ කාරණා

දෙක අකුසල්.

සාදු! සාදු!! සාදු!!!

2.1.1.8.
සුක්ක සූත්‍රය
කුසල් ගැන වදාළ දෙසුම

8. පින්වත් මහණෙනි, මේ කුසල් දහම් දෙකක් තියෙනවා. මොනවාද ඒ දෙක? පවට ලැජ්ජා ඇති බවත්, පවට භය ඇති බවත්. පින්වත් මහණෙනි, මේ තමයි ඒ කුසල් දහම්.

සාදු! සාදු!! සාදු!!!

2.1.1.9.
චරියා සූත්‍රය
ලෝක චර්යාව ගැන වදාළ දෙසුම

9. පින්වත් මහණෙනි, මේ ලෝකය පාලනය කරන කුසල් දහම් දෙකක් තියෙනවා. මොනවාද ඒ දෙක? (පවට ඇති) ලැජ්ජාවත්, (විපාකයට ඇති) භයත්ය. පින්වත් මහණෙනි, මේ කුසල් දහම් දෙකෙන් ලෝකය පාලනය කරන්නෙ නැත්නම්, මේ ලෝකයෙහි මේ 'මව්' කියලා හරි, 'සුළු මව' කියලා හරි, 'නැන්දා' කියලා හරි, 'ගුරුවරයාගේ භාර්යාව' කියලා හරි, 'ගරු කළ යුතු අන් භාර්යාවන්' කියලා හරි පැණවෙන්නේ නෑ. එහෙම වුනේ නැත්නම්, මේ ලෝකය එළු බැටළුවන් වගේ, කුකුලන් ඌරන් වගේ, බලු හිවලුන් වගේ මිශ්‍ර වෙලා ගෞරව කිරීමේ සම්මුතිය බිඳ ගන්නවා. පින්වත් මහණෙනි, යම් විදිහකින් මේ කුසල් දහම් දෙක විසින් මේ ලෝකය පාලනය කරන නිසා තමයි මේ 'මව' කියලත්, 'සුළු මව' කියලත්, 'නැන්දා' කියලත්, 'ගුරුවරයාගේ භාර්යයාව' කියලත්, 'ගරු කළ යුතු අන් භාර්යාවන්' කියලත් පැණවෙන්නෙ.

සාදු! සාදු!! සාදු!!!

2.1.1.10.
වස්සූපනායික සූත්‍රය
වස් විසීම ගැන වදාළ දෙසුම

10. පින්වත් මහණෙනි, මේ වස් විසීම් දෙකක් තියෙනවා. මොනවාද ඒ දෙක? පෙර වස් වැසීමත්, පසු වස් වැසීමත්. පින්වත් මහණෙනි, මේ තමයි වස් වැසීම් දෙක.

සාදු! සාදු!! සාදු!!!

පළමු වෙනි වස්සූපනායික වර්ගයයි.

එහි උද්දානය :

වජ්ජ සූත්‍රය, පධාන සූත්‍රය, තපනීය සූත්‍ර දෙක, පස්වෙනි උපඤ්ඤාත සූත්‍රය, සඤ්ඤෝජන සූත්‍රය, කණ්හ සූත්‍රය, සුක්ක සූත්‍රය, චරියා සූත්‍රය, වස්සූපනායික සූත්‍රය යන මෙයින් මේ වර්ගය සමන්විතය.

2. අධිකරණ වර්ගය

2.1.2.1.

11. සැවැත් නුවරදී ....

පින්වත් මහණෙනි, මේ බල දෙකක් තියෙනවා. ඒ දෙක මොනවා ද? නුවණින් කල්පනා කර බැලීමේ බලයත්, භාවනා බලයත්ය. පින්වත් මහණෙනි, නුවණින් කල්පනා කර බැලීමේ බලය කුමක් ද? පින්වත් මහණෙනි, මෙහි ඇතැම් කෙනෙක් මේ විදිහට නුවණින් කල්පනා කරලා බලනවා. 'කයෙන් කරන දුසිරිත්වල පවිටු විපාක මෙලොව ජීවිතයේදී වගේම පරලොව ජීවිතයේ දීත් ලැබෙනවා. වචනයෙන් කරන දුසිරිත්වල පවිටු විපාකත් මෙලොව ජීවිතයේදී වගේම පරලොව ජීවිතයේදීත් ලැබෙනවා. සිතින් කරන දුසිරිත්වල පවිටු විපාකත් මෙලොව ජීවිතයේදී වගේම පරලොව ජීවිතයේදීත් ලැබෙනවා. ඉතින් ඔහු ඔය විදිහට නුවණින් කල්පනා කරල බලලා, කාය දුසිරිත අත්හරිනවා. කයෙන් සුචරිතය වඩනවා. වචී දුසිරිත අත්හරිනවා. වචනයෙන් සුචරිතය වඩනවා. මනෝ දුසිරිත් අත්හරිනවා. මනසේ සුචරිතය වඩනවා. තමන්ගේ ජීවිතය පිරිසිදුව ගත කරනවා. පින්වත් මහණෙනි, මේකට තමයි නුවණින් සිහි කර බැලීමේ බලය කියන්නේ.

පින්වත් මහණෙනි, භාවනා බලය කියන්නේ මොකක්ද? පින්වත් මහණෙනි, මෙහි යම් භාවනා බලයක් ඇති නම්, ඒ මේ (සෝතාපන්න මාර්ගය සිට අරහත් මාර්ගය තෙක් නිවන් මඟ වැඩීම) සේඛ බලයයි. පින්වත් මහණෙනි, ඔහු ඒ සේඛ බලයට පැමිණිලා රාගය අත්හැරලා දානවා. ද්වේෂය අත්හැරලා දානවා. මෝහය අත්හැරලා දානවා. රාගය අත්හැරලා, ද්වේෂය අත්හැරලා, මෝහය අත්හැරලා, යම් දෙයක් අකුසල් නම්, ඒවා කරන්නේ නෑ. යම් දෙයක් පව් නම් ඒවා සේවනය කරන්නේ නෑ. පින්වත් මහණෙනි, මේකට තමයි භාවනා බලය කියලා කියන්නෙ. පින්වත් මහණෙනි, මේ තමයි ඒ බලයන් දෙක.

සාදු! සාදු!! සාදු!!!

2.1.2.2.

12. පින්වත් මහණෙනි, මේ බල දෙකක් තියෙනවා. ඒ දෙක මොනවාද? නුවණින් කල්පනා කර බැලීමේ බලයත්, භාවනා බලයත් ය. පින්වත් මහණෙනි, නුවණින් කල්පනා කර බැලීමේ බලය කුමක්ද? පින්වත් මහණෙනි, මෙහි ඇතැම් කෙනෙක් මේ විදිහට නුවණින් කල්පනා කරලා බලනවා. 'කයෙන් කරන දුසිරිත්වල පවිටු විපාක මෙලොව ජීවිතයේදී වගේම පරලොව ජීවිතයේදීත් ලැබෙනවා. වචනයෙන් කරන දුසිරිත්වල පවිටු විපාකත් මෙලොව ජීවිතයේදී වගේම පරලොව ජීවිතයේදීත් ලැබෙනවා. සිතින් කරන දුසිරිත්වල පවිටු විපාකත් මෙලොව ජීවිතයේදී වගේම පරලොව ජීවිතයේදීත් ලැබෙනවා. ඉතින් ඔහු ඔය විදිහට නුවණින් කල්පනා කරල බලලා, කාය දුසිරිත අත්හරිනවා. කයෙන් සුචරිතය වඩනවා. වචී දුසිරිත අත්හරිනවා. වචනයෙන් සුචරිතය වඩනවා. මනෝ දුසිරිත් අත්හරිනවා. මනසේ සුචරිතය වඩනවා. තමන්ගේ ජීවිතය පිරිසිදුව ගත කරනවා. පින්වත් මහණෙනි, මේකට තමයි නුවණින් සිහි කර බැලීමේ බලය කියන්නේ.

පින්වත් මහණෙනි, භාවනා බලය කියන්නේ මොකක්ද? පින්වත් මහණෙනි, මෙහි භික්ෂුව විවේකය සහිත, නොඇලීම සහිත, කෙලෙස් නැති කිරීමෙන් යුතුව, නිවනට යොමු වුන සතිය නැමැති සම්බොජ්ඣංගය (නිවනට අංගය) වඩනවා. ....(පෙ).... ධර්මය නුවණින් සිහි කිරීම නැමැති සම්බොජ්ඣංගය වඩනවා. ....(පෙ).... වීරිය නැමැති සම්බොජ්ඣංගය වඩනවා. ....(පෙ).... ප්‍රීතිය නැමැති සම්බොජ්ඣංගය වඩනවා. ....(පෙ).... පස්සද්ධි (සිත කය සංසිඳීම) සම්බොජ්ඣංගය වඩනවා. ....(පෙ).... සමාධි සම්බොජ්ඣංගය වඩනවා. ....(පෙ).... විවේකය සහිත, නොඇලීම සහිත, කෙලෙස් නැති කිරීමෙන් යුතුව, නිවනට යොමු වුන උපේක්ෂා සම්බොජ්ඣංගය වඩනවා. පින්වත් මහණෙනි, මේකට තමයි භාවනා බලය කියලා කියන්නෙ. පින්වත් මහණෙනි, මේ තමයි බලයන් දෙක.

සාදු! සාදු!! සාදු!!!

2.1.2.3.

13. පින්වත් මහණෙනි, මේ බල දෙකක් තියෙනවා. ඒ දෙක මොනවාද? නුවණින් කල්පනා කර බැලීමේ බලයත්, භාවනා බලයත්ය. පින්වත් මහණෙනි,

නුවණින් කල්පනා කර බැලීමේ බලය කුමක්ද? පින්වත් මහණෙනි, මෙහි ඇතැම් කෙනෙක් මේ විදිහට නුවණින් කල්පනා කරලා බලනවා. 'කයෙන් කරන දුසිරිත්වල පවිටු විපාක මෙලොව ජීවිතයේදී වගේම පරලොව ජීවිතයේදීත් ලැබෙනවා. වචනයෙන් කරන දුසිරිත්වල පවිටු විපාකත් මෙලොව ජීවිතයේදී වගේම පරලොව ජීවිතයේදීත් ලැබෙනවා. සිතින් කරන දුසිරිත්වල පවිටු විපාකත් මෙලොව ජීවිතයේදී වගේම පරලොව ජීවිතයේදීත් ලැබෙනවා. ඉතින් ඔහු ඔය විදිහට නුවණින් කල්පනා කරල බලලා, කාය දුසිරිත අත්හරිනවා. කයෙන් සුචරිතය වඩනවා. වචී දුසිරිත අත්හරිනවා. වචනයෙන් සුචරිතය වඩනවා. මනෝ දුසිරිත් අත්හරිනවා. මනසේ සුචරිතය වඩනවා. තමන්ගේ ජීවිතය පිරිසිදුව ගත කරනවා. පින්වත් මහණෙනි, මේකට තමයි නුවණින් සිහි කර බැලීමේ බලය කියන්නේ.

පින්වත් මහණෙනි, භාවනා බලය කියන්නේ මොකක්ද? පින්වත් මහණෙනි, මෙහිලා භික්ෂුව කාමයන්ගෙන් වෙන්ව, අකුසලයන්ගෙන් වෙන්ව, විතර්ක සහිත වූ, විචාර සහිත වූ, විවේකයෙන් හට ගත් ප්‍රීති සුඛය ඇති පළමු වෙනි ධ්‍යානය උපදවාගෙන වාසය කරනවා. ඒ වගේම විතක්ක විචාරයන්ගේ සංසිඳීමෙන් ආධ්‍යාත්මිකව පැහැදීම ඇතිව සිතෙහි මනා එකග බවෙන් යුතුව විතර්ක රහිත, විචාර රහිත, සමාධියෙන් හටගත්, ප්‍රීති සුඛය ඇති දෙවෙනි ධ්‍යානය උපදවාගෙන වාසය කරනවා. ඒ වගේම ප්‍රීතියටද නොඇලීමෙන් උපේක්ෂාවෙන් යුතුව වාසය කරනවා. සිහියෙන් නුවණින් යුතුව කයෙන් සැපයක්ද විඳිනවා. ආර්යයන් වහන්සේලා යම් ධ්‍යානයකට උපේක්ෂා සහගත සිහිය ඇති සැප විහරණය යැයි පවසනවාද, ඒ තුන්වන ධ්‍යානයත් උපදවා ගෙන වාසය කරනවා. ඒ වගේම සැපයද ප්‍රහාණය කිරීමෙන්, දුකද ප්‍රහාණය කිරීමෙන් කලින්ම සොම්නස් දොම්නස් දෙක ඉක්ම යෑමෙන් දුක් සැප රහිත වූ පාරිශුද්ධ උපේක්ෂා සහගත සතිය ඇති සතර වෙනි ධ්‍යානය උපදවා ගෙන වාසය කරනවා. පින්වත් මහණෙනි, මේකට තමයි කියන්නේ භාවනා බලය කියලා. මේ තමයි පින්වත් මහණෙනි, බල දෙක.

සාදු! සාදු!! සාදු!!!

2.1.2.4.

14. පින්වත් මහණෙනි, තථාගතයන් වහන්සේගේ මේ ධර්ම දේශනා ක්‍රම දෙකක් තියෙනවා. කවර දේශනා ක්‍රම දෙකක්ද? අරුත් කැටි කොට කෙටියෙන් දේශනා කිරීමත්, විස්තර වශයෙන් දේශනා කිරීමත්ය. පින්වත් මහණෙනි, මේ

තමයි තථාගතයන් වහන්සේගේ ඒ ධර්ම දේශනා ක්‍රම දෙක.

සාදු! සාදු!! සාදු!!!

2.1.2.5.

15. පින්වත් මහණෙනි, යම්කිසි ආරවුලකට (ඇවැත්වලින් හටගත් ප්‍රශ්නයකට) පත් වූ භික්ෂුවත්, ඒ සඳහා ඇවැතින් චෝදනා කරන භික්ෂුවත්, තම තමන් ගැනම නුවණින් කල්පනා කරලා බලන්නේ නැත්නම්, පින්වත් මහණෙනි, මේ ආරවුල සම්බන්ධයෙන් කැමැති විය යුත්තේ මෙයයි. මේ ආරවුල විසඳීම බොහෝ කල් ගත වීමත්, නොයෙක් රළුපරළු බස් පැවතීමත්, අඬදබර සහිත වීමත් පවතින්නේය, භික්ෂූහුද සුවසේ නොවසන්නාහුය යන කරුණයි.

පින්වත් මහණෙනි, යම්කිසි ආරවුලකට (ඇවැත්වලින් හටගත් ප්‍රශ්නයකට) පත් වූ භික්ෂුවත්, ඒ සඳහා ඇවැතින් චෝදනා කරන භික්ෂුවත්, තම තමන් ගැනම නුවණින් කල්පනා කරලා බලනවා නම්, පින්වත් මහණෙනි, මේ ආරවුල සම්බන්ධයෙන් කැමැති විය යුත්තේ මෙයයි. මේ ආරවුල විසඳීම බොහෝ කල් ගත නොවීමත්, නොයෙක් රළුපරළු බස් නොපැවතීමත්, අඬදබර සහිත නොවීමත් පවතින්නේය, භික්ෂූහුද සුවසේ වසන්නාහුය යන කරුණයි.

පින්වත් මහණෙනි, ඇවැතට පත් වූ භික්ෂුවක් තමා විසින් තමා ගැනම මනා කොට නුවණින් විමසා බලන්නේ කොයි ආකාරයෙන්ද? පින්වත් මහණෙනි, මෙකරුණෙහිලා ඇවැතට පත් වූ භික්ෂුව මේ ආකාරයෙන් නුවණින් විමසයි. 'මා වනාහී මේ කයෙන් සිදුවන්නා වූ යම්කිසි අකුසල ආපත්තියකට පත් වෙලා ඉන්නෙ. ඉතින් අර භික්ෂුව කයෙන් සිදු වන්නා වූ යම්කිසි අකුසල ආපත්තියකට පත් වෙන්නා වූ මාව දැක්කා. ඉදින් මා වනාහී මේ කයෙන් සිදුවන්නා වූ යම්කිසි අකුසල ආපත්තියකට පත් නොවුනා නම්, අර භික්ෂුව කයෙන් සිදුවන්නා වූ යම් කිසි අකුසල ආපත්තියකට පත් වෙන්නා වූ මාව දකින්නේ නෑ. යම් කරුණක් නිසා මා වනාහී මේ කයෙන් සිදුවන්නා වූ යම් කිසි අකුසල ආපත්තියකට පත් වෙලා ඉන්නවා නම්, එකරුණ නිසාමයි අර භික්ෂුව කයෙන් සිදුවන්නා වූ යම්කිසි අකුසල ආපත්තියකට පත් වෙන්නා වූ මාව දැක්කෙ. ඒ භික්ෂුව කයෙන් සිදුවන්නා වූ යම්කිසි අකුසල ආපත්තියකට මා පත් වෙනවා දැක්ක නිසා සතුටට පත් වුනේ නෑ. නොසතුටු සිතින් යුතුවමයි ඒ භික්ෂුව මා හට නොසතුටු බස් දෙඩුවේ. ඉතින් ඒ භික්ෂුව විසින් නොසතුටු බස් කියද්දී මා තුළ සතුටක් ඇති වුනේ නෑ. මා මෙය අනුන්ට කිව්වෙත් නොසතුටු

සිතින්මයි. මේ විදිහට භාණ්ඩයකට බදු ගෙවන කෙනෙක් වගේ මටත් මේ ආරවුලේදී මගේ වරදමයි දිගින් දිගට ගියේ' කියලා. පින්වත් මහණෙනි, ඔය ආකාරයෙන් ඇවැතට පත් වුන භික්ෂුව තමා විසින් මනාකොට නුවණින් විමස විමසා බැලිය යුත්තේ තමන් ගැනමයි.

පින්වත් මහණෙනි, (අනුන්ගේ ඇවැතකට) චෝදනා කරන්නා වූ භික්ෂුවක් තමා විසින් තමා ගැනම මනා කොට නුවණින් විමසා බලන්නේ කොයි ආකාරයෙන්ද? පින්වත් මහණෙනි, මෙකරුණෙහිලා චෝදනා කරන්නා වූ භික්ෂුව මේ ආකාරයෙන් නුවණින් විමසයි. 'මේ භික්ෂුව වනාහී මේ කයෙන් සිදුවන්නා වූ යම්කිසි අකුසල ආපත්තියකට පත් වෙලා ඉන්නෙ. ඉතින් මේ භික්ෂුව කයෙන් සිදු වන්නා වූ යම්කිසි අකුසල ආපත්තියකට පත් වෙන අයුරු මා දැක්කා. ඉදින් මේ භික්ෂුව වනාහී මේ කයෙන් සිදුවන්නා වූ යම්කිසි අකුසල ආපත්තියකට පත් නොවුනා නම්, කයෙන් සිදුවන්නා වූ යම්කිසි අකුසල ආපත්තියකට පත් වෙන්නා වූ මේ භික්ෂුව මා දකින්නේ නෑ. යම් කරුණක් නිසා මේ භික්ෂුව වනාහී මේ කයෙන් සිදුවන්නා වූ යම්කිසි අකුසල ආපත්තියකට පත් වෙලා ඉන්නවා නම්, එකරුණ නිසාමයි කයෙන් සිදුවන්නා වූ යම්කිසි අකුසල ආපත්තියකට පත් වෙන්නා වූ මේ භික්ෂුව මා හට දැක ගන්න ලැබුනේ. ඒ භික්ෂුව කයෙන් සිදුවන්නා වූ යම්කිසි අකුසල ආපත්තියකට පත් වෙනවා මා විසින් දැක්ක නිසා ඒ ගැන මා සතුටට පත් වුනේ නෑ. මා නොසතුටු සිතින් යුතුවමයි ඒ භික්ෂුවට නොසතුටු බස් දෙඩුවේ. ඉතින් මා විසින් නොසතුටු බස් කියද්දී ඒ භික්ෂුව තුළ සතුටක් ඇති වුනේ නෑ. මා මෙය අනුන්ට කිව්වෙත් නොසතුටු සිතින්මයි. මේ විදිහට භාණ්ඩයකට බදු ගෙවන කෙනෙක් වගේ මටත් මේ ආරවුලේදී මගේ වරදමයි දිගින් දිගට ගියේ' කියලා. පින්වත් මහණෙනි, ඔය ආකාරයෙන් චෝදනා කරන භික්ෂුව තමා විසින් නුවණින් විමස විමසා බැලිය යුත්තේ තමන් ගැනමයි.

පින්වත් මහණෙනි, යම්කිසි ආරවුලකට (ඇවැත්වලින් හටගත් ප්‍රශ්නයකට) පත් වූ භික්ෂුවත්, ඒ සඳහා ඇවැතින් චෝදනා කරන භික්ෂුවත්, තම තමන් ගැනම නුවණින් කල්පනා කරලා බලන්නේ නැත්නම්, පින්වත් මහණෙනි, මේ ආරවුල සම්බන්ධයෙන් කැමැති විය යුත්තේ මෙයයි. මේ ආරවුල විසඳීම බොහෝ කල් ගත වීමත්, නොයෙක් රළුපරළු බස් පැවතීමත්, අඬදබර සහිත වීමත් පවතින්නේය, භික්ෂූහුද සුවසේ නොවසන්නාහුය යන කරුණයි.

පින්වත් මහණෙනි, යම්කිසි ආරවුලකට (ඇවැත්වලින් හටගත් ප්‍රශ්නයකට) පත් වූ භික්ෂුවත්, ඒ සඳහා ඇවැතින් චෝදනා කරන භික්ෂුවත්, තම තමන් ගැනම නුවණින් කල්පනා කරලා බලනවා නම්, පින්වත් මහණෙනි,

මේ ආරවුල සම්බන්ධයෙන් කැමැති විය යුත්තේ මෙයයි. මේ ආරවුල විසඳීම බොහෝ කල් ගත නොවීමත්, නොයෙක් රළුපරළු බස් නොපැවතීමත්, අඬදබර සහිත නොවීමත් පවතින්නේය, භික්ෂූහුද සුවසේ වසන්නාහුය යන කරුණයි.

සාදු! සාදු!! සාදු!!!

2.1.2.6.

16. එකල්හි එක්තරා බ්‍රාහ්මණයෙක් භාග්‍යවතුන් වහන්සේ බැහැදකින්න පැමිණියා. පැමිණ භාග්‍යවතුන් වහන්සේ සමඟ සතුටු වුනා. සතුටු විය යුතු සතුටින් සිහි කළ යුතු ඒ පිළිසඳර කතා බහ අවසන් කරලා එකත්පස්ව වාඩි වුනා. එකත්පස්ව වාඩි වුන ඒ බ්‍රාහ්මණයා භාග්‍යවතුන් වහන්සේට මෙහෙම කිව්වා. "භවත් ගෞතමයන් වහන්ස, යම් දෙයක් නිසා මෙහි මේ සමහර සත්වයින්, කය බිඳිලා මැරුණට පස්සේ අපාය නම් වූ, දුගතිය නම් වූ, විනිපාත නම් වූ, නිරයේ උපදිනවා නම්, ඒකට හේතුව කුමක්ද? කාරණය කුමක්ද?"

(භාග්‍යවතුන් වහන්සේ) :

"පින්වත් බ්‍රාහ්මණය, අධාර්මිකව ජීවත් වීම, විෂමව ජීවත් වීම යන කරුණු නිසා තමයි මේ සමහර සත්වයින් කය බිඳිලා මැරුණට පස්සේ අපාය නම් වූ, දුගතිය නම් වූ, විනිපාත නම් වූ නිරයේ උපදින්නේ."

(බ්‍රාහ්මණයා) :

"පින්වත් ගෞතමයන් වහන්ස, යම් දෙයක් නිසා මෙහි මේ සමහර සත්වයින් කය බිඳිලා මැරුණට පස්සේ සුගතිය නම් වූ දෙව් ලොව උපදිනවා නම් ඒකට හේතුව මොකක්ද? කාරණය මොකක්ද?"

(භාග්‍යවතුන් වහන්සේ) :

"පින්වත් බ්‍රාහ්මණය, ධාර්මිකව ජීවත් වීම, යහපත්ව ජීවත් වීම යන කරුණු නිසා තමයි මේ සමහර සත්වයින් කය බිඳිලා මැරුණට පස්සේ සුගතිය නම් වූ දෙව් ලොව උපදින්නේ."

(බ්‍රාහ්මණයා) :

"භවත් ගෞතමයන් වහන්ස, ඉතා සුන්දරයි! භවත් ගෞතමයන් වහන්ස, ඉතා සුන්දරයි! යටට හරවා තිබූ දෙයක් උඩු අතට හැරෙව්වා වගෙයි. වහලා තිබුණු දෙයක් ඇරලා පෙන්නුවා වගෙයි. මං මුලා වූවන්ට නියම මග පෙන්වා දෙනවා වගෙයි. ඇස් ඇති උදවියට රූප දකින්න අඳුරෙහි තෙල් පහනක් දල්වා

ගෙන දරා සිටිනවා වගෙයි. ඔය විදිහට භවත් ගෞතමයන් වහන්සේ විසින් නොයෙක් අයුරින් ශ්‍රී සද්ධර්මය වදාළා. ස්වාමීනී, මේ මමත් භවත් ගෞතමයන් වහන්සේව සරණ යනවා. ශ්‍රී සද්ධර්මයත්, ආර්ය මහා සංඝරත්නයත් සරණ යනවා. ස්වාමීනී, මං ගැන අද පටන් දිවි තිබෙන තුරාවටම තෙරුවන් සරණ ගිය උපාසකයෙක් ලෙස සළකන සේක්වා!"

සාදු! සාදු!! සාදු!!!

2.1.2.7.

17. එදා ජානුස්සෝණි බ්‍රාහ්මණයා භාග්‍යවතුන් වහන්සේ බැහැදකින්න පැමිණියා. පැමිණ භාග්‍යවතුන් වහන්සේ සමඟ සතුටු වුනා. ....(පෙ).... එකත්පස් ව වාඩි වුන ඒ ජානුස්සෝණි බ්‍රාහ්මණයා භාග්‍යවතුන් වහන්සේට මේ විදිහට කිව්වා. "භවත් ගෞතමයන් වහන්ස, යම් දෙයක් නිසා මෙහි මේ සමහර සත්වයින්, කය බිඳිලා මැරුණට පස්සේ අපාය නම් වූ, දුගතිය නම් වූ, විනිපාත නම් වූ, නිරයේ උපදිනවා නම්, ඒකට හේතුව කුමක්ද? කාරණය කුමක්ද?"

(භාග්‍යවතුන් වහන්සේ) :

"පින්වත් බ්‍රාහ්මණය, කළ නිසාත්, නොකළ නිසාත් තමයි මෙහි මේ සමහර සත්වයින් කය බිඳිලා මැරුණට පස්සේ අපාය නම් වූ, දුගතිය නම් වූ, විනිපාත නම් වූ නිරයේ උපදින්නේ."

(බ්‍රාහ්මණයා) :

"භවත් ගෞතමයන් වහන්ස, යම් දෙයක් නිසා මේ සමහර සත්වයින් කය බිඳිලා මැරුණට පස්සේ සුගතිය නම් වූ දෙව් ලොව උපදිනවා නම් ඒකට හේතුව කුමක්ද? කාරණය කුමක්ද?"

(භාග්‍යවතුන් වහන්සේ) :

"පින්වත් බ්‍රාහ්මණය, කළ නිසාත්, නොකළ නිසාත් තමයි මෙහි මේ සමහර සත්වයින් කය බිඳිලා මැරුණට පස්සේ සුගතිය නම් වූ දෙව් ලොව උපදින්නේ."

(බ්‍රාහ්මණයා) :

"අනේ! මට නම් භවත් ගෞතමයන් වහන්සේ විස්තරාත්මකව බෙදා

නොවදාළ, මේ කෙටියෙන්ම වදාළ කාරණයේ අර්ථය විස්තරාත්මකව වැටහෙන්නේ නෑ. භවත් ගෞතමයන් වහන්ස, භවත් ගෞතමයන් වහන්සේ දැන් විස්තරාත්මකව බෙදා නොවදාළ, කෙටියෙන්ම වදාළ මේ කාරණයේ අර්ථය වැටහෙන විදිහට ධර්මය දේශනා කරන සේක් නම්, කොයිතරම් හොඳද?"

"එහෙනම් පින්වත් බ්‍රාහ්මණය අහන්න. හොඳින් සිහි කරන්න. මම කියා දෙන්නම්." "එසේය, පින්වතුන් වහන්ස" කියලා ජානුස්සෝණි බ්‍රාහ්මණයා භාග්‍යවතුන් වහන්සේට උත්තර දුන්නා. භාග්‍යවතුන් වහන්සේ මේ විදිහට වදාළා.

"පින්වත් බ්‍රාහ්මණය, මෙහි මේ සමහර කෙනෙක් කයෙන් දුසිරිත් කරලා තියෙනවා. කයෙන් සුසිරිත් කරලා නෑ. වචනයෙන් දුසිරිත් කරලා තියෙනවා. වචනයෙන් සුසිරිත් කරලා නෑ. සිතින් දුසිරිත් කරලා තියෙනවා. සිතින් සුසිරිත් කරලා නෑ. මෙන්න මේ විදිහටයි පින්වත් බ්‍රාහ්මණය, (දුසිරිත්) කළ නිසාත්, (සුසිරිත්) නොකළ නිසාත්, තමයි මෙහි සමහර සත්වයින් කය බිඳිලා මැරුණට පස්සේ අපාය නම් වූ දුගතිය නම් වූ විනිපාත නම් වූ නිරයේ උපදින්නේ.

පින්වත් බ්‍රාහ්මණය, මෙහි මේ සමහර කෙනෙක් කයෙන් සුසිරිත් කරලා තියෙනවා. කයෙන් දුසිරිත් කරලා නෑ. වචනයෙන් සුසිරිත් කරලා තියෙනවා. වචනයෙන් දුසිරිත් කරලා නෑ. සිතින් සුසිරිත් කරලා තියෙනවා. සිතින් දුසිරිත් කරලා නෑ. පින්වත් බ්‍රාහ්මණය, මෙන්න මේ විදිහට (සුසිරිත්) කළ නිසාත්, (දුසිරිත්) නොකළ නිසාත්, තමයි මෙහි මේ සමහර සත්වයින් කය බිඳිලා මැරුණට පස්සේ සුගතිය නම් වූ දෙව් ලොව උපදින්නේ."

(බ්‍රාහ්මණයා) :

"භවත් ගෞතමයන් වහන්ස, ඉතා මනහරයි! ....(පෙ).... භවත් ගෞතමයන් වහන්සේ අද පටන් දිවි තිබෙන තුරාවටම තෙරුවන් සරණ ගිය උපාසකයෙක් හැටියට මාව පිළිගන්නා සේක්වා!"

සාදු! සාදු!! සාදු!!!

2.1.2.8.

18. එදා ආයුෂ්මත් ආනන්ද තෙරුන් භාග්‍යවතුන් වහන්සේ වෙත පැමිණුනා. පැමිණ භාග්‍යවතුන් වහන්සේට ආදරයෙන් වන්දනා කොට එකත්පස්ව වාඩි වුනා. එකත්පස්ව වාඩි වුන ආයුෂ්මත් ආනන්ද තෙරුන්ට භාග්‍යවතුන් වහන්සේ

මේ විදිහට වදාළා.

"පින්වත් ආනන්ද, ඒකාන්තයෙන්ම කාය දුසිරිත, වචී දුසිරිත, මනෝ දුසිරිත නොකළ යුතුයි කියලයි මා කියන්නේ."

(ආනන්ද තෙරුන්) :

"ඉතින් ස්වාමීනී, භාග්‍යවතුන් වහන්සේ ඒකාන්තයෙන්ම යම් කාය දුසිරිතක්, වචී දුසිරිතක්, මනෝ දුසිරිතක් නොකළ යුතුමයි කියලා වදාළා නෙව. ඒ නොකළ යුතු දේ කරන කොට මොන වගේ ආදීනවද කැමති වෙන්න තියෙන්නේ?"

(භාග්‍යවතුන් වහන්සේ) :

"පින්වත් ආනන්ද, මා විසින් ඒකාන්තයෙන්ම නොකළ යුතුයි කියලා වදාළ යම් කාය දුසිරිතක්, වචී දුසිරිතක්, මනෝ දුසිරිතක් ඇත්නම්, ඒ නොකළ යුතු දේවල් කරන කොට මෙන්න මේ ආදීනව තමයි කැමැති වෙන්න තියෙන්නේ.

තමන්ම තමන්ට චෝදනා කරනවා. ඤාණවන්ත උදවියත් ඒවා දැන ගෙන ගරහනවා. පවිටු වූ අපකීර්ති රාවයකුත් පැතිරෙනවා. සිහි මුලා වෙලා මිය පරලොව යනවා. කය බිඳී මැරුණට පස්සේ අපාය නම් වූ, දුගතිය නම් වූ, විනිපාත නම් වූ, නිරයේ උපදිනවා.

පින්වත් ආනන්ද, මා විසින් ඒකාන්තයෙන්ම යම් කාය දුසිරිතක්, වචී දුසිරිතක්, මනෝ දුසිරිතක් නොකළ යුතුයි කියල වදාළාද, ඉතින් ඒ නොකළ යුතු දේ කරන කොට ඔය ආදීනව තමයි කැමැති වෙන්න තියෙන්නේ.

පින්වත් ආනන්ද, ඒකාන්තයෙන්ම මේ කාය සුචරිතය, වචී සුචරිතය, මනෝ සුචරිතය, කළ යුතුයි කියලයි මා කියන්නේ."

(ආනන්ද තෙරුන්) :

"ඉතින් ස්වාමීනී, භාග්‍යවතුන් වහන්සේ ඒකාන්තයෙන්ම යම් කාය සුචරිතයක්, වචී සුචරිතයක්, මනෝ සුචරිතයක් කළ යුතුමයි කියලා වදාළා නෙව. ඒ කළ යුතු දේ කරන කොට මොන වගේ ආනිශංසද කැමති වෙන්න තියෙන්නේ?"

(භාග්‍යවතුන් වහන්සේ) :

"පින්වත් ආනන්ද, මා විසින් ඒකාන්තයෙන්ම යම් කාය සුචරිතයක්, වචී සුචරිතයක්, මනෝ සුචරිතයක් කළ යුතුමයි කියලා වදාළාද, ඒ කළ යුතු දේ

කරන කොට මෙන්න මේ ආනිශංස තමයි කැමැති වෙන්න තියෙන්නේ.

තමනුත් තමන්ට දොස් කියන්නේ නෑ. ඥාණවන්ත උදවියත් දැනගෙන ප්‍රශංසා කරනවා. යහපත් වූ කීර්ති රාවයකුත් පැතිරෙනවා. සිහි මුලා වෙන්නෙ නැතුව මිය පරලොව යනවා. කය බිඳිල මිය පරලොව ගියාට පස්සේ සුගතිය නම් වූ දෙව් ලොව උපදිනවා.

පින්වත් ආනන්ද, මා විසින් ඒකාන්තයෙන්ම යම් කාය සුචරිතයක්, වචී සුචරිතයක්, මනෝ සුචරිතයක් කළ යුතුමයි කියලා වදාළාද, ඒ කළ යුතු දේ කරන කොට මෙන්න මේ ආනිශංස තමයි කැමැති වෙන්න තියෙන්නේ."

සාදු! සාදු!! සාදු!!!

2.1.2.9.

19. පින්වත් මහණෙනි, අකුසලය අත්හරින්න. පින්වත් මහණෙනි, ඔය අකුසලය අත්හරින්න පුළුවනි. පින්වත් මහණෙනි, ඔය අකුසල් අත්හරින්න බැරි නම් මා මේ විදිහට 'පින්වත් මහණෙනි, අකුසලය අත්හරින්න' කියලා කියන්නේ නෑ. පින්වත් මහණෙනි, යම් හෙයකින් මේ අකුසලය අත්හරින්න පුළුවන් නිසා තමයි මා මේ විදිහට කියන්නේ. 'පින්වත් මහණෙනි, අකුසලය අත්හරින්න' කියලා. පින්වත් මහණෙනි, මේ අකුසලය ප්‍රහාණය වූ විට එය අයහපත පිණිස, දුක පිණිස හේතු වෙනවා නම්, මා මේ විදිහට 'පින්වත් මහණෙනි, අකුසලය අත්හරින්න' කියලා කියන්නේ නෑ. පින්වත් මහණෙනි, යම් විදිහකින් මේ අකුසලය ප්‍රහාණය වූ විට එය යහපත පිණිසම, සැපය පිණිසම හේතු වෙනවා. අන්න ඒ නිසා තමයි මා කියන්නේ, 'පින්වත් මහණෙනි, අකුසලය අත්හරින්න' කියලා.

පින්වත් මහණෙනි, කුසලය වඩන්න. කුසලය වඩන්නට පුළුවනි. පින්වත් මහණෙනි, කුසලය කියන්නෙ වඩන්න බැරි දෙයක් නම් මා මේ විදිහට 'පින්වත් මහණෙනි, කුසලය වඩන්න' කියලා කියන්නේ නෑ. පින්වත් මහණෙනි, යම් විදිහකින් මේ කුසලය වඩන්න පුළුවන් නිසාම තමයි මා මේ විදිහට කියන්නේ. 'පින්වත් මහණෙනි, කුසලය වඩන්න' කියලා. පින්වත් මහණෙනි, මේ කුසලය වැඩුවහම එය අයහපත පිණිස, දුක පිණිස හේතු වෙනවා නම්, මා මේ විදිහට 'පින්වත් මහණෙනි, කුසලය වඩන්න' කියලා කියන්නේ නෑ. පින්වත් මහණෙනි, යම් විදිහකින් මේ කුසලය වැඩුවහම ඒක යහපත පිණිසම, සැපය පිණිසම හේතු වෙනවා. අන්න ඒ නිසා තමයි මා කියන්නේ, 'පින්වත් මහණෙනි, කුසලය

වඩන්න' කියලා.

සාදු! සාදු!! සාදු!!!

2.1.2.10.

20. පින්වත් මහණෙනි, සද්ධර්මයේ (ශාසනයේ) විනාශය පිණිස, අතුරුදහන් වීම පිණිස හේතු වන මේ කාරණා දෙකක් තියෙනවා. ඒ දෙක මොනවාද? වැරදි විදිහට ගලපාගන්නා ලද වචන ප්‍රකාශ කිරීමත්, වැරදි විදිහට කරන්නා වූ අර්ථ විග්‍රහයත්ය. පින්වත් මහණෙනි, වැරදි විදිහට ගලපාගන්නා ලද වචන ප්‍රකාශ කරන විට වැරදි අර්ථ මතු වෙනවාමයි. පින්වත් මහණෙනි, මෙය වනාහී සද්ධර්මයේ විනාශය පිණිස, අතුරුදහන් වීම පිණිස හේතු වන්නා වූ කරුණු දෙකයි.

පින්වත් මහණෙනි, සද්ධර්මයේ (ශාසනයේ) පැවැත්ම පිණිස, විනාශ නො වීම පිණිස, අතුරුදහන් නොවීම පිණිස හේතු වන මේ කාරණා දෙකක් තියෙනවා. ඒ දෙක මොනවාද? ඉතා යහපත් ලෙස ගලපාගන්නා ලද වචන ප්‍රකාශ කිරීමත්, ඉතා යහපත් ලෙස කරන්නා වූ අර්ථ විග්‍රහයත්ය. පින්වත් මහණෙනි, යහපත් ලෙස ගලපාගන්නා ලද වචන ප්‍රකාශ කරන විට යහපත් අර්ථ මතු වෙනවාමයි. පින්වත් මහණෙනි, මෙය වනාහී සද්ධර්මයේ පැවැත්ම පිණිස, විනාශ නොවීම පිණිස, අතුරුදහන් නොවීම පිණිස හේතු වන්නා වූ කරුණු දෙකයි.

සාදු! සාදු!! සාදු!!!

දෙවෙනි අධිකරණ වර්ගයයි.

3. බාල වර්ගය

(බාලයා ගැන වදාළ කොටස)

2.1.3.1.

21. සැවැත් නුවරදී ....

පින්වත් මහණෙනි, මේ බාලයෝ දෙන්නෙක් ඉන්නවා. ඒ දෙන්නා කවුද? කෙනෙක් ඉන්නවා වරද වරද හැටියට දකින්නේ නෑ. තව කෙනෙක් ඉන්නවා වරද පිළිඅරගෙන (ආයති සංවරය පිණිස) එය දේශනා කරන විට ඒ පිළියම් කිරීම පිළිගන්නෙ නෑ. පින්වත් මහණෙනි, මේ තමයි බාලයෝ දෙන්නා.

පින්වත් මහණෙනි, මේ නුවණැත්තෝ දෙන්නෙක් ඉන්නවා. ඒ දෙන්නා කවුද? කෙනෙක් ඉන්නවා වරද වරද හැටියට දකිනවා. තව කෙනෙක් ඉන්නවා වරද පිළිඅරගෙන (ආයති සංවරය පිණිස) එය දේශනා කරන විට ඒ පිළියම් කිරීම පිළිගන්නවා. පින්වත් මහණෙනි, මේ තමයි ඥාණවන්තයෝ දෙන්නා.

සාදු! සාදු!! සාදු!!!

2.1.3.2.

22. පින්වත් මහණෙනි, තථාගතයන් වහන්සේට අභූතයෙන් (නිස්කාරණයෙහි) චෝදනා කරන දෙදෙනෙක් ඉන්නවා. ඒ දෙන්නා කවුද? සිත ඇතුළේ තරහ තියාගෙන ඉන්න දුෂ්ට කෙනාත්, වැරදි විදිහට කරුණු පටලවා ගෙන ඒ වැරදි දේ කෙරෙහි පැහැදී විශ්වාසයෙන් ඉන්න කෙනාත්ය. පින්වත් මහණෙනි, මේ දෙන්නා තථාගතයන් වහන්සේට අභූතයෙන් චෝදනා කරනවා.

සාදු! සාදු!! සාදු!!!

2.1.3.3.

23. පින්වත් මහණෙනි, තථාගතයන් වහන්සේට අභූතයෙන් (නිස්කාරණයෙහි) චෝදනා කරන දෙදෙනෙක් ඉන්නවා. ඒ දෙන්නා කවුද? කෙනෙක් ඉන්නවා තථාගතයන් වහන්සේ විසින් දේශනා නොකරන ලද දේ, නොපැවසූ දේ තථාගතයන් වහන්සේ විසින් දේශනා කරන ලදැයි, පවසන ලදැයි විස්තර කරනවා. තව කෙනෙක් ඉන්නවා තථාගතයන් වහන්සේ විසින් දේශනා කරන ලද, පවසන ලද දෙය තථාගතයන් වහන්සේ විසින් දේශනා නොකරන ලදැයි නොපවසන ලදැයි විස්තර කරනවා. පින්වත් මහණෙනි, මේ තමයි තථාගතයන් වහන්සේට අභූතයෙන් චෝදනා කරන දෙදෙනා.

පින්වත් මහණෙනි, තථාගතයන් වහන්සේට අභූතයෙන් (නිස්කාරණයෙහි) චෝදනා නොකරන දෙදෙනෙක් ඉන්නවා. ඒ දෙන්නා කවුද? කෙනෙක් ඉන්නවා තථාගතයන් වහන්සේ විසින් දේශනා නොකරන ලද, නොපවසන ලද දේ තථාගතයන් වහන්සේ විසින් දේශනා නොකරන ලද හැටියටත්, නොපවසන ලද හැටියටත් විස්තර කරනවා. කෙනෙක් ඉන්නවා තථාගතයන් වහන්සේ විසින් දේශනා කරන ලද දේ, පවසන ලද දේ තථාගතයන් වහන්සේ විසින් දේශනා කළ හැටියටත්, පවසන ලද හැටියටත් විස්තර කරනවා. පින්වත් මහණෙනි, මේ තමයි තථාගතයන් වහන්සේට අභූතයෙන් චෝදනා නොකරන දෙදෙනා.

සාදු! සාදු!! සාදු!!!

2.1.3.4.

24. පින්වත් මහණෙනි, තථාගතයන් වහන්සේට අභූතයෙන් (නිස්කාරණයෙහි) චෝදනා කරන දෙදෙනෙක් ඉන්නවා. ඒ දෙන්නා කවුද? යම් කෙනෙක් විස්තර විභාග වශයෙන් අරුත් මතු කොට දැක්විය යුතු සූත්‍ර දේශනා, සරලව පෙන්වා ඇති අරුත් සහිත සූත්‍ර දේශනා යැයි දක්වනවා නම්, යම් කෙනෙක් සරලව පෙන්වා ඇති අරුත් සහිත සූත්‍ර දේශනා, විස්තර විභාග වශයෙන් අරුත් මතුකොට දැක්විය යුතු සූත්‍ර දේශනා යැයි දක්වනවා නම්, පින්වත් මහණෙනි, මොවුන් දෙදෙනා තථාගතයන් වහන්සේට අභූතයෙන් (නිස්කාරණයෙහි) චෝදනා කරනවා.

සාදු! සාදු!! සාදු!!!

2.1.3.5.

25. පින්වත් මහණෙනි, තථාගතයන් වහන්සේට අභූතයෙන් (නිස්කාරණයෙහි) චෝදනා නොකරන දෙදෙනෙක් ඉන්නවා. ඒ දෙන්නා කවුද? යම් කෙනෙක් විස්තර විභාග වශයෙන් අරුත් මතු කොට දැක්විය යුතු සූත්‍ර දේශනා, විස්තර විභාග වශයෙන් අරුත් මතු කොට දැක්විය යුතු සූත්‍ර දේශනා යැයි දක්වනවා නම්, යම් කෙනෙක් සරලව පෙන්වා ඇති අරුත් සහිත සූත්‍ර දේශනා, සරලව පෙන්වා ඇති අරුත් සහිත සූත්‍ර දේශනා යැයි දක්වනවා නම්, පින්වත් මහණෙනි, මොවුන් දෙදෙනා තථාගතයන් වහන්සේට අභූතයෙන් (නිස්කාරණයෙහි) චෝදනා කරන්නේ නෑ.

සාදු! සාදු!! සාදු!!!

2.1.3.6.

26. පින්වත් මහණෙනි, තමන් කළ පව්කම් සඟවන කෙනාට මේ පරලොව ගති දෙක අතරින්, එක් ගතියක් තමයි කැමති වෙන්න තියෙන්නේ. එක්කෝ නිරයේ උපත ලබනවා. නැතිනම් තිරිසන් යෝනියෙහි උපත ලබනවා.

පින්වත් මහණෙනි, තමන් කළ පව්කම් සඟවන්නේ නැති කෙනාට මේ පරලොව ගති දෙක අතරින්, එක් ගතියක් තමයි කැමති වෙන්න තියෙන්නේ. එක්කෝ දෙව්ලොව උපත ලබනවා. නැතිනම් මනුස්ස ලෝකයෙහි උපත ලබනවා.

සාදු! සාදු!! සාදු!!!

2.1.3.7.

27. පින්වත් මහණෙනි, මිථ්‍යා දෘෂ්ටිකයාට මේ පරලොව ගති දෙක අතරින්, එක් ගතියක් තමයි කැමති වෙන්න තියෙන්නේ. එක්කෝ නිරයේ උපත ලබනවා. නැතිනම් තිරිසන් යෝනියෙහි උපත ලබනවා.

සාදු! සාදු!! සාදු!!!

2.1.3.8.

28. පින්වත් මහණෙනි, සම්මා දිට්ඨියෙන් යුතු කෙනාට මේ පරලොව ගති දෙක අතරින්, එකක් තමයි කැමති වෙන්න තියෙන්නේ. එක්කෝ දෙව්ලොව උපත ලබනවා. නැතිනම් මනුස්ස ලෝකයේ උපත ලබනවා.

සාදු! සාදු!! සාදු!!!

2.1.3.9.

29. පින්වත් මහණෙනි, දුස්සීල කෙනාට පිළිගන්න සිද්ධ වෙන දේවල් දෙකක් තියෙනවා. එක්කො නිරයයි, එහෙම නැත්නම් තිරිසන් යෝනියයි. පින්වත් මහණෙනි, සිල්වත් කෙනාට පිළිගන්න සිද්ධ වෙන දේවල් දෙකක් තියෙනවා. එක්කො දෙව්ලොවයි. නැතිනම් මනුස්ස ලෝකයයි.

සාදු! සාදු!! සාදු!!!

2.1.3.10.

30. පින්වත් මහණෙනි, මා මේ කරුණු දෙකක යහපත දකිමින් අරණ්‍යයන්ද, වනාන්තරයන්ද, ඈත හුදෙකලා වනසෙනසුන්ද සේවනය කරනවා. ඒ කරුණු දෙක මොනවාද? තමා හට මේ ජීවිතයේදීම සැප සේ වාසය කිරීම දැකීමත්, පසු පරම්පරාව ගැන තියෙන අනුකම්පාවත්ය. පින්වත් මහණෙනි, මෙන්න මේ කරුණු දෙකේ යහපත දකිමින් තමයි මම අරණ්‍යය, වනාන්තර, ඈත හුදෙකලා වනසෙනසුන් සේවනය කරන්නේ.

සාදු! සාදු!! සාදු!!!

2.1.3.11.

31. පින්වත් මහණෙනි, චතුරාර්ය සත්‍යාවබෝධය නම් වූ විද්‍යාව ඇති කරවන කාරණා දෙකක් තියෙනවා. ඒ දෙක මොනවාද? සමථ භාවනාවත්, විදර්ශනා භාවනාවත්ය. පින්වත් මහණෙනි, සමථ භාවනාව වැඩූ කල්හී මොන

වගේ යහපතක්ද ලැබෙන්නේ? සිත වැඩෙනවා. සිත වැඩුණු කල්හී මොන වගේ යහපතක්ද ලැබෙන්නේ? යම් රාගයක් තියෙනවා නම්, ඒක ප්‍රහීණ වෙලා යනවා. පින්වත් මහණෙනි, විදර්ශනා භාවනාව වැඩීමෙන් මොන වගේ යහපතක්ද ලැබෙන්නේ? ප්‍රඥාව වැඩෙනවා. ප්‍රඥාව වැඩුණු කල්හී මොන වගේ යහපතක්ද ලැබෙන්නේ? යම් අවිද්‍යාවක් (ආර්ය සත්‍යය පිළිබඳව අනවබෝධයක්) තියෙනවා නම් ඒක ප්‍රහීණ වෙලා යනවා. පින්වත් මහණෙනි, රාගයෙන් කිළිටි වූ සිත (නීවරණවලින්) නිදහස් වෙන්නෙ නෑ. අවිද්‍යාවෙන් කිළිටි වුනාම ප්‍රඥාව වැඩෙන්නෙත් නෑ. පින්වත් මහණෙනි, මෙන්න මේ විදිහට රාගය ප්‍රහීණ වීම තමයි චේතෝ විමුක්තිය. අවිද්‍යාව ප්‍රහීණ වීම තමයි ප්‍රඥා විමුක්තිය.

සාදු! සාදු!! සාදු!!!

තුන් වෙනි බාල වර්ගයයි.

4. සමචිත්ත වර්ගය

(සමසිත් ඇතිවීම ගැන වදාළ දෙසුම් ඇතුළත් කොටස)

2.1.4.1.

32. සැවැත් නුවර දී ....

පින්වත් මහණෙනි, ඔබට අසත්පුරුෂ භූමියත්, සත්පුරුෂ භූමියත් දේශනා කරන්නම්. එය අසන්න. හොඳට සිහි කරන්න. කියා දෙන්නම්. 'එසේය, ස්වාමීනී' කියල ඒ භික්ෂූන් වහන්සේලා භාග්‍යවතුන් වහන්සේට පිළිතුරු දුන්නා භාග්‍යවතුන් වහන්සේ මෙම දෙසුම වදාළා.

පින්වත් මහණෙනි, අසත්පුරුෂ භූමිය යනු කුමක්ද? පින්වත් මහණෙනි, අසත්පුරුෂයා අකෘතඥයි. කෙළෙහි ගුණ සිහි කිරීමට නොදනී. පින්වත් මහණෙනි, යම් මේ කෙළෙහි ගුණ නොදන්නා බවක් ඇද්ද, කෙළෙහි ගුණ සිහි කිරීමට නොතේරෙන බවක් ඇද්ද, මෙය පසසන්නේ අසත්පුරුෂයන් විසින්මයි. පින්වත් මහණෙනි, යම් මේ කෙළෙහි ගුණ නොදන්නා බවක් ඇද්ද, කෙළෙහි ගුණ සිහි කිරීමට නොතේරෙන බවක් ඇද්ද, මෙය වනාහී සම්පූර්ණ අසත්පුරුෂ භූමියයි.

පින්වත් මහණෙනි, සත්පුරුෂ භූමිය යනු කුමක්ද? පින්වත් මහණෙනි, සත්පුරුෂයා කෘතඥයි. කෙළෙහි ගුණ සිහි කිරීමට දනී. පින්වත් මහණෙනි, යම් මේ කෙළෙහි ගුණ දන්නා බවක් ඇද්ද, කෙළෙහි ගුණ සිහි කිරීමට තේරෙන බවක් ඇද්ද, මෙය පසසන්නේ සත්පුරුෂයන් විසින්මයි. පින්වත් මහණෙනි, යම් මේ කෙළෙහි ගුණ දන්නා බවක් ඇද්ද, කෙළෙහි ගුණ සිහි කිරීමට තේරෙන බවක් ඇද්ද, මෙය වනාහී සම්පූර්ණ සත්පුරුෂ භූමියයි.

සාදු! සාදු!! සාදු!!!

2.1.4.2.

33. පින්වත් මහණෙනි, මෑණියන් හා පියාණන් යන දෙදෙනා හට ප්‍රත්‍යුපකාර කොට අවසන් කොට ලෙහෙසියෙන් කළ නොහැකි බවයි මා කියන්නේ. පින්වත් මහණෙනි, සියයක් අවුරුදු ආයුෂ තියෙන කෙනෙක් අවුරුදු සියයක් ජීවත් වෙමින් එක් උරයක මව තබා ගෙන රකිනවා. අනෙක් උරයෙහි පියාව තබාගෙන රකිනවා. ඉතින් ඔහු ඒ මව්පියන් ගේ ශරීරයන් සුවඳ සුණු ඉලීමෙන්ද, අත් පා ආදිය පිරිමැදීමෙන්ද, සිහිල් පැන්, උණු පැන් ආදියෙන් නැවීමෙන්ද, අත් පා මඩිමින්ද උපස්ථාන කරනවා. ඒ මව්පියනුත් ඒ උරයේම ඉඳගෙනමයි මළ මූත්‍ර පහකරන්නේ. පින්වත් මහණෙනි, මේ විදිහට සළකලාවත්, මව්පියන්ට උපකාර කළා වෙන්නේ නෑ. ප්‍රත්‍යුපකාර කළා වෙන්නෙත් නෑ.

පින්වත් මහණෙනි, බොහෝ වූ සප්ත මාණික්‍යයන් ඇති මේ මහ පොළොව මත කෙනෙක් මව්පියන්ව සක්විති රජකමෙහි පිහිටුවන නමුත් මේ තරමිනුත් මව්පියන්ට උපකාර කළා වෙන්නෙ නෑ. ප්‍රත්‍යුපකාර කළා වෙන්නෙත් නෑ. ඒකට හේතුව කුමක්ද? පින්වත් මහණෙනි, මව්පියන් වනාහී දරුවන් හට බොහෝ සේ උපකාරකයි. දරුවන්ව වඩනවා. පෝෂණය කරනවා. මේ ලෝකය හඳුන්වා දෙනවා.

එනමුත් පින්වත් මහණෙනි, යම් කෙනෙක් තෙරුවන් කෙරෙහි ශ්‍රද්ධාව නැති මව්පියන්ව ශ්‍රද්ධාවෙහි සමාදන් කරවනවා නම්, ඇතුළත් කරවනවා නම්, පිහිටුවනවා නම්, දුස්සීල වූ මව්පියන්ව සීල සම්පත්තියෙහි සමාදන් කරවනවා නම්, ඇතුළත් කරවනවා නම්, පිහිටුවනවා නම්, මසුරු වූ මව්පියන්ව පරිත්‍යාග යෙහි සමාදන් කරවනවා නම්, ඇතුළත් කරවනවා නම්, පිහිටුවනවා නම්, ප්‍රඥාව නැති මව්පියන්ව ප්‍රඥාවෙහි සමාදන් කරවනවා නම්, ඇතුළත් කරවනවා නම්, පිහිටුවනවා නම්, පින්වත් මහණෙනි, මේ තරමෙන්ම මව්පියන්ට සැළකුවා වෙනවා. කළ ගුණ සැළකුවා වෙනවා. අතිශයින්ම සැළකුවා වෙනවා.

සාදු! සාදු!! සාදු!!!

2.1.4.3.

34. එදා එක්තරා බ්‍රාහ්මණයෙක් භාග්‍යවතුන් වහන්සේ බැහැදකින්නට පැමිණියා. පැමිණ භාග්‍යවතුන් වහන්සේ සමඟ සතුටු සාමීචි කතා කළා.

....(පෙ).... එකත්පස්ව වාඩි වුන ඒ බ්‍රාහ්මණයා භාග්‍යවතුන් වහන්සේට මෙහෙම කිව්වා. "භවත් ගෞතමයන් වහන්සේ මොන වගේ මතයක් දරන කෙනෙක්ද? මොන වගේ දෙයක්ද ප්‍රකාශ කරන්නේ?"

(භාග්‍යවතුන් වහන්සේ) :

"පින්වත් බ්‍රාහ්මණය, මම් වනාහී ක්‍රියාව ගැනත් කතා කරන (ක්‍රියාවාදී) කෙනෙක්. ක්‍රියා නොකිරීම ගැනත් කතා කරන (අකිරියවාදී) කෙනෙක්."

(බ්‍රාහ්මණයා) :

"කොයි විදිහට ද පින්වත් ගෞතමයන් වහන්සේ, ක්‍රියාව ගැනත් කතා කරන කෙනෙක් (ක්‍රියාවාදී) වෙන්නෙත්, ක්‍රියා නොකිරීම ගැනත් කතා කරන කෙනෙක් (අකිරියවාදී) වෙන්නෙත්?"

(භාග්‍යවතුන් වහන්සේ) :

"පින්වත් බ්‍රාහ්මණය, මා කාය දුසිරිත ගැනත්, වචී දුසිරිත ගැනත්, මනෝ දුසිරිත ගැනත් නොකිරීමට තමයි දේශනා කරන්නේ. නොයෙක් පාපී වූ අකුසල් නොකිරීමමයි මා දේශනා කරන්නේ. පින්වත් බ්‍රාහ්මණය, මා කාය සුසිරිත ගැනත්, වචී සුසිරිත ගැනත්, මනෝ සුසිරිත ගැනත් කිරීම ම තමයි දේශනා කරන්නේ. නොයෙක් කුසල් දහම් කිරීම ම තමයි දේශනා කරන්නේ. පින්වත් බ්‍රාහ්මණය, ඔන්න ඔය විදිහට මා කිරීම ගැන කියන කෙනෙක් වෙනවා (ක්‍රියාවාදී), නොකිරීම ගැනත් කියන කෙනෙක් වෙනවා (අකිරියවාදී)."

(බ්‍රාහ්මණයා) :

"භවත් ගෞතමයන් වහන්ස, ඉතා මනහරයි! ....(පෙ).... පින්වත් ගෞතමයන් වහන්ස, අද පටන් දිවි තිබෙන තුරාවටම තෙරුවන් සරණ ගිය උපාසකයෙක් හැටියට මාව පිළිගන්නා සේක්වා!"

සාදු! සාදු!! සාදු!!!

2.1.4.4.

35. එකල්හි අනාථපිණ්ඩික ගෘහපතිතුමා භාග්‍යවතුන් වහන්සේ බැහැදකින්නට පැමිණියා. පැමිණ භාග්‍යවතුන් වහන්සේට ආදරයෙන් වන්දනා කොට එකත්පස්ව වාඩි වුනා. එකත්පස්ව වාඩි වුන අනාථපිණ්ඩික ගෘහපතිතුමා

භාග්‍යවතුන් වහන්සේට මේ කාරණය කිව්වා. "ස්වාමීනී, දන් පිළිගැනීමට සුදුසු උතුමන් කී දෙනෙක් ලෝකයෙහි ඉන්නවාද? දන් දිය යුත්තේ කොතැනටද?"

"පින්වත් ගෘහපතිය, දන් පිළිගැනීමට සුදුසු අය දෙදෙනෙක් ලෝකයෙහි ඉන්නවා. සේඛ (නිවන් මාර්ගයේ හික්මෙන) පුද්ගලයාත්, අසේඛ (අරහත්) පුද්ගලයාත්ය. පින්වත් ගෘහපතිය, මේ තමයි ලෝකයෙහි දන් පිළිගැනීමට සුදුසු දෙන්නා. දන් දිය යුත්තේද ඔවුන් කෙරෙහිය. භාග්‍යවතුන් වහන්සේ මෙය වදාළා. මෙය වදාළ සුගත වූ ශාස්තෲන් වහන්සේ මේ විදිහටත් වදාළා.

"මේ ලෝකයෙහි නිවන් මග හික්මෙන්නා වූ සේඛ ශ්‍රාවකයන් ඉන්නවා. ඒ වගේම නිවන් මග සම්පූර්ණ කොට අරහත් වූ අසේඛ ශ්‍රාවකයිනුත් ඉන්නවා. දන් දෙන පින්වතුන් හට, දුර සිට පවා ගෙනවුත් දන් පැන් පිදීමට සුදුසු වන්නේ මේ ශ්‍රාවකයින්ය. ඔවුන් කයිනුත් වචනයෙනුත් එමෙන්ම මනසිනුත් ඍජු ගතිගුණවලින් යුක්තයි. දන් දෙන පින්වතුන් හට පින් කෙත වන්නේ එයමයි. ඔවුන් කෙරෙහි දෙන දානය මහත්ඵල ලබාදෙයි.

සාදු! සාදු!! සාදු!!!

2.1.4.5.

36. මා හට අසන්නට ලැබුනේ මේ විදිහටයි. ඒ දිනවල භාග්‍යවත් බුදුරජාණන් වහන්සේ වැඩසිටියේ සැවැත් නුවර ජේතවනය නම් වූ අනේපිඬු සිටුතුමාගේ ආරාමයේ. ඒ දිනවල ආයුෂ්මත් සාරිපුත්තයන් වහන්සේ සැවැත් නුවර පූර්වාරාමය නම් වූ මිගාරමාතු ප්‍රාසාදයේ වැඩවාසය කළා. එදා ආයුෂ්මත් සාරිපුත්තයන් වහන්සේ "ආයුෂ්මත් මහණෙනි" කියා භික්ෂූන් වහන්සේලා අමතා වදාළා. ඒ භික්ෂූන් වහන්සේලා "ප්‍රිය ආයුෂ්මතුන් වහන්ස" කියා ආයුෂ්මත් සැරියුත් තෙරුන් හට පිළිතුරු දුන්නා. ආයුෂ්මත් සාරිපුත්තයන් වහන්සේ මෙම දෙසුම වදාළා.

"ප්‍රිය ආයුෂ්මතුනි, ආධ්‍යාත්මයෙහි කෙලෙස් බන්ධන තිබෙන පුද්ගලයාත්, කාම ලෝකයෙන් බැහැරට ගිය කෙලෙස් බන්ධන ඇති පුද්ගලයාත් ගැන දේශනා කරන්නම්. එය අසන්න. හොඳින් සිහි කරන්න. කියා දෙන්නම්." "එසේය, ප්‍රිය ආයුෂ්මතුනි" කියා ඒ භික්ෂූන් වහන්සේලාද ආයුෂ්මත් සාරිපුත්ත තෙරුන් හට පිළිතුරු දුන්නා. ආයුෂ්මත් සාරිපුත්තයන් වහන්සේ මෙම දෙසුම වදාළා.

"ප්‍රිය ආයුෂ්මතුනි, ආධ්‍යාත්මයෙහි කෙලෙස් බන්ධන ඇති පුද්ගලයා යනු කවරහුද? ප්‍රිය ආයුෂ්මතුනි, මෙහිලා සිල්වත් භික්ෂුවක් ඉන්නවා. ප්‍රාතිමෝක්ෂ සංවර සීලයෙනුත් සංවර වෙලා වාසය කරනවා. යහපත් ඇවතුම් පැවැතුම්වලින් යුක්තයි. ඉතා කුඩා වරදෙහි පවා භය දකිනවා. ශික්ෂා පද සමාදන්ව ගෞරවයෙන් ආරක්ෂා කරගෙන, ඒවායෙහි හික්මෙනවා. ඉතින් ඔහු කය බිඳී මරණින් මතු එක්තරා දේව කොටසක උපදිනවා. ඔහු එයින් චුත වෙලා ආපසු මේ ලෝකයට එන ආගාමී කෙනෙක් වෙනවා. ප්‍රිය ආයුෂ්මතුනි, මොහුට තමයි ආපසු මේ ලෝකයට එන ආගාමී වූ ආධ්‍යාත්මයෙහි කෙලෙස් බන්ධන ඇති පුද්ගලයා කියල කියන්නෙ.

ප්‍රිය ආයුෂ්මතුනි, කාම ලෝකයෙන් බැහැරට ගිය කෙලෙස් බන්ධන ඇති පුද්ගලයා කවරහුද? ප්‍රිය ආයුෂ්මතුනි, මෙහිලා සිල්වත් භික්ෂුවක් ඉන්නවා. ප්‍රාතිමෝක්ෂ සංවර සීලයෙනුත් සංවර වෙලා වාසය කරනවා. යහපත් ඇවතුම් පැවැතුම්වලින් යුක්තයි. ඉතා කුඩා වරදෙහි පවා භය දකිනවා. ශික්ෂාපද සමාදන්ව ගෞරවයෙන් ආරක්ෂා කරගෙන, ඒවායෙහි හික්මෙනවා. ඔහු එක්තරා ශාන්ත වූ චිත්ත විමුක්තියකුත් ලබාගෙන වාසය කරනවා. ඔහු කය බිඳී මරණින් මතු එක්තරා දේව කොටසක උපදිනවා. නමුත් ඔහු ඒ ලොවින් චුත වෙලා ආපසු මෙලොවට එන්නේ නැති අනාගාමී කෙනෙක් වෙනවා. ප්‍රිය ආයුෂ්මතුනි, මොහුට තමයි ආපසු මෙලොවට නොඑන, බැහැරට ගිය කෙලෙස් බන්ධන ඇති අනාගාමී පුද්ගලයා කියල කියන්නේ.

ඒ ගැන තවදුරටත් කියනවා නම්, ප්‍රිය ආයුෂ්මතුන් වහන්ස, මෙහිලා සිල්වත් භික්ෂුවක් ඉන්නවා. ....(පෙ).... ශික්ෂාපද ගෞරවයෙන් ආරක්ෂා කරගෙන, ඒවායේ හික්මෙනවා. ඔහු කාමයන් ගැනම කළකිරීම පිණිස, නොඇලීම පිණිස, නිදහස් වීම පිණිස ඒ ප්‍රතිපදාවට පැමිණ ඉන්නවා. ඔහු මේ (තුන් ආකාර) භවයන්ගේත් කළකිරීම පිණිස, නොඇල්ම පිණිස, නිදහස් වීම පිණිස ඒ ප්‍රතිපදාවට පැමිණ ඉන්නවා. ඔහු තණ්හාව නැතිකිරීමට පැමිණ ඉන්නවා. ලෝභය නැතිකිරීමට පැමිණ ඉන්නවා. ඔහු කය බිඳී මරණින් මතු එක්තරා දේව කොටසක උපදිනවා. ඔහු ඒ ලොවින් චුත වෙලා නැවත මේ භවයට නොඑන අනාගාමී කෙනෙක් වෙනවා. ප්‍රිය ආයුෂ්මතුනි, මොහුට තමයි නැවත මෙලොවට නොඑන බැහැරට ගිය කෙලෙස් බන්ධන ඇති අනාගාමී පුද්ගලයා කියල කියන්නේ."

එකල්හි සමසිත් ඇති දෙවිවරු බොහෝ දෙනෙක් භාග්‍යවතුන් වහන්සේ සමීපයට පැමිණියා. පැමිණ භාග්‍යවතුන් වහන්සේට වන්දනා කොට එකත්පස්ව සිටගත්තා. එකත්පස් ව සිටගත් ඒ දෙවිවරු භාග්‍යවතුන් වහන්සේට මෙකරුණ පැවසුවා.

"ස්වාමීනී, මේ ආයුෂ්මත් සාරිපුත්තයන් වහන්සේ පූර්වාරාමය නම් වූ මිගාරමාතු ප්‍රාසාදයේ වැඩසිටිමින්, භික්ෂූන්ට ආධ්‍යාත්මයෙහි කෙලෙස් බන්ධන තිබෙන පුද්ගලයා ගැනත්, කාම ලෝකයෙන් බැහැරට ගිය කෙලෙස් බන්ධන තිබෙන පුද්ගලයා ගැනත්, දේශනා කරනවා. ස්වාමීනී, ඒ දේශනාව ගැන පිරිසටත් සතුටුයි. ස්වාමීනී, භාග්‍යවතුන් වහන්සේ අනුකම්පාව උපදවා ආයුෂ්මත් සාරිපුත්තයන් වහන්සේ වැඩසිටින තැනට වැඩම කරන සේක් නම් කොයි තරම් හොඳද?" භාග්‍යවතුන් වහන්සේ එය නිහඬව ඉවසා වදාළා.

ඊට පස්සේ භාග්‍යවතුන් වහන්සේ බලවත් පුරුෂයෙක් හැකිලූ අතක් දිගහරින වේගයෙන්, දික්කළ අතක් හකුලන වේගයෙන්, ජේතවනාරාමයෙන් අතුරුදහන් වුනා. පූර්වාරාමය නම් වූ මිගාරමාතු ප්‍රාසාදයෙහි සිටි ආයුෂ්මත් සාරිපුත්තයන් වහන්සේ ඉදිරියේ පහළ වුනා. භාග්‍යවතුන් වහන්සේ එහි පණවන ලද ආසනයෙහි වැඩසිටියා. ඉක්බිති ආයුෂ්මත් සාරිපුත්තයන් වහන්සේත් භාග්‍යවතුන් වහන්සේට වන්දනා කොට, එකත්පස්ව වාඩි වුනා. එකත්පස්ව වාඩි වුන ආයුෂ්මත් සාරිපුත්ත තෙරුන්ට භාග්‍යවතුන් වහන්සේ මෙය වදාළා.

"පින්වත් සාරිපුත්ත මෙහි මේ සමසිත් ඇති දෙවිවරු බොහෝ දෙනෙක් මා වැඩසිටි තැනට පැමිණුනා. පැමිණ මට වන්දනා කොට එකත්පස්ව සිටගත්තා. පින්වත් සාරිපුත්ත, එකත්පස්ව සිටගත් ඒ දෙවිවරු මට මේ විදිහට කිව්වා.

'ස්වාමීනී, මේ ආයුෂ්මත් සාරිපුත්තයන් වහන්සේ පූර්වාරාමය නම් වූ මිගාරමාතු ප්‍රාසාදයේ වැඩසිටිමින්, භික්ෂූන්ට ආධ්‍යාත්මයෙහි කෙලෙස් බන්ධන තිබෙන පුද්ගලයා ගැනත්, කාම ලෝකයෙන් බැහැරට ගිය කෙලෙස් බන්ධන තිබෙන පුද්ගලයා ගැනත්, දේශනා කරනවා. ස්වාමීනී, ඒ දේශනාව ගැන පිරිසටත් සතුටුයි. ස්වාමීනී, භාග්‍යවතුන් වහන්සේ අනුකම්පාව උපදවා ආයුෂ්මත් සාරිපුත්තයන් වහන්සේ වැඩසිටින තැනට වැඩම කරන සේක් නම් කොයි තරම් හොඳද?' කියලා. පින්වත් සාරිපුත්ත, ඒ දෙවිවරු දහ දෙනෙක් වෙලත්, විසි දෙනෙක් වෙලත්, තිස් දෙනෙක් වෙලත්, හතළිස් දෙනෙක් වෙලත්, පණස් දෙනෙක් වෙලත්, හැට දෙනෙක් වෙලත්, එකම ඉඳිකටු තුඩක් වදින ප්‍රමාණයේ ඉඩකඩ තුළත් ඉන්නවා. ඒත්, එක්කෙනෙක් තව කෙනෙකුට කිසි කරදරයකට පත් කරන්නේ නැහැ.

පින්වත් සාරිපුත්ත, ඔබට මේ විදිහට සිතෙන්නට පුළුවනි. ඒ දෙවිවරු යම් විදිහකින් දහ දෙනෙක් වෙලත්, විසි දෙනෙක් වෙලත්, තිස් දෙනෙක් වෙලත්, හතළිස් දෙනෙක් වෙලත්, පණස් දෙනෙක් වෙලත්, හැට දෙනෙක්

වෙලත්, එක ම ඉදිකටු තුඩක් වදින ප්‍රමාණයේ ඉඩකඩ තුළත් ඉන්නවා. ඒත්, එක්කෙනෙක් තව කෙනෙකුව කිසි කරදරයකට පත් කරන්නේ නැහැ. ඉතින් ඔය දෙවිවරු ඒ විදිහට සිත වැඩුවේ ඒ දෙව්ලොවදී වෙන්න ඇති කියලා.

පින්වත් සාරිපුත්ත, ඒ කාරණය ඒ විදිහට නොවෙයි දැනගත යුත්තේ. පින්වත් සාරිපුත්ත, ඒ දෙවිවරු යම් විදිහකින් දහ දෙනෙක් වෙලත්, විසි දෙනෙක් වෙලත්, තිස් දෙනෙක් වෙලත්, හතළිස් දෙනෙක් වෙලත්, පනස් දෙනෙක් වෙලත්, හැට දෙනෙක් වෙලත්, එක ම ඉදිකටු තුඩක් වදින ප්‍රමාණයේ ඉඩකඩ තුළත් ඉන්නවා. ඒත්, එක්කෙනෙක් තව කෙනෙකුව කිසි කරදරයකට පත් කරන්නේ නැහැ. ඉතින් ඔය දෙවිවරු මෙතැනදීම තමයි ඒ විදිහට සිත වැඩුවේ.

ඒ නිසා පින්වත් සාරිපුත්ත, මෙන්න මේ විදිහටයි හික්මිය යුත්තේ. 'ශාන්ත වූ ඉන්ද්‍රියයන් ඇතුව, ශාන්ත වූ සිතකින් යුතුව ඉන්නවා' කියල. පින්වත් සාරිපුත්ත, ඔය විදිහටමයි ඔබ විසින් හික්මිය යුත්තේ. පින්වත් සාරිපුත්ත, 'ශාන්ත වූ ඉන්ද්‍රියයන් ඇති, ශාන්ත වූ සිත් ඇති ඔබගේ කාය කර්මයත් ශාන්ත වෙනවා. වචී කර්මයත් ශාන්ත වෙනවා. මනෝ කර්මයත් ශාන්ත වෙනවා. සබ්‍රහ්මචාරීන් වහන්සේලාට ශාන්ත වූ උපහාරයක් කරනවා' කියලා. පින්වත් සාරිපුත්ත මෙන්න මේ විදිහටමයි හික්මිය යුත්තේ.

පින්වත් සාරිපුත්ත, යමෙක් මේ ධර්ම දේශනාව ඇසුවේ නැත්නම්, ඒ අන්‍යාගමික මිත්‍යා දෘෂ්ටිකයන් නැතිවුනා වගේ තමයි.

සාදු! සාදු!! සාදු!!!

2.1.4.6.

37. ඒ දවස්වල ආයුෂ්මත් මහා කච්චාන තෙරුන් වරණායේ කද්දමදහතීරයේ තමයි වාසය කළේ. එදා ආරාමදණ්ඩ බ්‍රාහ්මණයා ආයුෂ්මත් මහා කච්චාන තෙරුන් ළඟට පැමිණියා. පැමිණ ආයුෂ්මත් මහා කච්චාන තෙරුන් සමඟ සතුටු වුනා. සතුටු විය යුතු, සිහි කළ යුතු පිළිසඳර කතා බහ අවසන් කොට, එකත්පස්ව වාඩි වුනා. එකත්පස්ව වාඩි වුන ආරාමදණ්ඩ බ්‍රාහ්මණයා ආයුෂ්මත් මහා කච්චාන තෙරුන්ට මේ විදිහට කිව්වා.

"පින්වත් කච්චානයන් වහන්ස, යම් කරුණකින් ක්ෂත්‍රියවරු ක්ෂත්‍රියවරුන් සමඟ වාද විවාද කරගන්නවා නම්, බ්‍රාහ්මණයින් බ්‍රාහ්මණයින් සමඟ වාද විවාද කරගන්නවා නම්, ගෘහපතියන් ගෘහපතියන් සමඟ වාද විවාද කරගන්නවා නම්,

මෙයට හේතුව කුමක්ද? කාරණය කුමක්ද?"

(මහා කච්චාන තෙරුන්)

"පින්වත් බ්‍රාහ්මණය, කාම රාගය තුළටම වැදී සිටීමත්, එයටම දැඩි ලෙස බැඳී සිටීමත්, එහිම මුළුමනින්ම එරී සිටීමත්, එයටම යටත් වී සිටීමත්, එහිම ගැලී සිටීමත් කියන මේ හේතුව නිසා තමයි ඔය ක්ෂත්‍රියවරු ක්ෂත්‍රියවරුන් සමඟ වාද විවාද කරගන්නෙ. බ්‍රාහ්මණයින් බ්‍රාහ්මණයින් සමඟ වාද විවාද කරන්ගන්නෙ. ගෘහපතියන් ගෘහපතියන් සමඟ වාද විවාද කරගන්නෙ."

(ආරාමදණ්ඩ බ්‍රාහ්මණයා)

"පින්වත් කච්චානයන් වහන්ස, යම් කරුණකින් ශ්‍රමණයෝත් ශ්‍රමණයන් සමඟ වාද විවාද කරගන්නවා නම්, එයට හේතුව කුමක්ද? කාරණය කුමක්ද?"

(මහා කච්චාන තෙරුන්)

"පින්වත් බ්‍රාහ්මණය, දෘෂ්ටි රාගය තුළටම වැදී සිටීමත්, එයටම දැඩි ලෙස බැඳී සිටීමත්, එහිම මුළුමනින්ම එරී සිටීමත්, එයටම යටත් වී සිටීමත්, එහිම ගැලී සිටීමත් කියන මේ හේතුව නිසයි ශ්‍රමණයෝ ශ්‍රමණයන් එක්ක වාද විවාද කරගන්නෙ."

(ආරාමදණ්ඩ බ්‍රාහ්මණයා)

"පින්වත් කච්චානයන් වහන්ස, කාම රාගය තුළටම වැදී සිටීමත්, එයටම දැඩි ලෙස බැඳී සිටීමත්, එහිම මුළුමනින්ම එරී සිටීමත්, එයටම යටත් වී සිටීමත්, එහිම ගැලී සිටීමත් කියන මේවාත් ඉක්මවා ගිය, දෘෂ්ටි රාගය තුළටම වැදී සිටීමත්, එයටම දැඩි ලෙස බැඳී සිටීමත්, එහිම මුළුමනින්ම එරී සිටීමත්, එයටම යටත් වී සිටීමත්, එහිම ගැලී සිටීමත් කියන මේවාත් ඉක්මවා ගිය කෙනෙක් මේ ලෝකයේ ඉන්නවාද?"

(මහා කච්චාන තෙරුන්)

"පින්වත් බ්‍රාහ්මණය, කාම රාගය තුළටම වැදී සිටීමත්, එයටම දැඩි ලෙස බැඳී සිටීමත්, එහිම මුළුමනින්ම එරී සිටීමත්, එයටම යටත් වී සිටීමත්, එහිම ගැලී සිටීමත් කියන මේවාත් ඉක්මවා ගිය, දෘෂ්ටි රාගය තුළටම වැදී සිටීමත්, එයටම දැඩි ලෙස බැඳී සිටීමත්, එහිම මුළුමනින්ම එරී සිටීමත්, එයටම යටත් වී සිටීමත්, එහිම ගැලී සිටීමත් කියන මේවාත් ඉක්මවා ගිය කෙනෙක් මේ ලෝකයේ ඉන්නවා."

(ආරාමදණ්ඩ බ්‍රාහ්මණයා)

"පින්වත් කච්චානයන් වහන්ස, ඇත්තටම කවුද ඒ මේ ලෝකයේ කාම රාගය තුළටම වැදී සිටීමත්, එයටම දැඩි ලෙස බැඳී සිටීමත්, එහිම මුළුමනින්ම එරී සිටීමත්, එයටම යටත් වී සිටීමත්, එහිම ගැලී සිටීමත් කියන මේවාත් ඉක්මවා ගිය, දෘෂ්ටි රාගය තුළටම වැදී සිටීමත්, එයටම දැඩි ලෙස බැඳී සිටීමත්, එහිම මුළුමනින්ම එරී සිටීමත්, එයටම යටත් වී සිටීමත්, එහිම ගැලී සිටීමත් කියන මේවාත් ඉක්මවා ගිය කෙනා?"

(මහා කච්චාන තෙරුන්)

"පින්වත් බ්‍රාහ්මණය, පෙරදිග ජනපදවල 'සැවැත් නුවර' කියලා නගරයක් තියෙනවා. එහෙ තමයි ඒ භාග්‍යවත් අරහත් සම්මාසම්බුද්ධ වූ භාග්‍යවතුන් වහන්සේ මේ දිනවල වැඩඉන්නේ. පින්වත් බ්‍රාහ්මණය, ඒ භාග්‍යවත් බුදුරජාණන් වහන්සේ වනාහී කාම රාගය තුළටම වැදී සිටීමත්, එයටම දැඩි ලෙස බැඳී සිටීමත්, එහිම මුළුමනින්ම එරී සිටීමත්, එයටම යටත් වී සිටීමත්, එහිම ගැලී සිටීමත් කියන මේවාත් ඉක්මවා ගිය සේක් මැයි. දෘෂ්ටිරාගය තුළටම වැදී සිටීමත්, එයටම දැඩි ලෙස බැඳී සිටීමත්, එහිම මුළුමනින්ම එරී සිටීමත්, එයටම යටත් වී සිටීමත්, එහිම ගැලී සිටීමත් කියන මේවාත් ඉක්මවා ගිය සේක් මැයි."

මෙසේ පැවසුවාට පසු ආරාමදණ්ඩ බ්‍රාහ්මණයා වාඩි වී සිටි තැනින් නැගිට්ටා. තමන්ගේ උතුරු සළුව ඒකාංශ කොට පොරවා ගත්තා. දකුණු දණහිස පොළොවේ තබා භාග්‍යවතුන් වහන්සේ වැඩසිටින දිශාවට දෙඅත් එකතු කරගෙන වැඳගෙන තුන් වතාවක් මේ විදිහට ප්‍රීතිය ප්‍රකාශ කළා. "යම් ඒ භාග්‍යවතුන් වහන්සේ නමක් කාම රාගය තුළටම වැදී සිටීමත්, එයටම දැඩි ලෙස බැඳී සිටීමත්, එහිම මුළුමනින්ම එරී සිටීමත්, එයටම යටත් වී සිටීමත්, එහිම ගැලී සිටීමත් කියන මේවාත් ඉක්මවා ගිය සේක් නම්, දෘෂ්ටිරාගය තුළටම වැදී සිටීමත්, එයටම දැඩි ලෙස බැඳී සිටීමත්, එහිම මුළුමනින්ම එරී සිටීමත්, එයටම යටත් වී සිටීමත්, එහිම ගැලී සිටීමත් කියන මේවාත් ඉක්මවා ගිය සේක් නම්, ඒ භාග්‍යවත් අරහත් සම්මා සම්බුදුරජාණන් වහන්සේට නමස්කාර වේවා! ඒ භාග්‍යවත් අරහත් සම්මා සම්බුදුරජාණන් වහන්සේට නමස්කාර වේවා! ඒ භාග්‍යවත් අරහත් සම්මා සම්බුදුරජාණන් වහන්සේට නමස්කාර වේවා!" කියලා.

"පින්වත් කච්චානයන් වහන්ස, ඉතා මනහරයි! ....(පෙ).... පින්වත් කච්චානයන් වහන්ස, ඒක හරියට මෙන්න මේ වගෙයි. යටිකුරු කරලා තිබුණු දෙයක් උඩුකුරු කළා වගේ. වහලා තිබුණු දෙයක් ඇරලා පෙන්නුවා වගෙයි. මං මුලා වූවන්ට නියම මග පෙන්වා දෙනවා වගෙයි. ඇස් ඇති උදවියට රූප

දකින්න අඳුරෙහි තෙල් පහනක් දල්වා ගෙන දරා සිටිනවා වගෙයි. අන්න ඒ විදිහටම පින්වත් කච්චානයන් වහන්සේ විසින් නොයෙක් අයුරින් ශ්‍රී සද්ධර්මය වදාළා. පින්වත් කච්චානයන් වහන්ස, ඒ මම භාග්‍යවතුන් වහන්සේ වත් සරණ යනවා. ශ්‍රී සද්ධර්මයත්, ආර්ය මහා සංඝරත්නයත් සරණ යනවා. පින්වත් කච්චානයන් වහන්ස, අද ඉඳන් මාව දිවි තිබෙන තුරාවටම තෙරුවන් සරණ ගිය උපාසකයෙක් හැටියට පිළිගන්නා සේක්වා!"

සාදු! සාදු!! සාදු!!!

2.1.4.7.

38. ඒ දිනවල ආයුෂ්මත් මහා කච්චානයන් වහන්සේ වැඩසිටියේ මධුරා නුවර ගුන්දාවනයේ. එදා කණ්ඩරායණ බ්‍රාහ්මණයා ආයුෂ්මත් මහා කච්චානයන් වහන්සේ වැඩසිටින තැනට පැමිණියා. පැමිණ ආයුෂ්මත් මහා කච්චාන තෙරුන් සමඟ සතුටු වුනා. ....(පෙ).... එකත්පස්ව වාඩි වුන කණ්ඩරායණ බ්‍රාහ්මණයා ආයුෂ්මත් මහා කච්චාන තෙරුන්ට මේ විදිහට කිව්වා.

"පින්වත් කච්චානයෙනි, මේක මට අහන්න ලැබිච්ච දෙයක්. කච්චාන ශ්‍රමණයන් වහන්සේ වනාහී ජරාජීර්ණ වූ වයෝවෘද්ධ වූ මහළු වූ ජීවිතයේ කෙළෙවරට පත්, ක්‍රමයෙන් වයසට පත් බ්‍රාහ්මණයන්ට වඳින්නෙ නෑ. දැක්ක විට හුනස්නෙන් නැගිටින්නෙත් නෑ. ආසනයක වාඩි වෙන්නට ආරාධනා කරන්නෙත් නෑ කියලා. පින්වත් කච්චාන, ඒක ඒ විදිහම තමයි. පින්වත් කච්චාන, ජරා ජීර්ණ වූ වයෝවෘද්ධ වූ මහළු වූ ජීවිතයේ කෙළවරට පත්, ක්‍රමයෙන් වයසට පත් බ්‍රාහ්මණයන්ට වඳින්නෙ නෑ තමයි. දැක්කම හුනස්නෙන් නැගිටින්නෙත් නෑ තමයි. ආසනයක වාඩි වෙන්නට ආරාධනා කරන්නෙත් නෑ තමයි. ඉතින් ඒක මේ පින්වත් කච්චානයන්ට හොඳ නෑ නේද?"

"පින්වත් බ්‍රාහ්මණය, සියල්ල දන්නා, සියල්ල දක්නා ඒ භාග්‍යවත් අරහත් සම්මා සම්බුදුරජාණන් වහන්සේ වැඩිමහළු බවත්, ළමා බවත් ගැන දේශනා කළා. පින්වත් බ්‍රාහ්මණය, යම් කෙනෙක් උපතින් අවුරුදු අසූවක් හරි, අනූවක් හරි, සියයක් හරි වෙන්න පුළුවනි. ඒ වුනත් ඔහු පංච කාමයන් පරිභෝජනය කරනවා නම්, කාමයන් මැදම වාසය කරනවා නම්, කාම පිපාසයෙන් දැවෙනවා නම්, කාම විතර්කවලින් ඔහුව කා දමනවා නම්, කාමයන් සොයන්නම නම් වෙහෙස වෙන්නේ, ඉතින් ඔහු 'බාලයෙක්' ය කියන ගණයටම ඇතුලත් වෙනවා. පින්වත් බ්‍රාහ්මණය, භද්‍ර යෞවන වයසේ ඉන්න, කළු කෙස් තියෙන, තරුණ

වයසේ ඉන්න, ජීවිතයේ පළමු වයසේ කාලයෙන් යුතු කෙනෙක් ඉන්නවා. ඒත් ඔහු පංච කාමයන් පරිභෝජනය කරන්නෙ නෑ. කාමයන් මැද ජීවත් වෙන්නෙ නෑ. කාම පිපාසයෙන් දැවෙන්නේ නෑ. කාම විතර්කවලින් ඔහුව කා දමන්නෙ නෑ. කාමයන් සොයන්න වෙහෙසෙන්නේ නෑ. ඉතින් ඒ පණ්ඩිත තැනැත්තා 'තෙරුන් වහන්සේ' කියන ගණයටම වැටෙනවා."

මෙහෙම කිව්වාට පස්සේ ඒ කණ්ඩරායණ බ්‍රාහ්මණයා, වාඩි වී සිටි තැනින් නැගිටලා උතුරු සළුව එක පැත්තකට පෙරොවලා, මේ විදිහට ඒ තරුණ භික්ෂූන්ගේ පා වඳිනවා. "පින්වතුන් වහන්සේලා, ඇත්තටම (ගුණ නුවණින්) වැඩුණු අය නෙව. වෘද්ධ භූමියෙහි සිටින අය නෙව. ළදරු වූ අපි ළදරු බවේම තමයි ඉන්නේ" කියලා.

"පින්වත් කච්චානයන් වහන්ස, ඉතා මනහරයි! ....(පෙ).... අද පටන් මාව දිවි තිබෙන තුරාවටම තෙරුවන් සරණ ගිය උපාසකයෙක් හැටියට පිළිගන්නා සේක්වා!"

සාදු! සාදු!! සාදු!!!

2.1.4.8.

39. සැවැත් නුවර දී ....

"පින්වත් මහණෙනි, යම් කාලයක සොරු බලවත් වෙනවා නම්, ඒ කාලෙට රජවරු දුර්වල වෙනවා. පින්වත් මහණෙනි, ඒ කාලයට රජතුමාට ඈත ජනපදවලට යන්නටවත්, එන්නටවත්, ඒවා පාලනය කරන්නවත් ලෙහෙසි වෙන්නෙ නෑ. ඒ කාලෙට බ්‍රාහ්මණ ගෘහපතිවරුන්ටත් ඔවුන්ගේ වැඩකටයුතු ගැන සොයා බැලීම සඳහා යන්නටවත්, එන්නටවත් ලෙහෙසි වෙන්නෙ නෑ. අන්න ඒ වගේම තමයි පින්වත් මහණෙනි, යම් කාලෙක පාපී භික්ෂූන් බලවත් වෙනවා නම්, එකල්හි සුපේශල භික්ෂූන් දුර්වල වෙනවා. පින්වත් මහණෙනි, ඒ කාලයේදී සුපේශල භික්ෂූන් නිශ්ශබ්දතාවයෙන් යුක්තව, නිහඬවම සංඝයා මැද කරබාගෙන ඉන්නවා. ඈත ජනපදවල හරි වාසය කරනවා. පින්වත් මහණෙනි, මෙය බොහෝ දෙනාට අයහපත පිණිස, බොහෝ දෙනාට දුක පිණිස, බොහෝ ජනයාටත්, දෙවි මිනිසුන්ටත් අනර්ථය පිණිසම, අහිත පිණිසම, දුක පිණිසම හේතු වෙනවා.

පින්වත් මහණෙනි, යම් කාලයක රජවරු බලවත් වෙනවා නම්, ඒ කාලෙට සොරු දුර්වල වෙනවා. පින්වත් මහණෙනි, ඒ කාලයට රජතුමාට ඈත

ජනපදවලට යන්නටත්, එන්නටත්, ඒවා පාලනය කරන්නත් පහසු වෙනවා. ඒ කාලෙට බ්‍රාහ්මණ ගෘහපතිවරුන්ටත් ඔවුන්ගේ වැඩකටයුතු ගැන සොයා බැලීම සඳහා යන්නටත්, එන්නටත් පහසු වෙනවා. අන්න ඒ වගේම තමයි පින්වත් මහණෙනි, යම් කාලෙක සුපේශල භික්ෂූන් බලවත් වෙනවා නම්, එකල්හි පාපී භික්ෂූන් දුර්වල වෙනවා. පින්වත් මහණෙනි, ඒ කාලයේ දී පාපී භික්ෂූන් තුෂ්ණීම්භූතව, තුෂ්ණීම්භූතව සංඝයා මැද කරබාගෙන ඉන්නවා. එක්කෝ කොහේ හරි යනවා. පින්වත් මහණෙනි, මෙය බොහෝ දෙනාට යහපත පිණිස, බොහෝ දෙනාට සැප පිණිස, බොහෝ ජනයාටත්, දෙව් මිනිසුන්ටත් අර්ථය පිණිසම, යහපත පිණිසම, සැප පිණිසම හේතු වෙනවා.

සාදු! සාදු!! සාදු!!!

2.1.4.9.

40. පින්වත් මහණෙනි, මා ගිහියාගේ වේවා, පැවිද්දා ගේ වේවා, වැරදි පිළිවෙත වර්ණනා කරන්නේ නෑ. පින්වත් මහණෙනි, වැරදි පිළිවෙතින් ජීවත් වෙන ගිහියා වේවා පැවිද්දා වේවා, ඒ වැරදි පිළිවෙත නිසාම මේ නිවන් මගට වුවමනා කරන කුසල් දහම් වඩන්නට සුදුස්සෙක් වෙන්නෙ නෑ.

පින්වත් මහණෙනි, මා ගිහියාගේ වේවා, පැවිද්දා ගේ වේවා, නිවැරදි පිළිවෙත වර්ණනා කරනවා. පින්වත් මහණෙනි, නිවැරදි පිළිවෙතින් ජීවත් වෙන ගිහියා වේවා පැවිද්දා වේවා, ඒ නිවැරදි පිළිවෙත නිසාම මේ නිවන් මගට වුවමනා කරන කුසල් දහම් වඩන්නට සුදුස්සෙක් වෙනවා.

සාදු! සාදු!! සාදු!!!

2.1.4.10.

41. පින්වත් මහණෙනි, යම් ඒ භික්ෂූන් සූත්‍ර දේශනා වැරදි ලෙස තේරුම් අරගෙන බුද්ධ දේශනාවල වේශයෙන් කරුණු ප්‍රකාශ කරමින් අර්ථයත්, ධර්මයත් යටපත් කර දමනවා නම්, පින්වත් මහණෙනි, ඒ භික්ෂූන් බැසගෙන තිබෙන්නේ බොහෝ දෙනාට අයහපත පිණිසය. බොහෝ දෙනාට දුක පිණිසය. බොහෝ ජනයාටත්, දෙව් මිනිසුන්ටත් අනර්ථය පිණිසමය. අහිත පිණිසමය. දුක පිණිසය. පින්වත් මහණෙනි, ඒ භික්ෂූන් බොහෝ පව් රැස් කර ගන්නවා. ඔවුන් තමයි මේ බුදු සසුන අතුරුදහන් කර දමන්නේ.

පින්වත් මහණෙනි, යම් ඒ භික්ෂූන් සූත්‍ර දේශනා මනා ලෙස තේරුම් ගැනීම හේතුකොට ගෙන බුද්ධ දේශනාවල වේශයෙන් වැරදි කරුණු ප්‍රකාශ නොකරමින් අර්ථයත්, ධර්මයත් මැනැවින් පවත්වනවා නම්, පින්වත් මහණෙනි, ඒ භික්ෂූන් බැස ගැනීම තිබෙන්නේ බොහෝ දෙනාට යහපත පිණිසයි. බොහෝ දෙනාට සැප පිණිසයි. බොහෝ ජනයාටත්, දෙව් මිනිසුන්ටත් අර්ථය පිණිසයි. හිත පිණිසමයි. සැප පිණිසයි. පින්වත් මහණෙනි, ඒ භික්ෂූන් බොහෝ පින් රැස් කර ගන්නවා. ඔවුන් තමයි මේ බුදු සසුන බොහෝ කල් පවත්වන්නේ.

සාදු! සාදු!! සාදු!!!

හතර වෙනි සමචිත්ත වර්ගයයි.

5. පරිස වර්ගය

2.1.5.1.

42. සැවැත් නුවරදී ....

පින්වත් මහණෙනි, මේ පිරිස් දෙකක් ඉන්නවා. ඒ කවර දෙපිරිසක්ද යත්? මතුපිටින් පෙනෙන පිරිසත්, ගැඹුරු පිරිසත්ය.

පින්වත් මහණෙනි, මතුපිටින් පෙනෙන පිරිස කවුද? පින්වත් මහණෙනි, මෙහි යම් පිරිසක භික්ෂූන් ඉන්නවා. ඔවුන්ගේ සිත් විපිළිසරයි. මාන්නක්කාරයි. චපලයි. කට වාචාලයි. වැඩකට නැති වචන හසුරුවනවා. සිහිමුළා වෙලයි ඉන්නේ. අවබෝධයෙන් තොරයි. එකඟ සිත් නෑ. බිරාන්ත වෙච්ච සිතින් තමයි ඉන්නේ. අසංවර ඉඳුරන්ගෙන් යුක්තයි. පින්වත් මහණෙනි, මෙයට තමයි කියන්නේ මතුපිටින් පෙනෙන පිරිස කියලා.

පින්වත් මහණෙනි, ගැඹුරු පිරිස කවුද? පින්වත් මහණෙනි, මෙහි යම් පිරිසක භික්ෂූන් ඉන්නවා. ඔවුන්ගේ සිත් විපිළිසර නෑ. මාන්නක්කාර නෑ. චපල නෑ. කටවාචාල නෑ. වැඩකට නැති වචන හසුරුවන්නෙ නෑ. සිහි මුළා වෙලා නෑ. අවබෝධයෙන් යුක්තයි. එකඟ සිත් තියෙනවා. සංවර ඉඳුරන්ගෙ න් යුක්තයි. පින්වත් මහණෙනි, මෙයට තමයි කියන්නේ ගැඹුරු පිරිස කියලා. පින්වත් මහණෙනි, මේ තමයි පිරිස් දෙක. පින්වත් මහණෙනි, මේ පිරිස් දෙක අතුරින් මේ ගැඹුරු පිරිසම තමයි අග්‍ර වෙන්නෙ.

සාදු! සාදු!! සාදු!!!

2.1.5.2.

43. පින්වත් මහණෙනි, මේ පිරිස් දෙකක් ඉන්නවා. ඒ කවර දෙපිරිසක්ද යත්? අසමගි පිරිසත්, සමගි පිරිසත්ය.

පින්වත් මහණෙනි, අසමගි පිරිස කවරහුද? පින්වත් මහණෙනි, මෙහි යම් පිරිසක භික්ෂූන් ඉන්නවා. ඔවුන් රණ්ඩු හදා ගෙන ඉන්නවා. කලහ කරගන්නවා. වාද විවාද කරගන්නවා. එකිනෙකාට වචන නැමැති ආයුධවලින් විදගනිමින් වාසය කරනවා. පින්වත් මහණෙනි, මෙයට තමයි අසමගි පිරිස කියල කියන්නේ.

පින්වත් මහණෙනි, සමගි පිරිස කවරහුද? පින්වත් මහණෙනි, මෙහි යම් පිරිසක භික්ෂූන් ඉන්නවා. ඔවුන් සමගියි. සතුටින් ඉන්නවා. වාද විවාද නැතුව ඉන්නවා. කිරියි, වතුරයි වගේ එක්ව ඉන්නවා. එකිනෙකාට ප්‍රිය ඇසින් බලමින් වාසය කරනවා. පින්වත් මහණෙනි, මෙයට තමයි සමගි පිරිස කියල කියන්නේ. පින්වත් මහණෙනි, මේ තමයි පිරිස් දෙක. පින්වත් මහණෙනි, මේ පිරිස් දෙක අතුරින් මේ සමගි පිරිසම තමයි අග්‍ර වෙන්නෙ.

සාදු! සාදු!! සාදු!!!

2.1.5.3.

44. පින්වත් මහණෙනි, මේ පිරිස් දෙකක් ඉන්නවා. ඒ කවර දෙපිරිසක්ද යත්? උතුම් පුද්ගලයන් නැති පිරිසත්, උතුම් පුද්ගලයින් සිටින පිරිසත්ය.

පින්වත් මහණෙනි, උතුම් පුද්ගලයන් නැති පිරිස කවරහුද? පින්වත් මහණෙනි, මෙහි යම් පිරිසක ස්ථවිර භික්ෂූන් ඉන්නවා. ඔවුන් බහුභාණ්ඩිකයි. ශාසනික වැඩපිළිවෙල ගණන් නොගත් ලිහිල්ව ගත් ප්‍රතිපදාවෙන් යුක්තයි. පිරිහීමට හේතු වන දේවල් තමයි පෙරටු කරගෙන ඉන්නෙ. විවේකයෙන් ලබා ගත යුතු ගුණ දහම් පිණිස වුවමනා වීරිය අත්හැරලයි ඉන්නෙ. ලබා නොගත් ගුණ දහම් ලබාගන්නට වත්, අවබෝධ නොකළ ආර්ය සත්‍යය අවබෝධ කරන්නට වත්, සාක්ෂාත් නොකළ මගඵල සාක්ෂාත් කරන්නට වත් වීරිය කරන්නෙ නෑ. ඉතින් ඔවුන් පසුපසින් එන පිරිසත් ඒ ආකාරයටම පත් වෙනවා. එතකොට ඔවුනුත් බහුභාණ්ඩික වෙනවා. ශාසනික වැඩපිළිවෙල ගණන් නොගත් ලිහිල්ව ගත් ප්‍රතිපදාවෙන් යුක්ත වෙනවා. පිරිහීමට හේතු වන දේවල් පෙරටු කර ගෙන ඉන්නවා. විවේකයෙන් ලබා ගත යුතු ගුණ දහම්වලට වුවමනා වීරිය අත්හැර දමනවා. නොලැබූ ගුණදහම් ලබා ගැනීම පිණිස වත්, අවබෝධ නොකළ ආර්ය සත්‍යය අවබෝධ කිරීම පිණිස වත්, සාක්ෂාත් නොකළ මග-ඵල සාක්ෂාත් කිරීම පිණිස වත් වීරිය නොකර ඉන්නවා. පින්වත් මහණෙනි, මෙයට තමයි කියන්නෙ උතුම් පුද්ගලයන් නැති පිරිස කියලා.

පින්වත් මහණෙනි, උතුම් පුද්ගලයන් සිටින පිරිස කවරහුද? පින්වත් මහණෙනි, මෙහි යම් පිරිසක ස්ථවිර භික්ෂූන් ඉන්නවා. ඔවුන් බහුභාණ්ඩික නෑ. ශාසනික වැඩපිළිවෙල ගණන් නොගත් ලිහිල්ව ගත් ප්‍රතිපදාවෙන් යුක්ත නෑ. පිරිහීමට හේතු වන දේවල් පෙරටු කර ගෙන ඉන්නෙ නෑ. විවේකයෙන් ලබා ගත යුතු ගුණ දහම් පිණිස වුවමනා වීරිය පටන් ගෙනයි ඉන්නෙ. ලබා නොගත් ගුණ දහම් ලබාගන්නටත්, අවබෝධ නොකළ ආර්ය සත්‍යය අවබෝධ කරන්නත්, සාක්ෂාත් නොකළ මග-ඵල සාක්ෂාත් කරන්නත් වීරිය කරනවා. ඉතින් ඔවුන් පසුපසින් එන පිරිසත් ඒ ආකාරයටම පත් වෙනවා. එතකොට ඔවුනුත් බහුභාණ්ඩික වෙන්නෙ නෑ. ශාසනික වැඩපිළිවෙල ගණන් නොගත් ලිහිල්ව ගත් ප්‍රතිපදාවෙන් යුක්ත වෙන්නෙ නෑ. පිරිහීමට හේතු වන දේවල් පෙරටු කර ගෙන ඉන්නෙ නෑ. විවේකයෙන් ලබා ගත යුතු ගුණ දහම්වලට වුවමනා වීරිය අත්හැර දමන්නෙ නෑ. නොලැබූ ගුණදහම් ලබා ගැනීම පිණිසත්, අවබෝධ නොකළ ආර්ය සත්‍යය අවබෝධ කිරීම පිණිසත්, සාක්ෂාත් නොකළ මග-ඵල සාක්ෂාත් කිරීම පිණිසත් වීරිය කරනවා. පින්වත් මහණෙනි, මෙයට තමයි කියන්නෙ උතුම් පුද්ගලයන් ඇති පිරිස කියලා. පින්වත් මහණෙනි, මේ තමයි පිරිස් දෙක. මේ පිරිස් දෙක අතුරින් මේ උතුම් පුද්ගලයන් ඉන්න පිරිසම තමයි අග්‍ර වෙන්නෙ.

සාදු! සාදු!! සාදු!!!

2.1.5.4.

45. පින්වත් මහණෙනි, මේ පිරිස් දෙකක් ඉන්නවා. ඒ කවර දෙපිරිසක්ද යත්? අනාර්ය පිරිසත්, ආර්ය පිරිසත්ය.

පින්වත් මහණෙනි, අනාර්ය පිරිස කවරහුද? පින්වත් මහණෙනි, මෙහි යම් පිරිසක භික්ෂූන් 'මේ තමයි දුක' කියා ඇති සැටියෙන්ම දන්නෙ නෑ. 'මේ තමයි දුක හටගැනීම' කියා ඇති සැටියෙන්ම දන්නෙ නෑ. 'මේ තමයි දුක නැතිවීම' කියා ඇති සැටියෙන්ම දන්නෙ නෑ. 'මේ තමයි දුක නැතිවීමට තියෙන මාර්ගය' කියා ඇති සැටියෙන්ම දන්නෙ නෑ. පින්වත් මහණෙනි, මෙයට තමයි අනාර්ය පිරිස කියලා කියන්නෙ.

පින්වත් මහණෙනි, ආර්ය පිරිස කවරහුද? පින්වත් මහණෙනි, මෙහි යම් පිරිසක භික්ෂූන් 'මේ තමයි දුක' කියා ඇති හැටියෙන්ම දන්නවා. 'මේ තමයි දුක් හටගැනීම' කියා ඇති හැටියෙන්ම දන්නවා. 'මේ තමයි දුක් නැති වීම' කියා

ඇති හැටියෙන්ම දන්නවා. 'මේ තමයි දුක් නැතිවීමට තියෙන මාර්ගය' කියා ඇති හැටියෙන්ම දන්නවා. පින්වත් මහණෙනි, මෙයට තමයි කියන්නෙ ආර්ය පිරිස කියලා. පින්වත් මහණෙනි, මේ තමයි පිරිස් දෙක. පින්වත් මහණෙනි, මේ පිරිස් දෙක අතරින් මේ ආර්ය පිරිසම තමයි අග්‍ර වෙන්නෙ.

සාදු! සාදු!! සාදු!!!

2.1.5.5.

46. පින්වත් මහණෙනි, මේ පිරිස් දෙකක් ඉන්නවා. ඒ කවර දෙපිරිසක්ද යත්? කසළ පිරිසත්, නිකසළ (පිරිසිදු) පිරිසත්ය.

පින්වත් මහණෙනි, කසළ පිරිස කවරහුද? පින්වත් මහණෙනි, මෙහි යම් පිරිසක භික්ෂූන් කැමැත්ත නිසා අගතියට යනවා. තරහා නිසා අගතියට යනවා. මුළාව නිසා අගතියට යනවා. භය නිසා අගතියට යනවා. පින්වත් මහණෙනි, මෙයට තමයි කසළ පිරිස කියල කියන්නෙ.

පින්වත් මහණෙනි, නිකසළ පිරිස කවරහුද? පින්වත් මහණෙනි, මෙහි යම් පිරිසක භික්ෂූන් කැමැත්ත නිසා අගතියට යන්නෙ නෑ. තරහා නිසා අගතියට යන්නෙ නෑ. මුළාව නිසා අගතියට යන්නෙ නෑ. භය නිසා අගතියට යන්නෙ නෑ. පින්වත් මහණෙනි, මෙයට තමයි නිකසළ පිරිස කියල කියන්නෙ. පින්වත් මහණෙනි, මේ තමයි පිරිස් දෙක. පින්වත් මහණෙනි, මේ පිරිස් දෙක අතරින් මේ නිකසළ පිරිසම තමයි අග්‍ර වෙන්නෙ.

සාදු! සාදු!! සාදු!!!

2.1.5.6.

47. පින්වත් මහණෙනි, මේ පිරිස් දෙකක් ඉන්නවා. ඒ කවර දෙපිරිසක්ද යත්? අදාල නැති දෙය ගෙන නො විමසා හික්මෙන, අදාළ දහම් කරුණු විමසා නොහික්මෙන පිරිස හා අදාළ දහම් කරුණු විමසා හික්මෙන අදාල නැති දෙය ගෙන නොවිමසා නොහික්මෙන පිරිසත්ය.

පින්වත් මහණෙනි, අදාල නැති දෙය ගෙන නොවිමසා හික්මෙන, අදාල දහම් කරුණු විමසා නොහික්මෙන පිරිස කවරහුද? පින්වත් මහණෙනි, මෙකරුණෙහිලා යම් පිරිසක භික්ෂූන් ඉන්නවා. ඔවුන් යම් ඒ තථාගත භාෂිත

වූ ගම්භීර වූ ගම්භීර අර්ථ ඇත්තා වූ ලෝකෝත්තර වූ (අනාත්ම දර්ශනයෙන් යුතු) ශූන්‍යතාව විග්‍රහ කරන්නා වූ සූත්‍ර දේශනා ඇද්ද, ඒ සූත්‍ර ධර්මයන් දේශනා කරන විට ඇසීමට කැමැති වන්නේ නෑ. මනාකොට සවන් යොමන්නේ නෑ. අවබෝධ කරගැනීම පිණිස සිත පිහිටුවා ගන්නෙ නෑ. ඔවුන් ඒ ධර්මයන් ඉගෙන ගත යුතුයි කියා හෝ පාඩම් කළ යුතුයි කියා හෝ හඟින්නේ නෑ. නමුත් යම් ඒ නිර්මාණශීලී උගතුන් විසින් කරන ලද දෙසුම් ඇද්ද, මිහිරි ලෙස ගලපන ලද පදබැඳුම් ඇද්ද, විචිත්‍ර අක්ෂරවලින් විචිත්‍ර පද ගැලපීම්වලින් යුතුව බුදු සසුනට පරිබාහිර වූ ශ්‍රාවකයින් කියන ලද දේ ඇද්ද, ඒවා කතා කරන විට ඇසීමට සිත පිහිටුවනවා. ඒ දේවල් ඉතා ඉහළින් පිළිගත යුතු බවටත්, පාඩම් කළ යුතු බවටත් හඟිනවා. ඒ භික්ෂූන් ඒ බාහිර දෙය පුරුදු පුහුණු කොට 'මෙය කෙසේද? මෙහි අරුත කුමක්ද?' කියා එකිනෙකාගෙන් විමසා බලන්නෙත් නෑ. නැවත නැවත සොයන්නෙත් නෑ. එනිසා ඔවුන් විවෘත නොවූ දෙය විවෘත කරන්නෙ නෑ. අප්‍රකට නොවූ අරුත් ප්‍රකට කරගන්නෙ නෑ. සැකසංකා ඇති වෙන අනේකවිධ කරුණු පිළිබඳව සැකය දුරු කරන්නෙත් නෑ. පින්වත් මහණෙනි, මෙයට තමයි කියන්නෙ අදාළ නැති දෙය ගෙන නොවිමසා හික්මෙන, අදාළ දහම් කරුණු විමසා නොහික්මෙන පිරිස කියා.

පින්වත් මහණෙනි, අදාළ දහම් කරුණු පමණක් විමසා හික්මෙන, අදාළ නැති දෙය ගෙන නොවිමසා නොහික්මෙන පිරිස කවරහුද? පින්වත් මහණෙනි, මෙකරුණෙහිලා යම් පිරිසක භික්ෂූන් ඉන්නවා. යම් ඒ නිර්මාණශීලී උගතුන් විසින් කරන ලද දෙසුම් ඇද්ද, මිහිරි ලෙස ගලපන ලද පදබැඳුම් ඇද්ද, විචිත්‍ර අක්ෂරවලින් විචිත්‍ර පද ගැලපීම්වලින් යුතුව බුදු සසුනට පරිබාහිර වූ ශ්‍රාවකයින් කියන ලද දේ ඇද්ද, ඒවා කතා කරන විට ඇසීමට කැමැති වෙන්නෙ නෑ. සවන් යොමන්නෙ නෑ. අවබෝධ කරගැනීමට සිත පිහිටුවන්නෙ නෑ. ඒ දේවල් ඉතා ඉහළින් පිළිගත යුතු බවටත්, පාඩම් කළ යුතු බවටත් හඟින්නෙ නෑ. නමුත් ඔවුන් යම් ඒ තථාගත භාෂිත වූ ගම්භීර වූ ගම්භීර අර්ථ ඇත්තා වූ ලෝකෝත්තර වූ (අනාත්ම දර්ශනයෙන් යුතු) ශූන්‍යතාව විග්‍රහ කරන්නා වූ සූත්‍ර දේශනා ඇද්ද, ඒ සූත්‍ර ධර්මයන් දේශනා කරන විට ඇසීමට කැමැති වෙනවා. මනා කොට සවන් යොමනවා. අවබෝධ කරගැනීම පිණිස සිත පිහිටුවනවා. ඔවුන් ඒ ධර්මයන් ඉගෙන ගත යුතුයි කියා හෝ පාඩම් කළ යුතුයි කියා හෝ හඟිනවා. ඒ භික්ෂූන් ඒ ධර්මය පුරුදු පුහුණු කොට 'මෙය කෙසේ ද? මෙහි අරුත කුමක්ද?' කියා එකිනෙකාගෙන් විමසා බලනවා. නැවත නැවත සොයනවා. එනිසා ඔවුන් විවෘත නොවූ දෙය විවෘත කරනවා. අප්‍රකට නොවූ අරුත් ප්‍රකට කරනවා. සැකසංකා ඇති වෙන අනේකවිධ කරුණු පිළිබඳව සැකය දුරු කර ගන්නවා. පින්වත් මහණෙනි, මෙයට තමයි කියන්නෙ අදාළ දහම් කරුණු

පමණක් විමසා හික්මෙන, අදාළ නැති දෙය ගෙන නොවිමසා නොහික්මෙන පිරිස කියා. පින්වත් මහණෙනි, මේ තමයි පිරිස් දෙක. පින්වත් මහණෙනි, මේ පිරිස් දෙක අතරින් මේ අදාළ දහම් කරුණු පමණක් විමසා හික්මෙන, අදාළ නැති දෙය නොවිමසා නොහික්මෙන පිරිසම තමයි අග්‍ර වෙන්නෙ.

සාදු! සාදු!! සාදු!!!

2.1.5.7.

48. පින්වත් මහණෙනි, මේ පිරිස් දෙකක් ඉන්නවා. ඒ කවර දෙපිරිසක්ද යත්? ආමිසයට ගරු කරන, සද්ධර්මයට ගරු නොකරන පිරිසත්, සද්ධර්මයට ගරු කරන ආමිසයට ගරු නොකරන පිරිසත්ය.

පින්වත් මහණෙනි, ආමිසයට ගරු කරන, සද්ධර්මයට ගරු නොකරන පිරිස කවරහුද? පින්වත් මහණෙනි, මෙහි යම් පිරිසක භික්ෂූන් සුදු වස්ත්‍ර අඳින ගිහියන් ඉදිරියේ මේ අයුරින් එකිනෙකාගේ ගුණ කියා ගන්නවා. "අසවල් භික්ෂුව උභතෝභාගවිමුක්ත නෙව. අසවල් භික්ෂුව ප්‍රඥාවිමුක්ත නෙව. අසවල් භික්ෂුව කායසක්ඛී නෙව. අසවල් භික්ෂුව දිට්ඨිප්පත්ත නෙව. අසවල් භික්ෂුව ශ්‍රද්ධාවිමුක්ත නෙව. අසවල් භික්ෂුව ධම්මානුසාරී නෙව. අසවල් භික්ෂුව ශ්‍රද්ධානුසාරී නෙව. අසවල් භික්ෂුව යහපත් ගුණ ධර්මයන්ගෙන් යුතු සිල්වතෙක් නෙව. අසවල් භික්ෂුව පාපී ගති තියෙන දුස්සීලයෙක් නෙව" කියල. එයින් ඔවුන් ලාභ ලබනවා. ඔවුන් ඒ ලාභයන් ලබා, ඒවායේ ඇලෙනවා. මුසපත් වෙනවා. ආදීනව නොදැක, ඒවායෙහි ඇල්ම දුරු කිරීමේ ප්‍රඥාවෙන් තොරව පාවිච්චි කරනවා. පින්වත් මහණෙනි, මෙයට තමයි කියන්නේ ආමිසයට ගරු කරන, සද්ධර්මයට ගරු නොකරන පිරිස කියලා.

පින්වත් මහණෙනි, ආමිසයට ගරු නොකරන, සද්ධර්මයට ගරු කරන පිරිස කවරහුද? පින්වත් මහණෙනි, මෙහි යම් පිරිසක භික්ෂූන් සුදු වස්ත්‍ර අඳින ගිහියන් ඉදිරියේ "අසවල් භික්ෂුව උභතෝභාගවිමුක්ත නෙව. අසවල් භික්ෂුව ප්‍රඥාවිමුක්ත නෙව. අසවල් භික්ෂුව කායසක්ඛී නෙව. අසවල් භික්ෂුව දිට්ඨිප්පත්ත නෙව. අසවල් භික්ෂුව ශ්‍රද්ධාවිමුක්ත නෙව. අසවල් භික්ෂුව ධම්මානුසාරී නෙව. අසවල් භික්ෂුව ශ්‍රද්ධානුසාරී නෙව. අසවල් භික්ෂුව යහපත් ගුණ ධර්මයන්ගෙන් යුතු සිල්වතෙක් නෙව. අසවල් භික්ෂුව පාපී ගති තියෙන දුස්සීලයෙක් නෙව" කියල එකිනෙකාගේ ගුණ කියා ගන්නෙ නෑ. එයින් ඔවුන් ලාභ ලබනවා. ඔවුන් ඒ ලාභයන් ලබා, ඒවායේ ඇලෙන්නෙත් නෑ. මුසපත් වෙන්නෙ නෑ. ආදීනව දැක, ඒවායෙහි ඇල්ම දුරු කිරීමේ ප්‍රඥාවෙන් යුතුව

පාවිච්චි කරනවා. පින්වත් මහණෙනි, මෙයට තමයි කියන්නේ සද්ධර්මයට ගරු කරන, ආමිසයට ගරු නොකරන පිරිස කියලා. පින්වත් මහණෙනි, මේ තමයි පිරිස් දෙක. පින්වත් මහණෙනි, මේ පිරිස් දෙක අතරින් මේ සද්ධර්මයට ගරු කරන, ආමිසයට ගරු නොකරන පිරිස ම තමයි අග්‍ර වෙන්නෙ.

සාදු! සාදු!! සාදු!!!

2.1.5.8.

49. පින්වත් මහණෙනි, මේ පිරිස් දෙකක් ඉන්නවා. ඒ කවර දෙපිරිසක්ද යත්? විසම පිරිසත්, සම පිරිසත්ය.

පින්වත් මහණෙනි, විසම (අයහපත්) පිරිස කවරහුද? පින්වත් මහණෙනි, මෙහි යම් පිරිසක අධාර්මික ක්‍රියාවන් පවතිනවා. ධාර්මික ක්‍රියාවන් පවතින්නේ නෑ. අවිනය ක්‍රියාවන් පවතිනවා. විනයානුකූල ක්‍රියාවන් පවතින්නේ නෑ. අධාර්මික දේවල් බබලවනවා. ධාර්මික දේවල් බබලවන්නේ නෑ. අවිනයානුකූල දේවල් බබලනවා. විනයානුකූල දේවල් බබලවන්නේ නෑ. මෙයට තමයි පින්වත් මහණෙනි, විසම පිරිස කියල කියන්නෙ. පින්වත් මහණෙනි, පිරිස විසම වෙච්ච නිසා තමයි අධාර්මික ක්‍රියාවන් පවතින්නේ. ධාර්මික ක්‍රියාවන් නොපවතින්නේ. අවිනය ක්‍රියාවන් පවතින්නේ. විනයානුකූල ක්‍රියාවන් නොපවතින්නේ. අධාර්මික දේවල් බබලවන්නේ. ධාර්මික දේවල් නොබබලවන්නේ. අවිනයානුකූල දේවල් බබලවන්නේ. විනයානුකූල දේවල් නොබබලවන්නේ.

පින්වත් මහණෙනි, සම (යහපත්) පිරිස කවරහුද? පින්වත් මහණෙනි, මෙහි යම් පිරිසක ධාර්මික ක්‍රියාවන් පවතිනවා. අධාර්මික ක්‍රියාවන් පවතින්නේ නෑ. විනය ක්‍රියාවන් පවතිනවා. අවිනයානුකූල ක්‍රියාවන් පවතින්නේ නෑ. ධාර්මික දේවල් බබලවනවා. අධාර්මික දේවල් බබලවන්නේ නෑ. විනයානුකූල දේවල් බබලනවා. අවිනයානුකූල දේවල් බබලවන්නේ නෑ. මෙයට තමයි පින්වත් මහණෙනි, සම පිරිස කියල කියන්නෙ. පින්වත් මහණෙනි, පිරිස සම වෙච්ච නිසා තමයි ධාර්මික ක්‍රියාවන් පවතින්නේ. අධාර්මික ක්‍රියාවන් නොපවතින්නේ. විනය ක්‍රියාවන් පවතින්නේ. අවිනයානුකූල ක්‍රියාවන් නොපවතින්නේ. ධාර්මික දේවල් බබලවන්නේ. අධාර්මික දේවල් නොබබලවන්නේ. විනයානුකූල දේවල් බබලවන්නේ. අවිනයානුකූල දේවල් නොබබලවන්නේ. පින්වත් මහණෙනි, මේ තමයි පිරිස් දෙක. පින්වත් මහණෙනි, මේ පිරිස් දෙක අතරින් මේ සම පිරිසම තමයි අග්‍ර වෙන්නෙ.

සාදු! සාදු!! සාදු!!!

2.1.5.9.

50. පින්වත් මහණෙනි, මේ පිරිස් දෙකක් ඉන්නවා. ඒ කවර දෙපිරිසක්ද යත්? අධාර්මික පිරිසත්, ධාර්මික පිරිසත්ය. ....(පෙ).... පින්වත් මහණෙනි, මේ තමයි පිරිස් දෙක. පින්වත් මහණෙනි, මේ පිරිස් දෙක අතරින් මේ ධාර්මික පිරිසම තමයි අග්‍ර වෙන්නෙ.

සාදු! සාදු!! සාදු!!!

2.1.5.10.

51. පින්වත් මහණෙනි, මේ පිරිස් දෙකක් ඉන්නවා. ඒ කවර දෙපිරිසක්ද යත්? අධාර්මවාදී පිරිසත්, ධාර්මවාදී පිරිසත්ය.

පින්වත් මහණෙනි, අධර්මවාදී පිරිස කවරහුද? පින්වත් මහණෙනි, මෙහි යම් පිරිසක භික්ෂූන් ධාර්මික වේවා, අධාර්මික වේවා ආරවුලක් පටන් ගන්නවා. ඔවුන් ඒ අධිකරණය (ආරවුල) ඉදිරියට ගෙන එකිනෙකාට දන්වන්නෙ නෑ. කරුණු පහදාදීමට ඉදිරිපත් වෙන්නෙ නෑ. කරුණු දක්වන්නෙ නෑ. කරුණු දැක්වීමට ඉදිරිපත් වෙන්නෙත් නෑ. ඔවුන් නොදැන්වීම බලය කොට ගෙන, කරුණු නොදැක්වීම බලය කොට ගෙන, අයුක්තිය බැහැර කිරීමට කතාබස් නොකොට, එම ආරවුලම දැඩි ලෙස ග්‍රහණය කර ගෙන, එහිම බැසගෙන 'මේක විතරමයි ඇත්ත. අනිත් ඒවා බොරු' කියා පවසනවා. පින්වත් මහණෙනි, අධර්මවාදී පිරිස කියන්නේ මෙයටයි.

පින්වත් මහණෙනි, ධර්මවාදී පිරිස කවරහුද? පින්වත් මහණෙනි, මෙහි යම් පිරිසක භික්ෂූන් ධාර්මික වේවා, අධාර්මික වේවා ආරවුලක් පටන් ගන්නවා. ඔවුන් ඒ අධිකරණය (ආරවුල) ඉදිරියට ගෙන එකිනෙකාට දන්වනවා. කරුණු පහදාදීමට ඉදිරිපත් වෙනවා. කරුණු දක්වනවා. කරුණු දැක්වීමට ඉදිරිපත් වෙනවා. ඔවුන් දැන්වීම බලය කොට ගෙන, කරුණු දැක්වීම බලය කොට ගෙන, අයුක්තිය බැහැර කිරීමට කතාබස් කොට, කටයුතු කරන අතර, 'මේක විතරමයි ඇත්ත. අනිත් ඒවා බොරු' කියා පවසන්නෙ නෑ. පින්වත් මහණෙනි, ධර්මවාදී පිරිස කියන්නේ මෙයටයි. පින්වත් මහණෙනි, මේ තමයි පිරිස් දෙක. පින්වත් මහණෙනි, මේ පිරිස් දෙක අතරින් මේ ධර්මවාදී පිරිසම තමයි අග්‍ර වෙන්නෙ.

සාදු! සාදු!! සාදු!!!

පස් වෙනි පරිස වර්ගයයි.

එහි උද්දානය :

උත්තාන සූත්‍රය, අග්ගවතී සූත්‍රය, ආර්ය සූත්‍රය, පස්වෙනි කසට සූත්‍රය, ඔක්කාචිත සූත්‍රය, ආමිස සූත්‍රය, විසම සූත්‍රය, අධම්ම සූත්‍රය, ධම්මීය සූත්‍රය වශයෙන් මේ වර්ගය සමන්විතය.

පළමු දෙසුම් පණහ සමාප්තයි.

දෙවෙනි පණ්ණාසකය

6. පුග්ගල වර්ගය

2.2.6.1.

1. සැවැත් නුවරදී ....

පින්වත් මහණෙනි, බොහෝ දෙනාගේ යහපත පිණිස, බොහෝ දෙනාගේ සැපය පිණිස, බොහෝ ජනයාගේත්, දෙව් මිනිසුන්ගේත්, අර්ථය පිණිස, යහපත පිණිස, සැපය පිණිස මේ ලෝකයෙහි උපදින පුද්ගලයෝ දෙන්නෙක් ඉන්නවා.

ඒ දෙදෙනා කවරහුද? අරහත් සම්මා සම්බුද්ධ වූ තථාගතයන් වහන්සේත්, සක්විති රජුත්ය. පින්වත් මහණෙනි, මේ තමයි බොහෝ දෙනාගේ යහපත පිණිස, බොහෝ දෙනාගේ සැපය පිණිස, බෙහෝ ජනයාගේත්, දෙව් මිනිසුන්ගේත් අර්ථය පිණිස, යහපත පිණිස, සැපය පිණිස මේ ලෝකයෙහි උපදින පුද්ගලයෝ දෙදෙනා.

සාදු! සාදු!! සාදු!!!

2.2.6.2.

2. පින්වත් මහණෙනි, මේ ලෝකයෙහි ආශ්චර්යවත් මනුෂ්‍යයන් ලෙස උපදින පුද්ගලයෝ දෙන්නෙක් ඉන්නවා. ඒ දෙදෙනා කවරහුද? අරහත් සම්මා සම්බුද්ධ වූ තථාගතයන් වහන්සේත්, සක්විති රජුත්ය. පින්වත් මහණෙනි, මේ තමයි ආශ්චර්යවත් මනුෂ්‍යයන් හැටියට ලෝකයෙහි උපදින පුද්ගලයින්

දෙදෙනා.

සාදු! සාදු!! සාදු!!!

2.2.6.3.

3. පින්වත් මහණෙනි, මේ පුද්ගලයන් දෙදෙනෙකුගේ කළුරිය කිරීම බොහෝ ජනයාගේ පසුතැවිල්ලට හේතු වෙනවා. ඒ කවර පුද්ගලයන් දෙදෙනෙකුගේද යත්? අරහත් සම්මා සම්බුද්ධ වූ තථාගතයන් වහන්සේගේත්, සක්විති රජුගේත්ය. පින්වත් මහණෙනි, මේ පුද්ගලයන් දෙදෙනාගේ කළුරිය කිරීම බොහෝ ජනයාගේ පසුතැවිල්ලට හේතු වෙනවා.

සාදු! සාදු!! සාදු!!!

2.2.6.4.

4. පින්වත් මහණෙනි, ස්ථූප කරවා වැඳුම් පිදුම් කිරීමට සුදුසු මේ දෙදෙනෙක් ලෝකයෙහි ඉන්නවා. ඒ කවර දෙදෙනෙක්ද යත්? අරහත් සම්මා සම්බුද්ධ වූ තථාගතයන් වහන්සේත්, සක්විති රජුත්ය. පින්වත් මහණෙනි, මේ තමයි ස්ථූප කරවා වැඳුම් පිදුම් කිරීම සුදුසු දෙන්නා.

සාදු! සාදු!! සාදු!!!

2.2.6.5.

5. පින්වත් මහණෙනි, මේ බුදුවරු දෙදෙනෙකි. ඒ කවර දෙදෙනෙක්ද යත්? අරහත් සම්මා සම්බුද්ධ වූ තථාගතයන් වහන්සේත්, පසේ බුදුරජාණන් වහන්සේත්ය. පින්වත් මහණෙනි, මේ තමයි බුදුවරු දෙන්නා.

සාදු! සාදු!! සාදු!!!

2.2.6.6.

6. පින්වත් මහණෙනි, හෙණ හඬ පුපුරන විට තැති ගැනීම ඇති නොවන දෙදෙනෙක් ඉන්නවා. ඒ කවර දෙදෙනෙක්ද යත්? ආශ්‍රවයන් ක්ෂය කරන ලද

අරහත් භික්ෂුවත්, ආජානීය හස්ථියාත්ය. පින්වත් මහණෙනි, මේ තමයි හෙණ හඬ පුපුරන විට තැති ගැනීම ඇති නොවන දෙදෙනා.

සාදු! සාදු!! සාදු!!!

2.2.6.7.

7. පින්වත් මහණෙනි, හෙණ හඬ පුපුරන විට තැති ගැනීම ඇති නොවන දෙදෙනෙක් ඉන්නවා. ඒ කවර දෙදෙනෙක්ද යත්? ආශ්‍රවයන් ක්ෂය කරන ලද අරහත් භික්ෂුවත්, ආජානීය අශ්වයාත් ය. පින්වත් මහණෙනි, මේ තමයි හෙණ හඬ පුපුරන විට තැති ගැනීම ඇති නොවන දෙදෙනා.

සාදු! සාදු!! සාදු!!!

2.2.6.8.

8. පින්වත් මහණෙනි, හෙණ හඬ පුපුරන විට තැති ගැනීම ඇති නොවන දෙදෙනෙක් ඉන්නවා. ඒ කවර දෙදෙනෙක්ද යත්? ආශ්‍රවයන් ක්ෂය කරන ලද අරහත් භික්ෂුවත්, සතුන් ගේ රජු වන සිංහයාත්ය. පින්වත් මහණෙනි, මේ තමයි හෙණ හඬ පුපුරන විට තැති ගැනීම ඇති නොවන දෙදෙනා.

සාදු! සාදු!! සාදු!!!

2.2.6.9.

9. පින්වත් මහණෙනි, මේ අර්ථ දෙකක් සැළකිල්ලට ගෙනයි කිඳුරු පුරුෂයින් මිනිස් වචන නොපවසන්නේ. ඒ කවර අර්ථ දෙකක්ද යත්? අපෙන් බොරු කියවෙන්නට එපා! අනුන් හට හේතු යුක්ති රහිතව චෝදනා කෙරෙන්නට එපා! යන කරුණු ය. පින්වත් මහණෙනි. මේ අර්ථ දෙක සැළකිල්ලට ගෙනයි කිඳුරු පුරුෂයින් මිනිස් වචන නො පවසන්නේ.

සාදු! සාදු!! සාදු!!!

2.2.6.10.

10. පින්වත් මහණෙනි, කරුණු දෙකකින් තෘප්තිමත් නොවී, එපා නොවී තමයි ස්ත්‍රිය කළුරිය කරන්නේ. ඒ කවර කරුණු දෙකක්ද යත්? මෛථුන සේවනයේ යෙදීමත්, දරුවන් වැදීමත් ය. පින්වත් මහණෙනි, මේ කරුණු දෙකෙන් තෘප්තිමත් නොවී, එපා නොවී තමයි ස්ත්‍රිය කළුරිය කරන්නේ.

සාදු! සාදු!! සාදු!!!

2.2.6.11.

11. පින්වත් මහණෙනි, ඔබට අශාන්ත පුද්ගලයින් හා එකට ජීවත් වීමත්, ශාන්ත පුද්ගලයින් හා එකට ජීවත් වීමත් ගැන මා දේශනා කරන්නම්. එය සවන් යොමා අසන්න. හොඳින් නුවණින් මෙනෙහි කරන්න. කියා දෙන්නම්. "එසේය, ස්වාමීනී" කියා ඒ භික්ෂූන් වහන්සේලා භාග්‍යවතුන් වහන්සේට පිළිතුරු දුන්නා. භාග්‍යවතුන් වහන්සේ මෙය වදාළා.

පින්වත් මහණෙනි, කොයි විදිහටද අශාන්ත පුද්ගලයින් හා එකට ජීවත් වීම සිද්ධ වෙන්නේ? කොයි විදිහටද අශාන්ත පුද්ගලයින් අන් පිරිස හා එක්ව වසන්නේ?

පින්වත් මහණෙනි, මෙහිලා ස්ථවිර භික්ෂුවක් හට මෙසේ සිතෙනවා. 'ස්ථවිර භික්ෂුවක් මා හට අවවාද නොකෙරේවා! මධ්‍යම ථේර භික්ෂුවක්ද මා හට අවවාද නොකෙරේවා! නවක භික්ෂුවක්ද මා හට අවවාද නොකෙරේවා! මංද ස්ථවිර භික්ෂුවකට අවවාද නොකරම්වා! මාද මධ්‍යම ථේර භික්ෂුවකට අවවාද නොකරම්වා! මාද නවක භික්ෂුවකට අවවාද නොකරම්වා! ස්ථවිර භික්ෂුව මට අවවාද කරන්නේ නම් හිතානුකම්පාවෙන් තොරවමයි මට අවවාද කරන්නේ. හිතානුකම්පීව නම් නොවේ. මං ඔහුට එය අවශ්‍ය නැත කියායි කියන්නේ. මං ඔහුට වෙහෙසක්ද කරමි. ඇවැත් දකින නමුත් මං පිළියම් නොකරමි. මධ්‍යම ථේර භික්ෂුව මට අවවාද කරන්නේ නම්, ...(පෙ).... නවක භික්ෂුවද මට අවවාද කරන්නේ නම් හිතානුකම්පාවෙන් තොරවමයි මට අවවාද කරන්නේ. හිතානුකම්පීව නම් නොවේ. මං ඔහුට එය අවශ්‍ය නැත කියායි කියන්නේ. මං ඔහුට වෙහෙසක්ද කරමි. ඇවැත් දකින නමුත් මං පිළියම් නොකරමි.

මධ්‍යම භික්ෂුවකටත් මෙහෙම සිතෙනවා. ....(පෙ).... නවක භික්ෂුවකටත් මෙහෙම සිතෙනවා. 'ස්ථවිර භික්ෂුවක් මා හට අවවාද නොකෙරේවා! මධ්‍යම ථේර කෙනෙක්ද මා හට අවවාද නොකෙරේවා! නවක භික්ෂුවක්ද මා හට

අවවාද නොකෙරේවා! මාද ස්ථවිර භික්ෂුවකට අවවාද නොකරම්වා! මාද මධ්‍යම ථේර භික්ෂුවකට අවවාද නොකරම්වා! මාද නවක භික්ෂුවකට අවවාද නොකරම්වා! ස්ථවිර භික්ෂුව මට අවවාද කරන්නේ නම් හිතානුකම්පාවෙන් තොරවමයි මට අවවාද කරන්නේ. හිතානුකම්පීව නම් නොවේ. මං ඔහුට එය අවශ්‍ය නැත කියායි කියන්නේ. මම ඔහුට වෙහෙසක්ද කරමි. ඇවැත් දකින නමුත් මම පිළියම් නො කරමි. මධ්‍යම ස්ථවිර භික්ෂුව මට අවවාද කරන්නේ නම්, ...(පෙ).... නවක භික්ෂුවද මට අවවාද කරන්නේ නම් හිතානුකම්පාවෙන් තොරවමයි මට අවවාද කරන්නේ. හිතානුකම්පීව නම් නොවේ. මං ඔහුට එය අවශ්‍ය නැත කියායි කියන්නේ. මම ඔහුට වෙහෙසක්ද කරමි. ඇවැත් දකින නමුත් මම පිළියම් නොකරමි. පින්වත් මහණෙනි, අශාන්ත පුද්ගලයන් හා වාසය කරන්නේ ඔය විදිහටයි. එමෙන්ම අශාන්ත පුද්ගලයන් අනුන් හා වාසය කරන්නේද ඔය විදිහටයි.

පින්වත් මහණෙනි, කොයි විදිහටද ශාන්ත පුද්ගලයින් හා එකට ජීවත් වීම සිද්ධ වෙන්නේ? කොයි විදිහටද ශාන්ත පුද්ගලයින් අන් පිරිස හා එක්ව වසන්නේ?

පින්වත් මහණෙනි, මෙහිලා ස්ථවිර භික්ෂුවක් හට මෙසේ සිතෙනවා. 'ස්ථවිර භික්ෂුවක් මා හට අවවාද කෙරේවා! මධ්‍යම ථේර භික්ෂුවක් ද මා හට අවවාද කෙරේවා! නවක භික්ෂුවක්ද මා හට අවවාද කෙරේවා! මාද ස්ථවිර භික්ෂුවකට අවවාද කරම්වා! මාද මධ්‍යම ථේර භික්ෂුවකට අවවාද කරම්වා! මාද නවක භික්ෂුවකට අවවාද කරම්වා! ස්ථවිර භික්ෂුව මට අවවාද කරන්නේ නම් හිතානුකම්පාවෙන් යුතුවමයි මට අවවාද කරන්නේ. අහිතානුකම්පීව නම් නොවේ. මං ඔහුට එය යහපත් ය කියායි කියන්නේ. මම ඔහුට වෙහෙසක්ද නොකරමි. ඇවැත් දකින විට මම පිළියම් කරමි. මධ්‍යම ස්ථවිර භික්ෂුව මට අවවාද කරන්නේ නම්, ...(පෙ).... නවක භික්ෂුවද මට අවවාද කරන්නේ නම් හිතානුකම්පාවෙන් යුතුවමයි මට අවවාද කරන්නේ. අහිතානුකම්පීව නම් නොවේ. මං ඔහුට එය යහපත් ය කියායි කියන්නේ. මම ඔහුට වෙහෙසක්ද නොකරමි. ඇවැත් දකින විට මම පිළියම් කරමි.

මධ්‍යම භික්ෂුවකටත් මෙහෙම සිතෙනවා. ....(පෙ).... නවක භික්ෂුවකටත් මෙහෙම සිතෙනවා. 'ස්ථවිර භික්ෂුවක් මා හට අවවාද කෙරේවා! මධ්‍යම ථේර කෙනෙක්ද මා හට අවවාද කෙරේවා! නවක භික්ෂුවක්ද මා හට අවවාද කෙරේවා! මාද ස්ථවිර භික්ෂුවකට අවවාද කරම්වා! මාද මධ්‍යම ථේර භික්ෂුවකට අවවාද කරම්වා! මාද නවක භික්ෂුවකට අවවාද කරම්වා! ස්ථවිර භික්ෂුව මට අවවාද කරන්නේ නම් හිතානුකම්පාවෙන් යුතුවමයි මට අවවාද කරන්නේ.

අහිතානුකම්පීව නම් නොවේ. මං ඔහුට එය යහපත් ය කියායි කියන්නේ. මම ඔහුට වෙහෙසක්ද නොකරමි. ඇවැත් දකින විට මම පිළියම් කරමි. මධ්‍යම ස්ථවිර භික්ෂුව මට අවවාද කරන්නේ නම්, ...(පෙ).... නවක භික්ෂුවද මට අවවාද කරන්නේ නම් හිතානුකම්පාවෙන් යුතුවමයි මට අවවාද කරන්නේ. අහිතානුකම්පීව නම් නොවේ. මං ඔහුට එය යහපත් ය කියායි කියන්නේ. මම ඔහුට වෙහෙසක්ද නොකරමි. ඇවැත් දකින විට මම පිළියම් කරමි. පින්වත් මහණෙනි, ශාන්ත පුද්ගලයන් හා වාසය කරන්නේ ඔය විදිහටයි. එමෙන්ම ශාන්ත පුද්ගලයන් අනුන් හා වාසය කරන්නේද ඔය විදිහටයි.

සාදු! සාදු!! සාදු!!!

2.2.6.12.

12. පින්වත් මහණෙනි, යම්කිසි ආරවුලක දී දෙපැත්තෙන්ම වචන හුවමාරු කරගැනීම් වෙනවා නම්, තම තමන්ගේ දෘෂ්ටි නිසා එකට එක කර ගැනීම් වෙනවා නම්, සිතේ කෝපයත්, නොසතුටත්, සෑහීමකට පත් නොවීමත් කියන මේවා තමා තුළත් සංසිඳිලා නැත්නම්, අන්න ඒ වගේ ආරවුලකදී මෙකරුණ කැමැති විය යුතුයි. එනම් ඒ ආරවුල දිගින් දිගටම පැවැතීමටත්, රළු බවටත්, චණ්ඩ බවටත් පත් වීමට හේතු වෙනවා යන කරුණයි. එතකොට භික්ෂූන්ද පහසුවෙන් වාසය කරන්නේ නෑ.

සාදු! සාදු!! සාදු!!!

2.2.6.13.

13. පින්වත් මහණෙනි, යම් කිසි ආරවුලකදී දෙපැත්තෙන්ම වචන හුවමාරු කරගැනීම්, තම තමන්ගේ දෘෂ්ටි නිසා එකට එක කර ගැනීම්, සිතේ කෝපයත්, නොසතුටත්, සෑහීමකට පත් නොවීමත් කියන මේවා තමා තුළත් සංසිඳිලා තියෙනවා නම්, අන්න ඒ වගේ ආරවුලකදී මෙකරුණ කැමැති විය යුතුයි. එනම් ඒ ආරවුල දිගින් දිගටම පැවැතීමක්, රළු බවක්, චණ්ඩ බවක් සිදුවන්නේ නෑ යන කරුණයි. එතකොට භික්ෂූන්ද පහසුවෙන් වාසය කරනවා.

සාදු! සාදු!! සාදු!!!

හය වෙනි පුග්ගල වර්ගයයි.

7. සුඛ වර්ගය

2.2.7.1.

14. සැවැත් නුවර දී ....

පින්වත් මහණෙනි, මේ සැප දෙකක් තියෙනවා. ගිහි සැපයත්, පැවිදි සැපයත් ය. පින්වත් මහණෙනි, මේ තමයි සැප දෙක. පින්වත් මහණෙනි, මේ සැප දෙක අතුරින් යම් මේ පැවිදි සැපයක් ඇද්ද, එයම තමයි අග්‍ර වෙන්නෙ.

සාදු! සාදු!! සාදු!!!

2.2.7.2.

15. පින්වත් මහණෙනි, මේ සැප දෙකක් තියෙනවා. කාම සැපයත්, කාමයන්ගෙන් වෙන් වීමේ සැපයත් ය. පින්වත් මහණෙනි, මේ තමයි සැප දෙක. පින්වත් මහණෙනි, මේ සැප දෙක අතුරින් යම් මේ කාමයන්ගෙන් වෙන් වීමේ සැපයක් ඇද්ද, එයම තමයි අග්‍ර වෙන්නෙ.

සාදු! සාදු!! සාදු!!!

2.2.7.3.

16. පින්වත් මහණෙනි, මේ සැප දෙකක් තියෙනවා. කෙලෙස් සහිතව විඳින සැපයත්, නිකෙලෙස් බව තුළින් විඳින සැපයත් ය. පින්වත් මහණෙනි, මේ තමයි සැප දෙක. පින්වත් මහණෙනි, මේ සැප දෙක අතුරින් යම් මේ නිකෙලෙස් බව තුළින් විඳින සැපයක් ඇද්ද, එයම තමයි අග්‍ර වෙන්නෙ.

සාදු! සාදු!! සාදු!!!

2.2.7.4.

17. පින්වත් මහණෙනි, මේ සැප දෙකක් තියෙනවා. ආශ්‍රව සහිතව විඳින සැපයත්, ආශ්‍රව රහිත බව තුළින් විඳින සැපයත් ය. පින්වත් මහණෙනි, මේ තමයි සැප දෙක. පින්වත් මහණෙනි, මේ සැප දෙක අතුරින් යම් මේ ආශ්‍රව රහිත බව තුළින් විඳින සැපයක් ඇද්ද, එයම තමයි අග්‍ර වෙන්නෙ.

සාදු! සාදු!! සාදු!!!

2.2.7.5.

18. පින්වත් මහණෙනි, මේ සැප දෙකක් තියෙනවා. ඉන්ද්‍රිය පිණවීමෙන් ලබන ආමිස සැපයත්, ඉන්ද්‍රිය පිණවීමෙන් බැහැර වූ නිරාමිස සැපයත් ය. පින්වත් මහණෙනි, මේ තමයි සැප දෙක. පින්වත් මහණෙනි, මේ සැප දෙක අතුරින් යම් මේ ඉන්ද්‍රිය පිණවීමෙන් බැහැර වූ නිරාමිස සැපයක් ඇද්ද, එයම තමයි අග්‍ර වෙන්නෙ.

සාදු! සාදු!! සාදු!!!

2.2.7.6.

19. පින්වත් මහණෙනි, මේ සැප දෙකක් තියෙනවා. ආර්ය සත්‍යාවබෝධයෙන් ලබන සැපයත්, ආර්ය සත්‍යාවබෝධයෙන් තොර සැපයත් ය. පින්වත් මහණෙනි, මේ තමයි සැප දෙක. පින්වත් මහණෙනි, මේ සැප දෙක අතුරින් යම් මේ ආර්ය සත්‍යාවබෝධයෙන් ලබන සැපයක් ඇද්ද, එයම තමයි අග්‍ර වෙන්නෙ.

සාදු! සාදු!! සාදු!!!

2.2.7.7.

20. පින්වත් මහණෙනි, මේ සැප දෙකක් තියෙනවා. කායික සැපයත්, මානසික සැපයත් ය. පින්වත් මහණෙනි, මේ තමයි සැප දෙක. පින්වත් මහණෙනි, මේ සැප දෙක අතුරින් යම් මේ මානසික සැපයක් ඇද්ද, එයම තමයි අග්‍ර වෙන්නෙ.

සාදු! සාදු!! සාදු!!!

2.2.7.8.

21. පින්වත් මහණෙනි, මේ සැප දෙකක් තියෙනවා. පළමු වෙනි ධ්‍යානයෙන් ලබන ප්‍රීතිය සහිත වූ සැපයත්, තුන් වෙනි ධ්‍යානයෙන් ලබන ප්‍රීතිය රහිත වූ සැපයත් ය. පින්වත් මහණෙනි, මේ තමයි සැප දෙක. පින්වත් මහණෙනි, මේ සැප දෙක අතුරින් යම් මේ තුන් වෙනි ධ්‍යානයෙන් ලබන ප්‍රීතිය රහිත වූ සැපයක් ඇද්ද, එයම තමයි අග්‍ර වෙන්නෙ.

සාදු! සාදු!! සාදු!!!

2.2.7.9.

22. පින්වත් මහණෙනි, මේ සැප දෙකක් තියෙනවා. පළමු වෙනි, දෙවෙනි, තුන් වෙනි ධ්‍යානයන්ගෙන් ලබන මිහිරි සැපයත්, හතර වෙනි ධ්‍යානයෙන් ලබන උපේක්ෂා සැපයත් ය. පින්වත් මහණෙනි, මේ තමයි සැප දෙක. පින්වත් මහණෙනි, මේ සැප දෙක අතුරින් යම් මේ හතර වෙනි ධ්‍යානයෙන් ලබන උපේක්ෂා සැපයක් ඇද්ද, එයම තමයි අග්‍ර වෙන්නෙ.

සාදු! සාදු!! සාදු!!!

2.2.7.10.

23. පින්වත් මහණෙනි, මේ සැප දෙකක් තියෙනවා. සමාධියෙන් ලබන සැපයත්, සමාධියෙන් තොරව ලබන සැපයත් ය. පින්වත් මහණෙනි, මේ තමයි සැප දෙක. පින්වත් මහණෙනි, මේ සැප දෙක අතුරින් යම් මේ සමාධියෙන් ලබන සැපයක් ඇද්ද, එයම තමයි අග්‍ර වෙන්නෙ.

සාදු! සාදු!! සාදු!!!

2.2.7.11.

24. පින්වත් මහණෙනි, මේ සැප දෙකක් තියෙනවා. පළමු වෙනි, දෙවෙනි ධ්‍යානයන්ගෙන් ලබන ප්‍රීතියෙන් යුතු අරමුණ ඇති සැපයත්, තුන් වෙනි හා හතර වෙනි ධ්‍යානයන්ගෙන් ලබන ප්‍රීති අරමුණ නැති සැපයත් ය. පින්වත්

මහණෙනි, මේ තමයි සැප දෙක. පින්වත් මහණෙනි, මේ සැප දෙක අතුරින් යම් මේ තුන් වෙනි හා හතර වෙනි ධ්‍යානයන්ගෙන් ලබන ප්‍රීති අරමුණ නැති සැපයක් ඇද්ද, එයම තමයි අග්‍ර වෙන්නෙ.

සාදු! සාදු!! සාදු!!!

2.2.7.12.

25. පින්වත් මහණෙනි, මේ සැප දෙකක් තියෙනවා. පළමු වෙනි, දෙවෙනි, තුන් වෙනි ධ්‍යානයන්ගෙන් ලබන මිහිරි අරමුණ ඇති සැපයත්, හතර වෙනි ධ්‍යානයෙන් ලබන උපේක්ෂා අරමුණ ඇති සැපයත් ය. පින්වත් මහණෙනි, මේ තමයි සැප දෙක. පින්වත් මහණෙනි, මේ සැප දෙක අතුරින් යම් මේ හතර වෙනි ධ්‍යානයෙන් ලබන උපේක්ෂා අරමුණ ඇති සැපයක් ඇද්ද, එයම තමයි අග්‍ර වෙන්නෙ.

සාදු! සාදු!! සාදු!!!

2.2.7.13.

26. පින්වත් මහණෙනි, මේ සැප දෙකක් තියෙනවා. පළමු වෙනි, දෙවෙනි, තුන් වෙනි හා හතර වෙනි ධ්‍යානයන්ගෙන් ලබන රූපය අරමුණ ඇති සැපයත්, අරූප ධ්‍යානයෙන් ලබන අරූප අරමුණු ඇති සැපයත් ය. පින්වත් මහණෙනි, මේ තමයි සැප දෙක. පින්වත් මහණෙනි, මේ සැප දෙක අතුරින් යම් මේ අරූප ධ්‍යානයන්ගෙන් ලබන අරූප අරමුණු ඇති සැපයක් ඇද්ද, එයම තමයි අග්‍ර වෙන්නෙ.

සාදු! සාදු!! සාදු!!!

හත් වෙනි සුඛ වර්ගයයි.

8. සනිමිත්ත වර්ගය

2.2.8.1.

27. සැවැත් නුවරදී ....

පින්වත් මහණෙනි, අරමුණු සහිතවමයි පාපී අකුසල් උපදින්නේ. අරමුණු රහිතව නොවෙයි. ඒ අරමුණුම ප්‍රහීණ කිරීමෙන් තමයි මේ විදිහට ඒ පාපී අකුසල් නැති වෙන්නෙ.

සාදු! සාදු!! සාදු!!!

2.2.8.2.

28. පින්වත් මහණෙනි, මූලික පදනමක් සහිතවමයි පාපී අකුසල් උපදින්නේ. මූලික පදනමක් රහිතව නොවෙයි. ඒ මූලික පදනමම ප්‍රහීණ කිරීමෙන් තමයි මේ විදිහට ඒ පාපී අකුසල් නැති වෙන්නෙ.

සාදු! සාදු!! සාදු!!!

2.2.8.3.

29. පින්වත් මහණෙනි, හේතු සහිතවමයි පාපී අකුසල් උපදින්නේ. හේතු රහිතව නොවෙයි. ඒ හේතුම ප්‍රහීණ කිරීමෙන් තමයි මේ විදිහට ඒ පාපී අකුසල් නැති වෙන්නෙ.

සාදු! සාදු!! සාදු!!!

2.2.8.4.

30. පින්වත් මහණෙනි, ප්‍රත්‍යය සහිතවමයි පාපී අකුසල් උපදින්නේ. ප්‍රත්‍යය රහිතව නොවෙයි. ඒ ප්‍රත්‍යයම ප්‍රහීණ කිරීමෙන් තමයි මේ විදිහට ඒ පාපී අකුසල් නැති වෙන්නෙ.

සාදු! සාදු!! සාදු!!!

2.2.8.5.

31. පින්වත් මහණෙනි, රූප උපාදානස්කන්ධය සහිතවමයි පාපී අකුසල් උපදින්නේ. රූප උපාදානස්කන්ධය රහිතව නොවෙයි. ඒ රූප උපාදානස්කන්ධයම ප්‍රහීණ කිරීමෙන් තමයි මේ විදිහට ඒ පාපී අකුසල් නැති වෙන්නෙ.

සාදු! සාදු!! සාදු!!!

2.2.8.6.

32. පින්වත් මහණෙනි, වේදනා උපාදානස්කන්ධය සහිතවමයි පාපී අකුසල් උපදින්නේ. වේදනා උපාදානස්කන්ධය රහිතව නොවෙයි. ඒ වේදනා උපාදානස්කන්ධයම ප්‍රහීණ කිරීමෙන් තමයි මේ විදිහට ඒ පාපී අකුසල් නැති වෙන්නෙ.

සාදු! සාදු!! සාදු!!!

2.2.8.7.

33. පින්වත් මහණෙනි, සඤ්ඤා උපාදානස්කන්ධය සහිතවමයි පාපී අකුසල් උපදින්නේ. සඤ්ඤා උපාදානස්කන්ධය රහිතව නොවෙයි. ඒ සඤ්ඤා උපාදානස්කන්ධයම ප්‍රහීණ කිරීමෙන් තමයි මේ විදිහට ඒ පාපී අකුසල් නැති වෙන්නෙ.

සාදු! සාදු!! සාදු!!!

2.2.8.8.

34. පින්වත් මහණෙනි, සංස්කාර උපාදානස්කන්ධය සහිතවමයි පාපී අකුසල් උපදින්නේ. සංස්කාර උපාදානස්කන්ධය රහිතව නොවෙයි. ඒ සංස්කාර උපාදානස්කන්ධයම ප්‍රහීණ කිරීමෙන් තමයි මේ විදිහට ඒ පාපී අකුසල් නැති වෙන්නෙ.

සාදු! සාදු!! සාදු!!!

2.2.8.9.

35. පින්වත් මහණෙනි, විඤ්ඤාණ උපාදානස්කන්ධය සහිතවමයි පාපී අකුසල් උපදින්නේ. විඤ්ඤාණ උපාදානස්කන්ධය රහිතව නොවෙයි. ඒ විඤ්ඤාණ උපාදානස්කන්ධයම ප්‍රහීණ කිරීමෙන් තමයි මේ විදිහට ඒ පාපී අකුසල් නැති වෙන්නෙ.

සාදු! සාදු!! සාදු!!!

2.2.8.10.

36. පින්වත් මහණෙනි, හේතු ප්‍රත්‍යයෙන් හට ගත් අරමුණු වලින් තමයි පාපී අකුසල් උපදින්නේ. හේතු ප්‍රත්‍යයෙන් හට නොගත් අරමුණු වලින් නම් නොවෙයි. ඒ හේතු ප්‍රත්‍යයෙන් හට ගත් අරමුණුම ප්‍රහීණ කිරීමෙන් තමයි මේ විදිහට ඒ පාපී අකුසල් නැති වෙන්නෙ.

සාදු! සාදු!! සාදු!!!

අට වෙනි වර්ගයයි.

9. ධම්ම වර්ගය

2.2.9.1.

37. සැවැත් නුවරදී ....

පින්වත් මහණෙනි, මේ ධර්ම දෙකක් තියෙනවා. ඒ කවර ධර්ම දෙකක්ද යත්? චිත්ත විමුක්තියත්, ප්‍රඥා විමුක්තියත් ය. පින්වත් මහණෙනි, මේ තමයි ධර්ම දෙක.

සාදු! සාදු!! සාදු!!!

2.2.9.2.

38. පින්වත් මහණෙනි, මේ ධර්ම දෙකක් තියෙනවා. ඒ කවර ධර්ම දෙකක්ද යත්? සමථ විදර්ශනා ආදිය දියුණු කරගැනීමට ගන්නා වීර්යයත්, සිතේ නොවිසිරීම නම් වූ ඒකාග්‍රතාවයත් ය. පින්වත් මහණෙනි, මේ තමයි ධර්ම දෙක.

සාදු! සාදු!! සාදු!!!

2.2.9.3.

39. පින්වත් මහණෙනි, මේ ධර්ම දෙකක් තියෙනවා. ඒ කවර ධර්ම දෙකක්ද යත්? වේදනා සඤ්ඤා චේතනා ඵස්ස මනසිකාර යන නාමත්, සතර මහා භූතත් එයින් නිපන් රූපත් ය. පින්වත් මහණෙනි, මේ තමයි ධර්ම දෙක.

සාදු! සාදු!! සාදු!!!

2.2.9.4.

40. පින්වත් මහණෙනි, මේ ධර්ම දෙකක් තියෙනවා. ඒ කවර ධර්ම දෙකක්ද යත්? සත්‍ය ඤාණ, කෘත්‍ය ඤාණ, කෘත ඤාණ වශයෙන් ලබන චතුරාර්‍ය සත්‍යාවබෝධය නම් වූ විද්‍යාවත්, තණ්හාවෙන් නිදහස් වීම නම් වූ විමුක්තියත් ය. පින්වත් මහණෙනි, මේ තමයි ධර්ම දෙක.

සාදු! සාදු!! සාදු!!!

2.2.9.5.

41. පින්වත් මහණෙනි, මේ ධර්ම දෙකක් තියෙනවා. ඒ කවර ධර්ම දෙකක්ද යත්? භව පැවැත්ම පිළිබඳව ඇති කරගන්නා දෘෂ්ටිත්, භවයේ නොපැවැත්ම පිළිබඳ ඇති කරගන්නා දෘෂ්ටිත් ය. පින්වත් මහණෙනි, මේ තමයි ධර්ම දෙක.

සාදු! සාදු!! සාදු!!!

2.2.9.6.

42. පින්වත් මහණෙනි, මේ ධර්ම දෙකක් තියෙනවා. ඒ කවර ධර්ම දෙකක්ද යත්? පවට ලැජ්ජා නැති බවත්, පවට භය නැති බවත් ය. පින්වත් මහණෙනි, මේ තමයි ධර්ම දෙක.

සාදු! සාදු!! සාදු!!!

2.2.9.7.

43. පින්වත් මහණෙනි, මේ ධර්ම දෙකක් තියෙනවා. ඒ කවර ධර්ම දෙකක්ද යත්? පවට ලැජ්ජා ඇති බවත්, පවට භය ඇති බවත් ය. පින්වත් මහණෙනි, මේ තමයි ධර්ම දෙක.

සාදු! සාදු!! සාදු!!!

2.2.9.8.

44. පින්වත් මහණෙනි, මේ ධර්ම දෙකක් තියෙනවා. ඒ කවර ධර්ම දෙකක්ද යත්? යහපත් ධර්මාවවාද නො පිළිගන්නා බව වූ දූර්වච බවත්, පාපමිත්‍ර ඇසුරත් ය. පින්වත් මහණෙනි, මේ තමයි ධර්ම දෙක.

සාදු! සාදු!! සාදු!!!

2.2.9.9.

45. පින්වත් මහණෙනි, මේ ධර්ම දෙකක් තියෙනවා. ඒ කවර ධර්ම දෙකක්ද යත්? යහපත් ධර්මාවවාද පිළිගන්නා බව වූ සුවච බවත්, කල්‍යාණ මිත්‍ර ඇසුරත් ය. පින්වත් මහණෙනි, මේ තමයි ධර්ම දෙක.

සාදු! සාදු!! සාදු!!!

2.2.9.10.

46. පින්වත් මහණෙනි, මේ ධර්ම දෙකක් තියෙනවා. ඒ කවර ධර්ම දෙකක්ද යත්? ධාතු ස්වභාවයන් තේරුම් ගැනීමේ කුසලතාවත්, ඒවා අනිත්‍ය ආදී වශයෙන් නුවණින් මෙනෙහි කිරීමේ කුසලතාවයත් ය. පින්වත් මහණෙනි, මේ තමයි ධර්ම දෙක.

සාදු! සාදු!! සාදු!!!

2.2.9.11.

47. පින්වත් මහණෙනි, මේ ධර්ම දෙකක් තියෙනවා. ඒ කවර ධර්ම දෙකක්ද යත්? පාරාජිකා, සංඝාදිසේස, අනියත, නිසග්ගි, පචිත්ති, පාටිදේසනීය, සේඛියා යන හත් වැදෑරුම් ආපත්ති තේරුම් ගැනීමේ කුසලතාවත්, එම ආපත්තිවලින් නැගී සිටීමේ කුසලතාවත් ය. පින්වත් මහණෙනි, මේ තමයි ධර්ම දෙක.

සාදු! සාදු!! සාදු!!!

නව වෙනි වර්ගයයි.

10. බාල වර්ගය

2.2.10.1.

48. සැවැත් නුවරදී ....

පින්වත් මහණෙනි, මේ නුවණ මඳ බාලයන් දෙදෙනෙක් ඉන්නවා. ඒ කවර දෙදෙනෙක්ද යත්? යම් කෙනෙක් (වර්තමාන වගකීම් අත්හරිමින්) තවම ඇති නොවුන අනාගතයට අයත් වගකීම් ගැන සිතට බර ඉසුලාගෙන සිටිනවාද, එමෙන්ම යම් කෙනෙක් (අනාගත වගකීම් ගැන සිත සිතා) දැන් පැමිණ තිබෙන වගකීම් අත්හරිනවාද, පින්වත් මහණෙනි, මේ දෙදෙනාම නුවණ මඳ බාලයන්ය.

සාදු! සාදු!! සාදු!!!

2.2.10.2.

49. පින්වත් මහණෙනි, මේ නුවණැතියන් දෙදෙනෙක් ඉන්නවා. ඒ කවර දෙදෙනෙක්ද යත්? යම් කෙනෙක් දැන් පැමිණ ඇති වගකීම් ගැන සිතට බර උසුලාගෙන සිටිනවාද, එමෙන්ම යම් කෙනෙක් තවම ඇති නොවුන අනාගතයට අයත් වගකීම් ගැන සිතේ බර අත්හරිනවාද, පින්වත් මහණෙනි, මේ දෙදෙනා ම නුවණැතියන් ය.

සාදු! සාදු!! සාදු!!!

2.2.10.3.

49. පින්වත් මහණෙනි, මේ නුවණ මඳ බාලයන් දෙදෙනෙක් ඉන්නවා. ඒ කවර දෙදෙනෙක්ද යත්? යම් කෙනෙක් කැප නොවූ දේ පිළිබඳව කැපය යන

අංගුත්තර නිකාය - 1 (දුක නිපාතය) (2.10 බාල වර්ගය)

හැඟීම ඇතිව සිටීද, එමෙන්ම යමෙක් කැප වූ දෙය පිළිබඳව අකැපය යන හැඟීම ඇතිව සිටීද, පින්වත් මහණෙනි, මේ දෙදෙනාම නුවණ මඳ බාලයන්ය.

සාදු! සාදු!! සාදු!!!

2.2.10.4.

51. පින්වත් මහණෙනි, මේ නුවණැතියන් දෙදෙනෙක් ඉන්නවා. ඒ කවර දෙදෙනෙක්ද යත්? යම් කෙනෙක් කැප නොවූ දේ පිළිබඳව කැප නැත යන හැඟීම ඇතිව සිටීද, එමෙන්ම යමෙක් කැප වූ දෙය පිළිබඳව කැපය යන හැඟීම ඇතිව සිටීද, පින්වත් මහණෙනි, මේ දෙදෙනාම නුවණැතියන් ය.

සාදු! සාදු!! සාදු!!!

2.2.10.5.

52. පින්වත් මහණෙනි, මේ නුවණ මඳ බාලයන් දෙදෙනෙක් ඉන්නවා. ඒ කවර දෙදෙනෙක්ද යත්? යම් කෙනෙක් ආපත්ති නොවූ දේ පිළිබඳව ආපත්ති ඇත යන හැඟීම ඇතිව සිටීද, එමෙන්ම යමෙක් ආපත්ති වූ දෙය පිළිබඳව අනාපත්ති යන හැඟීම ඇතිව සිටීද, පින්වත් මහණෙනි, මේ දෙදෙනාම නුවණ මඳ බාලයන් ය.

සාදු! සාදු!! සාදු!!!

2.2.10.6.

53. පින්වත් මහණෙනි, මේ නුවණැතියන් දෙදෙනෙක් ඉන්නවා. ඒ කවර දෙදෙනෙක්ද යත්? යම් කෙනෙක් ආපත්ති නොවූ දේ පිළිබඳව ආපත්ති නැත යන හැඟීම ඇතිව සිටීද, එමෙන්ම යමෙක් ආපත්ති වූ දෙය පිළිබඳව ආපත්ති ඇත යන හැඟීම ඇතිව සිටීද, පින්වත් මහණෙනි, මේ දෙදෙනාම නුවණැතියන්ය.

සාදු! සාදු!! සාදු!!!

2.2.10.7.

54. පින්වත් මහණෙනි, මේ නුවණ මඳ බාලයන් දෙදෙනෙක් ඉන්නවා. ඒ කවර දෙදෙනෙක්ද යත්? යම් කෙනෙක් අධර්මය පිළිබඳව ධර්මය යන හැඟීම ඇතිව සිටීද, එමෙන්ම යමෙක් ධර්මය පිළිබඳව අධර්මය යන හැඟීම ඇතිව සිටීද, පින්වත් මහණෙනි, මේ දෙදෙනාම නුවණ මඳ බාලයන් ය.

සාදු! සාදු!! සාදු!!!

2.2.10.8.

55. පින්වත් මහණෙනි, මේ නුවණැතියන් දෙදෙනෙක් ඉන්නවා. ඒ කවර දෙදෙනෙක්ද යත්? යම් කෙනෙක් අධර්මය පිළිබඳව අධර්මය යන හැඟීම ඇතිව සිටීද, එමෙන්ම යමෙක් ධර්මය පිළිබඳව ධර්මය යන හැඟීම ඇතිව සිටීද, පින්වත් මහණෙනි, මේ දෙදෙනාම නුවණැතියන් ය.

සාදු! සාදු!! සාදු!!!

2.2.10.9.

56. පින්වත් මහණෙනි, මේ නුවණ මඳ බාලයන් දෙදෙනෙක් ඉන්නවා. ඒ කවර දෙදෙනෙක්ද යත්? යම් කෙනෙක් අවිනය පිළිබඳව විනය යන හැඟීම ඇතිව සිටීද, එමෙන්ම යමෙක් විනය පිළිබඳව අවිනය යන හැඟීම ඇතිව සිටීද, පින්වත් මහණෙනි, මේ දෙදෙනාම නුවණ මඳ බාලයන් ය.

සාදු! සාදු!! සාදු!!!

2.2.10.10.

57. පින්වත් මහණෙනි, මේ නුවණැතියන් දෙදෙනෙක් ඉන්නවා. ඒ කවර දෙදෙනෙක්ද යත්? යම් කෙනෙක් අවිනය පිළිබඳව අවිනය යන හැඟීම ඇතිව සිටීද, එමෙන්ම යමෙක් විනය පිළිබඳව විනය යන හැඟීම ඇතිව සිටීද, පින්වත් මහණෙනි, මේ දෙදෙනාම නුවණැතියන් ය.

සාදු! සාදු!! සාදු!!!

2.2.10.11.

58. පින්වත් මහණෙනි, දෙදෙනෙකු හට ආශ්‍රවයන් වැඩෙනවා. කවර දෙදෙනෙකුටද යත්? යම් කෙනෙක් සැක නොකළ යුතු කරුණෙහිදී සැක කරයිද, එමෙන්ම යම් කෙනෙක් සැක කළ යුතු කරුණෙහිදී සැක නොකරයිද, පින්වත් මහණෙනි, මේ දෙදෙනාටම ආශ්‍රවයන් වැඩෙනවා.

සාදු! සාදු!! සාදු!!!

2.2.10.12.

59. පින්වත් මහණෙනි, දෙදෙනෙකු හට ආශ්‍රවයන් වැඩෙන්නෙ නෑ. කවර දෙදෙනෙකුටද යත්? යම් කෙනෙක් සැක නොකළ යුතු කරුණෙහිදී සැක නොකරයිද, එමෙන්ම යම් කෙනෙක් සැක කළ යුතු කරුණෙහිදී සැක කරයිද, පින්වත් මහණෙනි, මේ දෙදෙනාටම ආශ්‍රවයන් වැඩෙන්නෙ නෑ.

සාදු! සාදු!! සාදු!!!

2.2.10.13.

60. පින්වත් මහණෙනි, දෙදෙනෙකු හට ආශ්‍රවයන් වැඩෙනවා. කවර දෙදෙනෙකුටද යත්? යම් කෙනෙක් අකැප දේ පිළිබඳව කැපය යන හැඟීමෙන් සිටීද, එමෙන්ම යම් කෙනෙක් කැප දේ පිළිබඳව අකැපය යන හැඟීමෙන් සිටීද, පින්වත් මහණෙනි, මේ දෙදෙනාටම ආශ්‍රවයන් වැඩෙනවා.

සාදු! සාදු!! සාදු!!!

2.2.10.14.

61. පින්වත් මහණෙනි, දෙදෙනෙකු හට ආශ්‍රවයන් වැඩෙන්නෙ නෑ. කවර දෙදෙනෙකුටද යත්? යම් කෙනෙක් අකැප දේ පිළිබඳව අකැපය යන හැඟීමෙන් සිටීද, එමෙන්ම යම් කෙනෙක් කැප දේ පිළිබඳව කැපය යන හැඟීමෙන් සිටීද, පින්වත් මහණෙනි, මේ දෙදෙනාටම ආශ්‍රවයන් වැඩෙන්නෙ නෑ.

සාදු! සාදු!! සාදු!!!

2.2.10.15.

62. පින්වත් මහණෙනි, දෙදෙනෙකු හට ආශ්‍රවයන් වැඩෙනවා. කවර දෙදෙනෙකුටද යත්? යම් කෙනෙක් ආපත්ති නොවූ දේ පිළිබඳව ආපත්ති ඇත යන හැඟීමෙන් සිටීද, එමෙන්ම යම් කෙනෙක් ආපත්ති වූ දේ පිළිබඳව අනාපත්ති යන හැඟීමෙන් සිටීද, පින්වත් මහණෙනි, මේ දෙදෙනාටම ආශ්‍රවයන් වැඩෙනවා.

සාදු! සාදු!! සාදු!!!

2.2.10.16.

63. පින්වත් මහණෙනි, දෙදෙනෙකු හට ආශ්‍රවයන් වැඩෙන්නෙ නෑ. කවර දෙදෙනෙකුටද යත්? යම් කෙනෙක් ආපත්ති නොවූ දේ පිළිබඳව ආපත්ති නැත යන යන හැඟීමෙන් සිටීද, එමෙන්ම යම් කෙනෙක් ආපත්ති වූ දේ පිළිබඳව ආපත්ති ඇත යන හැඟීමෙන් සිටීද, පින්වත් මහණෙනි, මේ දෙදෙනාටම ආශ්‍රවයන් වැඩෙන්නෙ නෑ.

සාදු! සාදු!! සාදු!!!

2.2.10.17.

64. පින්වත් මහණෙනි, දෙදෙනෙකු හට ආශ්‍රවයන් වැඩෙනවා. කවර දෙදෙනෙකුටද යත්? යම් කෙනෙක් අධර්මයෙහි ධර්මය යන හැඟීමෙන් සිටීද, එමෙන්ම යම් කෙනෙක් ධර්මයෙහි අධර්මය යන හැඟීමෙන් සිටීද, පින්වත් මහණෙනි, මේ දෙදෙනාටම ආශ්‍රවයන් වැඩෙනවා.

සාදු! සාදු!! සාදු!!!

2.2.10.18.

65. පින්වත් මහණෙනි, දෙදෙනෙකු හට ආශ්‍රවයන් වැඩෙන්නෙ නෑ. කවර දෙදෙනෙකුටද යත්? යම් කෙනෙක් අධර්මයෙහි අධර්මය යන හැඟීමෙන් සිටීද,

එමෙන්ම යම් කෙනෙක් ධර්මයෙහි ධර්මය යන හැඟීමෙන් සිටීද, පින්වත් මහණෙනි, මේ දෙදෙනාටම ආශ්‍රවයන් වැඩෙන්නෙ නෑ.

සාදු! සාදු!! සාදු!!!

2.2.10.19.

66. පින්වත් මහණෙනි, දෙදෙනෙකු හට ආශ්‍රවයන් වැඩෙනවා. කවර දෙදෙනෙකුටද යත්? යම් කෙනෙක් අවිනයෙහි විනය යන හැඟීමෙන් සිටීද, එමෙන්ම යම් කෙනෙක් විනයෙහි අවිනය යන හැඟීමෙන් සිටීද, පින්වත් මහණෙනි, මේ දෙදෙනාටම ආශ්‍රවයන් වැඩෙනවා.

සාදු! සාදු!! සාදු!!!

2.2.10.20.

67. පින්වත් මහණෙනි, දෙදෙනෙකු හට ආශ්‍රවයන් වැඩෙන්නෙ නෑ. කවර දෙදෙනෙකුටද යත්? යම් කෙනෙක් අවිනයෙහි අවිනය යන හැඟීමෙන් සිටීද, එමෙන්ම යම් කෙනෙක් විනයෙහි විනය යන හැඟීමෙන් සිටීද, පින්වත් මහණෙනි, මේ දෙදෙනාටම ආශ්‍රවයන් වැඩෙන්නෙ නෑ.

සාදු! සාදු!! සාදු!!!

දහ වෙනි වර්ගයයි.

දෙවෙනි දෙසුම් පණහ සමාප්තයි.

තුන් වෙනි පණ්ණාසකය

11. ආසා වර්ගය

2.3.11.1.

1. සැවැත් නුවරදී ....

පින්වත් මහණෙනි, අත්හැරීමට දුෂ්කර ආශාවන් දෙකක් තියෙනවා. ඒ කවර ආශාවන් දෙකක්ද යත්? ලාභ ලැබීමට තියෙන ආශාවත්, ජීවිතයට තියෙන ආශාවත් ය. පින්වත් මහණෙනි, මේ ආශාවන් දෙක අත්හැරීම දුෂ්කරයි.

සාදු! සාදු!! සාදු!!!

2.3.11.2.

2. පින්වත් මහණෙනි, මේ පුද්ගලයන් දෙදෙනා ලෝකයෙහි දුර්ලභයි. ඒ කවර දෙදෙනෙක්ද යත්? යම් කෙනෙක් පළමුව උපකාර කරයිද, යම් කෙනෙක් කෙලෙහි ගුණ දැන කෘතඥ වෙයිද, පින්වත් මහණෙනි, මේ පුද්ගලයන් දෙදෙනා මේ ලෝකයෙහි දුර්ලභයි.

සාදු! සාදු!! සාදු!!!

2.3.11.3.

3. පින්වත් මහණෙනි, මේ පුද්ගලයන් දෙදෙනා ලෝකයෙහි දුර්ලභයි. ඒ කවර දෙදෙනෙක්ද යත්? යම් කෙනෙක් ලද දෙයින් තෘප්තියට පත් වෙයිද,

යම් කෙනෙක් අනෙකෙක්ව උපකාර කිරීම් ආදියෙන් තෘප්තියට පත් කරවයිද, පින්වත් මහණෙනි, මේ පුද්ගලයන් දෙදෙනා මේ ලෝකයෙහි දුර්ලභයි.

සාදු! සාදු!! සාදු!!!

2.3.11.4.

4. පින්වත් මහණෙනි, තෘප්තිමත් කිරීමට අසීරු මේ පුද්ගලයන් දෙදෙනෙක් ඉන්නවා. ඒ කවර දෙදෙනෙක්ද යත්? යම් කෙනෙක් තමා හට ලැබෙන ලැබෙන දෙය රැස් කර තබා ගනියිද, යම් කෙනෙක් තමා හට ලැබෙන ලැබෙන දෙය වියදම් කරයිද, පින්වත් මහණෙනි, මේ පුද්ගලයන් දෙදෙනා තෘප්තිමත් කිරීම අසීරු දෙයකි.

සාදු! සාදු!! සාදු!!!

2.3.11.5.

5. පින්වත් මහණෙනි, පහසුවෙන් තෘප්තිමත් කළ හැකි වූ මේ පුද්ගලයන් දෙදෙනෙක් ඉන්නවා. ඒ කවර දෙදෙනෙක්ද යත්? යම් කෙනෙක් තමා හට ලැබෙන ලැබෙන දෙය රැස් කර නොතබා ගනියිද, යම් කෙනෙක් තමා හට ලැබෙන ලැබෙන දෙය වියදම් නොකරයිද, පින්වත් මහණෙනි, මේ පුද්ගලයන් දෙදෙනා පහසුවෙන් තෘප්තිමත් කළ හැකිය.

සාදු! සාදු!! සාදු!!!

2.3.11.6.

6. පින්වත් මහණෙනි, රාගය හට ගැනීම පිණිස හේතු වන කාරණා දෙකක් තියෙනවා. ඒ කවර කාරණා දෙකක්ද යත්? රාගයෙන් සිත කැළඹෙන සුළු වූ සුභ අරමුණත්, ඒ ගැන සිහි මුළාවෙන් කල්පනා කිරීමත් ය. පින්වත් මහණෙනි, රාගය උපදින්නට හේතු වන්නේ මේ කාරණා දෙකයි.

සාදු! සාදු!! සාදු!!!

2.3.11.7.

7. පින්වත් මහණෙනි, ද්වේෂය හට ගැනීම පිණිස හේතු වන කාරණා දෙකක් තියෙනවා. ඒ කවර කාරණා දෙකක් ද යත්? ද්වේෂයෙන් සිත කැළඹෙන සුළු වූ පටිඝ අරමුණත්, ඒ ගැන සිහි මුළාවෙන් කල්පනා කිරීමත් ය. පින්වත් මහණෙනි, ද්වේෂය උපදින්නට හේතු වන්නේ මේ කාරණා දෙකයි.

සාදු! සාදු!! සාදු!!!

2.3.11.8.

8. පින්වත් මහණෙනි, මිත්‍යා දෘෂ්ටිය හට ගැනීම පිණිස හේතු වන කාරණා දෙකක් තියෙනවා. ඒ කවර කාරණා දෙකක්ද යත්? අනුන්ගෙන් අසන්නට ලැබෙන අධර්මයත්, ඒ ගැන සිහි මුළාවෙන් කල්පනා කිරීමත් ය. පින්වත් මහණෙනි, මිත්‍යා දෘෂ්ටිය උපදින්නට හේතු වන්නේ මේ කාරණා දෙකයි.

සාදු! සාදු!! සාදු!!!

2.3.11.9.

9. පින්වත් මහණෙනි, සම්මා දිට්ඨිය හට ගැනීම පිණිස හේතු වන කාරණා දෙකක් තියෙනවා. ඒ කවර කාරණා දෙකක්ද යත්? අනුන්ගෙන් අසන්නට ලැබෙන චතුරාර්ය සත්‍යය ධර්මයත්, ඒ ධර්මයට අනුව නුවණින් කල්පනා කිරීමත් ය. පින්වත් මහණෙනි, සම්මා දිට්ඨිය උපදින්නට හේතු වන්නේ මේ කාරණා දෙකයි.

සාදු! සාදු!! සාදු!!!

2.3.11.10.

10. පින්වත් මහණෙනි, මේ වරදට පැමිණීම් (ආපත්ති) දෙකක් තියෙනවා. ඒ කවර ආපත්ති දෙකක්ද යත්? බරපතල නොවූ ආපත්තියත්, බරපතල ආපත්තියත් ය. පින්වත් මහණෙනි, මේ තමයි ආපත්ති දෙක.

සාදු! සාදු!! සාදු!!!

2.3.11.11.

11. පින්වත් මහණෙනි, මේ වරදට පැමිණීම් (ආපත්ති) දෙකක් තියෙනවා. ඒ කවර ආපත්ති දෙකක්ද යත්? දූර්වල ආපත්තියත්, දූර්වල නොවූ ආපත්තියත් ය. පින්වත් මහණෙනි, මේ තමයි ආපත්ති දෙක.

සාදු! සාදු!! සාදු!!!

2.3.11.12.

12. පින්වත් මහණෙනි, මේ වරදට පැමිණීම් (ආපත්ති) දෙකක් තියෙනවා. ඒ කවර ආපත්ති දෙකක්ද යත්? අසම්පූර්ණ ආපත්තියත්, සම්පූර්ණ ආපත්තියත් ය. පින්වත් මහණෙනි, මේ තමයි ආපත්ති දෙක.

සාදු! සාදු!! සාදු!!!

එකොළොස් වෙනි වර්ගයයි.

12. ආයාචන වර්ගය

2.3.12.1.

13. සැවැත් නුවරදී ....

පින්වත් මහණෙනි, ශ්‍රද්ධාවන්ත භික්ෂුවක් මැනැවින් අයදිනවා නම්, මේ පින්වත් සාරිපුත්ත, මොග්ගල්ලාන යම් බඳු වෙත්ද, එබඳු වූ කෙනෙක් වන්නෙමි'යි කියලයි ආයාචනා කළ යුත්තේ. පින්වත් මහණෙනි, මාගේ ශ්‍රාවක වූ භික්ෂූන් හට මිනුම් දණ්ඩ වන්නේද, පරමාදර්ශය වන්නේද, මේ පින්වත් සාරිපුත්ත, මොග්ගල්ලාන දෙනමයි.

සාදු! සාදු!! සාදු!!!

2.3.12.2.

14. පින්වත් මහණෙනි, ශ්‍රද්ධාවන්ත භික්ෂුණියක් මැනැවින් අයදිනවා නම්, මේ පින්වත් ඛේමාත්, උප්පලවණ්ණාත් යම් බඳු වෙත්ද, එබඳු වූ කෙනෙක් වන්නෙමි'යි කියලයි ආයාචනා කළ යුත්තේ. පින්වත් මහණෙනි, මාගේ ශ්‍රාවක වූ භික්ෂුණීන් හට මිනුම් දණ්ඩ වන්නේද, පරමාදර්ශය වන්නේද, මේ පින්වත් ඛේමාවත්, උප්පලවණ්ණාත් ය.

සාදු! සාදු!! සාදු!!!

2.3.12.3.

15. පින්වත් මහණෙනි, ශ්‍රද්ධාවන්ත උපාසකයෙක් මැනැවින් අයදිනවා නම්, මේ පින්වත් චිත්ත ගෘහපතිතුමාත්, හත්ථක ආලවකත් යම් බඳු වෙත්ද, එබඳු

වූ කෙනෙක් වන්නෙමි'යි කියලයි ආයාචනා කළ යුත්තේ. පින්වත් මහණෙනි, මාගේ ශ්‍රාවක වූ උපාසකවරුන් හට මිනුම් දණ්ඩ වන්නේද, පරමාදර්ශය වන්නේද, මේ පින්වත් චිත්ත ගෘහපතිතුමාත්, හත්ථක ආලවකත් ය.

සාදු! සාදු!! සාදු!!!

2.3.12.4.

16. පින්වත් මහණෙනි, ශ්‍රද්ධාවන්ත උපාසිකාවක් මැනැවින් අයදිනවා නම්, මේ පින්වත් ඛුජ්ජුත්තරාවත්, වේළුකණ්ටකී නන්දමාතාවත් යම් බඳු වෙත්ද, එබඳු වූ කෙනෙක් වන්නෙමි'යි කියලයි ආයාචනා කළ යුත්තේ. පින්වත් මහණෙනි, මාගේ ශ්‍රාවිකා වූ උපාසිකාවන් හට මිනුම් දණ්ඩ වන්නේද, පරමාදර්ශය වන්නේද, මේ පින්වත් ඛුජ්ජුත්තරාව ත්, වේළුකණ්ටකී නන්දමාතාවත්ය.

සාදු! සාදු!! සාදු!!!

2.3.12.5.

17. පින්වත් මහණෙනි, කරුණු දෙකකින් යුතු මේ බාල වූ අව්‍යක්ත වූ අසත්පුරුෂයා උදුරා දැමූ ගුණ ඇතිව, නැසුණු ගුණ ඇතිව ජීවිතය පරිහරණය කරනවා. වැරදි සහිතවත් ඉඳගෙන, ඤාණවන්තයින්ගේ ගර්හාවටත් ලක්වෙනවා. බොහෝ පව් රැස් කරගන්නවා. ඒ කවර කරුණු දෙකකින්ද යත්? නොවිමසා බලමින්, ඇත්ත නැත්ත තේරුම් බේරුම් නොකරගෙන නුගුණ කිව යුතු කෙනාගේ ගුණ කියනවා. නොවිමසා බලමින්, ඇත්ත නැත්ත තේරුම් බේරුම් නොකරගෙන ගුණ කිව යුතු කෙනාගේ නුගුණ කියනවා. පින්වත් මහණෙනි, මෙන්න මේ කරුණු දෙකෙන් සමන්විත ඒ බාල වූ අව්‍යක්ත වූ අසත්පුරුෂයා උදුරා දැමූ ගුණ ඇතිව, නැසුනු ගුණ ඇතිව ජීවිතය පරිහරණය කරනවා. වැරදි සහිතවත් ඉඳගෙන, ඤාණවන්තයින්ගේ ගර්හාවටත් ලක්වෙනවා. බොහෝ පව් රැස් කරගන්නවා.

සාදු! සාදු!! සාදු!!!

2.3.12.6.

18. පින්වත් මහණෙනි, කරුණු දෙකකින් යුතු මේ පණ්ඩිත වූ ව්‍යක්ත වූ

සත්පුරුෂයා (කිසිවෙකුගේ) යහපත් ගුණ උදුරා නොදමා, එමෙන්ම යහපත් ගුණ නොනසා තමයි තම ජීවිතය පරිහරණය කරන්නේ. නිවැරදිව ජීවත් වෙනවා. ප්‍රඥාවන්තයින්ගේ ගර්හාවට ලක්වෙන්නෙත් නෑ. බොහෝ පිනුත් රැස් කරගන්නවා. ඒ කවර කරුණු දෙකකින්ද යත්? නුගුණ කිව යුතු කෙනාගේ නුගුණ කියන්නේ හොඳින් දැනගෙන, හොඳින් සොයා බලලයි. එමෙන්ම ගුණ කිව යුතු කෙනාගේ ගුණ කියන්නේ හොඳින් දැනගෙන, හොඳින් සොයා බලලයි. පින්වත් මහණෙනි, මෙන්න මේ කරුණු දෙකෙන් සමන්විත ඒ පණ්ඩිත වූ ව්‍යක්ත වූ සත්පුරුෂයා (කිසිවෙකුගේ) යහපත් ගුණ උදුරා නොදමා, එමෙන්ම යහපත් ගුණ නොනසා තමයි තම ජීවිතය පරිහරණය කරන්නේ. නිවැරදිව ජීවත් වෙනවා. ප්‍රඥාවන්තයින්ගේ ගර්හාවට ලක්වෙන්නෙත් නෑ. බොහෝ පිනුත් රැස් කරගන්නවා.

සාදු! සාදු!! සාදු!!!

2.3.12.7.

19. පින්වත් මහණෙනි, කරුණු දෙකකින් යුතු මේ බාල වූ අව්‍යක්ත වූ අසත්පුරුෂයා (අනුන්ගේ) යහපත් ගුණ උදුරා දමා, එමෙන්ම යහපත් ගුණ නසා තමයි තම ජීවිතය පරිහරණය කරන්නෙ. වැරදි ලෙස ජීවත් වෙනවා. ප්‍රඥාවන්තයින්ගේ ගර්හාවටත් ලක්වෙනවා. බොහෝ පව් රැස් කරගන්නවා. ඒ කවර කරුණු දෙකකින්ද? සළකා බලන්නේ නැතුව, සොයා බලන්නේ නැතුව අපැහැදිය යුතු තැන පැහැදීමට පත් වෙනවා. සළකා බලන්නෙ නැතුව, සොයා බලන්නෙ නැතුව පැහැදිය යුතු තැන අපැහැදීමට පත් වෙනවා. පින්වත් මහණෙනි, මෙන්න මේ කරුණු දෙකෙන් සමන්විත ඒ බාල වූ අව්‍යක්ත වූ අසත්පුරුෂයා (අනුන්ගේ) යහපත් ගුණ උදුරා දමා, එමෙන්ම යහපත් ගුණ නසා තමයි තම ජීවිතය පරිහරණය කරන්නෙ. වැරදි ලෙස ජීවත් වෙනවා. ප්‍රඥාවන්තයින්ගේ ගර්හාවටත් ලක්වෙනවා. බොහෝ පව් රැස් කරගන්නවා.

සාදු! සාදු!! සාදු!!!

2.3.12.8.

20. පින්වත් මහණෙනි, කරුණු දෙකකින් යුතු මේ පණ්ඩිත වූ ව්‍යක්ත වූ සත්පුරුෂයා (කිසිවෙකුගේ) යහපත් ගුණ උදුරා නොදමා, එමෙන්ම යහපත් ගුණ නොනසා තමයි ජීවිතය පරිහරණය කරන්නේ. නිවැරදිව ජීවත් වෙනවා.

ප්‍රඥාවන්තයින්ගේ ගර්හාවට ලක්වෙන්නෙ නෑ. බොහෝ පිනුත් රැස් කරගන්නවා. ඒ කවර කරුණු දෙකකින්ද යත්? සළකා බලා, සොයා බලා අපැහැදිය යුතු තැන අපැහැදීමට පත් වෙනවා. සළකා බලා, සොයා බලා පැහැදිය යුතු තැන පැහැදීමට පත් වෙනවා. පින්වත් මහණෙනි, මෙන්න මේ කරුණු දෙකෙන් සමන්විත ඒ පණ්ඩිත වූ ව්‍යක්ත වූ සත්පුරුෂයා (කිසිවෙකුගේ) යහපත් ගුණ උදුරා නොදමා, එමෙන්ම යහපත් ගුණ නොනසා තමයි ජීවිතය පරිහරණය කරන්නේ. නිවැරදිව ජීවත් වෙනවා. ප්‍රඥාවන්තයින්ගේ ගර්හාවට ලක්වෙන්නෙ නෑ. බොහෝ පිනුත් රැස් කරගන්නවා.

සාදු! සාදු!! සාදු!!!

2.3.12.9.

21. පින්වත් මහණෙනි, දෙදෙනෙක් කෙරෙහි වැරදි විදිහට පිළිපදිනා ඒ බාල වූ අව්‍යක්ත වූ අසත්පුරුෂයා යහපත් ගුණ උදුරා දමා, එමෙන්ම යහපත් ගුණ නසා තමයි තම ජීවිතය පරිහරණය කරන්නෙ. වැරදි ලෙස ජීවත් වෙනවා. ප්‍රඥාවන්තයින්ගේ ගර්හාවටත් ලක්වෙනවා. බොහෝ පව්ත් රැස් කර ගන්නවා. ඒ කවර දෙදෙනෙක් කෙරෙහිද? මව කෙරෙහිත්, පියා කෙරෙහිත් ය. පින්වත් මහණෙනි, මෙන්න මේ දෙදෙනා ගැන වැරදි විදිහට පිළිපදිනා ඒ බාල වූ අව්‍යක්ත වූ අසත්පුරුෂයා යහපත් ගුණ උදුරා දමා, එමෙන්ම යහපත් ගුණ නසා තමයි තම ජීවිතය පරිහරණය කරන්නෙ. වැරදි ලෙස ජීවත් වෙනවා. ප්‍රඥාවන්තයින්ගේ ගර්හාවටත් ලක්වෙනවා. බොහෝ පව්ත් රැස් කර ගන්නවා.

සාදු! සාදු!! සාදු!!!

2.3.12.10.

22. පින්වත් මහණෙනි, දෙදෙනෙක් කෙරෙහි නිවැරදි විදිහට පිළිපදිනා ඒ පණ්ඩිත වූ ව්‍යක්ත වූ සත්පුරුෂයා යහපත් ගුණ උදුරා නොදමා, එමෙන්ම යහපත් ගුණ නොනසා තමයි තම ජීවිතය පරිහරණය කරන්නේ. නිවැරදි ලෙස ජීවත් වෙනවා. ප්‍රඥාවන්තයින්ගේ ගර්හාවට ලක්වෙන්නෙ නෑ. බොහෝ පිනුත් රැස් කරගන්නවා. ඒ කවර දෙදෙනෙක් කෙරෙහිද? මව කෙරෙහිත්, පියා කෙරෙහිත් ය. පින්වත් මහණෙනි, මෙන්න මේ දෙදෙනා ගැන නිවැරදි විදිහට පිළිපදිනා ඒ පණ්ඩිත වූ ව්‍යක්ත වූ සත්පුරුෂයා යහපත් ගුණ උදුරා නොදමා, එමෙන්ම යහපත් ගුණ නොනසා තමයි ජීවිතය පරිහරණය කරන්නේ. නිවැරදිව

ජීවත් වෙනවා. ප්‍රඥාවන්තයින්ගේ ගර්හාවට ලක්වෙන්නෙ නෑ. බොහෝ පිනුත් රැස් කරගන්නවා.

සාදු! සාදු!! සාදු!!!

2.3.12.11.

23. පින්වත් මහණෙනි, දෙදෙනෙක් කෙරෙහි වැරදි විදිහට පිළිපදිනා ඒ බාල වූ අව්‍යක්ත වූ අසත්පුරුෂයා යහපත් ගුණ උදුරා දමා, එමෙන්ම යහපත් ගුණ නසා තමයි තම ජීවිතය පරිහරණය කරන්නෙ. වැරදි ලෙස ජීවත් වෙනවා. ප්‍රඥාවන්තයින්ගේ ගර්හාවටත් ලක්වෙනවා. බොහෝ පව්ත් රැස් කර ගන්නවා. ඒ කවර දෙදෙනෙක් කෙරෙහිද? තථාගතයන් වහන්සේ කෙරෙහිත්, තථාගත ශ්‍රාවකයා කෙරෙහිත් ය. පින්වත් මහණෙනි, මෙන්න මේ දෙදෙනා ගැන වැරදි විදිහට පිළිපදිනා ඒ බාල වූ අව්‍යක්ත වූ අසත්පුරුෂයා යහපත් ගුණ උදුරා දමා, එමෙන්ම යහපත් ගුණ නසා තමයි තම ජීවිතය පරිහරණය කරන්නෙ. වැරදි ලෙස ජීවත් වෙනවා. ප්‍රඥාවන්තයින්ගේ ගර්හාවටත් ලක්වෙනවා. බොහෝ පව්ත් රැස් කර ගන්නවා.

සාදු! සාදු!! සාදු!!!

2.3.12.12.

24. පින්වත් මහණෙනි, දෙදෙනෙක් කෙරෙහි නිවැරදි විදිහට පිළිපදිනා ඒ පණ්ඩිත වූ ව්‍යක්ත වූ සත්පුරුෂයා යහපත් ගුණ උදුරා නොදමා, එමෙන්ම යහපත් ගුණ නොනසා තමයි ජීවිතය පරිහරණය කරන්නේ. නිවැරදි ලෙස ජීවත් වෙනවා. ප්‍රඥාවන්තයින්ගේ ගර්හාවට ලක්වෙන්නෙ නෑ. බොහෝ පිනුත් රැස් කරගන්නවා. ඒ කවර දෙදෙනෙක් කෙරෙහිද? තථාගතයන් වහන්සේ කෙරෙහිත්, තථාගත ශ්‍රාවකයා කෙරෙහිත් ය. පින්වත් මහණෙනි, මෙන්න මේ දෙදෙනා ගැන නිවැරදි විදිහට පිළිපදිනා ඒ පණ්ඩිත වූ ව්‍යක්ත වූ සත්පුරුෂයා යහපත් ගුණ උදුරා නොදමා, එමෙන්ම යහපත් ගුණ නොනසා තමයි ජීවිතය පරිහරණය කරන්නේ. නිවැරදිව ජීවත් වෙනවා. ප්‍රඥාවන්තයින්ගේ ගර්හාවට ලක්වෙන්නෙ නෑ. බොහෝ පිනුත් රැස් කරගන්නවා.

සාදු! සාදු!! සාදු!!!

2.3.12.13.

25. පින්වත් මහණෙනි, මේ ධර්ම දෙකක් තියෙනවා. ඒ දෙක මොනවාද? තමන්ගේ සිත පිරිසිදු වීමත්, ලෝකයෙහි කිසිම දෙයකට නොබැඳී සිටීමත් ය. පින්වත් මහණෙනි, මේ තමයි ඒ ධර්ම දෙක.

සාදු! සාදු!! සාදු!!!

2.3.12.14.

26. පින්වත් මහණෙනි, මේ කරුණු දෙකක් තියෙනවා. ඒ දෙක මොනවාද? ක්‍රෝධයත්, බද්ධ වෛරයත්. පින්වත් මහණෙනි, මේ තමයි ඒ කරුණු දෙක.

සාදු! සාදු!! සාදු!!!

2.3.12.15.

27. පින්වත් මහණෙනි, මේ කරුණු දෙකක් තියෙනවා. ඒ දෙක මොනවාද? ක්‍රෝධය දුරු කිරීමත්, බද්ධ වෛරය දුරු කිරීමත් ය. පින්වත් මහණෙනි, මේ තමයි ඒ කරුණු දෙක.

සාදු! සාදු!! සාදු!!!

දොළොස් වෙනි වර්ගයයි.

13. දාන වර්ගය

2.3.13.1.

28. සැවැත් නුවරදී ....

පින්වත් මහණෙනි, මේ දාන දෙකක් තියෙනවා. ඒ දෙක මොනවාද? (සිව්පසයට අවශ්‍ය දේ දන් දීම නම් වූ) ආමිස දානයත්, (තථාගත ශ්‍රී සද්ධර්මය දන් දීම නම් වූ) ධර්ම දානයත් ය. පින්වත් මහණෙනි, මේ තමයි දාන දෙක. පින්වත් මහණෙනි, මේ දාන දෙක අතුරෙන් යම් ධර්ම දානයක් ඇද්ද, මෙන්න මේ ධර්ම දානයමයි අග්‍ර වෙන්නෙ.

සාදු! සාදු!! සාදු!!!

2.3.13.2.

29. පින්වත් මහණෙනි, මේ යාග දෙකක් තියෙනවා. ඒ දෙක මොනවාද? (සිව්පසයට අවශ්‍ය දේ පූජා කිරීම නම් වූ) ආමිස යාගයත්, (තථාගත ශ්‍රී සද්ධර්මය දේශනා කිරීම නම් වූ) ධර්ම යාගයත් ය. පින්වත් මහණෙනි, මේ තමයි යාග දෙක. පින්වත් මහණෙනි, මේ යාග දෙක අතුරෙන් යම් ධර්ම යාගයක් ඇද්ද, මෙන්න මේ ධර්ම යාගයමයි අග්‍ර වෙන්නෙ.

සාදු! සාදු!! සාදු!!!

2.3.13.3.

30. පින්වත් මහණෙනි, මේ ත්‍යාග දෙකක් තියෙනවා. ඒ දෙක මොනවාද? (සිව්පසයට අවශ්‍ය දේ තෑගි දීම නම් වූ) ආමිස ත්‍යාගයත්, (තථාගත ශ්‍රී සද්ධර්මය

තෑගි දීම නම් වූ) ධර්ම ත්‍යාගයත් ය. පින්වත් මහණෙනි, මේ තමයි ත්‍යාග දෙක. පින්වත් මහණෙනි, මේ ත්‍යාග දෙක අතුරෙන් යම් ධර්ම ත්‍යාගයක් ඇද්ද, මෙන්න මේ ධර්ම ත්‍යාගයමයි අග්‍ර වෙන්නෙ.

සාදු! සාදු!! සාදු!!!

2.3.13.4.

31. පින්වත් මහණෙනි, මේ පිරිනැමීම් දෙකක් තියෙනවා. ඒ දෙක මොනවාද? (සිව්පසයට අවශ්‍ය දේ පරිත්‍යාග කිරීම නම් වූ) ආමිස පිරිනැමීමත්, (තථාගත ශ්‍රී සද්ධර්මය පරිත්‍යාග කිරීම නම් වූ) ධර්ම පිරිනැමීමත් ය. පින්වත් මහණෙනි, මේ තමයි පිරිනැමීම් දෙක. පින්වත් මහණෙනි, මේ පිරිනැමීම් දෙක අතුරෙන් යම් ධර්ම පිරිනැමීමක් ඇද්ද, මෙන්න මේ ධර්ම පිරිනැමීමමයි අග්‍ර වෙන්නෙ.

සාදු! සාදු!! සාදු!!!

2.3.13.5.

32. පින්වත් මහණෙනි, මේ සම්පත් දෙකක් තියෙනවා. ඒ දෙක මොනවාද? (සිව්පසය නම් වූ) ආමිස සම්පතත්, (තථාගත ශ්‍රී සද්ධර්මය නම් වූ) ධර්ම සම්පතත් ය. පින්වත් මහණෙනි, මේ තමයි සම්පත් දෙක. පින්වත් මහණෙනි, මේ සම්පත් දෙක අතුරෙන් යම් ධර්ම සම්පතක් ඇද්ද, මෙන්න මේ ධර්ම සම්පතමයි අග්‍ර වෙන්නෙ.

සාදු! සාදු!! සාදු!!!

2.3.13.6.

33. පින්වත් මහණෙනි, මේ සම්පත් පරිහරණය කිරීම් දෙකක් තියෙනවා. ඒ දෙක මොනවාද? (සිව්පසය පරිහරණය කිරීම නම් වූ) ආමිස සම්භෝගයත්, (තථාගත ශ්‍රී සද්ධර්මය පරිහරණය කිරීම නම් වූ) ධර්ම සම්භෝගයත් ය. පින්වත් මහණෙනි, මේ තමයි සම්පත් පරිහරණය කිරීම් දෙක. පින්වත් මහණෙනි, මේ සම්පත් පරිහරණය කිරීම් දෙක අතුරෙන් යම් ධර්ම සම්භෝගයක් ඇද්ද, මෙන්න මේ ධර්ම සම්භෝගයමයි අග්‍ර වෙන්නෙ.

සාදු! සාදු!! සාදු!!!

2.3.13.7.

34. පින්වත් මහණෙනි, මේ හොඳින් බෙදා දීම් දෙකක් තියෙනවා. ඒ දෙක මොනවාද? (සිව්පසයට හොඳින් බෙදා දීම නම් වූ) ආමිස සංවිභාගයත්, (තථාගත ශ්‍රී සද්ධර්මය හොඳින් බෙදා දීම නම් වූ) ධර්ම සංවිභාගයත් ය. පින්වත් මහණෙනි, මේ තමයි හොඳින් බෙදා දීම් දෙක. පින්වත් මහණෙනි, මේ හොඳින් බෙදා දීම් දෙක අතුරෙන් යම් ධර්ම සංවිභාගයක් ඇද්ද, මෙන්න මේ ධර්ම සංවිභාගයමයි අග්‍ර වෙන්නෙ.

සාදු! සාදු!! සාදු!!!

2.3.13.8.

35. පින්වත් මහණෙනි, මේ සංග්‍රහ කිරීම් දෙකක් තියෙනවා. ඒ දෙක මොනවාද? (සිව්පසයෙන් සංග්‍රහ කිරීම නම් වූ) ආමිස සංග්‍රහයත්, (තථාගත ශ්‍රී සද්ධර්මයෙන් සංග්‍රහ කිරීම නම් වූ) ධර්ම සංග්‍රහයත් ය. පින්වත් මහණෙනි, මේ තමයි සංග්‍රහ කිරීම් දෙක. පින්වත් මහණෙනි, මේ සංග්‍රහ කිරීම් දෙක අතුරෙන් යම් ධර්ම සංග්‍රහයක් ඇද්ද, මෙන්න මේ ධර්ම සංග්‍රහයමයි අග්‍ර වෙන්නෙ.

සාදු! සාදු!! සාදු!!!

2.3.13.9.

36. පින්වත් මහණෙනි, මේ අනුග්‍රහ කිරීම් දෙකක් තියෙනවා. ඒ දෙක මොනවාද? (සිව්පසයෙන් අනුග්‍රහ කිරීම නම් වූ) ආමිස අනුග්‍රහයත්, (තථාගත ශ්‍රී සද්ධර්මයෙන් අනුග්‍රහ කිරීම නම් වූ) ධර්ම අනුග්‍රහයත් ය. පින්වත් මහණෙනි, මේ තමයි අනුග්‍රහ කිරීම් දෙක. පින්වත් මහණෙනි, මේ අනුග්‍රහ කිරීම් දෙක අතුරෙන් යම් ධර්ම අනුග්‍රහයක් ඇද්ද, මෙන්න මේ ධර්ම අනුග්‍රහයමයි අග්‍ර වෙන්නෙ.

සාදු! සාදු!! සාදු!!!

2.3.13.10.

37. පින්වත් මහණෙනි, මේ අනුකම්පා කිරීම් දෙකක් තියෙනවා. ඒ දෙක මොනවාද? (සිව්පසයෙන් අනුකම්පා කිරීම නම් වූ) ආමිස අනුකම්පාවත්, (තථාගත ශ්‍රී සද්ධර්මයෙන් අනුකම්පා කිරීම නම් වූ) ධර්ම අනුකම්පාවත් ය. පින්වත් මහණෙනි, මේ තමයි අනුකම්පා කිරීම් දෙක. පින්වත් මහණෙනි, මේ අනුකම්පා කිරීම් දෙක අතුරෙන් යම් ධර්ම අනුකම්පාවක් ඇද්ද, මෙන්න මේ ධර්ම අනුකම්පාවමයි අග්‍ර වෙන්නෙ.

සාදු! සාදු!! සාදු!!!

දහ තුන් වෙනි වර්ගයයි.

14. සන්ථාර වර්ගය

2.3.14.1.

38. සැවැත් නුවරදී ....

පින්වත් මහණෙනි, මේ පැතිරවීම් දෙකක් තියෙනවා. ඒ දෙක මොනවාද? (සිව්පසය පැතිරවීම නම් වූ) ආමිස පැතිරවීමත්, (තථාගත ශ්‍රී සද්ධර්මය පැතිරවීම නම් වූ) ධර්ම පැතිරවීමත් ය. පින්වත් මහණෙනි, මේ තමයි පැතිරවීම් දෙක. පින්වත් මහණෙනි, මේ පැතිරවීම් දෙක අතුරෙන් යම් ධර්ම පැතිරවීමක් ඇද්ද, මෙන්න මේ ධර්ම පැතිරවීමමයි අග්‍ර වෙන්නෙ.

සාදු! සාදු!! සාදු!!!

2.3.14.2.

39. පින්වත් මහණෙනි, මේ පිළිසඳර දෙකක් තියෙනවා. ඒ දෙක මොනවාද? (සිව්පසය පිළිසඳර නම් වූ) ආමිස පිළිසඳරත්, (තථාගත ශ්‍රී සද්ධර්මය පිළිසඳර නම් වූ) ධර්ම පිළිසඳරත් ය. පින්වත් මහණෙනි, මේ තමයි පිළිසඳර දෙක. පින්වත් මහණෙනි, මේ පිළිසඳර දෙක අතුරෙන් යම් ධර්ම පිළිසඳරක් ඇද්ද, මෙන්න මේ ධර්ම පිළිසඳරමයි අග්‍ර වෙන්නෙ.

සාදු! සාදු!! සාදු!!!

2.3.14.3.

40. පින්වත් මහණෙනි, මේ සෙවීම් දෙකක් තියෙනවා. ඒ දෙක මොනවාද? (සිව්පසය සෙවීම නම් වූ) ආමිස සෙවීමත්, (තථාගත ශ්‍රී සද්ධර්මය සෙවීම නම් වූ) ධර්මය සෙවීමත් ය. පින්වත් මහණෙනි, මේ තමයි සෙවීම් දෙක. පින්වත්

මහණෙනි, මේ සෙවීම් දෙක අතුරෙන් යම් ධර්ම සෙවීමක් ඇද්ද, මෙන්න මේ ධර්ම සෙවීමමයි අග්‍ර වෙන්නෙ.

සාදු! සාදු!! සාදු!!!

2.3.14.4.

41. පින්වත් මහණෙනි, මේ පර්යේෂණ දෙකක් තියෙනවා. ඒ දෙක මොනවාද? (සිව්පසය පර්යේෂණය නම් වූ) ආමිස පර්යේෂණයත්, (තථාගත ශ්‍රී සද්ධර්මය පර්යේෂණය නම් වූ) ධර්ම පර්යේෂණයත් ය. පින්වත් මහණෙනි, මේ තමයි පර්යේෂණ දෙක. පින්වත් මහණෙනි, මේ පර්යේෂණ දෙක අතුරෙන් යම් ධර්ම පර්යේෂණයක් ඇද්ද, මෙන්න මේ ධර්ම පර්යේෂණයමයි අග්‍ර වෙන්නෙ.

සාදු! සාදු!! සාදු!!!

2.3.14.5.

42. පින්වත් මහණෙනි, මේ විශේෂයෙන් සොයා යෑම් දෙකක් තියෙනවා. ඒ දෙක මොනවාද? (සිව්පසය විශේෂයෙන් සොයා යෑම නම් වූ) ආමිස විශේෂයෙන් සොයා යෑමත්, (තථාගත ශ්‍රී සද්ධර්මය විශේෂයෙන් සොයා යෑම නම් වූ) ධර්මය විශේෂයෙන් සොයා යෑමත් ය. පින්වත් මහණෙනි, මේ තමයි විශේෂයෙන් සොයා යෑම් දෙක. පින්වත් මහණෙනි, මේ විශේෂයෙන් සොයා යෑම් දෙක අතුරෙන් යම් ධර්මය විශේෂයෙන් සොයා යෑමක් ඇද්ද, මෙන්න මේ ධර්මය විශේෂයෙන් සොයා යෑමමයි අග්‍ර වෙන්නෙ.

සාදු! සාදු!! සාදු!!!

2.3.14.6.

43. පින්වත් මහණෙනි, මේ පූජා දෙකක් තියෙනවා. ඒ දෙක මොනවාද? (සිව්පසය පූජාව නම් වූ) ආමිස පූජාත්, (තථාගත ශ්‍රී සද්ධර්මය පූජාව නම් වූ) ධර්මය පූජාවත් ය. පින්වත් මහණෙනි, මේ තමයි පූජා දෙක. පින්වත් මහණෙනි, මේ පූජා දෙක අතුරෙන් යම් ධර්ම පූජාවක් ඇද්ද, මෙන්න මේ ධර්ම පූජාවමයි අග්‍ර වෙන්නෙ.

සාදු! සාදු!! සාදු!!!

2.3.14.7.

44. පින්වත් මහණෙනි, මේ ආගන්තුක සංග්‍රහ දෙකක් තියෙනවා. ඒ දෙක මොනවාද? (සිව්පසයෙන් ආගන්තුක සංග්‍රහ කිරීම නම් වූ) ආමිසයෙන් ආගන්තුක සංග්‍රහයත්, (තථාගත ශ්‍රී සද්ධර්මයෙන් ආගන්තුක සංග්‍රහ කිරීම නම් වූ) ධර්මයෙන් ආගන්තුක සංග්‍රහයත් ය. පින්වත් මහණෙනි, මේ තමයි ආගන්තුක සංග්‍රහ දෙක. පින්වත් මහණෙනි, මේ ආගන්තුක සංග්‍රහ දෙක අතුරෙන් යම් ධර්මයෙන් ආගන්තුක සංග්‍රහයක් ඇද්ද, මෙන්න මේ ධර්ම ආගන්තුක සංග්‍රහයමයි අග්‍ර වෙන්නෙ.

සාදු! සාදු!! සාදු!!!

2.3.14.8.

45. පින්වත් මහණෙනි, මේ ඉර්ධි දෙකක් තියෙනවා. ඒ දෙක මොනවාද? (සිව්පස ඉර්ධිය නම් වූ) ආමිස ඉර්ධියත්, (තථාගත ශ්‍රී සද්ධර්ම ඉර්ධි නම් වූ) ධර්ම ඉර්ධියත් ය. පින්වත් මහණෙනි, මේ තමයි ඉර්ධි දෙක. පින්වත් මහණෙනි, මේ ඉර්ධි දෙක අතුරෙන් යම් ධර්ම ඉර්ධියක් ඇද්ද, මෙන්න මේ ධර්ම ඉර්ධියමයි අග්‍ර වෙන්නෙ.

සාදු! සාදු!! සාදු!!!

2.3.14.9.

46. පින්වත් මහණෙනි, මේ අභිවෘද්ධි දෙකක් තියෙනවා. ඒ දෙක මොනවාද? (සිව්පස අභිවෘද්ධිය නම් වූ) ආමිස අභිවෘද්ධියත්, (තථාගත ශ්‍රී සද්ධර්ම අභිවෘද්ධිය නම් වූ) ධර්ම අභිවෘද්ධියත් ය. පින්වත් මහණෙනි, මේ තමයි අභිවෘද්ධි දෙක. පින්වත් මහණෙනි, මේ අභිවෘද්ධි දෙක අතුරෙන් යම් ධර්ම අභිවෘද්ධියක් ඇද්ද, මෙන්න මේ ධර්ම අභිවෘද්ධියමයි අග්‍ර වෙන්නෙ.

සාදු! සාදු!! සාදු!!!

2.3.14.10.

47. පින්වත් මහණෙනි, මේ මාණික්‍ය දෙකක් තියෙනවා. ඒ දෙක මොනවාද? (සිව්පස මාණික්‍යය නම් වූ) ආමිස මාණික්‍යයත්, (තථාගත ශ්‍රී සද්ධර්ම මාණික්‍යය

නම් වූ) ධර්ම මාණික්‍යයත් ය. පින්වත් මහණෙනි, මේ තමයි මාණික්‍ය දෙක. පින්වත් මහණෙනි, මේ මාණික්‍ය දෙක අතුරෙන් යම් ධර්ම මාණික්‍යයක් ඇද්ද, මෙන්න මේ ධර්ම මාණික්‍යයමයි අග්‍ර වෙන්නෙ.

සාදු! සාදු!! සාදු!!!

2.3.14.11.

48. පින්වත් මහණෙනි, මේ රැස්කර ගැනීම් දෙකක් තියෙනවා. ඒ දෙක මොනවාද? (සිව්පසය රැස්කර ගැනීම නම් වූ) ආමිස රැස්කර ගැනීමත්, (තථාගත ශ්‍රී සද්ධර්මය රැස්කර ගැනීම නම් වූ) ධර්මය රැස්කර ගැනීමත් ය. පින්වත් මහණෙනි, මේ තමයි රැස්කර ගැනීම් දෙක. පින්වත් මහණෙනි, මේ රැස්කර ගැනීම් දෙක අතුරෙන් යම් ධර්මය රැස්කර ගැනීමක් ඇද්ද, මෙන්න මේ ධර්මය රැස්කර ගැනීමමයි අග්‍ර වෙන්නෙ.

සාදු! සාදු!! සාදු!!!

2.3.14.12.

49. පින්වත් මහණෙනි, මේ බොහෝ සෙයින් රැස්කර ගැනීම් දෙකක් තියෙනවා. ඒ දෙක මොනවාද? (සිව්පසය බොහෝ සෙයින් රැස්කර ගැනීම නම් වූ) ආමිස බොහෝ සෙයින් රැස්කර ගැනීමත්, (තථාගත ශ්‍රී සද්ධර්මය බොහෝ සෙයින් රැස්කර ගැනීම නම් වූ) ධර්මය බොහෝ සෙයින් රැස්කර ගැනීමත් ය. පින්වත් මහණෙනි, මේ තමයි බොහෝ සෙයින් රැස්කර ගැනීම් දෙක. පින්වත් මහණෙනි, මේ බොහෝ සෙයින් රැස්කර ගැනීම් දෙක අතුරෙන් යම් ධර්මය බොහෝ සෙයින් රැස්කර ගැනීමක් ඇද්ද, මෙන්න මේ ධර්මය බොහෝ සෙයින් රැස්කර ගැනීමමයි අග්‍ර වෙන්නෙ.

සාදු! සාදු!! සාදු!!!

දහ හතර වෙනි වර්ගයයි.

15. සමාපත්ති වර්ගය

2.3.15.1.

50. සැවැත් නුවරදී ....

පින්වත් මහණෙනි, මේ ධර්ම දෙකක් තියෙනවා. ඒ දෙක මොනවාද? සමාපත්තිවලට සමවැදීමෙහි දක්ෂතාවයත්, සමාපත්ති වලින් නැගී සිටීමේ දක්ෂතාවයත් ය. පින්වත් මහණෙනි, මේ තමයි ඒ ධර්ම දෙක.

සාදු! සාදු!! සාදු!!!

2.3.15.2.

51. පින්වත් මහණෙනි, මේ ධර්ම දෙකක් තියෙනවා. ඒ දෙක මොනවාද? ඍජු බවත්, මෘදුගති ඇති බවත් ය. පින්වත් මහණෙනි, මේ තමයි ඒ ධර්ම දෙක.

සාදු! සාදු!! සාදු!!!

2.3.15.3.

52. පින්වත් මහණෙනි, මේ ධර්ම දෙකක් තියෙනවා. ඒ දෙක මොනවාද? ඉවසීමත්, කීකරු බවත් ය. පින්වත් මහණෙනි, මේ තමයි ඒ ධර්ම දෙක.

සාදු! සාදු!! සාදු!!!

2.3.15.4.

53. පින්වත් මහණෙනි, මේ ධර්ම දෙකක් තියෙනවා. ඒ දෙක මොනවාද? මොළොක් කතා බහ ඇති බවත්, දහම් පිළිසඳර ඇති බවත් ය. පින්වත්

මහණෙනි, මේ තමයි ඒ ධර්ම දෙක.

සාදු! සාදු!! සාදු!!!

2.3.15.5.

54. පින්වත් මහණෙනි, මේ ධර්ම දෙකක් තියෙනවා. ඒ දෙක මොනවාද? හිංසා රහිත බවත්, පිරිසිදු ක්‍රියා ඇති බවත් ය. පින්වත් මහණෙනි, මේ තමයි ඒ ධර්ම දෙක.

සාදු! සාදු!! සාදු!!!

2.3.15.6.

55. පින්වත් මහණෙනි, මේ ධර්ම දෙකක් තියෙනවා. ඒ දෙක මොනවාද? අකුසල් ඇතුළු වීමට ඉඩදී නොවැළකූ ඉඳුරන් ඇති බවත්, ආහාර ගැනීමේ අර්ථය නොදැනීමත් ය. පින්වත් මහණෙනි, මේ තමයි ඒ ධර්ම දෙක.

සාදු! සාදු!! සාදු!!!

2.3.15.7.

56. පින්වත් මහණෙනි, මේ ධර්ම දෙකක් තියෙනවා. ඒ දෙක මොනවාද? අකුසල් ඇතුළු වීමට නොදී ඒවා වැළකූ ඉඳුරන් ඇති බවත්, ආහාර ගැනීමේ අර්ථය දැනීමත් ය. පින්වත් මහණෙනි, මේ තමයි ඒ ධර්ම දෙක.

සාදු! සාදු!! සාදු!!!

2.3.15.8.

57. පින්වත් මහණෙනි, මේ ධර්ම දෙකක් තියෙනවා. ඒ දෙක මොනවාද? නුවණින් විමසා සිව්පසය පරිහරණය කිරීමෙහි බලයත්, භාවනා බලයත් ය. පින්වත් මහණෙනි, මේ තමයි ඒ ධර්ම දෙක.

සාදු! සාදු!! සාදු!!!

2.3.15.9.

58. පින්වත් මහණෙනි, මේ ධර්ම දෙකක් තියෙනවා. ඒ දෙක මොනවාද? සිහිය බලවත්ව දියුණු කරගැනීමත්, සමාධිය බලවත්ව දියුණු කරගැනීමත් ය. පින්වත් මහණෙනි, මේ තමයි ඒ ධර්ම දෙක.

සාදු! සාදු!! සාදු!!!

2.3.15.10.

59. පින්වත් මහණෙනි, මේ ධර්ම දෙකක් තියෙනවා. ඒ දෙක මොනවාද? ධ්‍යාන දියුණු කළ හැකි සමථ භාවනාවත්, යථාභූත ඥාණය තුළින් ප්‍රඥාව දියුණු කළ හැකි විදර්ශනා භාවනාවත් ය. පින්වත් මහණෙනි, මේ තමයි ඒ ධර්ම දෙක.

සාදු! සාදු!! සාදු!!!

2.3.15.11.

60. පින්වත් මහණෙනි, මේ ධර්ම දෙකක් තියෙනවා. ඒ දෙක මොනවාද? දුස්සීලභාවයට පත් වීම නම් වූ සීලවිපත්තියත්, මිත්‍යා දෘෂ්ටියට පැමිණීම නම් වූ දිට්ඨි විපත්තියත් ය. පින්වත් මහණෙනි, මේ තමයි ඒ ධර්ම දෙක.

සාදු! සාදු!! සාදු!!!

2.3.15.12.

61. පින්වත් මහණෙනි, මේ ධර්ම දෙකක් තියෙනවා. ඒ දෙක මොනවාද? මැනැවින් සීලයෙහි පිහිටා සිටීම නම් වූ සීලසම්පත්තියත්, සම්මා දිට්ඨියට පැමිණීම නම් වූ දිට්ඨි සම්පත්තියත් ය. පින්වත් මහණෙනි, මේ තමයි ඒ ධර්ම දෙක.

සාදු! සාදු!! සාදු!!!

2.3.15.13.

61. පින්වත් මහණෙනි, මේ ධර්ම දෙකක් තියෙනවා. ඒ දෙක මොනවාද? සීලය තුළින් පිරිසිදු වීම නම් වූ සීල විසුද්ධියත්, සම්මා දිට්ඨිය තුළින් පිරිසිදු වීම නම් වූ දිට්ඨි විසුද්ධියත් ය. පින්වත් මහණෙනි, මේ තමයි ඒ ධර්ම දෙක.

සාදු! සාදු!! සාදු!!!

2.3.15.14.

63. පින්වත් මහණෙනි, මේ ධර්ම දෙකක් තියෙනවා. ඒ දෙක මොනවාද? සම්මා දිට්ඨිය තුළින් පිරිසිදු වීම නම් වූ දිට්ඨි විසුද්ධියත්, ඒ සම්මා දිට්ඨියට අනුව ධර්මාවබෝධය දියුණු කරගැනීම පිණිස බලවත්ව වීරිය කිරීම නම් වූ පධන් වෙර වැඩීමත් ය. පින්වත් මහණෙනි, මේ තමයි ඒ ධර්ම දෙක.

සාදු! සාදු!! සාදු!!!

2.3.15.15.

64. පින්වත් මහණෙනි, මේ ධර්ම දෙකක් තියෙනවා. ඒ දෙක මොනවාද? උතුම් අරමුණ ඉටුවන තුරා තමා ඇති කරගන්නා කුසල් දහම් පිළිබඳ සෑහීමට පත් නොවීමත්, ඒ සඳහා අකුසල් ප්‍රහාණය පිණිසත්, කුසල් දියුණු කිරීම පිණිසත් ඇති නොපසුබස්නා වීරියත් ය. පින්වත් මහණෙනි, මේ තමයි ඒ ධර්ම දෙක.

සාදු! සාදු!! සාදු!!!

2.3.15.16.

65. පින්වත් මහණෙනි, මේ ධර්ම දෙකක් තියෙනවා. ඒ දෙක මොනවාද? සතර සතිපට්ඨානයෙහි සිහිය නොපිහිටන බවත්, නුවණින් විමසීමෙහි නොහැකියාවත් ය. පින්වත් මහණෙනි, මේ තමයි ඒ ධර්ම දෙක.

සාදු! සාදු!! සාදු!!!

2.3.15.17.

66. පින්වත් මහණෙනි, මේ ධර්ම දෙකක් තියෙනවා. ඒ දෙක මොනවාද? සතර සතිපට්ඨානයෙහි සිහිය පිහිටන බවත්, නුවණින් විමසීමෙහි හැකියාවත් ය. පින්වත් මහණෙනි, මේ තමයි ඒ ධර්ම දෙක.

සාදු! සාදු!! සාදු!!!

පහළොස් වෙනි වර්ගයයි.

තුන් වෙනි සූත්‍ර පණ්ණාස සමාප්තයි.

16. ක්‍රෝධ වර්ගය

2.16.1.-5.

සැවැත් නුවරදී ....

පින්වත් මහණෙනි, මේ ධර්ම දෙකක් තියෙනවා. ඒ දෙක මොනවාද? ක්‍රෝධයත්, බද්ධ වෛරයත් ය. ....(පෙ).... ගුණමකුකමත්, එකට එක කිරීමත් ය. ....(පෙ).... ඉරිසියාවත්, මසුරුකමත් ය. ....(පෙ).... මායාකාරී බවත්, ශටකපට බවත් ය. ....(පෙ).... (පවට) ලැජ්ජා නැතිකමත්, භය නැතිකමත් ය. පින්වත් මහණෙනි, මේ තමයි ධර්ම දෙක.

සාදු! සාදු!! සාදු!!!

2.16.6.-10.

පින්වත් මහණෙනි, මේ ධර්ම දෙකක් තියෙනවා. ඒ දෙක මොනවාද? ක්‍රෝධය නැති බවත්, බද්ධ වෛර නැති බවත් ය. ....(පෙ).... ගුණමකු නැති බවත්, එකට එක නොකිරීමත් ය. ....(පෙ).... ඉරිසියා නැති බවත්, මසුරු නැති බවත් ය. ....(පෙ).... මායාකාරී නැති බවත්, ශටකපට නැති බවත් ය. ....(පෙ).... (පවට) ලැජ්ජා ඇති බවත්, භය ඇති බවත් ය. පින්වත් මහණෙනි, මේ තමයි කාරණා දෙක.

සාදු! සාදු!! සාදු!!!

2.16.11.-15.

පින්වත් මහණෙනි, මේ කරුණු දෙකකින් යුතු කෙනා දුකසේ වාසය

කරයි. කවර කරුණු දෙකකින්ද? ක්‍රෝධයෙනුත්, බද්ධ වෛරයෙනුත් ය. ....(පෙ).... ගුණමකුකමෙනුත්, එකට එක කිරීමෙනුත් ය. ....(පෙ).... ඉරිසියාවෙනුත්, මසුරුකමෙනුත් ය. ....(පෙ).... මායාකාරී බවෙනුත්, ශටකපට බවෙනුත් ය. ....(පෙ).... (පවට) ලැජ්ජා නැතිකමෙනුත්, භය නැති කමෙනුත් ය. පින්වත් මහණෙනි, මේ කරුණු දෙකෙන් යුතු කෙනා දුකසේ ජීවත් වෙනවා.

සාදු! සාදු!! සාදු!!!

2.16.16.-20.

පින්වත් මහණෙනි, මේ කරුණු දෙකකින් යුතු කෙනා සැපසේ වාසය කරනවා. කවර කරුණු දෙකකින්ද? ක්‍රෝධ නැති බවෙනුත්, බද්ධ වෛර නැති බවෙනුත් ය. ....(පෙ).... ගුණමකු නැති බවෙනුත්, එකට එක නො කරන බවෙනුත් ය. ....(පෙ).... ඉරිසියා නැති බවෙනුත්, මසුරු නැති බවෙනුත් ය. ....(පෙ).... මායාකාරී නැති බවෙනුත්, ශටකපට නැති බවෙනුත් ය. ....(පෙ).... (පවට) ලැජ්ජා ඇති බවෙනුත්, භය ඇති බවෙනුත් ය. පින්වත් මහණෙනි, මේ කරුණු දෙකෙන් යුතු කෙනා සැපසේ වාසය කරනවා.

සාදු! සාදු!! සාදු!!!

2.16.21.-25.

පින්වත් මහණෙනි, මේ කරුණු දෙක සේඛ (අරහත්වය පිණිස හික්මෙන) භික්ෂුවගේ පිරිහීමට හේතු වෙනවා. ඒ දෙක මොනවාද? ක්‍රෝධයත්, බද්ධ වෛරයත් ය. ....(පෙ).... ගුණමකුකමත්, එකට එක කිරීමත් ය. ....(පෙ).... ඉරිසියාවත්, මසුරුකමත් ය. ....(පෙ).... මායාකාරී බවත්, ශටකපට බවත් ය. ....(පෙ).... (පවට) ලැජ්ජා නැතිකමත්, භය නැති කමත් ය. පින්වත් මහණෙනි, මේ කරුණු දෙක සේඛ භික්ෂුව ගේ පිරිහීමට හේතු වෙනවා.

සාදු! සාදු!! සාදු!!!

2.16.6.-10.

පින්වත් මහණෙනි, මේ කරුණු දෙක සේඛ භික්ෂුවගේ නොපිරිහීමට හේතු වෙනවා. ඒ දෙක මොනවාද? ක්‍රෝධය නැති බවත්, බද්ධ වෛර නැති

බවත් ය. ....(පෙ).... ගුණමකු නැති බවත්, එකට එක නොකිරීමත් ය. ....(පෙ).... ඉරිසියා නැති බවත්, මසුරුනැති බවත් ය. ....(පෙ).... මායාකාරී නැති බවත්, ශටකපට නැති බවත් ය. ....(පෙ).... (පවට) ලැජ්ජා ඇති බවත්, භය ඇති බවත් ය. පින්වත් මහණෙනි, මේ කරුණු දෙක සේඛ භික්ෂුවගේ නොපිරිහීමට හේතු වෙනවා.

සාදු! සාදු!! සාදු!!!

2.16.31.-35.

පින්වත් මහණෙනි, මේ කරුණු දෙකකින් යුතු කෙනා ඔසවාගෙන ආ බරක් බිමින් තබන්නා සේ නිරයේ උපදිනවා. කවර කරුණු දෙකකින්ද? ක්‍රෝධයෙනුත්, බද්ධ වෛරයෙනුත් ය. ....(පෙ).... ගුණමකුකමෙනුත්, එකට එක කිරීමෙනුත් ය. ....(පෙ).... ඉරිසියාවෙනුත්, මසුරුකමෙනුත් ය. ....(පෙ).... මායාකාරී බවෙනුත්, ශටකපට බවෙනුත් ය. ....(පෙ).... (පවට) ලැජ්ජා නැතිකමෙනුත්, භය නැති කමෙනුත් ය. පින්වත් මහණෙනි, මේ කරුණු දෙකකින් යුතු කෙනා ඔසවාගෙන ආ බරක් බිමින් තබන්නා සේ නිරයේ උපදිනවා.

සාදු! සාදු!! සාදු!!!

2.16.36.-40.

පින්වත් මහණෙනි, මේ කරුණු දෙකකින් යුතු කෙනා ඔසවාගෙන ආ බරක් බිමින් තබන්නා සේ දෙව්ලොව උපදිනවා. කවර කරුණු දෙකකින්ද? ක්‍රෝධ නැති බවෙනුත්, බද්ධ වෛර නැති බවෙනුත් ය. ....(පෙ).... ගුණමකු නැති බවෙනුත්, එකට එක කිරීම නැති බවෙනුත් ය. ....(පෙ).... ඉරිසියා නැති බවෙනුත්, මසුරු නැති බවෙනුත් ය. ....(පෙ).... මායාකාරී නැති බවෙනුත්, ශටකපට නැති බවෙනුත් ය. ....(පෙ).... (පවට) ලැජ්ජා ඇති බවෙනුත්, භය ඇති බවෙනුත් ය. පින්වත් මහණෙනි, මේ කරුණු දෙකකින් යුතු කෙනා ඔසවාගෙන ආ බරක් බිමින් තබන්නා සේ දෙව්ලොව උපදිනවා.

සාදු! සාදු!! සාදු!!!

2.16.41.-45.

පින්වත් මහණෙනි, මේ කරුණු දෙකින් යුතු මෙහි ඇතැම් කෙනෙක් කය බිඳී මරණින් මතු අපාය නම් වූ, දුගතිය නම් වූ, විනිපාත නම් වූ නිරයෙහි උපදිනවා. කවර කරුණු දෙකකින්ද? ක්‍රෝධයෙනුත්, බද්ධ වෛරයෙනුත් ය. ....(පෙ).... ගුණමකුකමෙනුත්, එකට එක කිරීමෙනුත් ය. ....(පෙ).... ඉරිසියාවෙනුත්, මසුරුකමෙනුත් ය. ....(පෙ).... මායාකාරී බවෙනුත්, ශටකපට බවෙනුත් ය. ....(පෙ).... (පවට) ලැජ්ජා නැතිකමෙනුත්, භය නැතිකමෙනුත් ය. පින්වත් මහණෙනි, මේ කරුණු දෙකින් යුතු මෙහි ඇතැම් කෙනෙක් කය බිඳී මරණින් මතු අපාය නම් වූ, දුගතිය නම් වූ, විනිපාත නම් වූ නිරයෙහි උපදිනවා.

සාදු! සාදු!! සාදු!!!

2.16.46.-50.

පින්වත් මහණෙනි, මේ කරුණු දෙකින් යුතු මෙහි ඇතැම් කෙනෙක් කය බිඳී මරණින් මතු සුගතිය නම් වූ දෙව්ලොව උපදිනවා. කවර කරුණු දෙකකින්ද? ක්‍රෝධ නැති බවෙනුත්, බද්ධ වෛර නැති බවෙනුත් ය. ....(පෙ).... ගුණමකු නැති බවෙනුත්, එකට එක කිරීම නැති බවෙනුත් ය. ....(පෙ).... ඉරිසියා නැති බවෙනුත්, මසුරු නැති බවෙනුත් ය. ....(පෙ).... මායාකාරී නැති බවෙනුත්, ශටකපට නැති බවෙනුත් ය. ....(පෙ).... (පවට) ලැජ්ජා ඇති බවෙනුත්, භය ඇති බවෙනුත් ය. පින්වත් මහණෙනි, මේ කරුණු දෙකින් යුතු මෙහි ඇතැම් කෙනෙක් කය බිඳී මරණින් මතු සුගතිය නම් වූ දෙව්ලොව උපදිනවා.

සාදු! සාදු!! සාදු!!!

දහ සය වෙනි වර්ගයයි.

17. දහ හත් වෙනි වර්ගය

1. අකුසල පෙය්‍යාලය

1-50

පින්වත් මහණෙනි, මේ කරුණු දෙක අකුසල් ය. ....(පෙ).... පින්වත් මහණෙනි, මේ කරුණු දෙක කුසල් ය. ....(පෙ).... පින්වත් මහණෙනි, මේ කරුණු දෙක වැරදි සහිතයි. ....(පෙ).... පින්වත් මහණෙනි, මේ කරුණු දෙක නිවැරදියි. ....(පෙ).... පින්වත් මහණෙනි, මේ කරුණු දෙක දුක උපද්දවා දෙනවා. ....(පෙ).... පින්වත් මහණෙනි, මේ කරුණු දෙක සැප උපද්දවා දෙනවා. ....(පෙ).... පින්වත් මහණෙනි, මේ කරුණු දෙක දුක් විපාක දෙනවා. ....(පෙ).... පින්වත් මහණෙනි, මේ කරුණු දෙක සැප විපාක දෙනවා. ....(පෙ).... පින්වත් මහණෙනි, මේ කරුණු දෙක දුක් සහිතයි. ....(පෙ).... පින්වත් මහණෙනි, මේ කරුණු දෙක සැප සහිතයි. ....(පෙ).... ඒ දෙක මොනවාද? ක්‍රෝධය නැති බවත්, බද්ධ වෛර නැති බවත් ය. ....(පෙ).... ගුණමකු නැති බවත්, එකට එක කිරීම නැති බවත් ය. ....(පෙ).... ඉරිසියා නැති බවත්, මසුරු නැති බවත් ය. ....(පෙ).... මායාකාරී නැති බවත්, ශඨකපට නැති බවත් ය. ....(පෙ).... (පවට) ලැජ්ජා ඇති බවත්, භය ඇති බවත් ය. පින්වත් මහණෙනි, මේ කරුණු දෙක සැප සහිතයි.

සාදු! සාදු!! සාදු!!!

1. විනය පෙය්‍යාලය

1-10

පින්වත් මහණෙනි, මේ යහපත ඇති කර දෙන කරුණු දෙක උදෙසා තමයි තථාගතයන් වහන්සේ විසින් ශ්‍රාවකයන්ට ශික්ෂාපද පණවා තිබෙන්නේ.

ඒ කවර දෙකක්ද? සංඝයාගේ ගෞරවය ඇති වීම පිණිසත්, සංඝයාගේ පහසුව පිණිසත් ය. ....(පෙ).... දුසිල් පුද්ගලයන්ට නිග්‍රහය පිණිසත්, සුපේශල භික්ෂූන්ට පහසුවෙන් වාසය කිරීම පිණිසත් ය. ....(පෙ).... මේ ජීවිතයේදී ඇති වෙන කරදරවලින් වැළකීම පිණිසත්, පරලොවදී ඇති වෙන කරදරවලින් වැළැකීම පිණිසත් ය. ....(පෙ).... මේ ජීවිතයේදී ඇති වෙන වෛරයන් සංසිඳවීම පිණිසත්, පරලොව ජීවිතයේදී ඇති වෙන වෛරයන් සංසිඳවීම පිණිසත් ය. ....(පෙ).... මේ ජීවිතයේදී ඇති වෙන වැරදිවලින් සංවර වීම පිණිසත්, පරලොව ජීවිතයේදී ඇති වෙන වැරදි වැළැක්වීම පිණිසත් ය. ....(පෙ).... මේ ජීවිතයේදී (දුසිල්බව නිසා) ඇති වෙන භය සංසිඳවීම පිණිසත්, පරලොව ජීවිතයේදී (දුගතිය පිණිස) ඇති වෙන භය වැළැක්වීම පිණිසත් ය. ....(පෙ).... මේ ජීවිතයේදී ඇති වෙන අකුසල් සංසිඳවීම පිණිසත්, පරලොව ජීවිතයේදී ඇති වෙන අකුසල් වැළැක්වීම පිණිසත් ය. ....(පෙ).... (සිව්පසයෙන් උපස්ථාන කරන) ගිහියන් හට අනුකම්පා පිණිසත්, පවිටු ආශා ඇති උදවියගේ පැත්ත ගැනීම නැති කිරීම පිණිසත් ය. ....(පෙ).... අපැහැදීමට පත් වූ අයගේ පැහැදීම පිණිසත්, පැහැදුණු අයගේ ඒ පැහැදීම වැඩිවීම පිණිසත් ය. ....(පෙ).... සද්ධර්මයේ පැවැත්ම පිණිසත්, විනයට අනුග්‍රහ පිණිසත් ය. පින්වත් මහණෙනි, මේ යහපත ඇති කර දෙන කරුණු දෙක උදෙසා තමයි තථාගතයන් වහන්සේ විසින් ශ්‍රාවකයන්ට ශික්ෂාපද පණවා තිබෙන්නේ.

සාදු! සාදු!! සාදු!!!

11-300

පින්වත් මහණෙනි, මේ යහපත ඇති කර දෙන කරුණු දෙක උදෙසා තමයි තථාගතයන් වහන්සේ විසින් ශ්‍රාවකයන්ට ප්‍රාතිමෝක්ෂය පණවා තිබෙන්නේ. ....(පෙ).... ප්‍රාතිමෝක්ෂය දේශනා කිරීම පණවා තිබෙන්නේ. ප්‍රාතිමෝක්ෂය තැබීම පණවා තිබෙන්නේ. ....(පෙ).... පවාරණය පණවා තිබෙන්නේ. ....(පෙ).... පවාරණය තැබීම පණවා තිබෙන්නේ. ....(පෙ).... තජ්ජනීය කර්මය පණවා තිබෙන්නේ. ....(පෙ).... නිස්සය කර්මය පණවා තිබෙන්නේ. ....(පෙ).... පබ්බාජනීය කර්මය පණවා තිබෙන්නේ. ....(පෙ).... පටිසාරණීය කර්මය පණවා තිබෙන්නේ. ....(පෙ).... උක්ඛේපනීය කර්මය පණවා තිබෙන්නේ. ....(පෙ).... පරිවාසය දීම පණවා තිබෙන්නේ. ....(පෙ).... මූලාය පටිකස්සනය පණවා තිබෙන්නේ. ....(පෙ).... මානත දීම පණවා තිබෙන්නේ. ....(පෙ).... අබ්භාන කර්මය පණවා තිබෙන්නේ. ....(පෙ).... ඕසාරණීය කර්මය පණවා

තිබෙන්නේ. ....(පෙ).... නිස්සාරණීය කර්මය පණවා තිබෙන්නේ. ....(පෙ).... උපසම්පදාව පණවා තිබෙන්නේ. ....(පෙ).... ඥත්ති කර්මය පණවා තිබෙන්නේ. ....(පෙ).... ඥත්ති දුතිය කර්මය පණවා තිබෙන්නේ. ....(පෙ).... ඥත්ති චතුත්ථ කර්මය පණවා තිබෙන්නේ. ....(පෙ).... නොපණවන ලද ශික්ෂාපද පණවා තිබෙන්නේ. ....(පෙ).... පණවන ලද ශික්ෂාපදවලට අතුරු පැණවීම පණවා තිබෙන්නේ. ....(පෙ).... සම්මුඛ විනය පණවා තිබෙන්නේ. ....(පෙ).... සති විනය පණවා තිබෙන්නේ. ....(පෙ).... අමූළ්හවිනය පණවා තිබෙන්නේ. ....(පෙ).... පටිඥ්ඥාතකරණය පණවා තිබෙන්නේ. ....(පෙ).... යේභුය්‍යසිකාව පණවා තිබෙන්නේ. ....(පෙ).... තස්සපාපියය්‍යසිකාව පණවා තිබෙන්නේ. ....(පෙ).... තිණවත්ථාරකය පණවා තිබෙන්නේ.

ඒ කවර දෙකක්ද? සංඝයා ගේ ගෞරවය ඇති වීම පිණිසත්, සංඝයාගේ පහසුව පිණිසත් ය. ....(පෙ).... දුසිල් පුද්ගලයන්ට නිග්‍රහය පිණිසත්, සුපේශල භික්ෂූන්ට පහසුවෙන් වාසය කිරීම පිණිසත් ය. ....(පෙ).... මේ ජීවිතයේදී ඇති වෙන කරදරවලින් වැළකීම පිණිසත්, පරලොවදී ඇති වෙන කරදරවලින් වැළැකීම පිණිසත් ය. ....(පෙ).... මේ ජීවිතයේදී ඇති වෙන වෛරයන් සංසිඳවීම පිණිසත්, පරලොව ජීවිතයේදී ඇති වෙන වෛරයන් සංසිඳවීම පිණිසත් ය. ....(පෙ).... මේ ජීවිතයේදී ඇති වෙන වැරදිවලින් සංවර වීම පිණිසත්, පරලොව ජීවිතයේදී ඇති වෙන වැරදි වැළැක්වීම පිණිසත් ය. ....(පෙ).... මේ ජීවිතයේදී (දුසිල්බව නිසා) ඇති වෙන භය සංසිඳවීම පිණිසත්, පරලොව ජීවිතයේදී (දුගතිය පිණිස) ඇති වෙන භය වැළැක්වීම පිණිසත් ය. ....(පෙ).... මේ ජීවිතයේදී ඇති වෙන අකුසල් සංසිඳවීම පිණිසත්, පරලොව ජීවිතයේදී ඇති වෙන අකුසල් වැළැක්වීම පිණිසත් ය. ....(පෙ).... (සිව්පසයෙන් උපස්ථාන කරන) ගිහියන් හට අනුකම්පා පිණිසත්, පවිටු ආශා ඇති උදවියගේ පැත්ත ගැනීම නැති කිරීම පිණිසත්ය. ....(පෙ).... අපැහැදීමට පත් වූ අයගේ පැහැදීම පිණිසත්, පැහැදුණු අයගේ ඒ පැහැදීම වැඩිවීම පිණිසත් ය. ....(පෙ).... සද්ධර්මයේ පැවැත්ම පිණිසත්, විනයට අනුග්‍රහ පිණිසත් ය. පින්වත් මහණෙනි, මේ යහපත ඇති කර දෙන කරුණු දෙක උදෙසා තමයි තථාගතයන් වහන්සේ විසින් ශ්‍රාවකයන්ට තිණවත්ථාරකය පණවා තිබෙන්නේ.

සාදු! සාදු!! සාදු!!!

විනය පෙය්‍යාලය නිමා විය.

රාග පෙය්‍යාලය

1-10

පින්වත් මහණෙනි, විශේෂ වූ නුවණකින් රාගය අවබෝධ වීම පිණිස මේ ධර්මයන් දෙක වැඩිය යුතුය. ඒ කවර දෙකක්ද? සමථ භාවනාවත්, විදර්ශනා භාවනාවත් ය. පින්වත් මහණෙනි, විශේෂ වූ නුවණකින් රාගය අවබෝධ වීම පිණිස මේ ධර්මයන් දෙක වැඩිය යුතුය.

පින්වත් මහණෙනි, රාගය පිරිසිඳ අවබෝධ කිරීම පිණිස ....(පෙ).... ගෙවා දැමීම පිණිස ....(පෙ).... ප්‍රහාණය කිරීම පිණිස ....(පෙ).... ක්ෂය කිරීම පිණිස ....(පෙ).... නැති කිරීම පිණිස ....(පෙ).... ඇල්ම දුරු කිරීම පිණිස ....(පෙ).... ඇල්ම නිරුද්ධ වීම පිණිස ....(පෙ).... අත්හැරීම පිණිස ....(පෙ).... දුරු කර දැමීම පිණිස, මේ ධර්මයන් දෙක වැඩිය යුතුය.

සාදු! සාදු!! සාදු!!!

11-70

ද්වේෂය ....(පෙ).... මෝහය ....(පෙ).... ක්‍රෝධය ....(පෙ).... බද්ධ වෛරය ....(පෙ).... ගුණමකුකම ....(පෙ).... එකට එක කිරීම ....(පෙ).... ඉරිසියාව ....(පෙ).... මසුරුකම ....(පෙ).... මයාකාරී බව ....(පෙ).... ශටකපට බව ....(පෙ).... තද බව ....(පෙ).... දැඩි බව ....(පෙ).... මාන්නය ....(පෙ).... අතිමාන්නය ....(පෙ).... මත්වීම ....(පෙ).... ප්‍රමාදය විශේෂ නුවණින් අවබෝධ කිරීම පිණිස ....(පෙ).... පිරිසිඳ අවබෝධ වීම පිණිස ....(පෙ).... ගෙවා දැමීම පිණිස ....(පෙ).... ප්‍රහාණය කිරීම පිණිස ....(පෙ).... ක්ෂය කිරීම පිණිස ....(පෙ).... නැති කිරීම පිණිස ....(පෙ).... ඇල්ම දුරු කිරීම පිණිස ....(පෙ).... ඇල්ම නිරුද්ධ වීම පිණිස ....(පෙ).... අත්හැරීම පිණිස ....(පෙ).... දුරු කර දැමීම පිණිස, මේ ධර්මයන් දෙක වැඩිය යුතුය.

සාදු! සාදු!! සාදු!!!

රාග පෙය්‍යාලය නිමා විය.

දහ හත් වෙනි වර්ගය නිමා විය.

දුක නිපාතය සමාප්තයි.

නමෝ තස්ස භගවතෝ අරහතෝ සම්මාසම්බුද්ධස්ස
ඒ භාග්‍යවත් අරහත් සම්මා සම්බුදුරජාණන් වහන්සේට නමස්කාර වේවා!

සූත්‍ර පිටකයට අයත්

අංගුත්තර නිකාය
තික නිපාතය

පළමු පණ්ණාසකය

1. බාල වර්ගය

3.1.1.1.

1. මා හට අසන්නට ලැබුනේ මේ විදිහටයි. ඒ දිනවල භාග්‍යවතුන් වහන්සේ වැඩසිටියේ සැවැත් නුවර ජේතවනය නම් වූ අනේපිඬු සිටුතුමාගේ ආරාමයේ. එදා භාග්‍යවතුන් වහන්සේ "පින්වත් මහණෙනි" කියා භික්ෂූන් වහන්සේලා අමතා වදාළා. ඒ භික්ෂූන් වහන්සේලාත් "එසේය, ස්වාමීනී" කියලා භාග්‍යවතුන් වහන්සේට පිළිතුරු දුන්නා. භාග්‍යවතුන් වහන්සේ මෙම දෙසුම වදාළා.

පින්වත් මහණෙනි, යම් කිසි භයක් උපදිනවා නම්, ඒ සෑම භයක්ම උපදින්නේ (පින් පව් නොතකන පුහුදුන්) බාලයාගෙනි. (පින් පව් දන්නා ආර්ය ශ්‍රාවක වූ) ප්‍රඥාවන්තයාගෙන් නොවෙයි. යම්කිසි උවදුරක් උපදිනවා නම්, ඒ සෑම උවදුරක්ම උපදින්නේ (පින් පව් නොතකන පුහුදුන්) බාලයා ගෙනි.

(පින්පව් දන්නා ආර්ය ශ්‍රාවක වූ) ප්‍රඥාවන්තයාගෙන් නොවෙයි. යම්කිසි විපතක් උපදිනවා නම්, ඒ සෑම විපතක්ම උපදින්නේ (පින් පව් නොතකන පුහුදුන්) බාලයාගෙනි. (පින් පව් දන්නා ආර්ය ශ්‍රාවක වූ) ප්‍රඥාවන්තයාගෙන් නොවෙයි.

පින්වත් මහණෙනි, ඒක මෙන්න මේ වගේ දෙයක්. බට දඬුවලින් කළ ගෙයක් වේවා, තණකොල වලින් කළ ගෙයක් වේවා, ගිනි ඇවිලුණු විටදී ඇතුළත පිටත සුණු පිරියම් කළ, ජනෙල් කවුළු ඇති, හොඳින් යෙදූ දොර කවුළු ඇති කූටාගාර පවා පිච්චිලා යනවා. අන්න ඒ වගේම තමයි පින්වත් මහණෙනි, යම් කිසි භයක් උපදිනවා නම්, ඒ සෑම භයක්ම උපදින්නේ (පින් පව් නොතකන පුහුදුන්) බාලයාගෙනි. (පින් පව් දන්නා ආර්ය ශ්‍රාවක වූ) ප්‍රඥාවන්තයාගෙන් නොවෙයි. යම්කිසි උවදුරක් උපදිනවා නම්, ඒ සෑම උවදුරක්ම උපදින්නේ (පින් පව් නොතකන පුහුදුන්) බාලයාගෙනි. (පින්පව් දන්නා ආර්ය ශ්‍රාවක වූ) ප්‍රඥාවන්තයාගෙන් නොවෙයි. යම්කිසි විපතක් උපදිනවා නම්, ඒ සෑම විපතක්ම උපදින්නේ (පින් පව් නොතකන පුහුදුන්) බාලයාගෙනි. (පින් පව් දන්නා ආර්ය ශ්‍රාවක වූ) ප්‍රඥාවන්තයාගෙන් නොවෙයි.

පින්වත් මහණෙනි, මේ විදිහට බාලයා භය සහිතයි. පණ්ඩිතයා භය රහිතයි. බාලයා උවදුරු සහිතයි. පණ්ඩිතයා උවදුරු රහිතයි. බාලයා විපත් සහිතයි. පණ්ඩිතයා විපත් රහිතයි. පින්වත් මහණෙනි, පණ්ඩිතයාගෙන් භයක් ඇති වෙන්නෙ නෑ. පණ්ඩිතයාගෙන් උවදුරක් ඇති වෙන්නෙ නෑ. පණ්ඩිතයා ගෙන් විපතක් ඇති වෙන්නෙ නෑ.

ඒ නිසා පින්වත් මහණෙනි, මෙන්න මේ විදිහට හික්මිය යුතුයි. (භය සහිත බව, උවදුරු සහිත බව, විපත් සහිත බව යන) යම් කරුණු තුනකින් යුක්ත වූ බාලයා ගැන දැන ගත යුතු නම්, අන්න ඒ කරුණු තුන අත්හැර දමලා, (භය රහිත බව, උවදුරු රහිත බව, විපත් රහිත බව යන) යම් කරුණු තුනකින් යුක්ත වූ පණ්ඩිතයා ගැන දැන ගත යුතු නම්, අන්න ඒ කරුණු තුන සමාදන් වෙලා ඒ අනුව ජීවත් වෙනවා කියලා. පින්වත් මහණෙනි, ඔන්න ඔය විදහටයි ඔබ හික්මිය යුත්තේ.

සාදු! සාදු!! සාදු!!!

3.1.1.2.

2. පින්වත් මහණෙනි, බාලයා හඳුනාගන්නා ලකුණ ලෙස තියෙන්නේ ක්‍රියාවයි. පණ්ඩිතයා හඳුනා ගන්නා ලකුණ ලෙස තියෙන්නෙත් ක්‍රියාවයි. ප්‍රඥාව

සෝභමාන වන්නේ ඔහු ජීවත් වන ආකාරයෙනුයි.

පින්වත් මහණෙනි, කරුණු තුනකින් යුතු වූ බාලයා ගැන දැන ගත යුතුයි. කවර කරුණු තුනකින්ද? කාය දුසිරිතෙනුත්, වචී දුසිරිතෙනුත්, මනෝ දුසිරිතෙනුත් ය. පින්වත් මහණෙනි, මෙන්න මේ කරුණු තුනෙන් යුතු කෙනෙක් හැටියටයි බාලයා ගැන දැනගත යුත්තේ.

පින්වත් මහණෙනි, කරුණු තුනකින් යුතු වූ පණ්ඩිතයා ගැන දැන ගත යුතුයි. කවර කරුණු තුනකින්ද? කාය සුසිරිතෙනුත්, වචී සුසිරිතෙනුත්, මනෝ සුසිරිතෙනුත් ය. පින්වත් මහණෙනි, මෙන්න මේ කරුණු තුනෙන් යුතු කෙනෙක් හැටියටයි පණ්ඩිතයා ගැන දැනගත යුත්තේ.

ඒ නිසා පින්වත් මහණෙනි, මෙන්න මේ විදිහට හික්මිය යුතුයි. (කාය දුසිරිත, වචී දුසිරිත, මනෝ දුසිරිත යන) යම් කරුණු තුනකින් යුක්ත වූ බාලයා ගැන දැන ගත යුතු නම්, අන්න ඒ කරුණු තුන අත්හැර දමලා, (කාය සුසිරිත, වචී සුසිරිත, මනෝ සුසිරිත යන) යම් කරුණු තුනකින් යුක්ත වූ පණ්ඩිතයා ගැන දැන ගත යුතු නම්, අන්න ඒ කරුණු තුන සමාදන් වෙලා ඒ අනුව ජීවත් වෙනවා කියලා. පින්වත් මහණෙනි, ඔන්න ඔය විදිහටයි ඔබ හික්මිය යුත්තේ.

සාදු! සාදු!! සාදු!!!

3.1.1.3.

3. පින්වත් මහණෙනි, බාලයා ගේ මේ බාලයා හඳුනාගන්නා ලකුණු, බාලයා හඳුනාගන්නා නිමිති, බාලයාගේ ජීවත් වන ආකාර තුනක් තියෙනවා. ඒ තුන මොනවාද? පින්වත් මහණෙනි, මෙහි මේ බාලයා දුෂ්චරිතවත් සිතුවිලි සිතනවා. දුෂ්චරිතවත් වචන කියනවා. දුෂ්චරිතවත් දේවල් කරනවා. පින්වත් මහණෙනි, මේ බාලයා දුෂ්චරිතවත් සිතුවිලි සිතන්නේ නැත්නම්, දුෂ්චරිතවත් වචන කියන්නෙ නැත්නම්, දුෂ්චරිතවත් දේවල් කරන්නෙ නැත්නම්, 'මේ බාලයෙක්, මේ තැනැත්තා අසත්පුරුෂයෙක්' කියලා පණ්ඩිතයන් ඔහුව දැනගන්නේ කොහොමද? පින්වත් මහණෙනි, යම් විදිහකින් බාලයා දුෂ්චරිතවත් සිතුවිලි සිතන නිසාමයි, දුෂ්චරිතවත් වචන කියන නිසාමයි, දුෂ්චරිතවත් දේවල් කරන නිසාමයි පණ්ඩිතයන් ඔවුන් ගැන දැනගන්නෙ 'මේ තමයි බාලයා, මේ තමයි අසත්පුරුෂයා' කියලා. පින්වත් මහණෙනි, මේ කරුණු තුන තමයි බාලයාගේ බාල බව දැනගන්නා ලකුණු. බාල බව දැනගන්නා නිමිති. බාලයාගේ ජීවත් වන ආකාර.

පින්වත් මහණෙනි, පණ්ඩිතයාගේ මේ පණ්ඩිතයා හඳුනාගන්නා ලකුණු, පණ්ඩිතයා හඳුනාගන්නා නිමිති, පණ්ඩිතයාගේ ජීවත් වන ආකාර තුනක් තියෙනවා. ඒ තුන මොනවාද? පින්වත් මහණෙනි, මෙහි මේ පණ්ඩිතයා සුචරිතවත් සිතුවිලි සිතනවා. සුචරිතවත් වචන කියනවා. සුචරිතවත් දේවල් කරනවා. පින්වත් මහණෙනි, මේ පණ්ඩිතයා සුචරිතවත් සිතුවිලි සිතන්නෙ නැත්නම්, සුචරිතවත් වචන කියන්නෙ නැත්නම්, සුචරිතවත් දේවල් කරන්නෙ නැත්නම්, 'මේ පණ්ඩිතයෙක්. මේ තැනැත්තා සත්පුරුෂයෙක්' කියලා පණ්ඩිතයන් ඔහුව දැනගන්නෙ කොහොමද? පින්වත් මහණෙනි, යම් විදිහකින් පණ්ඩිතයා සුචරිතවත් සිතුවිලි සිතන නිසාමයි, සුචරිතවත් වචන කියන නිසාමයි, සුචරිතවත් දේවල් කරන නිසාමයි පණ්ඩිතයන් ඔවුන් ගැන දැන ගන්නේ 'මේ තමයි පණ්ඩිතයා, මේ තමයි සත්පුරුෂයා' කියලා. පින්වත් මහණෙනි, මේ කරුණු තුන තමයි පණ්ඩිතයාගේ පණ්ඩිත බව දැනගන්නා ලකුණු. පණ්ඩිත බව දැනගන්නා නිමිති. පණ්ඩිතයාගේ ජීවත් වන ආකාරය. ඒ නිසා ....(පෙ).... පින්වත් මහණෙනි, ඔන්න ඔය විදිහටයි ඔබ හික්මිය යුත්තේ.

සාදු! සාදු!! සාදු!!!

3.1.1.4.

4. පින්වත් මහණෙනි, කරුණු තුනකින් යුතු බාලයා ගැන දැනගත යුතුයි. කවර කරුණු තුනකින්ද යත්? තමාගෙන් වරදක් සිදු වූ විට එය වරදක් ලෙස දකින්නෙ නෑ. වරද වරද හැටියට දැකලා, එයට අදාළ (විනයානුකූල) පිළියම් කරන්නෙ නෑ. වෙන කෙනෙකුගේ වරද නිවැරදි වීම පිණිස ඒ කෙනා තම වරදට ධර්මානුකූල පිළියම් කරන කල්හිද (බාලයා) එම විසඳුම පිළිගන්නේ නෑ. පින්වත් මහණෙනි, මේ කරුණු තුනෙන් යුතු බාලයා ගැන දැනගත යුතුයි.

පින්වත් මහණෙනි, කරුණු තුනකින් යුතු පණ්ඩිතයා ගැන දැනගත යුතුයි. කවර කරුණු තුනකින්ද යත්? තමාගෙන් වරදක් සිදු වූ විට එය වරදක් ලෙස දකිනවා. වරද වරද හැටියට දැකලා, එයට අදාළ (විනයානුකූල) පිළියම් කරනවා. වෙන කෙනෙකුගේ වරද නිවැරදි වීම පිණිස ඒ කෙනා තම වරදට ධර්මානුකූල පිළියම් කරන කල්හිද (පණ්ඩිතයා) එම විසඳුම පිළිගන්නවා. පින්වත් මහණෙනි, මේ කරුණු තුනෙන් යුතු පණ්ඩිතයා ගැන දැනගත යුතුයි. ඒ නිසා ....(පෙ).... පින්වත් මහණෙනි, ඔන්න ඔය විදිහටයි ඔබ හික්මිය යුත්තේ.

සාදු! සාදු!! සාදු!!!

3.1.1.5.

5. පින්වත් මහණෙනි, කරුණු තුනකින් යුතු බාලයා ගැන දැනගත යුතුයි. කවර කරුණු තුනකින්ද යත්? වැරදි ලෙස හිතමින්මයි ප්‍රශ්න සකස් කරන්නේ. වැරදි ලෙස හිතමින්මයි ප්‍රශ්නවලට විසඳුම් දෙන්නේ. මනා නුවණින් යුතුව අනුන් විසින් ඉතා පිරිපුන් ලෙස, අර්ථ මතුවෙන ලෙස මටසිලිටු බස් වහරින් යුතුව නිවැරදි ලෙස ප්‍රශ්නයක් විසඳූ විට එය අනුමෝදන් වෙන්නේ නෑ. පින්වත් මහණෙනි, මේ කරුණු තුනෙන් යුතු බාලයා ගැන දැනගත යුතුයි.

පින්වත් මහණෙනි, කරුණු තුනකින් යුතු පණ්ඩිතයා ගැනද දැනගත යුතුයි. කවර කරුණු තුනකින්ද යත්? නුවණින් හිතමින්මයි ප්‍රශ්න සකස් කරන්නේ. නුවණින් හිතමින්මයි ප්‍රශ්නවලට විසඳුම් දෙන්නේ. මනා නුවණින් යුතුව අනුන් විසින් ඉතා පිරිපුන් ලෙස, අර්ථ මතුවෙන ලෙස මටසිලිටු බස් වහරින් යුතුව නිවැරදි ලෙස ප්‍රශ්නයක් විසඳූ විට එය සතුටින් අනුමෝදන් වෙනවා. පින්වත් මහණෙනි, මේ කරුණු තුනෙන් යුතු පණ්ඩිතයා ගැන දැනගත යුතුයි. ඒ නිසා ....(පෙ).... පින්වත් මහණෙනි, ඔන්න ඔය විදිහටයි ඔබ හික්මිය යුත්තේ.

සාදු! සාදු!! සාදු!!!

3.1.1.6.

6. පින්වත් මහණෙනි, කරුණු තුනකින් යුතු බාලයා ගැන දැනගත යුතුයි. කවර කරුණු තුනකින්ද යත්? අකුසල් සහගත කායික ක්‍රියාවලින් යුක්තයි. අකුසල් සහගත වාචසික ක්‍රියාවලින් යුක්තයි. අකුසල් සහගත මානසික ක්‍රියාවලින් යුක්තයි. පින්වත් මහණෙනි, මේ කරුණු තුනෙන් යුතු බාලයා ගැන දැනගත යුතුයි.

පින්වත් මහණෙනි, කරුණු තුනකින් යුතු පණ්ඩිතයා ගැන දැනගත යුතුයි. කවර කරුණු තුනකින්ද යත්? කුසල් සහගත කායික ක්‍රියාවලින් යුක්තයි. කුසල් සහගත වාචසික ක්‍රියාවලින් යුක්තයි. කුසල් සහගත මානසික ක්‍රියාවලින් යුක්තයි. පින්වත් මහණෙනි, මේ කරුණු තුනෙන් යුතු පණ්ඩිතයා ගැන දැනගත යුතුයි. ඒ නිසා ....(පෙ).... පින්වත් මහණෙනි, ඔන්න ඔය විදිහටයි ඔබ හික්මිය යුත්තේ.

සාදු! සාදු!! සාදු!!!

3.1.1.7.

7. පින්වත් මහණෙනි, කරුණු තුනකින් යුතු බාලයා ගැන දැනගත යුතුයි. කවර කරුණු තුනකින්ද යත්? වැරදි සහගත කායික ක්‍රියාවලින් යුක්තයි. වැරදි සහගත වාචසික ක්‍රියාවලින් යුක්තයි. වැරදි සහගත මානසික ක්‍රියාවලින් යුක්තයි. පින්වත් මහණෙනි, මේ කරුණු තුනෙන් යුතු බාලයා ගැන දැනගත යුතුයි.

පින්වත් මහණෙනි, කරුණු තුනකින් යුතු පණ්ඩිතයා ගැන දැනගත යුතුයි. කවර කරුණු තුනකින්ද යත්? නිවැරදි කායික ක්‍රියාවලින් යුක්තයි. නිවැරදි වාචසික ක්‍රියාවලින් යුක්තයි. නිවැරදි මානසික ක්‍රියාවලින් යුක්තයි. පින්වත් මහණෙනි, මේ කරුණු තුනෙන් යුතු පණ්ඩිතයා ගැන දැනගත යුතුයි. ඒ නිසා ....(පෙ).... පින්වත් මහණෙනි, ඔන්න ඔය විදිහට යි ඔබ හික්මිය යුත්තේ.

සාදු! සාදු!! සාදු!!!

3.1.1.8.

8. පින්වත් මහණෙනි, කරුණු තුනකින් යුතු බාලයා ගැන දැනගත යුතුයි. කවර කරුණු තුනකින්ද යත්? දෝෂ සහගත කායික ක්‍රියාවලින් යුක්තයි. දෝෂ සහගත වාචසික ක්‍රියාවලින් යුක්තයි. දෝෂ සහගත මානසික ක්‍රියාවලින් යුක්තයි. ....(පෙ).... නිදොස් කායික ක්‍රියාවලින් යුක්තයි. නිදොස් වාචසික ක්‍රියාවලින් යුක්තයි. නිදොස් මානසික ක්‍රියාවලින් යුක්තයි. මේ කරුණු තුනෙන් යුතු පණ්ඩිතයා ගැන දැනගත යුතුයි. ඒ නිසා පින්වත් මහණෙනි, මෙන්න මේ විදිහට හික්මිය යුතුයි. (සදොස් වූ කායික ක්‍රියා, සදොස් වූ වාචසික ක්‍රියා, සදොස් වූ මානසික ක්‍රියා යන) යම් කරුණු තුනකින් යුක්ත වූ බාලයා ගැන දැන ගත යුතු නම්, අන්න ඒ කරුණු තුන අත්හැර දමලා, (නිදොස් වූ කායික ක්‍රියා, නිදොස් වූ වාචසික ක්‍රියා, නිදොස් වූ මානසික ක්‍රියා යන) යම් කරුණු තුනකින් යුක්ත වූ පණ්ඩිතයා ගැන දැන ගත යුතු නම්, අන්න ඒ කරුණු තුන සමාදන් වෙලා ඒ අනුව ජීවත් වෙනවා කියලා. පින්වත් මහණෙනි, ඔන්න ඔය විදිහටයි ඔබ හික්මිය යුත්තේ.

සාදු! සාදු!! සාදු!!!

3.1.1.9.

9. පින්වත් මහණෙනි, කරුණු තුනකින් යුතු මේ බාල වූ අව්‍යක්ත වූ

අසත්පුරුෂයා (අනුන්ගේ) යහපත් ගුණ උදුරා දමා, එමෙන්ම යහපත් ගුණ නසා තමයි තම ජීවිතය පරිහරණය කරන්නෙ. වැරදි ලෙස ජීවත් වෙනවා. ප්‍රඥාවන්තයින්ගේ ගර්හාවටත් ලක්වෙනවා. බොහෝ පව්ත් රැස් කර ගන්නවා. කවර කරුණු තුනකින්ද? කාය දුසිරිතෙනුත්, වචී දුසිරිතෙනුත්, මනෝ දුසිරිතෙනුත් ය. පින්වත් මහණෙනි, මේ කාරණා තුනෙන් යුතු බාල වූ අව්‍යක්ත වූ අසත්පුරුෂයා (අනුන්ගේ) යහපත් ගුණ උදුරා දමා, එමෙන්ම යහපත් ගුණ නසා තමයි තම ජීවිතය පරිහරණය කරන්නෙ. වැරදි ලෙස ජීවත් වෙනවා. ප්‍රඥාවන්තයින්ගේ ගර්හාවටත් ලක්වෙනවා. බොහෝ පව්ත් රැස් කර ගන්නවා.

පින්වත් මහණෙනි, කරුණු තුනකින් යුතු පණ්ඩිත වූ ව්‍යක්ත වූ සත්පුරුෂයා (කිසිවෙකුගේ) යහපත් ගුණ උදුරා නොදමා, එමෙන්ම යහපත් ගුණ නොනසා තමයි තම ජීවිතය පරිහරණය කරන්නෙ. නිවැරදි ලෙස ජීවත් වෙනවා. ප්‍රඥාවන්තයින්ගේ ගර්හාවට ලක්වෙන්නෙ නෑ. බොහෝ පිනුත් රැස් කර ගන්නවා. කවර කරුණු තුනකින්ද? කාය සුසිරිතෙනුත්, වචී සුසිරිතෙනුත්, මනෝ සුසිරිතෙනුත් ය. පින්වත් මහණෙනි, මේ කාරණා තුනෙන් යුතු පණ්ඩිත වූ ව්‍යක්ත වූ සත්පුරුෂයා (කිසිවෙකුගේ) යහපත් ගුණ උදුරා නොදමා, එමෙන්ම යහපත් ගුණ නොනසා තමයි තම ජීවිතය පරිහරණය කරන්නෙ. නිවැරදි ලෙස ජීවත් වෙනවා. ප්‍රඥාවන්තයින්ගේ ගර්හාවට ලක්වෙන්නෙ නෑ. බොහෝ පිනුත් රැස් කර ගන්නවා.

සාදු! සාදු!! සාදු!!!

3.1.1.10.

10. පින්වත් මහණෙනි, කරුණු තුනකින් යුතු කෙනා (ඒ කරුණු තුනත්) මේ මලකඩ තුනත් අත්නොහැර සිටියොත්, ඔසවාගෙන ආ බරක් බිමින් තියනවා වගේ ඔහු නිරයෙහි උපදිනවා. කවර කරුණු තුනකින්ද? ඔහු දුස්සීලව ඉන්නවා. ඔහුගේ දුස්සීලකම නැමැති මලකඩ ප්‍රහීන වෙලත් නෑ. ඔහු ඊර්ෂ්‍යාවෙන් ඉන්නවා. ඔහුගේ ඊර්ෂ්‍යාව නැමැති මලකඩ ප්‍රහීණ වෙලත් නෑ. ඔහු මසුරුකමෙන් ඉන්නවා. ඔහුගේ මසුරුකම නැමැති මලකඩ ප්‍රහීණ වෙලත් නෑ. පින්වත් මහණෙනි, මේ කරුණු තුනකින් යුතු කෙනා (ඒ කරුණු තුනත්) මේ මලකඩ තුනත් අත්නොහැර සිටියොත්, ඔසවාගෙන ආ බරක් බිමින් තියනවා වගේ ඔහු නිරයෙහි උපදිනවා.

පින්වත් මහණෙනි, කරුණු තුනකින් යුතු කෙනා (ඒ කරුණු තුනත්) මේ මලකඩ තුනත් අත්හැර සිටියොත්, ඔසවාගෙන ආ බරක් බිමින් තියනවා වගේ

ඔහු සුගතියෙහි උපදිනවා. කවර කරුණු තුනකින්ද? ඔහු සිල්වත්ව ඉන්නවා. ඔහුගේ දුස්සීලකම නැමැති මලකඩ ප්‍රහීණ වෙලා තියෙනවා. ඔහු ඊර්ෂ්‍යාවෙන් තොරව ඉන්නවා. ඔහුගේ ඊර්ෂ්‍යාව නැමැති මලකඩ ප්‍රහීණ වෙලා තියෙනවා. ඔහු මසුරුකමෙන් තොරව ඉන්නවා. ඔහුගේ මසුරුකම නැමැති මලකඩ ප්‍රහීණ වෙලා තියෙනවා. පින්වත් මහණෙනි, මේ කරුණු තුනකින් යුතු කෙනා (ඒ කරුණු තුනත්) මේ මලකඩ තුනත් අත්හැර සිටියොත්, ඔසවාගෙන ආ බරක් බිමින් තියනවා වගේ ඔහු සුගතියෙහි උපදිනවා.

සාදු! සාදු!! සාදු!!!

පළමුවෙනි බාල වර්ගයයි.

2. රථකාර වර්ගය

3.1.2.1.

11. සැවැත් නුවරදී....

පින්වත් මහණෙනි, කරුණු තුනකින් යුතු වූ ප්‍රසිද්ධ භික්ෂුව බොහෝ ජනයාගේ අහිත පිණිස, බොහෝ ජනයාගේ සැප නැති වීම පිණිස, බොහෝ ජනයාගේත්, දෙව් මිනිසුන්ගේත්, අනර්ථය පිණිසම, අහිත පිණිසම, දුක පිණිසම පිළිපන් කෙනෙක් වෙනවා. කවර කරුණු තුනකින්ද? ධර්ම විනයට අනුකූල නොවූ කාය කර්මවල ජනයා සමාදන් කරනවා. ධර්ම විනයට අනුකූල නොවූ වචී කර්මවල ජනයා සමාදන් කරනවා. ධර්ම විනයට අනුකූල නොවූ මනෝ කර්මවල ජනයා සමාදන් කරනවා. පින්වත් මහණෙනි, මෙන්න මේ කරුණු තුනකින් යුතු වූ ප්‍රසිද්ධ භික්ෂුව බොහෝ ජනයාගේ අහිත පිණිස, බොහෝ ජනයාගේ සැප නැති වීම පිණිස, බොහෝ ජනයාගේත්, දෙව් මිනිසුන්ගේත්, අනර්ථය පිණිසම, අහිත පිණිසම, දුක පිණිසම පිළිපන් කෙනෙක් වෙනවා.

පින්වත් මහණෙනි, කරුණු තුනකින් යුතු වූ ප්‍රසිද්ධ භික්ෂුව බොහෝ ජනයාගේ හිත පිණිස, බොහෝ ජනයාගේ සැප පිණිස, බොහෝ ජනයාගේත්, දෙව් මිනිසුන්ගේත්, අර්ථය පිණිසම, හිත පිණිසම, සැප පිණිසම පිළිපන් කෙනෙක් වෙනවා. කවර කරුණු තුනකින්ද? ධර්ම විනයට අනුකූල වූ කාය කර්මවල ජනයා සමාදන් කරනවා. ධර්ම විනයට අනුකූල වූ වචී කර්මවල ජනයා සමාදන් කරනවා. ධර්ම විනයට අනුකූල වූ මනෝ කර්මවල ජනයා සමාදන් කරනවා. පින්වත් මහණෙනි, මෙන්න මේ කරුණු තුනකින් යුතු වූ ප්‍රසිද්ධ භික්ෂුව බොහෝ ජනයාගේ හිත පිණිස, බොහෝ ජනයාගේ සැප පිණිස, බොහෝ ජනයාගේත්, දෙව් මිනිසුන්ගේත්, අර්ථය පිණිසම, හිත පිණිසම, සැප පිණිසම පිළිපන් කෙනෙක් වෙනවා.

සාදු! සාදු!! සාදු!!!

3.1.2.2.

12. පින්වත් මහණෙනි, ඔටුණු පැළඳවීමෙන් අභිෂේක කරන ලද ක්ෂත්‍රිය රජුට ජීවිතාන්තය දක්වා සිහි කළ යුතු කරුණු තුනක් තියෙනවා. ඒ තුන මොනවාද? පින්වත් මහණෙනි, ඔටුණු පැළඳවීමෙන් අභිෂේක කරන ලද ඒ ක්ෂත්‍රිය රජතුමා යම් ප්‍රදේශයක ඉපදුනා නම්, පින්වත් මහණෙනි, ඔටුණු පැළඳවීමෙන් අභිෂේක කරන ලද ඒ රජතුමා විසින් දිවි ඇතිතෙක්ම සිහි කළ යුතු පළමු කරුණ මෙයයි.

ඒ ගැන තවදුරටත් කියනවා නම්, පින්වත් මහණෙනි, ඒ ක්ෂත්‍රිය රජතුමා යම් ප්‍රදේශයකදී ඔටුණු පැළඳීමෙන් අභිෂේක කළා නම්, පින්වත් මහණෙනි, ඔටුණු පැළඳවීමෙන් අභිෂේක කරන ලද ඒ ක්ෂත්‍රිය රජතුමා විසින් දිවි ඇතිතෙක්ම සිහි කළ යුතු දෙවෙනි කරුණ මෙයයි.

ඒ ගැන තවදුරටත් කියනවා නම්, පින්වත් මහණෙනි, ඔටුණු පැළඳවීමෙන් අභිෂේක කරන ලද ක්ෂත්‍රිය රජතුමා යම් ප්‍රදේශයකදී යුද්ධය දිනා, දිනන ලද සංග්‍රාම ඇතිව ඒ යුද්ධ භූමියේම ජය කඳවුරු බැඳ වාසය කරනවා නම්, පින්වත් මහණෙනි, ඔටුණු පැළඳවීමෙන් අභිෂේක කරන ලද ඒ ක්ෂත්‍රිය රජතුමා විසින් දිවි ඇතිතෙක්ම සිහි කළ යුතු තුන් වෙනි කරුණ මෙයයි. පින්වත් මහණෙනි, මේ කරුණු තුන ඔටුණු පැළඳවීමෙන් අභිෂේක කරන ලද ක්ෂත්‍රිය රජු විසින් දිවි ඇතිතෙක් සිහි කළ යුතුයි.

අන්න ඒ අයුරින්ම පින්වත් මහණෙනි, භික්ෂුවටත් දිවි ඇති තුරාවට සිහි කළ යුතු කරුණු තුනක් තියෙනවා. ඒ තුන මොනවාද? පින්වත් මහණෙනි, යම් ප්‍රදේශයකදී භික්ෂුව කෙස් රැවුල් බා, කසාවත් පොරොවා, ගිහි ගෙයින් නික්ම, අනගාරිකව බුදු සසුනේ පැවිදි ජීවිතයට පත්වුනා නම්, පින්වත් මහණෙනි, භික්ෂුව විසින් දිවි ඇතිතෙක්ම සිහි කළ යුතු පළමු කරුණ මෙයයි.

ඒ ගැන තවදුරටත් කියනවා නම්, පින්වත් මහණෙනි, යම් ප්‍රදේශයකදී භික්ෂුව 'මේ තමයි දුක නම් වූ ආර්ය සත්‍යය' කියල ඇති සැටියෙන්ම අවබෝධ කළා නම්, 'මේ තමයි දුකේ හටගැනීම නම් වූ ආර්ය සත්‍යය' කියල ඇති සැටියෙන්ම අවබෝධ කළා නම්, 'මේ තමයි දුකේ නැතිවීම නම් වූ ආර්ය සත්‍යය' කියල ඇති සැටියෙන්ම අවබෝධ කළා නම්, 'මේ තමයි දුකේ නැතිවීම පිණිස ඇති ප්‍රතිපදාව නම් වූ ආර්ය සත්‍යය' කියල ඇති සැටියෙන්ම අවබෝධ කළා නම්, පින්වත් මහණෙනි, භික්ෂුව විසින් දිවි ඇතිතෙක්ම සිහි කළ යුතු දෙවෙනි කරුණ මෙයයි.

ඒ ගැන තවදුරටත් කියනවා නම්, පින්වත් මහණෙනි, යම් ප්‍රදේශයකදී භික්ෂුව ආශ්‍රවයන් ක්ෂය වීමෙන්, ආශ්‍රව රහිත වූ චේතෝ විමුක්තියත්, ප්‍රඥා විමුක්තියත් තමන්ගේම විශේෂ නුවණින් සාක්ෂාත් කොට, මේ ජීවිතයේදීම අවබෝධ කර ගෙන වාසය කරනවා නම්, පින්වත් මහණෙනි, භික්ෂුව විසින් දිවි ඇතිතෙක්ම සිහි කළ යුතු තුන්වෙනි කරුණ මෙයයි. පින්වත් මහණෙනි, මේ කරුණු තුන භික්ෂුව විසින් දිවි ඇති තෙක් සිහි කළ යුතුයි.

සාදු! සාදු!! සාදු!!!

3.1.2.3.

13. පින්වත් මහණෙනි, ලෝකයෙහි සිටින්නා වූ මේ පුද්ගලයින් තුන් දෙනෙක් දකින්නට ලැබෙනවා. ඒ තුන් දෙනා කවුද? නිරාස නම් වූ පුද්ගලයා, ආසංස නම් වූ පුද්ගලයා, විගතාස නම් වූ පුද්ගලයා ය.

පින්වත් මහණෙනි, නිරාස පුද්ගලයා යනු කවරෙක්ද? පින්වත් මහණෙනි, මෙහිලා ඇතැම් පුද්ගලයෙක් පහත් කුලයක ඉපදිලා ඉන්නවා. ඒ කියන්නේ සැඩොල් කුලයේ වේවා, වැදි කුලයේ වේවා, කුළුපොතු කුලයේ වේවා, රථකාර කුලයේ වේවා, පුක්කුස කුලයේ වේවා උපදිනවා. ඔහු දුප්පත්. ආහාර පාන, භෝජන පවා දුකසේ තමයි ලැබෙන්නෙ. ඉතා දුක්සේමයි බඩගිනි නිවා ගන්නෙත්. ඒ වගේම ඔහු දුර්වර්ණයි. දැකීමට ප්‍රිය මනාප නෑ. මිටියි. බොහෝ ලෙඩ දුක් සහිතයි. එක්කෝ ඇස් පෙනීම දුර්වලයි. එක්කෝ අත් කොර වෙලා. නැත්නම් පා කොර වෙලා. නැත්නම් අත් පා කොර වෙලා. ඒ වගේම ආහාර පාන, වස්ත්‍ර, යාන වාහන, මල් සුවඳ විළවුන්, ඉන්න හිටින්න තැන්, පහන් ආලෝක ආදිය පවා ලැබෙන්නෙ නෑ. ඉතින් ඔහුට මේ විදිහට අසන්න ලැබෙනවා. 'අසවල් ක්ෂත්‍රිය කෙනා ක්ෂත්‍රියයන් විසින්, අභිෂේකයෙන් ඔටුණු පළඳවා රජකමට පත් කළා' කියලා. එහෙත් ඔහුට මෙවැනි සිතුවිලි ඇති වෙන්නේ නෑ. 'අනේ, කවරදාක නම් ක්ෂත්‍රියයන් විසින් ක්ෂත්‍රිය අභිෂේකයෙන් ඔටුණු පළඳවලා මාවත් රජකමට පත් කරගනීවිද!' කියලා. පින්වත් මහණෙනි, මේ පුද්ගලයාට තමයි නිරාස පුද්ගලයා කියන්නෙ.

පින්වත් මහණෙනි, ආසංස පුද්ගලයා යනු කවරෙක්ද? පින්වත් මහණෙනි, මෙහි අභිෂේකයෙන් ඔටුණු පැළඳූ ක්ෂත්‍රිය රජෙකුගේ වැඩිමහල් පුතෙක් ඉන්නවා. ඔහුව අභිෂේක කරන්න සුදුසුයි. ස්ථිරවම රජකම ලැබීමට සුදුසු බවට පැමිණ සිටින ඔහු තවම රජකමට පත් කරලා නෑ. ඉතින් ඔහුට මේ විදිහට

අසන්න ලැබෙනවා. 'අසවල් ක්ෂත්‍රිය කෙනා ක්ෂත්‍රියයන් විසින්, අභිෂේකයෙන් ඔටුණු පළඳවා රජකමට පත් කළා' කියලා. එතකොට ඔහුට මෙවැනි සිතුවිලි ඇති වෙනවා. 'අනේ, කවරදාක නම් ක්ෂත්‍රියයන් විසින් ක්ෂත්‍රිය අභිෂේකයෙන් ඔටුණු පළඳවලා මාවත් රජකමට පත් කරගනීවිද!' කියලා. පින්වත් මහණෙනි, මේ පුද්ගලයාට තමයි ආසංස පුද්ගලයා කියලා කියන්නෙ.

පින්වත් මහණෙනි, විගතාස පුද්ගලයා යනු කවරෙක්ද? පින්වත් මහණෙනි, මෙහි ඔටුණු පළඳවා අභිෂේක කරන ලද ක්ෂත්‍රිය රජෙක් ඉන්නවා. ඔහුටත් අසන්න ලැබෙනවා. 'අසවල් ක්ෂත්‍රිය කෙනා ක්ෂත්‍රියයන් විසින්, අභිෂේකයෙන් ඔටුණු පළඳවා රජකමට පත් කළා' කියලා. නමුත් ඔහුට මේ විදිහට හිතෙන්නෙ නෑ. 'අනේ, කවරදාක නම් ක්ෂත්‍රියයන් විසින් ක්ෂත්‍රිය අභිෂේකයෙන් ඔටුණු පළඳවලා මාවත් රජකමට පත් කරගනීවිද!' කියලා. එයට හේතුව කුමක්ද? පින්වත් මහණෙනි, ඔහුට රජකමට පත්වීමට කලින් ඔටුණු පළඳවා ලබන අභිෂේකය ගැන යම් ආශාවක් තිබුනාද, එය සංසිඳිලයි තියෙන්නෙ. පින්වත් මහණෙනි, මෙයාට තමයි විගතාස පුද්ගලයා කියන්නෙ. පින්වත් මහණෙනි, ලෝකයෙහි සිටින්නා වූ මේ පුද්ගලයින් තුන් දෙනා තමයි දකින්නට ලැබෙන්නේ.

අන්න ඒ වගේ ම තමයි පින්වත් මහණෙනි, භික්ෂූන් අතරත් සිටින්නා වූ පුද්ගලයන් තුන් දෙනෙක් දකින්නට ලැබෙනවා. ඒ තුන් දෙනා කවුද? නිරාස නම් වූ පුද්ගලයා, ආසංස නම් වූ පුද්ගලයා, විගතාස නම් වූ පුද්ගලයා.

පින්වත් මහණෙනි, නිරාස පුද්ගලයා යනු කවරෙක්ද? පින්වත් මහණෙනි, මෙහිලා ඇතැම් පුද්ගලයෙක් දුස්සීලව ඉන්නවා. පව්ටු ගතිවලින් යුක්තයි. අපිරිසිදුයි. සැක කටයුතු පැවැත්මක් තමයි තියෙන්නෙ. සඟවා කරන අකටයුතුවලින් යුක්තයි. මහණකමෙන් තොරයි. ශ්‍රමණයෙක් ලෙස පෙනී සිටිනවා. අබ්‍රහ්මචාරී කෙනෙක්. නමුත් බ්‍රහ්මචාරී කෙනෙක් හැටියට පෙනී සිටිනවා. ඇතුළ කුණු වූ කෙනෙක්. කෙලෙස් වැගිරෙනවා. කෙලෙස් කසල වලින් යුක්තයි. ඉතින්, ඔහුට අසන්න ලැබෙනවා, 'අසවල් භික්ෂුව ආශ්‍රවයන් ක්ෂය කරලා, ආශ්‍රව රහිත වූ චේතෝ විමුක්තියත්, ප්‍රඥා විමුක්තියත් මේ ජීවිතයේදීම, තමන්ගේම විශේෂ ඥාණයෙන් සාක්ෂාත් කරලා, එයට පැමිණ වාසය කරනවා' කියලා. එහෙත් ඔහුට මේ විදිහට හිතෙන්නෙ නෑ. 'අනේ! කවරදාක නම් මාත් ආශ්‍රවයන් ක්ෂය කරලා, ආශ්‍රව රහිත වූ ඒ චේතෝ විමුක්තියත්, ප්‍රඥා විමුක්තියත් මේ ජීවිතයේදීම තමන්ගේම විශේෂ ඥාණයෙන් සාක්ෂාත් කරලා. එයට පැමිණ වාසය කරන්නද!' කියලා. පින්වත් මහණෙනි, මෙයාට තමයි නිරාස පුද්ගලයා කියල කියන්නේ.

පින්වත් මහණෙනි, ආසංස පුද්ගලයා යනු කවරෙක්ද? පින්වත් මහණෙනි, මෙහිලා සිල්වත් භික්ෂුවක් ඉන්නවා. යහපත් ගතිවලින් යුක්තයි. ඔහුට අසන්න ලැබෙනවා, 'අසවල් භික්ෂුව ආශ්‍රවයන් ක්ෂය කරලා, ආශ්‍රව රහිත වූ චේතෝ විමුක්තියත්, ප්‍රඥා විමුක්තියත් මේ ජීවිතයේදීම, තමන්ගේම විශේෂ ඥාණයෙන් සාක්ෂාත් කරලා, එයට පැමිණ වාසය කරනවා' කියලා. එතකොට ඔහුට මේ විදිහට හිතෙනවා 'අනේ! කවරදාක නම් මාත් ආශ්‍රවයන් ක්ෂය කරලා, ආශ්‍රව රහිත වූ ඒ චේතෝ විමුක්තියත්, ප්‍රඥා විමුක්තියත් මේ ජීවිතයේදීම, තමන්ගේම විශේෂ ඥාණයෙන් සාක්ෂාත් කරලා, එයට පැමිණ වාසය කරන්නද!' කියලා. පින්වත් මහණෙනි, මෙයාට තමයි ආසංස පුද්ගලයා කියල කියන්නේ.

පින්වත් මහණෙනි, විගතාස පුද්ගලයා යනු කවරෙක්ද? පින්වත් මහණෙනි, මෙහිලා ආශ්‍රව ක්ෂය කරපු, රහතන් වහන්සේ නමක් ඉන්නවා. ඔහුට මේ විදිහට අසන්න ලැබෙනවා, 'අසවල් භික්ෂුව ආශ්‍රවයන් ක්ෂය කරලා, ආශ්‍රව රහිත වූ චේතෝ විමුක්තියත්, ප්‍රඥා විමුක්තියත් මේ ජීවිතයේදීම, තමන්ගේම විශේෂ ඥාණයෙන් සාක්ෂාත් කරලා, එයට පැමිණ වාසය කරනවා' කියලා. එතකොට ඔහුට මේ විදිහට හිතෙන්නෙ නෑ. 'අනේ! කවරදාක නම් මාත් ආශ්‍රවයන් ක්ෂය කරලා, ...(පෙ).... සාක්ෂාත් කරලා, එයට පැමිණ වාසය කරන්නද!' කියලා. එයට හේතුව කුමක්ද? පින්වත් මහණෙනි, කෙලෙසුන්ගෙන් නිදහස් නොවී සිටි ඒ භික්ෂුව තුළ කෙලෙසුන්ගෙන් නිදහස් වී ලබන විමුක්තිය පිළිබඳව යම් ආශාවක් කලින් තිබුනා නම්, එය ඔහුට සංසිඳිලයි තියෙන්නෙ. පින්වත් මහණෙනි, මෙයාට තමයි විගතාස පුද්ගලයා කියල කියන්නේ. පින්වත් මහණෙනි, භික්ෂූන් අතරත් සිටින්නා වූ මේ පුද්ගලයන් තුන් දෙනා තමයි දකින්නට ලැබෙන්නේ.

සාදු! සාදු!! සාදු!!!

3.1.2.4.

පින්වත් මහණෙනි, ධාර්මික වූ, ධර්මරාජ වූ, යම් ඒ සක්විති රජකෙනෙක් ඇද්ද, ඔහු පවා රජෙකුගෙන් තොරව අණසක පතුරුවන්නේ නෑ. මෙසේ වදාළ විට එක්තරා භික්ෂුවක් භාග්‍යවතුන් වහන්සේට මෙය පැවසුවා. "ස්වාමීනී, ධාර්මික වූ, ධර්මරාජ වූ සක්විති රජුගේ රජතුමා කවුරුද?" කියලා. "පින්වත් භික්ෂුව, මෙහි ධාර්මික වූ ධර්මරාජ වූ සක්විති රජු, ධර්මයම ආශ්‍රය කරගෙන, ධර්මයටම සත්කාර කරමින්, ධර්මයටම ගරු කරමින්, ධර්මයටම පුදමින්, ධර්මයම ධජය කරගෙන, ධර්මයම සළකුණු කර ගෙන, ධර්මයම අධිපති

කරගෙන තමයි රට තුළ ජනයාට ධාර්මික වූ ආරක්ෂාවත්, රැකවරණයත් ලබා දෙන්නෙ.

ඒ ගැන තවදුරටත් කියනවා නම්, පින්වත් භික්ෂුව, ධාර්මික වූ, ධර්මරාජ වූ සක්විති රජු ධර්මයම ආශ්‍රය කරගෙන, ධර්මයටම සත්කාර කරමින්, ධර්මයටම ගරු කරමින්, ධර්මයටම පුදමින්, ධර්මයම ධජය කරගෙන, ධර්මයම සළකුණු කරගෙන, ධර්මයම අධිපති කරගෙන තමයි වැඩ කටයුතුවල යෙදී සිටින ක්ෂත්‍රියයන්ටත්, බල සේනාවටත්, බ්‍රාහ්මණ ගෘහපතියන්ටත්, නියම්ගම් වැසියන්ටත්, ජනපද වැසියන්ටත්, ශ්‍රමණ-බ්‍රාහ්මණයින්ටත්, සතුන්ට හා පක්ෂීන්ට පවා ආරක්ෂාවත්, රැකවරණයත් ලබා දෙන්නෙ. පින්වත් භික්ෂුව, ඒ ධාර්මික වූ, ධර්මරාජ වූ සක්විති රජු ධර්මයම ආශ්‍රය කරගෙන, ධර්මයටම සත්කාර කරමින්, ධර්මයටම ගරු කරමින්, ධර්මයම පුදමින්, ධර්මයම ධජය කරගෙන, ධර්මයම සළකුණු කරගෙන, ධර්මයම අධිපති කරගෙන රට තුළ ජනයාට ධාර්මික වූ ආරක්ෂාවත් රැකවරණයත් ලබා දෙනවා. වැඩ කටයුතුවල යෙදී සිටින ක්ෂත්‍රියයන්ටත්, බල සේනාවටත්, බ්‍රාහ්මණ ගෘහපතියන්ටත්, නියම්ගම් වැසියන්ටත්, ජනපද වැසියන්ටත්, ශ්‍රමණ-බ්‍රාහ්මණයින්ටත්, සතුන්ට හා පක්ෂීන්ට පවා ආරක්ෂාවත්, රැකවරණයත් සළසලා ධර්මයෙන්ම අණසක පතුරුවනවා. ඒ ධාර්මික අණසක වළක්වන්න කිසිම මනුෂ්‍යයෙකුටවත්, කිසිම සතුරෙකුටවත් ප්‍රාණියෙකුටවත් බැහැ.

අන්න ඒ වගේ තමයි පින්වත් භික්ෂුව, ධාර්මික වූ, ධර්මරාජ වූ අරහත් සම්මා සම්බුදුරජාණන් වහන්සේත් ධර්මයම ආශ්‍රය කරගෙන, ධර්මයටම සත්කාර කරමින්, ධර්මයටම ගරු කරමින්, ධර්මයම පුදමින්, ධර්මයම ධජය කරගෙන, ධර්මයම සළකුණු කරගෙන, ධර්මයම අධිපති කරගෙන 'මේ විදිහේ කාය කර්මයන් කළ යුතුයි, මේ විදිහේ කාය කර්මයන් නොකළ යුතුයි' කියලා ධාර්මික ආරක්ෂාවත්, රැකවරණයත් සපයනවා.

ඒ ගැන තවදුරටත් කියනවා නම්, පින්වත් භික්ෂුව, ධාර්මික වූ, ධර්මරාජ වූ අරහත් සම්මා සම්බුදුරජාණන් වහන්සේත් ධර්මයම ආශ්‍රය කරගෙන, ධර්මයටම සත්කාර කරමින්, ධර්මයටම ගරු කරමින්, ධර්මයම පුදමින්, ධර්මයම ධජය කරගෙන, ධර්මයම සළකුණු කරගෙන, ධර්මයම අධිපති කරගෙන 'මේ විදිහේ වචී කර්මයන් කළ යුතුයි, මේ විදිහේ වචී කර්මයන් නොකළ යුතුයි' කියලා ධාර්මික ආරක්ෂාවත්, රැකවරණයත් සපයනවා. ....(පෙ).... 'මේ විදිහේ මනෝ කර්මයන් කළ යුතුයි, මේ විදිහේ මනෝ කර්මයන් නොකළ යුතුයි' කියලා ධාර්මික ආරක්ෂාවත්, රැකවරණයත් සපයනවා.

පින්වත් භික්ෂුව, ඒ ධාර්මික වූ, ධර්මරාජ වූ අරහත් සම්මා සම්බුදුරජාණන් වහන්සේත් ධර්මයම ආශ්‍රය කරගෙන, ධර්මයටම සත්කාර කරමින්, ධර්මයටම ගරු කරමින්, ධර්මයම පුදමින්, ධර්මයම ධජය කරගෙන, ධර්මයම සළකුණු කරගෙන, ධර්මයම අධිපති කරගෙන කාය කර්ම ගැන ධාර්මික ආරක්ෂාවත්, රැකවරණයත් සපයලා, වචී කර්ම ගැන ධාර්මික ආරක්ෂාවත්, රැකවරණයත් සපයලා, මනෝ කර්ම ගැන ධාර්මික ආරක්ෂාවත්, රැකවරණයත් සපයලා, ධර්මයෙන්ම උත්තරීතර වූ දහම් අණසක පතුරුවනවා. ඒ දහම් අණසක වළක්වන්න කිසිම ශ්‍රමණයෙකුටවත්, බ්‍රාහ්මණයෙකුටවත්, දෙවියෙකුටවත්, මාරයෙකුටවත්, බ්‍රහ්මයෙකුටවත් ලෝකයේ කිසිම කෙනෙකුටවත් බැහැ.

සාදු! සාදු!! සාදු!!!

3.1.2.5.

15. ඒ දිනවල භාග්‍යවතුන් වහන්සේ වැඩසිටියේ බරණැස ඉසිපතනය නම් වූ මිගදායේ. එදා භාග්‍යවතුන් වහන්සේ 'පින්වත් මහණෙනි' කියලා භික්ෂූන් වහන්සේලා අමතා වදාළා. 'එසේය ස්වාමීනී' කියලා ඒ භික්ෂූන් වහන්සේලා භාග්‍යවතුන් වහන්සේට පිළිතුරු දුන්නා. භාග්‍යවතුන් වහන්සේ මෙම දෙසුම වදාළා.

පින්වත් මහණෙනි, මේක ඉස්සර සිද්ධ වෙච්ච දෙයක්. පචේතන කියලා රජ කෙනෙක් හිටියා. ඉතින් පින්වත් මහණෙනි, ඒ පචේතන රජතුමා රාජකීය රථ හදන රථකාරයාව (බාසුන්නැහේ) අමතා මෙහෙම කිව්වා. 'යහළු රථකාරය, මෙයින් මාස හයකට පස්සේ මට යුද්ධයක් තියෙනවා. මිත්‍ර රථකාරය, ඔබට පුළුවන්ද මට අළුත් රෝද දෙකක් හදලා දෙන්න.' 'පුළුවනි, දේවයන් වහන්ස' කියලා ඒ රථකාරයා පචේතන රජුට පිළිතුරු දුන්නා. ඊට පස්සේ පින්වත් මහණෙනි, ඒ රථකාරයා මාස හයට දවස් හයක් ඉතිරිව තියෙද්දී, එක රෝදයක් සාදා නිම කළා. ඉතින් පින්වත් මහණෙනි, පචේතන රජතුමා රථකාරයාව ඇමතුවා. 'යහළු රථකාරය, මෙයින් හය දවසකට පස්සේ මට යුද්ධයක් තියෙනවා. අලුත් රෝද දෙක හැදුවාද?' 'දේවයන් වහන්ස, මාස හයකට දවස් හයක් ඉතිරිව තියෙද්දී මේ එක රෝදයක් නම් හැදුවා.' 'එහෙනම්, යහළු රථකාරය, ඔබට පුළුවන්ද, ඉතිරි දවස් හයේදී දෙවෙනි රෝදය හදලා ඉවර කරන්න?' 'පුළුවනි දේවයන් වහන්ස' කියලා ඒ රථකාරයා පචේතන රජුට පිළිතුරු දුන්නා. ඊට පස්සේ පින්වත් මහණෙනි, ඒ රථකාරයා දවස් හයකින් දෙවෙනි රෝදය හදලා ඉවර කරලා ඒ අලුත් රෝද දෙක අරගෙන පචේතන රජු ළඟට ගියා. ගිහිල්ලා පචේතන රජුට මෙය කිව්වා.

'දේවයන් වහන්ස, මේ අලුත් රෝද දෙක හදලා ඉවරයි' කියලා. 'හැබැටම යහළු රථකාරය, ඔබ එක රෝදයක් හදලා ඉවර කරන්න මාස හයකට දවස් හයක අඩු කාලයක් ගත කළා. අනිත් රෝදය හදලා ඉවර කරන්න ගියේ දවස් හයයි. මේ දෙකේ වෙනස මොකක්ද? මට නම් මේ දෙකේ කිසිම වෙනසක් දකින්න නැහැනේ.' 'දේවයන් වහන්ස, මේකෙ වෙනසක් තියෙනවා. දේවයන් වහන්ස, මෙන්න බලන්න වෙනස්කම.'

ඊට පස්සේ ඒ රථකාරයා දවස් හයකින් හදලා ඉවර කරපු රෝදය තල්ලු කරලා ඇරියා. ඒක තල්ලු වෙලා, ඒකෙ ස්වභාවයට අනුව යන්න පුළුවන් දුර ගිහිල්ලා කැරකිලා බිම වැටුනා. ඊට පස්සේ හය මාසයකට දවස් හයක් තියෙද්දී හදලා ඉවර කරපු රෝදය තල්ලු කරලා ඇරියා. ඒක තල්ලු වෙලා, ඒකෙ ස්වභාවය අනුව යන්න පුළුවන් දුර ගිහිල්ලා, නිරුපද්‍රිතව (වැටෙන්නේ නැතුව) එහෙමම හිටලා නතර වුනා.

"යහළු රථකාරය, දවස් හයෙන් හදලා ඉවර කරපු රෝදය තල්ලු වෙලා ගිහිල්ලා ඒකෙ ස්වභාවයට අනුව යන්න පුළුවන් දුර ගිහිල්ලා කැරකිලා බිම වැටුනා. මේකට හේතුව මොකක්ද? කාරණය මොකක්ද? යහළු රථකාරය, හය මාසයකට දවස් හයක් තියෙද්දී හදලා ඉවර කරපු රෝදය තල්ලු වෙලා ගිහිල්ලා ඒකෙ ස්වභාවයට අනුව යන්න පුළුවන් දුර ගිහිල්ලා කිසිම දෙයක් වෙන්නෙ නැතුව එහෙමම හිටල නතර වුනා. මේකට හේතුව මොකක්ද? කාරණය මොකක්ද?"

"දේවයන් වහන්ස, දවස් හයෙන් හදලා ඉවර කරපු රෝදයේ නිම්වළල්ල ඇද සහිතයි. දොස් සහිතයි. අඩුපාඩු සහිතයි. ගරාදිත් ඇද සහිතයි. දොස් සහිතයි. අඩුපාඩු සහිතයි. බොස් ගෙඩියත් ඇද සහිතයි. දොස් සහිතයි. අඩුපාඩු සහිතයි. ඒකේ නිම්වළල්ලත් ඇද සහිත නිසා, දොස් සහිත නිසා, අඩුපාඩු සහිත නිසා, ගරාදිත් ඇද සහිත නිසා, දොස් සහිත නිසා, අඩුපාඩු සහිත නිසා, බොස් ගෙඩියත් ඇද සහිත නිසා, දොස් සහිත නිසා, අඩුපාඩු සහිත නිසා තමයි පෙරළලා යැව්වට පස්සේ, ඒකෙ ස්වභාවයට අනුව යන්න පුළුවන් දුර ගිහිල්ලා කැරකිලා බිම වැටුනේ. දේවයන් වහන්ස, ඔය මාස හයකට දවස් හයක් ඉතුරු වෙලා තියෙද්දී හදපු රෝදය තියෙනවනෙ. ඒකෙ නිම්වළල්ලත් ඇද නෑ, දොස් සහිත නෑ, අඩුපාඩු නෑ. ගරාදිත් ඇද නෑ, දොස් සහිත නෑ, අඩුපාඩු නෑ. බොස්ගෙඩියත් ඇද නෑ, දොස් සහිත නෑ, අඩුපාඩු නෑ. ඒකෙ නිම්වළල්ලත් ඇද නැති නිසා, දොස් සහිත නැති නිසා, අඩුපාඩු සහිත නැති නිසා, ගරාදිත් ඇද නැති නිසා, දොස් සහිත නැති නිසා, අඩුපාඩු සහිත නැති නිසා, බොස්ගෙඩියත් ඇද නැති නිසා, දොස් සහිත නැති නිසා, අඩුපාඩු සහිත

නැති නිසා තමයි පෙරළලා යැව්වට පස්සේ ඒකෙ ස්වභාවයට අනුව යන්න පුළුවන් දුර ගිහිල්ලා කිසි දෙයක් නොවී එහෙමම හිටලා නතර වුනේ.”

පින්වත් මහණෙනි, දැන් ඔබට මේ විදිහට හිතෙන්න පුළුවනි. ඒ කාලයේ ඒ රථකරු වුනේ වෙනත් කවුරු හරි කියලා. පින්වත් මහණෙනි, ඒ විදිහට නොදැක්ක යුතුයි. ඒ කාලෙ මම තමයි ඒ රාජකීය රථ හදන රථකරු වෙලා හිටියේ. පින්වත් මහණෙනි, ඒ කාලේ මම ලීවල තිබුණු ඇදයන් ගැන, දොස් ගැන, අඩුපාඩු ගැන හොඳින් දන්නා දක්ෂ කෙනෙක්. පින්වත් මහණෙනි, දැන් මේ කාලයේ අරහත් සම්මා සම්බුදුරජාණන් වහන්සේ වූ මා කායික ක්‍රියාවල ඇදයන් (අකුසල්) ගැනත්, කායික ක්‍රියාවල දොස් ගැනත්, කායික ක්‍රියාවල අඩුපාඩු ගැනත් හොඳින් දන්නා දක්ෂ කෙනෙක්. වචනයේ ඇද ගැනත්, වචනයේ දොස් ගැනත්, වචනයේ අඩුපාඩු ගැනත් හොඳින් දන්නා දක්ෂ කෙනෙක්. මනසේ ඇදයන් ගැනත්, මනසේ දොස් ගැනත්, මනසේ අඩුපාඩු ගැනත් හොඳින් දන්නා දක්ෂ කෙනෙක්.

පින්වත් මහණෙනි, යම් භික්ෂුවකගේ වේවා, භික්ෂුණියකගේ වේවා, කායික ක්‍රියාවල ඇද ගති, කායික ක්‍රියාවල දොස්, කායික ක්‍රියාවල අඩුපාඩු ප්‍රහීණ වෙලා නැත්නම්, වචනයේ ඇද ගති, වචනයේ දොස්, වචනයේ අඩුපාඩු ප්‍රහීණ වෙලා නැත්නම්, සිතේ ඇද ගති, සිතේ දොස්, සිතේ අඩුපාඩු ප්‍රහීණ වෙලා නැත්නම්, ඔවුනුත් මේ ධර්ම විනයේ නොපිහිටා වැටුණු අය වෙනවා. ඒක හරියට අර දවස් හයෙන් හදලා ඉවර කරපු රෝදය වගෙයි.

පින්වත් මහණෙනි, යම් භික්ෂුවකගේ වේවා, භික්ෂුණියකගේ වේවා, මේ කායික ක්‍රියාවල ඇද ගති, කායික ක්‍රියාවල දොස්, කායික ක්‍රියාවල අඩුපාඩු ප්‍රහීණ වෙලා නම්, වචනයේ ඇද ගති, වචනයේ දොස්, වචනයේ අඩුපාඩු ප්‍රහීණ වෙලා නම්, සිතේ ඇද ගති, සිතේ දොස්, සිතේ අඩුපාඩු ප්‍රහීණ වෙලා නම්, ඔවුන් මේ විදිහට මේ ධර්ම විනයේ පිහිටා සිටිනවා. ඒක හරියට අර මාස හයකට දවස් හයක් තියෙද්දී හදලා ඉවර කරපු රෝදය වගෙයි.

ඒ නිසා පින්වත් මහණෙනි, මෙන්න මේ විදිහට හික්මිය යුතුයි. ‘කායික ක්‍රියාවල වංක ගති, කායික ක්‍රියාවල දොස්, කායික ක්‍රියාවල අඩුපාඩු අත්හරිනවා කියලා. වචනයේ වංක ගති, වචනයේ දොස්, වචනයේ අඩුපාඩු අත්හරිනවා කියලා. සිතේ වංක ගති, සිතේ දොස්, සිතේ අඩුපාඩු අත්හරිනවා’ කියලා. පින්වත් මහණෙනි, ඔබ මෙන්න මේ විදිහටමයි හික්මිය යුත්තේ.

සාදු! සාදු!! සාදු!!!

3.1.2.6.

16. සැවැත් නුවරදී....

පින්වත් මහණෙනි, කරුණු තුනකින් යුතු භික්ෂුව කරදර රහිත වූ ප්‍රතිපදාවට පැමිණියා වෙනවා. ඔහු ආශ්‍රව ක්ෂය කරන වීරියත් පටන් ගත්තා වෙනවා. කවර කාරණා තුනකින්ද? පින්වත් මහණෙනි, මෙහි භික්ෂුව ඉන්ද්‍රියයන්ගේ දොරවල් වහලයි තියෙන්නේ. වළඳන භෝජනයේ අර්ථයත් දන්නවා. නිදිවැරීමේ යෙදිලා ඉන්නවා.

පින්වත් මහණෙනි, කොහොමද භික්ෂුවක් ඉන්ද්‍රියයන්ගේ දොරවල් වහලා ඉන්නෙ? පින්වත් මහණෙනි, මෙහි භික්ෂුවක් ඇසින් රූපයක් දැකලා ඒකෙ නිමිති ගන්නෙ නෑ. නිමිත්තක කොටසක්වත් ගන්නේ නෑ. යම් විදිහකින් ඇස අසංවර කරගෙන ඉන්න කොට දැඩි ලෝභයත්, දොම්නසත් කියන මේ පාපී අකුසල් පැමිනෙනවා නම්, අන්න ඒවායේ සංවරය පිණිස පිළිපදිනවා. ඇස නැමැති ඉන්ද්‍රිය රකිනවා. ඇස නැමැති ඉන්ද්‍රියේ සංවරයට පත්වෙනවා. කනෙන් ශබ්දයක් අහලා ....(පෙ).... නාසයෙන් ගඳ සුවඳ දැනගෙන ....(පෙ).... දිවෙන රස දැනගෙන ....(පෙ).... කයෙන් පහස ලබලා ....(පෙ).... මනසින් සිතුවිලි දැනගෙන ඒවායේ නිමිති ගන්නෙ නෑ. නිමිත්තක කොටසක්වත් ගන්නෙ නෑ. යම් විදිහකින් මනස නැමැති ඉන්ද්‍රිය අසංවර කරගෙන ඉන්න කොට දැඩි ලෝභයත්, දොම්නසත් කියන මේ පාපී අකුසල් පැමිනෙනවා නම්, අන්න ඒවායේ සංවරය පිණිස පිළිපදිනවා. මනස නැමැති ඉන්ද්‍රිය රකිනවා. මනස නැමැති ඉන්ද්‍රියේ සංවරයට පත්වෙනවා. පින්වත් මහණෙනි, මෙන්න මේ විදිහට භික්ෂුව ඉන්ද්‍රියයන්ගේ දොරවල් වැහුවා වෙනවා.

පින්වත් මහණෙනි, කොහොමද භික්ෂුව වළඳන භෝජනයේ අර්ථය දැන ගන්න කෙනෙක් වෙන්නේ? පින්වත් මහණෙනි, මෙහි භික්ෂුව නුවණින් හිතලා බලලා තමයි ආහාර වළඳන්නෙ. 'ජවය පිණිස නොවෙයි, මත් වීම පිණිස නොවෙයි. ශරීරය වඩවලා ලස්සන කරගන්න වත්, කය සරසවන්නවත් නොවෙයි. මේ කයේ පැවැත්ම පිණිසත්, යැපීම පිණිසත්, වෙහෙස නිවා ගැනීම පිණිසත්, බඹසර ජීවිතයට අනුග්‍රහ පිණිසත්මයි. මේ විදිහට තිබුනු බඩගිනි වේදනාවන් නැති කර දමමි, අලුත් බඩගිනි වේදනාවන් නූපදවමි. මාගේ මේ ජීවන යාත්‍රාවත් සිදුවෙනවා. නිවැරදි බවත්, පහසු විහරණයත් සිදුවෙනවා' කියලා. පින්වත් මහණෙනි, මෙන්න මේ විදිහට භික්ෂුව වළඳන ආහාරයේ අර්ථය දන්නා කෙනෙක් වෙනවා.

පින්වත් මහණෙනි, කොහොමද භික්ෂුව නිදිවැරීමේ යෙදුණු කෙනෙක් වෙන්නේ? පින්වත් මහණෙනි, මෙහි භික්ෂුව දහවල් කාලයේ සක්මන් කිරීමෙනුත් වාඩි වී භාවනා කිරීමෙනුත් චිත්ත දියුණුව වසා තිබෙන කෙලෙස් ඉවත් කරමින් සිත පිරිසිදු කරනවා. රාත්‍රියේ පළමු වෙනි යාමයේ සක්මන් කිරීමෙනුත් වාඩි වී භාවනා කිරීමෙනුත් චිත්ත දියුණුව වසා තිබෙන කෙලෙස් ඉවත් කරමින් සිත පිරිසිදු කරනවා. රාත්‍රියේ මධ්‍යම යාමයේ දකුණු පැත්තට හැරිලා එක් පාදයක් උඩ අනෙක් පාදය මඳක් පිටුපසට කරලා තියලා, සිහියෙනුත් නුවණිනුත් යුතුව, නැගී සිටීමේ අදහස සිහිකරලා සිංහයෙකුගේ විලාශයෙන් ඇලවෙනවා. ඊට පස්සේ රාත්‍රී පසු යාමයේ නැගිටලා සක්මන් කිරීමෙනුත් හිඳිමිනුත් චිත්ත දියුණුව වසා තිබෙන කෙලෙස් ඉවත් කරමින් සිත පිරිසිදු කරනවා. පින්වත් මහණෙනි, මේ විදිහට භික්ෂුව නිදිවැරීමේ යෙදුණු කෙනෙක් වෙනවා. පින්වත් මහණෙනි, මේ කාරණා තුනෙන් යුතු භික්ෂුව කරදර රහිත වූ ප්‍රතිපදාවට පැමිණියා වෙනවා. ඔහු ආශ්‍රවයන් ක්ෂය කරන වීරියත් පටන් ගත්තා වෙනවා.

සාදු! සාදු!! සාදු!!!

3.1.2.7.

17. පින්වත් මහණෙනි, මේ කාරණා තුනක් තමන්ට පීඩා පිණිසත් හේතු වෙනවා. අනුන්ට පීඩා පිණිසත් හේතු වෙනවා. දෙපැත්තටම පීඩා පිණිස හේතු වෙනවා. ඒ තුන මොනවාද? කාය දුසිරිතත්, වචී දුසිරිතත්, මනෝ දුසිරිතත් ය. පින්වත් මහණෙනි, මේ කාරණා තුන තමන්ට පීඩා පිණිසත් හේතු වෙනවා. අනුන්ට පීඩා පිණිසත් හේතු වෙනවා. දෙපැත්තටම පීඩා පිණිස හේතු වෙනවා.

පින්වත් මහණෙනි, මේ කාරණා තුනක් තමන්ට පීඩා පිණිස හේතු වෙන්නෙත් නෑ. අනුන්ට පීඩා පිණිස හේතු වෙන්නෙත් නෑ. දෙපැත්තටම පීඩා පිණිස හේතු වෙන්නෙත් නෑ. ඒ තුන මොනවාද? කාය සුචරිතයත්, වචී සුචරිතයත්, මනෝ සුචරිතයත් ය. පින්වත් මහණෙනි, මේ කාරණා තුන තමන්ට පීඩා පිණිස හේතු වෙන්නෙත් නෑ. අනුන්ට පීඩා පිණිස හේතු වෙන්නෙත් නෑ. දෙපැත්තටම පීඩා පිණිස හේතු වෙන්නෙත් නෑ.

සාදු! සාදු!! සාදු!!!

3.1.2.8.

18. පින්වත් මහණෙනි, ඉදින් අන්‍යාගමික වූ තාපසවරු ඔබගෙන් මේ විදිහට ඇහුවොත් "ආයුෂ්මත්නි, දෙව්ලොව උපතක් ලැබීම පිණිසද ශ්‍රමණ ගෞතමයන් වහන්සේ ළඟ බ්‍රහ්මචාරී ජීවිතයක් ගත කරන්නේ?" කියලා. පින්වත් මහණෙනි, මේ විදිහට ඇහුවොත් ඔබ ඒ ගැන කණස්සල්ලට පත්වෙන්නේ නැද්ද? ලැජ්ජාවට පත්වෙන්නේ නැද්ද? පිළිකුලට පත්වෙන්නේ නැද්ද?" "ස්වාමීනී, එසේ වෙනවාමයි."

ඉතින් පින්වත් මහණෙනි, ඔබ මේ විදිහට දිව්‍ය ආයුෂය ගැන කණස්සල්ලට පත්වෙනවා නම්, ලැජ්ජාවට පත්වෙනවා නම්, පිළිකුලට පත්වෙනවා නම්, දිව්‍ය වර්ණයෙන් ....(පෙ).... දිව්‍ය සැපයෙන් ....(පෙ).... දිව්‍ය යසසින් ....(පෙ).... දිව්‍ය අධිපතිබවෙන් කණස්සල්ලට පත්වෙනවා නම්, ලැජ්ජාවට පත්වෙනවා නම්, පිළිකුලට පත්වෙනවා නම්, පින්වත් මහණෙනි, ඉතින් එහෙම එකේ කාය දුසිරිත ගැන කණස්සල්ලට පත් විය යුතුමයි, ලැජ්ජාවට පත් විය යුතුමයි, පිළිකුලට පත් විය යුතුමයි යන කරුණ ගැන අමුතුවෙන් කිව යුතුද? වචී දුසිරිත ....(පෙ).... මනෝ දුසිරිත ගැන කණස්සල්ලට පත් විය යුතුමයි, ලැජ්ජාවට පත් විය යුතුමයි, පිළිකුලට පත් විය යුතුමයි යන කරුණ ගැන අමුතුවෙන් කිව යුතුද?

සාදු! සාදු!! සාදු!!!

3.1.2.9.

19. පින්වත් මහණෙනි, කාරණා තුනකින් යුතු වෙළෙන්දා නොලැබූ භෝග සම්පත් ලබන්නවත්, ලැබූ භෝගසම්පත් වැඩිදියුණු කරගන්නවත් සුදුස්සෙක් වෙන්නේ නෑ. කවර කාරණා තුනෙන්ද? පින්වත් මහණෙනි, මෙහි වෙළෙන්දා පෙරවරු කාලයේ ක්‍රමාණුකූලව තමන්ගේ කර්මාන්ත කටයුතුවල යෙදෙන්නේ නෑ. මධ්‍යාහ්න කාලයේ ක්‍රමාණුකූලව තමන්ගේ කර්මාන්ත කටයුතුවල යෙදෙන්නේ නෑ. සවස් කාලයේ ක්‍රමාණුකූලව තමන්ගේ කර්මාන්ත කටයුතුවල යෙදෙන්නේ නෑ. පින්වත් මහණෙනි, මෙන්න මේ කාරණා තුනෙන් යුතු වෙළෙන්දා නොලැබූ භෝග සම්පත් ලබන්නවත්, ලැබූ භෝගසම්පත් වැඩිදියුණු කරගන්නවත් සුදුස්සෙක් වෙන්නෙ නෑ.

අන්න ඒ වගේම තමයි පින්වත් මහණෙනි, කාරණා තුනකින් යුතු භික්ෂුවත් නොලැබූ කුසල් දහම් ලබන්නවත්, ලැබූ කුසල් දහම් වැඩිදියුණු කරගන්නටත් සුදුස්සෙක් වෙන්නේ නෑ. කවර කාරණා තුනකින්ද? පින්වත්

මහණෙනි, මෙහි භික්ෂුව පෙරවරු කාලයේ ක්‍රමාණුකූලව තමන්ගේ සමාධි නිමිත්තෙහි යෙදෙන්නේ නෑ. මධ්‍යාහ්න කාලයේ ක්‍රමාණුකූලව තමන්ගේ සමාධි නිමිත්තෙහි යෙදෙන්නේ නෑ. සවස් කාලයේ ක්‍රමාණුකූලව තමන්ගේ සමාධි නිමිත්තෙහි යෙදෙන්නේ නෑ. පින්වත් මහණෙනි, මෙන්න මේ කාරණා තුනකින් යුතු භික්ෂුවත් නොලැබූ කුසල් දහම් ලබන්නවත්, ලැබූ කුසල් දහම් වැඩිදියුණු කරගන්නටත් සුදුස්සෙක් වෙන්නේ නෑ.

පින්වත් මහණෙනි, කාරණා තුනකින් යුතු වෙළෙන්දා නොලැබූ භෝග සම්පත් ලබන්නටත්, ලැබූ භෝගසම්පත් වැඩිදියුණු කරගන්නටත් සුදුස්සෙක් වෙනවා. කවර කාරණා තුනෙන්ද? පින්වත් මහණෙනි, මෙහි වෙළෙන්දා පෙරවරු කාලයේ ක්‍රමාණුකූලව තමන්ගේ කර්මාන්ත කටයුතුවල යෙදෙනවා මධ්‍යාහ්න කාලයේ ....(පෙ).... සවස් කාලයේ ක්‍රමාණුකූලව තමන්ගේ කර්මාන්ත කටයුතුවල යෙදෙනවා. පින්වත් මහණෙනි, මෙන්න මේ කාරණා තුනෙන් යුතු වෙළෙන්දා නොලැබූ භෝග සම්පත් ලබන්නටත්, ලැබූ භෝගසම්පත් වැඩිදියුණු කරගන්නටත් සුදුස්සෙක් වෙනවා.

අන්න ඒ වගේම තමයි පින්වත් මහණෙනි, කාරණා තුනකින් යුතු භික්ෂුවත් නොලැබූ කුසල් දහම් ලබන්නටත්, ලැබූ කුසල් දහම් වැඩිදියුණු කරගන්නටත් සුදුස්සෙක් වෙනවා. කවර කාරණා තුනකින්ද? පින්වත් මහණෙනි, මෙහි භික්ෂුව පෙරවරු කාලයේ ක්‍රමාණුකූලව තමන්ගේ සමාධි නිමිත්තෙහි යෙදෙනවා. මධ්‍යාහ්න කාලයේ ....(පෙ).... සවස් කාලයේ ක්‍රමාණුකූලව තමන්ගේ සමාධි නිමිත්තෙහි යෙදෙනවා. පින්වත් මහණෙනි, මෙන්න මේ කාරණා තුනකින් යුතු භික්ෂුවත් නොලැබූ කුසල් දහම් ලබන්නටත්, ලැබූ කුසල් දහම් වැඩිදියුණු කරගන්නටත් සුදුස්සෙක් වෙනවා.

සාදු! සාදු!! සාදු!!!

3.1.2.10.

20. පින්වත් මහණෙනි, කාරණා තුනකින් යුතු වෙළෙන්දා නොබෝ කලකින්ම භෝග සම්පත්වල මහත් බවට, විශාල බවට පත්වෙනවා. කවර කාරණා තුනකින්ද? පින්වත් මහණෙනි, මෙහි වෙළෙන්දා ඇස් ඇති කෙනෙක් වෙනවා. වීරියවන්ත වූ දක්ෂ කෙනෙක් වෙනවා. හොඳ ඇසුරකින් යුතු වූ කෙනෙක් වෙනවා.

පින්වත් මහණෙනි, කොහොමද වෙළෙන්දා ඇස් ඇති කෙනෙක් වෙන්නේ? පින්වත් මහණෙනි, මෙහි වෙළෙන්දා විකුණන්න පුළුවන් බඩුවල මිළ ගැන දන්නවා. 'මේ බඩු මේ ගණනට තමයි මිල දී ගත්තේ. මේ විදිහට විකුණන කොට මෙච්චර මුදලක් වෙනවා. මෙච්චර ලාභයක් තියෙනවා' කියලා. පින්වත් මහණෙනි, මෙන්න මේ විදිහට වෙළෙන්දා ඇස් ඇති කෙනෙක් වෙනවා. පින්වත් මහණෙනි, වෙළෙන්දා කොහොමද වීරියවන්ත වූ දක්ෂ කෙනෙක් වෙන්නේ? පින්වත් මහණෙනි, මෙහි වෙළෙන්දා බඩු මිළ දී ගන්නත්, විකුණන්නත් දක්ෂ කෙනෙක් වෙනවා. පින්වත් මහණෙනි, මෙන්න මේ විදිහට වෙළෙන්දා වීරියවන්ත වූ දක්ෂ කෙනෙක් වෙනවා.

පින්වත් මහණෙනි, වෙළෙන්දා කොහොමද හොඳ ඇසුරකින් යුතු වූ කෙනෙක් වෙන්නේ? පින්වත් මහණෙනි, මෙහිලා ආඪ්‍ය වූ මහා ධන සම්පත් ඇති, මහා භෝග සම්පත් ඇති යම් ගෘහපතියෙක් වේවා, ගෘහපති පුත්‍රයෙක් වේවා සිටිනවා නම්, ඔවුන් අර වෙළෙන්දා ගැන මේ විදිහට දැනගන්නවා. 'මේ භවත් වෙළෙන්දා දියුණුව දකින ඇස් ඇති කෙනෙක්. වීරියවන්ත දක්ෂයෙක්. අඹුදරුවන්ව පෝෂණය කරන්නට පුළුවන් කෙනෙක්. අපටත් කලින් කලට උදව් උපකාර ලබාගන්නට පුළුවන් කෙනෙක්' කියලා. ඊට පස්සේ ඔවුන් ඒ වෙළෙන්දාට භෝගවලින් සළකනවා. 'යහළු වෙළෙන්ද, මෙයින් භෝග සම්පත් රැගෙන ගිහින් අඹුදරුවන්ව පෝෂණය කරන්න. කලින් කලට අපටත් උදපදව් කරන්න' කියලා. පින්වත් මහණෙනි, ඔය අයුරින් තමයි වෙළෙන්දා හොඳ ඇසුරකින් යුතු කෙනෙක් වෙන්නේ. පින්වත් මහණෙනි, මෙම කරුණු තුනෙන් සමන්විත වූ වෙළෙන්දා නොබෝ කලකින්ම භෝග සම්පත්වලින් මහත් බවටත්, පිරුණු බවටත් පත් වෙනවා.

අන්න ඒ වගේම තමයි පින්වත් මහණෙනි, කාරණා තුනකින් යුතු භික්ෂුව නොබෝ කලකින්ම කුසල් දහම්වල මහත් බවටත් පිරුණු බවටත් පත්වෙනවා. කවර කාරණා තුනකින්ද? පින්වත් මහණෙනි, මෙහි භික්ෂුව ඇස් ඇති කෙනෙක් වෙනවා. වීරියවන්ත වූ දක්ෂ කෙනෙක් වෙනවා. හොඳ ඇසුරකින් යුතු වූ කෙනෙක් වෙනවා.

පින්වත් මහණෙනි, කොහොමද භික්ෂුව ඇස් ඇති කෙනෙක් වෙන්නේ? පින්වත් මහණෙනි, මෙහි භික්ෂුව 'මේ තමයි දුක' කියලා ඇති සැටියෙන්ම දැනගන්නවා ....(පෙ).... 'මේ තමයි දුක් නැති කිරීම පිණිස පවතින ප්‍රතිපදාව' කියල ඇති සැටියෙන්ම දැනගන්නවා. පින්වත් මහණෙනි, මේ විදිහට භික්ෂුව ඇස් ඇති කෙනෙක් වෙනවා.

පින්වත් මහණෙනි, භික්ෂුව කොහොමද වීරියවන්ත දක්ෂ කෙනෙක් වෙන්නේ? පින්වත් මහණෙනි, මෙහි භික්ෂුව අකුසල් ප්‍රහාණය කිරීම පිණිසත්, කුසල්දහම් උපදවා ගැනීම පිණිසත් පටන්ගත් වීරියෙන් යුතුව වාසය කරනවා. කුසල්දහම්වල ශක්තිමත්ව, දැඩි වීරියෙන් යුතුව, ඒ වීරිය අත්හරින්නෙ නැතුව වාසය කරනවා. පින්වත් මහණෙනි, මෙන්න මේ විදිහට භික්ෂුව වීරියවන්ත වූ දක්ෂ කෙනෙක් වෙනවා.

පින්වත් මහණෙනි, කොහොමද භික්ෂුව හොඳ ඇසුරකින් යුතු කෙනෙක් වෙන්නේ? පින්වත් මහණෙනි, මෙහි භික්ෂුව බහුශ්‍රැත වූ, ධර්මයේ දක්ෂ බවට පැමිණි, ධර්මධර, විනයධර, මාතෘකාධර යම් භික්ෂූන් සිටිත් නම්, ඒ භික්ෂූන් ළඟට කලින් කලට ගිහින් 'ස්වාමීනී, මේක කොහොමද? මේකෙ අර්ථය කුමක්ද?' කියලා විමසනවා. ප්‍රශ්න කරනවා. ඉතින් ඔහුට ඒ ආයුෂ්මතුන් වහන්සේලා අප්‍රකට වූ ධර්මය විවර කර දෙනවා. වැසී තිබුණු දේ පැහැදිලි කර පෙන්වා දෙනවා. අනේකවිධ වූ සැකසංකා ඇති කරන දහම් කරුණු ගැන ඇති සැක දුරු කර දෙනවා. පින්වත් මහණෙනි, මෙන්න මේ විදිහට භික්ෂුව හොඳ ඇසුරකින් යුතු කෙනෙක් වෙනවා. පින්වත් මහණෙනි, මෙන්න මේ කාරණා තුනෙන් යුතු භික්ෂුව නොබෝ කලකින්ම කුසල් දහම්වල මහත් බවට, පිරුණු බවටත් පත්වෙනවා.

සාදු! සාදු!! සාදු!!!

පළමු වෙනි බණවර නිමා විය.

දෙවෙනි වර්ගයයි.

3. පුද්ගල වර්ගය

3.1.3.1.

21. මා හට අසන්නට ලැබුනේ මේ විදිහටයි. ඒ දිනවල භාග්‍යවතුන් වහන්සේ වැඩසිටියේ සැවැත් නුවර ජේතවන නම් වූ අනේපිඬු සිටුතුමාගේ ආරාමයේ. එදා ආයුෂ්මත් සවිට්ඨ තෙරුන් වහන්සේත්, ආයුෂ්මත් මහා කොට්ඨිත තෙරුන් වහන්සේත්, ආයුෂ්මත් සාරිපුත්ත තෙරුන් ළඟට වැඩම කළා. වැඩම කොට ආයුෂ්මත් සාරිපුත්ත තෙරුන් සමඟ සතුටු වුනා. සතුටු විය යුතු සිහි කළ යුතු කථා බහ අවසන් කොට එකත්පස්ව වාඩි වුනා. එකත්පස්ව වාඩි වුන ආයුෂ්මත් සවිට්ඨ තෙරුන්ට, ආයුෂ්මත් සාරිපුත්ත තෙරුන් මේ විදිහට පැවසුවා.

"ප්‍රිය ආයුෂ්මත් සවිට්ඨ, මේ ලෝකයේ පුද්ගලයන් තුන් දෙනෙක් දකින්නට ලැබෙනවා. ඒ තුන් දෙනා කවුද? කායසක්ඛී, දිට්ඨිප්පත්ත, සද්ධාවිමුත්ත යන පුද්ගලයන් ය. ප්‍රිය ආයුෂ්මතුනි, මේ තමයි මේ ලෝකයේ දකින්නට ලැබෙන පුද්ගලයන් තුන් දෙනා. ප්‍රිය ආයුෂ්මතුනි, මේ පුද්ගලයන් තුන් දෙනා ගෙන් ඔබ වඩාත් කැමැති වන්නේ, වඩාත් ශ්‍රේෂ්ඨ යැයි සිතන්නේ කවර පුද්ගලයෙක් ගැනද?"

"ප්‍රිය ආයුෂ්මත් සාරිපුත්තයෙනි, මේ ලෝකයේ දකින්නට ලැබෙන පුද්ගලයන් තුන් දෙනෙක් ඉන්නවා. ඒ තුන් දෙනා කවුද? කායසක්ඛී, දිට්ඨිප්පත්ත, සද්ධාවිමුත්ත යන පුද්ගලයන් ය. ප්‍රිය ආයුෂ්මතුනි, මේ තමයි ලෝකයේ දකින්නට ලැබෙන පුද්ගලයන් තුන් දෙනා. ප්‍රිය ආයුෂ්මතුනි, මේ පුද්ගලයන් තුන් දෙනාගෙන් යම් ඒ පුද්ගලයෙක් සද්ධාවිමුත්ත නම්, අන්න ඒ පුද්ගලයා තමයි මේ පුද්ගලයන් තුන් දෙනා අතුරින් වඩාත්ම හොඳයි, වඩාත්ම විශිෂ්ටයි කියලා මම කැමති වෙන්නේ. ඒකට හේතුව මොකක්ද? ප්‍රිය ආයුෂ්මතුනි, මේ පුද්ගලයාගේ ශ්‍රද්ධා ඉන්ද්‍රිය ඉතා බලවත් නිසයි.

එතකොට ආයුෂ්මත් සාරිපුත්ත තෙරුන් වහන්සේ ආයුෂ්මත් මහා

කොට්ඨිත තෙරුන් හට මෙය පැවසුවා. "ප්‍රිය ආයුෂ්මත් කොට්ඨිතයෙනි, මේ ලෝකයේ පුද්ගලයන් තුන් දෙනෙක් දකින්නට ලැබෙනවා. ඒ තුන් දෙනා කවුද? කායසක්ඛී, දිට්ඨප්පත්ත, සද්ධාවිමුත්ත යන පුද්ගලයන් ය. ප්‍රිය ආයුෂ්මතුනි, මේ තමයි ලෝකයේ දකින්නට ලැබෙන පුද්ගලයන් තුන් දෙනා. ප්‍රිය ආයුෂ්මතුනි, මේ පුද්ගලයන් තුන් දෙනා ගෙන් ඔබ වඩාත් කැමැති වන්නේ, වඩාත් ශ්‍රේෂ්ඨ යැයි සිතන්නේ කවර පුද්ගලයෙක් ගැනද?"

"ප්‍රිය ආයුෂ්මත් සාරිපුත්තයෙනි, මේ ලෝකයේ පුද්ගලයන් තුන් දෙනෙක් දකින්නට ලැබෙනවා. ඒ තුන් දෙනා කවුද? කායසක්ඛී, දිට්ඨප්පත්ත, සද්ධාවිමුත්ත යන පුද්ගලයන් ය. ප්‍රිය ආයුෂ්මතුනි, මේ තමයි ලෝකයේ දකින්නට ලැබෙන පුද්ගලයන් තුන් දෙනා. ප්‍රිය ආයුෂ්මතුනි, මේ පුද්ගලයන් තුන් දෙනා ගෙන් යම් ඒ පුද්ගලයෙක් කායසක්ඛී නම්, අන්න ඒ පුද්ගලයා තමයි මේ පුද්ගලයන් තුන් දෙනා අතුරින් වඩාත්ම හොඳයි, වඩාත්ම විශිෂ්ටයි කියලා මම කැමැති වෙන්නේ. ඒකට හේතුව මොකක්ද? ප්‍රිය ආයුෂ්මතුනි, මේ පුද්ගලයාගේ සමාධි ඉන්ද්‍රිය ඉතා බලවත් නිසයි."

එතකොට ආයුෂ්මත් මහා කොට්ඨිත තෙරුන් වහන්සේ ආයුෂ්මත් සාරිපුත්ත තෙරුන් හට මෙය පැවසුවා. "ප්‍රිය ආයුෂ්මත් සාරිපුත්තයෙනි, මේ ලෝකයේ පුද්ගලයන් තුන් දෙනෙක් දකින්නට ලැබෙනවා. ඒ තුන් දෙනා කවුද? කායසක්ඛී, දිට්ඨප්පත්ත, සද්ධාවිමුත්ත යන පුද්ගලයන් ය. ප්‍රිය ආයුෂ්මතුනි, මේ තමයි ලෝකයේ දකින්නට ලැබෙන පුද්ගලයන් තුන් දෙනා. ප්‍රිය ආයුෂ්මතුනි, මේ පුද්ගලයන් තුන් දෙනා ගෙන් ඔබ වඩාත් කැමැති වන්නේ, වඩාත් ශ්‍රේෂ්ඨ යැයි සිතන්නේ කවර පුද්ගලයෙක් ගැනද?"

"ප්‍රිය ආයුෂ්මත් කොට්ඨිතයෙනි, මේ ලෝකයේ පුද්ගලයන් තුන් දෙනෙක් දකින්නට ලැබෙනවා. ඒ තුන් දෙනා කවුද? කායසක්ඛී, දිට්ඨප්පත්ත, සද්ධාවිමුත්ත යන පුද්ගලයන් ය. ප්‍රිය ආයුෂ්මතුනි, මේ තමයි මේ ලෝකයේ දකින්නට ලැබෙන පුද්ගලයන් තුන් දෙනා. ප්‍රිය ආයුෂ්මතුනි, මේ පුද්ගලයන් තුන් දෙනා ගෙන් යම් ඒ පුද්ගලයෙක් දිට්ඨප්පත්ත නම්, අන්න ඒ පුද්ගලයා තමයි මේ පුද්ගලයන් තුන් දෙනා අතුරින් වඩාත්ම හොඳයි, වඩාත්ම විශිෂ්ටයි කියලා මම කැමැති වෙන්නේ. ඒකට හේතුව මොකක්ද? ප්‍රිය ආයුෂ්මතුනි, මේ පුද්ගලයාගේ ප්‍රඥා ඉන්ද්‍රිය ඉතා බලවත් නිසයි."

ඊට පස්සේ ආයුෂ්මත් සාරිපුත්ත තෙරුන් ආයුෂ්මත් සවිට්ඨ තෙරුන්ටත්, ආයුෂ්මත් මහා කොට්ඨිත තෙරුන්ටත් මෙය පැවසුවා. "ප්‍රිය ආයුෂ්මතුනි, අපි හැමෝම අපට වැටහෙන ආකාරයට ප්‍රකාශ කළා. ප්‍රිය ආයුෂ්මතුනි, වඩිනු

මැනැව. අපි භාග්‍යවතුන් වහන්සේ ළඟට යමු. ගිහින් භාග්‍යවතුන් වහන්සේට මේ කාරණය කියමු. එතකොට භාග්‍යවතුන් වහන්සේ යම් විදිහකට නම් වදාරන්නේ, අපි ඒ විදිහට ඔය කාරණාව මතක තබාගනිමු" කියලා.

"එහෙමයි ආයුෂ්මතුනි" කියලා ආයුෂ්මත් සවිට්ඨ තෙරුනුත්, ආයුෂ්මත් මහා කොට්ඨිත තෙරුනුත්, ආයුෂ්මත් සාරිපුත්ත තෙරුන්ට පිළිතුරු දුන්නා. ඊට පස්සේ ආයුෂ්මත් සාරිපුත්තයන් වහන්සේත්, ආයුෂ්මත් සවිට්ඨයන් වහන්සේත්, ආයුෂ්මත් මහා කොට්ඨිතයන් වහන්සේත් භාග්‍යවතුන් වහන්සේ වැඩසිටි තැනට පැමිණුනා. පැමිණ භාග්‍යවතුන් වහන්සේට ආදරයෙන් වන්දනා කරලා එකත්පස්ව වාඩි වුනා. එකත්පස්ව වාඩිවුන ආයුෂ්මත් සාරිපුත්තයන් වහන්සේ, ආයුෂ්මත් සවිට්ඨ තෙරුන් හා ආයුෂ්මත් මහාකොට්ඨිත තෙරුන් සමඟ කතා බහ කරපු යම්තාක් දේ තිබුනා නම්, ඒ සියල්ලම භාග්‍යවතුන් වහන්සේට සැළකළා.

පින්වත් සාරිපුත්ත, මේ පුද්ගලයන් තුන් දෙනා අතරෙන් මේ පුද්ගලයා තමයි වඩාත්ම හොඳ, වඩාත්ම විශිෂ්ට කියලා ඒකාන්තයෙන්ම ප්‍රකාශ කරන එක ලෙහෙසි නෑ. පින්වත් සාරිපුත්ත, මෙන්න මේ කාරණයත් දකින්න තියෙනවා. යම් මේ සද්ධාවිමුත්ත පුද්ගලයෙක් ඉන්නවා, එක්කෝ ඔහු රහතන් වහන්සේ නමක්. එහෙම නැත්නම් අරහත්වය පිණිස මාර්ගය වඩනවා. යම් මේ කායසක්ඛී පුද්ගලයෙක් ඉන්නවාද, ඔහු එක්කෝ සකදාගාමියි. නැත්නම් අනාගාමියි. යම් මේ දිට්ඨප්පත්ත පුද්ගලයෙක් ඉන්නවාද, ඔහුත් එක්කෝ සකදාගාමියි. නැත්නම් අනාගාමියි. පින්වත් සාරිපුත්ත, එතකොට මේ පුද්ගලයන් තුන්දෙනා අතරින්, මෙන්න මේ පුද්ගලයා තමයි වඩාත්ම හොඳ, වඩාත්ම විශිෂ්ට කියලා ඒකාන්ත කරලා ප්‍රකාශ කරන එක ලෙහෙසි නෑ.

පින්වත් සාරිපුත්ත, මෙන්න මේ කාරණයත් දකින්න තියෙනවා. යම් මේ කායසක්ඛී පුද්ගලයෙක් ඉන්නවා, එක්කෝ ඔහු රහතන් වහන්සේ නමක්. එහෙම නැත්නම් අරහත්වය පිණිස මාර්ගය වඩනවා. යම් සද්ධාවිමුත්ත පුද්ගලයෙක් ඉන්නවාද, ඔහු එක්කෝ සකදාගාමියි. නැත්නම් අනාගාමියි. යම් මේ දිට්ඨප්පත්ත පුද්ගලයෙක් ඉන්නවාද, ඔහුත් එක්කෝ සකදාගාමියි. නැත්නම් අනාගාමියි. පින්වත් සාරිපුත්ත, එතකොට මේ පුද්ගලයන් තුන්දෙනා අතරින්, මෙන්න මේ පුද්ගලයා තමයි වඩාත්ම හොඳ, වඩාත්ම විශිෂ්ට කියලා ඒකාන්ත කරලා ප්‍රකාශ කරන එක ලෙහෙසි නෑ.

පින්වත් සාරිපුත්ත, මෙන්න මේ කාරණයත් දකින්න තියෙනවා. යම් මේ දිට්ඨප්පත්ත පුද්ගලයෙක් ඉන්නවා, එක්කෝ ඔහු රහතන් වහන්සේ නමක්.

එහෙම නැත්නම් අරහත්වය පිණිස මාර්ගය වඩනවා. යම් මේ සද්ධාවිමුත්ත පුද්ගලයෙක් ඉන්නවාද, ඔහු එක්කෝ සකදාගාමියි. නැත්නම් අනාගාමියි. යම් මේ කායසක්ඛී පුද්ගලයෙක් ඉන්නවාද, ඔහුත් එක්කෝ සකදාගාමියි. නැත්නම් අනාගාමියි. පින්වත් සාරිපුත්ත, එතකොට මේ පුද්ගලයන් තුන්දෙනා අතරින්, මෙන්න මේ පුද්ගලයා තමයි වඩාත්ම හොඳ, වඩාත්ම විශිෂ්ට කියලා ඒකාන්ත කරලා ප්‍රකාශ කරන එක ලෙහෙසි නෑ.

සාදු! සාදු!! සාදු!!!

3.1.3.2.

22. පින්වත් මහණෙනි, මේ ලෝකයේ රෝගීන් තුන් දෙනෙක් දකින්නට ලැබෙනවා. ඒ තුන් දෙනා කවුද? පින්වත් මහණෙනි, මෙහි සමහර රෝගියෙක් තම අසනීපයට ගැලපෙන භෝජන ලැබුනත්, අසනීපයට ගැලපෙන භෝජන නො ලැබුනත්, අසනීපයට ගැලපෙන බෙහෙත් ලැබුනත්, අසනීපයට ගැලපෙන බෙහෙත් නො ලැබුනත්, ගැලපෙන උපස්ථායකයෙක් ලැබුනත්, ගැලපෙන උපස්ථායකයෙක් නො ලැබුනත්, ඔහු රෝගයෙන් සුවපත්ව නැගී සිටින්නේ නෑ.

පින්වත් මහණෙනි, මෙහි සමහර රෝගියෙක් තම අසනීපයට ගැලපෙන භෝජන ලැබුනත්, අසනීපයට ගැලපෙන භෝජන නො ලැබුනත්, අසනීපයට ගැලපෙන බෙහෙත් ලැබුනත්, අසනීපයට ගැලපෙන බෙහෙත් නො ලැබුනත්, ගැලපෙන උපස්ථායකයෙක් ලැබුනත්, ගැලපෙන උපස්ථායකයෙක් නො ලැබුනත්, ඔහු රෝගයෙන් සුවපත්ව නැගී සිටිනවා.

පින්වත් මහණෙනි, මෙහි සමහර රෝගියෙක් තම අසනීපයට ගැලපෙන භෝජන නො ලැබුනොත් නොව ලැබුනොත් පමණක්, අසනීපයට ගැලපෙන බෙහෙත් නො ලැබුනත් නොව ලැබුනොත් පමණක්, ගැලපෙන උපස්ථායකයෙක් නො ලැබුනත් නොව ලැබුනොත් පමණක් ඔහු රෝගයෙන් සුවපත්ව නැගී සිටිනවා.

පින්වත් මහණෙනි, මෙහි සමහර රෝගියෙක් අසනීපයට ගැලපෙන භෝජන නො ලැබුනොත් නොව ලැබුනෝතින් පමණක්, අසනීපයට ගැලපෙන බෙහෙත් නො ලැබුනොත් නොව ලැබුනෝතින් පමණක්, ගැලපෙන උපස්ථාකයෙක් නො ලැබුනොත් නොව ලැබුනෝතින් පමණක් ඔහු ඒ රෝග යෙන් සුවපත්ව නැගී සිටිනවා නම්, අන්න ඒ ගිලන් පුද්ගලයා වෙනුවෙන්

තමයි ගිලන් දානය අනුදැන වදාළේ. ගිලන් බෙහෙත් අනුදැන වදාළේ. ගිලන් උපස්ථායකයෙක් අනුදැන වදාළේ. පින්වත් මහණෙනි, මේ රෝගියා වෙනුවෙන් අන් රෝගීන් පවා උපස්ථාන කළ යුතුයි. පින්වත් මහණෙනි, මේ තමයි ලෝකයෙන් දකින්නට ලැබෙන රෝගීන් තුන් දෙනා.

අන්න ඒ වගේ තමයි පින්වත් මහණෙනි, රෝගීන්ට උපමා කරන්න පුද්ගලයන් තුන් දෙනෙක් මේ ලෝකයේ දකින්නට ලැබෙනවා. ඒ තුන් දෙනා කවු ද? පින්වත් මහණෙනි, මෙහිලා ඇතැම් පුද්ගලයෙක් ඉන්නවා. ඔහුට තථාගතයන් වහන්සේව දකින්නට ලැබුනත්, තථාගතයන් වහන්සේව දකින්නට නො ලැබුනත්, තථාගතයන් වහන්සේ වදාළ ධර්ම විනය අසන්නට ලැබුනත්, තථාගතයන් වහන්සේ වදාළ ධර්ම විනය අසන්නට නො ලැබුනත් ඔහු කුසල් දහම් තුළ මාර්ගඵල අවබෝධය පිණිස සුදුසු තත්වයකට බැසගන්නේ නෑ.

පින්වත් මහණෙනි, මෙහිලා ඇතැම් පුද්ගලයෙක් ඉන්නවා. ඔහුට තථාගතයන් වහන්සේව දකින්නට ලැබුනත්, තථාගතයන් වහන්සේව දකින්නට නො ලැබුනත්, තථාගතයන් වහන්සේ වදාළ ධර්ම විනය අසන්නට ලැබුනත්, තථාගතයන් වහන්සේ වදාළ ධර්ම විනය අසන්නට නො ලැබුනත් ඔහු කුසල් දහම් තුළ මාර්ගඵල අවබෝධය පිණිස සුදුසු තත්වයකට බැසගන්නවා.

පින්වත් මහණෙනි, මෙහි තවත් සමහර කෙනෙක් ඉන්නවා. ඔහු තථාගතයන් වහන්සේව දකින්නට නො ලැබීමෙන් නොව, ලැබීමෙන් ම පමණක් තථාගතයන් වහන්සේ වදාළ ධර්ම විනය අසන්න නො ලැබීමෙන් නොව, ලැබීමෙන් ම පමණක්, කුසල් දහම් තුළ මාර්ගඵල අවබෝධය පිණිස සුදුසු තත්වයට බැසගන්නවා.

පින්වත් මහණෙනි, මෙහිලා ඇතැම් පුද්ගලයෙක් තථාගතයන් වහන්සේව දකින්න නො ලැබීමෙන් නොව, ලැබීමෙන් ම පමණක්, තථාගතයන් වහන්සේ වදාළ ධර්ම විනය අසන්න නො ලැබීමෙන් නොව, ලැබීමෙන් ම පමණක්, කුසල් දහම් තුළ මාර්ගඵල අවබෝධය පිණිස සුදුසු තත්වයකට බැසගන්නවා නම්, අන්න ඔහු වෙනුවෙන් තමයි ධර්මය දේශනා කිරීම අනුදැන වදාළේ. පින්වත් මහණෙනි, මේ පුද්ගලයා උදෙසා ම තමයි අනෙක් අයටත් ධර්මය දේශනා කළ යුත්තේ. පින්වත් මහණෙනි, මේ ලෝකයේ ගිලනුන්ට උපමා කළ හැකි මේ පුද්ගලයින් තුන්දෙනා දකින්නට ලැබෙනවා.

සාදු! සාදු!! සාදු!!!

3.1.3.3.

23. පින්වත් මහණෙනි, මේ පුද්ගලයන් තුන් දෙනෙක් ලෝකයේ දකින්නට ලැබෙනවා. ඒ තුන් දෙනා කවුද? පින්වත් මහණෙනි, මෙහි ඇතැම් පුද්ගලයෙක් වැරදි සහගත වූ කාය කර්ම රැස් කරනවා. වැරදි සහගත වූ වචී කර්ම රැස් කරනවා. වැරදි සහගත වූ මනෝ කර්ම රැස් කරනවා. ඔහු වැරදි සහගත වූ කාය කර්ම රැස් කරලා, වැරදි සහගත වූ වචී කර්ම රැස් කරලා, වැරදි සහගත වූ මනෝ කර්ම රැස් කරලා, දුක් සහිත ලෝකයක උපදිනවා. ඒ විදිහට දුක් සහිත ලෝකයක ඉපදුනු ඔහු දුක් සහිත ස්පර්ශයන් ලබනවා. මේ විදිහට දුක් සහිත ස්පර්ශයෙන් පහස ලබන්නා වූ ඔහු ඒකාන්ත දුක් ඇති දුක්ඛිත වේදනා විඳිනවා. හරියට නිරයේ උපන් සත්වයන් වගේ.

පින්වත් මහණෙනි, මෙහි ඇතැම් පුද්ගලයෙක් දොස් රහිත වූ කාය කර්ම රැස් කරනවා. දොස් රහිත වූ වචී කර්ම රැස් කරනවා. දොස් රහිත වූ මනෝ කර්ම රැස් කරනවා. ඔහු දොස් රහිත වූ කාය කර්ම රැස් කරලා, දොස් රහිත වූ වචී කර්ම රැස් කරලා, දොස් රහිත වූ මනෝ කර්ම රැස් කරලා, සැප සහිත ලෝකයක උපදිනවා. ඒ විදිහට සැප සහිත ලෝකයක ඉපදුනු ඔහු සැප සහිත ස්පර්ශයන් ලබනවා. මේ විදිහට සැප සහිත ස්පර්ශයෙන් පහස ලබන්නා වූ ඔහු ඒකාන්ත සැප ඇති සුඛිත වේදනා විඳිනවා. හරියට සුභකිණ්ණ දෙවියන් වගේ.

පින්වත් මහණෙනි, මෙහි ඇතැම් පුද්ගලයෙක් වැරදි සහගත වූත්, දොස් රහිත වූත් කාය කර්ම රැස් කරනවා. වැරදි සහගත වූත්, දොස් රහිත වූත් වචී කර්ම රැස් කරනවා. වැරදි සහගත වූත්, දොස් රහිත වූත් මනෝ කර්ම රැස් කරනවා. ඔහු වැරදි සහගත වූත්, දොස් රහිත වූත් කාය කර්ම රැස් කරලා, වැරදි සහගත වූත්, දොස් රහිත වූත් වචී කර්ම රැස් කරලා, වැරදි සහගත වූත්, දොස් රහිත වූත් මනෝ කර්ම රැස් කරලා, දුක් සහිත වූත් සැප සහිත වූත් ලෝකයක උපදිනවා. ඒ විදිහට දුක් සහිත වූත් සැප සහිත වූත් ලෝකයක ඉපදුනු ඔහු දුක් සහිත වූත් සැප සහිත වූ ස්පර්ශයන්ගෙන් පහස ලබනවා. මේ විදිහට දුක් සහිත වූත් සැප සහිත වූත් ස්පර්ශයෙන් පහස ලබන්නා වූ ඔහු සැප දුක් මිශ්‍ර වෙච්ච දුක් සහිත වූත් සැප සහිත වූත් විඳීම් විඳිනවා. හරියට මනුෂ්‍යයන් වගේ, ඇතැම් දෙවිවරුන් වගේ, ඇතැම් විනිපාතික සත්වයන් වගේ. පින්වත් මහණෙනි, මේ තමයි ලෝකයේ දකින්නට ලැබෙන පුද්ගලයන් තුන් දෙනා.

සාදු! සාදු!! සාදු!!!

3.1.3.4.

24. පින්වත් මහණෙනි, මේ පුද්ගලයින් තුන් දෙනෙක් පුද්ගලයෙකුට බොහෝ උපකාර යි. ඒ තුන් දෙනා කවුද? පින්වත් මහණෙනි, යම් පුද්ගලයෙකු කරා පැමිණ, ඔහු නිසා යම් පුද්ගලයෙක් බුදුන් සරණ ගියා නම්, දහම් සරණ ගියා නම්, සඟුන් සරණ ගියා නම්, පින්වත් මහණෙනි, මේ පුද්ගලයා තමයි අර පැමිණි පුද්ගලයාට බොහෝ උපකාර වූ කෙනා.

ඒ ගැන තවදුරටත් කියනවා නම් පින්වත් මහණෙනි, යම් පුද්ගලයෙකු කරා පැමිණ, ඔහු නිසා යම් පුද්ගලයෙක් 'මෙය වනාහී දුක නම් වූ ආර්ය සත්‍යය යි' කියා ඇති සැටියෙන් ම අවබෝධ කරනවා නම්, 'මෙය වනාහී දුකේ හටගැනීම නම් වූ ආර්ය සත්‍යය යි' කියා ඇති සැටියෙන් ම අවබෝධ කරනවා නම්, 'මෙය වනාහී දුක නැති වීම නම් වූ ආර්ය සත්‍යය යි' කියා ඇති සැටියෙන් ම අවබෝධ කරනවා නම්, 'මෙය වනාහී දුක් නැති වීම පිණිස පවතින ප්‍රතිපදාව නම් වූ ආර්ය සත්‍යය යි' කියා ඇති සැටියෙන් ම අවබෝධ කරනවා නම්, පින්වත් මහණෙනි, මේ පුද්ගලයා තමයි අර පැමිණි පුද්ගලයාට බොහෝ උපකාර වූ කෙනා.

ඒ ගැන තවදුරටත් කියනවා නම් පින්වත් මහණෙනි, යම් පුද්ගලයෙකු කරා පැමිණ, ඔහු නිසා යම් පුද්ගලයෙක් ආශ්‍රව ක්ෂය කිරීමෙන්, ආශ්‍රව රහිත වූ චේතෝ විමුක්තියත්, ප්‍රඥා විමුක්තියත් මේ ජීවිතයේ දී ම තමන් විසින් ම සාක්ෂාත් කොට වාසය කරනවා නම්, පින්වත් මහණෙනි, මේ පුද්ගලයා තමයි අර පැමිණි පුද්ගලයාට බොහෝ උපකාර වූ කෙනා. පින්වත් මහණෙනි, මේ තමයි පුද්ගලයෙකුට බොහෝ උපකාර වන පුද්ගලයන් තුන් දෙනා.

පින්වත් මහණෙනි, මේ පුද්ගලයන් තුන් දෙනාට වඩා බොහෝ උපකාර ඇති වෙනත් පුද්ගලයෙක් අර පුද්ගලයාට නැහැ කියල යි මා කියන්නේ. පින්වත් මහණෙනි, මේ පුද්ගලයන් තුන් දෙනාට අර පුද්ගලයා විසින් වන්දනා කිරීම්, දැක හුනස්නෙන් නැගී සිටීම, දෑත් එක් කොට ඇඳිලි බැඳීමෙන්, යහපත් අයුරු දක්වීමෙන්, සිවුරු, පිණ්ඩපාත, සේනාසන, බෙහෙත් පිරිකර ආදිය පූජා කිරීමෙන් ඒ කළ උපකාරයට පෙරලා උපකාර කිරීම පහසු දෙයක් යැයි මම නො කියමි.

සාදු! සාදු!! සාදු!!!

3.1.3.5.

25. පින්වත් මහණෙනි, මේ පුද්ගලයන් තුන් දෙනෙක් ලෝකයේ දකින්නට ලැබෙනවා. ඒ තුන් දෙනා කවුද? නරක් වුන තුවාලයක් වැනි සිතක් ඇති පුද්ගලයාත්, විදුලිය වැනි සිතක් ඇති පුද්ගලයාත්, දියමන්තියක් වැනි සිතක් ඇති පුද්ගලයාත් ය.

පින්වත් මහණෙනි, නරක් වුණු තුවාලයක් වැනි සිතක් ඇති පුද්ගලයා කවුද? පින්වත් මහණෙනි, මෙහි ඇතැම් පුද්ගලයෙක් ඉන්නවා. ඔහු ක්‍රෝධ කරන කෙනෙක්. බහුල වශයෙන් කෝපය නිසා පීඩා විඳිනවා. ස්වල්ප දෙයක් කියූ කල්හිත් ඒ වචනයේ ම ගැලෙනවා. කිපෙනවා. තරහ ගන්නවා. අයහපත කැමැති වෙනවා. කෝපයත්, ද්වේෂයත්, නො සතුටත් පහළ කරනවා. පින්වත් මහණෙනි, එය නරක් වුණු තුවාලයක් වගෙයි. කෝටු කැබැල්ලකින් වේවා, ගල් කැටයකින් වේවා පොඩ්ඩක් ගැටුනොත් බොහෝ සෙයින් ම ලේ සැරව වැගිරෙනවා. අන්න ඒ වගේ ම තමයි පින්වත් මහණෙනි, මෙහි ඇතැම් පුද්ගලයෙක් ඉන්නවා. ඔහු ක්‍රෝධ කරන කෙනෙක්. බහුල වශයෙන් කෝපය නිසා පීඩා විඳිනවා. ස්වල්ප දෙයක් කියූ කල්හිත් ඒ වචනයේ ම ගැලෙනවා. කිපෙනවා. තරහ ගන්නවා. අයහපත කැමැති වෙනවා. කෝපයත්, ද්වේෂයත්, නො සතුටත් පහළ කරනවා. පින්වත් මහණෙනි, මෙයාට තමයි කියන්නේ නරක් වූ තුවාලයක් වැනි සිතක් ඇති පුද්ගලයා කියලා.

පින්වත් මහණෙනි, විදුලිය වැනි සිතක් තියෙන පුද්ගලයා කවුද? පින්වත් මහණෙනි, මෙහි ඇතැම් පුද්ගලයෙක් 'මෙය වනාහී දුක නම් වූ ආර්ය සත්‍යය යි' කියා ඇති සැටියෙන් ම අවබෝධ කරනවා, 'මෙය වනාහී දුකේ හටගැනීම නම් වූ ආර්ය සත්‍යය යි' කියා ඇති සැටියෙන් ම අවබෝධ කරනවා, 'මෙය වනාහී දුක නැති වීම නම් වූ ආර්ය සත්‍යය යි' කියා ඇති සැටියෙන් ම අවබෝධ කරනවා, 'මෙය වනාහී දුක් නැති වීම පිණිස පවතින ප්‍රතිපදාව නම් වූ ආර්ය සත්‍යය යි' කියා ඇති සැටියෙන් ම අවබෝධ කරනවා. පින්වත් මහණෙනි, ඒක මෙන්න මේ වගේ දෙයක්. ඇස් ඇති පුරුෂයෙක් රාත්‍රී ඝන අන්ධකාරයේ විදුලි කොටන ආලෝකය පවතින වෙලාවට රූප දකිනවා. අන්න ඒ වගේ තමයි පින්වත් මහණෙනි, මෙහි ඇතැම් පුද්ගලයෙක් 'මෙය වනාහී දුක නම් වූ ආර්ය සත්‍යය යි' කියා ඇති සැටියෙන් ම අවබෝධ කරනවා, ...(පෙ).... 'මෙය වනාහී දුක් නැති වීම පිණිස පවතින ප්‍රතිපදාව නම් වූ ආර්ය සත්‍යය යි' කියා ඇති සැටියෙන් ම අවබෝධ කරනවා. පින්වත් මහණෙනි, මෙයාට තමයි විදුලිය වැනි සිතක් ඇති පුද්ගලයා කියලා කියන්නේ.

පින්වත් මහණෙනි, දියමන්තියක් වැනි සිතක් ඇති පුද්ගලයා කවුද? පින්වත් මහණෙනි, මෙහි ඇතැම් පුද්ගලයෙක් ආශ්‍රව ක්ෂය කිරීමෙන්, ආශ්‍රව රහිත වූ චේතෝ විමුක්තියත්, ප්‍රඥා විමුක්තියත් මේ ජීවිතයේ දී ම තමන් විසින් ම සාක්ෂාත් කොට වාසය කරනවා. පින්වත් මහණෙනි, ඒක මෙන්න මේ වගේ දෙයක්. දියමන්තියකින් බිඳින්නට බැරි විදිහේ කිසිම මැණිකක්වත්, පාෂාණයක්වත් නෑ. අන්න ඒ වගේ තමයි පින්වත් මහණෙනි, මෙහි ඇතැම් පුද්ගලයෙක් ආශ්‍රව ක්ෂය කිරීමෙන්, ...(පෙ).... සාක්ෂාත් කොට වාසය කරනවා. පින්වත් මහණෙනි, මෙයාට තමයි දියමන්තියක් වැනි සිතක් ඇති පුද්ගලයා කියල කියන්නේ. පින්වත් මහණෙනි, මේ තමයි ලෝකයේ දකින්නට ලැබෙන පුද්ගලයන් තුන් දෙනා.

සාදු! සාදු!! සාදු!!!

3.1.3.6.

26. පින්වත් මහණෙනි, මේ පුද්ගලයින් තුන් දෙනෙක් ලෝකයේ දකින්නට ලැබෙනවා. ඒ තුන් දෙනා කවුද? පින්වත් මහණෙනි, පුද්ගලයෙක් ඉන්නවා ආශ්‍රය නො කළ යුතුයි. භජනය නො කළ යුතුයි. එකතු වී නො සිටිය යුතුයි. පින්වත් මහණෙනි, පුද්ගලයෙක් ඉන්නවා ආශ්‍රය කළ යුතුයි. භජනය කළ යුතුයි. එකතු වී සිටිය යුතුයි. පින්වත් මහණෙනි, පුද්ගලයෙක් ඉන්නවා සත්කාර කොට, ගෞරව දක්වා ආශ්‍රය කළ යුතුයි. භජනය කළ යුතුයි. එකතු වී සිටිය යුතුයි.

පින්වත් මහණෙනි, ආශ්‍රය නො කළ යුතු, භජනය නො කළ යුතු, එකතු වී නො සිටිය යුතු පුද්ගලයා කවුද? පින්වත් මහණෙනි, මෙහි එක්තරා පුද්ගලයෙක් සීලයෙන්, සමාධියෙන්, ප්‍රඥාවෙන් හීනයි. පින්වත් මහණෙනි, දයාවෙන් හැරෙන්න, අනුකම්පාවෙන් හැරෙන්න, මේ වගේ පුද්ගලයෙකු ආශ්‍රය නො කළ යුතුයි. භජනය නො කළ යුතුයි. එකතු වී නො සිටිය යුතුයි.

පින්වත් මහණෙනි, ආශ්‍රය කළ යුතු, භජනය කළ යුතු, එකතු වී සිටිය යුතු පුද්ගලයා කවුද? පින්වත් මහණෙනි, මෙහි එක්තරා පුද්ගලයෙක් සීලයෙනුත්, සමාධියෙනුත්, ප්‍රඥාවෙනුත් සමාන යි. පින්වත් මහණෙනි, මේ වගේ පුද්ගලයෙක් ආශ්‍රය කළ යුතුයි. භජනය කළ යුතුයි. එකතු වී සිටිය යුතුයි. එයට හේතුව කුමක් ද? සීලයෙන් සමාන බවට පත් වූ අප ගේ සීලය ගැන කතාබහ ඇතිවෙනවා. ඒ සීල කතාව අපේ යහපත පිණිස පවතිනවා. ඒ කතාව අපට පහසුවක් වෙනවා. සමාධියෙන් සමාන බවට පත් වූ අප ගේ සමාධිය

ගැන කතාබහ ඇතිවෙනවා. ඒ සමාධි කතාව අපේ යහපත පිණිස පවතිනවා. ඒ කතාව අපට පහසුවක් වෙනවා. ප්‍රඥාවෙන් සමාන බවට පත් වූ අප ගේ ප්‍රඥාව ගැන කතාබහ ඇතිවෙනවා. ඒ ප්‍රඥා කතාව අපේ යහපත පිණිස පවතිනවා. ඒ කතාව අපට පහසුවක් වෙනවා. ඒ නිසා මේ වගේ පුද්ගලයා ආශ්‍රය කළ යුතුයි. භජනය කළ යුතුයි. එකතු වී සිටිය යුතුයි.

පින්වත් මහණෙනි, සත්කාර කොට, ගෞරව දක්වා ආශ්‍රය කළ යුතු, භජනය කළ යුතු, එකතු වී සිටිය යුතු පුද්ගලයා කවුද? පින්වත් මහණෙනි, මෙහි එක්තරා පුද්ගලයෙක් සීලයෙන්, සමාධියෙන්, ප්‍රඥාවෙන් ඉතා දියුණු යි. පින්වත් මහණෙනි, මෙවැනි පුද්ගලයාව සත්කාර කොට, ගෞරව දක්වා ආශ්‍රය කළ යුතුයි. භජනය කළ යුතුයි. එකතු වී සිටිය යුතුයි. එයට හේතුව කුමක් ද? මේ විදිහට සම්පූර්ණ නො වූ සීලස්කන්ධය හෝ සම්පූර්ණ කරගන්නවා. සම්පූර්ණ වූ සීලස්කන්ධය හෝ ඒ ඒ තැන දී නුවණින් අනුග්‍රහ කරගන්නවා. සම්පූර්ණ නො වූ සමාධි ස්කන්ධය හෝ සම්පූර්ණ කරගන්නවා. සම්පූර්ණ වූ සමාධිස්කන්ධය හෝ ඒ ඒ තැන දී නුවණින් අනුග්‍රහ කරගන්නවා. සම්පූර්ණ නො වූ ප්‍රඥා ස්කන්ධය හෝ සම්පූර්ණ කරගන්නවා. සම්පූර්ණ වූ ප්‍රඥාස්කන්ධය හෝ ඒ ඒ තැන දී නුවණින් අනුග්‍රහ කරගන්නවා. ඒ නිසා මේ වගේ පුද්ගලයා සත්කාර කොට, ගෞරව දක්වා ආශ්‍රය කළ යුතුයි. භජනය කළ යුතුයි. එකතු වී සිටිය යුතුයි. පින්වත් මහණෙනි, මේ තමයි මේ ලෝකයේ දකින්නට ලැබෙන පුද්ගලයන් තුන් දෙනා.

1. "තමන්ට වඩා ගුණයෙන් හීන අය ඇසුරු කරන පුද්ගලයා ගුණධර්මවලින් පිරිහී යනවා. තමාට සමාන වූ ගුණයෙන් යුත් පුද්ගලයන් ඇසුරු කරන කෙනා කිසි කලෙක පිරිහී යන්නේ නෑ. තමන්ට වඩා ගුණයෙන් ශ්‍රේෂ්ඨ වූ උතුමන් ගේ ඇසුරට නැඹුරු වන කෙනා වහා දියුණු වෙනවා. එනිසා තමාට වඩා ගුණයෙන් ශ්‍රේෂ්ඨ වූ උතුමන්වයි ඇසුරු කළ යුත්තේ."

සාදු! සාදු!! සාදු!!!

3.1.3.7.

27. පින්වත් මහණෙනි, මේ පුද්ගලයින් තුන් දෙනෙක් ලෝකයේ දකින්නට ලැබෙනවා. ඒ තුන් දෙනා කවුද? පින්වත් මහණෙනි, පුද්ගලයෙක් ඉන්නවා පිළිකුල් කළ යුතුයි. ආශ්‍රය නො කළ යුතුයි. භජනය නො කළ යුතුයි. එකතු වී නො සිටිය යුතුයි. පින්වත් මහණෙනි, පුද්ගලයෙක් ඉන්නවා මධ්‍යස්ථව බැලිය

යුතුයි. ආශ්‍රය නො කළ යුතුයි. භජනය නො කළ යුතුයි. එකතු වී නො සිටිය යුතුයි. පින්වත් මහණෙනි, පුද්ගලයෙක් ඉන්නවා ආශ්‍රය කළ යුතුයි. භජනය කළ යුතුයි. එකතු වී සිටිය යුතුයි.

පින්වත් මහණෙනි, පිළිකුල් කළ යුතු, ආශ්‍රය නො කළ යුතු, භජනය නො කළ යුතු, එක් වී නො සිටිය යුතු පුද්ගලයා කවුද? පින්වත් මහණෙනි, මෙහි එක්තරා පුද්ගලයෙක් ඉන්නවා, දුස්සීල යි. පාපී ස්වභාවයෙන් යුක්ත යි. අපිරිසිදු යි. සැක සහගත හැසිරීමෙන් යුක්ත යි. සඟවා කරන කටයුතුවලින් යුක්ත යි. ශ්‍රමණ බවක් නැතුව සිටිය දී 'ශ්‍රමණයෙක් වෙමි' කියලා ප්‍රතිඥා දෙනවා. බ්‍රහ්මචාරී නැතුව සිටිය දී 'බ්‍රහ්මචාරී වෙමි' කියලා ප්‍රතිඥා දෙනවා. ඇතුළ කුණු වෙලා තියෙන්නේ. කෙලෙස් වැගිරෙනවා. කෙලෙස් කසලින් යුක්ත යි. පින්වත් මහණෙනි, මෙවැනි පුද්ගලයා පිළිකුල් කළ යුතුයි. ආශ්‍රය නො කළ යුතුයි. එක් වී නො සිටිය යුතුයි. එයට හේතුව කුමක් ද? පින්වත් මහණෙනි, කෙනෙක් මෙවැනි පුද්ගලයෙකු ගේ අදහස්වලට අනුව හැඩ නො ගැසුනත් ඔහු ඇසුරු කිරීමේ හේතුවෙන් ඇසුරු කරන තැනැත්තා ගැන 'මේ පුද්ගලයා පාපී මිත්‍රයන් ඉන්න කෙනෙක්, පාපී සහයකයන් ඉන්න කෙනෙක්, පාපී අය ගේ පැත්තට නැමිච්ච කෙනෙක්' කියලා පාපී වූ රාවයක් පැතිරෙනවා. පින්වත් මහණෙනි, ඒක හරියට මෙන්න මේ වගේ දෙයක්. අසුචි තැවරුන සර්පයෙක් ඉන්නවා. ඌ දෂ්ට නො කළත් (ඌව අතින් ගන්න කෙනෙකු ගේ ඇගේ) අසුචි තැවරෙනවා. අන්න ඒ වගේ තමයි පින්වත් මහණෙනි, කෙනෙක් මෙවැනි පුද්ගලයෙකු ගේ අදහස්වලට අනුව හැඩ නො ගැසුනත් ඔහු ඇසුරු කිරීමේ හේතුවෙන් ඇසුරු කරන තැනැත්තා ගැන 'මේ පුද්ගලයා පාපී මිත්‍රයන් ඉන්න කෙනෙක්, පාපී සහයකයන් ඉන්න කෙනෙක්, පාපී අය ගේ පැත්තට නැමිච්ච කෙනෙක්' කියලා පාපී වූ රාවයක් පැතිරෙනවා. ඒ නිසා මෙවැනි පුද්ගලයා පිළිකුල් කළ යුතුයි. ආශ්‍රය නො කළ යුතුයි. එක් වී නො සිටිය යුතුයි.

පින්වත් මහණෙනි, මධ්‍යස්ථව දැකිය යුතු ආශ්‍රය නො කළ යුතු, භජනය නො කළ යුතු, එක් වී නො සිටිය යුතු පුද්ගලයා කවුද? පින්වත් මහණෙනි, මෙහි සමහර පුද්ගලයෙක් ක්‍රෝධ කරන ස්වභාවයෙන් යුතුයි. ....(පෙ).... පින්වත් මහණෙනි, ඒක හරියට මෙන්න මේ වගේ දෙයක්. නරක් වූ තුවාලයක් තියෙනවා. ඒක ලී කෝටුවකින් හරි ගල් කැටයකින් හරි පෑරුවොත් ගොඩක් සැරව ගලනවා. අන්න ඒ වගේ තමයි පින්වත් මහණෙනි, ...(පෙ).... පින්වත් මහණෙනි, ඒක හරියට මේ වගේ දෙයක්. තිඹිරි ගිනිපෙණෙල්ලට කෝටුවකින් හරි ගල් කැටයකින් හරි ගැහැව්වොත් ඒක 'චිටි චිටි, චිටි චිටි' ගාලා හුඟක් සද්ද වෙනවා. අන්න ඒ වගේ තමයි පින්වත් මහණෙනි, ...(පෙ).... පින්වත්

මහණෙනි, අශුචි වළක් තියෙනවා. ඒකට කෝටුවකින් හරි ගල් කැටයකින් හරි ගැහැව්වොත් බොහෝ සෙයින් දුගඳ පැතිරෙනවා. අන්න ඒ වගේ තමයි පින්වත් මහණෙනි, මෙහි ඇතැම් කෙනෙක් ක්‍රෝධ කරන ස්වභාවයෙන් යුක්තයි. බහුල වශයෙන් කෝපය නිසා පීඩා විඳිනවා. ස්වල්ප දෙයක් කියූ කල්හිත් ඒ වචනයේ ම ගැලෙනවා. කිපෙනවා. තරහා ගන්නවා. අයහපත කැමැති වෙනවා. කෝපයත්, ද්වේශයත්, නො සතුටත් පහළ කරනවා. පින්වත් මහණෙනි, මෙවැනි පුද්ගලයාව මධ්‍යස්ථව දැකිය යුතුයි. ආශ්‍රය නො කළ යුතුයි. භජනය නො කළ යුතුයි. එක් වී නො සිටිය යුතුයි. එයට හේතුව කුමක් ද? 'මට ආක්‍රෝශ කළ හැකි වන්නේ ය, මට පරිභව කළ හැකි වන්නේ ය, මට අනර්ථයක් කළ හැකි වන්නේ ය' කියලා. ඒ නිසා මෙවැනි පුද්ගලයා ගැන මැදහත්ව දැකිය යුතුයි. ආශ්‍රය නො කළ යුතුයි. භජනය නො කළ යුතුයි. එකට එක් වී නො සිටිය යුතුයි.

පින්වත් මහණෙනි, ආශ්‍රය කළ යුතු, භජනය කළ යුතු, එක් වී සිටිය යුතු පුද්ගලයා කවුද? පින්වත් මහණෙනි, මෙහි මේ ඇතැම් පුද්ගලයෙක් ඉන්නවා. සිල්වත්. යහපත් ස්වභාවයෙන් යුක්ත යි. පින්වත් මහණෙනි, මෙවැනි පුද්ගලයා ආශ්‍රය කළ යුතුයි. භජනය කළ යුතුයි. එක් වී සිටිය යුතුයි. එයට හේතුව කුමක් ද? පින්වත් මහණෙනි, යම් විදිහකින් මෙවැනි පුද්ගලයෙකු ගේ අදහසට අනුව පත් වුණේ නැතත්, ඔහු ගැන මෙන්න මේ වගේ කීර්ති රාවයක් පැතිරෙනවා. 'මේ පුද්ගලයා කල්‍යාණ මිතුරන් ඉන්න කෙනෙක්. යහපත් සහායකයන් ඉන්න කෙනෙක්. යහපත් අය ගේ පැත්තට නැඹුරු වූ කෙනෙක්' කියලා. ඒ නිසා මෙවැනි පුද්ගලයාව ආශ්‍රය කළ යුතුයි, භජනය කළ යුතුයි. එක් වී සිටිය යුතුයි. පින්වත් මහණෙනි, මේ තමයි ලෝකයේ දකින්නට ලැබෙන පුද්ගලයන් තුන් දෙනා.

2. "තමන්ට වඩා ගුණයෙන් හීන අය ඇසුරු කරන පුද්ගලයා ගුණ ධර්මවලින් පිරිහී යනවා. තමා සමාන වූ ගුණයෙන් යුත් පුද්ගලයන් ඇසුරු කරන කෙනා කිසිකලෙක පිරිහී යන්නේ නෑ. තමන්ට වඩා ගුණයෙන් ශ්‍රේෂ්ඨ වූ උතුමන් ගේ ඇසුරට නැඹුරු වන කෙනා වහා දියුණු වෙනවා. එනිසා තමාට වඩා ගුණයෙන් ශ්‍රේෂ්ඨ වූ උතුමන්වයි ඇසුරු කළ යුත්තේ."

සාදු! සාදු!! සාදු!!!

3.1.3.8.

28. පින්වත් මහණෙනි, මේ පුද්ගලයින් තුන් දෙනෙක් ලෝකයේ දකින්නට ලැබෙනවා. ඒ තුන් දෙනා කවුද? ගූථභාණී, පුප්ඵභාණී, මධුභාණී.

පින්වත් මහණෙනි, ගූථභාණී පුද්ගලයා කවුද? පින්වත් මහණෙනි, මෙහි ඇතැම් පුද්ගලයෙක් සභාවකට ගියත්, පිරිසක් අතරට ගියත්, ඤාතීන් මැදට ගියත්, සේනා මැදට ගියත්, රාජ කුලයන් මැදට ගියත්, ඒ පිරිස අතර දී සාක්ෂි විමසද්දී 'එම්බා පුරුෂය, යමක් දන්නවා නම් එය කියන්න' කියලා. එතකොට ඔහු නො දන්නා දේ ගැනත් 'දනිමි' කියලා කියනවා. දන්නා දේ ගැන 'නො දනිමි' කියලා කියනවා. නො දැක්ක දේ ගැන 'දකිමි' කියල කියනවා. දැක්ක දේ ගැන 'නො දකිමි' කියලා කියනවා. මේ විදිහට තමන් නිසා වේවා, අනුන් නිසා වේවා, තමන්ට ලැබෙන පොඩි ලාභයක් නිසා වේවා, දැන දැන බොරු කියනවා. පින්වත් මහණෙනි, මොහුට තමයි ගූථභාණී පුද්ගලයා කියන්නේ.

පින්වත් මහණෙනි, පුප්ඵභාණී පුද්ගලයා කවුද? පින්වත් මහණෙනි, මෙහි ඇතැම් පුද්ගලයෙක් සභාවකට ගියත්, පිරිසක් අතරට ගියත්, ඤාතීන් මැදට ගියත්, සේනා මැදට ගියත්, රාජ කුලයන් මැදට ගියත්, ඒ පිරිස අතර දී සාක්ෂි විමසද්දී 'එම්බා පුරුෂය, එන්න. යමක් දන්නවා නම් එය කියන්න' කියලා. එතකොට ඔහු නො දන්නා දේ ගැන 'නො දනිමි' කියල කියනවා. දන්නා දේ ගැන 'දනිමි' කියලා කියනවා. නො දැක්ක දේ ගැන 'නො දකිමි' කියල කියනවා. දැක්ක දේ ගැන 'දකිමි' කියලා කියනවා. මේ විදිහට තමන් නිසා වේවා, අනුන් නිසා වේවා, තමන්ට ලැබෙන පොඩි ලාභයක් නිසා වේවා, දැන දැන බොරු කියන්නේ නෑ. පින්වත් මහණෙනි, මොහුට තමයි පුප්ඵභාණී පුද්ගලයා කියන්නේ.

පින්වත් මහණෙනි, මධුභාණී පුද්ගලයා කවුද? පින්වත් මහණෙනි, මෙහි එක්තරා පුද්ගලයෙක් ඉන්නවා. ඔහු පරුෂ වචන අත්හැරලා, පරුෂ වචනයෙන් වෙන් වෙලා ඉන්නවා. යම් ඒ වචනයක් වැරදි නැත්නම්, කණට සුවදායක නම්, ආදරයක් ඇති වෙනවා නම්, හෘදයාංගම නම්, ආචාරශීලී කතාවෙන් යුතු නම්, බොහෝ දෙනා කැමැති, බොහෝ දෙනාට ප්‍රිය වචන ඇතිනම්, ඒ විදිහේ වචන කතා කරනවා. පින්වත් මහණෙනි, මොහුට තමයි මධුභාණී පුද්ගලයා කියලා කියන්නේ. පින්වත් මහණෙනි, මේ තමයි ලෝකයේ දකින්නට ලැබෙන පුද්ගලයන් තුන් දෙනා.

සාදු! සාදු!! සාදු!!!

3.1.3.9.

29 . පින්වත් මහණෙනි, මේ පුද්ගලයින් තුන් දෙනෙක් ලෝකයේ දකින්නට ලැබෙනවා. ඒ තුන් දෙනා කවුද? අන්ධ කෙනා, එක් ඇසක් ඇති කෙනා, ඇස් දෙකක් ඇති කෙනා.

පින්වත් මහණෙනි, අන්ධ පුද්ගලයා කවුද? පින්වත් මහණෙනි, මෙහි මේ සමහර කෙනෙකුට මෙන්න මේ වගේ ඇසක් නෑ. ඒ කියන්නේ යම් විදිහක ඇසකින් බලා කටයුතු කරද්දී නොලැබූ භෝග සම්පත් ලැබෙනවා නම්, ලැබුන භෝග සම්පත්වල වැඩීමකට පත්වෙනවා නම්, ඒ වගේම යම් විදිහක ඇසකින් බලා කටයුතු කරද්දී කුසල් අකුසල් දන්නවා නම්, වැරදි දේ නිවැරදි දේ දන්නවා නම්, උසස් පහත් දේවල් දන්නවා නම්, එකිනෙකට වෙනස් වූ අයහපත්, යහපත් දේවල් ගැන දැනගන්නවා නම්, ඒ වගේ ඇසකුත් ඔහුට නෑ. පින්වත් මහණෙනි, මොහුට තමයි කියන්නේ අන්ධ පුද්ගලයා කියලා.

පින්වත් මහණෙනි, එක ඇසක් ඇති පුද්ගලයා කවුද? පින්වත් මහණෙනි, මෙහි මේ සමහර කෙනෙකුට මෙන්න මේ වගේ ඇසක් තිබෙනවා. ඒ කියන්නේ යම් විදිහක ඇසකින් බලා කටයුතු කරද්දී නොලැබූ භෝග සම්පත් ලැබෙනවා නම්, ලැබුන භෝග සම්පත්වල වැඩීමකට පත්වෙනවා නම්, එවැනි ඇසක් තිබෙනවා. නමුත් යම් විදිහක ඇසකින් බලා කටයුතු කරද්දී කුසල් අකුසල් දන්නවා නම්, වැරදි දේ නිවැරදි දේ දන්නවා නම්, උසස් පහත් දේවල් දන්නවා නම්, එකිනෙකට වෙනස් වූ අයහපත්, යහපත් දේවල් ගැන දැනගන්නවා නම්, ඒ වගේ ඇසක් ඔහුට නෑ. පින්වත් මහණෙනි, මොහුට තමයි කියන්නේ එක් ඇසක් ඇති පුද්ගලයා කියලා.

පින්වත් මහණෙනි, ඇස් දෙකම ඇති පුද්ගලයා කවුද? පින්වත් මහණෙනි, මෙහි මේ සමහර කෙනෙකුට මෙන්න මේ වගේ ඇසක් තිබෙනවා. ඒ කියන්නේ යම් විදිහක ඇසකින් බලා කටයුතු කරද්දී නොලැබූ භෝග සම්පත් ලැබෙනවා නම්, ලැබුන භෝග සම්පත්වල වැඩීමකට පත්වෙනවා නම්, එවැනි ඇසක් තිබෙනවා. ඒ වගේම යම් විදිහක ඇසකින් බලා කටයුතු කරද්දී කුසල් අකුසල් දන්නවා නම්, වැරදි දේ නිවැරදි දේ දන්නවා නම්, උසස් පහත් දේවල් දන්නවා නම්, එකිනෙකට වෙනස් වූ අයහපත්, යහපත් දේවල් ගැන දැනගන්නවා නම්, ඒ වගේ ඇසකුත් ඔහුට තියෙනවා. පින්වත් මහණෙනි, මොහුට තමයි කියන්නේ ඇස් දෙකම ඇති පුද්ගලයා කියලා. පින්වත් මහණෙනි, මේ තමයි ලෝකයේ දකින්න ලැබෙන පුද්ගලයින් තුන් දෙනා.

3. අන්ධ කෙනා හට, නැසී ගිය දැස් ඇති කෙනා හට, ඇස් ඇති කෙනෙකුට

ලැබෙන යම්බඳු භෝග ඇත්නම්, ඒවත් නෑ. ඒ වගෙම පින් රැස් කිරීමකුත් නෑ. ඒ පුද්ගලයාට දෙලොව තිබෙන්නේ පරාජයක්ම යි.

4. තථාගතයන් වහන්සේ විසින් එක් ඇසක් පමණක් තිබෙන පුද්ගලයෙක් ගැන වදාරණ ලද්දේය. ඔහු ධාර්මිකවත්, අධාර්මිකවත්, කෛරාටිකවත් භෝගසම්පත් හොයන කෙනෙක්.

5. කම් සැප විඳින ඒ මනුෂ්‍යයා සොරකමින් යුතු කූට ව්‍යාපාර තුළිනුත්, බොරුවෙනුත් යන දෙකෙන්ම භෝග සම්පත් රැස් කරගන්නට දක්ෂයි. නමුත් ඒ එකැස් ඇති පුද්ගලයා මෙයින් චුතව නිරයට ගිහින් වැනසී යනවා.

6. තථාගතයන් වහන්සේ විසින් දෑස් ඇති ශ්‍රේෂ්ඨ පුද්ගලයා ගැන වදාරණ ලද්දේ ඔහු නැගී සිටි වීර්යයෙන් යුක්තව ධාර්මිකව ලැබෙන්නා වූ ධනය උපයා ගන්නවා.

7. ඔහු ශ්‍රේෂ්ඨ අදහස් ඇති කෙනෙක්. ධර්මය කෙරෙහි සැක රහිත සිත් ඇති කෙනෙක්. ඔහු පින් රැස් කිරීම නිසා යම් තැනකට ගොස් ශෝක නොකරයි නම්, එබඳු සොඳුරු ලොවකට පැමිණෙනවා.

8. දෙලොව නොදක්නා අන්ධ කෙනාත්, මෙලොව පමණක් දක්නා එකැස් ඇති කෙනාත් දුරින්ම දුරු කළ යුතුයි. දෑස් ඇති ශ්‍රේෂ්ඨ පුරුෂ පුද්ගලයාව තමයි සේවනය කළ යුත්තේ.

සාදු! සාදු!! සාදු!!!

3.1.3.10.

30. පින්වත් මහණෙනි, මේ පුද්ගලයින් තුන් දෙනෙක් ලෝකයේ දකින්නට ලැබෙනවා. ඒ තුන් දෙනා කවුද? අවකුජ්ජපඤ්ඤා පුද්ගලයා, උච්ඡංගපඤ්ඤා පුද්ගලයා, පුථුපඤ්ඤා පුද්ගලයා.

පින්වත් මහණෙනි, අවකුජ්ජපඤ්ඤා (යටට හැර වූ නුවණ ඇති) පුද්ගලයා කවුද? පින්වත් මහණෙනි, මෙහි ඇතැම් කෙනෙක් භික්ෂූන් වෙත බණ ඇසීම පිණිස නිතර නිතර ආරාමයට යනවා. ඔහුට ඒ භික්ෂූන් වහන්සේලා ආරම්භය යහපත් වූත්, මැද යහපත් වූත්, අවසානය යහපත් වූත්, අර්ථ සහිත වූත්, යහපත් පද ගැලපීමෙන් යුතු වූත්, මුළුමණින්ම සම්පූර්ණ වූ පිරිසිදු නිවන් මග සහිත

ධර්මය දේශනා කරනවා. ඉතින් ඔහු ඒ ආසනයේ සිටින්නේ නමුත්, ඒ ධර්ම කථාවේ මුල සිහිකරන්නේ නෑ. මැද සිහිකරන්නේ නෑ. අවසානය සිහිකරන්නේ නෑ. ඒ ආසනයෙන් නැගී සිටිය විට දී වත් ඒ ධර්ම කථාවේ මුල සිහිකරන්නේ නෑ. මැද සිහිකරන්නේ නෑ. අවසානය සිහිකරන්නේ නෑ. පින්වත් මහණෙනි, ඒක හරියට මෙන්න මේ වගේ දෙයක්. මුනින් අතට හරවපු කලයක් තියෙනවා. ඒකට වතුර වත්කළ විට පිටතට ගලා යනවා. රැඳී පවතින්නේ නෑ. අන්න ඒ වගේ තමයි පින්වත් මහණෙනි, මෙහි ඇතැම් කෙනෙක් භික්ෂූන් වෙත බණ ඇසීම පිණිස නිතර නිතර ආරාමයට යනවා. ඔහුට ඒ භික්ෂූන් වහන්සේලා ආරම්භය යහපත් වූත්, මැද යහපත් වූත්, අවසානය යහපත් වූත්, අර්ථ සහිත වූත්, යහපත් පද ගැළපීමෙන් යුතු වූත්, මුළුමනින්ම සම්පූර්ණ වූ පිරිසිදු නිවන් මග සහිත ධර්මය දේශනා කරනවා. ඉතින් ඔහු ඒ ආසනයේ සිටින්නේ නමුත්, ඒ ධර්ම කථාවේ මුල සිහිකරන්නේ නෑ. මැද සිහිකරන්නේ නෑ. අවසානය සිහිකරන්නේ නෑ. ඒ ආසනයෙන් නැගී සිටිය විට දී වත් ඒ ධර්ම කථාවේ මුල සිහිකරන්නේ නෑ. මැද සිහිකරන්නේ නෑ. අවසානය සිහිකරන්නේ නෑ. පින්වත් මහණෙනි, මොහුට තමයි අවකුජ්ජපඤ්ඤා පුද්ගලයා කියලා කියන්නේ.

පින්වත් මහණෙනි, උච්ඡංගපඤ්ඤා (ඔඩොක්කුවේ නුවණ ඇති) පුද්ගලයා කවුද? පින්වත් මහණෙනි, මෙහි ඇතැම් කෙනෙක් භික්ෂූන් වෙත බණ ඇසීම පිණිස නිතර නිතර ආරාමයට යනවා. ඔහුට ඒ භික්ෂූන් වහන්සේලා ආරම්භය යහපත් වූත්, මැද යහපත් වූත්, අවසානය යහපත් වූත්, අර්ථ සහිත වූත්, යහපත් පද ගැළපීමෙන් යුතු වූත්, මුළුමනින්ම සම්පූර්ණ වූ පිරිසිදු නිවන් මග සහිත ධර්මය දේශනා කරනවා. ඉතින් ඔහු ඒ ආසනයේ සිටින විට ඒ ධර්ම කථාවේ මුලත් සිහිකරනවා. මැදත් සිහිකරනවා. අවසානයත් සිහිකරනවා. ඒ ආසනයෙන් නැගී සිටිය විට දී ඒ ධර්ම කථාවේ මුල සිහිකරන්නේ නෑ. මැද සිහිකරන්නේ නෑ. අවසානය සිහිකරන්නේ නෑ. පින්වත් මහණෙනි, ඒක හරියට මෙන්න මේ වගේ දෙයක්. පුරුෂයෙකුගේ ඔඩොක්කුවේ තල, සහල්, අග්ගලා ඩෙබර ආදී නොයෙක් කෑ යුතු දේවල් පිරී තියෙනවා. නමුත් ඔහු කල්පනාවකින් තොරව නැගිටින විට දී අර සියල්ල බිම විසිරිලා යනවා. අන්න ඒ වගේ තමයි පින්වත් මහණෙනි, මෙහි ඇතැම් කෙනෙක් භික්ෂූන් වෙත බණ ඇසීම පිණිස නිතර නිතර ආරාමයට යනවා. ඔහුට ඒ භික්ෂූන් වහන්සේලා ආරම්භය යහපත් වූත්, මැද යහපත් වූත්, අවසානය යහපත් වූත්, අර්ථ සහිත වූත්, යහපත් පද ගැළපීමෙන් යුතු වූත්, මුළුමනින්ම සම්පූර්ණ වූ පිරිසිදු නිවන් මඟ සහිත ධර්මය දේශනා කරනවා. ඉතින් ඔහු ඒ ආසනයේ සිටින විට ඒ ධර්ම කථාවේ මුලත් සිහිකරනවා. මැදත් සිහිකරනවා. අවසානයත් සිහිකරනවා. ඒ ආසනයෙන් නැගී සිටිය විට දී ඒ ධර්ම කථාවේ මුල සිහිකරන්නේ නෑ. මැද

සිහිකරන්නේ නෑ. අවසානය සිහිකරන්නේ නෑ. පින්වත් මහණෙනි, මොහුට තමයි උච්ඡංගපඤ්ඤා පුද්ගලයා කියල කියන්නේ.

පින්වත් මහණෙනි, පුථුපඤ්ඤා (පළල් වූ නුවණ ඇති) පුද්ගලයා කවුද? පින්වත් මහණෙනි, මෙහි ඇතැම් කෙනෙක් භික්ෂූන් වෙත බණ ඇසීම පිණිස නිතර නිතර ආරාමයට යනවා. ඔහුට ඒ භික්ෂූන් වහන්සේලා ආරම්භය යහපත් වූත්, මැද යහපත් වූත්, අවසානය යහපත් වූත්, අර්ථ සහිත වූත්, යහපත් පද ගැළපීමෙන් යුතු වූත්, මුළුමනින්ම සම්පූර්ණ වූ පිරිසිදු නිවන් මග සහිත ධර්මය දේශනා කරනවා. ඉතින් ඔහු ඒ ආසනයේ සිටින විට ඒ ධර්ම කථාවේ මුලත් සිහිකරනවා. මැදත් සිහිකරනවා. අවසානයත් සිහිකරනවා. ඒ ආසනයෙන් නැගී සිටිය විට දී ද, ඒ ධර්ම කථාවේ මුල සිහිකරනවා. මැද සිහිකරනවා. අවසානය සිහිකරනවා. පින්වත් මහණෙනි, ඒක හරියට මෙන්න මේ වගේ දෙයක්. උඩු අතට හරවපු කලයක් තියෙනවා. ඒකට වතුර වත්කළ විට රැඳී පවතිනවා. පිටතට ගලා යන්නේ නෑ. අන්න ඒ වගේ තමයි පින්වත් මහණෙනි, මෙහි ඇතැම් කෙනෙක් භික්ෂූන් වෙත බණ ඇසීම පිණිස නිතර නිතර ආරාමයට යනවා. ඔහුට ඒ භික්ෂූන් වහන්සේලා ආරම්භය යහපත් වූත්, මැද යහපත් වූත්, අවසානය යහපත් වූත්, අර්ථ සහිත වූත්, යහපත් පද ගැළපීමෙන් යුතු වූත්, මුළුමණින්ම සම්පූර්ණ වූ පිරිසිදු නිවන් මග සහිත ධර්මය දේශනා කරනවා. ඉතින් ඔහු ඒ ආසනයේ සිටින විට ඒ ධර්ම කථාවේ මුලත් සිහිකරනවා. මැදත් සිහිකරනවා. අවසානයත් සිහිකරනවා. ඒ ආසනයෙන් නැගී සිටිය විට දී ද, ඒ ධර්ම කථාවේ මුල සිහිකරනවා. මැද සිහිකරනවා. අවසානය සිහිකරනවා. පින්වත් මහණෙනි, මොහුට තමයි පුථුපඤ්ඤා පුද්ගලයා කියල කියන්නේ. පින්වත් මහණෙනි, මේ තමයි මේ ලෝකයේ දකින්නට ලැබෙන පුද්ගලයන් තුන් දෙනා.

9. ප්‍රඥා රහිත වූ නුවණින් විමසීමෙන් තොර වූ යටට හැර වූ නුවණ ඇති අවකුජ්ජපඤ්ඤා පුද්ගලයා ඉදින් නිතර නිතර නමුත් භික්ෂූන් සමීපයට බණ ඇසීමට ගියද,

10. ඔහු ඒ ධර්ම කථාවේ මුල හෝ මැද හෝ අවසානය හෝ ඉගෙන ගන්නට හැකියාව ඇති නොකර ගනී. ඔහු තුළ ප්‍රඥාව දිස්වන්නේ නෑ.

11. ඔඩොක්කුවේ නුවණ ඇති හෙවත්, උච්ඡංගපඤ්ඤා පුරුෂයා අර පුද්ගලයාට වඩා ශ්‍රේෂ්ඨ යැයි කියන්න පුළුවනි. ඉදින් ඔහුට නිතර නිතර දහම් ඇසීමට භික්ෂූන් සමීපයට ගියද,

12. ඔහු ආසනයේ හිඳිමින් ධර්ම කථාවේ මුලත්, මැදත්, අගත් ඉගෙන එහි

දහම් පදයන් දරාගෙන සිටියත්, නැගී සිටින විට දී, ඒ ඇසූ දේ ගැන දන්නේ නෑ. සිතට ගත්තු දේ නැති වෙලා යනවා.

13. පළල් ප්‍රඥා ඇති පුථුපඤ්ඤා පුරුෂයා අර දෙදෙනාටම වඩා ශ්‍රේෂ්ඨයි කියලයි කියන්නේ. ඔහුද භික්ෂූන් සමීපයට නිතර නිතර බණ ඇසීමට යයි.

14. ඔහු ආසනයේ හිඳිමින් ධර්ම කථාවේ මුලත්, මැදත්, අගත් ඉගෙන ගෙන එහි දහම් පදයන් දරාගෙන ඉන්නවා.

15. ශ්‍රේෂ්ඨ සංකල්පනා දරා සිටින ධර්මයෙහි සැක රහිත සිත් ඇති ඒ මනුෂ්‍යයා ධර්මානුධර්ම ප්‍රතිපදාවෙහි යෙදෙමින් සංසාර දුක කෙළවර කරන කෙනෙක් වෙනවා.

සාදු! සාදු!! සාදු!!!

තුන්වෙනි පුද්ගල වර්ගයයි.

4. දේවදූත වර්ගය

3.1.4.1.

31. සැවැත් නුවරදී.............

පින්වත් මහණෙනි, යම් පවුල්වල දූදරුවන්ගේ මව්පියෝ තම නිවසේදීම පිදුම් ලබනවා නම් ඒ පවුල් සිටින්නේ බ්‍රහ්මයා සහිතවයි. පින්වත් මහණෙනි, යම් පවුල්වල දූදරුවන්ගේ මව්පියෝ තම නිවසේදීම පිදුම් ලබනවා නම් ඒ පවුල් සිටින්නේ පූර්ව ආචාර්යවරු සහිතවයි. පින්වත් මහණෙනි, යම් පවුල්වල දූදරුවන්ගේ මව්පියෝ තම නිවසේදීම පිදුම් ලබනවා නම් ඒ පවුල් සිටින්නේ දුර සිට නමුත් රැගෙන එන ආහාරපානාදියෙන් උපස්ථාන ලැබිය යුතු උතුමන් සහිතවයි. පින්වත් මහණෙනි, 'බ්‍රහ්මයෝ' යන නාමය මව්පියන්ට කියන නමක්. 'පූර්ව ආචාර්යවරු' යන මේ නාමය මව්පියන්ට කියන නමක්. 'දුර සිට නමුත් රැගෙන එන ආහාරපානාදියෙන් උපස්ථාන ලැබිය යුතු උතුමන්' යන මේ නාමය මව්පියන්ට කියන නමක්. එයට හේතුව කුමක්ද? පින්වත් මහණෙනි, දූදරුවන්ට මව්පියෝ තමයි බොහෝ උපකාරී වන්නේ. ඒ දෙමාපියෝ දූදරුවන්ව බිහි කරනවා. පෝෂණය කරනවා. මේ ලෝකයෙහි ජීවත් වෙන හැටි පෙන්වා දෙනවා.

16. මව්පියවරු වනාහී බ්‍රහ්මයෝය. පූර්ව අචාර්යවරු කියල කියන්නේ ඔවුන්ටයි. දූදරුවන් අනුකම්පා දක්වන ඒ මව්පියෝ තම දූ පුතුන්ගෙන් දුර සිට නමුත් ආහාරපාන රැගෙනවිත් උපස්ථාන ලැබීමට සුදුසුයි.

17. එනිසා නුවණැති පුද්ගලයා ඒ දෙමාපියන්ව නමදිනවා. ආහාරපාන ආදියෙන් ඇඳුම් පැළඳුම්වලින් ඇඳපුටු ආදියෙන් උපස්ථාන කරන අතරේ ඇඟපත පිරිමැද පිරිසිදු කිරීම්, නැහැවීම්, පා දෝවනය කිරීම් ආදියත් කරනවා.

18. මව්පියන් උදෙසා එවැනි ඇප උපස්ථානවල යෙදෙන දරුවා පිළිබඳව නුවණැත්තෝ මෙලොවදීම ප්‍රශංසා කරනවා. ඒ දරුවන් මරණින් පසු පරලොවදී සුගතියෙහි ඉපිද සතුටු වෙනවා.

සාදු! සාදු!! සාදු!!!

3.1.4.2.

32. එදා ආයුෂ්මත් ආනන්ද තෙරුන් භාග්‍යවතුන් වහන්සේ වෙත පැමිණුනා. පැමිණ භාග්‍යවතුන් වහන්සේට ආදරයෙන් වන්දනා කොට එකත්පස්ව වාඩිවුනා. එකත්පස්ව වාඩිවුන ආයුෂ්මත් ආනන්ද තෙරුන් භාග්‍යවතුන් වහන්සේට මෙකරුණ පැවසුවා. "ස්වාමීනී, යම් පරිද්දකින් මේ විඤ්ඤාණය සහිත කය පිළිබඳව 'මමය, මාගේය' යන දෝංකාරය පවතින මාන අනුසය ඇති නොවෙනවා නම්, බාහිර සෑම නිමිත්තක් තුළම 'මමය, මාගේය' යන දෝංකාරය පවතින මාන අනුසය ඇති නොවෙනවා නම්, ඒ වගේ යම් චිත්ත විමුක්තියකට, ප්‍රඥා විමුක්තියකට පැමිණ වාසය කරද්දී 'මමය, මාගේය' යන දෝංකාරය පවතින මාන අනුසය ඇති නොවෙනවා නම්, භික්ෂුව හට එබඳු චිත්ත විමුක්තියකට ප්‍රඥා විමුක්තියකට පැමිණ වාසය කරන්නේ නම් එබඳු වූ සමාධියකට සමවැදීමක් තිබෙනවාද?"

"පින්වත් ආනන්ද, භික්ෂුව හට එබඳු චිත්ත විමුක්තියකට ප්‍රඥා විමුක්තියකට පැමිණ වාසය කිරීමක් තිබෙනවාමයි. යම් පරිද්දකින් මේ විඤ්ඤාණය සහිත කය පිළිබඳව 'මමය, මාගේය' යන දෝංකාරය පවතින මාන අනුසය ඇතිනොවෙනවා නම්, බාහිර සෑම නිමිත්තක් තුළම 'මමය, මාගේය' යන දෝංකාරය පවතින මාන අනුසය ඇතිනොවෙනවා නම්, එබඳු චිත්ත විමුක්තියකට, ප්‍රඥා විමුක්තියකට පැමිණ වාසය කරන්නේ නම් එබඳු වූ සමවැදීමක් තිබෙනවා."

"ස්වාමීනී, යම් පරිද්දකින් මේ විඤ්ඤාණය සහිත කය පිළිබඳව 'මමය, මාගේය' යන දෝංකාරය පවතින මාන අනුසය ඇතිනොවෙනවා නම්, බාහිර සෑම නිමිත්තක් තුළම 'මමය, මාගේය' යන දෝංකාරය පවතින මාන අනුසය ඇතිනොවෙනවා නම්, ඒ වගේ යම් චිත්ත විමුක්තියකට, ප්‍රඥා විමුක්තියකට පැමිණ වාසය කරද්දී 'මමය, මාගේය' යන දෝංකාරය පවතින මාන අනුසය ඇතිනොවෙනවා නම්, භික්ෂුව හට එබඳු චිත්ත විමුක්තියකට ප්‍රඥා විමුක්තියකට පැමිණ වාසය කිරීමක් තිබෙනවා නම්, භික්ෂුවගේ එබඳු සමාධි ප්‍රතිලාභය කොයි ආකාර දෙයක්ද?"

"පින්වත් ආනන්ද, මෙහිලා භික්ෂුවට මෙවැනි හැඟීමක් ඇතිවෙනවා. යම් මේ සියලු සංස්කාරයන්ගේ සංසිඳීමක් ඇද්ද, සියලු ක්ලේශ සහගත කර්මයන්ගේ දුරුවීමක් ඇද්ද, නිවනක් ඇද්ද, මෙයයි ශාන්ත. මෙයයි ප්‍රණීත යන හැඟීමෙන් යුතු සමාධියයි. පින්වත් ආනන්ද, භික්ෂුවට ඔය ආකාර වූ සමාධියක් තිබෙනවා නම්, යම් පරිද්දකින් මේ විඤ්ඤාණය සහිත කය පිළිබඳව 'මමය, මාගේය' යන දෝංකාරය පවතින මාන අනුසය ඇතිනොවෙනවා නම්, බාහිර සෑම නිමිත්තක් තුළම 'මමය, මාගේය' යන දෝංකාරය පවතින මාන අනුසය ඇතිනොවෙනවා නම්, එබඳු වූ චිත්ත විමුක්තියකට, ප්‍රඥා විමුක්තියට පැමිණ වාසය කිරීමක් තිබෙනවා. පින්වත් ආනන්ද, මේ කරුණු උදෙසා තමයි පාරායන වර්ගයේ පුණ්ණක ප්‍රශ්නයේදී මා විසින් මෙය වදාරණ ලද්දේ.

19. ලෝකයෙහි ආධ්‍යාත්මික, බාහිර සියල්ල නුවණින් අවබෝධ කරගෙන, ලෝකයෙහි කිසිදු අරමුණකට යමෙක් තුළ කෙලෙස් කම්පනයක් ඇති නොවේ නම්, ඒ අරහත් භික්ෂුව ශාන්තයි. කෙලෙස් දුම් රහිතයි. දුක් රහිතයි. ආශා රහිතයි. ඔහු ඉපදෙන දිරන සසර සැඩ පහර තරණය කළා කියලයි මා කියන්නේ.

සාදු! සාදු!! සාදු!!!

3.1.4.3.

33. එදා ආයුෂ්මත් සාරිපුත්ත තෙරුන් භාග්‍යවතුන් වහන්සේ වෙත පැමිණුනා. පැමිණ භාග්‍යවතුන් වහන්සේට ආදරයෙන් වන්දනා කොට එකත්පස්ව වාඩිවුනා. එකත්පස්ව වාඩිවුන ආයුෂ්මත් සැරියුත් තෙරුන් හට භාග්‍යවතුන් වහන්සේ මෙකරුණ වදාළා. "පින්වත් සාරිපුත්ත, මා කරුණු ගොනුකොට හකුළුවමින් දහම් දෙසනවා. පින්වත් සාරිපුත්ත, මා විස්තර වශයෙනුත් දහම් දෙසනවා. ඒ වගේම පින්වත් සාරිපුත්ත, මා කරුණු ගොනුකොට හකුළුවමින්, විස්තර වශයෙනුත් දහම් දෙසනවා. නමුත් අවබෝධ කරගන්නා අය දුර්ලභයි."

"භාග්‍යවතුන් වහන්සේ යම් ධර්මයක් කරුණු ගොනුකොට හකුළුමිනුත් දේශනා කරන සේක් නම්, විස්තර වශයෙනුත් දේශනා කරන සේක් නම්, කරුණු ගොනුකොට හකුළුවමිනුත්, විස්තර වශයෙනුත් දේශනා කරන සේක් නම්, භාග්‍යවතුන් වහන්ස, මේ එයට කාලයයි. සුගතයන් වහන්ස, මේ එයට කාලයයි. ධර්මය අවබෝධ කරන අය ඇතිවෙනවාමයි."

"එසේ වී නම් පින්වත් සාරිපුත්තයෙනි, මේ අයුරින් හික්මිය යුතුයි. මේ

විඤ්ඤාණය සහිත කය පිළිබඳව 'මමය, මාගේය' යන දෝංකාරය පවතින මාන අනුසය ඇති නොවන්නේ නම්, බාහිර සෑම නිමිත්තක් තුළම 'මමය, මාගේය' යන දෝංකාරය පවතින මාන අනුසය ඇතිනොවන්නේ නම්, එබඳු වූ චිත්ත විමුක්තියටත්, ප්‍රඥා විමුක්තියටත් පැමිණ වාසය කරනවා යන කරුණයි. පින්වත් සාරිපුත්තයෙනි, ඔබ හික්මිය යුත්තේ ඔන්න ඔය විදිහටයි.

පින්වත් සාරිපුත්ත, යම් අවස්ථාවක දී භික්ෂුවට මේ විඤ්ඤාණය සහිත කය පිළිබඳව 'මමය, මාගේය' යන දෝංකාරය පවතින මාන අනුසය ඇති නොවන්නේ නම්, බාහිර සෑම නිමිත්තක් තුළම 'මමය, මාගේය' යන දෝංකාරය පවතින මාන අනුසය ඇතිනොවන්නේ නම්, එබඳු වූ චිත්ත විමුක්තියටත්, ප්‍රඥා විමුක්තියටත් පැමිණ වාසය කරද්දී 'මමය, මාගේය' යන දෝංකාරය පවතින මාන අනුසය ඇති නොවේ නම් එබඳු වූ චිත්ත විමුක්තියටත්, ප්‍රඥා විමුක්තියටත් පැමිණ වාසය කරයි නම්, පින්වත් සාරිපුත්ත, මේ භික්ෂුවට තමයි කියන්නේ 'තණ්හාව සිඳ දැම්මා, සංයෝජන ඉක්මවා ගියා, මනාකොට අවබෝධ වීමෙන් මාන්නය දුරුවුනා, දුකෙහි කෙළවරට පැමිණියා' කියලා. පින්වත් සාරිපුත්ත, ඔය කරුණ උදෙසා තමයි මා විසින් පාරායන වර්ගයේ උදය ප්‍රශ්නයේදී මෙය වදාරණ ලද්දේ.

20. කාම සඤ්ඤාවන්ගේත්, දොම්නසේත් යන මේ කරුණු දෙකේ ප්‍රහාණයත් ඒ වගේම ථීනමිද්ධය බැහැර කිරීමත්, සැකය වළක්වාලීමත්,

21. උපේක්ෂා සහගත පාරිශුද්ධ සිහියෙන් යුතු හතරවෙනි ධ්‍යානයෙන්ද, ධර්මය නුවණින් විමසීම නැමැති ජවය මුලට ගැනීමෙන්ද, අවිද්‍යාව සිඳබිඳ දමමින් අරහත්ඵල විමෝක්ෂය ඇතිවෙනවා කියලයි මා කියන්නේ.

සාදු! සාදු!! සාදු!!!

3.1.4.4.

34. පින්වත් මහණෙනි, කර්මයන්ගේ හටගැනීමට මූලික වන මේ කරුණු තුනක් තියෙනවා. ඒ තුන මොනවාද? ලෝභය යනු කර්මයන්ගේ හටගැනීමට මූලික වන දෙයක්. ද්වේෂය යනු කර්මයන්ගේ හටගැනීමට මූලික වන දෙයක්. මෝහය යනු කර්මයන්ගේ හටගැනීමට මූලික වන දෙයක්.

පින්වත් මහණෙනි, ලෝභයෙන් කරන ලද, ලෝභයෙන් උපන්, ලෝභය මූලික කාරණය වූ, ලෝභයෙන් හටගත් යම් කර්මයක් ඇද්ද, යම් තැනක ඔහුගේ ආත්මභාවය උපදිනවා නම්, අන්න එතැන අර කර්මය විපාක දෙනවා.

යම් තැනකදී ඒ කර්මය විපාක දෙයිද, එතැනදී ඔහුගේ ඒ කර්මයේ විපාකය මේ ජීවිතය තුළ වේවා, ඊළඟ ආත්මභාවයේදී වේවා, ඉඩ ලැබෙන කවර ආත්මභාවයකදී හෝ වේවා ඔහු එය විඳවනවා.

පින්වත් මහණෙනි, ද්වේෂයෙන් කරන ලද, ද්වේෂයෙන් උපන්, ද්වේෂය මූලික කාරණය වූ, ද්වේෂයෙන් හටගත් යම් කර්මයක් ඇද්ද, යම් තැනක ඔහුගේ ආත්මභාවය උපදිනවා නම්, අන්න එතැන අර කර්මය විපාක දෙනවා. යම් තැනකදී ඒ කර්මය විපාක දෙයිද, එතැනදී ඔහුගේ ඒ කර්මයේ විපාකය මේ ජීවිතය තුළ වේවා, ඊළඟ ආත්මභාවයේදී වේවා, ඉඩ ලැබෙන කවර ආත්මභාවයකදී හෝ වේවා ඔහු එය විඳවනවා.

පින්වත් මහණෙනි, මෝහයෙන් කරන ලද, මෝහයන් උපන්, මෝහය මූලික කාරණය වූ, මෝහයෙන් හටගත් යම් කර්මයක් ඇද්ද, යම් තැනක ඔහුගේ ආත්මභාවය උපදිනවා නම්, අන්න එතැන අර කර්මය විපාක දෙනවා. යම් තැනකදී ඒ කර්මය විපාක දෙයිද, එතැනදී ඔහුගේ ඒ කර්මයේ විපාකය මේ ජීවිතය තුළ වේවා, ඊළඟ ආත්මභාවයේදී වේවා, ඉඩ ලැබෙන කවර ආත්මභාවයකදී හෝ වේවා ඔහු එය විඳවනවා.

පින්වත් මහණෙනි, ඒක හරියට මෙන්න මේ වගේ දෙයක්. නොකැඩුණු, කුණු නොවුණු, අව්සුළංවලින් විනාශ නොවුණු, සාරවත් වූ, සැප සේ වැඩෙන බීජ තියෙනවා. ඒ බීජ ඉතා හොඳින් සකස් කරන ලද සාරවත් කුඹුරක වපුරනවා නම්, වැස්සත් හොඳින් ලැබෙනවා නම්, එතකොට පින්වත් මහණෙනි, අර වපුරන ලද බීජ වැඩෙනවා. හොඳින් දළු දා වැඩෙනවා. විපුල බවට පත්වෙනවා. පින්වත මහණෙනි, ඔය ආකාරයෙන්ම ලෝභයෙන් කරන ලද, ලෝභයෙන් උපන්, ලෝභය මූලික කාරණය වූ, ලෝභයෙන් හටගත් යම් කර්මයක් ඇද්ද, යම් තැනක ඔහුගේ ආත්මභාවය උපදිනවා නම්, අන්න එතැන අර කර්මය විපාක දෙනවා. යම් තැනකදී ඒ කර්මය විපාක දෙයිද, එතැනදී ඔහුගේ ඒ කර්මයේ විපාකය මේ ජීවිතය තුළ වේවා, ඊළඟ ආත්මභාවයේදී වේවා, ඉඩ ලැබෙන කවර ආත්මභාවයකදී හෝ වේවා ඔහු එය විඳවනවා.

පින්වත් මහණෙනි, ද්වේෂයෙන් කරන ලද, ...(පෙ).... මෝහයෙන් කරන ලද, මෝහයන් උපන්, මෝහය මූලික කාරණය වූ, මෝහයෙන් හටගත් යම් කර්මයක් ඇද්ද, යම් තැනක ඔහුගේ ආත්මභාවය උපදිනවා නම්, අන්න එතැන අර කර්මය විපාක දෙනවා. යම් තැනකදී ඒ කර්මය විපාක දෙයිද, එතැනදී ඔහුගේ ඒ කර්මයේ විපාකය මේ ජීවිතය තුළ වේවා, ඊළඟ ආත්මභාවයේදී වේවා, ඉඩ ලැබෙන කවර ආත්මභාවයකදී හෝ වේවා ඔහු එය විඳවනවා.

පින්වත් මහණෙනි, කර්මයන්ගේ හටගැනීමට මූලික වන මේ කරුණු තුනක් තියෙනවා. ඒ තුන මොනවාද? අලෝභය යනු කර්මයන්ගේ හටගැනීමට මූලික වන දෙයක්. අද්වේෂය යනු කර්මයන්ගේ හටගැනීමට මූලික වන දෙයක්. අමෝහය යනු කර්මයන්ගේ හටගැනීමට මූලික වන දෙයක්.

පින්වත් මහණෙනි, අලෝභයෙන් කරන ලද, අලෝභයෙන් උපන්, අලෝභය මූලික කාරණය වූ, අලෝභයෙන් හටගත් යම් කර්මයක් ඇද්ද, ලෝභය පහ වී ඇති නිසා මෙසේ ඒ ලෝභය මුල්කොට කරන කර්මය ප්‍රහීණ වෙයි. උදුරා දමන ලද මුල් ඇති වෙයි. කරටිය සිඳින ලද තල්ගසක් වැනි වෙයි. අභාවයට පත් කරන ලද්දේ වෙයි. යළි හට නොගන්නා ස්වභාවයෙන් යුක්ත වෙයි.

පින්වත් මහණෙනි, අද්වේෂයෙන් කරන ලද, අද්වේෂයෙන් උපන්, අද්වේෂය මූලික කාරණය වූ, අද්වේෂයෙන් හටගත් යම් කර්මයක් ඇද්ද, ද්වේෂය පහ වී ඇති නිසා මෙසේ ඒ ද්වේෂය මුල්කොට කරන කර්මය ප්‍රහීණ වෙයි. උදුරා දමන ලද මුල් ඇති වෙයි. කරටිය සිඳින ලද තල්ගසක් වැනි වෙයි. අභාවයට පත් කරන ලද්දේ වෙයි. යළි හට නොගන්නා ස්වභාවයෙන් යුක්ත වෙයි.

පින්වත් මහණෙනි, අමෝහයෙන් කරන ලද, අමෝහයන් උපන්, අමෝහය මූලික කාරණය වූ, අමෝහයෙන් හටගත් යම් කර්මයක් ඇද්ද, මෝහය පහ වී ඇති නිසා මෙසේ ඒ මෝහය මුල්කොට කරන කර්මය ප්‍රහීණ වෙයි. උදුරා දමන ලද මුල් ඇති වෙයි. කරටිය සිඳින ලද තල්ගසක් වැනි වෙයි. අභාවයට පත් කරන ලද්දේ වෙයි. යළි හට නොගන්නා ස්වභාවයෙන් යුක්ත වෙයි.

පින්වත් මහණෙනි, ඒක හරියට මෙන්න මේ වගේ දෙයක්. නොකැඩුණු, කුණු නොවුණු, අව්සුළංවලින් විනාශ නොවුණු, සාරවත් වූ, සැප සේ වැඩෙන බීජ තියෙනවා. පුරුෂයෙක් ඒ බීජ ගින්නෙන් පුළුස්සනවා. ගින්නෙන් පුළුස්සා අළු බවට පත්කරනවා. ඒ අළු මහා සුළඟේ විසුරුවා හරිනවා. නැත්නම්, නදියේ සැඩ පහරේ පා කොට හරිනවා. පින්වත් මහණෙනි, එසේ ඇතිකල්හි අර බීජ සිඳුනු මුල් ඇතිවෙලා යනවා. කරටිය සිඳුනු තල්ගසක් මෙන් වෙනවා. අභාවයට පත්වෙනවා. යළි හට නොගන්නා ස්වභාවයට පත්වෙනවා. පින්වත් මහණෙනි, මෙකරුණත් ඒ වගේමයි. අලෝභයෙන් කරන ලද, අලෝභයෙන් උපන්, අලෝභය මූලික කාරණය වූ, අලෝභයෙන් හටගත් යම් කර්මයක් ඇද්ද, ලෝභය පහ වී ඇති නිසා මෙසේ ඒ ලෝභය මුල්කොට කරන කර්මය ප්‍රහීණ වෙයි. උදුරා දමන ලද මුල් ඇති වෙයි. කරටිය සිඳින ලද තල්ගසක් වැනි වෙයි.

අභාවයට පත් කරන ලද්දේ වෙයි. යළි හට නොගන්නා ස්වභාවයෙන් යුක්ත වෙයි.

පින්වත් මහණෙනි, අද්වේෂයෙන් කරන ලද කර්මයක්, ...(පෙ).... අමෝහයෙන් කරන ලද, අමෝහයෙන් උපන්, අමෝහය මූලික කාරණය වූ, අමෝහයෙන් හටගත් යම් කර්මයක් ඇද්ද, මෝහය පහ වී ඇති නිසා මෙසේ ඒ මෝහය මුල්කොට කරන කර්මය ප්‍රහීණ වෙයි. උදුරා දමන ලද මුල් ඇති වෙයි. කරටිය සිඳින ලද තල්ගසක් වැනි වෙයි. අභාවයට පත් කරන ලද්දේ වෙයි. යළි හට නොගන්නා ස්වභාවයෙන් යුක්ත වෙයි.

22. අවිද්‍යා සහගත පුද්ගලයා ලෝභයෙන් හටගන්නා වූත්, ද්වේෂයෙන් හටගන්නා වූත්, මෝහයෙන් හටගන්නා වූත් යම් කර්මයක් කරයිද, ඔහු විසින් කරන ලද ස්වල්පයක් හෝ වේවා, බොහෝ හෝ වේවා යම් කර්මයක් ඇද්ද, එය මෙහිදීම විඳවිය යුතුයි. අන්‍ය වූ තැනක දක්නට නැත.

23. එහෙයින් විද්‍යාව උපදවාගත් භික්ෂුව ඒ විද්‍යාව උපදවා ගැනීම නිසා ලෝභයෙන් හටගත්, ද්වේෂයෙන් හටගත්, මෝහයෙන් හටගත්, යම් කර්මයක් ඇද්ද, එය ද, සියලු දුගතීන් ද දුරු කරදමයි.

සාදු! සාදු!! සාදු!!!

3.1.4.5.

35. එක් සමයක භාග්‍යවතුන් වහන්සේ අලව් නුවර අසළ ඇට්ටේරියා වනයෙහි ගවයන් යන මාර්ගය අසබඩ තණ ඇතිරියක් මත වැඩසිටියා. එදා හත්ථක ආළවක කුමරු ව්‍යායාම පිණිස සක්මන් කරමින් ඔබ මොබ ඇවිදිමින් සිටිද්දී ඇට්ටේරියා වනයෙහි ගවයන් යන මාර්ගය අසබඩ තණ ඇතිරියක් මත වැඩසිටින භාග්‍යවතුන් වහන්සේව දැක්කා. දැක භාග්‍යවතුන් වහන්සේ අසලට පැමිණුනා. පැමිණ භාග්‍යවතුන් වහන්සේට ආදරයෙන් වන්දනා කොට එකත්පස්ව වාඩිවුනා. එකත්පස්ව වාඩිවුන හත්ථක ආළවක කුමරු භාග්‍යවතුන් වහන්සේට මෙකරුණ කිව්වා. "කෙසේද ස්වාමීනී, භාග්‍යවතුන් වහන්සේ සුවසේ සැතැපුන සේක්ද?" "එසේය කුමරුවෙනි, සුවසේ සැතැපුනා. මේ ලෝකයෙහි යම් කෙනෙක් සුවසේ සැතපෙනවා නම්, මාත් ඒ අය අතරින් කෙනෙක්."

"ස්වාමීනී, හිම වැටෙන රාත්‍රිය සීතලයි නෙව. අට දවසක් ඇතුළත හිම

වැටෙන කාලෙ නෙව. ගව කුරවලින් කැඩිච්ච පොළොවත් හරි කර්කශයි. තණ ඇතිරියත් තුනීයි. ගහේ කොළත් ඒතරම් නෑ. කසාවතත් සීතලයි. හමාගෙන එන වේරම්බ සුළඟත් සීතලයි. ඒත් භාග්‍යවතුන් වහන්සේ මේ විදිහට පවසනවා. 'එසේය, කුමරුවෙනි, සුවසේ සැතපුනා. මේ ලෝකයෙහි යම් කෙනෙක් සුවසේ සැතපෙනවා නම්, මාත් ඒ අය අතරින් කෙනෙක්' කියලා."

"එසේනම් පින්වත් කුමරුනි, ඔය ගැන මා ඔබගෙන්ම අසන්නම්. යම් විදිහකට ඔබ කැමැති නම්, ඒ විදිහට උත්තර දෙන්න. පින්වත් කුමරුනි, මේ ගැන ඔබට කොහොමද හිතෙන්නේ? මෙහි එක්තරා ගෘහපතියෙකුට වේවා, ගෘහපති පුත්‍රයෙකුට වේවා, ඇතුළත පිටත හොඳින් සකසන ලද, සුළං රහිත වූ, වසන ලද අගුල් ඇති දොර ජනේල සහිත කූටාගාරයක් තියෙනවා. ඒ මන්දිරයෙහි කාලවර්ණ පළස් අතුරලා තියෙනවා. සුදු එළුලොමින් කළ පළස් අතුරලා තියෙනවා. ඝන එළුලොමින් කළ පළස් අතුරලා තියෙනවා. කදලි මුව සමින් කළ කලාල, හිස දෙපැත්තට රතු විල්ලුද කොට්ට තබා රතු උඩුවියන් බැඳ සැදූ වටිනා යහන් ආදිය තියෙනවා. තෙල් පහනත් දැල්වෙනවා. සොඳුරු ලලනාවන් හතර දෙනෙක් ඉතා සිත් ගන්නා අයුරින් උපස්ථාන කරමින් ඉන්නවා. පින්වත් කුමරුනි, මේ ගැන ඔබ කුමක්ද සිතන්නේ? අර පුද්ගලයා සුවසේ නිදාගනීවිද? නැද්ද?මේ ගැන ඔබට සිතෙන්නේ කොහොමද?"

"ස්වාමීනී, ඔහු සුවසේ නිදාගනීවි. ලෝකයෙහි යමෙක් සුවසේ නිදනවා නම්, ඒ පුද්ගලයා ඔවුන් අතර කෙනෙක්."

"පින්වත් කුමරුනි, ඔබ මේ ගැන කුමක්ද සිතන්නේ? ඒ ගෘහපතියාට වේවා, ගෘහපති පුත්‍රයාට වේවා, රාගයෙන් හටගත් කායික හෝ මානසික හෝ දැවිලි ඇත්නම් එබඳු වූ රාගයෙන් හටගත් දැවිලිවලින් දැවි දැවී සිටින ඒ පුද්ගලයා නිදාගන්නේ දුකසේ නොවේද?" "එසේය, ස්වාමීනී."

"පින්වත් කුමරුනි, යම් බඳු වූ රාගයෙන් හටගන්නා දැවිලිවලින් දැවි දැවී සිටිනා ඒ ගෘහපතියා හෝ ගෘහපති පුත්‍රයා හෝ දුක සේ නිදාගනී නම්, අන්න ඒ රාගය තථාගතයන් වහන්සේට ප්‍රහීණ වෙලා තියෙන්නේ. මුලින්ම උදුරා දමා තියෙන්නේ. කරටිය සිඳුණු තල් ගසක් මෙන් කරලයි තියෙන්නේ. අභාවයට පත්වෙලයි තියෙන්නේ. යළි හට නොගන්නා ස්වභාවයට පත්වෙලයි තියෙන්නේ. ඒ නිසයි මා සුවසේ සැතපුනේ. පින්වත් කුමරුනි, ඔබ මේ ගැන කුමක්ද සිතන්නේ? ඒ ගෘහපතියාට වේවා, ගෘහපති පුත්‍රයාට වේවා, ද්වේෂයෙන් හටගත් කායික හෝ මානසික හෝ දැවිලි ඇත්නම් ....(පෙ).... පින්වත් කුමරුනි, ඔබ මේ ගැන කුමක්ද සිතන්නේ? ඒ ගෘහපතියාට වේවා, ගෘහපති පුත්‍රයාට

වේවා, මෝහයෙන් හටගත් කායික හෝ මානසික හෝ දැවිලි ඇත්නම් එබඳු වූ මෝහයෙන් හටගත් දැවිලිවලින් දැවි දැවී සිටින ඒ පුද්ගලයා නිදාගන්නේ දුක්සේ නොවේද?" "එසේය, ස්වාමීනී."

"පින්වත් කුමරුනි, යම් බඳු වූ මෝහයෙන් හටගන්නා දැවිලිවලින් දැවි දැවී සිටිනා ඒ ගෘහපතියා හෝ ගෘහපති පුත්‍රයා හෝ දුක සේ නිදාගනී නම්, අන්න ඒ මෝහය තථාගතයන් වහන්සේට ප්‍රහීණ වෙලයි තියෙන්නේ. මුලින්ම උදුරා දමා තියෙන්නේ. කරටිය සිඳුණු තල් ගසක් මෙන් කරලයි තියෙන්නේ. අභාවයට පත්වෙලයි තියෙන්නේ. යළි හටනොගන්නා ස්වභාවයට පත්වෙලයි තියෙන්නේ. ඒ නිසයි මා සුවසේ සැතපුනේ.

24. යමෙක් කාමයන්හි නොඇලෙයි නම්, නිවී සිහිල්වී ඇත්නම්, කෙලෙස් රහිත නම්, පිරිනිවී ගිය කෙලෙස් ඇති ඒ අරහත් බ්‍රාහ්මණයා ඒකාන්තයෙන්ම හැමකල්හිම සුවසේ සැතපෙනවා.

25. සකලවිධ තණ්හාව සිඳ දමා හෘදයෙහි ඇති කෙලෙස් පීඩා බැහැර කොට සිටින චිත්ත ශාන්තියට පත් වූ ඒ උපශාන්ත මුනිඳු සුවසේම සැතපෙයි.

සාදු! සාදු!! සාදු!!!

3.1.4.6.

36. සැවැත් නුවරදී............

පින්වත් මහණෙනි, මේ දේවදූතයන් තුන් දෙනෙක් ඉන්නවා. ඒ තුන් දෙනා කවුද? පින්වත් මහණෙනි, මෙහි ඇතැම් කෙනෙක් කයෙන් දුසිරිතෙහි හැසිරෙනවා, වචනයෙන් දුසිරිතෙහි හැසිරෙනවා, මනසින් දුසිරිතෙහි හැසිරෙනවා, ඔහු කයින් දුසිරිතෙහි හැසිරිලා, වචනයෙන් දුසිරිතෙහි හැසිරිලා, මනසින් දුසිරිතෙහි හැසිරිලා කය බිඳී මරණින් පසු අපාය නම් වූ දුගති නම් වූ විනිපාත නම් වූ නිරයේ උපදිනවා. පින්වත් මහණෙනි, යමපල්ලන් ඇවිදින් ඔහුව අත්පාවලින් අල්ලාගෙන රැගෙන ගොස් යම රජුට පෙන්වනවා. 'දේවයන් වහන්ස, මේ පුරුෂයා මවට නොසැලකූ කෙනෙක්. පියාට නොසැලකූ කෙනෙක්. ශ්‍රමණයන් වහන්සේලාට නොසැලකූ කෙනෙක්. බ්‍රාහ්මණයන් හට නොසැලකූ කෙනෙක්. පවුලේ වැඩිමහළු අයට නොසැලකූ කෙනෙක්. දේවයන් වහන්ස, මොහුට දඬුවම් පණවනු මැනැව.'

පින්වත් මහණෙනි, ඉතින් යම රජු ඔහුගෙන් මෙහෙම අහනවා. 'එම්බා

පුරුෂය, ඔබ මිනිසුන් අතර පහළ වී සිටින පළමු වෙනි දේවදූතයා දැක්කේ නැද්ද?' එතකොට ඔහු මෙහෙම කියනවා. 'දැක්කේ නෑ ස්වාමීනී'

පින්වත් මහණෙනි, එතකොට යම රජ්ජු ඔහුට මේ විදිහට කියනවා. 'එම්බා පුරුෂය, මනුෂ්‍යයින් අතර ඉන්න උපතින් අවුරුදු අසූවක් වයසට ගිය, අනූවක් වයසට ගිය, සියයක් වයසට ගිය, දිරා ගිය වහළක් වැනි වූ, වකුටු වී ගිය, හැරමිටියක් පිහිට කරගෙන ඉන්න, වෙව්ලමින් ඇවිදින, ජරාව නිසාම ආතුර වූ, යොවුන් බව ඉක්මවා ගිය, කැඩුන දත් ඇති, ඉදී ගිය කෙස් ඇති, ගැල වී ගිය කෙස් ඇති, මුඩු හිස පෑදී ඇති, හටගත් රැළි ඇති, මතු වූ තල කැළැල් ඇති ස්ත්‍රියක් හෝ පුරුෂයෙක් හෝ ඔබ දැක්කේ නැද්ද?' එතකොට ඔහු මෙහෙම කියනවා. 'දැක්කා ස්වාමීනී.'

පින්වත් මහණෙනි, යම රජ්ජු ඔහුට මේ විදිහට කියනවා. "එම්බා පුරුෂය, මහළු වෙලා සිටිය ඔබට නුවණැති කෙනෙක් හැටියට මේ විදිහට හිතුනේ නැද්ද? 'මාත් ජරාවට පත්වීම ස්වභාවය කොට ගෙන ඉන්නේ. ජරාව ඉක්මවා ගිහින් නෑ. ඉතින් මාත් කයෙනුත්, වචනයෙනුත්, සිතිනුත් යහපත් දේවල් කරනවා නම් හොඳයි නේද?' කියලා." එතකොට ඔහු මේ විදිහට කියනවා. "ස්වාමීනී, පින් කරගන්නට බැරිව ගියා. ස්වාමීනී, එයට වෙලාවක් නැතුව ගියා."

පින්වත් මහණෙනි, යම රජ්ජු මේ විදිහට කියනවා. "එම්බා පුරුෂය, එතකොට ප්‍රමාද වෙච්ච නිසා කයෙන්, වචනයෙන්, මනසින් පින් කරගත්තේ නැනෙ. එම්බා පුරුෂය, එහෙනම් ප්‍රමාදයට පත් වූ කෙනෙකුට යමක් කරනවාද, ඒ දේ තමයි ඔබට කරන්න තියෙන්නේ. ඒ මේ පාප කර්මය ඔබේ මව කරපු දෙයකුත් නොවෙයි. පියා කරපු දෙයකුත් නොවෙයි. සොහොයුරා කරපු දෙයකුත් නොවෙයි. සොහොයුරිය කරපු දෙයකුත් නොවෙයි. යහළු මිත්‍රයන් කරපු දෙයකුත් නොවෙයි. නෑදෑයන්, ලේ ඥාතීන් කරපු දෙයකුත් නෙවෙයි. දෙවියන් කරපු දෙයකුත් නොවෙයි. ශ්‍රමණ බ්‍රාහ්මණයන් කරපු දෙයකුත් නොවෙයි. එසේ නමුත් ඔබ විසින්මයි මේ පාප කර්මය කරගෙන තියෙන්නේ. ඔබම මේ කර්මයේ විපාකය විඳවන එකයි ඇත්තේ."

පින්වත් මහණෙනි, යමරජ්ජු ඔහුගෙන් මේ විදිහට පළමු දේවදූතයා ගැන ප්‍රශ්න කරලා විමසා බලා, දෙවෙනි දේවදූතයා ගැන ප්‍රශ්න කරනවා. විමසනවා. කරුණු විචාරණවා. "එම්බා පුරුෂය, මිනිසුන් අතර පහළ වූ දෙවෙනි දේවදූතයා ඔබ දැක්කේ නැද්ද?" එතකොට ඔහු මෙහෙම කියනවා. "දැක්කේ නෑ ස්වාමීනී" පින්වත් මහණෙනි, යමරජ්ජු ඔහුගෙන් මේ විදිහට අහනවා. "එම්බා පුරුෂය, මිනිසුන් අතර ලෙඩවෙච්ච, දුකට පත්වෙච්ච, බොහෝ සේ ගිලන් වෙච්ච,

තමන්ගේම මල මුත්‍රා ගොඩේ වැටිලා ඉන්න, අනුන් විසින් නැගිට්ටවන, අනුන් විසින්ම ඇඳෙහි දිගා කරවන ස්ත්‍රියක හෝ පුරුෂයෙකු හෝ ඔබ දැක්කේ නැද්ද?" ඔහු මේ විදිහට කියනවා. "දැක්කා ස්වාමීනී."

පින්වත් මහණෙනි, යමරජු ඔහුට මේ විදිහට කියනවා. "එම්බා පුරුෂය, මහළු වෙලා සිටිය ඔබට නුවණැති කෙනෙක් හැටියට මේ විදිහට හිතුනේ නැද්ද? 'මාත් රෝගී වන බවට පත්වීම ස්වභාවය කොට ගෙන ඉන්නේ. රෝගී වන බව ඉක්මවා ගිහින් නෑ. ඉතින් මාත් කයෙනුත්, වචනයෙනුත්, සිතිනුත් යහපත් දේවල් කරනවා නම් හොඳයි නේද?' කියලා" එතකොට ඔහු මේ විදිහට කියනවා. "ස්වාමීනී, පින් කරගන්නට බැරිව ගියා. ස්වාමීනී, එයට වෙලාවක් නැතුව ගියා."

පින්වත් මහණෙනි, යම රජු මේ විදිහට කියනවා. "එම්බා පුරුෂය, එතකොට ප්‍රමාද වෙච්ච නිසා කයෙන්, වචනයෙන්, මනසින් පින් කරගත්තේ නැනෙ. එම්බා පුරුෂය, එහෙනම් ප්‍රමාදයට පත් වූ කෙනෙකුට යමක් කරනවාද, ඒ දේ තමයි ඔබට කරන්න තියෙන්නේ. ඒ මේ පාප කර්මය ඔබේ මව කරපු දෙයකුත් නොවෙයි. පියා කරපු දෙයකුත් නොවෙයි. සොහොයුරා කරපු දෙයකුත් නොවෙයි. සොහොයුරිය කරපු දෙයකුත් නොවෙයි. යහළු මිත්‍රයන් කරපු දෙයකුත් නොවෙයි. නෑදෑයන්, ලේ ඥාතීන් කරපු දෙයකුත් නෙවෙයි. දෙවියන් කරපු දෙයකුත් නොවෙයි. ශ්‍රමණ බ්‍රාහ්මණයන් කරපු දෙයකුත් නොවෙයි. එසේ නමුත් ඔබ විසින්මයි මේ පාප කර්මය කරගෙන තියෙන්නේ. ඔබම මේ කර්මයේ විපාකය විඳවන එකයි ඇත්තේ."

පින්වත් මහණෙනි, යමරජු ඔහුගෙන් මේ විදිහට දෙවෙනි දේවදූතයා ගැන ප්‍රශ්න කරලා විමසා බලා, තුන්වෙනි දේවදූතයා ගැන ප්‍රශ්න කරනවා. විමසනවා. කරුණු විචාරණවා. "එම්බා පුරුෂය, මිනිසුන් අතර පහළ වූ තුන්වෙනි දේවදූතයා ඔබ දැක්කේ නැද්ද?" එතකොට ඔහු මෙහෙම කියනවා. "දැක්කේ නෑ ස්වාමීනී."

පින්වත් මහණෙනි, යමරජු ඔහුගෙන් මේ විදිහට අහනවා. "එම්බා පුරුෂය, එතකොට මිනිසුන් අතර මිය ගිහින් එක දවසක් ගතවෙච්ච, දෙදවසක් ගතවෙච්ච, තුන් දවසක් ගතවෙච්ච, ඉදිමී ගිය, නිල් පැහැ ගැන්වී ගිය, කුණු වී ගිය, සැරව වැහෙන ස්ත්‍රියක හෝ පුරුෂයෙකු හෝ ඔබ දැක්කේ නැද්ද?" ඔහු මෙහෙම කියනවා. "දැක්කා ස්වාමීනී."

පින්වත් මහණෙනි, යමරජු ඔහුට මේ විදිහට කියනවා. "එම්බා පුරුෂය, මහළු වෙලා සිටිය ඔබට නුවණැති කෙනෙක් හැටියට මේ විදිහට හිතුනේ නැද්ද?

'මාත් මරණයට පත්වීම ස්වභාවය කොට ගෙන ඉන්නේ. මරණය ඉක්මවා ගිහින් නෑ. ඉතින් මාත් කයෙනුත්, වචනයෙනුත්, සිතිනුත් යහපත් දේවල් කරනවා නම් හොඳයි නේද?' කියලා" එතකොට ඔහු මේ විදිහට කියනවා. "ස්වාමීනී, පින් කරගන්නට බැරිව ගියා. ස්වාමීනී, එයට වෙලාවක් නැතුව ගියා."

පින්වත් මහණෙනි, යම රජ්ජු මේ විදිහට කියනවා. "එම්බා පුරුෂය, එතකොට ප්‍රමාද වෙච්ච නිසා කයෙන්, වචනයෙන්, මනසින් පින් කරගත්තේ නැතෙ. එම්බා පුරුෂය, එහෙනම් ප්‍රමාදයට පත් වූ කෙනෙකුට යමක් කරනවාද, ඒ දේ තමයි ඔබට කරන්න තියෙන්නේ. ඒ මේ පාප කර්මය ඔබේ මව කරපු දෙයකුත් නොවෙයි. පියා කරපු දෙයකුත් නොවෙයි. සොහොයුරා කරපු දෙයකුත් නොවෙයි. සොහොයුරිය කරපු දෙයකුත් නොවෙයි. යහළු මිත්‍රයන් කරපු දෙයකුත් නොවෙයි. නෑදෑයන්, ලේ ඤාතීන් කරපු දෙයකුත් නෙවෙයි. දෙවියන් කරපු දෙයකුත් නොවෙයි. ශ්‍රමණ බ්‍රාහ්මණයන් කරපු දෙයකුත් නොවෙයි. එසේ නමුත් ඔබ විසින්මයි මේ පාප කර්මය කරගෙන තියෙන්නේ. ඔබම මේ කර්මයේ විපාකය විඳවන එකයි ඇත්තේ."

පින්වත් මහණෙනි, යමරජ්ජු මේ විදිහට තුන්වෙනි දේවදූතයා ගැන ප්‍රශ්න කරලා, විමසා බලා, කරුණු විචාරා නිශ්ශබ්ද වෙනවා. පින්වත් මහණෙනි, එතකොට යමපල්ලෝ ඇවිදින් ඔහුට පංචවිධ බන්ධනය නම් වූ වදදීම කරනවා. රත් කරපු යකඩ උලක් අතක අනිනවා. රත් වෙච්ච යකඩ උලක් දෙවෙනි අතෙත් අනිනවා. රත් කරපු යකඩ උලක් පාදයේ අනිනවා. රත් කරපු යකඩ උලක් දෙවෙනි පාදයෙත් අනිනවා. රත් කරපු යකඩ උලක් පපුව මැදටත් ගහනවා. ඔහු ඒ හේතුවෙන් ඉතා තියුණු වූ, කටුක වූ, දුක් වූ වේදනා විඳිනවා. ඒ පාපකර්මය ගෙවී නොයන්නේ යම්තාක්ද, ඒතාක්කල්ම ඔහු මරණයට පත්වෙන්නේ නෑ.

පින්වත් මහණෙනි, ඊටපස්සේ යමපල්ලෝ ඔහුව දිගා කරවලා කෙටේරිවලින් සහිනවා. ඔහු ඒ හේතුවෙන් ඉතා තියුණු වූ, කටුක වූ, දුක් වූ වේදනා විඳිනවා. ඒ පාපකර්මය ගෙවී නොයන්නේ යම්තාක්ද, ඒතාක්කල්ම ඔහු මරණයට පත්වෙන්නේ නෑ.

පින්වත් මහණෙනි, ඊටපස්සේ යමපල්ලෝ ඔහුව පාද උඩුකුරුව තියලා, හිස යටිකුරු වෙන්න තියලා වෑවලින් සහිනවා. ඔහු ඒ හේතුවෙන් ඉතා තියුණු වූ, කටුක වූ, දුක් වූ වේදනා විඳිනවා. ඒ පාපකර්මය ගෙවී නොයන්නේ යම්තාක්ද, ඒතාක්කල්ම ඔහු මරණයට පත්වෙන්නේ නෑ.

පින්වත් මහණෙනි, ඊටපස්සේ යමපල්ලෝ ඔහුව රථයේ ගැටගසලා දිලිසෙන ගිනි දැල් සහිත ගිනි ඇවිලෙන බිමක ඔහුව එහාට මෙහාට ඇදගෙන

යනවා. ඔහු ඒ හේතුවෙන් ඉතා තියුණු වූ, කටුක වූ, දුක් වූ වේදනා විඳිනවා. ඒ පාපකර්මය ගෙවී නොයන්නේ යම්තාක්ද, ඒතාක්කල්ම ඔහු මරණයට පත්වෙන්නේ නෑ.

පින්වත් මහණෙනි, ඊටපස්සේ යමපල්ලෝ ඔහුව ගිනි ඇවිලෙන දිලිසෙන ගිනිදැල් විහිදෙන ගිනි අඟුරු පර්වතයකට නග්ගනවා, බස්සනවා. ඔහු ඒ හේතුවෙන් ඉතා තියුණු වූ, කටුක වූ, දුක් වූ වේදනා විඳිනවා. ඒ පාපකර්මය ගෙවී නොයන්නේ යම්තාක්ද, ඒතාක්කල්ම ඔහු මරණයට පත්වෙන්නේ නෑ.

පින්වත් මහණෙනි, ඊටපස්සේ යමපල්ලෝ ඔහුගේ පාද උඩුකුරුවත්, හිස යටිකුරුවත් සිටින පරිද්දෙන් ගෙන ගිනි ඇවිලුණු දිලිසෙන ගිනිදැල් විහිදෙන ලෝදිය හැලියකට බස්සනවා. එතකොට ඒ ලෝදිය හැලියේ ඔහු පෙණ දමන සිරුරකින් යුතුව පැහෙනවා. ඔහු ඒ ලෝදිය හැලියේ පෙණ දමන සිරුරකින් යුතුව පැහි පැහී වතාවක් උඩට එනවා. වතාවක් යටට යනවා. වතාවක් හරස් අතට යනවා. ඔහු ඒ හේතුවෙන් ඉතා තියුණු වූ, කටුක වූ, දුක් වූ වේදනා විඳිනවා. ඒ පාපකර්මය ගෙවී නොයන්නේ යම්තාක්ද, ඒතාක්කල්ම ඔහු මරණයට පත්වෙන්නේ නෑ.

පින්වත් මහණෙනි, ඊට පස්සේ යමපල්ලෝ ඔහුව මහා නිරයට ඇදල දමනවා. පින්වත් මහණෙනි, ඒ මහා නිරය වනාහී:

26. කොන් හතරක් තියෙනවා. දොරවල් හතරක් තියෙනවා. මැනලා බෙදලා කොටස් කරලයි තියෙන්නේ. යකඩ තාප්පයකින් වටවෙලයි තියෙන්නේ. යකඩ පියනකින් වහලයි තියෙන්නේ.

27. ඒ යකඩින් හැදුණු නිරය භූමිය ගිනිගෙන දිලිසෙනවා. ගිනි රස්නෙන් යුක්තයි. හාත්පස යොදුන් සියයක් පුරාම හැම කල්හිම ඒ ගින්න පැතිරිලා තියෙනවා.

පින්වත් මහණෙනි, මෙය සිදුවුණු දෙයක්. යම රජුට මේ විදිහට හිතුනා. "අහෝ! භවත්නි, යමෙක් වනාහී ලෝකයෙහි පාපකර්ම කරනවා නම්, ඔවුන් මේ විදිහේ විවිධාකාර වූ වදවේදනාවලට ලක්වෙනවා. අහෝ! මාත් මිනිස් ජීවිතයක් ලබනවා නම්, ඒ අරහත් සම්මා සම්බුද්ධ වූ තථාගතයන් වහන්සේ නමක් ලෝකයෙහි උපදිනවා නම්, මට ඒ භාග්‍යවතුන් වහන්සේව ඇසුරු කරන්නට ලැබුනොත්, ඒ භාග්‍යවතුන් වහන්සේත් මට ධර්මය දේශනා කරන සේක් නම්, මාත් ඒ භාග්‍යවතුන් වහන්සේගේ ධර්මය අවබෝධ කරනවා නම්, මොනතරම් හොඳද!" කියලා. පින්වත් මහණෙනි, ඔය කාරණාව මා වෙනත්

ශ්‍රමණයෙකුගෙන් හෝ බ්‍රාහ්මණයෙකුගෙන් හෝ අහලා නොවෙයි මේ විදිහට කියන්නේ. එනමුත් යමක් මා විසින්ම දැනගත්තා නම්, මා විසින්ම දැක්කා නම්, මා විසින්ම අවබෝධ කළ නම්, අන්න ඒ දේම තමයි මා මේ පවසන්නේ.

28. යම් මිනිසුන් පින් දහම් කිරීමෙහි ප්‍රමාදයට පත්වෙනවා නම්, දේවදූතයන් විසින් තමයි ඔවුන්ට චෝදනා කරන්නේ. එයට සවන් නොදෙන ඒ මිනිසුන් හීනාත්මභාව සංඛ්‍යාත නිරයෙහි ඉපදිලා බොහෝ කල් ශෝක කරනවා.

29. මෙහි යම් ශාන්ත වූ සත්පුරුෂයන් ඉන්නවා නම්, දේවදූතයන් විසින් ඔවුන්ට චෝදනා කරද්දී ඔවුන් ආර්ය ධර්මයෙහි හික්මෙන්නට කවදාවත් ප්‍රමාද වෙන්නේ නෑ.

30. ඉපදීමත්, මරණයත් උපදවා දෙන තණ්හාවට ඇලීමෙහි භය දැකලා ඒ කිසිවකට නොඇලී ජරා මරණයන්ගේ ක්ෂයවීම වන අමා නිවනට පැමිණ දුකින් නිදහස් වෙනවා.

31. ඒ අප්‍රමාදී වූ ශ්‍රාවකයන් මෙලොවදීම කෙලෙස් පිරිනිවීමෙන් නිවී සැපයට පත්වෙනවා. ඔවුන් සියලු වෛර භය ඉක්මවා ගිහින් හැම දුකින්ම එතෙර වෙනවා.

සාදු! සාදු!! සාදු!!!

3.1.4.7.

32. පින්වත් මහණෙනි, අඩමාසයක අටවකදා සතරවරම් මහ රජවරුන්ගේ පිරිසට අයත් ඇමැතිවරු මේ ලෝකය සිසාරා ඇවිද යනවා. "කිම? මේ මනුෂ්‍යයින් අතර බොහෝ මිනිසුන් මවට සළකනවාද? පියාට සළකනවාද? ශ්‍රමණයින්ට සළකනවාද? බ්‍රාහ්මණයින්ට සළකනවාද? පවුලේ වැඩිමහළු අයට ගරු බුහුමන් කරනවාද? උපෝසථ සීලය සමාදන් වෙනවාද? සිහි නුවණ වඩනවාද? පින් කරනවාද?" කියලා.

පින්වත් මහණෙනි, අඩමාසයක තුදුස්වකදා සතරවරම් මහ රජවරුන්ගේ පුත්‍රයෝ මේ ලෝකය සිසාරා ඇවිද යනවා, "කිම? මේ මනුෂ්‍යයින් අතර බොහෝ මිනිසුන් මවට සළකනවාද? පියාට සළකනවාද? ශ්‍රමණයින්ට සළකනවාද? බ්‍රාහ්මණයින්ට සළකනවාද? පවුලේ වැඩිමහළු අයට ගරු බුහුමන් කරනවාද? උපෝසථ සීලය සමාදන් වෙනවාද? සිහි නුවණ වඩනවාද? පින් කරනවාද?" කියලා.

පින්වත් මහණෙනි, පුරපසළොස්වක් පොහෝදා සතරවරම් මහ රජවරුන් තමන්ම මේ ලෝකය සිසාරා ඇවිද යනවා. "කිම? මේ මනුෂ්‍යයින් අතර බොහෝ මිනිසුන් මවට සළකනවාද? පියාට සළකනවාද? ශ්‍රමණයින්ට සළකනවාද? බ්‍රාහ්මණයින්ට සළකනවාද? පවුලේ වැඩිමහළු අයට ගරු බුහුමන් කරනවාද? උපෝසථ සීලය සමාදන් වෙනවාද? සිහි නුවණ වඩනවාද? පින් කරනවාද?" කියලා.

පින්වත් මහණෙනි, ඉදින් මිනිසුන් අතර මවට සළකන, පියාට සළකන, ශ්‍රමණයන්ට සළකන, බ්‍රාහ්මණයන්ට සළකන, කුලදෙටුවන් පුදන, උපෝසථ සිල් රකින, සිහිය නුවණ වඩන, පින් දහම් කරන මනුෂ්‍යයන් සිටින්නේ ටික දෙනෙක් නම්, එතකොට පින්වත් මහණෙනි, සතරවරම් මහරජවරු සුධර්මා නම් දිව්‍ය සභාවේ රැස්ව සිටින්නා වූ තව්තිසාවැසි දෙවියන්හට දැනුම් දෙනවා, "නිදුකාණෙනි, මිනිසුන් අතර මවට සළකන, පියාට සළකන, ශ්‍රමණයන්ට සළකන, බ්‍රාහ්මණයන්ට සළකන, කුලදෙටුවන් පුදන, උපෝසථ සිල් රකින, සිහිය නුවණ වඩන, පින් දහම් කරන මනුෂ්‍යයන් සිටින්නේ ටික දෙනයි." පින්වත් මහණෙනි, ඒ කාරණයෙන් තව්තිසාවැසි දෙවිවරු නොසතුටට පත් වෙනවා. "අහෝ භවත්නි, දිව්‍ය පිරිස අඩුවෙලා යාවි නෙව. අසුර පිරිස් වැඩිවෙලා යාවි නෙව" කියලා.

පින්වත් මහණෙනි, ඉදින් මිනිසුන් අතර මවට සළකන, පියාට සළකන, ශ්‍රමණයන්ට සළකන, බ්‍රාහ්මණයන්ට සළකන, කුලදෙටුවන් පුදන, උපෝසථ සිල් රකින, සිහිය නුවණ වඩන, පින් දහම් කරන මනුෂ්‍යයන් සිටින්නේ බොහෝ දෙනෙක් නම්, එතකොට පින්වත් මහණෙනි, සතරවරම් මහරජවරු සුධර්මා නම් දිව්‍ය සභාවේ රැස්ව සිටින්නා වූ තව්තිසාවැසි දෙවියන්හට දැනුම් දෙනවා, "නිදුකාණෙනි, මිනිසුන් අතර මවට සළකන, පියාට සළකන, ශ්‍රමණයන්ට සළකන, බ්‍රාහ්මණයන්ට සළකන, කුලදෙටුවන් පුදන, උපෝසථ සිල් රකින, සිහිය නුවණ වඩන, පින් දහම් කරන මනුෂ්‍යයන් බොහෝ දෙනෙක් ඉන්නවා." පින්වත් මහණෙනි, ඒ කාරණයෙන් තව්තිසාවැසි දෙවිවරු සතුටට පත්වෙනවා. "භවත්නි, සැබැවින්ම දිව්‍ය පිරිස වැඩිවෙලා යාවි. අසුර පිරිස් අඩුවෙලා යාවි" කියලා.

සාදු! සාදු!! සාදු!!!

3.1.4.8.

38. පින්වත් මහණෙනි, මෙය කලින් සිදු වූ දෙයක්. ශක්‍ර දේවේන්ද්‍රයා තව්තිසාවැසි දෙව්ලොව දෙවියන් සතුටු කරවමින් ඒ වෙලාවේ මේ ගාථාව පැවසුවා.

32. යම් මනුෂ්‍යයෙක් මා බඳු වෙනවා නම්, ඔහු කළ යුත්තේ අඩමාසයේ, තුදුස්වක, පසළොස්වක, අටවක, පාටිහාරිය කාලයෙත් අෂ්ටාංග උපෝසථ පෙහෙවස් සමාදන්ව විසීමයි.

පින්වත් මහණෙනි, සක්දෙව් රජ විසින් ඒ ගාථාව වැරදියටයි ගායනා කළේ. නිවැරදිව ගැයුවේ නෑ. වැරදියටයි කිව්වේ. නිවැරදිව කිව්වේ නෑ. එයට හේතුව කුමක්ද? පින්වත් මහණෙනි. සක්දෙව් රජ රාගය ප්‍රහාණය කරලා නෑ. ද්වේශය ප්‍රහාණය කරලා නෑ. මෝහය ප්‍රහාණය කරලා නෑ.

පින්වත් මහණෙනි, යම් ඒ භික්ෂුවක් ඉන්නවා. ඔහු රහතන් වහන්සේ නමක්. ආශ්‍රවයන් ක්ෂය කරලා. නිවන් මග සම්පූර්ණ කරලා. කළ යුත්ත කරලා. කෙලෙස් බර බැහැරින් තියලා. පිළිවෙලින් උතුම් නිවනට පැමිණිලා. භව බන්ධන ක්ෂය කරලා. මනා වූ අවබෝධයෙන්ම කෙලෙසුන්ගෙන් නිදහස් වෙලා ඉන්නේ. පින්වත් මහණෙනි, අන්න ඒ භික්ෂුව විසින් නම් ඔය කාරණය කියන්න සුදුසුයි.

33. යම් මනුෂ්‍යයෙක් මා බඳු වෙනවා නම්, ඔහු කළ යුත්තේ අඩමාසයේ, තුදුස්වක, පසළොස්වක, අටවක, පාටිහාරිය කාලයෙත් අෂ්ටාංග උපෝසථ පෙහෙවස් සමාදන්ව විසීමයි.

එයට හේතුව කුමක්ද? පින්වත් මහණෙනි, ඒ භික්ෂුව රාගය ප්‍රහාණය කළ කෙනෙක්. ද්වේශය ප්‍රහාණය කළ කෙනෙක්. මෝහය ප්‍රහාණය කළ කෙනෙක්.

පින්වත් මහණෙනි, මෙය කලින් සිදු වූ දෙයක්. ශක්‍ර දේවේන්ද්‍රයා තව්තිසා දෙව්ලොව දෙවියන් සතුටු කරවමින් ඒ වෙලාවේ මේ ගාථාව පැවසුවා.

34. යම් මනුෂ්‍යයෙක් මා බඳු වෙනවා නම්, ඔහු කළ යුත්තේ අඩමාසයේ, තුදුස්වක, පසළොස්වක, අටවක, පාටිහාරිය කාලයෙත් අෂ්ටාංග උපෝසථ පෙහෙවස් සමාදන්ව විසීමයි.

පින්වත් මහණෙනි, සක්දෙව් රජ විසින් ඒ ගාථාව වැරදියටයි ගායනා කළේ. නිවැදිව ගැයුවේ නෑ. වැරදියටයි කිව්වේ. නිවැරදිව කිව්වේ නෑ. එයට හේතුව කුමක්ද? පින්වත් මහණෙනි, සක්දෙව් රජ ඉපදීමෙන්, ජරාවෙන්,

මරණයෙන්, ශෝක වැළපීම්වලින්, දුක් දොම්නස්වලින්, සුසුම් හෙළීම්වලින් නිදහස් වෙලා නෑ. දුකෙන් නිදහස් වුනේ නෑ කියලයි මා කියන්නේ.

පින්වත් මහණෙනි, යම් ඒ භික්ෂුවක් ඉන්නවා. ඔහු රහතන් වහන්සේ නමක්. ආශ්‍රවයන් ක්ෂය කරලා. නිවන් මග සම්පූර්ණ කරලා. කළ යුත්ත කරලා. කෙලෙස් බර බැහැරින් තියලා. පිළිවෙලින් උතුම් නිවනට පැමිණිලා. භව බන්ධන ක්ෂය කරලා. මනා වූ අවබෝධයෙන්ම කෙලෙසුන්ගෙන් නිදහස් වෙලා ඉන්නේ. පින්වත් මහණෙනි, අන්න ඒ භික්ෂුව විසින් නම් ඔය කාරණය කියන්න සුදුසුයි.

35. යම් මනුෂ්‍යයෙක් මා බඳු වෙනවා නම්, ඔහු කළ යුත්තේ අඩමාසයේ, තුදුස්වක, පසළොස්වක, අටවක, පාටිහාරිය කාලයෙත් අෂ්ටාංග උපෝසථ පෙහෙවස් සමාදන්ව විසීමයි.

එයට හේතුව කුමක්ද? පින්වත් මහණෙනි, ඒ භික්ෂුව ඉපදීමෙන්, ජරාවෙන්, මරණයෙන්, ශෝක වැළපීම්වලින්, දුක් දොම්නස්වලින්, සුසුම් හෙළීම්වලින් නිදහස් වෙලා ඉන්නේ. දුකෙන් නිදහස් වෙලා ඉන්නවා කියලයි මා කියන්නේ.

සාදු! සාදු!! සාදු!!!

3.1.4.9.

39. පින්වත් මහණෙනි, (එකල) මා සියුමැලියි. ඉතාමත්ම සියුමැලියි. හැම අතින්ම සියුමැලියි. පින්වත් මහණෙනි, මාගේ පියාණන්ගේ මාළිගයෙහි පොකුණු කරවලා තිබුනා. එක් පොකුණක නිල් මහනෙල් පිපෙනවා. එක් පොකුණක රතු නෙළුම් පිපෙනවා. එක් පොකුණක සුදු නෙළුම් පිපෙනවා. ඒ සෑම දෙයක්ම තිබුනේ මා වෙනුවෙන්මයි. පින්වත් මහණෙනි, ඒ මම සියුම් නැති සඳුන් පාවිච්චි කරන්නේ නෑ. පින්වත් මහණෙනි, මාගේ හිස් වෙළුම පවා ඉතා සියුම්. මා පෙරවූ කංචුකයත් සියුමැලියි. මාගේ කුර්තාවත් සියුමැලියි. මා පොරවන උතුරු සළුවත් සියුමැලියි. පින්වත් මහණෙනි, දිවා රාත්‍රී දෙකෙහිම මා හිසට උඩින් සුදු කුඩයක් දරාගෙන ඉන්නවා. ඒ සීත හෝ උණුසුම හෝ දූහුවිලි හෝ තණරොඩු හෝ පින්න හෝ මාව පෙළන්න එපා කියලයි.

පින්වත් මහණෙනි, ඒ මට මාළිගා තුනක් තිබුනා. එකක් සීත ඍතුවටයි. එකක් ග්‍රීෂ්ම ඍතුවටයි. එකක් වස්සාන ඍතුවටයි. පින්වත් මහණෙනි, වස්සාන

කාලයේ වැසිවසිනා මාස හතරේම පුරුෂයන් රහිත වූ (ස්ත්‍රීන් විසින් පමණක් වයන) තූර්ය වාදනයෙන් සතුටු වෙමින් සිටි ඒ මම යට මහලටවත් බැස්සේ නෑ. පින්වත් මහණෙනි, යම් අයුරකින් අනෙක් මාළිගාවල්වල දාස, කම්කරු ආදී පුරුෂයන්ට නිවුඩු හාලේ බත් සමඟ ඇඹුල් හොද්දක් ලැබෙන නමුත් පින්වත් මහණෙනි, මාගේ පියාණන්ගේ මාළිගයෙහි දාස, කම්කරු ආදී පුරුෂයන්ටත් මස් ව්‍යංජන සමඟ ඇල් හාලේ බත් ලැබෙනවා.

පින්වත් මහණෙනි, මේ තරම් වූ ඉර්ධියකින් යුක්තව සිටි, මේ තරම් වූ සියුමැලි බවකින් සිටි, මා හට මේ අදහස ඇතිවුනා. "අශ්‍රැතවත් පෘථග්ජනයා තමාත් ජරාවට පත්වෙන ස්වභාවයෙන් ඉඳගෙන, ජරාව නොඉක්මවා ගිය ස්වභාවයෙන් ඉඳගෙන, දිරාගිය කෙනෙක් දැකලා ඒ උදවියගේ ස්වභාවයට තමාත් පත්වෙන බව නොසිතා පීඩාවට පත්වෙනවා. ලැජ්ජාවට පත්වෙනවා. පිළිකුල් කරනවා. ඇත්තෙන්ම මමද ජරාවට පත්වීම ස්වභාවය කොටයි සිටින්නේ. ජරාව නොඉක්මවායි සිටින්නේ. ඉතින් ජරාවට පත්වීම ස්වභාවය කොට සිටින, ජරාව නොඉක්මවා සිටින මා දිරා ගිය කෙනෙකු දැක, පීඩාවට පත්වෙනවා නම්, ලැජ්ජාවට පත්වෙනවා නම්, පිළිකුල් කරනවා නම්, එය මා හට ගැලපෙන දෙයක් නම් නොවේ" පින්වත් මහණෙනි, ඔය විදිහට නුවණින් විමස විමසා බලද්දී යෞවන කාලයේදී ඇතිවෙන යම් යෞවන මදයක් මා තුළ තිබුනා නම්, එය මුළුමනින්ම නැතිවෙලා ගියා.

"අශ්‍රැතවත් පෘතග්ජනයා තමාත් රෝගී වෙන ස්වභාවයෙන් ඉඳගෙන, රෝගී වීම නොඉක්මවා ගිය ස්වභාවයෙන් ඉඳගෙන, රෝගියෙක් දැකලා ඒ උදවියගේ ස්වභාවයට තමාත් පත්වෙන බව නොසිතා පීඩාවට පත්වෙනවා. ලැජ්ජාවට පත්වෙනවා. පිළිකුල් කරනවා. ඇත්තෙන්ම මමද රෝගී වීම ස්වභාවය කොටයි සිටින්නේ. රෝගී වීම නොඉක්මවායි සිටින්නේ. ඉතින් රෝගීවීම ස්වභාවය කොට සිටින, රෝගී වීම නොඉක්මවා සිටින මා රෝගියෙකු දැක, පීඩාවට පත්වෙනවා නම්, ලැජ්ජාවට පත්වෙනවා නම්, පිළිකුල් කරනවා නම්, එය මා හට ගැලපෙන දෙයක් නම් නොවේ" පින්වත් මහණෙනි, ඔය විදිහට නුවණින් විමස විමසා බලද්දී නීරෝග කාලයේදී ඇතිවෙන යම් ආරෝග්‍ය මදයක් මා තුළ තිබුනා නම්, එය මුළුමනින්ම නැතිවෙලා ගියා.

"අශ්‍රැතවත් පෘතග්ජනයා තමාත් මැරී යන ස්වභාවයෙන් ඉඳගෙන, මරණය නොඉක්මවා ගිය ස්වභාවයෙන් ඉඳගෙන, මළකුණක් දැකලා ඒ උදවියගේ ස්වභාවයට තමාත් පත්වෙන බව නොසිතා පීඩාවට පත්වෙනවා. ලැජ්ජාවට පත්වෙනවා. පිළිකුල් කරනවා. ඇත්තෙන්ම මමද මැරීයාම ස්වභාවය කොටයි සිටින්නේ. මරණය නොඉක්මවායි සිටින්නේ. ඉතින් මරණයට පත්වීම

ස්වභාවය කොට සිටින, මරණය නොඉක්මවා සිටින මා මළකුණක් දැක, පීඩාවට පත්වෙනවා නම්, ලැජ්ජාවට පත්වෙනවා නම්, පිළිකුල් කරනවා නම්, එය මා හට ගැලපෙන දෙයක් නම් නොවේ" පින්වත් මහණෙනි, ඔය විදිහට නුවණින් විමස විමසා බලද්දී ජීවත් වෙන කාලයේදී ඇතිවෙන යම් ජීවිත මදයක් මා තුළ තිබුනා නම්, එය මුළුමනින්ම නැතිවෙලා ගියා.

පින්වත් මහණෙනි, මේ මත්වීම් තුනක් තියෙනවා. ඒ තුන මොනවාද? යෞවන මදයත්, ආරෝග්‍ය මදයත්, ජීවිත මදයත් යන තුනයි. පින්වත් මහණෙනි, යෞවන මදයෙන් මත් වූ අශ්‍රැතවත් පෘථග්ජනයා කයෙන් දුසිරිත් කරනවා. වචනයෙන් දුසිරිත් කරනවා. මනසින් දුසිරිත් කරනවා. ඔහු කයෙන් දුසිරිත් කොට, වචනයෙන් දුසිරිත් කොට, මනසින් දුසිරිත් කොට, කය බිඳී මරණින් මතු අපාය නම් වූ, දුගතිය නම් වූ, විනිපාත නම් වූ නිරයේ උපදිනවා. පින්වත් මහණෙනි, ආරෝග්‍ය මදයෙන් මත් වූ අශ්‍රැතවත් පෘථග්ජනයා ....(පෙ).... ජීවිත මදයෙන් මත් වූ අශ්‍රැතවත් පෘථග්ජනයා කයෙන් දුසිරිත් කරනවා. වචනයෙන් දුසිරිත් කරනවා. මනසින් දුසිරිත් කරනවා. ඔහු කයෙන් දුසිරිත් කොට, වචනයෙන් දුසිරිත් කොට, මනසින් දුසිරිත් කොට, කය බිඳී මරණින් මතු අපාය නම් වූ, දුගතිය නම් වූ, විනිපාත නම් වූ නිරයේ උපදිනවා.

පින්වත් මහණෙනි, යෞවන මදයෙන් මත් වූ භික්ෂුව තමයි ශික්ෂාව (ධර්ම විනයෙහි හික්මීම) ප්‍රතික්ෂේප කරලා, හීන වූ ගිහි ජීවිතයට වැටෙන්නේ. පින්වත් මහණෙනි, ආරෝග්‍ය මදයෙන් මත් වූ භික්ෂුව තමයි ශික්ෂාව ප්‍රතික්ෂේප කරලා, හීන වූ ගිහි ජීවිතයට වැටෙන්නේ. පින්වත් මහණෙනි, ජීවිත මදයෙන් මත් වූ භික්ෂුව තමයි ශික්ෂාව ප්‍රතික්ෂේප කරලා, හීන වූ ගිහි ජීවිතයට වැටෙන්නේ.

36. රෝගී වීම උරුම කරගෙන ඉන්න, ජරාවට පත්වීම උරුම කරගෙන ඉන්න, මරණයට පත්වීම උරුම කරගෙන ඉන්න, පෘථග්ජනයෙක් තමන්ද ඒ ස්වභාවය ඉක්මවා නොසිටිද්දී ඒ ස්වභාවයට පත්වුන අන්‍යයන්වද පිළිකුල් කරනවා.

37. මෙම ස්වභාවයෙන් යුතු සත්වයන් කෙරෙහි මම ඉදින් පිළිකුල් කරනවා නම්, මේ ආකාර වූ ම පෘථග්ජනයාගේ පිළිකුලට ලක්වෙන ස්වභාවයෙන් යුතු මට එසේ පිළිකුල් කිරීම නොගැලපෙයි.

38. ඒ මම කෙලෙස් රහිත වූ ධර්මය අවබෝධ කරගෙන වාසය කරද්දී නිරෝගීකම ගැනත්, තරුණකම ගැනත්, ජීවිතය ගැනත් යම් මත්වීමක් තිබුනා නම්,

39. කෙලෙසුන්ගෙන් නික්මීම තුළ තිබෙන ආරක්ෂාව දැකලා, සියලුම මත්වීම් මැඬලුවා. හැම අතින්ම මා තුළ උත්සාහය තිබුනේ නිවන් අවබෝධය පිණිසමයි.

40. දැන් කාම සැපය සෙවීම යනු මා තුළින් සිදුවෙන දෙයක් නොවෙයි. බඹසරෙහි මනාව පිහිටා සිටින මා කාමය පිණිස නොපෙරළී යන කෙනෙක් වෙමි.

සාදු! සාදු!! සාදු!!!

3.1.4.10.

40. පින්වත් මහණෙනි, මූලිකව සිටීම් (අධිපතිකම්) තුනක් තියෙනවා. ඒ තුන මොනවාද? තමාවම මුල්කොට කල්පනා කිරීම හෙවත් අත්තාධිපත්‍යය, ලෝකයෙහි ස්වභාවය මුල්කොට කල්පනා කිරීම හෙවත් ලෝකාධිපත්‍යය, ධර්මය මුල්කොට කල්පනා කිරීම හෙවත් ධම්මාධිපත්‍යයයි.

පින්වත් මහණෙනි, තමාවම මුල්කොට කල්පනා කිරීම හෙවත් අත්තාධිපත්‍යය යනු කුමක්ද? පින්වත් මහණෙනි, මෙහි භික්ෂුව අරණ්‍යයකට ගියද, රුක්මුලකට ගියද, හිස් කුටියකට ගියද, මේ විදිහට නුවණින් කල්පනා කරනවා. 'මම ගිහි ගෙයින් නික්මිලා අනගාරික පැවිදි ජීවිතයකට ආවේ වස්ත්‍ර නැතිකමට නොවෙයි. ආහාරපාන නැතිකමට නොවෙයි. ....(පෙ).... ඉන්න හිටින්න තැනක් නැතිකමට නොවෙයි. ....(පෙ).... මම ගිහි ගෙයින් නික්මිලා අනගාරික පැවිද්දකට ආවේ මේ මේ දේවල් ලබාගත යුතුයි කියලා හිතාගෙනත් නොවෙයි. 'ඇත්තෙන්ම ඒ මම ජාති, ජරා, මරණ, ශෝක, වැළපීම්, දුක් දොම්නස්, උපායාසවලින් පීඩිත වෙලා, දුකටම වැටිලා දුකෙන්ම පෙළෙනවා. ඉතින් මම මේ මුළු මහත් දුක්ඛස්කන්ධයේම අවසානයක් දැකගන්නට ඇත්නම් කොයිතරම් දෙයක්ද?' කියල හිතාගෙනයි යම් ඒ කාමයන් අත්හැර ගිහිගෙයින් නික්මිලා අනගාරික වූ බුදු සසුනේ පැවිදි වුනේ. ඉතින් මා එබඳු වූ කාමයන් සොයන්න ගියොත් එයිට වඩා ලාමක වූ දේවල් සොයන්න ගියොත්, එය මට කිසිසේත්ම ගැලපෙන්නේ නෑ. ඉතින් ඔහු ඔය අයුරින් නුවණින් මෙනෙහි කරනවා. 'මාගේ වීරිය පටන්ගත් අයුරින්ම නොහැකිළී තියෙනවා. සිහි නුවණ මුළා නොවී මැනවින් පිහිටලා තියෙනවා. කය සැහැල්ලු වෙලා තියෙනවා. පීඩා සංසිඳිලා තියෙනවා. සිත සමාහිත වෙලා එකඟව තියෙනවා' කියලා ඔහු තමාවම මුල් කරගෙන අකුසල් අත්හරිනවා. කුසල් වඩනවා. වැරදි දේ

අත්හරිනවා. නිවැරදි දේ වඩනවා. පිරිසිදු ජීවිතයක් පරිහරණය කරනවා. පින්වත් මහණෙනි, මේකට තමයි අත්තාධිපත්‍යය කියල කියන්නේ.

පින්වත් මහණෙනි, ලෝකය මුල්කොට කල්පනා කිරීම හෙවත් ලෝකාධිපත්‍යය යනු කුමක්ද? පින්වත් මහණෙනි, මෙහි භික්ෂුව අරණ්‍යයකට ගියද, රුක්මුලකට ගියද, හිස් කුටියකට ගියද, මේ විදිහට නුවණින් කල්පනා කරනවා. 'මම ගිහි ගෙයින් නික්මිලා අනගාරික පැවිදි ජීවිතයකට ආවේ වස්ත්‍ර නැතිකමට නොවෙයි. ආහාරපාන නැතිකමට නොවෙයි. ....(පෙ).... ඉන්න හිටින්න තැනක් නැතිකමට නොවෙයි. ....(පෙ).... මම ගිහි ගෙයින් නික්මිලා අනගාරික පැවිද්දකට ආවේ මේ මේ දේවල් ලබාගත යුතුයි කියලා හිතාගෙනත් නොවෙයි. 'ඇත්තෙන්ම ඒ මම ජාති, ජරා, මරණ, ශෝක, වැළපීම්, දුක් දොම්නස්, උපායාසවලින් පීඩිත වෙලා, දුකටම වැටිලා දුකෙන්ම පෙළෙනවා. ඉතින් මම මේ මුළු මහත් දුක්ඛස්කන්ධයේම අවසානයක් දකගන්නට ඇත්නම් කොයිතරම් දෙයක්ද?' කියල හිතාගෙනයි යම් ඒ කාමයන් අත්හැර ගිහිගෙයින් නික්මිලා අනගාරික වූ බුදු සසුනේ පැවිදි වුනේ. ඔය අයුරින් පැවිදි වූ මා කාම විතර්ක සිත සිතා ඉන්න ගියොත් නම්, ව්‍යාපාද විතර්ක සිත සිතා ඉන්න ගියොත් නම්, විහිංසා විතර්ක සිත සිතා ඉන්න ගියොත් නම්, මේ ලෝකය සන්නිවාසය නම් මහවිශාලයි, මේ මහත් වූ ලෝක සන්නිවාසයේ අනුන්ගේ සිත් දනගන්නා දිවැස්ලාභී වූ ඉර්ධිමත් ශ්‍රමණ බ්‍රාහ්මණවරුන් ඉන්නවා. ඔවුන් දුර සිටිද්දීම වුනත් මාව දකිනවා. ඔවුන් ළඟ සිටියත් මා ඉදිරියේ පෙනී සිටින්නේ නෑ. මගේ සිත වුනත් ඔවුන් දනගන්නවා. 'භවත්නි, මේ කුලපුත්‍රයා දෙස බලන්න. මොහු ශ්‍රද්ධාවෙන් ගිහිගෙයින් නික්ම අනගාරික බුදු සසුනේ පැවිදි වුනා තමයි. නමුත් පාපී අකුසල් සිතුවිලිවලින් ගැවසීගෙනයි මොහු ඉන්නේ.' ඒ වගේම අනුන්ගේ සිත් දනගන්නා දිවැස්ලාභී වූ ඉර්ධිමත් දෙවිවරුන් ඉන්නවා. ඔවුන් දුර සිටිද්දී වුනත් මාව දකිනවා. ඔවුන් ළඟ සිටියත් මා ඉදිරියේ පෙනී සිටින්නේ නෑ. මාගේ සිත වුනත් ඔවුන් දනගන්නවා. ඉතින් ඔවුන් මං මෙබඳු සිතුවිලි සිතන කෙනෙක් වශයෙන් දනගත්තොත්, 'භවත්නි, මේ කුලපුත්‍රයා දෙස බලන්න. මොහු ශ්‍රද්ධාවෙන් ගිහිගෙයින් නික්ම අනගාරික බුදු සසුනේ පැවිදි වුනා තමයි. නමුත් පාපී අකුසල් සිතුවිලිවලින් ගැවසීගෙනයි මොහු ඉන්නේ.' ඉතින් ඔහු ඔය අයුරින් නුවණින් මෙනෙහි කරනවා. 'මාගේ වීරිය පටන්ගත් අයුරින්ම නොහැකිලී තියෙනවා. සිහි නුවණ මුළා නොවී මැනවින් පිහිටලා තියෙනවා. කය සැහැල්ලු වෙලා තියෙනවා. පීඩා සංසිඳිලා තියෙනවා. සිත සමාහිත වෙලා එකඟව තියෙනවා' කියලා ඔහු ලෝකයම මුල් කරගෙන අකුසල් අත්හරිනවා.

කුසල් වඩනවා. වැරදි දේ අත්හරිනවා. නිවැරදි දේ වඩනවා. පිරිසිදු ජීවිතයක් පරිහරණය කරනවා. පින්වත් මහණෙනි, මේකට තමයි ලෝකාධිපත්‍යය කියල කියන්නේ.

පින්වත් මහණෙනි, ධර්මයම මුල්කොට කල්පනා කිරීම හෙවත් ධම්මාධිපත්‍යය යනු කුමක්ද? පින්වත් මහණෙනි, මෙහි භික්ෂුව අරණ්‍යයකට ගියද, රුක්මුලකට ගියද, හිස් කුටියකට ගියද, මේ විදිහට නුවණින් කල්පනා කරනවා. 'මම ගිහි ගෙයින් නික්මිලා අනගාරික පැවිදි ජීවිතයකට ආවේ වස්ත්‍ර නැතිකමට නොවෙයි. ආහාරපාන නැතිකමට නොවෙයි. ....(පෙ).... ඉන්න හිටින්න තැනක් නැතිකමට නොවෙයි. ....(පෙ).... මම ගිහි ගෙයින් නික්මිලා අනගාරික පැවිද්දකට ආවේ මේ මේ දේවල් ලබාගත යුතුයි කියලා හිතාගෙනත් නොවෙයි. 'ඇත්තෙන්ම ඒ මම ජාති, ජරා, මරණ, ශෝක, වැළපීම්, දුක් දොම්නස්, උපායාසවලින් පීඩිත වෙලා, දුකටම වැටිලා දුකෙන්ම පෙළෙනවා. ඉතින් මම මේ මුළු මහත් දුක්ඛස්කන්ධයේම අවසානයක් දකගන්නට ඇත්නම් කොයිතරම් දෙයක්ද?' කියල හිතාගෙනයි යම් ඒ කාමයන් අත්හැර ගිහිගෙයින් නික්මිලා අනගාරික වූ බුදු සසුනේ පැවිදි වුනේ. මේ ජීවිතයේදීම දකිය හැකිවූත්, ඕනෑම කාලයක අවබෝධ කළ හැකි වූත්, නුවණ ඇත්තන් හට ඇවිත් බලන්නැයි කිව හැකි වූත්, තමා තුළට පමුණුවාගත යුතු වූත්, නුවණ ඇත්තන් හට වෙන් වෙන් වශයෙන් ප්‍රත්‍යක්ෂ කරගත හැකි වූත්, මේ ශ්‍රී සද්ධර්මය භාග්‍යවතුන් වහන්සේ විසින් මනාකොට දේශනා කරලයි තියෙන්නේ. ඒ වගේම මා හා සමාන බඹසර වසන සබ්‍රහ්මචාරීන් වහන්සේලා වැඩඉන්නවා. උන්වහන්සේලා මා ගැන දන්නවා, දකිනවා. ඉතින් මෙබඳු වූ මනාකොට දේශනා කරන ලද ධර්මය ඇති ශාසනයක පැවිදි වූ මා කුසීතව, ප්‍රමාදීව වාසය කළොත් එය මට ගැලපෙන්නේ නෑ. ඉතින් ඔහු මේ විදිහට කල්පනා කරනවා. මාගේ වීරිය පටන් ගත් අයුරින්ම නොහැකිලී තියෙනවා. සිහි නුවණ මුළා නොවී මැනැවින් පිහිටලා තියෙනවා. කය සැහැල්ලු වෙලා තියෙනවා. පීඩා සංසිඳිලා තියෙනවා. සිත සමාහිත වෙලා එකඟව තියෙනවා' කියලා ඔහු ධර්මයම මුල් කරගෙන අකුසල් අත්හරිනවා. කුසල් වඩනවා. වැරදි දේ අත්හරිනවා. නිවැරදි දේ වඩනවා. පිරිසිදු ජීවිතයක් පරිහරණය කරනවා. පින්වත් මහණෙනි, මේකට තමයි ධම්මාධිපත්‍යය කියල කියන්නේ. පින්වත් මහණෙනි, මේ තමයි අධිපතිකම් තුන.

41. පව් කරන කෙනා හට මේ ලෝකයේ රහසක් නම් නෑ. එම්බා පුරුෂය, ඔබගේ සිත 'ඔබ ලොවට පෙන්වන දෙය ඇත්තක්ද? බොරුවක්ද?' කියලා ඔබ ගැන දන්නවා.

42. යම් කෙනෙක් තමා තුළ තිබෙන්නා වූ පාපය තමාට සඟවන්නද හිතන්නේ? භවත, තමාගේ ඇත්ත ස්වභාවය ඉක්මවා යන්නද හදන්නේ? ඒකාන්තයෙන්ම කල්‍යාණ වූ දෙයක් කියලද හිතන්නේ?

43. ලෝකයෙහි විෂම ලෙස හැසිරෙන බාලයාව දෙවියොත්, තථාගතයන් වහන්සේලාත් දකිනවා. එහෙයින්ම තැනට සුදුසු නුවණ ඇති, ධ්‍යාන වඩන භික්ෂුව තමාව මුල්කරගෙනත්, ලෝක සන්නිවාසය මුල් කරගෙනත්, සිහි නුවණින් යුක්තව වාසය කරනවා. ඒ මුනිවරයා සත්‍යය වූ පරාක්‍රමයෙන් යුතු වූ ධර්මය මුල්කරගෙන අනුධම්මචාරීව හැසිරෙන නිසා පිරිහෙන්නේ නෑ.

44. යම් රහත් භික්ෂුවක් අන්තක නම් වූ මාරයාව වීරියෙන් යුක්තව මැඬලමින් ඉපදීම ක්ෂය කොට අරහත්වය ස්පර්ශ කළේ වේද, එබඳු වූ ලෝකය දත් මනා නුවණැති සියලු ධර්මයන්හි තෘෂ්ණා රහිත වූ කෙනා තමයි මුනිවරයා වන්නේ.

සාදු! සාදු!! සාදු!!!

හතරවෙනි දේවදූත වර්ගයයි.

5. චූල වර්ගය

3.1.5.1.

41. සැවැත් නුවරදී.............

පින්වත් මහණෙනි, කාරණා තුනක් මුණගැසීම නිසා ශ්‍රද්ධාවන්ත පින්වතා බොහෝ පින් රැස්කර ගන්නවා. කවර කාරණා තුනක්ද? පින්වත් මහණෙනි, ශ්‍රද්ධාව මුණගැසීමෙන් ශ්‍රද්ධාවන්ත පින්වතා බොහෝ පින් රැස්කර ගන්නවා. පරිත්‍යාග කිරීමට දෙයක් හමුවීමෙන් ශ්‍රද්ධාවන්ත පින්වතා බොහෝ පින් රැස් කරගන්නවා. දන් පැන් පිදීමට සුදුසු උතුමන් හමුවීමෙන් ශ්‍රද්ධාවන්ත පින්වතා බොහෝ පින් රැස්කර ගන්නවා. පින්වත් මහණෙනි, මේ කාරණා තුනේ හමුවීමෙන් ශ්‍රද්ධාවන්ත පින්වතා බොහෝ පින් රැස්කර ගන්නවා.

සාදු! සාදු!! සාදු!!!

3.1.5.2.

42. පින්වත් මහණෙනි, කාරණා තුනකින් පැහැදීමට පත් ශ්‍රද්ධාවන්ත පින්වන්තයාව දැනගන්න ඕන. කවර කාරණා තුනකින්ද? සිල්වතුන් දකින්න කැමැතියි. සද්ධර්මය අසන්න කැමතියි. මසුරුමල දුරු කළ සිතින් ගිහි ගෙයි වාසය කරනවා. ඔහු යමක් පරිත්‍යාග කරන්නේ නොඇලුණු සිතිනුයි. දන්දීම පිණිසම සෝදාගත් අතින් යුතුව ඉන්නවා. දීම පිණිස අත්හැරීමෙහි ඇලී ඉන්නවා. ඔහුගෙන් යමක් ඉල්ලීම සුදුසුයි. දන් බෙදාහදා දීමෙහි ඇලී ඉන්නවා. පින්වත් මහණෙනි, මෙන්න මේ කාරණා තුනෙන් පැහැදීමට පත් ශ්‍රද්ධාවන්තයාව දැනගන්නට ඕන.

45. සිල්වතුන් දකින්න කැමතියි. සද්ධර්මය අසන්නත් කැමැතියි. මසුරුමල

දුරු කළ සිතින් ජීවත් වෙනවා. සැබැවින්ම ඔහුට තමයි ශ්‍රද්ධාවන්තයා කියන්නේ.

සාදු! සාදු!! සාදු!!!

3.1.5.3.

43. පින්වත් මහණෙනි, මේ කාරණා තුනක යහපත දකින කෙනා විසින් අනුන්ට ධර්මය දේශනා කරන්නට සුදුසුයි. ඒ කාරණා තුන මොනවාද? යම් කෙනෙක් ධර්මය දේශනා කරනවා නම්, ඔහු අර්ථය දන්න කෙනෙක් වෙනවා. ධර්මයත් දන්න කෙනෙක් වෙනවා. යම් කෙනෙක් ධර්මයට ඇහුම්කන් දෙනවා නම්, ඔහුත් අර්ථය දන්න කෙනෙක් වෙනවා. ධර්මය දන්න කෙනෙක් වෙනවා. යම් කෙනෙක් ධර්මය දේශනා කරනවා වගේම, යම් කෙනෙක් ධර්මය අහනවා නම්, ඒ දෙදෙනාම අර්ථය දන්නා අය, ධර්මය දන්නා අය වෙනවා. පින්වත් මහණෙනි, මේ අර්ථ තුන දකින කෙනා විසින් අනුන්ට ධර්මය දේශනා කරන්නට සුදුසුයි.

සාදු! සාදු!! සාදු!!!

3.1.5.4.

44. පින්වත් මහණෙනි, කාරණා තුනකිනුයි ධර්ම කථාව පවතින්නේ. ඒ කාරණා තුන මොනවාද? යම් කෙනෙක් ධර්මය දේශනා කරනවා නම්, ඔහු අර්ථය දන්න කෙනෙක් වෙනවා. ධර්මයත් දන්න කෙනෙක් වෙනවා. යම් කෙනෙක් ධර්මයට ඇහුම්කන් දෙනවා නම්, ඔහුත් අර්ථය දන්න කෙනෙක් වෙනවා. ධර්මය දන්න කෙනෙක් වෙනවා. යම් කෙනෙක් ධර්මය දේශනා කරනවා වගේම, යම් කෙනෙක් ධර්මය අහනවා නම්, ඒ දෙදෙනාම අර්ථය දන්නා අය, ධර්මය දන්නා අය වෙනවා. පින්වත් මහණෙනි, මේ කාරණා තුනෙන් තමයි ධර්ම කථාව පවතින්නේ.

සාදු! සාදු!! සාදු!!!

3.1.5.5.

45. පින්වත් මහණෙනි, නුවණැත්තන් විසින් පණවන ලද සත්පුරුෂයන්

අංගුත්තර නිකාය - 1 (තික නිපාතය) (1.5 චූල වර්ගය) 297

විසින් පණවන ලද කාරණා තුනක් තියෙනවා. ඒ තුන මොනවාද? පින්වත් මහණෙනි, දානය යනු නුවණැත්තන් විසින් පණවපු දෙයක්. සත්පුරුෂයන් විසින් පණවපු දෙයක්. පින්වත් මහණෙනි, පැවිදි බව යනු නුවණැත්තන් විසින් පණවපු දෙයක්. සත්පුරුෂයන් විසින් පණවපු දෙයක්. පින්වත් මහණෙනි, මව්පියන්ට උපස්ථාන කිරීම යනු නුවණැත්තන් විසින් පණවපු දෙයක්. සත්පුරුෂයන් විසින් පණවපු දෙයක්. පින්වත් මහණෙනි, මේ තමයි නුවණැත්තන් විසින් පණවන ලද, සත්පුරුෂයන් විසින් පණවන ලද කාරණා තුන.

46. ශාන්ත වූ බ්‍රහ්මචාරී උතුමන්ට දන් දීම, මව්පිය උපස්ථානයද, අවිහිංසාවද, සීල සංයමයද, ඉන්ද්‍රිය සංවරයද, පණවන ලද්දේ සත්පුරුෂයන් විසිනුයි.

47. නුවණැත්තා මේ කරුණුවලින් යුතු සත්පුරුෂයාව සේවනය කළ යුතුයි. එවිට ඒ ජීවිතාවබෝධයෙන් යුතු ආර්ය ශ්‍රාවකයා සුන්දර ලෝකයක් භජනය කරයි.

සාදු! සාදු!! සාදු!!!

3.1.5.6.

46. පින්වත් මහණෙනි, සිල්වත් පැවිද්දෝ යම් ගමක් හෝ නියම්ගමක් හෝ ඇසුරු කරගෙන වාසය කරනවා නම්, එහි සිටින මනුෂ්‍යයෝ කාරණා තුනකින් බොහෝ පින් රැස්කර ගන්නවා. කවර කාරණා තුනකින්ද? කයෙනුත්, වචනයෙනුත්, මනසිනුත්ය. පින්වත් මහණෙනි, සිල්වත් පැවිද්දෝ යම් ගමක් හෝ නියම්ගමක් හෝ ඇසුරු කරගෙන වාසය කරනවා නම්, එහි සිටින මනුෂ්‍යයෝ මේ කාරණා තුනෙන් බොහෝ පින් රැස්කර ගන්නවා.

සාදු! සාදු!! සාදු!!!

3.1.5.7.

47. පින්වත් මහණෙනි, හේතු ප්‍රත්‍යයන්ගෙන් හටගත් දෙයක හෙවත් සංඛත දෙයක මේ සංඛත ලක්ෂණ තුන පවතියි. කවර තුනක්ද? ඉපදීම දක්නට ලැබෙයි. වැනසීයාම දක්නට ලැබෙයි. පවතින දෙය තුළ වෙනස්වීම දක්නට ලැබෙයි. පින්වත් මහණෙනි, හේතු ප්‍රත්‍යයන්ගෙන් හටගත් දෙයක හෙවත් සංඛත දෙයක මේ සංඛත ලක්ෂණ තුන පවතියි.

සාදු! සාදු!! සාදු!!!

3.1.5.8.

48. පින්වත් මහණෙනි, හේතු ප්‍රත්‍යයන්ගෙන් නොහටගත් දෙයක හෙවත් අසංඛත දෙයක මේ අසංඛත ලක්ෂණ තුන පවතියි. කවර තුනක්ද? ඉපදීම දක්නට නොලැබෙයි. වැනසීයාම දක්නට නොලැබෙයි. පවතින දෙය තුළ වෙනස්වීම දක්නට නොලැබෙයි. පින්වත් මහණෙනි, හේතු ප්‍රත්‍යයන්ගෙන් නොහටගත් දෙයක හෙවත් අසංඛත දෙයක මේ අසංඛත ලක්ෂණ තුන පවතියි.

සාදු! සාදු!! සාදු!!!

3.1.5.9.

49. පින්වත් මහණෙනි, හිමාල පර්වතරජායා නිසා මහා වෘක්ෂයෝ වැඩීම් තුනකින් වැඩෙනවා. කවර කාරණා තුනකින්ද? අතුපතරින්, කොළවලින් වැඩෙනවා. පොත්තෙන් වැඩෙනවා. එලයෙනුත්, අරටුවෙනුත් වැඩෙනවා. පින්වත් මහණෙනි, හිමවන්ත පර්වතරාජයා ඇසුරු කොට මහා වෘක්ෂයෝ මේ වැඩීම් තුනෙන් වැඩෙනවා.

අන්න ඒ වගේ තමයි පින්වත් මහණෙනි, පවුලකට අධිපති වූ ශ්‍රද්ධාවන්ත කෙනා නිසා, ඒ පවුලෙහි සිටින ජනතාවට වැඩීම් තුනකින් වැඩෙනවා. කවර තුනකින්ද? ශ්‍රද්ධාවෙන් වැඩෙනවා. සීලයෙන් වැඩෙනවා. ප්‍රඥාවෙන් වැඩෙනවා. පින්වත් මහණෙනි, පවුලකට අධිපති වූ ශ්‍රද්ධාවන්ත කෙනා නිසා, ඒ පවුලෙහි සිටින ජනතාවත් මේ වැඩීම් තුනෙන් වැඩෙනවා.

48. අරණ්‍යයෙහි, මහා වනයෙහි, ශෛලමය පර්වතයක් යම්බඳු නම්, එබඳු වූ පර්වතය ඇසුරු කරගෙන ඒ වනස්පති වූ මහා වෘක්ෂයෝ වැඩෙනවා.

49. ඒ අයුරින්ම සීලසම්පන්න වූත්, ශ්‍රද්ධාවන්ත වූත් කෙනෙක් මෙහි පවුලක ප්‍රධානියා වූ විට ඔහු ඇසුර කරගෙන අඹුදරුවන්ද, නෑදෑයන්ද, යහළුවන්ද, අනෙක් ඤාතීන් සමූහයාද ඔහු අනුව යමින් ගුණ දහමින් වැඩෙනවා.

50. යමෙක් විචක්ෂණ නුවණින් යුක්ත නම්, ඔවුන් ඒ සිල්වත් තැනැත්තාගේ සීලය, ත්‍යාගය, සුචරිත පැවැත්ම ආදිය දකිමින් ඒ අනුව ක්‍රියා කරනවා.

51. මෙලොවදී සුගතිගාමීව ධර්ම මාර්ගයේ හැසිර, තමා විසින් කරගත් පින් ගැන සතුටු වෙමින් පස්කම් සැපය කැමැතිව දෙව්ලොව ඉපදී සන්තෝෂ වෙනවා.

සාදු! සාදු!! සාදු!!!

3.1.5.10.

50. පින්වත් මහණෙනි, කාරණා තුනකින් වීරිය ඇති කරගත යුතුයි. කවර කාරණා තුනකින්ද? නූපන් අකුසල් නූපදවීම පිණිස වීරිය ඇති කරගත යුතුයි. නූපන් කුසල් දහම් උපදවා ගැනීම පිණිස වීරිය ඇති කරගත යුතුයි. ඉතා තියුණු වූ, කර්කශ වූ, කටුක වූ, අමිහිරි වූ, අමනාප වූ, ජීවිතය අහිමි වන තරමේ වූත් ශාරීරික දුක් වේදනා ඉවසීම පිණිස වීරිය ඇති කරගත යුතුයි. පින්වත් මහණෙනි, මේ කාරණා තුනෙන් තමයි වීරිය ඇති කරගත යුත්තේ.

පින්වත් මහණෙනි, යම් වෙලාවක භික්ෂුව නූපන් අකුසල් නූපදවීම පිණිස වීරිය ඇති කරගන්නවා නම්, නූපන් කුසල් දහම් උපදවා ගැනීම පිණිස වීරිය ඇති කරගන්නවා නම්, ඉතා තියුණු වූ, කර්කශ වූ, කටුක වූ, අමිහිරි වූ, අමනාප වූ, ජීවිතය අහිමි වන තරමේ වූත් ශාරීරික දුක් වේදනා ඉවසීම පිණිස වීරිය ඇති කරගන්නවා නම්, පින්වත් මහණෙනි, මේ භික්ෂුවට තමයි කෙලෙස් තවා දමන වීරියෙන් යුතුයි, තැනට සුදුසු නුවණින් යුතුයි, සිහියෙන් යුතුයි, මනාකොට සියලු දුක් නැතිකර දැමීමටත් පැමිණියා කියලා කියන්නේ.

සාදු! සාදු!! සාදු!!!

3.1.5.11.

51. පින්වත් මහණෙනි, අංග තුනකින් සමන්විත වූ මහහොරා ගෙවල් දොරවල් කඩනවා. මංකොල්ල කනවා. එක ගෙයකුත් හොරකම් කරනවා. මග රැකගෙනත් ඉන්නවා. කවර අංග තුනකින්ද? පින්වත් මහණෙනි, මෙහි හොරා විසම තැන ඇසුරු කරගෙන ඉන්නවා. කැලෑ ඇසුරු කරගෙන ඉන්නවා. බලවත් අය ඇසුරු කරගෙන ඉන්නවා. පින්වත් මහණෙනි, මහහොරා විසම තැන ඇසුරු කරගෙන ඉන්නේ කොහොමද? පින්වත් මහණෙනි, මෙහි මහහොරා ගංගා දුර්ග වේවා, විසම පර්වත වේවා ඇසුරු කරගෙන ඉන්නවා. පින්වත් මහණෙනි, මෙන්න මේ විදිහටයි මහහොරා විසම තැන් ඇසුරු කරන කෙනෙක් වෙනවා.

පින්වත් මහණෙනි, කොහොමද මහහොරා කැලෑව ඇසුරු කරගෙන ඉන්නේ? පින්වත් මහණෙනි, මෙහි මහහොරා තණ ලැහැබක් හෝ මහගස් තියෙන රුක් ලැහැබක් හෝ ගල් ගුහාවක් හෝ වන ලැහැබක් හෝ ඇසුරු කරගෙන ඉන්නවා. පින්වත් මහණෙනි, මෙන්න මේ විදිහට මහහොරා කැලෑව ඇසුරු කරගෙන ඉන්නවා.

පින්වත් මහණෙනි, කොහොමද මහ හොරා බලවත් අය ඇසුරු කරගෙන ඉන්නේ? පින්වත් මහණෙනි, මෙහි මහ හොරා රජවරු හෝ රජ්ජුරුවන්ගේ මහා ඇමතිවරු හෝ ඇසුරු කරගෙන ඉන්නවා. එතකොට ඔහුට මේ විදිහට හිතෙනවා. 'ඉතින් කවුරු හරි මං ගැන මොනවා හරි කියනවා නම්, රජවරු හෝ රජ්ජුරුවන්ගේ මහා ඇමැතිවරු හෝ මාව ආරක්ෂා වෙන විදිහට කතා කරාවි' ඉතින් කවුරු හරි ඔවුන්ට මොනවා හරි කිව්වොත්, ඒ රජවරු හෝ රජ මහා ඇමතිවරු හෝ ඔවුන්ව ආරක්ෂා කරගන්න කතා කරනවා. පින්වත් මහණෙනි, ඒ විදිහට මහ හොරා බලවත් අය ඇසුරු කරගෙන ඉන්න කෙනෙක් වෙනවා. පින්වත් මහණෙනි, මේ අංග තුනෙන් යුතු මහ හොරා ගෙවල් දොරවල් කඩනවා. මංකොල්ල කනවා. එක ගෙයකුත් හොරකම් කරනවා. මග රැකගෙනත් ඉන්නවා.

අන්න ඒ වගේම තමයි පින්වත් මහණෙනි, කාරණා තුනකින් යුතු පවිටු භික්ෂුව සාරා දමන ලද ගුණ ඇතිව, නැසී ගිය ගුණ ඇතිව ජීවිතය පරිහරණය කරනවා. වැරදි සහගතවත් ඉඳගෙන නුවණැත්තන්ගේ ගැරහීමටත් ලක්වෙනවා. බොහෝ පවුත් රැස්කරනවා. කවර කාරණා තුනකින්ද? පින්වත් මහණෙනි, මෙහි පවිටු භික්ෂුව විසම තැන් ඇසුරු කරනවා. කැලේ ඇසුරු කරගෙන ඉන්නවා. බලවත් අය ඇසුරු කරගෙන ඉන්නවා.

පින්වත් මහණෙනි, කොහොමද පාපී භික්ෂුව විසම තැන ඇසුරු කරන්නේ? පින්වත් මහණෙනි, පාපී භික්ෂුව පවිටු වූ කාය කර්මයෙන් යුක්තයි. පවිටු වූ වචී කර්මයෙන් යුක්තයි. පවිටු වූ මනෝ කර්මයෙන් යුක්තයි. පින්වත් මහණෙනි, මේ විදිහට පාපී භික්ෂුව විසම තැන ඇසුරු කරන කෙනෙක් වෙනවා.

පින්වත් මහණෙනි, කොයි විදිහටද පාපී භික්ෂුව කැලය ඇසුරු කරගෙන ඉන්නේ? පින්වත් මහණෙනි, මෙහි පාපී භික්ෂුව මිත්‍යාදෘෂ්ටිකයි. දැඩි ලෙස ග්‍රහණය කරගත් මිත්‍යාදෘෂ්ටියෙන් යුක්තයි. පින්වත් මහණෙනි, මේ විදිහට පාපී භික්ෂුව කැලය ඇසුරු කරගෙන ඉන්නවා.

පින්වත් මහණෙනි, කොහොමද පාපී භික්ෂුව බලවත් අය ඇසුරු කරගෙන ඉන්නේ? පින්වත් මහණෙනි, මෙහි පාපී භික්ෂුව රජවරු හෝ රජ්ජුරුවන්ගේ මහා ඇමතිවරු හෝ ඇසුරු කරගෙන ඉන්නවා. එතකොට ඔහුට මේ විදිහට හිතෙනවා. 'ඉතින් කවුරු හරි මං ගැන මොනවා හරි කියනවා නම්, රජවරු හෝ රජ්ජුරුවන්ගේ මහා ඇමැතිවරු හෝ මාව ආරක්ෂා වෙන විදිහට කතා කරාවි' ඉතින් කවුරු හරි ඔවුන්ට මොනවා හරි කිව්වොත්, ඒ රජවරු

හෝ රජ මහා ඇමතිවරු හෝ ඔවුන්ව ආරක්ෂා කරගන්න කතා කරනවා. පින්වත් මහණෙනි, ඒ විදිහට පාපී භික්ෂුව බලවත් අය ඇසුරු කරගෙන ඉන්න කෙනෙක් වෙනවා. පින්වත් මහණෙනි, මේ කාරණා තුනෙන් යුතු පාපී භික්ෂුව සාරා දමන ලද ගුණ ඇතිව, නැසී ගිය ගුණ ඇතිව ජීවිතය පරිහරණය කරනවා. වැරදි සහගතවත් ඉඳගෙන නුවණැත්තන්ගේ ගැරහීමටත් ලක්වෙනවා. බොහෝ පවුත් රැස්කරනවා.

සාදු! සාදු!! සාදු!!!

පස්වෙනි චූල වර්ගයයි.

පළමුවෙනි සූත්‍ර දේශනා පණහ නිමාවිය.

දෙවන පණ්ණාසකය

1. බ්‍රාහ්මණ වර්ගය

3.2.1.1.

01. සැවැත් නුවරදී.....

එදා උපතින් වයස එකසිය විසි හැවිරිදි වූ, දිරාපත් වූ, වයෝවෘද්ධ වූ, මහළු වූ, හොඳටම වයසට පත් බ්‍රාහ්මණයින් දෙදෙනෙක් භාග්‍යවතුන් වහන්සේ වෙත පැමිණුනා. පැමිණ භාග්‍යවතුන් වහන්සේ සමග සතුටු සාමීචි කතාබහේ යෙදිලා එකත්පස්ව වාඩිවුනා. එකත්පස්ව වාඩිවුන ඒ බ්‍රාහ්මණවරු භාග්‍යවතුන් වහන්සේට මෙකරුණ කියා සිටියා.

"භවත් ගෞතමයන් වහන්ස, අපට දැන් වයස අවුරුදු එකසිය විස්සක් වෙනවා. අපි දිරලයි ඉන්නේ. වයෝවෘද්ධයි. මහළුයි. හොඳටම වයසයි. ඒ අපට කල්‍යාණ වූ දෙයක් කරගන්නට බැරිවුනා. කුසල් කරගන්නට බැරිවුනා. බිය රහිත දෙයක් කරගන්නට බැරිවුනා. අපට යම් දෙයක් බොහෝ කාලයක් හිත සුව පිණිස පවතීවිද, භවත් ගෞතමයන් වහන්සේ අපට එබඳු අවවාද කරන සේක්වා! භවත් ගෞතමයන් වහන්සේ අපට එබඳු අනුශාසනා කරන සේක්වා!"

"හැබැවටම පින්වත් බ්‍රාහ්මණවරුනි, එකසිය විසි හැවිරිදි වූ ඔබ දිරල, වයෝවෘද්ධ වෙලා, මහළු වෙලා, හොඳටම වයසට ගිහින් තමයි ඉන්නේ. ඒ වගේම ඔබට කල්‍යාණ වූ දෙයක් කරගන්නට බැරිවුනා. කුසල් කරගන්නට බැරිවුනා. බිය රහිත දෙයක් කරගන්නට බැරිවුනා. පින්වත් බ්‍රාහ්මණවරුනි, මේ ලෝක සත්වයා ජරාවෙන්, ව්‍යාධියෙන්, මරණයෙන් දුක කරා පමුණුවනවා. පින්වත් බ්‍රාහ්මණවරුනි, ඔය විදිහට ජරාවෙන්, ව්‍යාධියෙන්, මරණයෙන් දුක

කරා පමුණුවද්දී මෙහිදීම කයෙන් යම් සංවරයක් ඇතිවෙනවා නම්, වචනයෙන් යම් සංවරයක් ඇතිවෙනවා නම්, මනසින් යම් සංවරයක් ඇතිවෙනවා නම්, එය තමයි පරලොව ගිය ඔහුට ආරක්ෂාවටත්, රැකවරණයටත්, පිහිටටත්, සරණටත්, පිළිසරණටත් තියෙන්නේ.

1. ජීවිතය මරණය කරා පමුණුවනවා. ආයුෂ තියෙන්නේ ස්වල්පයයි. ජරාවෙන් ඇදගෙන යන පුද්ගලයාට ආරක්ෂා ස්ථානයක් නෑ. මරණයෙහි පවතින මෙම භය නුවණින් දක්නා කෙනා සැප සලසාලන පින්මයි කරන්නට ඕන.

2. මෙලොවදී කයෙන් කෙරෙන යම් සංවරයක් ඇද්ද, වචනයෙන් මෙන්ම සිතින්ද කෙරෙන යම් සංවරයක් ඇද්ද ජීවත්ව සිටින කාලයේදී කරගන්නා වූ යම් පිනක් ඇද්ද, පරලොවට ගියාට පස්සේ සැපය පිණිස පවතින්නේ ඕච්චරයි.

සාදු! සාදු!! සාදු!!!

3.2.1.2.

02. එදා උපතින් වයස එකසිය විසි හැවිරිදි වූ, දිරාපත් වූ, වයෝවෘද්ධ වූ, මහළු වූ, හොඳටම වයසට පත් බ්‍රාහ්මණයින් දෙදෙනෙක් භාග්‍යවතුන් වහන්සේ වෙත පැමිණුනා. ....(පෙ).... එකත්පස්ව වාඩිවුන ඒ බ්‍රාහ්මණවරු භාග්‍යවතුන් වහන්සේට මෙකරුණ කියා සිටියා.

"භවත් ගෞතමයන් වහන්ස, අපට දැන් වයස අවුරුදු එකසිය විස්සක් වෙනවා. අපි දිරලයි ඉන්නේ. වයෝවෘද්ධයි. මහළුයි. හොඳටම වයසයි. ඒ අපට කල්‍යාණ වූ දෙයක් කරගන්නට බැරිවුනා. කුසල් කරගන්නට බැරිවුනා. බිය රහිත දෙයක් කරගන්නට බැරිවුනා. අපට යම් දෙයක් බොහෝ කාලයක් හිත සුව පිණිස පවතීවිද, භවත් ගෞතමයන් වහන්සේ අපට එබඳු අවවාද කරන සේක්වා! භවත් ගෞතමයන් වහන්සේ අපට එබඳු අනුශාසනා කරන සේක්වා!"

"හැබෑවටම පින්වත් බ්‍රාහ්මණවරුනි, එකසිය විසි හැවිරිදි වූ ඔබ දිරල, වයෝවෘද්ධ වෙලා, මහළු වෙලා, හොඳටම වයසට ගිහින් තමයි ඉන්නේ. ඒ වගේම ඔබට කල්‍යාණ වූ දෙයක් කරගන්නට බැරිවුනා. කුසල් කරගන්නට බැරිවුනා. බිය රහිත දෙයක් කරගන්නට බැරිවුනා. පින්වත් බ්‍රාහ්මණවරුනි, මේ ලෝක සත්වයා ජරාවෙන්, ව්‍යාධියෙන්, මරණයෙන් දුක කරා පමුණුවනවා.

පින්වත් බ්‍රාහ්මණවරුනි, ඔය විදිහට ජරාවෙන්, ව්‍යාධියෙන්, මරණයෙන් දුක කරා පමුණුවද්දී මෙහිදීම කයෙන් යම් සංවරයක් ඇතිවෙනවා නම්, වචනයෙන් යම් සංවරයක් ඇතිවෙනවා නම්, මනසින් යම් සංවරයක් ඇතිවෙනවා නම්, එය තමයි පරලොව ගිය ඔහුට ආරක්ෂාවටත්, රැකවරණයටත්, පිහිටටත්, සරණටත්, පිළිසරණටත් තියෙන්නේ.

3. ගෙයක් ගිනි ඇවිලෙද්දී එයින් යම්ම භාජනයක් බැහැර කරයිද, ඒ භාජනය විතරයි ඔහුට ප්‍රයෝජන වන්නේ. නමුත් යම් බඩුනක් ඒ ගෙය තුළ දැවෙනවාද, එයින් ප්‍රයෝජනයක් නෑ.

4. ඔය අයුරින්ම මේ ලෝකය ජරාවෙන්, මරණයෙන් ගිනි ඇවිලෙමින් තියෙන්නේ. එනිසා දානය තුළින් තමයි බැහැර කරන්න තියෙන්නේ. දීපු දෙයක් තමයි ගින්නෙන් බේරාගෙන හොඳින් බැහැරට කළා වෙන්නේ.

5. මෙලොවදී කයෙන් කෙරෙන යම් සංවරයක් ඇද්ද, වචනයෙන් මෙන්ම සිතින්ද කෙරෙන යම් සංවරයක් ඇද්ද ජීවත්ව සිටින කාලයේදී කරගන්නා වූ යම් පිනක් ඇද්ද, පරලොවට ගියාට පස්සේ සැපය පිණිස පවතින්නේ ඕච්චරයි.

සාදු! සාදු!! සාදු!!!

3.2.1.3.

03. එකල්හි එක්තරා බ්‍රාහ්මණයෙක් භාග්‍යවතුන් වහන්සේ වෙත පැමිණුනා. පැමිණ භාග්‍යවතුන් වහන්සේ සමඟ සතුටු වුනා. ....(පෙ).... එකත්පස්ව වාඩිවුන ඒ බ්‍රාහ්මණයා භාග්‍යවතුන් වහන්සේට මෙකරුණ පැවසුවා. "භවත් ගෞතමයන් වහන්ස, ධර්මය වනාහී මේ ජීවිතයේදී ප්‍රතිඵල ලැබිය හැකි දෙයක්. ධර්මය වනාහී මේ ජීවිතයේදී ප්‍රතිඵල ලැබිය හැකි දෙයක් කියල කියනවා. භවත් ගෞතමයන් වහන්ස, ධර්මය මේ ජීවිතයේදීම ප්‍රතිඵල ලැබිය හැකි වන්නේ, අකාලික වන්නේ, ඇවිත් බලන්නැයි කිව හැකි වන්නේ, තමා තුළට පමුණුවාගත හැකි වන්නේ, නැණවතුන් විසින් වෙන් වෙන්ව ප්‍රත්‍යක්ෂ කරගත යුතු වන්නේ කවර කරුණු මතද?"

පින්වත් බ්‍රාහ්මණය, රාගයෙන් ඇලී ගිය, රාගයෙන් යටපත් කරන ලද, රාගයෙන් පෙරලී ගිය සිත් ඇති කෙනා තමාට පීඩා පිණිසත් සිතනවා. අනුන්ට පීඩා පිණිසත් සිතනවා. දෙපැත්තටම පීඩා පිණිසත් සිතනවා. මානසිකව දුක්

දොම්නස් විඳවනවා. නමුත් රාගය ප්‍රහාණය වී ගිය විට තමාට පීඩා පිණිස සිතන්නේ නෑ. අනුන්ට පීඩා පිණිස සිතන්නේ නෑ. දෙපැත්තටම පීඩා පිණිස සිතන්නේ නෑ. මානසික දුක් දොම්නස් විඳවන්නෙත් නෑ. පින්වත් බ්‍රාහ්මණය, ඔන්න ඔය විදිහටයි ධර්මය මේ ජීවිතයේදීම ප්‍රතිඵල ලැබිය හැකිවන්නේ ....(පෙ).... නැණවතුන් විසින් වෙන් වෙන් වශයෙන් ප්‍රත්‍යක්ෂ කරගත යුතු වන්නේ.

පින්වත් බ්‍රාහ්මණය, ද්වේෂයෙන් ඇලී ගිය, ද්වේෂයෙන් යටපත් කරන ලද, ද්වේෂයෙන් පෙරලී ගිය සිත් ඇති කෙනා තමාට පීඩා පිණිසත් සිතනවා. අනුන්ට පීඩා පිණිසත් සිතනවා. දෙපැත්තටම පීඩා පිණිසත් සිතනවා. මානසිකව දුක් දොම්නස් විඳවනවා. නමුත් ද්වේෂය ප්‍රහාණය වී ගිය විට තමාට පීඩා පිණිස සිතන්නේ නෑ. අනුන්ට පීඩා පිණිස සිතන්නේ නෑ. දෙපැත්තටම පීඩා පිණිස සිතන්නේ නෑ. මානසික දුක් දොම්නස් විඳවන්නෙත් නෑ. පින්වත් බ්‍රාහ්මණය, ඔන්න ඔය විදිහටයි ධර්මය මේ ජීවිතයේදීම ප්‍රතිඵල ලැබිය හැකිවන්නේ ....(පෙ).... නැණවතුන් විසින් වෙන් වෙන් වශයෙන් ප්‍රත්‍යක්ෂ කරගත යුතු වන්නේ.

පින්වත් බ්‍රාහ්මණය, මෝහයෙන් ඇලී ගිය, මෝහයෙන් යටපත් කරන ලද, මෝහයෙන් පෙරලී ගිය සිත් ඇති කෙනා තමාට පීඩා පිණිසත් සිතනවා. අනුන්ට පීඩා පිණිසත් සිතනවා. දෙපැත්තටම පීඩා පිණිසත් සිතනවා. මානසිකව දුක් දොම්නස් විඳවනවා. නමුත් මෝහය ප්‍රහාණය වී ගිය විට තමාට පීඩා පිණිස සිතන්නේ නෑ. අනුන්ට පීඩා පිණිස සිතන්නේ නෑ. දෙපැත්තටම පීඩා පිණිස සිතන්නේ නෑ. මානසික දුක් දොම්නස් විඳවන්නෙත් නෑ. පින්වත් බ්‍රාහ්මණය, ඔන්න ඔය විදිහටයි ධර්මය මේ ජීවිතයේදීම ප්‍රතිඵල ලැබිය හැකිවන්නේ ....(පෙ).... නැණවතුන් විසින් වෙන් වෙන් වශයෙන් ප්‍රත්‍යක්ෂ කරගත යුතු වන්නේ.

සාදු! සාදු!! සාදු!!!

3.2.1.4.

04. එකල්හි එක්තරා බ්‍රාහ්මණ වංශික පිරිවැජියෙක් භාග්‍යවතුන් වහන්සේ වෙත පැමිණුනා. ....(පෙ).... එකත්පස්ව වාඩිවුන ඒ බ්‍රාහ්මණ වංශික පිරිවැජියා භාග්‍යවතුන් වහන්සේට මෙකරුණ පැවසුවා. "භවත් ගෞතමයන් වහන්ස, ධර්මය වනාහී මේ ජීවිතයේදී ප්‍රතිඵල ලැබිය හැකි දෙයක්. ධර්මය වනාහී මේ ජීවිතයේදී ප්‍රතිඵල ලැබිය හැකි දෙයක් කියල කියනවා. භවත් ගෞතමයන්

වහන්ස, ධර්මය මේ ජීවිතයේදීම ප්‍රතිඵල ලැබිය හැකි වන්නේ, අකාලික වන්නේ, ඇවිත් බලන්නැයි කිව හැකි වන්නේ, තමා තුළට පමුණුවාගත හැකි වන්නේ, නැණවතුන් විසින් වෙන් වෙන්ව ප්‍රත්‍යක්ෂ කරගත යුතු වන්නේ කවර කරුණු මතද?"

පින්වත් බ්‍රාහ්මණය, රාගයෙන් ඇලී ගිය, රාගයෙන් යටපත් කරන ලද, රාගයෙන් පෙරලී ගිය සිත් ඇති කෙනා තමාට පීඩා පිණිසත් සිතනවා. අනුන්ට පීඩා පිණිසත් සිතනවා. දෙපැත්තටම පීඩා පිණිසත් සිතනවා. මානසිකව දුක් දොම්නස් විඳවනවා. නමුත් රාගය ප්‍රහාණය වී ගිය විට තමාට පීඩා පිණිස සිතන්නේ නෑ. අනුන්ට පීඩා පිණිස සිතන්නේ නෑ. දෙපැත්තටම පීඩා පිණිස සිතන්නේ නෑ. මානසික දුක් දොම්නස් විඳවන්නෙත් නෑ.

පින්වත් බ්‍රාහ්මණය, රාගයෙන් ඇලී ගිය, රාගයෙන් යටපත් කරන ලද, රාගයෙන් පෙරලී ගිය සිත් ඇති කෙනා කයෙන් දුසිරිත් කරනවා. වචනයෙන් දුසිරිත් කරනවා. මනසින් දුසිරිත් කරනවා. නමුත් රාගය ප්‍රහාණය වී ගිය විට කයෙන් දුසිරිත් කරන්නේ නෑ. වචනයෙන් දුසිරිත් කරන්නේ නෑ. මනසින් දුසිරිත් කරන්නේ නෑ.

පින්වත් බ්‍රාහ්මණය, රාගයෙන් ඇලී ගිය, රාගයෙන් යටපත් කරන ලද, රාගයෙන් පෙරලී ගිය සිත් ඇති කෙනා තමාගේ යහපත ගැනවත් ඇති සැටියෙන් තේරුම් ගන්නේ නෑ. අනුන්ගේ යහපත ගැනවත් ඇති සැටියෙන් තේරුම් ගන්නේ නෑ. දෙපැත්තේම යහපත ගැන ඇති සැටියෙන් තේරුම් ගන්නේ නෑ. නමුත් රාගය ප්‍රහාණය වූ විට තමාගේ යහපත ගැනත්, ඒ අයුරින්ම තේරුම් ගන්නවා. අනුන්ගේ යහපත ගැනත් ඒ අයුරින්ම තේරුම් ගන්නවා. දෙපැත්තේම යහපත ගැනත් ඒ අයුරින්ම තේරුම් ගන්නවා. පින්වත් බ්‍රාහ්මණය, ඔන්න ඔය විදිහටයි ධර්මය මේ ජීවිතයේදීම ප්‍රතිඵල ලැබිය හැකිවන්නේ ....(පෙ).... නැණවතුන් විසින් වෙන් වෙන් වශයෙන් ප්‍රත්‍යක්ෂ කරගත යුතු වන්නේ.

පින්වත් බ්‍රාහ්මණය, ද්වේෂයෙන් දුෂ්ඨ වී ගිය ....(පෙ).... පින්වත් බ්‍රාහ්මණය, මෝහයෙන් මුළා වී ගිය, මෝහයෙන් යටපත් කරන ලද, මෝහයෙන් පෙරලී ගිය සිත් ඇති කෙනා තමාට පීඩා පිණිසත් සිතනවා. අනුන්ට පීඩා පිණිසත් සිතනවා. දෙපැත්තටම පීඩා පිණිසත් සිතනවා. මානසිකව දුක් දොම්නස් විඳවනවා. නමුත් මෝහය ප්‍රහාණය වී ගිය විට තමාට පීඩා පිණිස සිතන්නේ නෑ. අනුන්ට පීඩා පිණිස සිතන්නේ නෑ. දෙපැත්තටම පීඩා පිණිස සිතන්නේ නෑ. මානසික දුක් දොම්නස් විඳවන්නෙත් නෑ.

පින්වත් බ්‍රාහ්මණය, මෝහයෙන් මුළා වී ගිය, මෝහයෙන් යටපත් කරන ලද, මෝහයෙන් පෙරලී ගිය සිත් ඇති කෙනා කයෙන් දුසිරිත් කරනවා. වචනයෙන් දුසිරිත් කරනවා. මනසින් දුසිරිත් කරනවා. නමුත් මෝහය ප්‍රහාණය වී ගිය විට කයෙන් දුසිරිත් කරන්නේ නෑ. වචනයෙන් දුසිරිත් කරන්නේ නෑ. මනසින් දුසිරිත් කරන්නේ නෑ.

පින්වත් බ්‍රාහ්මණය, මෝහයෙන් ඇලී ගිය, මෝහයෙන් යටපත් කරන ලද, මෝහයෙන් පෙරලී ගිය සිත් ඇති කෙනා තමාගේ යහපත ගැනවත් ඇති සැටියෙන් තේරුම් ගන්නේ නෑ. අනුන්ගේ යහපත ගැනවත් ඇති සැටියෙන් තේරුම් ගන්නේ නෑ. දෙපැත්තේම යහපත ගැන ඇති සැටියෙන් තේරුම් ගන්නේ නෑ. නමුත් මෝහය ප්‍රහාණය වූ විට තමාගේ යහපත ගැනත්, ඒ අයුරින්ම තේරුම් ගන්නවා. අනුන්ගේ යහපත ගැනත් ඒ අයුරින්ම තේරුම් ගන්නවා. දෙපැත්තේම යහපත ගැනත් ඒ අයුරින්ම තේරුම් ගන්නවා. පින්වත් බ්‍රාහ්මණය, ඔන්න ඔය විදිහටයි ධර්මය මේ ජීවිතයේදීම ප්‍රතිඵල ලැබිය හැකිවන්නේ. අකාලික වන්නේ. ඇවිත් බලන්නැයි කිව හැකි වන්නේ. තමා තුළට පමුණුවාගත හැකි වන්නේ. නැණවතුන් විසින් වෙන් වෙන් වශයෙන් ප්‍රත්‍යක්ෂ කරගත යුතු වන්නේ.

භවත් ගෞතමයන් වහන්ස, ඉතා මනහරයි. ....(පෙ).... භවත් ගෞතමයන් වහන්ස, මා අද පටන් තෙරුවන් සරණ ගිය උපාසකයෙකු වශයෙන් පිළිගෙන වදාරණ සේක්වා!

සාදු! සාදු!! සාදු!!!

3.2.1.5.

05. එකල්හි ජානුස්සෝණි බ්‍රාහ්මණයා භාග්‍යවතුන් වහන්සේ වෙත පැමිණුනා. ....(පෙ).... එකත්පස්ව වාඩිවුන ජානුස්සෝණි බ්‍රාහ්මණයා භාග්‍යවතුන් වහන්සේට මෙකරුණ පැවසුවා. "භවත් ගෞතමයන් වහන්ස, ඒ අමා නිවන මේ ජීවිතයේදීම අවබෝධ කළ හැකි දෙයක්. ඒ අමා නිවන මේ ජීවිතයේදීම අවබෝධ කළ හැකි දෙයක් කියල කියනවා. භවත් ගෞතමයන් වහන්ස, ඒ අමා නිවන මේ ජීවිතයේදීම අවබෝධ හැකි වන්නේ, අකාලික වන්නේ, ඇවිත් බලන්නැයි කිව හැකි වන්නේ, තමා තුළට පමුණුවාගත හැකි වන්නේ, නැණවතුන් විසින් වෙන් වෙන්ව ප්‍රත්‍යක්ෂ කරගත යුතු වන්නේ කවර කරුණු මතද?"

පින්වත් බ්‍රාහ්මණය, රාගයෙන් ඇලී ගිය, රාගයෙන් යටපත් කරන ලද, රාගයෙන් පෙරලී ගිය සිත් ඇති කෙනා තමාට පීඩා පිණිසත් සිතනවා. අනුන්ට පීඩා පිණිසත් සිතනවා. දෙපැත්තටම පීඩා පිණිසත් සිතනවා. මානසිකව දුක් දොම්නස් විඳවනවා. නමුත් රාගය ප්‍රහාණය වී ගිය විට තමාට පීඩා පිණිස සිතන්නේ නෑ. අනුන්ට පීඩා පිණිස සිතන්නේ නෑ. දෙපැත්තටම පීඩා පිණිස සිතන්නේ නෑ. මානසික දුක් දොම්නස් විඳවන්නෙත් නෑ. පින්වත් බ්‍රාහ්මණය ඔය අයුරිනුයි ඒ අමා නිවන මේ ජීවිතයේදීම අවබෝධ කළ හැකි වන්නේ.

පින්වත් බ්‍රාහ්මණය, ද්වේෂයෙන් දූෂ්ය වී ගිය ....(පෙ).... පින්වත් බ්‍රාහ්මණය, මෝහයෙන් මුළා වී ගිය, මෝහයෙන් යටපත් කරන ලද, මෝහයෙන් පෙරලී ගිය සිත් ඇති කෙනා තමාට පීඩා පිණිසත් සිතනවා. අනුන්ට පීඩා පිණිසත් සිතනවා. දෙපැත්තටම පීඩා පිණිසත් සිතනවා. මානසිකව දුක් දොම්නස් විඳවනවා. නමුත් මෝහය ප්‍රහාණය වී ගිය විට තමාට පීඩා පිණිස සිතන්නේ නෑ. අනුන්ට පීඩා පිණිස සිතන්නේ නෑ. දෙපැත්තටම පීඩා පිණිස සිතන්නේ නෑ. මානසික දුක් දොම්නස් විඳවන්නෙත් නෑ. පින්වත් බ්‍රාහ්මණය ඔය අයුරිනුයි ඒ අමා නිවන මේ ජීවිතයේදීම අවබෝධ කළ හැකි වන්නේ.

පින්වත් බ්‍රාහ්ණය, යම් කලෙක මේ භික්ෂුව ඉතිරි නැතුවම රාගය ක්ෂය වූ බවට ප්‍රත්‍යක්ෂ කරගන්නවා නම්, ඉතිරි නැතුවම ද්වේෂය ක්ෂය වූ බවට ප්‍රත්‍යක්ෂ කරගන්නවා නම්, ඉතිරි නැතුවම මෝහය ක්ෂය වූ බවට ප්‍රත්‍යක්ෂ කරගන්නවා නම්, පින්වත් බ්‍රාහ්මණය, ඔන්න ඔය අයුරිනුයි ඒ අමා නිවන මේ ජීවිතයේදීම අවබෝධ කළ හැකිවන්නේ. අකාලික වන්නේ. ඇවිත් බලන්නැයි කිව හැකි වන්නේ. තමා තුළට පමුණුවාගත හැකි වන්නේ. නැණවතුන් විසින් වෙන් වෙන් වශයෙන් ප්‍රත්‍යක්ෂ කරගත යුතු වන්නේ.

භවත් ගෞතමයන් වහන්ස, ඉතා මනහරයි. ....(පෙ).... භවත් ගෞතමයන් වහන්ස, මා අද පටන් තෙරුවන් සරණ ගිය උපාසකයෙකු වශයෙන් පිළිගෙන වදාරණ සේක්වා!

සාදු! සාදු!! සාදු!!!

3.2.1.6.

06. එකල්හි එක්තරා සම්භාවනීය බ්‍රාහ්මණයෙක් භාග්‍යවතුන් වහන්සේ වෙත පැමිණුනා. ....(පෙ).... එකත්පස්ව වාඩිවුන ඒ සම්භාවනීය බ්‍රාහ්මණයා භාග්‍යවතුන් වහන්සේට මෙකරුණ පැවසුවා. "භවත් ගෞතමයන් වහන්ස,

ඉස්සර හිටිය වයෝවෘද්ධ මහළු ආචාර්ය ප්‍රාචාර්ය වූ බ්‍රාහ්මණයන් මේ කාරණය කියනවා මං අහලා තියෙනවා. 'ඉස්සර මේ ලෝකය මිනිසුන්ගෙන් පිරී ඉතිරී තිබුනේ අවීචිය වගේ' කියලා. 'ගම්නියම්ගම් රාජධානිවල නිවෙස් මතින් එක දිගටම කුකුලෙකුට වුනත් යන්න පුළුවන්' කියලා. භවත් ගෞතමයන් වහන්ස, මේ කාලයේ මනුෂ්‍යයින්ගේ ක්ෂය වීමක් තියෙනවා නම්, අඩු වීමක් තියෙනවා නම්, ගම් නොගම් වෙලා තියෙනවා නම්, නියම්ගම් නොනියම්ගම් වෙලා තියෙනවා නම්, නගර නොනගර වෙලා තියෙනවා නම්, රාජධානි නොරාජධානි වෙලා තියෙනවා නම්, ඒකට හේතුව කුමක්ද? ප්‍රත්‍යය කුමක්ද?"

"පින්වත් බ්‍රාහ්මණය, මේ කාලයේ මිනිස්සු අධර්ම රාගයට ඇලිලයි ඉන්නේ. විෂම ලෝභයට යටවෙලයි ඉන්නේ. මිත්‍යාමතවලින් පෙලෙමින් ඉන්නේ. ඔවුන් අධර්ම රාගයෙන් ඇලිලා, විෂම ලෝභයෙන් යට වෙලා, මිත්‍යාමතවලින් පීඩිත වෙලා, තියුණු අවි ආයුධ අරගෙන එකිනෙකාගේ ජීවිත වනසා ගන්නවා. ඒ හේතුවෙන් බොහෝ මිනිසුන් මිය යනවා. පින්වත් බ්‍රාහ්මණය, දැන් කාලයේ මිනිසුන්ගේ ක්ෂය වීමටත්, අඩු වීමටත්, ගම් නොගම් වීමටත්, නියම්ගම් නොනියම්ගම් වීමටත්, නගර නොනගර වීමටත්, රාජධානි නොරාජධානි වීමටත් හේතුව ඕකයි ප්‍රත්‍යය ඕකයි.

පින්වත් බ්‍රාහ්මණය, තවදුරටත් කියනවා නම්, මේ කාලයේ මිනිස්සු අධර්ම රාගයට ඇලිලයි ඉන්නේ. විෂම ලෝභයට යටවෙලයි ඉන්නේ. මිත්‍යාමතවලින් පෙලෙමින් ඉන්නේ. මේ විදිහට අධර්ම රාගයෙන් ඇලිලා, විෂම ලෝභයෙන් යට වෙලා, මිත්‍යාමතවලින් පීඩිත වෙලා ඉන්න මිනිස්සුන්ට නියම ආකාරයෙන් වැස්ස වහින්නේ නෑ. ඒ හේතුවෙන් දුර්භික්ෂය ඇතිවෙනවා. අස්වැන්න නැතුව යනවා. ගස්කොළන් වේලෙනවා. සලාකවලින් යැපෙනවා. ඒ දුර්භික්ෂයෙන් බොහෝ මිනිසුන් මිය යනවා. පින්වත් බ්‍රාහ්මණය, දැන් කාලයේ මිනිසුන්ගේ ක්ෂය වීමටත්, අඩු වීමටත්, ගම් නොගම් වීමටත්, නියම්ගම් ....(පෙ).... රාජධානි නොරාජධානි වීමටත් හේතුව ඕකයි ප්‍රත්‍යය ඕකයි.

පින්වත් බ්‍රාහ්මණය, තව දුරටත් කියනවා නම්, මේ කාලයේ මිනිස්සු අධර්ම රාගයට ඇලිලයි ඉන්නේ. විෂම ලෝභයට යටවෙලයි ඉන්නේ. මිත්‍යාමතවලින් පෙලෙමින් ඉන්නේ. මේ විදිහට අධර්ම රාගයෙන් ඇලිලා, විෂම ලෝභයෙන් යට වෙලා, මිත්‍යාමතවලින් පීඩිත වෙලා ඉන්න ඒ මිනිසුන්ට දරුණු යක්ෂයන්ගේ බලපෑම ඇතිවෙනවා. ඒ හේතුවෙන් බොහෝ මිනිසුන් මිය යනවා. පින්වත් බ්‍රාහ්මණය, දැන් කාලයේ මිනිසුන්ගේ ක්ෂය වීමටත්, අඩු වීමටත්, ගම් නොගම් වීමටත්, නියම්ගම් නොනියම්ගම් වීමටත්, නගර නොනගර වීමටත්, රාජධානි නොරාජධානි වීමටත් හේතුව ඕකයි ප්‍රත්‍යය ඕකයි.

භවත් ගෞතමයන් වහන්ස, ඉතා මනහරයි. ....(පෙ).... භවත් ගෞතමයන් වහන්ස, මා අද පටන් තෙරුවන් සරණ ගිය උපාසකයෙකු වශයෙන් පිළිගෙන වදාරණ සේක්වා!

සාදු! සාදු!! සාදු!!!

3.2.1.7.

07. එදා වච්ඡගොත්ත පිරිවැජියා භාග්‍යවතුන් වහන්සේ වෙත පැමිණියා. ....(පෙ).... එකත්පස්ව වාඩිවුන වච්ඡගොත්ත පිරිවැජියා භාග්‍යවතුන් වහන්සේට මෙකරුණ පැවසුවා. "භවත් ගෞතමයන් වහන්ස, ශ්‍රමණ ගෞතමයන් වහන්සේ මේ විදිහට කියනවා කියලා මං අසා තියෙනවා. ඒ කියන්නේ 'මටමයි දන් දිය යුත්තේ. අන් අයට දානය නොදිය යුතුයි. මගේ ශ්‍රාවකයිනටමයි දන් දිය යුත්තේ. අන් අයගේ ශ්‍රාවකයින්ට දානය නොදිය යුතුයි. මට දුන් දෙයමයි මහත්ඵල වන්නේ. අනුන්ට දුන් දෙය මහත්ඵල වන්නේ නෑ. මගේ ශ්‍රාවකයින්ට දුන් දානයමයි මහත්ඵල වන්නේ. අනුන්ගේ ශ්‍රාවකයින්ට දුන් දෙය මහත්ඵල වෙන්නේ නෑ' කියලා.

භවත් ගෞතමයන් වහන්ස, යම් කෙනෙක් ශ්‍රමණ ගෞතමයන් වහන්සේ මෙහෙම කියනවාය කියල මේ විදිහට කිව්වොත්, 'මටමයි දන් දිය යුත්තේ. අන් අයට දානය නොදිය යුතුයි. ....(පෙ).... මගේ ශ්‍රාවකයින්ට දුන් දානමයි මහත්ඵල වන්නේ. අනුන්ගේ ශ්‍රාවකයන්ට දුන් දෙය මහත්ඵල වන්නේ නෑ' කියලා. කිම, ඔවුන් ඒ පවසන්නේ භවත් ගෞතමයන් වහන්සේ වදාළ දෙයක්ද? නැත්නම් භවත් ගෞතමයන් වහන්සේට අභූතයෙන් චෝදනා කිරීමක්ද? ධර්මයට අනුකූල වූ කතා කිරීමක්ද? නැත්නම් කවුරුන් හෝ කරුණු සහිතව වාද නංවා ගැරහිය යුතු තැනට නොයන දෙයක්ද? අපි නම් භවත් ගෞතමයන් වහන්සේට අභූතයෙන් චෝදනා කරන්නට කැමැති නෑ."

"පින්වත් වච්ඡ, ශ්‍රමණ ගෞතමයන් වහන්සේ පවසනවායැයි කියලා යමෙක් මෙහෙම කියනවා නම්, 'මටමයි දන් දිය යුත්තේ. අන් අයට දානය නොදිය යුතුයි. ....(පෙ).... මගේ ශ්‍රාවකයින්ට දුන් දානමයි මහත්ඵල වන්නේ. අනුන්ගේ ශ්‍රාවකයන්ට දුන් දෙය මහත්ඵල වන්නේ නෑ' කියලා. ඔවුන් ඒ පවසන්නේ මා විසින් වදාළ දෙයක් නොවෙයි. ඔවුන් අසත්‍ය වූ, අභූත වූ කරුණින් මට චෝදනා කරනවා.

පින්වත් වච්ඡ යම් කෙනෙක් අනුන් දෙන දානය වළක්වනවා නම්, ඔහු තුන් දෙනෙකුට අනතුරු කරන කෙනෙක්. තුන් දෙනෙකුගේ දේ පැහැර

ගන්නා කෙනෙක්. කවර තුන් දෙනෙකුටද? දන් දෙන තැනැත්තාගේ පිනට අන්තරාය කරනවා. දන් පිළිගන්නා උදවියගේ ලාභයට අන්තරාය කරනවා. ඊට කලින්ම තමන් තුළ තිබෙන්නා වූ ගුණ සාරාගෙන, වනසාගත් කෙනෙක් වෙනවා. පින්වත් වච්ඡ, යම් කෙනෙක් අනුන් දෙන දානය වළක්වනවා නම්, ඔහු ඔය තුන් දෙනාට අන්තරායකර වෙනවා. ඔය තුන් දෙනාව පැහැර ගන්නා සොරෙක් වෙනවා.

පින්වත් වච්ඡ, මේ විදිහටයි මා කියා සිටින්නේ. 'ගවර වලක හෝ ඉඳුල් දාන වලක හෝ යම් ප්‍රාණීන් ඉන්නවා නම්, එහිලා යම් කෙනෙක් හැලි සෝදන වතුර වේවා, වෙනත් ඉඳුල් භාජන සෝදන වතුර වේවා, 'මෙහි යම් ප්‍රාණීන් වෙත්නම්, ඔවුන් මේ ඉඳුල් දියෙන් යැපෙත්වා!' කියලා එය දමනවා නම්, පින්වත් වච්ඡ, මා කියන්නේ ඒ හේතුවෙන් ද පිනක් ලැබෙනවා කියලයි. මනුෂ්‍යයෙකුට දන් දීමෙන් ලැබෙන පින ගැන කවර කථාද? නමුත් පින්වත් වච්ඡ, මා කියන්නේ සිල්වතෙකුට දෙන දෙය මහත්ඵල සහිතයි කියලයි. දුස්සීලයෙකුට දුන්නා කියල එහෙම වෙන්නේ නෑ. ඒ සිල්වත් කෙනා අංග පහක් ප්‍රහීණ වෙලා, අංග පහකින් සමන්විත වෙලා නම් ඉන්නේ, ඒ කවර අංග පහක් ප්‍රහාණය වෙලාද යත්; කාමච්ඡන්දය ප්‍රහීණ වෙලා තියෙනවා. ව්‍යාපාදය ප්‍රහීණ වෙලා තියෙනවා. නිදිමත හා අලසබව ප්‍රහීණ වෙලා තියෙනවා. සිතේ විසිරීමත්, පසුතැවීමත් ප්‍රහීණ වෙලා තියෙනවා. සැකයත් ප්‍රහීණවෙලා තියෙනවා. මේ අංග පහ තමයි ප්‍රහාණය වෙලා තියෙන්නේ.

කවර අංග පහකින්ද සමන්විත වෙලා ඉන්නේ? හික්මීමෙන් සම්පූර්ණ වූ සීලස්කන්ධයෙන් සමන්විත වෙලා ඉන්නේ. හික්මීමෙන් සම්පූර්ණ වූ සමාධිස්කන්ධයෙන් සමන්විත වෙලා ඉන්නේ. හික්මීමෙන් සම්පූර්ණ වූ ප්‍රඥාස්කන්ධයෙන් සමන්විත වෙලා ඉන්නේ. හික්මීමෙන් සම්පූර්ණ වූ විමුක්තිස්කන්ධයෙන් සමන්විත වෙලා ඉන්නේ. හික්මීමෙන් සම්පූර්ණ වූ විමුක්ති ඥාණදර්ශනස්කන්ධයෙන් සමන්විත වෙලා ඉන්නේ. ඔය අංග පහෙන් තමයි සමන්විත වෙලා ඉන්නේ. ඔය විදිහට අංග පහක් ප්‍රහීණ වූ, අංග පහකින් සමන්විත වූ කෙනෙකුට දෙන දානය මහත්ඵලයි කියලයි මා කියන්නේ.

06. ඔය විදිහට කළුපාටින් හිටියත්. සුදු පාටින් හිටියත්, රතු පැහැයෙන් හිටියත්. පලා පැහැයෙන් හිටියත්, විචිත්‍ර පැහැයෙන් හිටියත්, සමාන පැහැයෙන් හිටියත්, පුල්ලි වැටිලා හිටියත් ඒ ගව දෙනුන් කෙරෙහි,

07. ඒ ගව දෙනුන් අතුරින් හොඳින් දමනය වූ, බර උසුලන්නට පුළුවන් වූ, ශක්ති සම්පන්න වූ, කල්‍යාණ ජවයකින් යුක්ත වූ, වෘෂභයෙක් උපදිනවා නම්,

08. ඒ වෘෂභයාවමයි බර උසුලන්නට යොදවන්නේ. ඔහුගේ ශරීර වර්ණය බබලන්නේ නෑ. ඔය ආකාරයෙන් මනුෂ්‍යයින් අතර කොයියම්ම ජාතියක ඉපදුනත්,

09. ක්ෂත්‍රිය වේවා, බ්‍රාහ්මණ වේවා, වෛශ්‍ය වේවා, ශුද්‍ර වේවා, සැඩොල් වේවා, පුක්කුස වේවා, ඔය කොයියම්ම කුලයක වුනත්, ඉන්ද්‍රිය දමනය ඇති, මනා ව්‍රත ඇති කෙනෙක් උපදිනවා නම්,

10. ධර්මයේ පිහිටි සුසිල්වත්, සත්‍යවාදී වූ, පවෙහි බිය ඇති, ඉපදෙන මැරෙන සසර ප්‍රහාණය කළ බ්‍රහ්මචරිය වාසය සම්පූර්ණ කළ,

11. කෙලෙස් බර වීසි කළ, කෙලෙසුන් සමඟ එක් නොවූ, කළ යුත්ත කරන ලද, ආශ්‍රව රහිත වූ, සියලු ධර්මයන්ගේ පරතෙරට වැඩි, කිසිවකට නොඇලී නිවී ගිය යම් රහතන් වහන්සේ නමක් ඇද්ද,

12. ඒ නිකෙලෙස් කුඹුරෙහි වපුරන ලද දක්ෂිණාව මහත්ඵල ලබා දෙයි. නමුත් දුෂ්ප්‍රාඥ වූ අශ්‍රැතවත් පෘථග්ජන බාලයා මේ කුඹුර හඳුනන්නේ නෑ.

13. ගුණ ධර්මයන්ගෙන් බැහැර උදවියට දන් දෙනවා. නිකෙලෙස් උතුමන් වැඩසිටිද්දී පවා නොසළකා හරිනවා. යම් කෙනෙක් ප්‍රඥාවන්ත වූ නුවණැති උතුමන් යැයි සම්මත වූ සත්පුරුෂයන් හට සළකනවා නම්,

14. සුන්දර නිවන් මගෙහි ගමන් කළ ඒ උතුමන් කෙරෙහි ඔවුන්ගේ ශ්‍රද්ධාව මුල් බැසගෙන පිහිටියා වෙනවා. ඔවුන් තමයි දෙව්ලොව උපදින්නේ. මේ මිනිස් ලොව හොඳ තැන්වල උපදින්නේ. ඒ නුවණැත්තෝ කෙමෙන් කෙමෙන් අමා නිවන කරාම යනවා.

සාදු! සාදු!! සාදු!!!

3.2.1.8.

08. එදා තිකණ්ණ බ්‍රාහ්මණයා භාග්‍යවතුන් වහන්සේ වෙත පැමිණියා. පැමිණ භාග්‍යවතුන් වහන්සේ සමඟ ....(පෙ).... එකත්පස්ව වාඩිවුන තිකණ්ණ බ්‍රාහ්මණයා භාග්‍යවතුන් වහන්සේ ඉදිරියේ ත්‍රිවේදප්‍රාප්ත බ්‍රාහ්මණයන් ගැනම වර්ණනා කළා. 'ත්‍රිවිද්‍යා බ්‍රාහ්මණවරු මෙන්න මේ විදිහයි. ත්‍රිවිද්‍යා බ්‍රාහ්මණවරු මෙන්න මේ විදිහයි' කියලා.

"පින්වත් බ්‍රාහ්මණය, බ්‍රාහ්මණවරු බ්‍රාහ්මණයෙකුව ත්‍රිවිද්‍යා ඇති කෙනෙක් බවට පණවන්නේ කවර කරුණු මතද?" "භවත් ගෞතමයන් වහන්ස, මෙහි බ්‍රාහ්මණයා මව්පිය දෙපාර්ශවයෙන්ම පිරිසිදු වූ, සුජාත උපතක් ඇති කෙනෙක්. පිරිසිදු මව්කුසක උපන් ඔහු හත් මුතු පරම්පරාවෙන්ම උපන් ජාතිය නින්දා නොලබා, ගැරහුම් නොලබා තිබිය යුතුයි. ඒ වගේම ඔහු වේද හදාරන කෙනෙක්. මන්ත්‍රධාරී කෙනෙක්. ඉතිහාසය පස්වෙනි කොට ඇති වේදසමයාගත භාෂා ශාස්ත්‍රයන්හි නිපුණත්වයක් ඇති අක්ෂර ප්‍රභේද ගැන හසල බුද්ධිය ඇති ත්‍රිවේද පරප්‍රාප්ත කෙනෙක්. වේදසමයාගත පද පාඨ දන්නා කෙනෙක්. ව්‍යාකරණ දන්නා කෙනෙක්. ලෝකායත ශාස්ත්‍රයෙහි, මහාපුරුෂ ලක්ෂණ ශාස්ත්‍රයෙහි නිපුණ කෙනෙක්. භවත් ගෞතමයන් වහන්ස, ඔන්න ඔය විදිහටයි බ්‍රාහ්මණවරු ත්‍රිවිද්‍යා බ්‍රාහ්මණයෙක්ව පණවන්නේ."

"පින්වත් බ්‍රාහ්මණය, බ්‍රාහ්මණවරු ත්‍රිවිද්‍යා බ්‍රාහ්මණයෙක්ව පණවන්නේ වෙනස් විදිහකට නෙව. ආර්ය විනයෙහි (බුදු සසුනෙහි) ත්‍රිවිද්‍යා ඇති කෙනා පණවන්නේ ඔයිට වඩා වෙනස් ආකාරයටයි." "භවත් ගෞතමයන් වහන්ස, ආර්ය විනයෙහි ත්‍රිවිද්‍යා ඇති කෙනා පණවන්නේ කොයි ආකාරයෙන්ද? භවත් ගෞතමයන් වහන්සේ යම් ආකාරයකින් ආර්ය විනයෙහි ත්‍රිවිද්‍යාලාභියෙක් ඇද්ද, ඒ අයුරින් මා හට ධර්මය දේශනා කරන සේක්වා!" "එසේ වී නම් පින්වත් බ්‍රාහ්මණය, සවන් දෙන්න. හොඳින් මෙනෙහි කරන්න. මා කියා දෙන්නම්" "එසේය, භවත" කියා තිකණ්ණ බ්‍රාහ්මණයා භාග්‍යවතුන් වහන්සේට පිළිතුරු දුන්නා. භාග්‍යවතුන් වහන්සේ මෙම දෙසුම වදාළා.

"පින්වත් බ්‍රාහ්මණය, මෙහිලා භික්ෂුව කාමයන්ගෙන් වෙන්ව, අකුසලයන්ගෙන් වෙන්ව, විතර්ක සහිත වූ, විචාර සහිත වූ, විවේකයෙන් හටගත් ප්‍රීති සුඛය ඇති පළමු වෙනි ධ්‍යානය උපදවාගෙන වාසය කරනවා. ඒ වගේම විතක්ක විචාරයන්ගේ සංසිඳීමෙන් ආධ්‍යාත්මිකව පැහැදීම ඇතිව සිතෙහි මනා එකඟ බවෙන් යුතුව විතර්ක රහිත, විචාර රහිත, සමාධියෙන් හටගත්, ප්‍රීති සුඛය ඇති දෙවෙනි ධ්‍යානය උපදවාගෙන වාසය කරනවා. ඒ වගේම ප්‍රීතියටද නොඇලීමෙන් උපේක්ෂාවෙන් යුතුව වාසය කරනවා. සිහියෙන් නුවණින් යුතුව කයෙන් සැපයක්ද විඳිනවා. ආර්යන් වහන්සේලා යම් ධ්‍යානයකට උපේක්ෂා සහගත සිහිය ඇති සැප විහරණය යැයි පවසනවාද, ඒ තුන්වන ධ්‍යානයත් උපදවාගෙන වාසය කරනවා. ඒ වගේම සැපයද ප්‍රහාණය කිරීමෙන්, දුකද ප්‍රහාණය කිරීමෙන්, කලින්ම සොම්නස් දොම්නස් දෙක ඉක්මයෑමෙන්, දුක් සැප රහිත වූ පාරිශුද්ධ උපේක්ෂා සහගත සතිය ඇති සතරවෙනි ධ්‍යානය උපදවා ගෙන වාසය කරනවා.

ඔහු (ඒ භික්ෂුව) ඔය අයුරින් සිත සමාධිමත් වූ විට, සිත පිරිසිදු වූ විට, ප්‍රභාෂ්වර වූ විට, කෙලෙසුන්ගෙන් බාධා රහිත වූ විට, උපක්ලේශ බැහැර වූ විට, මෘදුබවට පත් වූ විට, කර්මණ්‍ය (ඕනෑම දෙයකට හැරවිය හැකි පරිදි සකස්) වූ විට, ස්ථිරව පිහිටි විට, අකම්පිතව පිහිටි විට, කලින් ජීවිතය ගත කළ ආකාරය දක්නා නුවණ පිණිස සිත යොමු කරයි. එයට සිත නතු කරයි. ඉතින් ඔහු නොයෙක් ආකාරයෙන් කලින් ජීවිත ගෙවූ හැටි (ආපස්සට) සිහි කරනවා. ඒ කියන්නේ, එක ජීවිතයක්, ජීවිත දෙකක්, ජීවිත තුනක්, ජීවිත හතරක්, ජීවිත පහක්, ජීවිත දහයක්, ජීවිත විස්සක්, ජීවිත තිහක්, ජීවිත හතළිහක්, ජීවිත පනහක්, ජීවිත සියයක්, ජීවිත දහසක්, ජීවිත ලක්ෂයක්, අනේකවිධ වූ සංවට්ට කල්පයන්ද, අනේකවිධ වූ විවට්ට කල්පයන්ද, අනේකවිධ වූ සංවට්ට විවට්ට කල්පයන්ද සිහි කරනවා. 'මං ඉස්සර හිටියේ අසවල් තැන. එතකොට මගේ නම මේකයි. ගෝත්‍ර නාමය මේකයි. හැඩරුව මෙහෙමයි. කෑම බීම මෙහෙමයි. දුක් සැප වින්දේ මේ විදිහටයි. මේ විදිහටයි ජීවිතය අවසන් වුනේ. ඒ මං එතැනින් චුත වුනා. අසවල් තැන උපන්නා. එතකොට මගේ නම මේකයි. ගෝත්‍ර නාමය මේකයි. හැඩරුව මෙහෙමයි. කෑම බීම මෙහෙමයි. දුක් සැප වින්දේ මේ විදිහටයි. මේ විදිහටයි ජීවිතය අවසන් වුනේ. ඒ මං එතැනින් චුත වුනා. මේ ලෝකයේ උපන්නා' ආදී වශයෙන් ආකාර සහිතව, සවිස්තරව, අනේකප්‍රකාර වූ කලින් ගත කළ ජීවිත ගැන සිහි කරනවා. ඔහු විසින් සාක්ෂාත් කරන ප්‍රථම විද්‍යාව මෙයයි. අවිද්‍යාව වැනසුනා. විද්‍යාව ඉපදුනා. අඳුර දුරුවුනා. ආලෝකය උදාවුනා. අප්‍රමාදීව කෙලෙස් තවන වීරිය ඇතුව ධර්මයේ හැසිරෙන කෙනෙකුට සිදු විය යුතු යම් විදිහක් ඇද්ද, එය එවැනි දෙයක්.

ඔහු (ඒ භික්ෂුව) ඔය අයුරින් සිත සමාධිමත් වූ විට, සිත පිරිසිදු වූ විට, ප්‍රභාෂ්වර වූ විට, කෙලෙසුන්ගෙන් බාධා රහිත වූ විට, උපක්ලේශ බැහැර වූ විට, මෘදුබවට පත් වූ විට, කර්මණ්‍ය (ඕනෑම දෙයකට හැරවිය හැකි පරිදි සකස්) වූ විට, ස්ථිරව පිහිටි විට, අකම්පිතව පිහිටි විට, සත්වයන්ගේ චුතියත් උපතත් දකිනා නුවණ පිණිස සිත යොමු කරයි. එයට සිත නතු කරයි. එතකොට ඒ භික්ෂුව මිනිසුන්ගේ දැකීමේ හැකියාව ඉක්මවා ගිය පිරිසිදු වූ දිවැසින් චුත වන්නා වූත්, උපදින්නා වූත්, සත්වයන් දකිනවා. ඒ ඒ කර්මයන්ට අනුව හීන ප්‍රණීත වූත්, යහපත් අයහපත් වූත්, සුගති දුගතිවල සිටින්නා වූ සත්වයන් දකිනවා. 'අහෝ! මේ භවත් සත්වයන් කයින් දුෂ්චරිතයෙහි යෙදීම නිසා, වචනයෙන් දුෂ්චරිතයෙහි යෙදීම නිසා, මනසින් දුෂ්චරිතයෙහි යෙදීම නිසා, ආර්යයන් වහන්සේලාට අපහාස කරලා, මිසදිටු වෙලා, මිසදිටු දේවල් සමාදන් වෙලා ඉඳල තියෙනවා. ඔවුන් කය බිඳී මරණයෙන් මත්තේ අපාය නම් වූ, දුගතිය නම් වූ විනිපාත නම් වූ නිරයේ ඉපදිලා ඉන්නවා. ඒ වගේම මේ භවත් සත්වයන් කයින් සුචරිතයෙහි

යෙදීම නිසා, වචනයෙන් සුචරිතයෙහි යෙදීම නිසා, මනසින් සුචරිතයෙහි යෙදීම නිසා, ආර්යයන් වහන්සේලාට අපහාස නොකොට, සම්දිටු වෙලා, සම්දිටු දේවල් සමාදන් වෙලා ඉඳල තියෙනවා. ඔවුන් කය බිඳී මරණයෙන් මත්තේ සුගතය නම් වූ, ස්වර්ග ලෝකයෙහි ඉපදිලා ඉන්නවා' කියලා. මේ විදිහට මිනිසුන්ගේ දැකීමේ හැකියාව ඉක්මවා ගිය පිරිසිදු වූ දිවැසින් චුතවන්නා වූත්, උපදින්නා වූත් සත්වයන්ව දකිනවා. ඒ ඒ කර්මයන්ට අනුව හීන ප්‍රණීත වූත්, යහපත් අයහපත් වූත්, සුගති දුගතිවල සිටින්නා වූ සත්වයන් දකිනවා. ඔහු විසින් සාක්ෂාත් කරන දෙවෙනි විද්‍යාව මෙයයි. අවිද්‍යාව වැනසුනා. විද්‍යාව ඉපදුනා. අඳුර දුරුවුනා. ආලෝකය උදාවුනා. අප්‍රමාදීව කෙලෙස් තවන වීරිය ඇතුව ධර්මයේ හැසිරෙන කෙනෙකුට සිදු විය යුතු යම් විදිහක් ඇද්ද, එය එවැනි දෙයක්.

ඔහු (ඒ භික්ෂුව) ඔය අයුරින් සිත සමාධිමත් වූ විට, සිත පිරිසිදු වූ විට, ප්‍රභාෂ්වර වූ විට, කෙලෙසුන්ගෙන් බාධා රහිත වූ විට, උපක්ලේශ බැහැර වූ විට, මෘදුබවට පත් වූ විට, කර්මණ්‍ය (ඕනෑම දෙයකට හැරවිය හැකි පරිදි සකස්) වූ විට, ස්ථිරව පිහිටි විට, අකම්පිතව පිහිටි විට, ආශ්‍රව ක්ෂය කිරීම පිණිස සිත යොමු කරයි. එයට සිත නතු කරයි. එතකොට ඔහු මෙය දුක නම් වූ ආර්ය සත්‍යයයි කියලා යථාර්ථ වශයෙන්ම දැනගන්නවා. මෙය දුකේ හටගැනීම නම් වූ ආර්ය සත්‍යයයි කියලා යථාර්ථ වශයෙන්ම දැනගන්නවා. මෙය දුක නිරුද්ධවීම නම් වූ ආර්ය සත්‍යයයි කියලා යථාර්ථ වශයෙන්ම දැනගන්නවා. මෙය දුක නිරුද්ධ වීම පිණිස පවතින මාර්ගය නම් වූ ආර්ය සත්‍යයයි කියලා යථාර්ථ වශයෙන් දැනගන්නවා. මේවා ආශ්‍රව කියලා යථාර්ථ වශයෙන් දැනගන්නවා. මෙය ආශ්‍රවයන්ගේ හටගැනීම කියලා යථාර්ථ වශයෙන් දැනගන්නවා. මෙය ආශ්‍රව නිරුද්ධ වීම කියලා යථාර්ථ වශයෙන් දැනගන්නවා. මෙය ආශ්‍රව නිරුද්ධ වීම පිණිස පවතින ප්‍රතිපදාව කියලා යථාර්ථ වශයෙන් දැනගන්නවා. ඒ භික්ෂුව ඔය විදිහට දැනගනිද්දී, ඔය විදිහට දැකගනිද්දී, කාම ආශ්‍රවයන්ගෙනුත් සිත නිදහස් වෙනවා. භව ආශ්‍රවයන්ගෙනුත් සිත නිදහස් වෙනවා. අවිජ්ජා ආශ්‍රවයන්ගෙනුත් සිත නිදහස් වෙනවා. නිදහස් වූ විට නිදහස් වුණු බවට ඤාණය ඇතිවෙනවා. 'ඉපදීම ක්ෂය වුනා. බඹසර වාසය සම්පූර්ණ කළා. කළ යුතු දෙය කළා. නැවත සසර ගමනක් නැතැ'යි අවබෝධයෙන්ම දැනගන්නවා. ඔහු විසින් සාක්ෂාත් කරන තුන්වෙනි විද්‍යාව මෙයයි. අවිද්‍යාව වැනසුනා. විද්‍යාව ඉපදුනා. අඳුර දුරුවුනා. ආලෝකය උදාවුනා. අප්‍රමාදීව කෙලෙස් තවන වීරිය ඇතුව ධර්මයේ හැසිරෙන කෙනෙකුට සිදු විය යුතු යම් විදිහක් ඇද්ද, එය එවැනි දෙයක්.

15. සීලයෙහි මනාව පිහිටි, තැනට සුදුසු නුවණැති ධ්‍යාන වැඩූ යමෙකු ගේ සිත තම වසඟයේ පවතිනවාද, එකඟව තිබෙනවාද, මැනැවින්ම සමාහිතව තිබෙනවාද,

16. ඒකාන්තයෙන්ම ඔහු අවිඳු අඳුර දුරු කළ, වීරියවන්ත වූ, මාරයා බැහැර කළා වූ, දෙවිමිනිසුන්ගේ යහපතට පිළිපන්නා වූ, හැම කෙලෙස් ප්‍රහාණය කළා වූ, ත්‍රිවිද්‍යාලාභී කෙනෙක් කියලයි බුද්ධාදී උතුමන් පවසන්නේ.

17. මෙකී ත්‍රිවිද්‍යාවෙන් යුක්ත වූ, නොමුලා සිහියෙන් වාසය කරන්නා වූ, අන්තිම සිරුර දරන ඒ ගෞතම බුදුරජාණන් වහන්සේ හට දෙව් මිනිස් ලෝකයා වන්දනා කරනවාමයි.

18. යම් කෙනෙක් පෙර විසූ කඳ පිළිවෙල දන්නවා නම්, ස්වර්ගය හා අපාය දකිනවා නම්, ඒ වගේම තමා තුළ උපදවාගත් විශිෂ්ට නුවණින් යුතුව නිවන් මග සම්පූර්ණ කරගනිමින් උපතේ ක්ෂය වීම වූ නිවනට පැමිණියා නම්,

19. මෙකී ත්‍රිවිද්‍යාවෙන් යුක්ත වූ කෙනා තමයි ත්‍රිවිද්‍යාලාභී බ්‍රාහ්මණයා වන්නේ. මා අන්න ඔහුට තමයි ත්‍රිවිද්‍යාලාභී කෙනා කියලා කියන්නේ. කියන්නං වාලේ කවුරුත් කියනවාට ත්‍රිවිද්‍යාලාභියා කියා කියන්නේ නෑ.

පින්වත් බ්‍රාහ්මණය, ඔන්න ඔය විදිහටයි ආර්ය විනයෙහි ත්‍රිවිද්‍යාලාභියෙක් වන්නේ.”

“භවත් ගෞතමයන් වහන්ස, බ්‍රාහ්මණයන්ගේ ත්‍රිවිද්‍යාලාභියා ඉතා වෙනස්මයි. ආර්ය විනයෙහි ත්‍රිවිද්‍යාලාභියා ඉතා වෙනස්මයි. භවත් ගෞතමයන් වහන්ස, ආර්ය විනයෙහි ත්‍රිවිද්‍යාලාභී කෙනා හට බ්‍රාහ්මණයන්ගේ ත්‍රිවිද්‍යාලාභියා සොළොස්වන කලාවටවත් වටින්නේ නෑ.

භවත් ගෞතමයන් වහන්ස, ඉතා මනහරයි. ....(පෙ).... භවත් ගෞතමයන් වහන්ස, මා අද පටන් තෙරුවන් සරණ ගිය උපාසකයෙකු වශයෙන් පිළිගෙන වදාරණ සේක්වා!”

සාදු! සාදු!! සාදු!!!

3.2.1.9.

09. එදා ජානුස්සෝණි බ්‍රාහ්මණයා භාග්‍යවතුන් වහන්සේ වෙත පැමිණියා. පැමිණ භාග්‍යවතුන් වහන්සේ සමඟ ....(පෙ).... එකත්පස්ව වාඩිවුන ජානුස්සෝණි බ්‍රාහ්මණයා භාග්‍යවතුන් වහන්සේ ඉදිරියේ මෙකරුණ පැවසුවා. 'භවත් ගෞතමයන් වහන්ස, යම් කෙනෙකුගේ යාගයක් හෝ මතක බතක් හෝ සමූහ දානයක් හෝ ඒ වගේ දිය යුතු යමක් ඇත්නම්, දිය යුත්තේ ත්‍රිවිද්‍යාලාභී බ්‍රාහ්මණයන්ටමයි'

"පින්වත් බ්‍රාහ්මණය, බ්‍රාහ්මණවරු බ්‍රාහ්මණයෙකුව ත්‍රිවිද්‍යා ඇති කෙනෙක් බවට පණවන්නේ කවර කරුණු මතද?" "භවත් ගෞතමයන් වහන්ස, මෙහි බ්‍රාහ්මණයා මව්පිය දෙපාර්ශවයෙන්ම පිරිසිදු වූ, සුජාත උපතක් ඇති කෙනෙක්. පිරිසිදු මව්කුසක උපන් ඔහු හත් මුතු පරම්පරාවෙන්ම උපන් ජාතිය නින්දා නොලබා, ගැරහුම් නොලබා තිබිය යුතුයි. ඒ වගේම ඔහු වේද හදාරන කෙනෙක්. මන්ත්‍රධාරී කෙනෙක්. ඉතිහාසය පස්වෙනි කොට ඇති වේදසමයාගත භාෂා ශාස්ත්‍රයන්හි නිපුණත්වයක් ඇති අක්ෂර ප්‍රභේද ගැන හසල බුද්ධිය ඇති ත්‍රිවේද පරප්‍රාප්ත කෙනෙක්. වේදසමයාගත පද පාඨ දන්නා කෙනෙක්. ව්‍යාකරණ දන්නා කෙනෙක්. ලෝකායත ශාස්ත්‍රයෙහි, මහාපුරුෂ ලක්ෂණ ශාස්ත්‍රයෙහි නිපුණ කෙනෙක්. භවත් ගෞතමයන් වහන්ස, ඔන්න ඔය විදිහටයි බ්‍රාහ්මණවරු ත්‍රිවිද්‍යා බ්‍රාහ්මණයෙක්ව පණවන්නේ."

"පින්වත් බ්‍රාහ්මණය, බ්‍රාහ්මණවරු ත්‍රිවිද්‍යා බ්‍රාහ්මණයෙක්ව පණවන්නේ වෙනස් විදිහකට නෙව. ආර්ය විනයෙහි (බුදු සසුනෙහි) ත්‍රිවිද්‍යා ඇති කෙනා පණවන්නේ ඔයිට වඩා වෙනස් ආකාරයටයි." "භවත් ගෞතමයන් වහන්ස, ආර්ය විනයෙහි ත්‍රිවිද්‍යා ඇති කෙනා පණවන්නේ කොයි ආකාරයෙන්ද? භවත් ගෞතමයන් වහන්සේ යම් ආකාරයකින් ආර්ය විනයෙහි ත්‍රිවිද්‍යාලාභියෙක් ඇද්ද, ඒ අයුරින් මා හට ධර්මය දේශනා කරන සේක්වා!" "එසේ වී නම් පින්වත් බ්‍රාහ්මණය, සවන් දෙන්න. ....(පෙ).... භාග්‍යවතුන් වහන්සේ මෙම දෙසුම වදාළා.

"පින්වත් බ්‍රාහ්මණය, මෙහිලා භික්ෂුව කාමයන්ගෙන් වෙන්ව, ...(පෙ).... සතරවෙනි ධ්‍යානය උපදවා ගෙන වාසය කරනවා.

ඔහු (ඒ භික්ෂුව) ඔය අයුරින් සිත සමාධිමත් වූ විට, සිත පිරිසිදු වූ විට, ප්‍රභාෂ්වර වූ විට, කෙලෙසුන්ගෙන් බාධා රහිත වූ විට, උපක්ලේශ බැහැර වූ විට, මෘදුබවට පත් වූ විට, කර්මණ්‍ය (ඕනෑම දෙයකට හැරවිය හැකි පරිදි සකස්) වූ විට, ස්ථිරව පිහිටි විට, අකම්පිතව පිහිටි විට, කලින් ජීවිතය ගත කළ ආකාරය දන්නා නුවණ පිණිස සිත යොමු කරයි. එයට සිත නතු කරයි.

ඉතින් ඔහු නොයෙක් ආකාරයෙන් කලින් ජීවිත ගෙවූ හැටි (ආපස්සට) සිහි කරනවා. ඒ කියන්නේ, එක ජීවිතයක්, ජීවිත දෙකක්, ...(පෙ).... ආදී වශයෙන් ආකාර සහිතව, සවිස්තරව, අනේකප්‍රකාර වූ කලින් ගත කළ ජීවිත ගැන සිහි කරනවා. ඔහු විසින් සාක්ෂාත් කරන ප්‍රථම විද්‍යාව මෙයයි. අවිද්‍යාව වැනසුනා. විද්‍යාව ඉපදුනා. අඳුර දුරුවුනා. ආලෝකය උදාවුනා. අප්‍රමාදීව කෙලෙස් තවන වීරිය ඇතුව ධර්මයේ හැසිරෙන කෙනෙකුට සිදු විය යුතු යම් විදිහක් ඇද්ද, එය එවැනි දෙයක්.

ඔහු (ඒ භික්ෂුව) ඔය අයුරින් සිත සමාධිමත් වූ විට, සිත පිරිසිදු වූ විට, ප්‍රභාෂ්වර වූ විට, කෙලෙසුන්ගෙන් බාධා රහිත වූ විට, උපක්ලේශ බැහැර වූ විට, මෘදුබවට පත් වූ විට, කර්මණ්‍ය (ඕනෑම දෙයකට හැරවිය හැකි පරිදි සකස්) වූ විට, ස්ථිරව පිහිටි විට, අකම්පිතව පිහිටි විට, සත්වයන්ගේ චුතියත් උපතත් දකිනා නුවණ පිණිස සිත යොමු කරයි. එයට සිත නතු කරයි. එතකොට ඒ භික්ෂුව මිනිසුන්ගේ දැකීමේ හැකියාව ඉක්මවා ගිය පිරිසිදු වූ දිවැසින් ....(පෙ).... ඒ ඒ කර්මයන්ට අනුව හීන ප්‍රණීත වූත්, යහපත් අයහපත් වූත්, සුගති දුගතිවල සිටින්නා වූ සත්වයන් දකිනවා. ඔහු විසින් සාක්ෂාත් කරන දෙවෙනි විද්‍යාව මෙයයි. අවිද්‍යාව වැනසුනා. විද්‍යාව ඉපදුනා. අඳුර දුරුවුනා. ආලෝකය උදාවුනා. අප්‍රමාදීව කෙලෙස් තවන වීරිය ඇතුව ධර්මයේ හැසිරෙන කෙනෙකුට සිදු විය යුතු යම් විදිහක් ඇද්ද, එය එවැනි දෙයක්.

ඔහු (ඒ භික්ෂුව) ඔය අයුරින් සිත සමාධිමත් වූ විට, සිත පිරිසිදු වූ විට, ප්‍රභාෂ්වර වූ විට, කෙලෙසුන්ගෙන් බාධා රහිත වූ විට, උපක්ලේශ බැහැර වූ විට, මෘදුබවට පත් වූ විට, කර්මණ්‍ය (ඕනෑම දෙයකට හැරවිය හැකි පරිදි සකස්) වූ විට, ස්ථිරව පිහිටි විට, අකම්පිතව පිහිටි විට, කලින් ජීවිතය ගත කළ ආකාරය දන්නා නුවණ පිණිස සිත යොමු කරයි. එයට සිත නතු කරයි. එතකොට ඔහු මෙය දුක නම් වූ ආර්ය සත්‍යයයි කියලා යථාර්ථ වශයෙන්ම දැනගන්නවා. ....(පෙ).... මෙය දුක නිරුද්ධ වීම පිණිස පවතින මාර්ගය නම් වූ ආර්ය සත්‍යයයි කියලා යථාර්ථ වශයෙන් දැනගන්නවා. මේවා ආශ්‍රව කියලා යථාර්ථ වශයෙන් දැනගන්නවා. ....(පෙ).... මෙය ආශ්‍රව නිරුද්ධ වීම පිණිස පවතින ප්‍රතිපදාව කියලා යථාර්ථ වශයෙන් දැනගන්නවා. ඒ භික්ෂුව ඔය විදිහට දැනගනිද්දී, ඔය විදිහට දැකගනිද්දී, කාම ආශ්‍රවයන්ගෙනුත් සිත නිදහස් වෙනවා. භව ආශ්‍රවයන්ගෙනුත් සිත නිදහස් වෙනවා. අවිජ්ජා ආශ්‍රවයන්ගෙනුත් සිත නිදහස් වෙනවා. නිදහස් වූ විට නිදහස් වුණු බවට ඥාණය ඇතිවෙනවා. 'ඉපදීම ක්ෂය වුනා. බඹසර වාසය සම්පූර්ණ කළා. කළ යුතු දෙය කළා. නැවත සසර ගමනක් නැතැ'යි අවබෝධයෙන්ම දැනගන්නවා. ඔහු විසින් සාක්ෂාත්

කරන තුන්වෙනි විද්‍යාව මෙයයි. අවිද්‍යාව වැනසුනා. විද්‍යාව ඉපදුනා. අඳුර දුරුවුනා. ආලෝකය උදාවුනා. අප්‍රමාදීව කෙලෙස් තවන වීරිය ඇතුව ධර්මයේ හැසිරෙන කෙනෙකුට සිදු විය යුතු යම් විදිහක් ඇද්ද, එය එවැනි දෙයක්.

20. සීලයෙහි මනාව පිහිටි, තැනට සුදුසු නුවණැති ධ්‍යාන වැඩූ යමෙකු ගේ සිත තම වසඟයේ පවතිනවාද, එකඟව තිබෙනවාද, මැනැවින්ම සමාහිතව තිබෙනවාද,

21. යම් කෙනෙක් පෙර විසූ කඳ පිළිවෙල දන්නවා නම්, ස්වර්ගය හා අපාය දකිනවා නම්, ඒ වගේම තමා තුළ උපදවාගත් විශිෂ්ට නුවණින් යුතුව නිවන් මග සම්පූර්ණ කරගනිමින් උපතේ ක්ෂය වීම වූ නිවනට පැමිණියා නම්,

22. මෙකී ත්‍රිවිද්‍යාවෙන් යුක්ත වූ කෙනා තමයි ත්‍රිවිද්‍යාලාභී බ්‍රාහ්මණයා වන්නේ. මා අන්න ඔහුට තමයි ත්‍රිවිද්‍යාලාභී කෙනා කියලා කියන්නේ. කියන්නං වාලේ කවුරුත් කියනවාට ත්‍රිවිද්‍යාලාභියා කියා කියන්නේ නෑ.

පින්වත් බ්‍රාහ්මණය, ඔන්න ඔය විදිහටයි ආර්ය විනයෙහි ත්‍රිවිද්‍යාලාභියෙක් වන්නේ."

"භවත් ගෞතමයන් වහන්ස, බ්‍රාහ්මණයන්ගේ ත්‍රිවිද්‍යාලාභියා ඉතා වෙනස්මයි. ආර්ය විනයෙහි ත්‍රිවිද්‍යාලාභියා ඉතා වෙනස්මයි. භවත් ගෞතමයන් වහන්ස, ආර්ය විනයෙහි ත්‍රිවිද්‍යාලාභී කෙනා හට බ්‍රාහ්මණයන්ගේ ත්‍රිවිද්‍යාලාභියා සොළොස්වන කලාවටවත් වටින්නේ නෑ.

භවත් ගෞතමයන් වහන්ස, ඉතා මනහරයි. ....(පෙ).... භවත් ගෞතමයන් වහන්ස, මා අද පටන් තෙරුවන් සරණ ගිය උපාසකයෙකු වශයෙන් පිළිගෙන වදාරණ සේක්වා!"

සාදු! සාදු!! සාදු!!!

3.2.1.10.

15. එදා සංගාරව බ්‍රාහ්මණයා භාග්‍යවතුන් වහන්සේ වෙත පැමිණියා. පැමිණ භාග්‍යවතුන් වහන්සේ සමග ....(පෙ).... එකත්පස්ව වාඩිවුන සංගාරව බ්‍රාහ්මණයා භාග්‍යවතුන් වහන්සේ ඉදිරියේ මෙකරුණ පැවසුවා. "භවත් ගෞතමයන් වහන්ස, අපි ඉතින් බමුණො නෙව. අපි යාගත් කරනවා. ඒ වගේම යාග කරවනවා. භවත් ගෞතමයන් වහන්ස, එහිලා යමෙක් යාග කරයිද, යමෙක් යාග කරවයිද, ඒ සියලු දෙනාම මේ යාග කිරීම නම් වූ කාරණය හේතුවෙන් අනේක වූ ජීවිත තුළ පුණ්‍ය ප්‍රතිපදාවකටයි පැමිණිලා ඉන්නේ. භවත් ගෞතමයන් වහන්ස, යමෙක් වනාහී යම් පවුලකින් ගිහි ගෙදරින් නික්ම අනගාරික සසුනේ පැවිදි වෙනවාද, ඔහු දමනය කරන්නේ එක ආත්මයයි. සංසිඳුවන්නේ එක ආත්මයයි. පිරිනිවීමට පත්වෙන්නේ එක ආත්මයයි. ඔය ආකාරයෙන් මේ පුද්ගලයා මේ පැවිදිබව නම් වූ කාරණය හේතුවෙන් එක ජීවිතයකට අයත් වූ පුණ්‍ය ප්‍රතිපදාවකටයි පැමිණිලා ඉන්නේ."

"එසේ වී නම් පින්වත් බ්‍රාහ්මණය, මෙහිලා ඔබෙන්ම මා අසන්නම්. ඔබ යම් අයුරකින් කැමැති නම් ඒ අයුරින් පිළිතුරු දෙන්න. පින්වත් බ්‍රාහ්මණය, මේ ගැන ඔබ කුමක්ද සිතන්නේ? මෙහිලා අරහත් වූ, සම්මා සම්බුද්ධ වූ, විජ්ජාචරණ සම්පන්න වූ, සුගත වූ, ලෝකවිදූ වූ, අනුත්තරෝ පුරිසදම්ම සාරථී වූ, සත්ථා දේවමනුස්සානං වූ, බුද්ධ වූ, භගවා වූ තථාගතයන් වහන්සේ ලෝකයෙහි පහළ වෙනවා. උන්වහන්සේ මේ අයුරින් වදාරනවා. 'එන්න. මෙයයි මාර්ගය. මෙයයි ප්‍රතිපදාව. යම් අයුරකින් පිළිපැද්ද මා අනුත්තර වූ බ්‍රහ්මචරියාවට අයත් ඒ අමා නිවන තමන් තුළම උපදවා ගත් විශිෂ්ට නුවණින් යුතුව සාක්ෂාත් කරලයි කියා දෙන්නේ. ඉතින් ඔබත් එන්න. ඒ අයුරින් පිළිපදින්න. එතකොට යම් අයුරකින් පිළිපදින්නා වූ ඔබත් අනුත්තර වූ බ්‍රහ්මචරියාවට අයත් ඒ අමා නිවන තමන් තුළම උපදවා ගෙන විශිෂ්ට නුවණින් යුතුව සාක්ෂාත් කරගෙන වාසය කරනවා.' ඔය අයුරින් මේ ශාස්තෲන් වහන්සේද ධර්මය දේශනා කරනවා. අනෙක් උදවියත් ඒ අයුරින් පිළිපදිනවා. ඔවුන් නොයෙක් සිය ගණනින්, නොයෙක් දහස් ගණනින්, නොයෙක් ලක්ෂ ගණනින් යුක්තයි.

පින්වත් බ්‍රාහ්මණය, ඒ ගැන කුමක්ද සිතන්නේ? මෙසේ ඇති කල්හි මේ පැවිදිබව යන කරුණ එක ජීවිතයකට අදාළ පුණ්‍ය ප්‍රතිපදාවක්ද? අනේක ජීවිතවලටත් අදාළද?" "භවත් ගෞතමයන් වහන්ස, මෙසේ ඇති කල්හි මේ පැවිදි ජීවිතය යන කරුණ අනේක ජීවිතවලට අදාළ වූ පුණ්‍ය ප්‍රතිපදාවක්මයි."

මෙසේ කී කල්හි ආයුෂ්මත් ආනන්ද තෙරුන් සංගාරව බ්‍රාහ්මණයාට මෙකරුණ පැවසුවා. "පින්වත් බ්‍රාහ්මණය, ඔබ ඔය ප්‍රතිපදාවන් දෙකෙන් කවර

ප්‍රතිපදාවකටද කැමැති වන්නේ? ප්‍රතිඵල අඩු වූ ප්‍රතිපදාවටද? කරදර අඩු වූ ප්‍රතිපදාවටද? මහත් ඵල සහිත වූ, මහානිසංස වූ ප්‍රතිපදාවකටද?" මෙසේ පැවසූ විට සංගාරව බ්‍රාහ්මණයා ආයුෂ්මත් ආනන්ද තෙරුන් හට මෙය කියා සිටියා. "යම්බඳු භවත් ගෞතමයන් වහන්සේත්, භවත් ආනන්දයන් වහන්සේත් වෙත්ද, මුන්වහන්සේලා මා විසින් පිදිය යුතුයි. මුන්වහන්සේලා මා විසින් ප්‍රශංසා කළ යුතුයි."

මෙසේ කී විට ආයුෂ්මත් ආනන්ද තෙරුන් දෙවෙනි වතාවටද සංගාරව බ්‍රාහ්මණයාට මෙකරුණ පැවසුවා. "පින්වත් බ්‍රාහ්මණය, ඔබ විසින් පිදිය යුත්තේ කවුරුද? ඔබ විසින් ප්‍රශංසා කළ යුත්තේ කවුරුද? යන කාරණය මං ඔබෙන් ඇහුවේ නෑ. පින්වත් බ්‍රාහ්මණය, මා ඔබෙන් අසන්නේ මෙන්න මේ කාරණයයි. ඔබ ඔය ප්‍රතිපදාවන් දෙකෙන් කවර ප්‍රතිපදාවකටද කැමැති වන්නේ? ප්‍රතිඵල අඩු වූ ප්‍රතිපදාවටද? කරදර අඩු වූ ප්‍රතිපදාවටද? මහත් ඵල සහිත වූ, මහානිසංස වූ ප්‍රතිපදාවකටද?" මෙසේ පැවසූ විට සංගාරව බ්‍රාහ්මණයා දෙවෙනි වතාවටත් ආයුෂ්මත් ආනන්ද තෙරුන් හට මෙය කියා සිටියා. "යම්බඳු භවත් ගෞතමයන් වහන්සේත්, භවත් ආනන්දයන් වහන්සේත් වෙත්ද, මුන්වහන්සේලා මා විසින් පිදිය යුතුයි. මුන්වහන්සේලා මා විසින් ප්‍රශංසා කළ යුතුයි."

මෙසේ කී විට ආයුෂ්මත් ආනන්ද තෙරුන් තෙවෙනි වතාවටද සංගාරව බ්‍රාහ්මණයාට මෙකරුණ පැවසුවා. "පින්වත් බ්‍රාහ්මණය, ඔබ විසින් පිදිය යුත්තේ කවුරුද? ඔබ විසින් ප්‍රශංසා කළ යුත්තේ කවුරුද? යන කාරණය මං ඔබෙන් ඇහුවේ නෑ. පින්වත් බ්‍රාහ්මණය, මා ඔබෙන් අසන්නේ මෙන්න මේ කාරණයයි. ඔබ ඔය ප්‍රතිපදාවන් දෙකෙන් කවර ප්‍රතිපදාවකටද කැමැති වන්නේ? ප්‍රතිඵල අඩු වූ ප්‍රතිපදාවටද? කරදර අඩු වූ ප්‍රතිපදාවටද? මහත් ඵල සහිත වූ, මහානිසංස වූ ප්‍රතිපදාවකටද?" මෙසේ පැවසූ විට සංගාරව බ්‍රාහ්මණයා තුන්වෙනි වතාවටත් ආයුෂ්මත් ආනන්ද තෙරුන් හට මෙය කියා සිටියා. "යම්බඳු භවත් ගෞතමයන් වහන්සේත්, භවත් ආනන්දයන් වහන්සේත් වෙත්ද, මුන්වහන්සේලා මා විසින් පිදිය යුතුයි. මුන්වහන්සේලා මා විසින් ප්‍රශංසා කළ යුතුයි."

එවේලෙහි භාග්‍යවතුන් වහන්සේට මේ අදහස ඇතිවුනා. 'සංගාරව බ්‍රාහ්මණයා තුන්වරක් දක්වාම ආනන්දයන් විසින් කරුණු සහිතව අසන්නා වූ ප්‍රශ්නය හිර කරනවා, විසඳන්නේ නෑ. මා මෙයට මැදිහත්ව මේ අවුල බේරන්නට ඕන.' ඉතින් භාග්‍යවතුන් වහන්සේ සංගාරව බ්‍රාහ්මණයාට මෙකරුණ පැවසුවා. "පින්වත් බ්‍රාහ්මණය, අද රජුගේ ඇතුළු නුවර රැස්ව සිටියා වූ රජ පිරිස් අතර මොන වගේ අතුරු කථාවක්ද ඇතිවුනේ?" "භවත් ගෞතමයන් වහන්ස, අද රජුගේ ඇතුළු නුවර රැස්ව සිටියා වූ රජ පිරිස් අතර මේ අතුරු කථාව ඇතිවුනා.

ඒ කියන්නේ 'ඉස්සර නම් භික්ෂූන් වහන්සේලා ටික නමයි හිටියේ. නමුත් බොහෝ භික්ෂූන් වහන්සේ මිනිස් දහමින් උතුම් වූ ඉර්ධි ප්‍රාතිහාර්යය දැක්වූවා. දැන් කාලේ භික්ෂූන් වහන්සේලා බොහෝ සිටියත්, උතුරු මිනිස් දහමින් යුතු ඉර්ධි ප්‍රාතිහාර්යය දක්වන්නේ ස්වල්ප දෙනයි' කියලා. භවත් ගෞතමයන් වහන්ස, මෙන්න මේ අතුරු කථාව තමයි අද රජුගේ ඇතුළු නුවර රැස්ව සිටියා වූ රජ පිරිස් අතර ඇතිවුනේ."

"පින්වත් බ්‍රාහ්මණය, මෙම ප්‍රාතිහාර්යයන් තුනක් තියෙනවා. ඒ තුන මොනවාද? ඉර්ධි ප්‍රාතිහාර්යයත්, ආදේසනා ප්‍රාතිහාර්යයත්, අනුසාසනී ප්‍රාතිහාර්යයත්ය. පින්වත් බ්‍රාහ්මණය, ඉර්ධි ප්‍රාතිහාර්යය කියන්නේ කුමක්ද? පින්වත් බ්‍රාහ්මණය, මෙහිලා ඇතැම් කෙනෙක් අනේක ප්‍රකාර වූ ඉර්ධි ප්‍රාතිහාර්යය දක්වනවා. ඒ කියන්නේ තනි කෙනෙක්ව ඉඳගෙන බොහෝ දෙනෙක් වශයෙන් පෙනී සිටිනවා. බොහෝ දෙනෙක් වශයෙන් ඉඳගෙන එක්කෙනෙක්ව පෙනී සිටිනවා. පෙනෙන්ට සළස්වනවා. නොපෙනී යනවා. බිත්තිය විනිවිද, ප්‍රාකාරය විනිවිද, පර්වතය විනිවිද කිසිවක් හා නොගැටී අහසේ යන්නාක් මෙන් යනවා. ජලයේ වගේ පොළොවෙහි කිඳාබැසීමත්, උඩට මතුවීමත් කරනවා. පොළොව මතුපිට වගේ ජලය මත නොගිලී ඇවිද යනවා. අහසෙහි පියාසළන කුරුල්ලන් පරිද්දෙන් පළඟක් බැඳගෙන අහසේ ගමන් යනවා. මේසා මහත් ඉර්ධි ඇති, මහානුභාව ඇති හිරු සඳු පවා අතින් අල්ලනවා. පිරිමදිනවා. බඹලොව දක්වාම කයෙන් වශී කරගෙන ඉන්නවා. පින්වත් බ්‍රාහ්මණය, මේකට තමයි ඉර්ධි ප්‍රාතිහාර්යය කියල කියන්නේ.

පින්වත් බ්‍රාහ්මණය. ආදේශනා ප්‍රාතිහාර්යය කියන්නේ මොකක්ද? බ්‍රාහ්මණය, මෙහිලා ඇතැම් කෙනෙක් නිමිත්තෙන් කරුණු දක්වනවා. 'ඔබේ මනස මේ විදිහයි. ඔබේ මනස මේ විදිහටත් තියෙනවා. ඔබේ සිත මේ විදිහයි' කියලා. ඔහු බොහෝ සෙයින්ම කරුණු දක්වනවා. ඒ විදිහටමයි එය වෙන්නේ. වෙනත් විදිහකට නොවෙයි.

පින්වත් බ්‍රාහ්මණය, මෙහිලා ඇතැම් කෙනෙක් නිමිත්තෙන් කරුණු දක්වන්නේ නෑ. නමුත් මනුෂ්‍යයින්ගේ හෝ අමනුෂ්‍යයින්ගේ හෝ දේවතාවන්ගේ හෝ ශබ්දය අසා කරුණු දක්වනවා. 'ඔබේ මනස මේ විදිහයි. ඔබේ මනස මේ විදිහටත් තියෙනවා. ඔබේ සිත මේ විදිහයි' කියලා. ඔහු බොහෝ සෙයින්ම කරුණු දක්වනවා. ඒ විදිහටමයි එය වෙන්නේ. වෙනත් විදිහකට නොවෙයි.

පින්වත් බ්‍රාහ්මණය, මෙහිලා ඇතැම් කෙනෙක් නිමිත්තෙන් කරුණු දක්වන්නේ නෑ. ඒ වගේම මනුෂ්‍යයින්ගේ හෝ අමනුෂ්‍යයින්ගේ හෝ

දේවතාවන්ගේ හෝ ශබ්දය අසා කරුණු දක්වන්නේ නෑ. නමුත් විතර්ක කරන, අරමුණුවල සිත හසුරුවන කෙනෙකුගේ ඒ විතක්කවිප්ඵාර ශබ්දය අසා කරුණු දක්වනවා. 'ඔබේ මනස මේ විදිහයි. ඔබේ මනස මේ විදිහටත් තියෙනවා. ඔබේ සිත මේ විදිහයි' කියලා. ඔහු බොහෝ සෙයින්ම කරුණු දක්වනවා. ඒ විදිහටමයි එය වෙන්නේ. වෙනත් විදිහකට නොවේ.

පින්වත් බ්‍රාහ්මණය, මෙහිලා ඇතැම් කෙනෙක් නිමිත්තෙන් කරුණු දක්වන්නේ නෑ. ඒ වගේම මනුෂ්‍යයින්ගේ හෝ අමනුෂ්‍යයින්ගේ හෝ දේවතාවන්ගේ හෝ ශබ්දය අසා කරුණු දක්වන්නේ නෑ. ඒ වගේම විතර්ක කරන, අරමුණුවල සිත හසුරුවන කෙනෙකුගේ ඒ විතක්කවිප්ඵාර ශබ්දය අසා කරුණු දක්වන්නෙත් නෑ. නමුත් විතර්ක රහිත, විචාර රහිත සමාධියකට සමවැදී තම සිතින් තව කෙනෙකුගේ සිත පිරිසිඳ දැනගන්නවා. මේ භවතාණන්ගේ මනෝ සංස්කාර යම් අයුරකින් පිහිටා ඇද්ද, ඒ නිසා මේ සිතට අනතුරුව අසවල් විතර්කය තමයි විතර්ක කරන්නේ. ඔහු බොහෝ සෙයින්ම කරුණු දක්වනවා. ඒ විදිහටමයි එය වෙන්නේ. වෙනත් විදිහකට නොවේ. පින්වත් බ්‍රාහ්මණය, මෙයට තමයි කියන්නේ ආදේශනා ප්‍රාතිහාර්යය කියලා.

පින්වත් බ්‍රාහ්මණය, අනුශාසනී ප්‍රාතිහාර්යය කියන්නේ මොකක්ද? පින්වත් බ්‍රාහ්මණය, මෙහිලා භික්ෂුව මේ විදිහට අනුශාසනා කරනවා. 'මේ අයුරින් කල්පනා කරන්න. මේ අයුරින් කල්පනා කරන්න එපා. මේ විදිහට මෙනෙහි කරන්න. මේ විදිහට මෙනෙහි කරන්න එපා. මේ දේ අත්හරින්න. මේ දේ උපදවාගෙන වාසය කරන්න' කියලා. පින්වත් බ්‍රාහ්මණය, මේකට තමයි අනුශාසනා ප්‍රාතිහාර්යය කියල කියන්නේ. පින්වත් බ්‍රාහ්මණය, මේ තමයි ප්‍රාතිහාර්යය තුන. ඉතින් මේ ප්‍රාතිහාර්යය තුනෙන් වඩාත් සුන්දර යැයි, වඩාත් උසස් යැයි කියා ඔබ කැමැති වන්නේ කවර ප්‍රාතිහාර්යයකටද?"

"භවත් ගෞතමයන් වහන්ස, මෙහිලා ඇතැම් කෙනෙක් අනේක ප්‍රකාර වූ ඉර්ධි ප්‍රාතිහාර්යය දක්වනවාද, ...(පෙ).... බඹලොව දක්වාම කයෙන් වශී කරගෙන ඉන්නවාද යන මේ ප්‍රාතිහාර්යයක් ඇද්ද, භවත් ගෞතමයන් වහන්ස, මේ ප්‍රාතිහාර්යය යමෙක් කරනවා නම්, ඔහු විඳින්නෙත් එයයි. යමෙක් ඒකම කරනවා නම්, ඔහුට ඒ විදිහටමයි වෙන්නේ. භවත් ගෞතමයන් වහන්ස, මේ ප්‍රාතිහාර්ය පිළිබඳව මට නම් වැටහෙන්නේ මායාකාරී ස්වභාවයෙන් යුතු දෙයක් හැටියටයි.

භවත් ගෞතමයන් වහන්ස, යම් මේ ප්‍රාතිහාර්යයක් තියෙනවා නෙව. ඒ කියන්නේ මෙහිලා ඇතැම් කෙනෙක් නිමිත්තෙන් කරුණු දක්වනවා. 'ඔබේ

මනස මේ විදිහයි. ඔබේ මනස මේ විදිහටත් තියෙනවා. ඔබේ සිත මේ විදිහයි' කියලා. ඔහු බොහෝ සෙයින්ම කරුණු දක්වනවා. ඒ විදිහටමයි එය වෙන්නේ. වෙනත් විදිහකට නොවෙයි. ඒ වගේම භවත් ගෞතමයන් වහන්ස, මෙහිලා ඇතැම් කෙනෙක් නිමිත්තෙන් කරුණු දක්වන්නේ නෑ. නමුත් මනුෂ්‍යයින්ගේ හෝ අමනුෂ්‍යයින්ගේ හෝ දේවතාවන්ගේ හෝ ශබ්දය අසා කරුණු දක්වනවා. ඒ වගේම විතර්ක කරන, අරමුණුවල සිත හසුරුවන කෙනෙකුගේ ඒ විතක්කවිප්ඵාර ශබ්දය අසා කරුණු දක්වනවා. ....(පෙ).... ඒ වගේම විතර්ක කරන, අරමුණුවල සිත හසුරුවන කෙනෙකුගේ ඒ විතක්කවිප්ඵාර ශබ්දය අසා කරුණු දක්වන්නෙත් නෑ. නමුත් විතර්ක රහිත, විචාර රහිත සමාධියකට සමවැදී තම සිතින් තව කෙනෙකුගේ සිත පිරිසිඳ දැනගන්නවා. මේ භවතාණන්ගේ මනෝ සංස්කාර යම් අයුරකින් පිහිටා ඇද්ද, ඒ නිසා මේ සිතට අනතුරුව අසවල් විතර්කය තමයි විතර්ක කරන්නේ. ඔහු බොහෝ සෙයින්ම කරුණු දක්වනවා. ඒ විදිහටමයි එය වෙන්නේ. වෙනත් විදිහකට නොවේ. භවත් ගෞතමයන් වහන්ස, මේ ප්‍රාතිහාර්යය යමෙක් කරනවා නම්, ඔහු විඳින්නෙත් එයයි. යමෙක් ඒකම කරනවා නම්, ඔහුට ඒ විදිහටමයි වෙන්නේ. භවත් ගෞතමයන් වහන්ස, මේ ප්‍රාතිහාර්ය පිළිබඳව මට නම් වැටහෙන්නේ මායාකාරී ස්වභාවයෙන් යුතු දෙයක් හැටියටයි.

භවත් ගෞතමයන් වහන්ස, යම් මේ ප්‍රාතිහාර්යයක් තියෙනවා නෙව. ඒ කියන්නේ මෙහිලා කෙනෙක් මේ විදිහට අනුශාසනා කරනවා. 'මේ අයුරින් කල්පනා කරන්න. මේ අයුරින් කල්පනා කරන්න එපා. මේ විදිහට මෙනෙහි කරන්න. මේ විදිහට මෙනෙහි කරන්න එපා. මේ දේ අත්හරින්න. මේ දේ උපදවාගෙන වාසය කරන්න' කියලා. භවත් ගෞතමයන් වහන්ස, ඔය ප්‍රාතිහාර්යය තුනෙන්ම වඩාත් සුන්දරයි කියලා, වඩාත් උසස් කියලා මා කැමැති වන්නේ මෙයටයි.

භවත් ගෞතමයන් වහන්ස, ඉතා සුන්දරයි. භවත් ගෞතමයන් වහන්ස, ඉාත පුදුම සහගතයි. භවත් ගෞතමයන් වහන්සේ විසින් මොනතරම් සුභාෂිත වූ දෙයක්ද වදාළේ. අපි භවත් ගෞතමයන් වහන්සේ ඔය ප්‍රාතිහාර්යය තුනෙන්ම සමන්විත බවයි දරාගෙන ඉන්නේ. ඇත්තෙන්ම භවත් ගෞතමයන් වහන්සේ අනේක ප්‍රකාර වූ ඉර්ධි ප්‍රාතිහාර්යය දක්වනවා, ...(පෙ).... බඹලොව දක්වාම කයෙන් වශී කරගෙන ඉන්නවා. ඇත්තෙන්ම භවත් ගෞතමයන් වහන්සේ විතර්ක රහිත, විචාර රහිත සමාධියකට සමවැදී තම සිතින් තව කෙනෙකුගේ සිත පිරිසිඳ දැනගන්නවා. මේ භවතාණන්ගේ මනෝ සංස්කාර යම් අයුරකින් පිහිටා ඇද්ද, ඒ නිසා මේ සිතට අනතුරුව අසවල් විතර්කය තමයි විතර්ක

කරන්නේ. ඇත්තෙන්ම භවත් ගෞතමයන් වහන්සේ මේ විදිහට අනුශාසනා කරනවා. 'මේ අයුරින් කල්පනා කරන්න. මේ අයුරින් කල්පනා කරන්න එපා. මේ විදිහට මෙනෙහි කරන්න. මේ විදිහට මෙනෙහි කරන්න එපා. මේ දේ අත්හරින්න. මේ දේ උපදවාගෙන වාසය කරන්න' කියලා."

"පින්වත් බ්‍රාහ්මණය, ඒකාන්තයෙන්ම ඔබ විසින් මා කෙරෙහිම කරුණු ගලපා පැවසුවා නේද? එසේ වී නමුත් මම ඔබට එයද පවසන්නම්. පින්වත් බ්‍රාහ්මණය, මා අනේක ප්‍රකාර වූ ඉර්ධි ප්‍රාතිහාර්යය දක්වනවා, ...(පෙ).... බඹලොව දක්වාම කයෙන් වශී කරගෙන ඉන්නවා. පින්වත් බ්‍රාහ්මණය, මා විතර්ක රහිත, විචාර රහිත සමාධියකට සමවැදී තම සිතින් තව කෙනෙකුගේ සිත පිරිසිඳ දැනගන්නවා. මේ භවතාණන්ගේ මනෝ සංස්කාර යම් අයුරකින් පිහිටා ඇද්ද, ඒ නිසා මේ සිතට අනතුරුව අසවල් විතර්කය තමයි විතර්ක කරන්නේ කියලා. පින්වත් බ්‍රාහ්මණය, මා මේ විදිහට අනුශාසනා කරනවා. 'මේ අයුරින් කල්පනා කරන්න. මේ අයුරින් කල්පනා කරන්න එපා. මේ විදිහට මෙනෙහි කරන්න. මේ විදිහට මෙනෙහි කරන්න එපා. මේ දේ අත්හරින්න. මේ දේ උපදවාගෙන වාසය කරන්න' කියලා."

"භවත් ගෞතමයන් වහන්ස, භවත් ගෞතමයන් වහන්සේ හැරුණු කොට ඔය ප්‍රාතිහාර්ය තුනෙන් සමන්විත වූ තවත් එක භික්ෂුවක් හෝ ඉන්නවාද?" "පින්වත් බ්‍රාහ්මණය, භික්ෂූන් එක් සියයක්ම නොවේ, දෙසීයකුත් නොවේ, තුන්සියයකුත් නොවේ, හාරසියයකුත් නොවේ, පන්සියයකුත් නොවේ. ඔය ප්‍රාතිහාර්ය තුනෙන් සමන්විත වූ බොහෝ භික්ෂූන් වහන්සේලා ඉන්නවා." "භවත් ගෞතමයන් වහන්ස, දැන් ඒ භික්ෂූන් වහන්සේලා වැඩසිටිනේනේ කොහේද?" "පින්වත් බ්‍රාහ්මණය, මේ භික්ෂුසංඝයා අතරේමයි."

"භවත් ගෞතමයන් වහන්ස, ඉතා මනහරයි. ....(පෙ).... භවත් ගෞතමයන් වහන්ස, මා අද පටන් තෙරුවන් සරණ ගිය උපාසකයෙකු වශයෙන් පිළිගෙන වදාරණ සේක්වා!"

සාදු! සාදු!! සාදු!!!

පළමු වෙනි බ්‍රාහ්මණ වර්ගයයි.

2. මහා වර්ගය

3.2.2.1.

11. සැවැත් නුවරදී.....

පින්වත් මහණෙනි, මේ ආගම් තුනක් තියෙනවා. නුවණැත්තන් විසින් ප්‍රශ්න කරද්දී, නැවත නැවතත් විමසද්දී, කරුණු පෙන්වා දෙද්දී, වෙන මතයක් දරන කෙනෙකුට ඔය දෘෂ්ටියක් ගියොත්, අකිරියවාදය (කර්මඵල විශ්වාස නොකිරීම) තුළ තමයි පිහිටන්නේ. ඒ ආගම් තුන මොනවාද? පින්වත් මහණෙනි, මෙබඳු වාද ඇති, මෙබඳු දෘෂ්ටි ඇති ඇතැම් ශ්‍රමණ බ්‍රාහ්මණයින් ඉන්නවා. ඒ කියන්නේ 'මේ පුරුෂ පුද්ගලයා යම්කිසි සැපයක් වේවා, දුකක් වේවා, දුක් සැප රහිත වේවා යමක් විඳිනවා නම්, ඒ සෑම විඳීමක්ම පෙර කරන ලද දෙයට අනුවයි සිදුවන්නේ' කියලා. ඒ වගේම පින්වත් මහණෙනි, මෙබඳු වාද ඇති, මෙබඳු දෘෂ්ටි ඇති ඇතැම් ශ්‍රමණ බ්‍රාහ්මණයින් ඉන්නවා. ඒ කියන්නේ 'මේ පුරුෂ පුද්ගලයා යම්කිසි සැපයක් වේවා, දුකක් වේවා, දුක් සැප රහිත වේවා යමක් විඳිනවා නම්, ඒ සෑම විඳීමක්ම දෙවියන් වහන්සේ කෙනෙකුගේ මැවිල්ල හේතු කරගෙනයි සිදුවන්නේ' කියලා. ඒ වගේම පින්වත් මහණෙනි, මෙබඳු වාද ඇති, මෙබඳු දෘෂ්ටි ඇති ඇතැම් ශ්‍රමණ බ්‍රාහ්මණයින් ඉන්නවා. ඒ කියන්නේ 'මේ පුරුෂ පුද්ගලයා යම්කිසි සැපයක් වේවා, දුකක් වේවා, දුක් සැප රහිත වේවා යමක් විඳිනවා නම්, ඒ සෑම විඳීමක්ම හේතු ප්‍රත්‍ය රහිතවයි සිදුවන්නේ' කියලා.

පින්වත් මහණෙනි, මෙහිදී 'මේ පුරුෂ පුද්ගලයා යම්කිසි සැපයක් වේවා, දුකක් වේවා, දුක් සැප රහිත වේවා යමක් විඳිනවා නම්, ඒ සෑම විඳීමක්ම පෙර කරන ලද දෙයට අනුවයි සිදුවන්නේ' කියලා මෙබඳු වාද ඇති, මෙබඳු දෘෂ්ටි ඇති ඇතැම් ශ්‍රමණ බ්‍රාහ්මණයින් ඉන්නවාද, මා ඔවුන් වෙත එළැඹ මෙහෙමයි කියන්නේ. 'එම්බා ආයුෂ්මත්වරුනි, තමුන්නාන්සේලා මේ විදිහේ වාදයක්, මේ

විදිහේ දෘෂ්ටියක් දරනවා කියන්නේ හැබෑද? ඒ කියන්නේ 'මේ පුරුෂ පුද්ගලයා යම්කිසි සැපයක් වේවා, දුකක් වේවා, දුක් සැප රහිත වේවා යමක් විඳිනවා නම්, ඒ සෑම විඳීමක්ම පෙර කරන ලද දෙයට අනුවයි සිදුවන්නේ' කියලා. මා විසින් මේ විදිහට විමසද්දී "එසේය" කියලා ඔවුන් ප්‍රතිඥා දෙනවා. එතකොට මං ඔවුන්ට මෙහෙම කියනවා. "එම්බා ආයුෂ්මත්වරුනි, එසේ වී නම්, සතුන් මරන අය ඇතිවන්නේ පෙර කරන ලද කර්මානුරූපවයි. සොරකම් කරන අය ඇතිවන්නේ පෙර කරන ලද කර්මානුරූපවයි. අබ්‍රහ්මචාරී අය ඇතිවන්නේ පෙර කරන ලද කර්මානුරූපවයි. බොරු කියන අය ඇතිවන්නේ පෙර කරන ලද කර්මානුරූපවයි. කේලාම් කියන අය ඇතිවන්නේ පෙර කරන ලද කර්මානුරූපවයි. පරුෂ වචන කියන අය ඇතිවන්නේ පෙර කරන ලද කර්මානුරූපවයි. හිස් වචන කියන අය ඇතිවන්නේ පෙර කරන ලද කර්මානුරූපවයි. අනුන් සතු දෙයට ආශා කරන අය ඇතිවන්නේ පෙර කරන ලද කර්මානුරූපවයි. තරහ සිත් ඇති අය ඇතිවන්නේ පෙර කරන ලද කර්මානුරූපවයි. මිථ්‍යා දෘෂ්ටික අය ඇතිවන්නේ පෙර කරන ලද කර්මානුරූපවයි."

පින්වත් මහණෙනි, පෙර කළ කර්මයෙන් සියල්ල වෙනවා යන මතය හරයක් වශයෙන් පිළිගත් කෙනෙකුට 'මෙය කළ යුතුයි. මෙය නොකළ යුතුයි' යන කරුණ ගැන කැමැත්තක්වත්, උත්සාහයක්වත් ඇතිවෙන්නේ නෑ. ඉතින් ඔය විදිහට කළ යුතු නොකළ යුතු දෙය සත්‍යය වශයෙන් හැබෑවටම නොලැබෙන විට සිහි මුලාවෙලා, ආරක්ෂාවක් නැතුව වාසය කරන කෙනෙකුට තමා තුළ කරුණු සහිත වූ ශ්‍රමණ ජීවිතයක් ඇතිවෙන්නේ නෑ. පින්වත් මහණෙනි, ඔය මතය දරන්නා වූ ඔය දෘෂ්ටිය දරන්නා වූ ඒ ශ්‍රමණ බ්‍රාහ්මණයන් කෙරෙහි මා විසින් කරනු ලබන කරුණු සහිත වූ පළමුවෙනි නිග්‍රහය මෙයයි.

පින්වත් මහණෙනි, මෙහිදී 'මේ පුරුෂ පුද්ගලයා යම්කිසි සැපයක් වේවා, දුකක් වේවා, දුක් සැප රහිත වේවා යමක් විඳිනවා නම්, ඒ සෑම විඳීමක්ම දෙවියන් වහන්සේ කෙනෙකුගේ මැවිල්ල හේතු කරගෙනයි සිදුවන්නේ' කියලා මෙබඳු වාද ඇති, මෙබඳු දෘෂ්ටි ඇති ඇතැම් ශ්‍රමණ බ්‍රාහ්මණයින් ඉන්නවාද, මා ඔවුන් වෙත එළැඹ මෙහෙමයි කියන්නේ. 'එම්බා ආයුෂ්මත්වරුනි, තමුන්නාන්සේලා මේ විදිහේ වාදයක්, මේ විදිහේ දෘෂ්ටියක් දරනවා කියන්නේ හැබෑද? ඒ කියන්නේ 'මේ පුරුෂ පුද්ගලයා යම්කිසි සැපයක් වේවා, දුකක් වේවා, දුක් සැප රහිත වේවා යමක් විඳිනවා නම්, ඒ සෑම විඳීමක්ම දෙවියන් වහන්සේ කෙනෙකුගේ මැවිල්ල හේතු කරගෙනයි සිදුවන්නේ' කියලා. මා විසින් මේ විදිහට විමසද්දී "එසේය" කියලා ඔවුන් ප්‍රතිඥා දෙනවා. එතකොට මං ඔවුන්ට මෙහෙම කියනවා. "එම්බා ආයුෂ්මත්වරුනි, එසේ වී නම්, සතුන් මරන අය

ඇතිවන්නේ දෙවියන් වහන්සේගේ මැවීම හේතු කරගෙනයි. ....(පෙ).... මිථ්‍යා දෘෂ්ටික අය ඇතිවන්නේ දෙවියන් වහන්සේගේ මැවීම හේතු කරගෙනයි."

පින්වත් මහණෙනි, දෙවියන් වහන්සේගේ මැවීම හේතු කරගෙන සියල්ල වෙනවා යන මතය හරයක් වශයෙන් පිළිගත් කෙනෙකුට 'මෙය කළ යුතුයි. මෙය නොකළ යුතුයි' යන කරුණ ගැන කැමැත්තක්වත්, උත්සාහයක්වත් ඇතිවෙන්නේ නෑ. ඉතින් ඔය විදිහට කළ යුතු නොකළ යුතු දෙය සත්‍යය වශයෙන් හැබෑවටම නොලැබෙන විට සිහි මුලාවෙලා, ආරක්ෂාවක් නැතුව වාසය කරන කෙනෙකුට තමා තුළ කරුණු සහිත වූ ශ්‍රමණ ජීවිතයක් ඇතිවෙන්නේ නෑ. පින්වත් මහණෙනි, ඔය මතය දරන්නා වූ ඔය දෘෂ්ටිය දරන්නා වූ ඒ ශ්‍රමණ බ්‍රාහ්මණයන් කෙරෙහි මා විසින් කරනු ලබන කරුණු සහිත වූ දෙවෙනි නිග්‍රහය මෙයයි.

පින්වත් මහණෙනි, මෙහිදී 'මේ පුරුෂ පුද්ගලයා යම්කිසි සැපයක් වේවා, දුකක් වේවා, දුක් සැප රහිත වේවා යමක් විඳිනවා නම්, ඒ සැම විඳීමක්ම හේතු ප්‍රත්‍ය රහිතවයි සිදුවන්නේ' කියලා මෙබඳු වාද ඇති, මෙබඳු දෘෂ්ටි ඇති ඇතැම් ශ්‍රමණ බ්‍රාහ්මණයින් ඉන්නවාද, මා ඔවුන් වෙත එළැඹ මෙහෙමයි කියන්නේ. 'එම්බා ආයුෂ්මත්වරුනි, තමුන්නාන්සේලා මේ විදිහේ වාදයක්, මේ විදිහේ දෘෂ්ටියක් දරනවා කියන්නේ හැබෑද? ඒ කියන්නේ 'මේ පුරුෂ පුද්ගලයා යම්කිසි සැපයක් වේවා, දුකක් වේවා, දුක් සැප රහිත වේවා යමක් විඳිනවා නම්, ඒ සැම විඳීමක්ම හේතු ප්‍රත්‍ය රහිතවයි සිදුවන්නේ' කියලා. මා විසින් මේ විදිහට විමසද්දී "එසේය" කියලා ඔවුන් ප්‍රතිඥා දෙනවා. එතකොට මං ඔවුන්ට මෙහෙම කියනවා. "එම්බා ආයුෂ්මත්වරුනි, එසේ වී නම්, සතුන් මරන අය ඇතිවන්නේ හේතු ප්‍රත්‍ය රහිතවයි. ....(පෙ).... මිථ්‍යා දෘෂ්ටික අය ඇතිවන්නේ හේතු ප්‍රත්‍ය රහිතවයි."

පින්වත් මහණෙනි, හේතු ප්‍රත්‍ය රහිතව සියල්ල වෙනවා යන මතය හරයක් වශයෙන් පිළිගත් කෙනෙකුට 'මෙය කළ යුතුයි. මෙය නොකළ යුතුයි' යන කරුණ ගැන කැමැත්තක්වත්, උත්සාහයක්වත් ඇතිවෙන්නේ නෑ. ඉතින් ඔය විදිහට කළ යුතු නොකළ යුතු දෙය සත්‍යය වශයෙන් හැබෑවටම නොලැබෙන විට සිහි මුලාවෙලා, ආරක්ෂාවක් නැතුව වාසය කරන කෙනෙකුට තමා තුළ කරුණු සහිත වූ ශ්‍රමණ ජීවිතයක් ඇතිවෙන්නේ නෑ. පින්වත් මහණෙනි, ඔය මතය දරන්නා වූ ඔය දෘෂ්ටිය දරන්නා වූ ඒ ශ්‍රමණ බ්‍රාහ්මණයන් කෙරෙහි මා විසින් කරනු ලබන කරුණු සහිත වූ තුන්වෙනි නිග්‍රහය මෙයයි.

පින්වත් මහණෙනි, ඔය ආගම් තුන තමයි තියෙන්නේ. නුවණැත්තන්

විසින් ප්‍රශ්න කරද්දී, නැවත නැවත් විමසද්දී, කරුණු පෙන්වා දෙද්දී, වෙන මතයක් දරන කෙනෙකුට ඔය දෘෂ්ටියක් ගියොත්, අකිරියවාදය (කර්මඵල විශ්වාස නොකිරීම) තුළ පිහිටනවා.

පින්වත් මහණෙනි, මා විසින් මේ ධර්මය දේශනා කරලයි තියෙන්නේ. එය නුවණැති ශ්‍රමණ බ්‍රාහ්මණයන් විසින් නිග්‍රහ නොකරන ධර්මයක්. නොකෙලෙසන ධර්මයක්. උපවාද නොකරන ධර්මයක්. බැහැර නොකරන ධර්මයක්. පින්වත් මහණෙනි, මා විසින් දේශනා කරන ලද, නුවණැති ශ්‍රමණ බ්‍රාහ්මණයන් විසින් නිග්‍රහ නොකරන, නොකෙලෙසන, උපවාද නොකරන, බැහැර නොකරන ලද ධර්මය කුමක්ද? පින්වත් මහණෙනි, මා විසින් ධර්මය දේශනා කරන ලද්දේ 'මේ ධාතු සයකි' කියාය. මෙය නුවණැති ශ්‍රමණ බ්‍රාහ්මණයන් විසින් නිග්‍රහ නොකළ හැකි දෙයකි. ....(පෙ).... බැහැර නොකළ දෙයකි. පින්වත් මහණෙනි, මා විසින් ධර්මය දේශනා කරන ලද්දේ 'මේ ස්පර්ශ ආයතන හයකි' කියාය. මෙය නුවණැති ශ්‍රමණ බ්‍රාහ්මණයන් විසින් නිග්‍රහ නොකළ හැකි දෙයකි. ....(පෙ).... බැහැර නොකළ දෙයකි. පින්වත් මහණෙනි, මා විසින් ධර්මය දේශනා කරන ලද්දේ 'මේ මනස හැසිරෙන තැන් දහ අටකි' කියාය. මෙය නුවණැති ශ්‍රමණ බ්‍රාහ්මණයන් විසින් නිග්‍රහ නොකළ හැකි දෙයකි. ....(පෙ).... බැහැර නොකළ දෙයකි. පින්වත් මහණෙනි, මා විසින් ධර්මය දේශනා කරන ලද්දේ 'මේ ආර්ය සත්‍යයන් හතරකි' කියාය. මෙය නුවණැති ශ්‍රමණ බ්‍රාහ්මණයන් විසින් නිග්‍රහ නොකළ හැකි දෙයකි. ....(පෙ).... බැහැර නොකළ දෙයකි.

පින්වත් මහණෙනි, නුවණැති ශ්‍රමණ බ්‍රාහ්මණයන් විසින් නිග්‍රහ නොකරන ලද, උපවාද නොකරන ලද, බැහැර නොකරන ලද, 'මේ ධාතු සයකි'යි යන ධර්මය මා විසින් දේශනා කරන ලදියි යනුවෙන් මෙසේ යමක් කියන ලද්දේමය. මෙය මා විසින් කියන ලද්දේ කවර කරුණක් අරභයාද? පින්වත් මහණෙනි, මේ ධාතු හයකි. එනම් පඨවි ධාතු, ආපෝ ධාතු, තේජෝ ධාතු, වායෝ ධාතු, ආකාස ධාතු, විඤ්ඤාණ ධාතුයි. පින්වත් මහණෙනි, නුවණැති ශ්‍රමණ බ්‍රාහ්මණයන් විසින් නිග්‍රහ නොකරන ලද, උපවාද නොකරන ලද, බැහැර නොකරන ලද, 'මේ ධාතු සයකි'යි යන ධර්මය මා විසින් දේශනා කරන ලදියි යනුවෙන් මෙසේ යමක් කියන ලද්දේමයි. මෙය මා විසින් කියන ලද්දේ මෙම කරුණ අරභයායි.

පින්වත් මහණෙනි, නුවණැති ශ්‍රමණ බ්‍රාහ්මණයන් විසින් නිග්‍රහ නොකරන ලද, උපවාද නොකරන ලද, බැහැර නොකරන ලද, 'මේ ස්පර්ශ ආයතන සයකි'යි යන ධර්මය මා විසින් දේශනා කරන ලදියි යනුවෙන් මෙසේ

යමක් කියන ලද්දේමය. මෙය මා විසින් කියන ලද්දේ කවර කරුණක් අරභයාද? පින්වත් මහණෙනි, මේ ස්පර්ශ ආයතන හයකි. එනම් ඇස නම් වූ ස්පර්ශ ආයතනය, කන නම් වූ ස්පර්ශ ආයතනය, නාසය නම් වූ ස්පර්ශ ආයතනය, දිව නම් වූ ස්පර්ශ ආයතනය, කය නම් වූ ස්පර්ශ ආයතනය, මනස නම් වූ ස්පර්ශ ආයතනයයි. පින්වත් මහණෙනි, නුවණැති ශ්‍රමණ බ්‍රාහ්මණයන් විසින් නිග්‍රහ නොකරන ලද, උපවාද නොකරන ලද, බැහැර නොකරන ලද, 'මේ ස්පර්ශ ආයතන සයකි'යි යන ධර්මය මා විසින් දේශනා කරන ලදියි යනුවෙන් මෙසේ යමක් කියන ලද්දේමයි. මෙය මා විසින් කියන ලද්දේ මෙම කරුණ අරභයායි.

පින්වත් මහණෙනි, නුවණැති ශ්‍රමණ බ්‍රාහ්මණයන් විසින් නිග්‍රහ නොකරන ලද, උපවාද නොකරන ලද, බැහැර නොකරන ලද, 'මේ මනස හැසිරෙන තැන් දහ අටකි'යි යන ධර්මය මා විසින් දේශනා කරන ලදියි යනුවෙන් මෙසේ යමක් කියන ලද්දේමය. මෙය මා විසින් කියන ලද්දේ කවර කරුණක් අරභයාද? පින්වත් මහණෙනි, මේ මනස හැසිරෙන තැන් දහඅටකි. එනම් ඇසින් රූපයක් දැක සොම්නසට කරුණු වූ රූපය ගැන සිත හැසිරෙයි, දොම්නසට කරුණු වූ රූපය ගැන සිත හැසිරෙයි, උපේක්ෂාවට කරුණු වූ රූපය ගැන සිත හැසිරෙයි. කනෙන් ශබ්දයක් අසා ....(පෙ).... නාසයෙන් ගඳ සුවඳ ආඝ්‍රාණය කර ....(පෙ).... දිවෙන් රස විඳ ....(පෙ).... කයෙන් පහස ලබා ....(පෙ).... මනසින් අරමුණක් දැන සොම්නසට කරුණු වූ අරමුණ ගැන සිත හැසිරෙයි, දොම්නසට කරුණු වූ අරමුණ ගැන සිත හැසිරෙයි, උපේක්ෂාවට කරුණු වූ අරමුණ ගැන සිත හැසිරෙයි. පින්වත් මහණෙනි, නුවණැති ශ්‍රමණ බ්‍රාහ්මණයන් විසින් නිග්‍රහ නොකරන ලද, උපවාද නොකරන ලද, බැහැර නොකරන ලද, 'මේ මනස හැසිරෙන තැන් දහ අටකි'යි යන ධර්මය මා විසින් දේශනා කරන ලදියි යනුවෙන් මෙසේ යමක් කියන ලද්දේමයි. මෙය මා විසින් කියන ලද්දේ මෙම කරුණ අරභයායි.

පින්වත් මහණෙනි, නුවණැති ශ්‍රමණ බ්‍රාහ්මණයන් විසින් නිග්‍රහ නොකරන ලද, උපවාද නොකරන ලද, බැහැර නොකරන ලද, 'මේ ආර්ය සත්‍යය සතරකි'යි යන ධර්මය මා විසින් දේශනා කරන ලදියි යනුවෙන් මෙසේ යමක් කියන ලද්දේමය. මෙය මා විසින් කියන ලද්දේ කවර කරුණක් අරභයාද? පින්වත් මහණෙනි, (පඨවි, ආපෝ, තේජෝ, වායෝ, ආකාස, විඤ්ඤාණ යන) ධාතූන් සය නිසා මව්කුසකට බැසගැනීම සිදුවෙනවා. මව්කුසකට බැසගැනීම ඇති විට, නාමරූප ඇතිවෙනවා. නාමරූප හේතු කරගෙන ආයතන හය ඇතිවෙනවා. ආයතන හය හේතු කරගෙන ස්පර්ශය ඇතිවෙනවා. ස්පර්ශය හේතු කරගෙන

විඳීම ඇතිවෙනවා. පින්වත් මහණෙනි, විඳින කෙනා හට තමයි මා මෙය දුකය කියා පණවන්නේ. මෙය දුකේ හටගැනීමය කියා පණවන්නේ. මෙය දුක් නිරුද්ධ වීමය කියා පණවන්නේ. මෙය දුක් නිරුද්ධවන්නා වූ ප්‍රතිපදාවය කියා පණවන්නේ.

පින්වත් මහණෙනි, දුක නම් වූ ආර්ය සත්‍යය යනු කුමක්ද? ඉපදීමත් දුකකි. ජරාවට පත්වීමත් දුකකි. රෝග පීඩා වැළඳීමත් දුකකි. මරණයද දුකකි. ශෝක, වැළපීම්, කායික දුක්, මානසික දුක්, සුසුම් හෙළීම් ආදියත් දුකකි. කැමැති වන්නා වූ යමක් නොලැබෙයිද එයත් දුකකි. සියල්ල හකුළුවා පැවසුවොත් පඤ්ච උපාදානස්කන්ධයම දුකකි. පින්වත් මහණෙනි, දුක නම් වූ ආර්ය සත්‍යය කියන්නේ මෙයටයි.

පින්වත් මහණෙනි, දුකෙහි හටගැනීම නම් වූ ආර්ය සත්‍යය කුමක්ද? ආර්ය සත්‍යාවබෝධ නොවීම නම් වූ අවිද්‍යාව හේතු කරගෙන සංස්කාර ඇතිවෙනවා. සංස්කාර හේතු කරගෙන විඤ්ඤාණය ඇතිවෙනවා. විඤ්ඤාණය හේතු කරගෙන නාමරූප ඇතිවෙනවා. නාමරූප හේතු කරගෙන ආයතන හය ඇතිවෙනවා. ආයතන හය හේතු කරගෙන ස්පර්ශය ඇතිවෙනවා. ස්පර්ශය හේතු කරගෙන විඳීම ඇතිවෙනවා. විඳීම හේතු කරගෙන තණ්හාව ඇතිවෙනවා. තණ්හාව හේතු කරගෙන බැඳීම ඇතිවෙනවා. බැඳීම හේතු කරගෙන විපාක පිණිස කර්ම සකස් වෙනවා. කර්ම සකස් වීම (භවය) හේතු කරගෙන ඉපදෙනවා. ඉපදීම හේතු කරගෙන ජරාමරණ, ශෝක, වැළපීම්, කායික දුක්, මානසික දුක්, සුසුම් හෙළීම් ආදිය හටගන්නවා. ඔන්න ඔය විදිහටයි මේ මුළු මහත් දුක් රැසම හටගන්නේ. පින්වත් මහණෙනි, දුකෙහි හටගැනීම නම් වූ ආර්ය සත්‍යය කියන්නේ මෙයටයි.

පින්වත් මහණෙනි, දුක නිරුද්ධ වීම නම් වූ ආර්ය සත්‍යය කුමක්ද? අවිද්‍යාව සහමුලින්ම නැතිවෙලා නිරුද්ධ වීමෙන් සංස්කාර නිරුද්ධ වෙලා යනවා. සංස්කාර නිරුද්ධ වීමෙන් විඤ්ඤාණය නිරුද්ධ වෙලා යනවා. විඤ්ඤාණය නිරුද්ධ වීමෙන් නාමරූප නිරුද්ධ වෙලා යනවා. නාමරූප නිරුද්ධ වීමෙන් ආයතන හය නිරුද්ධ වෙලා යනවා. ආයතන හය නිරුද්ධ වීමෙන් ස්පර්ශය නිරුද්ධ වෙලා යනවා. ස්පර්ශය නිරුද්ධ වීමෙන් විඳීම නිරුද්ධ වෙලා යනවා. විඳීම නිරුද්ධ වීමෙන් තණ්හාව නිරුද්ධ වෙලා යනවා. තණ්හාව නිරුද්ධ වීමෙන් බැඳීම නිරුද්ධ වෙලා යනවා. බැඳීම නිරුද්ධ වීමෙන් විපාක පිණිස කර්ම සකස් වීම නිරුද්ධ වෙලා යනවා. කර්ම සකස් වීම නිරුද්ධ වීමෙන් ඉපදීම නිරුද්ධ වෙලා යනවා. ඉපදීම හේතු කරගෙන ජරාමරණ, ශෝක, වැළපීම්, කායික දුක්, මානසික දුක්, සුසුම් හෙළීම් ආදිය නිරුද්ධ වෙලා යනවා. ඔන්න ඔය විදිහටයි

මේ මුළු මහත් දුක් රැසම නිරුද්ධ වෙලා යන්නේ. පින්වත් මහණෙනි, දුක නිරුද්ධ වීම නම් වූ ආර්ය සත්‍යය කියන්නේ මෙයටයි.

පින්වත් මහණෙනි, දුක නිරුද්ධ වන්නා වූ ප්‍රතිපදාව නම් වූ ආර්ය සත්‍යය යනු කුමක්ද? ඒ මේ ආර්ය අෂ්ටාංගික මාර්ගයමය. එනම්, සම්මා දිට්ඨි, සම්මා සංකප්ප, සම්මා වාචා, සම්මා කම්මන්ත, සම්මා ආජීව, සම්මා වායාම, සම්මා සති, සම්මා සමාධි යන මෙයයි. පින්වත් මහණෙනි, දුක නිරුද්ධ වන්නා වූ ප්‍රතිපදාව නම් වූ ආර්ය සත්‍යය කියන්නේ මෙයටයි.

පින්වත් මහණෙනි, නුවණැති ශ්‍රමණ බ්‍රාහ්මණයන් විසින් නිග්‍රහ නොකරන ලද, උපවාද නොකරන ලද, බැහැර නොකරන ලද, 'මේ ආර්ය සත්‍යය හතරකි'යි යන ධර්මය මා විසින් දේශනා කරන ලදියි යනුවෙන් මෙසේ යමක් කියන ලද්දේමයි. මෙය මා විසින් කියන ලද්දේ මෙමම කරුණ අරභයායි.

සාදු! සාදු!! සාදු!!!

3.2.2.2.

12. පින්වත් මහණෙනි, මව්පියන්ට දරුවනුත්, දරුවන්ට දෙමව්පියන්වත් අහිමි වීමේ භය නම් වූ මේ අමාතාපුත්තික භය තුනක් අශ්‍රැතවත් පෘතග ජනයාට තියෙනවා. ඒ කවර තුනක්ද? පින්වත් මහණෙනි, යම් කලෙක මහා ගින්නක් හටගන්නවා නම්, එබඳු කාලයක් තිබෙනවා තමයි. පින්වත් මහණෙනි, මහා ගින්නක් හටගත් කල්හි එයින් ගම් ගිනිගන්නවා. නියම්ගම්ද ගිනිග න්නවා. නගරත් ගිනිගන්නවා. ගම් ගිනිගනිද්දී, නියම්ගම් ගිනිගනිද්දී, නගර ගිනි ගනිද්දී එහි මවට දරුවා නොලැබී යනවා. දරුවටත් මව නොලැබී යනවා. පින්වත් මහණෙනි, මෙය පළමුවෙනි අමාතාපුත්තික භය කියලයි අශ්‍රැතවත් පෘථග්ජනයා කියන්නේ.

පින්වත් මහණෙනි, තවදුරටත් කියනවා නම්, යම් කලෙක මහා වැසි හටගන්නවා නම්, එබඳු කාලයක් තිබෙනවා තමයි. පින්වත් මහණෙනි, මහා වැසි හටගත් කල්හි මහා ගංවතුර හටගන්නවා. මහා ගංවතුරක් පැතිරී යන විට ගම් ගසාගෙන යනවා. නියම්ගම්ද ගසාගෙන යනවා. නගරත් ගසාගෙන යනවා. ගම් ගසාගෙන යද්දී, නියම්ගම් ගසාගෙන යද්දී, නගර ගසාගෙන යද්දී එහි මවට දරුවා නොලැබී යනවා. දරුවටත් මව නොලැබී යනවා. පින්වත් මහණෙනි, මෙය දෙවෙනි අමාතාපුත්තික භය කියලයි අශ්‍රැතවත් පෘථග්ජනයා කියන්නේ.

පින්වත් මහණෙනි, තවදුරටත් කියනවා නම්, යම් කලෙක සොරසතුරු උවදුරක් ඇතිවෙනවා නම්, ජනපද වැසියන් බියෙන් තැතිගෙන කරත්තවල නැගී හිස් ලූ ලූ අත පලායනවා නම්, එබඳු කාලයක් තිබෙනවා තමයි. පින්වත් මහණෙනි, සොරසතුරු උවදුරක් ඇතිවෙද්දී, ජනපද වැසියන් බියෙන් තැතිගෙන කරත්තවල නැගී හිස් ලූ ලූ අත පලායද්දී, එහි මවට දරුවා නොලැබී යනවා. දරුවටත් මව නොලැබී යනවා. පින්වත් මහණෙනි, මෙය තුන්වෙනි අමාතාපුත්තික භය කියලයි අශ්‍රැතවත් පෘථග්ජනයා කියන්නේ.

පින්වත් මහණෙනි, මව් සහිතවම, දරුවන් සහිතවම ඇතිවන සමාතාපුත්තික භය වන ඒ තුන් බියටයි අශ්‍රැතවත් පෘථග්ජනයා අමාතාපුත්තික භය කියල කියන්නේ. ඒ කවර තුනක්ද? පින්වත් මහණෙනි, යම් කලෙක මහා ගින්නක් හටගන්නවා නම්, එබඳු කාලයක් තිබෙනවා තමයි. පින්වත් මහණෙනි, මහා ගින්නක් හටගත් කල්හි එයින් ගම් ගිනිගන්නවා. ....(පෙ).... නගරත් ගිනි ගන්නවා. ගම් ගිනිගනිද්දී, නියම්ගම් ගිනිගනිද්දී, නගර ගිනිගනිද්දී යම් කලෙක මවට දරුවා මුණගැසෙනවා නම්, දරුවාටද මව මුණගැසෙනවා නම්, එබඳු කාලයක් තියෙනවා. පින්වත් මහණෙනි, මව් සහිතවම දරුවන් සහිතවම ඇතිවෙන මේ පළමුවෙනි භයට තමයි අශ්‍රැතවත් පෘථග්ජනයා අමාතාපුත්තික භය කියල කියන්නේ.

පින්වත් මහණෙනි, තවදුරටත් කියනවා නම්, යම් කලෙක මහා වැසි හටගන්නවා නම්, එබඳු කාලයක් තිබෙනවා තමයි. පින්වත් මහණෙනි, මහා වැසි හටගත් කල්හි මහා ගංවතුර හටගන්නවා. මහා ගංවතුරක් පැතිරී යන විට ගම් ගසාගෙන යනවා. නියම්ගම්ද ගසාගෙන යනවා. නගරත් ගසාගෙන යනවා. ගම් ගසාගෙන යද්දී, නියම්ගම් ගසාගෙන යද්දී, නගර ගසාගෙන යද්දී යම් කලෙක මවට දරුවා මුණගැසෙනවා නම්, දරුවාටද මව මුණගැසෙනවා නම්, එබඳු කාලයක් තියෙනවා. පින්වත් මහණෙනි, මව් සහිතවම දරුවන් සහිතවම ඇතිවෙන මේ දෙවෙනි භයට තමයි අශ්‍රැතවත් පෘථග්ජනයා අමාතාපුත්තික භය කියල කියන්නේ.

පින්වත් මහණෙනි, තවදුරටත් කියනවා නම්, යම් කලෙක සොරසතුරු උවදුරක් ඇතිවෙනවා නම්, ජනපද වැසියන් බියෙන් තැතිගෙන කරත්තවල නැගී හිස් ලූ ලූ අත පලායනවා නම්, එබඳු කාලයක් තිබෙනවා තමයි. පින්වත් මහණෙනි, සොරසතුරු උවදුරක් ඇතිවෙද්දී, ජනපද වැසියන් බියෙන් තැතිගෙන කරත්තවල නැගී හිස් ලූ ලූ අත පලායද්දී, යම් කලෙක මවට දරුවා මුණ

ගැසෙනවා නම්, දරුවාටද මව මුණගැසෙනවා නම්, එබඳු කාලයක් තියෙනවා. පින්වත් මහණෙනි, මව් සහිතවම දරුවන් සහිතවම ඇතිවෙන මේ තුන්වෙනි භයට තමයි අශ්‍රැතවත් පෘථග්ජනයා අමාතාපුත්තික භය කියල කියන්නේ.

පින්වත් මහණෙනි, මව්පියන්ට දරුවනුත්, දරුවන්ට මව්පියනුත් අහිමි වීමේ භය නම් වූ මේ අමාතාපුත්තික භය තුනක් තියෙනවා. ඒ කවර භය තුනක්ද? ජරා භය, රෝග භය හා මරණ භයයි. පින්වත් මහණෙනි, ජරාවට පත්වෙමින් සිටින දරුවා දකින මවට 'මම පමණක් දිරම්වා! මගේ දරුවා නම් දිරන්නට එපා!' යන මෙය ලබන්නට බෑ. පින්වත් මහණෙනි, ජරාවට පත්වෙමින් සිටින මව දකින දරුවාට 'මම පමණක් දිරම්වා! මගේ මව නම් දිරන්න එපා!' යන මෙය ලබන්න බෑ.

පින්වත් මහණෙනි, රෝගී වෙමින් සිටින දරුවා දකින මවට 'මම පමණක් රෝගී වෙම්වා! මගේ දරුවා නම් රෝගී වෙන්න එපා!' යන මෙය ලබන්නට බෑ. පින්වත් මහණෙනි, රෝගී වෙමින් සිටින මව දකින දරුවාට 'මම පමණක් රෝගී වෙම්වා! මගේ මව නම් රෝගී වෙන්න එපා!' යන මෙය ලබන්න බෑ.

පින්වත් මහණෙනි, මරණයට පත්වෙමින් සිටින දරුවා දකින මවට 'මම පමණක් මරණයට පත්වෙම්වා! මගේ දරුවා නම් මරණයට පත්වෙන්න එපා!' යන මෙය ලබන්නට බෑ. පින්වත් මහණෙනි, මරණයට පත්වෙමින් සිටින මව දකින දරුවාට 'මම පමණක් මරණයට පත්වෙම්වා! මගේ මව නම් මරණයට පත්වෙන්න එපා!' යන මෙය ලබන්න බෑ.

පින්වත් මහණෙනි, මව සහිතවම, දරුවන් සහිතවම උපදින සමාතාපුත්තික භය තුනත්, මවට දරුවා නොලැබීමෙන්, දරුවාට මව නොලැබීමෙන් උපදින අමාතාපුත්තික භය තුනත් ප්‍රහාණය වීම පිණිස, ඉක්මවා යෑම පිණිස පවතින්නා වූ මාර්ගයක් තියෙනවා. ප්‍රතිපදාවක් තියෙනවා. පින්වත් මහණෙනි, සමාතාපුත්තික තුන් බියද, අමාතාපුත්තික තුන් බියද ප්‍රහාණය වීම පිණිස පවතින, ඉක්මවා යෑම පිණිස පවතින ඒ මාර්ගය කුමක්ද? ඒ ප්‍රතිපදාව කුමක්ද? මේ ආර්ය අෂ්ටාංගික මාර්ගයමය. එනම් සම්මා දිට්ඨි ....(පෙ).... සම්මා සමාධි යන මෙයයි. පින්වත් මහණෙනි, සමාතාපුත්තික තුන් බියද, අමාතාපුත්තික තුන් බියද ප්‍රහාණය වීම පිණිස පවතින, ඉක්මවා යෑම පිණිස පවතින මාර්ගය නම් මෙයයි. ප්‍රතිපදාව නම් මෙයයි.

සාදු! සාදු!! සාදු!!!

3.2.2.3.

13. එසමයෙහි භාග්‍යවතුන් වහන්සේ මහත් භික්ෂු සංඝයා සමඟ කොසොල් ජනපදයන්හි චාරිකාවේ වැඩම කරමින් සිටිද්දී කොසොල් ජනපදයට අයත් වේනාගපුර නම් වූ බ්‍රාහ්මණ ගමෙහි වැඩවාසය කළා. එතකොට වේනාග පුරවාසී බ්‍රාහ්මණ ගෘහපතියන් හට මේ කථාව අසන්නට ලැබුනා. 'භවත්නි, අන්න ශාක්‍ය පුත්‍ර වූ, ශාක්‍ය කුලයෙන් නික්මී පැවිදි වූ ශ්‍රමණ ගෞතමයන් වහන්සේ වේනාගපුරයට වැඩම කරසිටිනවා. ඒ භවත් ගෞතමයන් වහන්සේ ගැන මෙවැනි වූ කල්‍යාණ කීර්ති ඝෝෂාවක් පැතිර ගොසින් තිබෙනවා. 'ඒ භාග්‍යවතුන් වහන්සේ මේ මේ කරුණින් අරහත් වන සේක. සම්මා සම්බුද්ධ වන සේක. විජ්ජාචරණ සම්පන්න වන සේක. සුගත වන සේක. ලෝකවිදූ වන සේක. අනුත්තර පුරිසදම්ම සාරථී වන සේක. සත්ථා දේවමනුස්සානං වන සේක. බුද්ධ වන සේක. භගවා වන සේක. උන්වහන්සේ දෙවියන් සහිත වූ, මරුන් සහිත වූ, බඹුන් සහිත වූ, ශ්‍රමණ බමුණන් සහිත වූ දෙව්මිනිස් ප්‍රජාවෙන් යුතු මේ ලෝකය තමා විසින් උපදවා ගත් විශිෂ්ට ඥාණයෙන් සාක්ෂාත් කරලා ලෝකයට කියා දෙනවා. උන්වහන්සේ දහම් දෙසනවා. ආරම්භය කල්‍යාණ වූත්, මැද කල්‍යාණ වූත්, අවසානය කල්‍යාණ වූත්, අර්ථ සහිත වූත්, පැහැදිලි ප්‍රකාශනවලින් යුතු වූත්, මුළුමනින්ම පිරිපුන් බඹසර ප්‍රකාශ කරනවා. එබඳු වූ රහතුන් දැකගන්නට ලැබීම කොයිතරම් යහපත් දෙයක්ද?' කියලා.

එකල්හි වේනාගපුර බ්‍රාහ්මණ ගෘහපතිවරු භාග්‍යවතුන් වහන්සේ වෙත පැමිණියා. පැමිණ ඇතැම් කෙනෙක් භාග්‍යවතුන් වහන්සේට ආදරයෙන් වන්දනා කොට එකත්පස්ව වාඩිවුනා. ඇතැම් කෙනෙක් භාග්‍යවතුන් වහන්සේ සමඟ සතුටු වුනා. සතුටු විය යුතු පිළිසඳර කතාබහ නිම කොට එකත්පස්ව වාඩිවුනා. ඇතැම් කෙනෙක් භාග්‍යවතුන් වහන්සේ වෙත ඇඳිලි බැඳ ගෞරව දක්වා එකත්පස්ව වාඩිවුනා. ඇතැම් කෙනෙක් නම් ගොත් පවසා එකත්පස්ව වාඩිවුනා. ඇතැම් කෙනෙක් නිශ්ශබ්දව එකත්පස්ව වාඩිවුනා. එකත්පස්ව වාඩිවුන වේනාගපුරවැසි වච්ඡගොත්ත බ්‍රාහ්මණයා භාග්‍යවතුන් වහන්සේට මෙකරුණ පවසා සිටියා.

"භවත් ගෞතමයන් වහන්ස, ඉතා ආශ්චර්යයි! භවත් ගෞතමයන් වහන්ස, ඉතා පුදුම සහගතයි! භවත් ගෞතමයන් වහන්සේගේ ඇස්, කන් ආදී ඉන්ද්‍රියයන් අතිශයින්ම පැහැපත්. සමෙහි පැහැයත් පාරිශුද්ධයි. බබලනවා."

"භවත් ගෞතමයන් වහන්ස, එය මෙවැනි දෙයක්. සරත් කාලයෙහි හටගත් ලපටි ඩෙබර ගෙඩිය පිරිසිදුව දිළිසෙනවා වගෙයි. අන්න ඒ වගේම භවත් ගෞතමයන් වහන්සේගේ ඇස්, කන් ආදී ඉන්ද්‍රියයන් අතිශයින්ම

පැහැපත්. සමෙහි පැහැයත් පාරිශුද්ධයි. බබලනවා. භවත් ගෞතමයන් වහන්ස, එය මෙවැනි දෙයක්. නටුවෙන් ගිලිහී ගිය ගමන් වැටුණු තල් ගෙඩිය පිරිසිදුව දිළිසෙනවා වගෙයි. අන්න ඒ වගේම භවත් ගෞතමයන් වහන්සේගේ ඇස්, කන් ආදී ඉන්ද්‍රියයන් අතිශයින්ම පැහැපත්. සමෙහි පැහැයත් පාරිශුද්ධයි. බබලනවා.

භවත් ගෞතමයන් වහන්ස, එය මෙවැනි දෙයක්. දක්ෂ රන්කරු දරුවෙක් ඉතාම හොඳින් සැකසූ, කෝවෙහි දමා ඉතාමත් හොඳින් තලා පෙලා සැකසූ, දඹරන් නිකක් රත් පළසක් මත තිබෙද්දී ලස්සනට බබලනවා. දිළිසෙනවා. රැස් විහිදෙනවා. අන්න ඒ වගේම භවත් ගෞතමයන් වහන්සේගේ ඇස්, කන් ආදී ඉන්ද්‍රියයන් අතිශයින්ම පැහැපත්. සමෙහි පැහැයත් පාරිශුද්ධයි. බබලනවා.

භවත් ගෞතමයන් වහන්ස, යම් මේ උසස් ආසන, මහා ආසන තියෙනවා නෙව. ඒ කියන්නේ, දිග හාන්සි පුටු, කවිච්චි, ලොකු පලස් යෙදූ ආසන, විසිතුරු ගෙත්තම් කළ එළු ලොම් ඇතිරිලි, සුදු එළු ලොමින් කළ ඇතිරිලි, මල් යෙදූ එළු ලොමින් කළ ඇතිරිලි, පුළුන් යෙදූ මෙට්ට, සත්ව රූපවලින් සැරසූ එළු ලොම් ඇතිරිලි, මුළුමනින්ම එළු ලොමින් කළ ඇතිරිලි, රන් නූලෙන් සැරසූ කලාල, පට නූලෙන් කළ කලාල, නාටිකාංගනාවන් ඒ මත නැටිය හැකි එළු ලොමින් කළ කලාල, ඇතුන් පිට යොදන ඇතිරිලි, අසුන් පිට යොදන ඇතිරිලි, රථවල යොදන ඇතිරිලි, අඳුන් දිවි සමෙන් කළ ඇතිරිලි, කදලි මුව සමින් කළ කලාල, හිස දෙපැත්තට රතු විල්ලුද කොට්ට තබා රතු උඩුවියන් බැඳ සෑදූ වටිනා යහන් ආදියයි. ඉතින් මෙබඳු වූ උසස් ආසන, මහා ආසන භවත් ගෞතමයන් වහන්සේ කැමැති විදිහට ලබනවා ඇති, නිදුකින් ලබනවා ඇති, බොහෝ සෙයින් ලබනවා ඇති.”

(භාග්‍යවතුන් වහන්සේ:)

“පින්වත් බ්‍රාහ්මණය, ඔය කියපු උසස් ආසන, මහා ආසන තියෙනවා තමයි. ඒ කියන්නේ, දිග හාන්සි පුටු, කවිච්චි, ලොකු පලස් යෙදූ ආසන, විසිතුරු ගෙත්තම් කළ එළු ලොම් ඇතිරිලි, සුදු එළු ලොමින් කළ ඇතිරිලි, මල් යෙදූ එළු ලොමින් කළ ඇතිරිලි, පුළුන් යෙදූ මෙට්ට, සත්ව රූපවලින් සැරසූ එළු ලොම් ඇතිරිලි, මුළුමනින්ම එළු ලොමින් කළ ඇතිරිලි, රන් නූලෙන් සැරසූ කලාල, පට නූලෙන් කළ කලාල, නාටිකාංගනාවන් ඒ මත නැටිය හැකි එළු ලොමින් කළ කලාල, ඇතුන් පිට යොදන ඇතිරිලි, අසුන් පිට යොදන ඇතිරිලි, රථවල යොදන ඇතිරිලි, අඳුන් දිවි සමෙන් කළ ඇතිරිලි, කදලි මුව සමින් කළ කලාල, හිස දෙපැත්තට රතු විල්ලුද කොට්ට තබා රතු උඩුවියන් බැඳ සෑදූ වටිනා යහන් ආදියයි. නමුත් ඒවා පැවිද්දන් හට දුර්ලභයි. ලැබුනත් කැප නෑ.

පින්වත් බ්‍රාහ්මණය, යම් මේ උසස් ආසන, මහා ආසන තුනක් තියෙනවා. අන්න ඒ උසස් ආසන, මහා ආසන නම් දැන් මම කැමැති විදිහට ලබනවා. නිදුකින් ලබනවා. බොහෝ සෙයින් ලබනවා. ඒ කවර ආසන තුනක්ද යත්; දිව්‍ය වූ උච්චාසයන මහාසයනයි. බ්‍රහ්ම වූ උච්චාසයන මහාසයනයි. ආර්ය වූ උච්චාසයන මහාසයනයි. පින්වත් බ්‍රාහ්මණය, දැන් මා යම්බඳු වූ උච්චාසයන මහාසයනයක් කැමැති සේ ලබනවා නම්, නිදුකින් ලබනවා නම්, බොහෝ සෙයින් ලබනවා නම්, මේ ඒ උච්චාසයන මහාසයන තුනයි."

(බ්‍රාහ්මණයාඃ)

"භවත් ගෞතමයන් වහන්ස, දැන් භවත් ගෞතමයන් වහන්සේ යම් ආසනයක් රිසි සේ ලබනවා නම්, නිදුකින් ලබනවා නම්, බොහෝ සෙයින් ලබනවා නම්, ඒ දිව්‍ය වූ උච්චාසයන මහාසයනය කුමක්ද?"

(භාග්‍යවතුන් වහන්සේඃ)

"පින්වත් බ්‍රාහ්මණය, මෙහි මා යම් ගමක් හෝ නියම්ගමක් හෝ ඇසුරු කොට ගෙන වාසය කරනවා නම්, ඒ මම උදේ වරුවේ සිවුරු හැඳ පොරවාගෙන පාසිවුරු ගෙන ඒ ගමට වේවා, නියම්ගමට වේවා පිණ්ඩපාතය වඩිනවා. ඒ මම දානෙ වැළඳුවාට පස්සේ වනාන්තරයට පිවිසෙනවා. ඒ මම වනාන්තරයේදී තණ වේවා, වැටී තිබෙන කොළ රොඩු වේවා, යම් දෙයක් ඇත්නම් ඒවා එකතු කොට (ඒ මත දෙපට සිවුර අතුරා) ඒ මත පළඟක් බැඳගෙන, කය ඍජු කොට තබාගෙන, භාවනා අරමුණෙහි සිහිය පිහිටුවා ගෙන වාඩිවෙනවා.

ඒ මම කාමයන්ගෙන් වෙන්ව, අකුසලයන්ගෙන් වෙන්ව, විතර්ක සහිත වූ, විචාර සහිත වූ, විවේකයෙන් හටගත් ප්‍රීති සුඛය ඇති පළමුවෙනි ධ්‍යානය උපදවාගෙන වාසය කරනවා. ඒ වගේම විතක්ක විචාරයන්ගේ සංසිඳීමෙන් ආධ්‍යාත්මිකව පැහැදීම ඇතිව සිතෙහි මනා එකග බවෙන් යුතුව විතර්ක රහිත, විචාර රහිත, සමාධියෙන් හටගත්, ප්‍රීති සුඛය ඇති දෙවෙනි ධ්‍යානය උපදවාගෙන වාසය කරනවා. ඒ වගේම ප්‍රීතියටද නොඇලීමෙන් උපේක්ෂාවෙන් යුතුව වාසය කරනවා. සිහියෙන් නුවණින් යුතුව කයෙන් සැපයක්ද විඳිනවා. ආර්යයන් වහන්සේලා යම් ධ්‍යානයකට උපේක්ෂා සහගත සිහිය ඇති සැප විහරණය යැයි පවසනවාද, ඒ තුන්වන ධ්‍යානයත් උපදවාගෙන වාසය කරනවා. ඒ වගේම සැපයද ප්‍රහාණය කිරීමෙන්, දුකද ප්‍රහාණය කිරීමෙන් කලින්ම සොම්නස් දොම්නස් දෙක ඉක්මයෑමෙන් දුක් සැප රහිත වූ පාරිශුද්ධ උපේක්ෂා සහගත සතිය ඇති සතර වෙනි ධ්‍යානය උපදවා ගෙන වාසය කරනවා.

පින්වත් බ්‍රාහ්මණය, ඉදින් එබඳු විහරණයකින් යුතු ඒ මම සක්මන් කරනවා නම්, ඒ වෙලාවේදී ඒ මාගේ සක්මන දිව්‍ය සක්මනක්. පින්වත් බ්‍රාහ්මණය, එබඳු විහරණයකින් යුතු ඒ මම සිටගෙන සිටිනවා නම්, ඒ වෙලාවේදී මා සිටින්නේ දිව්‍යමය වූ සිටීමකයි. පින්වත් බ්‍රාහ්මණය, එබඳු විහරණයකින් යුතු ඒ මම වාඩි වී සිටිනවා නම්, ඒ වෙලාවේදී මා සිටින්නේ දිව්‍යමය වූ හිඳීමකයි. පින්වත් බ්‍රාහ්මණය, එබඳු විහරණයකින් යුතු ඒ මම සැතපී සිටිනවා නම්, ඒ වෙලාවේදී මා සිටින්නේ දිව්‍යමය වූ සැතපීමකයි. ඒ වෙලාවේදී තිබෙන්නේ මාගේ දිව්‍යමය වූ උච්චාසයන මහාසයනයයි. පින්වත් බ්‍රාහ්මණය, යමක් දැන් මා කැමැති සේ ලබනවාද, නිදුකින් ලබනවාද, බොහෝ සෙයින් ලබනවාද, මේ තමයි ඒ දිව්‍යමය වූ උච්චාසයන මහාසයනය."

(බ්‍රාහ්මණයා:)

"භවත් ගෞතමයන් වහන්ස, ආශ්චර්යයි! භවත් ගෞතමයන් වහන්ස, පුදුම සහගතයි! භවත් ගෞතමයන් වහන්සේ හැරුණු කොට මෙබඳු වූ දිව්‍යමය උච්චාසයන මහාසයනයක් අන් කවරෙකු නම් රිසි සේ ලබාවිද? නිදුකින් ලබාවිද? බොහෝ සෙයින් ලබාවිද?

භවත් ගෞතමයන් වහන්ස, දැන් භවත් ගෞතමයන් වහන්සේ යම් ආසනයක් රිසි සේ ලබනවා නම්, නිදුකින් ලබනවා නම්, බොහෝ සෙයින් ලබනවා නම්, ඒ බ්‍රහ්ම වූ උච්චාසයන මහාසයනය කුමක්ද?"

(භාග්‍යවතුන් වහන්සේ:)

"පින්වත් බ්‍රාහ්මණය, මෙහි මා යම් ගමක් හෝ නියම්ගමක් හෝ ඇසුරු කොට ගෙන වාසය කරනවා නම්, ඒ මම උදේ වරුවේ සිවුරු හැඳ පොරවාගෙන පාසිවුරු ගෙන ඒ ගමට වේවා, නියම්ගමට වේවා පිණ්ඩපාතය වඩිනවා. ඒ මම දානෙ වැළඳුවාට පස්සේ වනාන්තරයට පිවිසෙනවා. ඒ මම වනාන්තරයේදී තණ වේවා, වැටී තිබෙන කොළ රොඩු වේවා, යම් දෙයක් ඇත්නම් ඒවා එකතු කොට (ඒ මත දෙපට සිවුර අතුරා) ඒ මත පළඟක් බැඳගෙන, කය ඍජු කොට තබාගෙන, භාවනා අරමුණෙහි සිහිය පිහිටුවා ගෙන වාඩිවෙනවා.

ඒ මම මෛත්‍රී සහගත සිතින් එක් දිශාවක් පතුරුවා වාසය කරනවා. ඒ වගේම දෙවෙනි දිශාවටත්, තුන්වෙනි දිශාවටත්, හතරවෙනි දිශාවටත් පතුරුවා වාසය කරනවා. ඒ වගේම උඩ, යට, හරහට සියලු තැනම, සියලු අයුරින් තමා හා සමකොට සකල ලෝකයටම විපුල වූ ප්‍රදේශ වශයෙන් පුළුල් වූ ප්‍රමාණ රහිත වූ වෛර නැති තරහ නැති මෙත් සිත පතුරුවා වාසය කරනවා. ....(පෙ).... කරුණා සහගත සිතින් ....(පෙ).... මුදිතා සහගත සිතින් ....(පෙ).... උපෙක්ඛා

සහගත සිතින් එක් දිශාවක් පතුරුවා වාසය කරනවා. ඒ වගේම දෙවෙනි දිශාවටත්, තුන්වෙනි දිශාවටත්, හතරවෙනි දිශාවටත් පතුරුවා වාසය කරනවා. ඒ වගේම උඩ, යට, හරහට සියලු තැනම, සියලු අයුරින් තමා හා සමකොට සකල ලෝකයටම විපුල වූ ප්‍රදේශ වශයෙන් පුළුල් වූ ප්‍රමාණ රහිත වූ වෛර නැති තරහ නැති උපේක්ෂා සිත පතුරුවා වාසය කරනවා.

පින්වත් බ්‍රාහ්මණය, ඉදින් එබඳු විහරණයකින් යුතු ඒ මම සක්මන් කරනවා නම්, ඒ වෙලාවේදී ඒ මාගේ සක්මන බ්‍රහ්ම සක්මනක්. පින්වත් බ්‍රාහ්මණය, එබඳු විහරණයකින් යුතු ඒ මම සිටගෙන සිටිනවා නම්, ...(පෙ).... මම වාඩි වී සිටිනවා නම්, ...(පෙ).... පින්වත් බ්‍රාහ්මණය, ඉදින් එබඳු විහරණයකින් යුතු ඒ මම සැතපී සිටිනවා නම්, ඒ වෙලාවේදී මා සිටින්නේ බ්‍රහ්ම වූ සැතපීමකයි. ඒ වෙලාවේදී තිබෙන්නේ මාගේ බ්‍රහ්ම වූ උච්චාසයන මහාසයනයයි. පින්වත් බ්‍රාහ්මණය, යමක් දූන් මා කැමැති සේ ලබනවාද, නිදුකින් ලබනවාද, බොහෝ සෙයින් ලබනවාද, මේ තමයි ඒ බ්‍රහ්ම වූ උච්චාසයන මහාසයනය."

(බ්‍රාහ්මණයා:)

"භවත් ගෞතමයන් වහන්ස, ආශ්චර්යයි! භවත් ගෞතමයන් වහන්ස, පුදුම සහගතයි! භවත් ගෞතමයන් වහන්සේ හැරුණු කොට මෙබඳු වූ බ්‍රහ්ම උච්චාසයන මහාසයනයක් අන් කවරෙකු නම් රිසි සේ ලබාවිද? නිදුකින් ලබාවිද? බොහෝ සෙයින් ලබාවිද?

භවත් ගෞතමයන් වහන්ස, දූන් භවත් ගෞතමයන් වහන්සේ යම් ආසනයක් රිසි සේ ලබනවා නම්, නිදුකින් ලබනවා නම්, බොහෝ සෙයින් ලබනවා නම්, ඒ ආර්ය වූ උච්චාසයන මහාසයනය කුමක්ද?"

(භාග්‍යවතුන් වහන්සේ:)

"පින්වත් බ්‍රාහ්මණය, මෙහි මා යම් ගමක් හෝ නියම්ගමක් හෝ ඇසුරු කොට ගෙන වාසය කරනවා නම්, ඒ මම උදේ වරුවේ සිවුරු හැඳ පොරවාගෙන පාසිවුරු ගෙන ඒ ගමට වේවා, නියම්ගමට වේවා පිණ්ඩපාතය වඩිනවා. ඒ මම දානෙ වැළඳුවාට පස්සේ වනාන්තරයට පිවිසෙනවා. ඒ මම වනාන්තරයේදී තණ වේවා, වැටී තිබෙන කොළ රොඩු වේවා, යම් දෙයක් ඇත්නම් ඒවා එකතු කොට (ඒ මත දෙපට සිවුර අතුරා) ඒ මත පළඟක් බැඳගෙන, කය ඍජු කොට තබාගෙන, භාවනා අරමුණෙහි සිහිය පිහිටුවා ගෙන වාඩිවෙනවා.

ඒ මම මේ විදිහට දූනගන්නවා. මගේ රාගය ප්‍රහාණය වෙලා තියෙන්නේ. මුලින්ම උදුරා දමලයි තියෙන්නේ. කරටිය සිඳුණු තල්ගසක් මෙන්

කරලයි තියෙන්නේ. අභාවයට පත්කරලයි තියෙන්නේ යළි හට නොගන්නා ස්වභාවයෙන් යුතුවයි තියෙන්නේ. මගේ ද්වේෂය ප්‍රහාණය වෙලා තියෙන්නේ ....(පෙ).... මගේ මෝහය ප්‍රහාණය වෙලා තියෙන්නේ. මුලින්ම උදුරා දමලයි තියෙන්නේ. කරටිය සිඳුණු තල්ගසක් මෙන් කරලයි තියෙන්නේ. අභාවයට පත්කරලයි තියෙන්නේ. යළි හට නොගන්නා ස්වභාවයෙන් යුතුවයි තියෙන්නේ.

පින්වත් බ්‍රාහ්මණය, ඉදින් එබඳු විහරණයකින් යුතු ඒ මම සක්මන් කරනවා නම්, ඒ වෙලාවේදී ඒ මාගේ සක්මන ආර්ය සක්මනක්. පින්වත් බ්‍රාහ්මණය, එබඳු විහරණයකින් යුතු ඒ මම සිටගෙන සිටිනවා නම්, ...(පෙ).... මම වාඩි වී සිටිනවා නම්, ...(පෙ).... පින්වත් බ්‍රාහ්මණය, ඉදින් එබඳු විහරණයකින් යුතු ඒ මම සැතපී සිටිනවා නම්, ඒ වෙලාවේදී මා සිටින්නේ ආර්ය වූ සැතපීමකයි. ඒ වෙලාවේදී තිබෙන්නේ මාගේ ආර්ය වූ උච්චාසයන මහාසයනයයි. පින්වත් බ්‍රාහ්මණය, යමක් දූන් මා කැමැති සේ ලබනවාද, නිදුකින් ලබනවාද, බොහෝ සෙයින් ලබනවාද, මේ තමයි ඒ ආර්ය වූ උච්චාසයන මහාසයනය."

(බ්‍රාහ්මණයා:)

"භවත් ගෞතමයන් වහන්ස, ආශ්චර්යයි! භවත් ගෞතමයන් වහන්ස, පුදුම සහගතයි! භවත් ගෞතමයන් වහන්සේ හැරුණු කොට මෙබඳු වූ ආර්ය උච්චාසයන මහාසයනයක් අන් කවරෙකු නම් රිසි සේ ලබාවිද? නිදුකින් ලබාවිද? බොහෝ සෙයින් ලබාවිද?

භවත් ගෞතමයන් වහන්ස, ඉතා සුන්දරයි! භවත් ගෞතමයන් වහන්ස, ඉතා සුන්දරයි! යටට හරවා තිබූ දෙයක් උඩු අතට හැරෙව්වා වගෙයි. මං මුලාවූවන්ට නියම මග පෙන්වා දෙනවා වගෙයි. ඇස් ඇති උදවියට රූප දකින්න අඳුරෙහි තෙල් පහනක් දල්වාගෙන දරාසිටිනවා වගෙයි. ඔය විදිහට භවත් ගෞතමයන් වහන්සේ විසින් නොයෙක් අයුරින් ශ්‍රී සද්ධර්මය වදාළා. ස්වාමීනී, මේ මමත් භවත් ගෞතමයන් වහන්සේව සරණ යනවා. ශ්‍රී සද්ධර්මයත් ආර්ය මහා සංඝරත්නයත් සරණ යනවා. භවත් ගෞතමයන් වහන්ස, මා අද පටන් තෙරුවන් සරණ ගිය උපාසකයෙකු වශයෙන් පිළිගෙන වදාරණ සේක්වා!

සාදු! සාදු!! සාදු!!!

3.2.2.4.

14. ඒ දිනවල භාග්‍යවතුන් වහන්සේ වැඩසිටියේ රජගහනුවර ගිජ්ඣකූට පර්වතයේ. ඒ කාලයේම සරභ නම් වූ පිරිවැජියා මේ සසුනෙන් බැහැරව ගිහින් එතරම් කාලයක් වුනේ නෑ. නමුත් ඔහු රජගහනුවර පිරිස මැද මේ විදිහේ වචනයක් කියාගෙන යනවා. 'මා ශාක්‍යපුත්‍ර වූ ශ්‍රමණයන්ගේ ධර්මය අවබෝධ කරගෙනයි ඉන්නේ. මං ශාක්‍යපුත්‍ර වූ ශ්‍රමණයන්ගේ ධර්මය අවබෝධ කරගෙන තමයි මේ විදිහට ඒ ශාසනයෙන් නික්ම සිවුරු හැර ගියේ.'

එදා බොහෝ භික්ෂූන් වහන්සේලා පෙරවරුවෙහි සිවුරු හැඳ පොරවාගෙන, පා සිවුරු ගෙන රජගහනුවර පිඬුසිඟා වැඩම කළා. ඉතින් ඒ භික්ෂූන් වහන්සේලාට රජගහනුවර පිරිස මැද මෙබඳු වූ වචනයක් කියමින් සිටින සරභ පිරිවැජියාගේ කථාව අසන්නට ලැබුනා. 'මා ශාක්‍යපුත්‍ර වූ ශ්‍රමණයන්ගේ ධර්මය අවබෝධ කරගෙනයි ඉන්නේ. මං ශාක්‍යපුත්‍ර වූ ශ්‍රමණයන්ගේ ධර්මය අවබෝධ කරගෙන තමයි මේ විදිහට ඒ ශාසනයෙන් නික්ම සිවුරු හැර ගියේ' කියලා.

ඉතින් ඒ භික්ෂූන් වහන්සේලා රජගහනුවර පිණ්ඩපාතේ වැඩම කරලා, දානය වළඳා අවසන් කොට භාග්‍යවතුන් වහන්සේ වෙත පැමිණුනා. පැමිණ භාග්‍යවතුන් වහන්සේට ආදරයෙන් වන්දනා කොට එකත්පස්ව වාඩිවුනා. එකත්පස්ව වාඩිවුන ඒ භික්ෂූන් වහන්සේලා භාග්‍යවතුන් වහන්සේට මෙකරුණ සැළකර සිටියා.

"ස්වාමීනී, ළඟදී මේ සසුනෙන් සිවුරුහැර බැහැර වූ සරභ කියන පිරිවැජියා රජගහනුවර පිරිස මැද මෙන්න මේ විදිහේ වචනයක් කියනවා නෙව. 'මා ශාක්‍යපුත්‍ර වූ ශ්‍රමණයන්ගේ ධර්මය අවබෝධ කරගෙනයි ඉන්නේ. මං ශාක්‍යපුත්‍ර වූ ශ්‍රමණයන්ගේ ධර්මය අවබෝධ කරගෙන තමයි මේ විදිහට ඒ ශාසනයෙන් නික්ම සිවුරු හැර ගියේ' කියලා. ස්වාමීනී, භාග්‍යවතුන් වහන්ස, සප්පිනිකා නදී තෙර පිරිවැජි ආරාමයේ ඉන්න සරභ පිරිවැජියා කරා අනුකම්පාවෙන් වැඩමකරන සේක්වා!" භාග්‍යවතුන් වහන්සේ නිශ්ශබ්දව සිටීමෙන් ඒ ඇරයුම පිළිගත්තා.

එදා භාග්‍යවතුන් වන්සේ භාවනාවෙන් නැගිට සවස් වරුවේ සප්පිනිකා නදී තෙර පිරිවැජි අරමෙහි සිටිනා සරභ පිරිවැජියා කරා වැඩම කළා. වැඩම කොට පණවන ලද ආසනයෙහි වැඩසිටියා. වැඩහුන් භාග්‍යවතුන් වහන්සේ සරභ පිරිවැජියා හට මෙකරුණ වදාළා. "එම්බා සරභ, ඔබ මෙවැනි වූ වචනයක් කියනවා කියන්නේ සැබෑද? ඒ කියන්නේ 'මා ශාක්‍යපුත්‍ර වූ ශ්‍රමණයන්ගේ

ධර්මය අවබෝධ කරගෙනයි ඉන්නේ. මං ශාක්‍යපුත්‍ර වූ ශ්‍රමණයන්ගේ ධර්මය අවබෝධ කරගෙන තමයි මේ විදිහට ඒ ශාසනයෙන් නික්ම සිවුරු හැර ගියේ' කියලා." එසේ විමසූ විට සරභ පිරිවැජියා නිශ්ශබ්ද වුනා.

දෙවෙනි වතාවටත් භාග්‍යවතුන් වහන්සේ සරභ පිරිවැජියා හට මෙකරුණ වදාළා. "එම්බා සරභ, කියන්න. ඔබ ශාක්‍යපුත්‍ර ශ්‍රමණයන්ගේ කවර ධර්මයක්ද අවබෝධ කරන ලද්දේ? ඉදින් ඔබේ අවබෝධය අසම්පූර්ණ නම්, මා එය සම්පූර්ණ කරන්නම්. ඉදින් ඔබේ අවබෝධය සම්පූර්ණ නම්, මා එය අනුමෝදන් වෙන්නම්." දෙවෙනි වතාවටත් සරභ පිරිවැජියා නිශ්ශබ්ද වුනා.

තුන්වෙනි වතාවටත් භාග්‍යවතුන් වහන්සේ සරභ පිරිවැජියා හට මෙකරුණ වදාළා. "එම්බා සරභ, කියන්න. ඔබ ශාක්‍යපුත්‍ර ශ්‍රමණයන්ගේ කවර ධර්මයක්ද අවබෝධ කරන ලද්දේ? ඉදින් ඔබේ අවබෝධය අසම්පූර්ණ නම්, මා එය සම්පූර්ණ කරන්නම්. ඉදින් ඔබේ අවබෝධය සම්පූර්ණ නම්, මා එය අනුමෝදන් වෙන්නම්." තුන්වෙනි වතාවටත් සරභ පිරිවැජියා නිශ්ශබ්ද වුනා.

එතකොට ඒ පිරිවැජියෝ සරභ පිරිවැජියාට මෙය කියා සිටියා. "එම්බා ආයුෂ්මත් සරභය, ඔබ ශ්‍රමණ ගෞතමයන්ගෙන් යමක් ඉල්ලා සිටිය යුතු නම්, ශ්‍රමණ ගෞතමයන් වහන්සේ එයම ඔබට පවරනවා නෙව. එබා ආයුෂ්මත් සරභය, කියන්න. ඔබ ශාක්‍යපුත්‍ර ශ්‍රමණයන්ගේ කවර ධර්මයක්ද අවබෝධ කරන ලද්දේ? ඉදින් ඔබේ අවබෝධය අසම්පූර්ණ නම්, ශ්‍රමණ ගෞතමයන් වහන්සේ සම්පූර්ණ කර දේවි. ඉදින් ඔබේ අවබෝධය සම්පූර්ණ නම්, ශ්‍රමණ ගෞතමයන් වහන්සේ එය අනුමෝදන් වේවි." මෙසේ කී විට සරභ පිරිවැජියා නිශ්ශබ්ද වුනා. තෙද රහිතව සිටියා. කරබාගෙන සිටියා. මුහුණ යටට හරවාගෙන සිටියා. වැටහීම් රහිතව සිටියා.

එතකොට නිශ්ශබ්දව, තෙද රහිතව, කරබාගෙන, මුහුණ යටට හරවාගෙන, වැටහීම් රහිතව සිටින සරභ පිරිවැජියා දැන, අර පිරිවැජියන් හට භාග්‍යවතුන් වහන්සේ මෙකරුණ වදාළා.

"එම්බා පිරිවැජියනි, 'සම්මා සම්බුද්ධ කියා ලොවට ප්‍රතිඥා දෙන ඔබ මේ මේ ධර්මයන් අවබෝධ කරල නැහැ නෙව' කියා යම් කෙනෙක් මා හට ඔය අයුරින් පවසනවා නම්, මා ඔහුගෙන් මනාකොට ප්‍රශ්න කරනවා. කරුණු විමසනවා. පැහැදිලිව කියා සිටිනවා. ඉතින් මා විසින් මනාකොට ප්‍රශ්න කරද්දී, කරුණු විමසද්දී, පැහැදිලිව කියා සිටිද්දී ඒ තැනැත්තා මේ කරුණු තුනෙන් එක්තරා කාරණාවකට නොවැටෙනවා යන්න සිදු නොවන දෙයකි.

නොවිය හැකි දෙයකි. එක්කෝ වෙන කතාවක් ඇදලා අරගෙන අර කතාව බැහැර කරනවා. එක්කෝ කෝපයත්, ද්වේෂයත්, නොසතුටත් පහළ කරනවා. එහෙමත් නැත්නම් මේ සරභ පිරිවැජියා වගේ නිශ්ශබ්දව ඉන්නවා. තෙද රහිතව ඉන්නවා. කරබාගෙන ඉන්නවා. මුහුණ යටට හරවාගෙන ඉන්නවා. වැටහීම් රහිතව ඉන්නවා.

එම්බා පිරිවැජියනි, 'ක්ෂය කරන ලද ආශ්‍රව ඇති රහතන් වහන්සේ නමක්ය කියල ප්‍රතිඥා දෙන ඔබ මේ මේ ආශ්‍රවයන් ක්ෂය කරල නැහැ නෙව' කියා යම් කෙනෙක් මා හට ඔය අයුරින් පවසනවා නම්, මා ඔහු ගෙන් මනාකොට ප්‍රශ්න කරනවා. කරුණු විමසනවා. පැහැදිලිව කියා සිටිනවා. ඉතින් මා විසින් මනාකොට ප්‍රශ්න කරද්දී, කරුණු විමසද්දී, පැහැදිලිව කියා සිටිද්දී ඒ තැනැත්තා මේ කරුණු තුනෙන් එක්තරා කාරණාවකට නොවැටෙනවා යන්න සිදු නොවන දෙයකි. නොවිය හැකි දෙයකි. එක්කෝ වෙන කතාවක් ඇදලා අරගෙන අර කතාව බැහැර කරනවා. එක්කෝ කෝපයත්, ද්වේෂයත්, නොසතුටත් පහළ කරනවා. එහෙමත් නැත්නම් මේ සරභ පිරිවැජියා වගේ නිශ්ශබ්දව ඉන්නවා. තෙද රහිතව ඉන්නවා. කරබාගෙන ඉන්නවා. මුහුණ යටට හරවාගෙන ඉන්නවා. වැටහීම් රහිතව ඉන්නවා.

එම්බා පිරිවැජියනි, 'යම් මාර්ගඵල අවබෝධයක් ලබාදීම පිණිස ඔබ විසින් ධර්මය දේශනා කරන ලද්දේද, ඒ අනුව හැසිරෙන කෙනෙකුට මනාකොට දුක් ක්ෂය වෙන්නේ නැත' කියා යම් කෙනෙක් මා හට ඔය අයුරින් පවසනවා නම්, මා ඔහුගෙන් මනාකොට ප්‍රශ්න කරනවා. කරුණු විමසනවා. පැහැදිලිව කියා සිටිනවා. ඉතින් මා විසින් මනාකොට ප්‍රශ්න කරද්දී, කරුණු විමසද්දී, පැහැදිලිව කියා සිටිද්දී ඒ තැනැත්තා මේ කරුණු තුනෙන් එක්තරා කාරණාවකට නොවැටෙනවා යන්න සිදු නොවන දෙයකි. නොවිය හැකි දෙයකි. එක්කෝ වෙන කතාවක් ඇදලා අරගෙන අර කතාව බැහැර කරනවා. එක්කෝ කෝපයත්, ද්වේෂයත්, නොසතුටත් පහළ කරනවා. එහෙමත් නැත්නම් මේ සරභ පිරිවැජියා වගේ නිශ්ශබ්දව ඉන්නවා. තෙද රහිතව ඉන්නවා. කරබාගෙන ඉන්නවා. මුහුණ යටට හරවාගෙන ඉන්නවා. වැටහීම් රහිතව ඉන්නවා."

ඉතින් භාග්‍යවතුන් වහන්සේ සප්පිනිකා නදී තෙර පිරිවැජි අරමේදී මේ අයුරින් තුන්වරක් සීහනාද පවත්වා අහසට නැගී වැඩි සේක.

භාග්‍යවතුන් වහන්සේ වැඩම කොට නොබෝ වේලාවකින් අර පිරිවැජියෝ සරභ පිරිවැජියාව හාත්පස වටකරගෙන වචන නැමැති සැත්වලින් හොඳ හැටියට පහර දුන්නා. "එම්බා ආයුෂ්මත් සරභ, මහවනයේ දිරා ගිය

හිවලෙක් 'සීහනාද කරන්නෙමි'යි කියලා සිවල් හඬමයි නගන්නේ. බිරුම් හඬමයි නගන්නේ. නුඹත් අන්න ඒ වගේ කෙනෙක් තමයි. එම්බා ආයුෂ්මත් සරභ, නුඹ ශ්‍රමණ ගෞතමයන් වහන්සේ හැරුණු කොට 'සීහනාද කරන්නෙමි'යි කියල හිවල් හඬමයි නගන්නේ. බිරුම් හඬමයි නගන්නේ. එම්බා ආයුෂ්මත් සරභ, චූටි කිකිළියක් 'මහා කුකුළෙකුගේ හඬ නගන්නෙමි'යි කියල කුඩා කිකිළියගේ හඬමයි නගන්නේ. නුඹත් අන්න ඒ වගේ කෙනෙක් තමයි. එම්බා ආයුෂ්මත් සරභ, හරකෙක් හිස් වූ ගව මඩුවක වෘෂභ රාජයෙකුගේ ගම්භීර නාදයෙන් නද දීමට සිතයි නම්, නුඹත් අන්න ඒ වගේ කෙනෙක් තමයි. එම්බා ආයුෂ්මත් සරභ, නුඹ ශ්‍රමණ ගෞතමයන් වහන්සේ හැරුණු කොට ගම්භීර හඬකින් කෑගසන්නට සිතුවා නේද?" කියලා අර පිරිවැජියෝ සරභ පිරිවැජියාව හාත්පස වටකරගෙන වචන නැමැති සැත්වලින් හොඳ හැටියට පහර දුන්නා.

සාදු! සාදු!! සාදු!!!

3.2.2.5.

15. එසමයෙහිදී භාග්‍යවතුන් වහන්සේ මහත් භික්ෂු සංඝයා සමඟ කොසොල් ජනපදයන්හි චාරිකාවේ වැඩම කරමින් සිටිද්දී කේසපුත්ත නම් වූ කාලාමයන්ගේ නියම්ගමෙහි වැඩවාසය කළා. එතකොට කේසපුත්ත නියම් ගම්වාසී කාලාමයන්හට මේ කාථාව අසන්නට ලැබුනා. "භවත්නි, අන්න ශාක්‍යපුත්‍ර වූ ශාක්‍ය කුලයෙන් නික්මී පැවිදි වූ ශ්‍රමණ ගෞතමයන් වහන්සේ කේසපුත්තයට වැඩම කරසිටිනවා. ඒ භවත් ගෞතමයන් වහන්සේ ගැන මෙවැනි වූ කල්‍යාණ කීර්ති ඝෝෂාවක් පැතිර ගොසින් තියෙනවා. 'ඒ භාග්‍යවතුන් වහන්සේ මේ මේ කරුණින් අරහත් වන සේක! සම්මා සම්බුද්ධ වන සේක! ....(පෙ).... එබඳු වූ රහතුන් දැකගන්නට ලැබීම කොයිතරම් යහපත් දෙයක්ද" කියලා.

එකල්හි කේසපුත්ත නියම්ගම්වාසී කාලාමවරු භාග්‍යවතුන් වහන්සේ වෙත පැමිණියා. පැමිණ ඇතැම් කෙනෙක් භාග්‍යවතුන් වහන්සේට ආදරයෙන් වන්දනා කොට එකත්පස්ව වාඩිවුනා. ඇතැම් කෙනෙක් භාග්‍යවතුන් වහන්සේ සමඟ සතුටුවුනා. සතුටුවිය යුතු පිළිසඳර කතාබහ නිමකොට එකත්පස්ව වාඩිවුනා. ඇතැම් කෙනෙක් භාග්‍යවතුන් වහන්සේ වෙත ඇඳිලි බැඳ ගෞරව දක්වා එකත්පස්ව වාඩිවුනා. ඇතැම් කෙනෙක් නම් ගොත් පවසා එකත්පස්ව වාඩිවුනා. ඇතැම් කෙනෙක් නිශ්ශබ්දව එකත්පස්ව වාඩිවුනා. එකත්පස්ව වාඩිවුන කේසපුත්ත නියම්ගම්වාසී කාලාමවරු භාග්‍යවතුන් වහන්සේට මෙකරුණ පවසා සිටියා.

"ස්වාමීනී, කේසපුත්ත නියම්ගමට ඇතැම් ශ්‍රමණ බ්‍රාහ්මණවරුන් එනවා. ඒ උදවිය ලොකුවට පෙන්වන්නේ තමන්ගේ මතයමයි. ඒකමයි මතු කරලා කියන්නේ. අන්‍යයන්ගේ විශ්වාසවලට විරුද්ධව කතා කරනවා. හෙලා දකිනවා. බැහැර කරනවා. පරිභව කරනවා. ඒ වගේම ස්වාමීනී, වෙනත් ශ්‍රමණ බ්‍රාහ්මණවරුනුත් එනවා. ඒ උදවිය ලොකුවට පෙන්වන්නෙත් තමන්ගේ මතමයමයි. ඒකමයි මතුකරලා කියන්නේ. අන්‍යයන්ගේ විශ්වාසවලට විරුද්ධව කතා කරනවා. හෙළා දකිනවා. බැහැර කරනවා. පරිභව කරනවා. එතකොට ස්වාමීනී, ඒ අප තුළ සැකයක්මයි ඇතිවෙන්නේ. විචිකිච්ඡාවක්මයි ඇතිවෙන්නේ. මේ හවත් ශ්‍රමණ බ්‍රාහ්මණයන් අතුරින් ඇත්ත කියන්නේ කවුද? බොරු කියන්නේ කවුද? කියලා."

"පින්වත් කාලාමවරුනි, ඔබ විසින් සැකකරන්නට සුදුසුමයි. විචිකිච්ඡා කරන්නට සුදුසුමයි. සැක කළ යුතු තැනේදීමයි විචිකිච්ඡාව ඇතිවෙලා තියෙන්නේ. කාලාමවරුනි, ඔබ එන්න. කටකතාවෙන් ආවා කියලා ගන්න එපා. පරම්පරාවෙන් ආවා කියලා ගන්න එපා. ඒක මෙහම මෙහෙමයි වුනේ කියලා ගන්න එපා. තම තමන්ගේ දහම් පොත්වල තිබෙනවාය කියා කියූ පමණින් ගන්නත් එපා. තර්කයට ගැලපෙනවාය කියල ගන්නත් එපා. න්‍යායට ගැලපෙනවාය කියල ගන්නත් එපා. කරුණු සලකාගෙන යද්දී ගැලපෙනවාය කියලා ගන්නත් එපා. තමන්ගේ අදහසට සැසඳී යනවාය කියල ගන්නත් එපා. පිළිගත යුතු කෙනෙක් නෙව මෙය කියන්නේ කියල ගන්නත් එපා. මේ ශ්‍රමණයන් වහන්සේ අපගේ ගුරුවරයා නෙව කියල ගන්නත් එපා. පින්වත් කාලාමයෙනි, යම් විටෙක, 'මේ මේ දේවල් අකුසල්, මේ මේ දේවල් වරදින් යුක්තයි, මේ දේවල් නුවණැත්තන් විසින් ගරහලයි තියෙන්නේ, මේ දේවල් සමාදන් වෙලා පුරුදු කළොතින් අහිත පිණිස, දුක පිණිසයි පවතින්නේ' කියලා ඔබටම තමා තුළින් වැටහෙනවා නම්, එතකොට පින්වත් කාලාමවරුනි, ඔබ එය අත්හරින්න.

පින්වත් කාලාමවරුනි, මේ ගැන කුමක්ද සිතන්නේ? පුරුෂයාගේ සිත තුළ උපදින්නා වූ ලෝභය උපදින්නේ ඔහුට හිත සුව පිණිසද? අහිත පිණිසද?"
"ස්වාමීනී, අහිත පිණිසයි."

"පින්වත් කාලාමයෙනි, මේ ලෝභී වූ පුරුෂ පුද්ගලයා ලෝභයෙන් යට වූ සිතින්, ලෝභය වැළඳගත් සිතින් යුතුව යම් දෙයක් ඔහුට බොහෝ කාලයක් අහිත පිණිස, දුක් පිණිස පවතිනවා නම්, එබඳු වූ ප්‍රාණඝාතත් කරනවා. සොරකම්ද කරනවා. පරස්ත්‍රී සේවනයේද යෙදෙනවා. බොරුත් කියනවා. අන් උදවියත් ඒ දුෂ්චරිතයෙහි සමාදන් කරවනවා නේද?" "එසේය ස්වාමීනී."

"පින්වත් කාලාමවරුනි, මේ ගැන කුමක්ද සිතන්නේ? පුරුෂයාගේ සිත තුළ උපදින්නා වූ ද්වේෂය උපදින්නේ ඔහුට හිත සුව පිණිසද? අහිත පිණිසද?" "ස්වාමීනී, අහිත පිණිසයි."

"පින්වත් කාලාමයෙනි, මේ දුෂ්ට වූ පුරුෂ පුද්ගලයා ද්වේෂයෙන් යට වූ සිතින්, ද්වේෂය වැළඳගත් සිතින් යුතුව යම් දෙයක් ඔහුට බොහෝ කාලයක් අහිත පිණිස, දුක් පිණිස පවතිනවා නම්, එබඳු වූ ප්‍රාණඝාතත් කරනවා. ....(පෙ).... අන් උදවියත් ඒ දුෂ්චරිතයෙහි සමාදන් කරවනවා නේද?" "එසේය ස්වාමීනී."

"පින්වත් කාලාමවරුනි, මේ ගැන කුමක්ද සිතන්නේ? පුරුෂයාගේ සිත තුළ උපදින්නා වූ මෝහය උපදින්නේ ඔහුට හිත සුව පිණිසද? අහිත පිණිසද?" "ස්වාමීනී, අහිත පිණිසයි."

"පින්වත් කාලාමයෙනි, මේ මුළා වූ පුරුෂ පුද්ගලයා මෝහයෙන් යට වූ සිතින්, මෝහය වැළඳගත් සිතින් යුතුව යම් දෙයක් ඔහුට බොහෝ කාලයක් අහිත පිණිස, දුක් පිණිස පවතිනවා නම්, එබඳු වූ ප්‍රාණඝාතත් කරනවා. සොරකම්ද කරනවා. පරස්ත්‍රී සේවනයේද යෙදෙනවා. බොරුත් කියනවා. අන් උදවියත් ඒ දුෂ්චරිතයෙහි සමාදන් කරවනවා නේද?" "එසේය ස්වාමීනී."

"පින්වත් කාලාමවරුනි, ඔය දේවල් කුසල්ද? නැත්නම් අකුසල්ද?" "ස්වාමීනී, අකුසල්." "වරදින් යුක්තයිද? වරදින් තොරයිද?" "ස්වාමීනී, වරදින් යුක්තයි." "නුවණැත්තන් විසින් ගරහපු දේවල්ද? නුවණැත්තන් විසින් ප්‍රශංසා කළ දේවල්ද?" "ස්වාමීනී, නුවණැත්තන් විසින් ගරහල තියෙන්නේ." "ඔය දේවල් සමාදන් වෙලා, පුරුදු කළොත් අහිත පිණිස, දුක් පිණිස පවතීද? නැත්නම් එහෙම නොපවතීද? මෙහිලා ඔබ සිතන්නේ කුමක්ද?" "ස්වාමීනී, ඔය දේවල් සමාදන් වෙලා, පුරුදු කළොත් අහිත පිණිස, දුක් පිණිස පවතිනවා කියලයි ඔය ගැන අපට සිතෙන්නේ."

ඉතින් පින්වත් කාලාමවරුනි, දැන් ඔය අකුසල් ගැන යමක් පැවසුවා නේද, පින්වත් කාලාමවරුනි, ඔබ එන්න. කටකතාවෙන් ආවා කියලා ගන්න එපා. පරම්පරාවෙන් ආවා කියලා ගන්න එපා. ඒක මෙහම මෙහෙමයි වුනේ කියලා ගන්න එපා. තම තමන්ගේ දහම් පොත්වල තිබෙනවාය කියා කියූ පමණින් ගන්නත් එපා. තර්කයට ගැලපෙනවාය කියල ගන්නත් එපා. න්‍යායට ගැලපෙනවාය කියල ගන්නත් එපා. කරුණු සලකාගෙන යද්දී ගැලපෙනවාය කියලා ගන්නත් එපා. තමන්ගේ අදහසට සැසඳී යනවාය කියල ගන්නත් එපා. පිළිගත යුතු කෙනෙක් නෙව මෙය කියන්නේ කියල ගන්නත් එපා. මේ ශ්‍රමණයන් වහන්සේ අපගේ ගුරුවරයා නෙව කියල ගන්නත් එපා. පින්වත්

කාලාමයෙනි, යම් විටෙක, 'මේ මේ දේවල් අකුසල්, මේ මේ දේවල් වරදින් යුක්තයි, මේ දේවල් නුවණැත්තන් විසින් ගරහලයි තියෙන්නේ, මේ දේවල් සමාදන් වෙලා පුරුදු කළෝතින් අහිත පිණිස, දුක පිණිසයි පවතින්නේ කියලා ඔබටම තමා තුළින් වැටහෙනවා නම්, එතකොට පින්වත් කාලාමවරුනි, ඔබ එය අත්හරින්න' කියලා මා පැවසුවේ යම් කරුණක් ගැනද, ඒ ඔන්න ඔය කරුණ ගැනයි.

පින්වත් කාලාමවරුනි, ඔබ එන්න. කටකතාවෙන් ආවා කියලා ගන්න එපා. පරම්පරාවෙන් ආවා කියලා ගන්න එපා. ඒක මෙහෙම මෙහෙමයි වුනේ කියලා ගන්න එපා. තම තමන්ගේ දහම් පොත්වල තිබෙනවාය කියා කියූ පමණින් ගන්නත් එපා. තර්කයට ගැලපෙනවාය කියල ගන්නත් එපා. න්‍යායට ගැලපෙනවාය කියල ගන්නත් එපා. කරුණු සලකාගෙන යද්දී ගැලපෙනවාය කියලා ගන්නත් එපා. තමන්ගේ අදහසට සැසඳී යනවාය කියල ගන්නත් එපා. පිළිගත යුතු කෙනෙක් නෙව මෙය කියන්නේ කියල ගන්නත් එපා. මේ ශ්‍රමණයන් වහන්සේ අපගේ ගුරුවරයා නෙව කියල ගන්නත් එපා. පින්වත් කාලාමයෙනි, යම් විටෙක, 'මේ මේ දේවල් කුසල්, මේ මේ දේවල් වරදින් තොරයි, මේ දේවල් නුවණැත්තන් විසින් ප්‍රශංසා කරලයි තියෙන්නේ, මේ දේවල් සමාදන් වෙලා පුරුදු කළෝතින් හිත පිණිස, සැප පිණිසයි පවතින්නේ' කියලා ඔබටම තමා තුළින් වැටහෙනවා නම්, එතකොට පින්වත් කාලාමවරුනි, එය ඔබ තුළ ඇතිකරගෙන වාසය කරන්න.

පින්වත් කාලාමවරුනි, මේ ගැන කුමක්ද සිතන්නේ? පුරුෂයාගේ සිත තුළ උපදින්නා වූ අලෝභය උපදින්නේ ඔහුට හිත සුව පිණිසද? අහිත පිණිසද?" "ස්වාමීනී, හිත පිණිසයි."

"පින්වත් කාලාමයෙනි, මේ අලෝභී වූ පුරුෂ පුද්ගලයා ලෝභයෙන් යට නොවූ සිතින්, ලෝභය නොවැළඳගත් සිතින් යුතුව යම් දෙයක් ඔහුට බොහෝ කාලයක් හිත පිණිස, සැප පිණිස පවතිනවා නම්, ඒ නිසා ප්‍රාණඝාතත් කරන්නේ නෑ. සොරකම්ද කරන්නේ නෑ. පරස්ත්‍රී සේවනයේද යෙදෙන්නේ නෑ. බොරු කියන්නෙත් නෑ. අන් උදවියත් ඒ සුචරිතයෙහි සමාදන් කරවනවා නේද?" "එසේය ස්වාමීනී."

"පින්වත් කාලාමවරුනි, මේ ගැන කුමක්ද සිතන්නේ? පුරුෂයාගේ සිත තුළ උපදින්නා වූ අද්වේෂය උපදින්නේ ඔහුට හිත සුව පිණිසද? අහිත පිණිසද?" "ස්වාමීනී, හිත පිණිසයි."

"පින්වත් කාලාමයෙනි, මේ දුෂ්ට නො වූ පුරුෂ පුද්ගලයා ද්වේෂයෙන්

යට නොවූ සිතින්, ද්වේෂය නොවැළඳගත් සිතින් යුතුව යම් දෙයක් ඔහුට බොහෝ කාලයක් හිත පිණිස, සැප පිණිස පවතිනවා නම්, එනිසා ප්‍රාණඝාතත් කරන්නේ නෑ. ....(පෙ).... බොරු කියන්නෙත් නෑ. අන් උදවියත් ඒ සුචරිතයෙහි සමාදන් කරවනවා නේද?" "එසේය ස්වාමීනී."

"පින්වත් කාලාමවරුනි, මේ ගැන කුමක්ද සිතන්නේ? පුරුෂයාගේ සිත තුළ උපදින්නා වූ අමෝහය උපදින්නේ ඔහුට හිත සුව පිණිසද? අහිත පිණිසද?" "ස්වාමීනී, හිත පිණිසයි."

"පින්වත් කාලාමයෙනි, මේ මුළා නොවූ පුරුෂ පුද්ගලයා මෝහයෙන් යට නොවූ සිතින්, මෝහය නොවැළඳගත් සිතින් යුතුව යම් දෙයක් ඔහුට බොහෝ කාලයක් හිත පිණිස, සැප පිණිස පවතිනවා නම්, ඒ නිසා ප්‍රාණඝාතත් කරන්නේ නෑ. සොරකම්ද කරන්නේ නෑ. පරස්ත්‍රී සේවනයේද යෙදෙන්නේ නෑ. බොරු කියන්නෙත් නෑ. අන් උදවියත් ඒ සුචරිතයෙහි සමාදන් කරවනවා නේද?" "එසේය ස්වාමීනී."

"පින්වත් කාලාමවරුනි, ඔය දේවල් කුසල්ද? නැත්නම් අකුසල්ද?" "ස්වාමීනී, කුසල්." "වරදින් යුක්තයිද? වරදින් තොරයිද?" "ස්වාමීනී, වරදින් තොරයි." "නුවණැත්තන් විසින් ගරහපු දේවල්ද? නුවණැත්තන් විසින් ප්‍රශංසා කළ දේවල්ද?" "ස්වාමීනී, නුවණැත්තන් විසින් ප්‍රශංසා කරලයි තියෙන්නේ." "ඔය දේවල් සමාදන් වෙලා, පුරුදු කළොත් අහිත පිණිස, දුක් පිණිස පවතීද? නැත්නම් එහෙම නොපවතීද? මෙහිලා ඔබ සිතන්නේ කුමක්ද?" "ස්වාමීනී, ඔය දේවල් සමාදන් වෙලා, පුරුදු කළොත් හිත පිණිස, සැප පිණිස පවතිනවා කියලයි ඔය ගැන අපට සිතෙන්නේ."

ඉතින් පින්වත් කාලාමවරුනි, දැන් ඔය කුසල් ගැන යමක් පැවසුවා නේද, පින්වත් කාලාමවරුනි, ඔබ එන්න. කටකතාවෙන් ආවා කියලා ගන්න එපා. පරම්පරාවෙන් ආවා කියලා ගන්න එපා. ඒක මෙහම මෙහෙමයි වුනේ කියලා ගන්න එපා. තම තමන්ගේ දහම් පොත්වල තිබෙනවාය කියා කියූ පමණින් ගන්නත් එපා. තර්කයට ගැලපෙනවාය කියල ගන්නත් එපා. න්‍යායට ගැලපෙනවාය කියල ගන්නත් එපා. කරුණු සලකාගෙන යද්දී ගැලපෙනවාය කියලා ගන්නත් එපා. තමන්ගේ අදහසට සැසඳී යනවාය කියල ගන්නත් එපා. පිළිගත යුතු කෙනෙක් නෙව මෙය කියන්නේ කියල ගන්නත් එපා. මේ ශ්‍රමණයන් වහන්සේ අපගේ ගුරුවරයා නෙව කියල ගන්නත් එපා. පින්වත් කාලාමයෙනි, යම් විටෙක, 'මේ මේ දේවල් කුසල්, මේ මේ දේවල් වරදින් තොරයි, මේ දේවල් නුවණැත්තන් විසින් ප්‍රශංසා කරලයි තියෙන්නේ, මේ

දේවල් සමාදන් වෙලා පුරුදු කළෝතින් හිත පිණිස, සැප පිණිසයි පවතින්නේ කියලා ඔබටම තමා තුළින් වැටහෙනවා නම්, එතකොට පින්වත් කාලාමවරුනි, එය ඔබ තුළ ඇතිකරගෙන වාසය කරන්න' කියලා මා පැවසුවේ යම් කරුණක් ගැනද, ඒ ඔන්න ඔය කරුණ ගැනයි.

පින්වත් කාලාමවරුනි, ඒ ආර්ය ශ්‍රාවකයින් ඔය අයුරින් බැහැර කළ ලෝභය ඇතිව, බැහැර කළ ද්වේෂය ඇතිව, බැහැර කළ මෝහය ඇතිව, මනා නුවණින් යුතුව, මනා සිහියෙන් යුතුව, මෛත්‍රී සහගත සිතින් ....(පෙ).... කරුණා සහගත සිතින් ....(පෙ).... මුදිතා සහගත සිතින් ....(පෙ).... උපෙක්ඛා සහගත සිතින් එක් දිශාවක් පතුරුවා වාසය කරනවා. ඒ වගේම දෙවෙනි දිශාවටත්, තුන්වෙනි දිශාවටත්, හතරවෙනි දිශාවටත් පතුරුවා වාසය කරනවා. ඒ වගේම උඩ, යට, හරහට සියලු තැනම, සියලු අයුරින් තමා හා සමකොට සකල ලෝකයටම විපුල වූ ප්‍රදේශ වශයෙන් පුළුල් වූ ප්‍රමාණ රහිත වූ වෛර නැති තරහ නැති උපේක්ෂා සිත පතුරුවා වාසය කරනවා.

පින්වත් කාලාමවරුනි, ඒ ආර්ය ශ්‍රාවකයා ඔය අයුරින් අවෛරී සිතින් යුතුව, ඔය අයුරින් නිදුක් සිතින් යුතුව, ඔය අයුරින් නොකිලිටි සිතින් යුතුව, පිරිසිදු සිතින් යුතුව සිටිනා විට මේ ජීවිතය තුළදීම සැනසිලි හතරක් ඇති කරගත්තා වෙනවා.

'යම් හෙයකින් පරලොවක් තිබෙනවා නම්, හොඳ නරක කර්මයන්ගේ ඵලවිපාක තිබෙනවා නම්, මම කය බිඳී මරණින් මතු සුගති සංඛ්‍යාත ස්වර්ග ලෝකයෙහි තමයි උපදින්නේ' කියල මේ පළමුවෙනි අස්වැසිල්ල ඇතිකරගත්තා වෙනවා.

'යම් හෙයකින් පරලොවක් නැත්නම්, හොඳ නරක කර්මයන්ගේ ඵලවිපාක නැත්නම්, මම මා මේ ජීවිතය තුළම වෛර නැති, තරහ නැති, නිදුක් වූ, සුවපත් වූ, ජීවිතයක් පරිහරණය කරනවා නොවේද?' කියල මේ දෙවෙනි අස්වැසිල්ල ඇතිකරගත්තා වෙනවා.

'යම් හෙයකින් පව් කරන කෙනාට තමයි ඒ පව්වලට විපාක විඳින්න තියෙන්නේ. නමුත් මම කිසිවෙකුට හෝ පවක් කරන්නට සිතන්නේ නෑ. ඉතින් පාප කර්ම නොකරන්නා වූ මා කවර කරුණකට නම් දුකක් ස්පර්ශ කරන්නද?' කියල මේ තුන්වෙනි අස්වැසිල්ල ඇතිකරගත්තා වෙනවා.

'යම් හෙයකින් පව් කරන කෙනාට ඒ පව්වලට විපාක විඳින්නට නැතිනම්, මෙහිදීම මම පව් කිරීමත්, විපාක විඳීමත් යන දෙපැත්තෙන්ම පිරිසිදු ජීවිතයක්

තමයි දකින්නේ' කියල මේ සිව්වෙනි අස්වැසිල්ල ඇතිකරගත්තා වෙනවා.

පින්වත් කාලාමවරුනි, ඒ ආර්ය ශ්‍රාවකයා ඔය අයුරින් අවෛරී සිතින් යුතුව, ඔය අයුරින් නිදුක් සිතින් යුතුව, ඔය අයුරින් නොකිලිටි සිතින් යුතුව, පිරිසිදු සිතින් යුතුව සිටිනා විට මේ ජීවිතය තුළදීම ඔය සැනසිලි හතර ඇති කරගත්තා වෙනවා නේද?"

"භාග්‍යවතුන් වහන්ස, එය එසේමයි. සුගතයාණන් වහන්ස, එය සේමයි. ස්වාමීනී, ඒ ආර්ය ශ්‍රාවකයා ඔය අයුරින් අවෛරී සිතින් යුතුව, ඔය අයුරින් නිදුක් සිතින් යුතුව, ඔය අයුරින් නොකිලිටි සිතින් යුතුව, පිරිසිදු සිතින් යුතුව සිටිනා විට මේ ජීවිතය තුළදීම සැනසිලි හතරක් ඇති කරගත්තා වෙනවාමයි.

'යම් හෙයකින් පරලොවක් තිබෙනවා නම්, හොඳ නරක කර්මයන්ගේ ඵලවිපාක තිබෙනවා නම්, මම කය බිඳී මරණින් මතු සුගති සංඛ්‍යාත ස්වර්ග ලෝකයෙහි තමයි උපදින්නේ' කියල මේ පළමුවෙනි අස්වැසිල්ල ඇතිකරගත්තා වෙනවාමයි.

'යම් හෙයකින් පරලොවක් නැත්නම්, හොඳ නරක කර්මයන්ගේ ඵලවිපාක නැත්නම්, මම මා මේ ජීවිතය තුළම වෛර නැති, තරහ නැති, නිදුක් වූ, සුවපත් වූ, ජීවිතයක් පරිහරණය කරනවා නොවේද?' කියල මේ දෙවෙනි අස්වැසිල්ල ඇතිකරගත්තා වෙනවාමයි.

'යම් හෙයකින් පව් කරන කෙනාට තමයි ඒ පව්වලට විපාක විඳින්න තියෙන්නේ. නමුත් මම කිසිවෙකුට හෝ පවක් කරන්නට සිතන්නේ නෑ. ඉතින් පාප කර්ම නොකරන්නා වූ මා කවර කරුණකට නම් දුකක් ස්පර්ශ කරන්නද?' කියල මේ තුන්වෙනි අස්වැසිල්ල ඇතිකරගත්තා වෙනවාමයි.

'යම් හෙයකින් පව් කරන කෙනාට ඒ පව්වලට විපාක විඳින්නට නැතිනම්, මෙහිදීම මම පව් කිරීමත්, විපාක විඳීමත් යන දෙපැත්තෙන්ම පිරිසිදු ජීවිතයක් තමයි දකින්නේ' කියල මේ සිව්වෙනි අස්වැසිල්ල ඇතිකරගත්තා වෙනවාමයි.

ස්වාමීනී, ඒ ආර්ය ශ්‍රාවකයා ඔය අයුරින් අවෛරී සිතින් යුතුව, ඔය අයුරින් නිදුක් සිතින් යුතුව, ඔය අයුරින් නොකිලිටි සිතින් යුතුව, පිරිසිදු සිතින් යුතුව සිටිනා විට මේ ජීවිතය තුළදීම සැනසිලි හතරක් ඇති කරගත්තා වෙනවාමයි.

භවත් ගෞතමයන් වහන්ස, ඉතා සුන්දරයි! ....(පෙ).... ස්වාමීනී, මේ අපිත් භාග්‍යවතුන් වහන්සේව සරණ යනවා. ශ්‍රී සද්ධර්මයත්, ආර්ය මහා

සංඝරත්නයත් සරණ යනවා. භාග්‍යවතුන් වහන්සේ අපි ගැන අද පටන් දිවි තිබෙන තුරාවටම තෙරුවන් සරණ ගිය උපාසකයන් ලෙස සලකන සේක්වා!

සාදු! සාදු!! සාදු!!!

3.2.2.6.

16. මා විසින් මෙසේ අසන ලදී. ඒ දිනවල ආයුෂ්මත් නන්දක තෙරුන් වැඩසිටියේ සැවැත් නුවර මිගාරමාතු ප්‍රාසාදය නම් වූ පූර්වාරාමයෙහිය. එදා මිගාර මහසිටුහුගේ මුණුපුරා වන සාළ්හත්, පේඛුනිය සිටුහුගේ මුණුපුරා වන රෝහණත් ආයුෂ්මත් නන්දක තෙරුන් වෙත පැමිණුනා. පැමිණ ආයුෂ්මත් නන්දක තෙරුන්ට ආදරයෙන් වන්දනා කොට එකත්පස්ව වාඩිවුනා. එකත්පස්ව වාඩිවුන මිගාර මහසිටුහුගේ මුණුපුරා වන සාළ්හයන් හට ආයුෂ්මත් නන්දක තෙරුන් මෙකරුණ පැවසුවා.

"පින්වත් සාළ්හයෙනි, ඔබ එන්න. කටකතාවෙන් ආවා කියලා ගන්න එපා. පරම්පරාවෙන් ආවා කියලා ගන්න එපා. ඒක මෙහෙම මෙහෙමයි වුනේ කියලා ගන්න එපා. තම තමන්ගේ දහම් පොත්වල තිබෙනවාය කියා කියූ පමණින් ගන්නත් එපා. තර්කයට ගැලපෙනවාය කියල ගන්නත් එපා. න්‍යායට ගැලපෙනවාය කියල ගන්නත් එපා. කරුණු සලකාගෙන යද්දී ගැලපෙනවාය කියලා ගන්නත් එපා. තමන්ගේ අදහසට සැසඳී යනවාය කියල ගන්නත් එපා. පිළිගත යුතු කෙනෙක් නෙව මෙය කියන්නේ කියල ගන්නත් එපා. මේ ශ්‍රමණයන් වහන්සේ අපගේ ගුරුවරයා නෙව කියල ගන්නත් එපා. පින්වත් සාළ්හයෙනි, යම් විටෙක, 'මේ මේ දේවල් අකුසල්, මේ මේ දේවල් වරදින් යුක්තයි, මේ දේවල් නුවණැත්තන් විසින් ගරහලයි තියෙන්නේ, මේ දේවල් සමාදන් වෙලා පුරුදු කළොතින් අහිත පිණිස, දුක පිණිසයි පවතින්නේ' කියලා ඔබටම තමා තුළින් වැටහෙනවා නම්, එතකොට පින්වත් සාළ්හයෙනි, ඔබ එය අත්හරින්න.

පින්වත් සාළ්හයෙනි, මේ ගැන කුමක්ද සිතන්නේ? ලෝභය තියෙනවා නේද?" "එසේය, ස්වාමීනී." "පින්වත් සාළ්හයෙනි, මා ඕකෙ තේරුම හැටියට කියන්නේ අභිධ්‍යාව කියලයි.

පින්වත් සාළ්හයෙනි, මේ ලෝභී වූ පුරුෂ පුද්ගලයා ලෝභයෙන් යට වූ සිතින්, ලෝභය වැළඳගත් සිතින් යුතුව යම් දෙයක් ඔහුට බොහෝ කාලයක් අහිත පිණිස, දුක් පිණිස පවතිනවා නම්, එබඳු වූ ප්‍රාණඝාතත් කරනවා.

සොරකම්ද කරනවා. පරස්ත්‍රී සේවනයේද යෙදෙනවා. බොරුත් කියනවා. අන් උදවියත් ඒ දුෂ්චරිතයෙහි සමාදන් කරවනවා නේද?" "එසේය ස්වාමීනී."

"පින්වත් සාළ්හයෙනි, මේ ගැන කුමක්ද සිතන්නේ? ද්වේෂය තියෙනවා නේද?" "එසේය, ස්වාමීනී" "පින්වත් සාළ්හයෙනි, මා ඕකෙ තේරුම හැටියට කියන්නේ ව්‍යාපාදය කියලයි.

"පින්වත් සාළ්හයෙනි, මේ දුෂ්ට වූ පුරුෂ පුද්ගලයා ද්වේෂයෙන් යට වූ සිතින්, ද්වේෂය වැළඳගත් සිතින් යුතුව යම් දෙයක් ඔහුට බොහෝ කාලයක් අහිත පිණිස, දුක් පිණිස පවතිනවා නම්, එබඳු වූ ප්‍රාණඝාතත් කරනවා. ....(පෙ).... අන් උදවියත් ඒ දුෂ්චරිතයෙහි සමාදන් කරවනවා නේද?" "එසේය ස්වාමීනී."

"පින්වත් සාළ්හයෙනි, මේ ගැන කුමක්ද සිතන්නේ? මෝහය තියෙනවා නේද?" "එසේය, ස්වාමීනී." "පින්වත් සාළ්හයෙනි, මා ඕකෙ තේරුම හැටියට කියන්නේ අවිද්‍යාව කියලයි.

"පින්වත් සාළ්හයෙනි, මේ මුළා වූ පුරුෂ පුද්ගලයා මෝහයෙන් යට වූ සිතින්, මෝහය වැළඳගත් සිතින් යුතුව යම් දෙයක් ඔහුට බොහෝ කාලයක් අහිත පිණිස, දුක් පිණිස පවතිනවා නම්, එබඳු වූ ප්‍රාණඝාතත් කරනවා. සොරකම්ද කරනවා. පරස්ත්‍රී සේවනයේද යෙදෙනවා. බොරුත් කියනවා. අන් උදවියත් ඒ දුෂ්චරිතයෙහි සමාදන් කරවනවා නේද?" "එසේය, ස්වාමීනී."

"පින්වත් සාළ්හයෙනි, ඒ ගැන ඔබ කුමක්ද සිතන්නේ? ඔය දේවල් කුසල්ද? නැත්නම් අකුසල්ද?" "ස්වාමීනී, අකුසල්." "වරදින් යුක්තයිද? වරදින් තොරයිද?" "ස්වාමීනී, වරදින් යුක්තයි." "නුවණැත්තන් විසින් ගරහපු දේවල්ද? නුවණැත්තන් විසින් ප්‍රශංසා කළ දේවල්ද?" "ස්වාමීනී, නුවණැත්තන් විසින් ගරහල තියෙන්නේ." "ඔය දේවල් සමාදන් වෙලා, පුරුදු කළොත් අහිත පිණිස, දුක් පිණිස පවතීද? නැත්නම් එහෙම නොපවතීද? මෙහිලා ඔබ සිතන්නේ කුමක්ද?" "ස්වාමීනී, ඔය දේවල් සමාදන් වෙලා, පුරුදු කළොත් අහිත පිණිස, දුක් පිණිස පවතිනවා කියලයි ඔය ගැන අපට සිතෙන්නේ."

ඉතින් පින්වත් සාළ්හයෙනි, දැන් ඔය අකුසල් ගැන යමක් පැවසුවා නේද, 'පින්වත් සාළ්හයෙනි, ඔබ එන්න. කටකතාවෙන් ආවා කියලා ගන්න එපා. පරම්පරාවෙන් ආවා කියලා ගන්න එපා. ඒක මෙහෙම මෙහෙමයි වුනේ කියලා ගන්න එපා. තම තමන්ගේ දහම් පොත්වල තිබෙනවාය කියා කියූ පමණින් ගන්නත් එපා. තර්කයට ගැලපෙනවාය කියල ගන්නත් එපා. න්‍යායට ගැලපෙනවාය කියල ගන්නත් එපා. කරුණු සලකාගෙන යද්දී ගැලපෙනවාය

කියලා ගන්නත් එපා. තමන්ගේ අදහසට සැසඳී යනවාය කියල ගන්නත් එපා. පිළිගත යුතු කෙනෙක් නෙව මෙය කියන්නේ කියල ගන්නත් එපා. මේ ශ්‍රමණයන් වහන්සේ අපගේ ගුරුවරයා නෙව කියල ගන්නත් එපා. පින්වත් සාළ්හයෙනි, යම් විටෙක, 'මේ මේ දේවල් අකුසල්, මේ මේ දේවල් වරදින් යුක්තයි, මේ දේවල් නුවණැත්තන් විසින් ගරහලයි තියෙන්නේ, මේ දේවල් සමාදන් වෙලා පුරුදු කළෝතින් අහිත පිණිස, දුක පිණිසයි පවතින්නේ කියලා ඔබටම තමා තුළින් වැටහෙනවා නම්, එතකොට පින්වත් සාළ්හයෙනි, ඔබ එය අත්හරින්න' කියලා මා පැවසුවේ යම් කරුණක් ගැනද, ඒ ඔන්න ඔය කරුණ ගැනයි.

පින්වත් සාළ්හයෙනි, ඔබ එන්න. කටකතාවෙන් ආවා කියලා ගන්න එපා. පරම්පරාවෙන් ආවා කියලා ගන්න එපා. ඒක මෙහෙම මෙහෙමයි වුනේ කියලා ගන්න එපා. තම තමන්ගේ දහම් පොත්වල තිබෙනවාය කියා කියූ පමණින් ගන්නත් එපා. තර්කයට ගැලපෙනවාය කියල ගන්නත් එපා. න්‍යායට ගැලපෙනවාය කියල ගන්නත් එපා. කරුණු සලකාගෙන යද්දී ගැලපෙනවාය කියලා ගන්නත් එපා. තමන්ගේ අදහසට සැසඳී යනවාය කියල ගන්නත් එපා. පිළිගත යුතු කෙනෙක් නෙව මෙය කියන්නේ කියල ගන්නත් එපා. මේ ශ්‍රමණයන් වහන්සේ අපගේ ගුරුවරයා නෙව කියල ගන්නත් එපා. පින්වත් සාළ්හයෙනි, යම් විටෙක, 'මේ මේ දේවල් කුසල්, මේ මේ දේවල් වරදින් තොරයි, මේ දේවල් නුවණැත්තන් විසින් ප්‍රශංසා කරලයි තියෙන්නේ, මේ දේවල් සමාදන් වෙලා පුරුදු කළෝතින් හිත පිණිස, සැප පිණිසයි පවතින්නේ' කියලා ඔබටම තමා තුළින් වැටහෙනවා නම්, එතකොට පින්වත් සාළ්හයෙනි, එය ඔබ තුළ ඇතිකරගෙන වාසය කරන්න.

පින්වත් සාළ්හයෙනි, මේ ගැන කුමක්ද සිතන්නේ? අලෝභය තියෙනවා නේද?" "එසේය, ස්වාමීනී." "පින්වත් සාළ්හයෙනි, මා ඕකෙ තේරුම හැටියට කියන්නේ අභිධ්‍යාව නැතිබව කියලයි.

පින්වත් සාළ්හයෙනි, මේ අලෝභී වූ පුරුෂ පුද්ගලයා ලෝභයෙන් යට නොවූ සිතින්, ලෝභය නොවැළඳගත් සිතින් යුතුව යම් දෙයක් ඔහුට බොහෝ කාලයක් හිත පිණිස, සැප පිණිස පවතිනවා නම්, ඒ නිසා ප්‍රාණඝාතත් කරන්නේ නෑ. සොරකම්ද කරන්නේ නෑ. පරස්ත්‍රී සේවනයේද යෙදෙන්නේ නෑ. බොරු කියන්නෙත් නෑ. අන් උදවියත් ඒ සුචරිතයෙහි සමාදන් කරවනවා නේද?" "එසේය ස්වාමීනී."

"පින්වත් සාළ්හයෙනි, මේ ගැන කුමක්ද සිතන්නේ? අද්වේෂය තියෙනවා

නේද?" "එසේය, ස්වාමීනී." "පින්වත් සාළ්හයෙනි, මා ඕකෙ තේරුම හැටියට කියන්නේ ව්‍යාපාදය නැතිබව කියලයි.

"පින්වත් සාළ්හයෙනි, මේ දුෂ්ට නො වූ පුරුෂ පුද්ගලයා ද්වේෂයෙන් යට නොවූ සිතින්, ද්වේෂය නොවැළඳගත් සිතින් යුතුව යම් දෙයක් ඔහුට බොහෝ කාලයක් හිත පිණිස, සැප පිණිස පවතිනවා නම්, එනිසා ප්‍රාණඝාතත් කරන්නේ නෑ. ....(පෙ).... බොරු කියන්නෙත් නෑ. අන් උදවියත් ඒ සුචරිතයෙහි සමාදන් කරවනවා නේද?" "එසේය ස්වාමීනී."

පින්වත් සාළ්හයෙනි, මේ ගැන කුමක්ද සිතන්නේ? අමෝහය තියෙනවා නේද?" "එසේය, ස්වාමීනී." "පින්වත් සාළ්හයෙනි, මා ඕකෙ තේරුම හැටියට කියන්නේ විද්‍යාව කියලයි.

"පින්වත් සාළ්හයෙනි, මේ මුළා නොවූ පුරුෂ පුද්ගලයා මෝහයෙන් යට නොවූ සිතින්, මෝහය නොවැළඳගත් සිතින් යුතුව යම් දෙයක් ඔහුට බොහෝ කාලයක් හිත පිණිස, සැප පිණිස පවතිනවා නම්, ඒ නිසා ප්‍රාණඝාතත් කරන්නේ නෑ. ....(පෙ).... බොරු කියන්නෙත් නෑ. අන් උදවියත් ඒ සුචරිතයෙහි සමාදන් කරවනවා නේද?" "එසේය, ස්වාමීනී."

"පින්වත් සාළ්හයෙනි, ඒ ගැන ඔබ කුමක්ද සිතන්නේ? ඔය දේවල් කුසල්ද? නැත්නම් අකුසල්ද?" "ස්වාමීනී, කුසල්." "වරදින් යුක්තයිද? වරදින් තොරයිද?" "ස්වාමීනී, වරදින් තොරයි" "නුවණැත්තන් විසින් ගරහපු දේවල්ද? නුවණැත්තන් විසින් ප්‍රශංසා කළ දේවල්ද?" "ස්වාමීනී, නුවණැත්තන් විසින් ප්‍රශංසා කරලයි තියෙන්නේ." "ඔය දේවල් සමාදන් වෙලා, පුරුදු කළොත් අහිත පිණිස, දුක් පිණිස පවතීද? නැත්නම් එහෙම නොපවතීද? මෙහිලා ඔබ සිතන්නේ කුමක්ද?" "ස්වාමීනී, ඔය දේවල් සමාදන් වෙලා, පුරුදු කළොත් හිත පිණිස, සැප පිණිස පවතිනවා කියලයි ඔය ගැන අපට සිතෙන්නේ."

ඉතින් පින්වත් සාළ්හයෙනි, දැන් ඔය කුසල් ගැන යමක් පැවසුවා නේද, 'පින්වත් සාළ්හයෙනි, ඔබ එන්න. කටකතාවෙන් ආවා කියලා ගන්න එපා. පරම්පරාවෙන් ආවා කියලා ගන්න එපා. ඒක මෙහෙම මෙහෙමයි වුනේ කියලා ගන්න එපා. තම තමන්ගේ දහම් පොත්වල තිබෙනවාය කියා කියූ පමණින් ගන්නත් එපා. තර්කයට ගැලපෙනවාය කියල ගන්නත් එපා. න්‍යායට ගැලපෙනවාය කියල ගන්නත් එපා. කරුණු සලකාගෙන යද්දී ගැලපෙනවාය කියලා ගන්නත් එපා. තමන්ගේ අදහසට සැසඳී යනවාය කියල ගන්නත් එපා. පිළිගත යුතු කෙනෙක් නෙව මෙය කියන්නේ කියල ගන්නත් එපා. මේ ශ්‍රමණයන් වහන්සේ අපගේ ගුරුවරයා නෙව කියල ගන්නත් එපා. පින්වත්

සාළ්හයෙනි, යම් විටෙක, 'මේ මේ දේවල් කුසල්, මේ මේ දේවල් වරදින් තොරයි, මේ දේවල් නුවණැත්තන් විසින් ප්‍රශංසා කරලයි තියෙන්නේ, මේ දේවල් සමාදන් වෙලා පුරුදු කළෝතින් හිත පිණිස, සැප පිණිසයි පවතින්නේ කියලා ඔබටම තමා තුළින් වැටහෙනවා නම්, එතකොට පින්වත් සාළ්හයෙනි, එය ඔබ තුළ ඇතිකරගෙන වාසය කරන්න' කියලා මා පැවසුවේ යම් කරුණක් ගැනද, ඒ ඔන්න ඔය කරුණ ගැනයි.

පින්වත් සාළ්හයෙනි, ඒ ආර්ය ශ්‍රාවකයින් ඔය අයුරින් බැහැර කළ ලෝභය ඇතිව, බැහැර කළ ද්වේෂය ඇතිව, බැහැර කළ මෝහය ඇතිව, මනා නුවණින් යුතුව, මනා සිහියෙන් යුතුව, මෛත්‍රී සහගත සිතින් ....(පෙ).... කරුණා සහගත සිතින් ....(පෙ).... මුදිතා සහගත සිතින් ....(පෙ).... උපෙක්ඛා සහගත සිතින් එක් දිශාවක් පතුරුවා වාසය කරනවා. ඒ වගේම දෙවෙනි දිශාවටත්, තුන්වෙනි දිශාවටත්, හතරවෙනි දිශාවටත් පතුරුවා වාසය කරනවා. ඒ වගේම උඩ, යට, හරහට සියලු තැනම, සියලු අයුරින් තමා හා සමකොට සකල ලෝකයටම විපුල වූ ප්‍රදේශ වශයෙන් පුළුල් වූ ප්‍රමාණ රහිත වූ වෛර නැති තරහ නැති උපේක්ෂා සිත පතුරුවා වාසය කරනවා.

එතකොට ඔහු මෙහෙම දැනගන්නවා. 'මෙය තියෙනවා. හීන දෙයත් තියෙනවා. ප්‍රණීත (උසස්) දෙයත් තියෙනවා. මේ සඤ්ඤාවකින් දැනගන්නා දෙයට එහා මෙයින් නිදහස් වීමකුත් තියෙනවා' කියලා.

ඔය ආකාරයෙන් දන්නා වූ, ඔය ආකාරයෙන් දක්නා වූ ඔහුගේ සිත කාමාශ්‍රවයන්ගෙන් නිදහස් වෙනවා. භවාශ්‍රවයන්ගෙන් නිදහස් වෙනවා. අවිජ්ජාශ්‍රාවයන්ගෙන් නිදහස් වෙනවා. ආශ්‍රවයන්ගෙන් නිදහස් වූ විට නිදහස් වුනා යන අවබෝධය ඇතිවෙනවා. ඉපදීම ක්ෂය වී ගියා. බඹසර වාසය සම්පූර්ණ කළා. කළ යුතු දෙය කළා. අරහත්වය පිණිස කළ යුතු වෙන කිසිවක් නැතැයි දැනගන්නවා.

එතකොට ඔහු මෙහෙම දැනගන්නවා. ඉස්සර ලෝභය තිබුනා. ඒක අකුසලයක්ව තිබුනේ. දැන් ඒ අකුසලය නෑ. මේකමයි කුසලය. ඉස්සර ද්වේෂය තිබුනා. ....(පෙ).... ඉස්සර මෝහය තිබුනා. ඒක අකුසලයක්ව තිබුනේ. දැන් ඒ අකුසලය නෑ. මේකමයි කුසලය.

මේ ආකාරයෙන් ඔහු මේ ජීවිතයේදීම තෘෂ්ණා රහිත වෙලා, නිවී, ගිහින් සිහිල් වෙලා, ශ්‍රේෂ්ඨ වූ ජීවිතයකින් යුතුව සැප විඳිමින් වාසය කරනවා.

සාදු! සාදු!! සාදු!!!

3.2.2.7.

17. පින්වත් මහණෙනි, මේ කථාවට මූලික වන කාරණා තුනක් තියෙනවා. ඒ තුන මොනවාද? පින්වත් මහණෙනි, "අතීත කාලයේ මේ විදිහට වුනා" කියලා. අතීත කාලය අරභයා කථා කරනවා. "අනාගත කාලයේ මේ විදිහට වෙනවා" කියලා අනාගත කාලය අරභයා කතා කරනවා. "දැන් මේ කාලේ පවතින්නේ මේ විදිහට" කියලා මේ පවතින වර්තමාන කාලය අරභය කතා කරනවා.

පින්වත් මහණෙනි, කථාවට සුදුසුද, එහෙම නැත්නම් කථාවට සුදුසු නැද්ද කියලා කථාවේ යෙදිලා තමයි දැනගත යුත්තේ. පින්වත් මහණෙනි, ඉදින් ප්‍රශ්න විමසූ කල්හී මේ පුද්ගලයා එක එල්ලේම විසඳිය යුතු ප්‍රශ්නය එක එල්ලේම විසඳන්නේ නැත්නම්, බෙදා විසඳිය යුතු ප්‍රශ්නය බෙදා විසඳන්නේ නැත්නම්, පසෙකින් තැබිය යුතු ප්‍රශ්නය පසෙකින් තබන්නේ නැත්නම්, පින්වත් මහණෙනි, මෙසේ ඇති කල්හී මේ පුද්ගලයා කථාවට සුදුසු නෑ.

පින්වත් මහණෙනි, ඉදින් ප්‍රශ්න විමසූ කල්හී මේ පුද්ගලයා එක එල්ලේම විසඳිය යුතු ප්‍රශ්නය එක එල්ලේම විසඳනවා නම්, බෙදා විසඳිය යුතු ප්‍රශ්නය බෙදා විසඳනවා නම්, පසෙකින් තැබිය යුතු ප්‍රශ්නය පසෙකින් තබනවා නම්, පින්වත් මහණෙනි, මෙසේ ඇති කල්හී මේ පුද්ගලයා කථාවට සුදුසුයි.

පින්වත් මහණෙනි, කථාවට සුදුසුද, එහෙම නැත්නම් කථාවට සුදුසු නැද්ද කියලා කථාවේ යෙදිලා තමයි දැනගත යුත්තේ. පින්වත් මහණෙනි, ඉදින් ප්‍රශ්න විමසූ කල්හී මේ පුද්ගලයා කරුණු කාරණාවල පිහිටන්නේ නැත්නම්, අදහස් කරන්නා වූ කරුණු තුළ පිහිටන්නේ නැත්නම්, දැනගෙන සිටි දෙය තුළ පිහිටන්නේ නැත්නම්, ප්‍රතිපත්තියේ පිහිටන්නේ නැත්නම් පින්වත් මහණෙනි, මෙසේ ඇති කල්හී මේ පුද්ගලයා කථාවට නුසුදුසුයි.

පින්වත් මහණෙනි, ඉදින් ප්‍රශ්න විමසූ කල්හී මේ පුද්ගලයා කරුණු කාරණාවල පිහිටනවා නම්, අදහස් කරන්නා වූ කරුණු තුළ පිහිටනවා නම්, දැනගෙන සිටි දෙය තුළ පිහිටනවා නම්, ප්‍රතිපත්තියේ පිහිටනවා නම් පින්වත් මහණෙනි, මෙසේ ඇති කල්හී මේ පුද්ගලයා කථාවට සුදුසුයි.

පින්වත් මහණෙනි, කථාවට සුදුසුද, එහෙම නැත්නම් කථාවට සුදුසු නැද්ද කියලා කථාවේ යෙදිලා තමයි දැනගත යුත්තේ. පින්වත් මහණෙනි, ඉදින් ප්‍රශ්න විමසූ කල්හී මේ පුද්ගලයා වෙන කථාවකින් අනෙක් කථාව වහලා දානවා නම්, බාහිර කථාවක් ඇදලා ගන්නවා නම්, කෝපයත්, ද්වේෂයත්, නොසතුටත් පළ කරනවා නම්, පින්වත් මහණෙනි, මෙසේ ඇති කල්හී මේ පුද්ගලයා කථාවට සුදුසු නෑ.

පින්වත් මහණෙනි, ඉදින් ප්‍රශ්න විමසූ කල්හී මේ පුද්ගලයා වෙන කථාවකින් අනෙක් කථාව වහලා දාන්නේ නැත්නම්, බාහිර කථාවක් ඇදලා ගන්නේ නැත්නම්, කෝපයත්, ද්වේෂයත්, නොසතුටත් පළ කරන්නේ නැත්නම්, පින්වත් මහණෙනි, මෙසේ ඇති කල්හී මේ පුද්ගලයා කථාවට සුදුසුයි.

පින්වත් මහණෙනි, කථාවට සුදුසුද, එහෙම නැත්නම් කථාවට සුදුසු නැද්ද කියලා කථාවේ යෙදිලා තමයි දැනගත යුත්තේ. පින්වත් මහණෙනි, ඉදින් ප්‍රශ්න විමසූ කල්හී මේ පුද්ගලයා අදාළ නැති දේ ඇදගනිමින් බාධා කරනවා නම්, බණිමින් මැඩ පවත්වනවා නම්, විහිළුවට ලක්කරනවා නම්, වැරදි විදිහට ගන්නවා නම්, පින්වත් මහණෙනි, මෙසේ ඇතිකල්හි මේ පුද්ගලයා කථාවට සුදුසු නෑ.

පින්වත් මහණෙනි, ඉදින් ප්‍රශ්න විමසූ කල්හී මේ පුද්ගලයා අදාළ නැති දේ ඇදගනිමින් බාධා කරන්නේ නැත්නම්, බනිමින් මැඩ පවත්වන්නේ නැත්නම්, විහිළුවට ලක්කරන්නේ නැත්නම්, වැරදි විදිහට ගන්නේ නැත්නම්, පින්වත් මහණෙනි, මෙසේ ඇතිකල්හි මේ පුද්ගලයා කථාවට සුදුසුයි.

පින්වත් මහණෙනි. පුද්ගලයා හේතු සම්පත්වලින් යුක්තයිද, හේතු සම්පත් නැද්ද කියලා දැනගන්න තියෙන්නේ කථාවේ යෙදිලාමයි.

පින්වත් මහණෙනි. ධර්මශ්‍රවණය පිණිස අවධානයෙන් යුතුව සවන් යොමු නොකරන කෙනා හේතු සම්පත් රහිතයි. ධර්මශ්‍රවණය පිණිස අවධානයෙන් යුතුව සවන් යොමු කරන කෙනා හේතු සම්පත් සහිතයි. ඔහු හේතු සම්පත් සහිත නිසා එක් ධර්මයක් දැනගන්නවා. එක් ධර්මයක් පිරිසිඳ දැනගන්නවා. එක් ධර්මයක් අත්හරිනවා. එක් ධර්මයක් සාක්ෂාත් කරනවා. ඔහු එක ධර්මයක් දැනගනිමින්, එක ධර්මයක් පිරිසිඳ දැනගනිමින්, එක් ධර්මයක් අත්හරිමින්, එක් ධර්මයක් සාක්ෂාත් කරමින් සම්මා විමුක්තිය නම් වූ නිවන ස්පර්ශ කරනවා.

පින්වත් මහණෙනි, උපාදාන රහිතව ඇතිවෙන සිතේ යම් මේ අරහත්ඵල විමුක්තියක් ඇද්ද, කථාව තිබෙන්නේ ඔය අර්ථයටමය. සාකච්ඡාව තිබෙන්නේ ඔය අර්ථයටමය. හේතු සම්පත් තිබෙන්නේ ඔය අර්ථයටමය. ධර්ම ශ්‍රවණයට සවන් යොමු කිරීම තිබෙන්නේ ඔය අර්ථයටමය.

23. යම් කෙනෙක් ද්වේෂයෙන් යුක්තව, අධික මාන්නයෙහි බැසගෙන, විරුද්ධව කතා කරයි නම්, එකිනෙකාගේ සිදුරු සොය සෙයා ගුණ නාසමින් අනාර්ය වූ කථාව කරයි නම්,

24. එබඳු පුද්ගලයා එකිනෙකාගේ දූර්භාෂිතයන්, අසභ්‍ය කථා, අඩුපාඩු, පරාජය

ආදිය හුවා දක්වමින් සතුටු වෙනවා. නමුත් ආර්ය පුද්ගලයා එවැනි දේ කියන්න යන්නේ නෑ.

25. ඉදින් නුවණැති පුද්ගලයා කථාබස් කරන්න කැමැති වන්නේ නම්, එයට කල්දන්නවා. ධර්මයෙහි පිහිටි, ධර්මානුකූල බවෙන් යුතු වූ, ආර්ය වූ යම් කථා මාර්ගයක් ඇද්ද,

26. ඒ ප්‍රඥාවන්තයා කරන්නේ අන්න එවැනි කථාවෙහි යෙදීමයි. එහි විරුද්ධ දේවල් නැහැ. හුවාදැක්වීම් නැහැ. කෙලෙස්වලට බැඳීමුත් නෑ. හෙළා දැකීම් නෑ. එකට එක කීම් නෑ.

27. ඒ නුවණැති සත්පුරුෂයන් ඊර්ෂ්‍යා රහිත වූ සිතින් ඉතා හොඳ අවබෝධයකින් යුක්තවමයි කථා කරන්නේ. සුභාෂිත අනුමෝදන් වෙනවා. දුර්භාෂිත බැසගන්නේ නෑ.

28. ඇද සොයමින් කථා කිරීමට නොපුරුදු විය යුතුයි. අඩුපාඩු අල්ල ගන්නේ නෑ. අදාළ නැති දේ ඇදගන්නේ නෑ. බාහිර දේ කියමින් මඩින්නේ නෑ. ඇත්ත නැත්ත පටලවලා කියන්නේ නෑ.

29. සත්පුරුෂයින්ගේ සාකච්ඡාව අවබෝධය පිණිසත්, ප්‍රසාදය පිණිසත් ඒකාන්තයෙන්ම හේතු වෙනවා. ආර්යයන් වහන්සේලා ඒ විදිහටයි සාකච්ඡා කරන්නේ. මෙය තමයි ආර්යයන් වහන්සේලාගේ සාකච්ඡාව. ඒ ප්‍රඥාවන්ත සත්පුරුෂයන් මේ අර්ථය දැනගෙන අවබෝධයෙන්ම සාකච්ඡා කරද්දී තමන්ව හුවාදක්වන්නේ නෑ.

සාදු! සාදු!! සාදු!!!

3.2.2.8.

18. "ඉදින් පින්වත් මහණෙනි, අන්‍ය ආගමික වූ පරිබ්‍රාජකයින් මේ විදිහට ඇහුවොත් 'එම්බා ආයුෂ්මතුනි, මේ ධර්මයන් තුනක් තියෙනවා නෙව. ඒ තුන මොනවාද? රාගයත්, ද්වේෂයත්, මෝහයත්ය. එම්බා ආයුෂ්මතුනි, මේ තමයි ඒ ධර්ම තුන. ඉතින් එම්බා ආයුෂ්මතුනි, ඔය ධර්ම තුනෙහි ඇති විශේෂත්වය කුමක්ද? මූලිකව අදහස් කරන දෙය කුමක්ද? වෙනස්කම කුමක්ද?' කියලා. පින්වත් මහණෙනි, මේ විදිහට ඇසූ කල්හි ඒ අන්‍ය ආගමික වූ පරිබ්‍රාජකයින්ට ඔබ පිළිතුරු දෙන්නේ කොයි විදිහටද?"

"ස්වාමීනී, අපගේ ධර්මය භාග්‍යවතුන් වහන්සේ මුල්කරගෙනමයි තියෙන්නේ. භාග්‍යවතුන් වහන්සේ ගුරුකොටගෙනයි තියෙන්නේ. භාග්‍යවතුන් වහන්සේ පිළිසරණ කොටගෙනයි තියෙන්නේ. ස්වාමීනී, භාග්‍යවතුන් වහන්සේටම මේ වදාළ කරුණෙහි අර්ථය වැටෙහන සේක්නම් මැනැවි. භාග්‍යවතුන් වහන්සේගෙන් අසා භික්ෂූන් වහන්සේලා එය ධාරණය කරගනීවි."

"එසේ නම් පින්වත් මහණෙනි, සවන් දෙන්න. ....(පෙ).... භාග්‍යවතුන් වහන්සේ මෙම දෙසුම වදාළා.

"ඉදින් පින්වත් මහණෙනි, අන්‍ය ආගමික වූ පරිබ්‍රාජකයින් මේ විදිහට ඇහුවොත් 'එම්බා ආයුෂ්මතුනි, මේ ධර්මයන් තුනක් තියෙනවා නෙව. ඒ තුන මොනවාද? රාගයත්, ද්වේෂයත්, මෝහයත්ය. එම්බා ආයුෂ්මතුනි, මේ තමයි ඒ ධර්ම තුන. ඉතින් එම්බා ආයුෂ්මතුනි, ඔය ධර්ම තුනෙහි ඇති විශේෂත්වය කුමක්ද? මූලිකව අදහස් කරන දෙය කුමක්ද? වෙනස්කම කුමක්ද?' කියලා. පින්වත් මහණෙනි, මේ විදිහට ඇසූ කල්හි ඒ අන්‍ය ආගමික වූ පරිබ්‍රාජකයින්ට ඔබ මේ ආකාරයෙන් පිළිතුරු දෙන්න. 'එම්බා ආයුෂ්මතුනි, රාගය වනාහී අල්ප සාවද්‍යයි. නැති වෙලා යන්නේ හෙමිහිටයි. ද්වේෂය වනාහී මහා සාවද්‍යයි. ඉක්මනින් නැතිවෙලා යනවා. මෝහය වනාහී මහා සාවද්‍යයි. හෙමින් තමයි නැතිවෙලා යන්නේ' කියලා.

'එම්බා ආයුෂ්මතුනි, එතකොට යම් හෙයකින් නූපන් රාගය උපදිනවා නම්, උපන් රාගය වැඩිවීම පිණිසත්, විපුල බවට පත්වීම පිණිසත් පවතින්නා වූ හේතුව කුමක්ද? ප්‍රත්‍ය කුමක්ද? එයට හේතුව වශයෙන් කිව යුත්තේ සුභ නිමිත්ත කියලයි.'

සුභ නිමිත්ත නුවණින් තොරව සිහි කරන ඔහුට නූපන් රාගය වුනත් උපදිනවා. උපන් රාගයද වැඩිවීම පිණිසත්, විපුලබවට පත්වීම පිණිසත් හේතු වෙනවා. එම්බා ආයුෂ්මතුනි, යම් හෙයකින් නූපන් රාගය උපදිනවා නම්, උපන් රාගය වැඩිවීම පිණිසත්, විපුල බවට පත්වීම පිණිසත්, පවතින්නා වූ හේතුව මෙයයි. ප්‍රත්‍යය මෙයයි.

එම්බා ආයුෂ්මතුනි, එතකොට යම් හෙයකින් නූපන් ද්වේෂය උපදිනවා නම්, උපන් ද්වේෂය වැඩිවීම පිණිසත්, විපුල බවට පත්වීම පිණිසත් පවතින්නා වූ හේතුව කුමක්ද? ප්‍රත්‍ය කුමක්ද? එයට හේතුව වශයෙන් කිව යුත්තේ පටිඝ නිමිත්ත කියලයි.'

පටිඝ නිමිත්ත නුවණින් තොරව සිහි කරන ඔහුට නූපන් ද්වේෂය වුනත්

උපදිනවා. උපන් ද්වේෂයද වැඩිවීම පිණිසත්, විපුලබවට පත්වීම පිණිසත් හේතු වෙනවා. එම්බා ආයුෂ්මතුනි, යම් හෙයකින් නූපන් ද්වේෂය උපදිනවා නම්, උපන් ද්වේෂය වැඩිවීම පිණිසත්, විපුල බවට පත්වීම පිණිසත්, පවතින්නා වූ හේතුව මෙයයි. ප්‍රත්‍යය මෙයයි.

එම්බා ආයුෂ්මතුනි, එතකොට යම් හෙයකින් නූපන් මෝහය උපදිනවා නම්, උපන් මෝහය වැඩිවීම පිණිසත්, විපුල බවට පත්වීම පිණිසත් පවතින්නා වූ හේතුව කුමක්ද? ප්‍රත්‍ය කුමක්ද? එයට හේතුව වශයෙන් කිව යුත්තේ අයෝනිසෝ මනසිකාරය කියලයි.

නුවණින් තොරව සිහි කරන ඔහුට නූපන් මෝහය වුනත් උපදිනවා. උපන් මෝහයද වැඩිවීම පිණිසත්, විපුලබවට පත්වීම පිණිසත් හේතු වෙනවා. එම්බා ආයුෂ්මතුනි, යම් හෙයකින් නූපන් මෝහය උපදිනවා නම්, උපන් මෝහය වැඩිවීම පිණිසත්, විපුල බවට පත්වීම පිණිසත්, පවතින්නා වූ හේතුව මෙයයි. ප්‍රත්‍යය මෙයයි.

එම්බා ආයුෂ්මතුනි, එතකොට යම් හෙයකින් නූපන් රාගය නූපදිනවා නම්, උපන් රාගය ප්‍රහාණය වෙනවා නම් එයට හේතුව කුමක්ද? ප්‍රත්‍ය කුමක්ද? එයට හේතුව වශයෙන් කිව යුත්තේ අසුභ නිමිත්ත කියලයි.

අසුභ නිමිත්ත නුවණින් යුක්තව සිහි කරන ඔහුට නූපන් රාගය උපදින්නේ නෑ. උපන් රාගය වුනත් ප්‍රහාණය වෙලා යනවා. එම්බා ආයුෂ්මතුනි, යම් හෙයකින් නූපන් රාගය නූපදිනවා නම්, උපන් රාගය ප්‍රහාණය වෙලා යනවා නම්, එයට හේතුව මෙයයි. ප්‍රත්‍යය මෙයයි.

එම්බා ආයුෂ්මතුනි, එතකොට යම් හෙයකින් නූපන් ද්වේෂය නූපදිනවා නම්, උපන් ද්වේෂය ප්‍රහාණය වෙනවා නම් එයට හේතුව කුමක්ද? ප්‍රත්‍ය කුමක්ද? එයට හේතුව වශයෙන් කිව යුත්තේ මෛත්‍රී චිත්ත විමුක්තිය කියලයි.

මෛත්‍රී චිත්ත විමුක්තිය නුවණින් යුක්තව සිහි කරන ඔහුට නූපන් ද්වේෂය උපදින්නේ නෑ. උපන් ද්වේෂය වුනත් ප්‍රහාණය වෙලා යනවා. එම්බා ආයුෂ්මතුනි, යම් හෙයකින් නූපන් ද්වේෂය නූපදිනවා නම්, උපන් ද්වේෂය ප්‍රහාණය වෙලා යනවා නම්, එයට හේතුව මෙයයි. ප්‍රත්‍යය මෙයයි.

එම්බා ආයුෂ්මතුනි, එතකොට යම් හෙයකින් නූපන් මෝහය නූපදිනවා නම්, උපන් මෝහය ප්‍රහාණය වෙනවා නම් එයට හේතුව කුමක්ද? ප්‍රත්‍ය කුමක්ද? එයට හේතුව වශයෙන් කිව යුත්තේ යෝනිසෝ මනසිකාරය කියලයි.

නුවණින් යුක්තව සිහි කරන ඔහුට නූපන් මෝහය උපදින්නේ නෑ. උපන් මෝහය වුනත් ප්‍රහාණය වෙලා යනවා. එම්බා ආයුෂ්මතුනි, යම් හෙයකින් නූපන් මෝහය නූපදිනවා නම්, උපන් මෝහය ප්‍රහාණය වෙලා යනවා නම්, එයට හේතුව මෙයයි. ප්‍රත්‍යය මෙයයි.

සාදු! සාදු!! සාදු!!!

3.2.2.9.

19. පින්වත් මහණෙනි, මේ අකුසල මුල් තුනක් තියෙනවා. ඒ තුන මොනවාද? ලෝභය අකුසලයට මුල්වෙන දෙයක්. ද්වේෂය අකුසලයට මුල්වෙන දෙයක්. මෝහය අකුසලයට මුල්වෙන දෙයක්.

පින්වත් මහණෙනි, යම්කිසි ලෝභයක් ඇත්නම් ඒකමයි අකුසලය. ලෝභී පුද්ගලයා කයෙන්, වචනයෙන්, මනසින් යමක් රැස්කරනවා නම් ඒකත් අකුසලයක්. ලෝභය විසින් යටකර දැමූ සිත් ඇති, ලෝභය විසින් වෙළාගත් සිත් ඇති ලෝභී පුද්ගලයා 'මම බලවත් වෙමි. මේ විදිහෙන් බලය උපදවාගෙන සිටිමි' කියලා අන් අයට වදදීමෙන් වේවා, සිර කිරීමෙන් වේවා, පැහැරගැනීමෙන් වේවා, ගැරහීමෙන් වේවා, රටින් නෙරපීමෙන් වේවා, අමිහිරි වූ දුකක් උපදවයි නම්, ඒකත් අකුසලයක්. මේ ආකාරයෙන් ඔහු තුළ ලෝභයෙන් උපන්, ලෝභයම මුල් වූ, ලෝභයෙන් හටගත්, ලෝභ ප්‍රත්‍යයෙන් අනේකවිධ වූ පාපී අකුසල් හටගන්නවා.

පින්වත් මහණෙනි, යම්කිසි ද්වේෂයක් ඇත්නම් ඒකමයි අකුසලය. දුෂ්ට පුද්ගලයා කයෙන්, වචනයෙන්, මනසින් යමක් රැස්කරනවා නම් ඒකත් අකුසලයක්. ද්වේෂය විසින් යටකර දැමූ සිත් ඇති, ද්වේෂය විසින් වෙළාගත් සිත් ඇති දුෂ්ට පුද්ගලයා 'මම බලවත් වෙමි. මේ විදිහෙන් බලය උපදවාගෙන සිටිමි' කියලා අන් අයට වදදීමෙන් වේවා, සිර කිරීමෙන් වේවා, පැහැර ගැනීමෙන් වේවා, ගැරහීමෙන් වේවා, රටින් නෙරපීමෙන් වේවා, අමිහිරි වූ දුකක් උපදවයි නම්, ඒකත් අකුසලයක්. මේ ආකාරයෙන් ඔහු තුළ ද්වේෂයෙන් උපන්, ද්වේෂයම මුල් වූ, ද්වේෂයෙන් හටගත්, ද්වේෂ ප්‍රත්‍යයෙන් අනේකවිධ වූ පාපී අකුසල් හටගන්නවා.

පින්වත් මහණෙනි, යම්කිසි මෝහයක් ඇත්නම් ඒකමයි අකුසලය. මුලා වූ පුද්ගලයා කයෙන්, වචනයෙන්, මනසින් යමක් රැස්කරනවා නම් ඒකත් අකුසලයක්. මෝහය විසින් යටකර දැමූ සිත් ඇති, මෝහය විසින් වෙළාගත් සිත්

ඇති මුලා වූ පුද්ගලයා 'මම බලවත් වෙමි. මේ විදිහෙන් බලය උපදවාගෙන සිටිමි' කියලා අන් අයට වදදීමෙන් වේවා, සිර කිරීමෙන් වේවා, පැහැර ගැනීමෙන් වේවා, ගැරහීමෙන් වේවා, රටින් නෙරපීමෙන් වේවා, අමිහිරි වූ දුකක් උපදවයි නම්, ඒකත් අකුසලයක්. මේ ආකාරයෙන් ඔහු තුළ මෝහයෙන් උපන්, මෝහයම මුල් වූ, මෝහයෙන් හටගත්, මෝහ ප්‍රත්‍යයෙන් අනේකවිධ වූ පාපී අකුසල් හටගන්නවා. පින්වත් මහණෙනි, මේ පුද්ගලයාට තමයි කල්යල් නොදන කතාබස් කරන කෙනා, බොරුවෙන් කතා කරන කෙනා, අනර්ථය කතා කරන කෙනා, අධර්මය කතා කරන කෙනා, අවිනය කතා කරන කෙනා කියල කියන්නේ.

පින්වත් මහණෙනි, කවර කරුණක් නිසාද, මෙවැනි පුද්ගලයාට කල්යල් නොදන කතාබස් කරන කෙනා, බොරුවෙන් කතා කරන කෙනා, අනර්ථය කතා කරන කෙනා, අධර්මය කතා කරන කෙනා, අවිනය කතා කරන කෙනා කියල කියන්නේ? යම් අයුරකින් මේ පුද්ගලයා 'මම බලවත් වෙමි. මේ විදිහෙන් බලය උපදවාගෙන සිටිමි' කියලා අන් අයට වදදීමෙන් වේවා, සිර කිරීමෙන් වේවා, පැහැරගැනීමෙන් වේවා, ගැරහීමෙන් වේවා, රටින් නෙරපීමෙන් වේවා, අමිහිරි වූ දුකක් උපදවනවාද, එබඳු ගති ඇති නිසයි මොහුට එසේ කියන්නේ. මොහු ඇත්තක් කිව්වත්, හෙලා දකින්නයි කියන්නේ. ප්‍රතිඥාදීමකට නොවේ. බොරුවක් කිව්වත් 'ඕක අසත්‍යයක් නෙව. ඕක අභූතයක් නෙව' කියලා ඒක විසඳාගැනීමට උත්සාහ ගන්නේ නෑ. ඒ නිසයි මෙබඳු පුද්ගලයා හට කල්යල් නොදන කතාබස් කරන කෙනා, බොරුවෙන් කතා කරන කෙනා, අනර්ථය කතා කරන කෙනා, අධර්මය කතා කරන කෙනා, අවිනය කතා කරන කෙනා කියල කියන්නේ.

පින්වත් මහණෙනි, මෙබඳු පුද්ගලයා ලෝභය නිසා හටගත් පාපී වූ අකුසල්වලින් යට කරන ලද, ලෝභයෙන් වෙලාගත් සිත් ඇතුව මෙලොවදීම පීඩා සහිත වූ, වෙහෙසකර වූ, දැවීම් සහිත වූ දුක් සහිත ජීවිතයක් ගත කරනවා. කය බිඳී මරණින් මතු දුගතිය තමයි කැමති වෙන්න තියෙන්නේ.

ද්වේෂය නිසා හටගත් ....(පෙ).... මෝහය නිසා හටගත් පාපී වූ අකුසල්වලින් යට කරන ලද, මෝහයෙන් වෙලාගත් සිත් ඇතුව මෙලොවදීම පීඩා සහිත වූ, වෙහෙසකර වූ, දැවීම් සහිත වූ දුක් සහිත ජීවිතයක් ගත කරනවා. කය බිඳී මරණින් මතු දුගතිය තමයි කැමති වෙන්න තියෙන්නේ.

පින්වත් මහණෙනි, ඒක හරියට මෙන්න මේ වගේ දෙයක්. සල් ගසක් වේවා, දැව ගසක් වේවා, කොළොන් ගසක් වේවා, (උඩට හැරුණු කිරි ගොට්ට

වැනි කොළ ඇති) මාළුවා වැල් තුනකින් වසා ගත්තොත්, හැම පැත්තෙන්ම වෙලා ගත්තොත්, ඒ ගස වැඩෙන්නේ නෑ. විනාශ වෙනවා. මොනවා හරි දෙයකින් විනාශ වෙලා යනවා. අන්න ඒ වගේම තමයි පින්වත් මහණෙනි, මෙබඳු පුද්ගලයා ලෝභය නිසා හටගත් පාපී වූ අකුසල්වලින් යට කරන ලද, ලෝභයෙන් වෙලාගත් සිත් ඇතුව මෙලොවදීම පීඩා සහිත වූ, වෙහෙසකර වූ, දැවීම් සහිත වූ දුක් සහිත ජීවිතයක් ගත කරනවා. කය බිඳී මරණින් මතු දුගතිය තමයි කැමති වෙන්න තියෙන්නේ. ද්වේෂය නිසා හටගත් ....(පෙ).... මෝහය නිසා හටගත් පාපී වූ අකුසල්වලින් යට කරන ලද, මෝහයෙන් වෙලාගත් සිත් ඇතුව මෙලොවදීම පීඩා සහිත වූ, වෙහෙසකර වූ, දැවීම් සහිත වූ දුක් සහිත ජීවිතයක් ගත කරනවා. කය බිඳී මරණින් මතු දුගතිය තමයි කැමති වෙන්න තියෙන්නේ. පින්වත් මහණෙනි, මේ තමයි අකුසල් මුල් තුන.

පින්වත් මහණෙනි, මේ කුසල මුල් තුනක් තියෙනවා. ඒ තුන මොනවාද? අලෝභය කුසලයට මුල්වෙන දෙයක්. අද්වේෂය කුසලයට මුල්වෙන දෙයක්. අමෝහය කුසලයට මුල්වෙන දෙයක්.

පින්වත් මහණෙනි, යම්කිසි අලෝභයක් ඇත්නම් ඒකමයි කුසලය. අලෝභී පුද්ගලයා කයෙන්, වචනයෙන්, මනසින් යමක් රැස්කරනවා නම් ඒකත් කුසලයක්. ලෝභය විසින් යටකර නොදැමූ සිත් ඇති, ලෝභය විසින් වෙළා නොගත් සිත් ඇති අලෝභී පුද්ගලයා 'මම බලවත් වෙමි. මේ විදිහෙන් බලය උපදවාගෙන සිටිමි' කියලා අන් අයට වදදීමෙන් වේවා, සිර කිරීමෙන් වේවා, පැහැරගැනීමෙන් වේවා, ගැරහීමෙන් වේවා, රටින් නෙරපීමෙන් වේවා, අම්හිරි වූ දුකක් උපදවන්නේ නෑ. ඒකත් කුසලයක්. මේ ආකාරයෙන් ඔහු තුළ අලෝභයෙන් උපන්, අලෝභයම මුල් වූ, අලෝභයෙන් හටගත්, අලෝභ ප්‍රත්‍යයෙන් අනේකවිධ වූ කුසල් හටගන්නවා.

පින්වත් මහණෙනි, යම්කිසි අද්වේෂයක් ඇත්නම් ඒකමයි කුසලය. දුෂ්ට පුද්ගලයා කයෙන්, වචනයෙන්, මනසින් යමක් රැස්කරනවා නම් ඒකත් කුසලයක්. ද්වේෂය විසින් යටකර නොදැමූ සිත් ඇති, ද්වේෂය විසින් වෙළා නොගත් සිත් ඇති දුෂ්ට නැති පුද්ගලයා 'මම බලවත් වෙමි. මේ විදිහෙන් බලය උපදවාගෙන සිටිමි' කියලා අන් අයට වදදීමෙන් වේවා, සිර කිරීමෙන් වේවා, පැහැරගැනීමෙන් වේවා, ගැරහීමෙන් වේවා, රටින් නෙරපීමෙන් වේවා, අම්හිරි වූ දුකක් උපදවන්නේ නෑ. ඒකත් කුසලයක්. මේ ආකාරයෙන් ඔහු තුළ අද්වේෂයෙන් උපන්, අද්වේෂයම මුල් වූ, අද්වේෂයෙන් හටගත්, අද්වේෂ ප්‍රත්‍යයෙන් අනේකවිධ වූ කුසල් හටගන්නවා.

පින්වත් මහණෙනි, යම්කිසි අමෝහයක් ඇත්නම් ඒකමයි කුසලය. මුලා නොවූ පුද්ගලයා කයෙන්, වචනයෙන්, මනසින් යමක් රැස්කරනවා නම් ඒකත් කුසලයක්. මෝහය විසින් යටකර නොදැමූ සිත් ඇති, මෝහය විසින් වෙළා නොගත් සිත් ඇති මුලා නොවූ පුද්ගලයා 'මම බලවත් වෙමි. මේ විදිහෙන් බලය උපදවාගෙන සිටිමි' කියලා අන් අයට වදදීමෙන් වේවා, සිර කිරීමෙන් වේවා, පැහැරගැනීමෙන් වේවා, ගැරහීමෙන් වේවා, රටින් නෙරපීමෙන් වේවා, අමිහිරි වූ දුකක් උපදවන්නේ නෑ. ඒකත් කුසලයක්. මේ ආකාරයෙන් ඔහු තුළ අමෝහයෙන් උපන්, අමෝහයම මුල් වූ, අමෝහයෙන් හටගත්, අමෝහ ප්‍රත්‍යයෙන් අනේකවිධ වූ කුසල් හටගන්නවා. පින්වත් මහණෙනි, මේ පුද්ගලයාට තමයි කල්යල් දැන කතාබස් කරන කෙනා, සත්‍යය කතා කරන කෙනා, අර්ථය කතා කරන කෙනා, ධර්මය කතා කරන කෙනා, විනය කතා කරන කෙනා කියල කියන්නේ.

පින්වත් මහණෙනි, කවර කරුණක් නිසාද, මෙවැනි පුද්ගලයාට කල්යල් දැන කතාබස් කරන කෙනා, ...(පෙ).... විනය කතා කරන කෙනා කියල කියන්නේ? යම් අයුරකින් මේ පුද්ගලයා 'මම බලවත් වෙමි. මේ විදිහෙන් බලය උපදවාගෙන සිටිමි' කියලා අන් අයට වදදීමෙන් වේවා, සිර කිරීමෙන් වේවා, පැහැරගැනීමෙන් වේවා, ගැරහීමෙන් වේවා, රටින් නෙරපීමෙන් වේවා, අමිහිරි වූ දුකක් උපදවන්නේ නැද්ද, එබඳු ගති ඇති නිසයි මොහුට එසේ කියන්නේ. මොහු ඇත්තක් කිව්වත් ප්‍රතිඥා දෙනවා. හෙලා දකින්න කියන්නේ නෑ. නැති දෝසයකින් කිව්වත් 'ඕක අසත්‍යයක් නෙව. ඕක අභූතයක් නෙව' කියලා ඒක විසඳාගැනීමට උත්සාහ කරනවා. ඒ නිසයි මෙබඳු පුද්ගලයා හට කල්යල් දැන කතාබස් කරන කෙනා, ...(පෙ).... විනය කතා කරන කෙනා කියල කියන්නේ.

පින්වත් මහණෙනි, මෙබඳු පුද්ගලයාට ලෝභය නිසා උපන් අකුසල් ප්‍රහීණයි. මුලින්ම උදුරා දමලයි තියෙන්නේ. කරටිය කඩා දැමූ තල් ගසක් වගේ කරලයි තියෙන්නේ. අභාවයට පත්කරලයි තියෙන්නේ. නැවත නූපදින ආකාරයට පත්කරලයි තියෙන්නේ. මෙලොවදීම පීඩා නැතුව, වෙහෙස නැතුව, දැවීම් නැතුව සුවපත් වූ ජීවිතයක් ගත කරනවා. මෙලොවදීම පිරිනිවන් පානවා.

ද්වේෂය නිසා හටගත් ....(පෙ).... මෝහය නිසා උපන් අකුසල් ප්‍රහීණයි. මුලින්ම උදුරා දමලයි තියෙන්නේ. කරටිය කඩා දැමූ තල් ගසක් වගේ කරලයි තියෙන්නේ. අභාවයට පත්කරලයි තියෙන්නේ. නැවත නූපදින ආකාරයට පත්කරලයි තියෙන්නේ. මෙලොවදීම පීඩා නැතුව, වෙහෙස නැතුව, දැවීම් නැතුව සුවපත් වූ ජීවිතයක් ගත කරනවා. මෙලොවදීම පිරිනිවන් පානවා.

පින්වත් මහණෙනි, ඒක හරියට මෙන්න මේ වගේ දෙයක්. සල් ගසක් වේවා, දව ගසක් වේවා, කොළොන් ගසක් වේවා, මාළුවා වැල් තුනකින් වසා ගෙන හැම පැත්තෙන්ම වෙලා ගෙන තියෙනවා. ඉතින් එතැනට උදැල්ලකුයි, භාජනයකුයි අරගෙන පුරුෂයෙක් එනවා. ඔහු මාලුවා වැල මුලින්ම කපනවා. මුල් කපලා හාරනවා. හාරලා මුල් උදුරලා දමනවා. අඩු තරමින් සැවැන්දරා මුල් තරමේ කුඩා මුල් කැලි පවා උදුරලා දමනවා. ඔහු ඒ මාලුවා වැල කැලි කැලිවලට කපනවා. කැලි කැලිවලට කපලා පළනවා. පළලා කුඩා කුඩා කැබලි කරනවා. කුඩා කුඩා කැබලි කරලා, අව්සුළඟේ වේලනවා. අව්සුළඟේ වේලලා, ගින්නෙන් පුච්චනවා. ගින්නෙන් පුච්චලා, අළු බවට පත්කරනවා. අළු බවට පත්කරලා මහා සුළඟේ පොළා හරනවා. එහෙත් නැත්නම් ගඟේ සැඩපහරේ ගසාගෙන යන්න හරිනවා. පින්වත් මහණෙනි. අන්න ඒ විදිහට ඒ මාලුවා වැල් මුලෙන්ම උදුරා දැම්මා වෙනවා. කරටිය කඩා දැමූ තල්ගසක් වගේ කළා වෙනවා. අභාවයට පත් කළා වෙනවා. නැවත නූපදින ආකාරයට පත් කළා වෙනවා.

අන්න ඒ වගේම තමයි පින්වත් මහණෙනි, මෙබඳු පුද්ගලයාට ලෝභය නිසා උපන් අකුසල් ප්‍රහීණයි. මුලින්ම උදුරා දමලයි තියෙන්නේ. කරටිය කඩා දැමූ තල් ගසක් වගේ කරලයි තියෙන්නේ. අභාවයට පත්කරලයි තියෙන්නේ. නැවත නූපදින ආකාරයට පත්කරලයි තියෙන්නේ. මෙලොවදීම පීඩා නැතුව, වෙහෙස නැතුව, දැවීම් නැතුව සුවපත් වූ ජීවිතයක් ගත කරනවා. මෙලොවදීම පිරිනිවන් පානවා.

ද්වේෂය නිසා හටගත් ....(පෙ).... මෝහය නිසා උපන් අකුසල් ප්‍රහීණයි. මුලින්ම උදුරා දමලයි තියෙන්නේ. කරටිය කඩා දැමූ තල් ගසක් වගේ කරලයි තියෙන්නේ. අභාවයට පත්කරලයි තියෙන්නේ. නැවත නූපදින ආකාරයට පත්කරලයි තියෙන්නේ. මෙලොවදීම පීඩා නැතුව, වෙහෙස නැතුව, දැවීම් නැතුව සුවපත් වූ ජීවිතයක් ගත කරනවා. මෙලොවදීම පිරිනිවන් පානවා. පින්වත් මහණෙනි, මේ තමයි කුසල් මුල් තුන.

සාදු! සාදු!! සාදු!!!

3.2.2.10.

20. මා විසින් අසන ලද්දේ මේ විදිහටයි. ඒ දිනවල භාග්‍යවතුන් වහන්සේ වැඩසිටියේ සැවැත් නුවර මිගාරමාතා ප්‍රාසාදය නම් වූ පූර්වාරාමයේ. එදා මිගාරමාතාව නම් වූ විශාඛා මහෝපාසිකාව ඒ පොහොය දවසේ භාග්‍යවතුන් වහන්සේ වෙත පැමිණියා. පැමිණ භාග්‍යවතුන් වහන්සේට ආදරයෙන් වන්දනා කොට එකත්පස්ව වාඩිවුනා. එකත්පස්ව වාඩිවුන මිගාරමාතා නම් වූ විශාඛාවට භාග්‍යවතුන් වහන්සේ මෙකරුණ වදාළා.

"පින්වත් විශාඛා, මේ දහවල් කාලයේ ඔබ කොහේ සිට එන ගමන්ද?"

"ස්වාමීනී, අද මම පෙහෙවස් සමාදන්ව ඒ අනුව හික්මෙනවා."

"පින්වත් විශාඛා, මේ පෙහෙවස් සමාදන් වීම් තුනක් තියෙනවා. ඒ තුන මොනවාද? ගෝපාලක උපෝසථය, නිගණ්ඨ උපෝසථය හා ආර්ය උපෝසථයයි.

පින්වත් විශාඛා, ගෝපාලක උපෝසථය කොයි වගේ එකක්ද? පින්වත් විශාඛා, ඒක මෙන්න මේ වගේ දෙයක්. ගොපල්ලා හවසට ගවයෝ ටික අයිතිකාරයා ළඟට දක්කාගෙන ගියාට පස්සේ මේ විදිහට කල්පනා කරනවා. 'අද මේ ගවයෝ අසවල් අසවල් ප්‍රදේශවල සැරිසැරුවා (තණ උලා කෑවා). අසවල් අසවල් ප්‍රදේශවලින් වතුර බිව්වා. දැන් හෙට මේ ගවයින් අසවල් අසවල් ප්‍රදේශවල (තණ උලා කෑමට) සැරිසරනවා. අසවල් අසවල් ප්‍රදේශවල වතුර බොනවා.' කියලා. අන්න ඒ වගේ තමයි පින්වත් විශාඛා, මෙහි පෙහෙවස් සමාදන්වන ඇතැම් කෙනෙක් මේ විදිහට කල්පනා කරනවා. 'මම අද මේ මේ කෑම ජාති කෑවා. මේ මේ භෝජන අනුභව කළා. හෙට දවසේ මම මේ මේ කෑම ජාති කනවා. මේ මේ භෝජන අනුභව කරනවා' කියලා. ඉතින් ඔහු ඒ ලෝභ සහගත දැඩි ලෝභී වූ සිතින් දවස ගෙවා දමනවා. පින්වත් විශාඛා, ගෝපාලක උපෝසථය වන්නේ ඔය විදිහටයි. පින්වත් විශාඛා, මේ විදිහට ගත කරන ලද ගෝපාලක උපෝසථය මහත්ඵල නෑ. මහානිසංස නෑ. මහ බැබලීම් නෑ. මහා පිනක් නෑ.

පින්වත් විශාඛා, නිගණ්ඨ උපෝසථය කොයි වගේ එකක්ද? පින්වත් විශාඛා, නිගණ්ඨයෝ කියලා ශ්‍රමණ කොටසක් ඉන්නවා. ඔවුන් ශ්‍රාවකයන්ව මේ විදිහට සමාදන් කරවනවා. 'එම්බා පුරුෂය, ඔබ මෙහි එන්න. නැගෙනහිර දිශාවේ යොදුන් සියයක් දුරට යම් ප්‍රාණීන් ඉන්නවා නම්, ඔවුන් කෙරෙන් දඬු මුගුරු පැත්තකින් තියන්න. බටහිර දිශාවේ යොදුන් සියයක් දුරට යම් ප්‍රාණීන් ඉන්නවා නම්, ඔවුන් කෙරෙන්ද දඬු පැත්තකින් තියන්න. උතුරු දිශාවේ යොදුන්

සියයක් දුරට යම් ප්‍රාණීන් ඉන්නවා නම් ඔවුන් කෙරෙන්ද දඬු මුගුරු පැත්තකින් තියන්න. දකුණු දිශාවේ යොදුන් සියයක් දුරට යම් ප්‍රාණීන් ඉන්නවා නම් ඔවුන් කෙරෙන්ද දඬු මුගුරු පැත්තකින් තියන්න.' මේ විදිහට සමහර ප්‍රාණීන් පිළිබඳ දයාව පිණිස, අනුකම්පාව පිණිස හික්මවනවා. සමහර ප්‍රාණීන් ගැන දයාවක් නොවීම පිණිස, අනුකම්පාවක් නොවීම පිණිස හික්මවනවා. ඔවුන් ඒ පොහොය දිනයේ මේ විදිහට ශ්‍රාවකයන්ව සමාදන් කරනවා. 'එම්බා පුරුෂය, ඔබ මෙහි එන්න. රෙදිපිළි හැම එකක්ම ගලවලා දාලා මේ විදිහට කියන්න. මම කිසි තැනක කාටවත් කරදරයක් ඇති කෙනෙක් නොවෙයි. මගේ කිසි තැනක් කිසි විදිහකින් වත් කරදරකාරී බවක් ඇත්තේ නෑ' කියලා.

ඒ වුනාට 'මේ අපේ පුතා' කියලා ඔහුගේ මව්පියන් හඳුනනවා. 'මේ මාගේ මව්පියන්' කියලා ඔහුත් හඳුනනවා. 'මේ අපේ ස්වාමියා' කියලා ඔහුගේ අඹුදරුවොත් දන්නවා. 'මේ මාගේ අඹුදරුවෝ' කියලා ඔහුත් දන්නවා. 'මේ අපේ ප්‍රධානියා' කියලා ඔහුගේ වැඩකරුවන්, කම්කරුවන් දන්නවා. 'මේ මාගේ වැඩකරුවන්, කම්කරුවන්' කියලා ඔහුත් දන්නවා. ඉතින් සත්‍යයේ සමාදන් කළ යුතුව තියෙද්දී, ඒ වෙලාවේ බොරුවේ සමාදන් කරවනවා. මේක ඔහුගේ බොරුවක් කියලයි මා කියන්නේ. ඉතින් ඔහු ඒ රැය ඉක්මවා යෑමෙන් පසුව (අත්හැර දැමුවා යැයි කියපු) ඔහුට නොදුන්නාවූම ඒ භවභෝග පරිහරණය කරනවා. මේක ඔහුගේ සොරකමක් කියලයි මා කියන්නේ. පින්වත් විශාඛා, නිගණ්ඨ උපෝසථය වන්නේ ඔය විදිහටයි. පින්වත් විශාඛා, මේ විදිහට ගත කරන ලද නිගණ්ඨ උපෝසථය මහත්ඵල නෑ. මහානිසංස නෑ. මහ බැබලීම් නෑ. මහා පිනක් නෑ.

පින්වත් විශාඛා, ආර්ය උපෝසථය කොයි විදිහේ දෙයක්ද? පින්වත් විශාඛා, කිලිටි වී ගිය සිතේ පිරිසිදු කිරීම උපක්‍රමයෙන් තමයි වෙන්නේ. පින්වත් විශාඛා, කිලිටි වී ගිය සිතේ පිරිසිදු කිරීම උපක්‍රමයෙන් වෙන්නේ කොහොමද? පින්වත් විශාඛා, මෙහිලා ආර්ය ශ්‍රාවකයා තථාගතයන් වහන්සේව සිහි කරනවා. 'මෙසේත් ඒ භාග්‍යවතුන් වහන්සේ අරහං වන සේක, සම්මා සම්බුද්ධ වන සේක, විජ්ජාචරණ සම්පන්න වන සේක, සුගත වන සේක, ලෝකවිදූ වන සේක, අනුත්තරෝ පුරිසදම්ම සාරථී වන සේක, දෙව්මිනිසුන්ට ශාස්තෘන් වහන්සේ වන සේක, බුද්ධ වන සේක, භාග්‍යවත් වන සේක' කියලා.

මේ විදිහට තථාගතයන් වහන්සේව සිහි කරන ඔහුගේ සිත පැහැදෙනවා. ප්‍රමුදිත බව උපදිනවා. සිතේ යම් උපක්ලේශ ඇත්නම්, ඒවා ප්‍රහීණ වෙනවා. පින්වත් විශාඛා, ඒක හරියට කිලිටි වී ගිය හිසක පිරිසිදු වීම උපක්‍රමයෙන් වෙනවා වගේ.

පින්වත් විශාඛා, කිලිටි වී ගිය හිසක පිරිසිදු වීම උපක්‍රමයෙන් සිද්ධ වෙන්නේ කොහොමද? බෙහෙත් කල්ක නිසාත්, මැටි නිසාත්, ජලය නිසාත්, පුරුෂයාගේ එයට අවශ්‍ය වූ උත්සාහය නිසාත්ය. පින්වත් විශාඛා, මෙන්න මේ විදිහට කිලිටි වුන හිසේ පිරිසිදු වීම උපක්‍රමයෙන් සිද්ධ වෙනවා. පින්වත් විශාඛා, කිලිටි වී ගිය සිතේ පිරිසිදු වීම උපක්‍රමයෙන් සිද්ධ වෙන්නේත් ඔන්න ඔය ආකාරයටයි.

පින්වත් විශාඛා, කිලිටි වී ගිය සිතක පිරිසිදු වීම උපක්‍රමයෙන් සිද්ධ වෙන්නේ කොහොමද? පින්වත් විශාඛා, මෙහිලා ආර්ය ශ්‍රාවකයා තථාගතයන් වහන්සේව සිහිකරනවා. 'මෙසේත් ඒ භාග්‍යවතුන් වහන්සේ අරහං වන සේක, ...(පෙ).... දෙව්මිනිසුන්ට ශාස්තෘන් වහන්සේ වන සේක, බුද්ධ වන සේක, භාග්‍යවත් වන සේක' කියලා.

මේ විදිහට තථාගතයන් වහන්සේව සිහි කරන ඔහුගේ සිත පැහැදෙනවා. ප්‍රමුදිත බව උපදිනවා. සිතේ යම් උපක්ලේශ ඇත්නම්, ඒවා ප්‍රහීණ වෙනවා. පින්වත් විශාඛා, මේකට තමයි කියන්නේ ආර්ය ශ්‍රාවකයා බ්‍රහ්ම උපෝසථයෙන් වාසය කරනවා කියලා. බ්‍රහ්මයා සමඟ වාසය කරනවා කියලා. එතකොට ඔහුගේ සිත (සම්බුදුරජාණන් වහන්සේ නැමැති) බ්‍රහ්මයා අරභයා පහදිනවා. ප්‍රමෝදය උපදිනවා. සිතේ යම් උපක්ලේශ තිබෙනවා නම්, ඒවා ප්‍රහාණය වෙලා යනවා. පින්වත් විශාඛා, මෙන්න මේ විදිහට තමයි කිලිටි වූ සිතේ පිරිසිදු වීම උපක්‍රමයෙන් සිද්ධ වෙන්නේ.

පින්වත් විශාඛා, කිලිටි වී ගිය සිතේ පිරිසිදු කිරීම උපක්‍රමයෙන් තමයි වෙන්නේ. පින්වත් විශාඛා, කිලිටි වී ගිය සිතේ පිරිසිදු කිරීම උපක්‍රමයෙන් වෙන්නේ කොහොමද? පින්වත් විශාඛා, මෙහිලා ආර්ය ශ්‍රාවකයා ශ්‍රී සද්ධර්මයේ ගුණ සිහි කරනවා. 'භාග්‍යවතුන් වහන්සේගේ ධර්මය මනාකොට දේශනා කරලයි තියෙන්නේ. මේ ජීවිතයේදීම ප්‍රතිඵල ලැබිය හැකියි. අකාලිකයි. ඇවිත් බලන්නැයි කිව හැකියි. තමා තුළට පමුණුවාගත හැකියි. නැණවතුන් විසින් වෙන් වෙන්ව ප්‍රත්‍යක්ෂ කරගත යුතුයි' කියලා.

මේ විදිහට ශ්‍රී සද්ධර්මයේ ගුණ සිහි කරන ඔහුගේ සිත පැහැදෙනවා. ප්‍රමුදිත බව උපදිනවා. සිතේ යම් උපක්ලේශ ඇත්නම්, ඒවා ප්‍රහීණ වෙනවා. පින්වත් විශාඛා, ඒක හරියට කිලිටි වී ගිය කයක පිරිසිදු වීම උපක්‍රමයෙන් වෙනවා වගේ.

පින්වත් විශාඛා, කිලිටි වී ගිය කයේ පිරිසිදු වීම උපක්‍රමයෙන් සිද්ධ වෙන්නේ කොහොමද? ඇඟ උලන දේ නිසාත්, ඒකට ගන්නා සුවඳ නානු

නිසාත්, ජලය නිසාත්, පුද්ගලයාගේ ඒ සඳහා වන උත්සාහය නිසාත්ය. පින්වත් විශාඛා, මෙන්න මේ විදිහට කිලිටි වුන ශරීරයේ පිරිසිදු වීම උපක්‍රමයෙන් සිද්ධ වෙනවා. පින්වත් විශාඛා, කිලිටි වී ගිය සිතේ පිරිසිදු වීම උපක්‍රමයෙන් සිද්ධ වෙන්නේත් ඔන්න ඔය ආකාරයටයි.

පින්වත් විශාඛා, කිලිටි වී ගිය සිතක පිරිසිදු වීම උපක්‍රමයෙන් සිද්ධ වෙන්නේ කොහොමද? පින්වත් විශාඛා, මෙහිලා ආර්ය ශ්‍රාවකයා තථාගතයන් වහන්සේව සිහිකරනවා. 'භාග්‍යවතුන් වහන්සේගේ ධර්මය මනාකොට දේශනා කරලයි තියෙන්නේ, ...(පෙ).... නැණවතුන් විසින් වෙන් වෙන්ව ප්‍රත්‍යක්ෂ කරගත යුතුයි' කියලා. මේ විදිහට ශ්‍රී සද්ධර්මයේ ගුණ සිහි කරන ඔහුගේ සිත පැහැදෙනවා. ප්‍රමුදිත බව උපදිනවා. සිතේ යම් උපක්ලේශ ඇත්නම්, ඒවා ප්‍රහීණ වෙනවා. පින්වත් විශාඛා, මේකට තමයි කියන්නේ ආර්ය ශ්‍රාවකයා ධර්ම උපෝසථයෙන් වාසය කරනවා කියලා. ධර්මය සමඟ වාසය කරනවා කියලා. එතකොට ඔහුගේ සිත ධර්මය අරභයා පහදිනවා. ප්‍රමෝදය උපදිනවා. සිතේ යම් උපක්ලේශ තිබෙනවා නම්, ඒවා ප්‍රහාණය වෙලා යනවා. පින්වත් විශාඛා, මෙන්න මේ විදිහට තමයි කිලිටි වූ සිතේ පිරිසිදු වීම උපක්‍රමයෙන් සිද්ධ වෙන්නේ.

පින්වත් විශාඛා, කිලිටි වී ගිය සිතේ පිරිසිදු කිරීම උපක්‍රමයෙන් තමයි වෙන්නේ. පින්වත් විශාඛා, කිලිටි වී ගිය සිතේ පිරිසිදු කිරීම උපක්‍රමයෙන් වෙන්නේ කොහොමද? පින්වත් විශාඛා, මෙහිලා ආර්ය ශ්‍රාවකයා සංඝරත්නයේ ගුණ සිහි කරනවා. 'භාග්‍යවතුන් වහන්සේගේ ශ්‍රාවක සංඝයා සුපටිපන්නයි. භාග්‍යවතුන් වහන්සේගේ ශ්‍රාවක සංඝයා උජුපටිපන්නයි. භාග්‍යවතුන් වහන්සේගේ ශ්‍රාවක සංඝයා ඤායපටිපන්නයි. භාග්‍යවතුන් වහන්සේගේ ශ්‍රාවක සංඝයා සාමීචිපටිපන්නයි. ඒ ශ්‍රාවක සංඝයා මාර්ගඵලලාභී පුද්ගලයින් යුගල වශයෙන් ගත් විට හතරයි. වෙන් වෙන් වශයෙන් ගත් විට පුරුෂ පුද්ගලයන් අටකි. භාග්‍යවතුන් වහන්සේගේ ශ්‍රාවක සංඝයා ආහුනෙය්‍යයි, පාහුනෙය්‍යයි, දක්ඛිණෙය්‍යයි, අංජලිකරණීයයි, ලොවට උතුම් පින් කෙතයි' කියලා.

මේ විදිහට ශ්‍රාවක සංඝරත්නයේ ගුණ සිහි කරන ඔහුගේ සිත පැහැදෙනවා. ප්‍රමුදිත බව උපදිනවා. සිතේ යම් උපක්ලේශ ඇත්නම්, ඒවා ප්‍රහීණ වෙනවා. පින්වත් විශාඛා, ඒක හරියට කිලිටි වී ගිය වස්ත්‍රයක පිරිසිදු වීම උපක්‍රමයෙන් වෙනවා වගේ.

පින්වත් විශාඛා, කිලිටි වී ගිය වස්ත්‍රයක පිරිසිදු වීම උපක්‍රමයෙන් සිද්ධ වෙන්නේ කොහොමද? උණුසුම නිසාත්, සේදුම් ද්‍රව්‍ය නිසාත්, ගොම නිසාත්,

ජලය නිසාත්, ඒ සඳහා පුද්ගලයා යොදන උත්සාහය නිසාත්ය. පින්වත් විශාඛා, මෙන්න මේ විදිහට කිලිටි වස්ත්‍රයේ පිරිසිදු වීම උපක්‍රමයෙන් සිද්ධ වෙනවා. පින්වත් විශාඛා, කිලිටි වී ගිය සිතේ පිරිසිදු වීම උපක්‍රමයෙන් සිද්ධ වෙන්නේත් ඔන්න ඔය ආකාරයටයි.

පින්වත් විශාඛා, කිලිටි වී ගිය සිතක පිරිසිදු වීම උපක්‍රමයෙන් සිද්ධ වෙන්නේ කොහොමද? පින්වත් විශාඛා, මෙහිලා ආර්ය ශ්‍රාවකයා තථාගතයන් වහන්සේව සිහිකරනවා. 'භාග්‍යවතුන් වහන්සේගේ ශ්‍රාවක සංඝයා සුපටිපන්නයි. ....(පෙ).... ලොවට උතුම් පින් කෙතයි' කියලා.

මේ විදිහට ආර්ය ශ්‍රාවකයා සංඝරත්නයේ ගුණ සිහි කරන ඔහුගේ සිත පැහැදෙනවා. ප්‍රමුදිත බව උපදිනවා. සිතේ යම් උපක්ලේශ ඇත්නම්, ඒවා ප්‍රහීණ වෙනවා. පින්වත් විශාඛා, මේකට තමයි කියන්නේ ආර්ය ශ්‍රාවකයා සංඝ උපෝසථයෙන් වාසය කරනවා කියලා. සංඝයා සමඟ වාසය කරනවා කියලා. එතකොට ඔහුගේ සිත සංඝයා අරභයා පහදිනවා. ප්‍රමෝදය උපදිනවා. සිතේ යම් උපක්ලේශ තිබෙනවා නම්, ඒවා ප්‍රහාණය වෙලා යනවා. පින්වත් විශාඛා, මෙන්න මේ විදිහට තමයි කිලිටි වූ සිතේ පිරිසිදු වීම උපක්‍රමයෙන් සිද්ධ වෙන්නේ.

පින්වත් විශාඛා, කිලිටි වී ගිය සිතේ පිරිසිදු කිරීම උපක්‍රමයෙන් තමයි වෙන්නේ. පින්වත් විශාඛා, කිලිටි වී ගිය සිතේ පිරිසිදු කිරීම උපක්‍රමයෙන් වෙන්නේ කොහොමද? පින්වත් විශාඛා, මෙහිලා ආර්ය ශ්‍රාවකයා තමන් තුළ ඇති, නොකැඩුන, සිදුරු නැති, නිකැලැල් වූ, නොකිලිටි වූ, තෘෂ්ණාවෙන් නිදහස්ව පිරිසිදු වූ, නුවණැත්තන් විසින් ප්‍රශංසා කළ, දෘෂ්ටිවලින් ස්පර්ශ නොවූ, සමාධිය පිණිසම හේතු වන සීලය සිහි කරනවා.

මේ විදිහට සීලයෙහි ගුණ සිහි කරන ඔහුගේ සිත පැහැදෙනවා. ප්‍රමුදිත බව උපදිනවා. සිතේ යම් උපක්ලේශ ඇත්නම්, ඒවා ප්‍රහීණ වෙනවා. පින්වත් විශාඛා, ඒක හරියට කිලිටි වී ගිය කැඩපතක පිරිසිදු වීම උපක්‍රමයෙන් වෙනවා වගේ.

පින්වත් විශාඛා, කිලිටි වූ කැඩපතක පිරිසිදු වීම උපක්‍රමයෙන් සිද්ධ වෙන්නේ කොහොමද? අළු නිසාත්, බුරුසුව නිසාත්, ඒ සඳහා පුද්ගලයා යොදන උත්සාහය නිසාත්ය. පින්වත් විශාඛා, මෙන්න මේ විදිහට කිලිටි කැඩපතේ පිරිසිදු වීම උපක්‍රමයෙන් සිද්ධ වෙනවා. පින්වත් විශාඛා, කිලිටි වී ගිය සිතේ පිරිසිදු වීම උපක්‍රමයෙන් සිද්ධ වෙන්නේත් ඔන්න ඔය ආකාරයටයි.

පින්වත් විශාඛා, කිලිටි වී ගිය සිතක පිරිසිදු වීම උපක්‍රමයෙන් සිද්ධ වෙන්නේ කොහොමද? පින්වත් විශාඛා, මෙහිලා ආර්ය ශ්‍රාවකයා තමන් තුළ ඇති, නොකැඩුන, ...(පෙ).... සමාධිය පිණිසම හේතු වන සීලය සිහි කරනවා.

මේ විදිහට ආර්ය ශ්‍රාවකයා සීලයෙහි ගුණ සිහි කරන ඔහුගේ සිත පැහැදෙනවා. ප්‍රමුදිත බව උපදිනවා. සිතේ යම් උපක්ලේශ ඇත්නම්, ඒවා ප්‍රහීණ වෙනවා. පින්වත් විශාඛා, මේකට තමයි කියන්නේ ආර්ය ශ්‍රාවකයා සීල උපෝසථයෙන් වාසය කරනවා කියලා. සීලය සමඟ වාසය කරනවා කියලා. එතකොට ඔහුගේ සිත සීලය අරභයා පහදිනවා. ප්‍රමෝදය උපදිනවා. සිතේ යම් උපක්ලේශ තිබෙනවා නම්, ඒවා ප්‍රහාණය වෙලා යනවා. පින්වත් විශාඛා, මෙන්න මේ විදිහට තමයි කිලිටි වූ සිතේ පිරිසිදු වීම උපක්‍රමයෙන් සිද්ධ වෙන්නේ.

පින්වත් විශාඛා, කිලිටු වී ගිය සිතේ පිරිසිදු කිරීම උපක්‍රමයෙන් තමයි වෙන්නේ. පින්වත් විශාඛා, කිලිටු වී ගිය සිතේ පිරිසිදු කිරීම උපක්‍රමයකින් වෙන්නේ කොහොමද? පින්වත් විශාඛා, මෙහිලා ආර්ය ශ්‍රාවකයා දෙවියන් පිළිබඳ සිතනවා. චාතුම්මහාරාජිකයේ වාසය කරන දෙවියන් ඉන්නවා. තව්තිසාවේ වාසය කරන දෙවියන් ඉන්නවා. ....(පෙ).... යාම දෙව්ලොවේ ....(පෙ).... තුසිත දෙව්ලොවේ ....(පෙ).... නිම්මාණරතී දෙව්ලොවේ ....(පෙ).... පරනිම්මිත වසවත්තී දෙව්ලොවේ ....(පෙ).... බ්‍රහ්මකායික දෙවිවරු ඉන්නවා, ඊටත් ඔබ්බට තවත් දෙවිවරු ඉන්නවා. ඒ දෙවිවරු යම්කිසි ආකාරයක ශ්‍රද්ධාවකින් යුක්ත වෙච්ච නිසා මෙලොවින් චුත වෙලා එහි ඉපදුනා නම්, මා තුලත් ඒ ආකාරයේ ශ්‍රද්ධාවක් දකින්න තියෙනවා. ඒ දෙවිවරු යම් අයුරක සීලයක් හේතු කොටගෙන මෙලොවින් චුත වෙලා එහි ඉපදුනා නම්, මා තුළත් ඒ ආකාරයේ සීලයක් දකින්න තියෙනවා. ඒ දෙවිවරු යම් අයුරක ඇසූ පිරූ දහම් දැනුමක් හේතු කොටගෙන මෙලොවින් චුත වෙලා එහි ඉපදුනා නම්, මා තුළත් ඒ ආකාරයේ ඇසූ පිරූ දහම් දැනුමක් දකින්න තියෙනවා. ඒ දෙවිවරු යම් අයුරක පරිත්‍යාගයක් හේතු කොටගෙන මෙලොවින් චුත වෙලා එහි ඉපදුනා නම්, මා තුළත් ඒ ආකාරයේ පරිත්‍යාගයක් දකින්න තියෙනවා. ඒ දෙවිවරු යම් අයුරක ප්‍රඥාවක් හේතු කොටගෙන මෙලොවින් චුත වෙලා එහි ඉපදුනා නම්, මා තුළත් ඒ ආකාරයේ ප්‍රඥාවක් දකින්න තියෙනවා.

මේ විදිහට තමන්ගේත්, ඒ දෙවියන්ගේත් ශ්‍රද්ධාවත්, සීලයත්, සුතයත්, චාගයත්, ප්‍රඥාවත්, සිහි කරන ඔහුගේ සිත පැහැදෙනවා. ප්‍රමුදිත බව උපදිනවා. සිතේ යම් උපක්ලේශ ඇත්නම්, ඒවා ප්‍රහීණ වෙනවා. පින්වත් විශාඛා, ඒක හරියට කිලිටු වී ගිය රනක පිරිසිදු වීම උපක්‍රමයෙන් වෙනවා වගේ.

පින්වත් විශාඛා, කිලිටි වෙච්ච රත්තරන්වල පිරිසිදු වීම උපක්‍රමයෙන් සිද්ධවෙන්නේ කොහොමද? කෝව නිසාත්, ලුණු නිසාත්, රන් වර්ණකාරකය නිසාත්, පිඹින බටයත් අඬුවත් නිසාත්, ඒ සඳහා පුද්ගලයා යොදන මහන්සිය නිසාත්ය. පින්වත් විශාඛා, මෙන්න මේ විදිහට තමයි කිලිටි වෙච්ච රත්තරන්වල පිරිසිදු වීම උපක්‍රමයෙන් සිද්ධ වෙන්නේ. පින්වත් විශාඛා, කිලිටි වූ සිතේ පිරිසිදු වීමත් උපක්‍රමයෙන් සිද්ධ වෙන්නේ ඔන්න ඔය ආකාරයටයි.

පින්වත් විශාඛා, කිලිටු වී ගිය සිතේ පිරිසිදු කිරීම උපක්‍රමයකින් වෙන්නේ කොහොමද? පින්වත් විශාඛා, මෙහිලා ආර්ය ශ්‍රාවකයා දෙවියන් පිළිබඳ සිතනවා. චාතුම්මහාරාජිකයේ වාසය කරන දෙවියන් ඉන්නවා. ....(පෙ).... ඊටත් ඔබ්බට තවත් දෙවිවරු ඉන්නවා. ඒ දෙවිවරු යම්කිසි ආකාරයක ශ්‍රද්ධාවකින් යුක්ත වෙච්ච නිසා මෙලොවින් චුත වෙලා එහි ඉපදුනා නම්, මා තුළත් ඒ ආකාරයේ ශ්‍රද්ධාවක් දකින්න තියෙනවා. ඒ දෙවිවරු යම් අයුරක සීලයක් හේතු කොටගෙන ....(පෙ).... දහම් දැනුමක් හේතු කොටගෙන ....(පෙ).... යම් අයුරක පරිත්‍යාගයක් හේතු කොටගෙන ....(පෙ).... ඒ දෙවිවරු යම් අයුරක ප්‍රඥාවක් හේතු කොටගෙන මෙලොවින් චුත වෙලා එහි ඉපදුනා නම්, මා තුළත් ඒ ආකාරයේ ප්‍රඥාවක් දකින්න තියෙනවා. මේ විදිහට තමන්ගේත්, ඒ දෙවියන්ගේත් ශ්‍රද්ධාවත්, සීලයත්, සුතයත්, චාගයත්, ප්‍රඥාවත්, සිහි කරන ඔහුගේ සිත පැහැදෙනවා. ප්‍රමුදිත බව උපදිනවා. සිතේ යම් උපක්ලේශ ඇත්නම්, ඒවා ප්‍රහීණ වෙනවා. පින්වත් විශාඛා, මේකට තමයි කියන්නේ ආර්ය ශ්‍රාවකයා දේවතා උපෝසථයෙන් වාසය කරනවා කියලා. දෙවියන් සමඟ වාසය කරනවා කියලා. එතකොට ඔහුගේ සිත දෙවියන් අරභයා පහදිනවා. ප්‍රමෝදය උපදිනවා. සිතේ යම් උපක්ලේශ තිබෙනවා නම්, ඒවා ප්‍රහාණය වෙලා යනවා. පින්වත් විශාඛ, මෙන්න මේ විදිහට තමයි කිලිටි වූ සිතේ පිරිසිදු වීම උපක්‍රමයෙන් සිද්ධ වෙන්නේ.

පින්වත් විශාඛා, ඒ ආර්ය ශ්‍රාවකයා මේ විදිහට නුවණින් සිතා බලනවා. රහතන් වහන්සේලා දිවිහිමියෙන් ප්‍රාණඝාතය අත්හැරලා ප්‍රාණඝාතයෙන් වෙන් වෙලා, දඬු මුගුරු අයින් කරලා, අවි ආයුධ අත්හැරලා, (ප්‍රාණඝාතයට) ලැජ්ජාවෙන් යුතුව, දයාවෙන් යුතුව, සියලු සතුන් කෙරෙහිම හිතානුකම්පාවෙන්මයි වැඩවාසය කරන්නේ. ඉතින් මමත් අද මේ රාත්‍රියෙත්, දහවල් දවසේත් ප්‍රාණඝාතය අත්හැරලා ප්‍රාණඝාතයෙන් වෙන් වෙලා, දඬු මුගුරු අයින් කරලා, අවි ආයුධ අත්හැරලා, (ප්‍රාණඝාතයට) ලැජ්ජාවෙන් යුතුව, දයාවෙන් යුතුව, සියලු සතුන් කෙරෙහිම හිතානුකම්පාවෙන්ම වාසය කරනවා. මේ ගුණාංගයෙන් මම රහතන් වහන්සේලා අනුව කටයුතු කරනවා. ඒ තුළින් මං උපෝසථයත් සමාදන් වුනා වෙනවා.

රහතන් වහන්සේලා දිවිහිමියෙන් සොරකම අත්හැරලා සොරකමෙන් වෙන් වෙලා, දුන් දෙයක් පමණක් පිළිඅරගෙන, දුන් දෙයක් පමණක් පිළිගනු කැමතිව, සොර රහිත වූ, පාරිශුද්ධ ජීවිතයකින් යුතුවයි වැඩවාසය කරන්නේ. ඉතින් මමත් අද මේ රාත්‍රියෙත්, දහවල් දවසේත් සොරකම අත්හැරලා සොරකමෙන් වෙන් වෙලා, දුන් දෙයක් පමණක් පිළිඅරගෙන, දුන් දෙයක් පමණක් පිළිගනු කැමතිව, සොර රහිත වූ, පාරිශුද්ධ ජීවිතයකින් යුතුව වාසය කරනවා. මේ ගුණාංගයෙන් මම රහතන් වහන්සේලා අනුව කටයුතු කරනවා. ඒ තුළින් මං උපෝසථයත් සමාදන් වුනා වෙනවා.

රහතන් වහන්සේලා දිවිහිමියෙන් අබ්‍රහ්මචාරීබව අත්හැරලා, අබ්‍රහ්මචාරීබව දුරුකරලා, ලාමයක් දෙයක් වූ මෛථුන සේවනයෙන් වැළකිලා, බ්‍රහ්මචාරීවයි වැඩවාසය කරන්නේ. ඉතින් මමත් අද මේ රාත්‍රියෙත්, දහවල් දවසේත් අබ්‍රහ්මචාරීබව අත්හැරලා, අබ්‍රහ්මචාරීබව දුරුකරලා, ලාමක දෙයක් වූ මෛථුන සේවනයෙන් වැළකිලා, බ්‍රහ්මචාරීව වාසය කරනවා. මේ ගුණාංගයෙන් මම රහතන් වහන්සේලා අනුව කටයුතු කරනවා. ඒ තුළින් මං උපෝසථයත් සමාදන් වුනා වෙනවා.

රහතන් වහන්සේලා දිවිහිමියෙන් බොරුකීම අත්හැරලා, බොරුකීමෙන් වැළකිලා, සත්‍යවාදීව, ඇත්තෙන් ඇත්ත ගලපමින්, ස්ථිර කතා ඇතිව, ඇදහිය යුතු කථා ඇතිව, ලෝකයෙහි අර්බුද හට නොගන්නා කතාවෙන් යුතුවයි වැඩවාසය කරන්නේ. ඉතින් මමත් අද මේ රාත්‍රියෙත්, දහවල් දවසේත් බොරුකීම අත්හැරලා, බොරුකීමෙන් වැළකිලා, සත්‍යවාදීව, ඇත්තෙන් ඇත්ත ගලපමින්, ස්ථිර කතා ඇතිව, ඇදහිය යුතු කථා ඇතිව, ලෝකයෙහි අර්බුද හට නොගන්නා කතාවෙන් යුතුව වාසය කරනවා. මේ ගුණාංගයෙන් මම රහතන් වහන්සේලා අනුව කටයුතු කරනවා. ඒ තුළින් මං උපෝසථයත් සමාදන් වුනා වෙනවා.

රහතන් වහන්සේලා දිවිහිමියෙන් මත්වීමටත්, ප්‍රමාදයටත් මුල්වන මත්පැන්, මත්ද්‍රව්‍ය අත්හැරලා, මත්වීමටත්, ප්‍රමාදයටත් මුල්වන මත්පැන්, මත්ද්‍රව්‍යවලින් වැළකිලයි වැඩවාසය කරන්නේ. ඉතින් මමත් අද මේ රාත්‍රියෙත්, දහවල් දවසේත් මත්වීමටත්, ප්‍රමාදයටත් මුල්වන මත්පැන්, මත්ද්‍රව්‍ය අත්හැරලා, මත්වීමටත්, ප්‍රමාදයටත් මුල්වන මත්පැන්, මත්ද්‍රව්‍යවලින් වැළකිලා වාසය කරනවා. මේ ගුණාංගයෙන් මම රහතන් වහන්සේලා අනුව කටයුතු කරනවා. ඒ තුළින් මං උපෝසථයත් සමාදන් වුනා වෙනවා.

රහතන් වහන්සේලා දිවිහිමියෙන් උදේ වරුවේ පමණක් වළඳමින්, රාත්‍රී ආහාරයෙන් වැළකිලා, විකාලභෝජනයෙන් වැළකිලයි වැඩවාසය කරන්නේ.

ඉතින් මමත් අද මේ රාත්‍රියෙත්, දහවල් දවසේත් උදේ වරුවේ පමණක් වළඳමින්, රාත්‍රී ආහාරයෙන් වැළකිලා, විකාලභෝජනයෙන් වැළකිලා වාසය කරනවා. මේ ගුණාංගයෙන් මම රහතන් වහන්සේලා අනුව කටයුතු කරනවා. ඒ තුළින් මං උපෝසථයත් සමාදන් වුනා වෙනවා.

රහතන් වහන්සේලා දිවිහිමියෙන් නැටුම්, ගැයුම්, වැයුම්, විකාර දේ නැරඹීම්, මල් සුවඳවිලවුන් දැරීම්, විසිතුරු වස්ත්‍රාභරණවලින් සැරසීම්වලින් වැළකිලයි වැඩවාසය කරන්නේ. ඉතින් මමත් අද මේ රාත්‍රියෙත්, දහවල් දවසේත් නැටුම්, ගැයුම්, වැයුම්, විකාර දේ නැරඹීම්, මල් සුවඳවිලවුන් දැරීම්, විසිතුරු වස්ත්‍රාභරණවලින් සැරසීම්වලින් වැළකිලා වාසය කරනවා. මේ ගුණාංගයෙන් මම රහතන් වහන්සේලා අනුව කටයුතු කරනවා. ඒ තුළින් මං උපෝසථයත් සමාදන් වුනා වෙනවා.

රහතන් වහන්සේලා දිවිහිමියෙන් වටිනා උසස් ආසන, මහා ආසන අත්හැරලා, වටිනා උසස් ආසන, මහා ආසන පරිහරණයෙන් වැළකිලා, ඇඳක හෝ පැදුරක හෝ කුඩා ආසනවලයි සැතපෙන්නේ. ඉතින් මමත් අද මේ රාත්‍රියෙත්, දහවල් දවසේත් වටිනා උසස් ආසන, මහා ආසන අත්හැරලා, වටිනා උසස් ආසන, මහා ආසන පරිහරණයෙන් වැළකිලා, ඇඳක හෝ පැදුරක හෝ කුඩා ආසනයක සැතපෙනවා. මේ ගුණාංගයෙන් මම රහතන් වහන්සේලා අනුව කටයුතු කරනවා. ඒ තුළින් මං උපෝසථයත් සමාදන් වුනා වෙනවා.

පින්වත් විශාඛා, මේ විදිහට වාසය කරපු ආර්ය උපෝසථය මහත්ඵලයි. මහානිසංසයි. මහ බැබලීමෙන් යුක්තයි. මහා පිනක්. කොපමණ මහත්ඵලයිද? කොපමණ මහානිසංසයිද? කොපමණ මහ බැබලීමෙන් යුක්තයිද? කොපමණ මහා පිනක්ද?

පින්වත් විශාඛා, ඒක හරියට මෙන්න මේ වගේ දෙයක්. යම් කෙනෙක් බොහෝ රත්රුවන්වලින් පිරුණු, ඉසුරුමත් බව අධිපති කොට ඇති මේ අංග, මගධ, කාසි, කෝසල, වජ්ජි, මල්ල, චේති, වංග, කුරු, පංචාල, මච්ඡ, සූරසේන, අස්සක, අවන්ති, ගන්ධාර, කාම්බෝජ කියන මේ සොළොස් මහාජනපදවල රජකම් කරනවා වුනත්, ඒක මේ අෂ්ටාංග උපෝසථ සීල සමාදානයේ සොළොස් වෙනි පංගුව තරම්වත් වටින්නේ නෑ. ඒකට හේතුව කුමක්ද? පින්වත් විශාඛා, දිව්‍ය සැපයත් එක්ක බලද්දී, මේ මනුෂ්‍ය රාජකීය බව බොහෝම පුංචි දෙයක්.

පින්වත් විශාඛා, මනුෂ්‍ය ආයුෂවලින් අවුරුදු පනහක් චාතුම්මහාරාජික දෙවිවරුන්ට එක් රැයක් සහ එක් දහවලක්. ඒ වගේ රාත්‍රීන් තිහක් මාසයයි. ඒ මාසවලින් දොළහක් අවුරුද්දයි. චාතුම්මහාරාජික දෙවිවරුන්ගේ ආයුෂ

ප්‍රමාණය ඒ අවුරුදුවලින් පන්සියයක් වෙනවා. පින්වත් විශාඛා, මෙහි යම් ස්ත්‍රියක් වේවා, පුරුෂයෙක් වේවා අට්ඨාංග උපෝසථ සීලය සමාදන් වෙලා, කය බිඳී මිය පරලොව ගියාට පස්සේ මේ චාතුම්මහාරාජික දෙවිවරුන් අතර උපදිනවා කියන එක දකින්න පුළුවන් දෙයක්. පින්වත් විශාඛා, මෙන්න මේ කාරණය නිසා තමයි දිව්‍ය සැපය එක්ක බලද්දී මේ මනුෂ්‍ය රජසැප බොහෝම පුංචි දෙයක් කියලා කිව්වේ.

පින්වත් විශාඛා, මනුෂ්‍ය ආයුෂවලින් අවුරුදු සියයක් තව්තිසා දෙවිවරුන්ට එක් රැයක් සහ එක් දහවලක්. ඒ වගේ රාත්‍රීන් තිහක් මාසයයි. ඒ මාසවලින් දොළහක් අවුරුද්දයි. තව්තිසා දෙවිවරුන්ගේ ආයුෂ ප්‍රමාණය ඒ අවුරුදුවලින් දාහක් වෙනවා. පින්වත් විශාඛා, මෙහි යම් ස්ත්‍රියක් වේවා, පුරුෂයෙක් වේවා අට්ඨාංග උපෝසථ සීලය සමාදන් වෙලා, කය බිඳී මිය පරලොව ගියාට පස්සේ මේ තව්තිසා දෙවිවරුන් අතර උපදිනවා කියන එක දකින්න පුළුවන් දෙයක්. පින්වත් විශාඛා, මෙන්න මේ කාරණය නිසා තමයි දිව්‍ය සැපය එක්ක බලද්දී මේ මනුෂ්‍ය රජසැප බොහෝම පුංචි දෙයක් කියලා කිව්වේ.

පින්වත් විශාඛා, මනුෂ්‍ය ආයුෂවලින් අවුරුදු දෙසීයක් යාම දෙවිවරුන්ට එක් රැයක් සහ එක් දහවලක්. ඒ වගේ රාත්‍රීන් තිහක් මාසයයි. ඒ මාසවලින් දොළහක් අවුරුද්දයි. යාම දෙවිවරුන්ගේ ආයුෂ ප්‍රමාණය ඒ අවුරුදුවලින් දෙදාහක් වෙනවා. පින්වත් විශාඛා, මෙහි යම් ස්ත්‍රියක් වේවා, පුරුෂයෙක් වේවා අට්ඨාංග උපෝසථ සීලය සමාදන් වෙලා, කය බිඳී මිය පරලොව ගියාට පස්සේ මේ යාම දෙවිවරුන් අතර උපදිනවා කියන එක දකින්න පුළුවන් දෙයක්. පින්වත් විශාඛා, මෙන්න මේ කාරණය නිසා තමයි දිව්‍ය සැපය එක්ක බලද්දී මේ මනුෂ්‍ය රජසැප බොහෝම පුංචි දෙයක් කියලා කිව්වේ.

පින්වත් විශාඛා, මනුෂ්‍ය ආයුෂවලින් අවුරුදු හාරසීයක් තුසිත දෙවිවරුන්ට එක් රැයක් සහ එක් දහවලක්. ඒ වගේ රාත්‍රීන් තිහක් මාසයයි. ඒ මාසවලින් දොළහක් අවුරුද්දයි. තුසිත දෙවිවරුන්ගේ ආයුෂ ප්‍රමාණය ඒ අවුරුදුවලින් හාරදාහක් වෙනවා. පින්වත් විශාඛා, මෙහි යම් ස්ත්‍රියක් වේවා, පුරුෂයෙක් වේවා අට්ඨාංග උපෝසථ සීලය සමාදන් වෙලා, කය බිඳී මිය පරලොව ගියාට පස්සේ මේ තුසිත දෙවිවරුන් අතර උපදිනවා කියන එක දකින්න පුළුවන් දෙයක්. පින්වත් විශාඛා, මෙන්න මේ කාරණය නිසා තමයි දිව්‍ය සැපය එක්ක බලද්දී මේ මනුෂ්‍ය රජසැප බොහෝම පුංචි දෙයක් කියලා කිව්වේ.

පින්වත් විශාඛා, මනුෂ්‍ය ආයුෂවලින් අවුරුදු අටසීයක් නිම්මාණරතී දෙවිවරුන්ට එක් රැයක් සහ එක් දහවලක්. ඒ වගේ රාත්‍රීන් තිහක් මාසයයි. ඒ

මාසවලින් දොළහක් අවුරුද්දයි. නිම්මාණරතී දෙවිවරුන්ගේ ආයුෂ ප්‍රමාණය ඒ අවුරුදුවලින් අටදාහක් වෙනවා. පින්වත් විශාඛා, මෙහි යම් ස්ත්‍රියක් වේවා, පුරුෂයෙක් වේවා අට්ඨාංග උපෝසථ සීලය සමාදන් වෙලා, කය බිඳී මිය පරලොව ගියාට පස්සේ මේ නිම්මාණරතී දෙවිවරුන් අතර උපදිනවා කියන එක දකින්න පුළුවන් දෙයක්. පින්වත් විශාඛා, මෙන්න මේ කාරණය නිසා තමයි දිව්‍ය සැපය එක්ක බලද්දී මේ මනුෂ්‍ය රජසැප බොහෝම පුංචි දෙයක් කියලා කිව්වේ.

පින්වත් විශාඛා, මනුෂ්‍ය ආයුෂවලින් අවුරුදු එක්දහස් හයසියයක් පරනිම්මිතවසවත්තී දෙවිවරුන්ට එක් රැයක් සහ එක් දහවලක්. ඒ වගේ රාත්‍රීන් තිහක් මාසයයි. ඒ මාසවලින් දොළහක් අවුරුද්දයි. පරනිම්මිතවසවත්තී දෙවිවරුන්ගේ ආයුෂ ප්‍රමාණය ඒ අවුරුදුවලින් දහසයදාහක් වෙනවා. පින්වත් විශාඛා, මෙහි යම් ස්ත්‍රියක් වේවා, පුරුෂයෙක් වේවා අට්ඨාංග උපෝසථ සීලය සමාදන් වෙලා, කය බිඳී මිය පරලොව ගියාට පස්සේ මේ පරනිම්මිතවසවත්තී දෙවිවරුන් අතර උපදිනවා කියන එක දකින්න පුළුවන් දෙයක්. පින්වත් විශාඛා, මෙන්න මේ කාරණය නිසා තමයි දිව්‍ය සැපය එක්ක බලද්දී මේ මනුෂ්‍ය රජසැප බොහෝම පුංචි දෙයක් කියලා කිව්වේ.

30. ප්‍රාණඝාතය නොකරන්නේය. නුදුන් දේ නොගන්නේය. බොරු නොකියන්නේය. මත්පැන් හා මත්ද්‍රව්‍ය භාවිතා නොකරන්නේය. අබ්‍රහ්මචරියාව නැමැති මෛථුනයෙනුත් වළකින්නේය. විකාල භෝජනයෙනුත් වැළකී, රාත්‍රියෙහි අනුභව නොකරන්නේය.

31. මලින් නොසැරසෙන්නේය. සුවඳ විලවුන් නොගල්වන්නේය. ඇඳ වේවා, පැදුරක වේවා, මිටි අසුනක සැතපෙන්නේය. දුකින් එතෙරට වැඩි බුදුරජාණන් වහන්සේ විසින් වදාරණ ලද්දේ අට්ඨාංග උපෝසථය යනු මෙයම බවයි.

32. සොඳුරු දැක්මෙන් යුතු සඳත්, හිරුත් යන දෙක එළිය විහිදුවමින් යම්තාක් සිසාරා යයිද, ඒ හිරු සඳු දෙදෙන අහසෙහි අඳුර නසමින් දිශාවන් බබුළුවමින්, අහසෙහි රැස් විහිදුවයි.

33. මේ හිරු සඳු දෙක අතරෙහි යම්කිසි ධනයක් දකින්නට ලැබුණොත්, මුතු හෝ මැණික් හෝ වෛරෝඩි මැණික් හෝ සිඟු රන් හෝ වෙනත් රත්තරන් හෝ තියෙනවා නම්. හටකයැයි කියන ලද යම් රත්තරන් තියෙනවා නම්,

34. ඒවා අට්ඨාංග උපෝසථය සමාදන් වූ කෙනෙකුගේ පිනෙන් සොළොස්වන

කලාවක්වත් වටින්නේ නෑ. සියලු තරුවල එළිය චන්ද්‍රාලෝකය තරම් වටින්නේ නෑ වගේ,

35. එම නිසා සිල්වත් වූ පුරුෂයෙක් වේවා, ස්ත්‍රියක් වේවා, අෂ්ටාංග උපෝසථ සීලයමයි පුරුදු කළයුත්තේ. සැප උපදවාලන පින් කොට නින්දා රහිත තැන වූ ස්වර්ගයෙහි උපදිනවා.

සාදු! සාදු!! සාදු!!!

දෙවෙනි මහා වර්ගයයි.

3. ආනන්ද වර්ගය

3.2.3.1.

21. සැවැත් නුවරදී.....

එදා ඡන්න පරිබ්‍රාජකයා ආයුෂ්මත් ආනන්ද තෙරුන් ළඟට පැමිණුනා. පැමිණ ආයුෂ්මත් ආනන්ද තෙරුන් සමඟ පිළිසඳර කතා බහෙන් සතුටුවුනා. සතුටුවිය යුතු සිහිකළ යුතු ඒ කතාබහ අවසන් කරලා එකත්පස්ව වාඩිවුනා. එකත්පස්ව වාඩිවුන ඡන්න පරිබ්‍රාජකයා ආයුෂ්මත් ආනන්ද තෙරුන්ගෙන් මෙකරුණ විමසුවා.

ආයුෂ්මත් ආනන්ද, ඔබවහන්සේලාත් රාගයේ ප්‍රහාණය පණවනවා නෙව. ද්වේෂයේ ....(පෙ).... මෝහයේ ප්‍රහාණය පණවනවා නෙව. ඉතින් ආයුෂ්මතුනි, අපිත් රාගයේ ප්‍රහාණය පණවනවා. ද්වේෂයේ ....(පෙ).... මෝහයේ ප්‍රහාණය පණවනවා. ආයුෂ්මතුනි, ඔබ මොන විදිහේ ආදීනව දැකලද රාගයේ ප්‍රහාණය පණවන්නේ? මොන විදිහේ ආදීනව දැකලද ද්වේෂයේ ....(පෙ).... මොන විදිහේ ආදීනව දැකලද මෝහයේ ප්‍රහාණය පණවන්නේ?

එම්බා ආයුෂ්මතුනි, රාගයෙන් ඇලී ගිය විට, රාගයට යට වූ, රාගයෙන් වෙළාගත් සිත් ඇති කෙනා තමන්ට අයහපත පිණිසත් සිතනවා. අනුන්ට ....(පෙ).... දෙපැත්තටම අයහපත පිණිස සිතනවා. මානසිකවත් දුක් දොම්නස් විඳිනවා. නමුත් රාගය ප්‍රහාණය වූ විට තමන්ට අයහපත පිණිස සිතන්නේ නෑ. අන් අයට ....(පෙ).... දෙපැත්තේම අයට අයහපත පිණිස සිතන්නේ නෑ. මානසිකව දුක් දොම්නස් විඳින්නෙත් නෑ. එම්බා ආයුෂ්මතුනි, රාගයෙන් ඇලී ගිය විට, රාගයට යට වූ, රාගයෙන් වෙළාගත් සිත් ඇති කෙනා කයෙන් දුසිරිතේ හැසිරෙනවා. වචනයෙන් ....(පෙ).... මනසින් දුසිරිතේ හැසිරෙනවා. නමුත් රාගය ප්‍රහාණය වූ විට කයින් දුසිරිතේ හැසිරෙන්නේ නෑ. වචනයෙන් ....(පෙ).... මනසින් දුසිරිතේ හැසිරෙන්නේ නෑ. එම්බා ආයුෂ්මතුනි, රාගයෙන්

ඇලී ගිය විට, රාගයට යට වූ, රාගයෙන් වෙළාගත් සිත් ඇති කෙනා තමන්ගේ යහපත ගැන ඇති සැටියෙන් දන්නේ නෑ. අනුන්ගේ ....(පෙ).... දෙපැත්තේම යහපත ගැන ඇති සැටියෙන් දන්නේ නෑ. නමුත් රාගය ප්‍රහාණය වූ විට තමාගේ යහපතත් ඇතිසැටියෙන්ම දන්නවා. අනුන්ගේ ....(පෙ).... දෙපැත්තේම යහපත ඇතිසැටියෙන්ම දන්නවා. එම්බා ආයුෂ්මතුනි, රාගය කියන්නේ සත්වයාව අන්ධ කරවන දෙයක්. ඇස් නැතිකරවන දෙයක්. දුක් පැත්තට ඇද දමන දෙයක්. කෙලෙස් නැති නොවීම පිණිසත් හේතු වෙනවා.

එම්බා ආයුෂ්මතුනි, ද්වේෂයෙන් දුෂ්ට වූ විට ....(පෙ).... එම්බා ආයුෂ්මතුනි, මෝහයෙන් මුලා වූ විට, මෝහයට යට වූ, මෝහයෙන් වෙළාගත් සිත් ඇති කෙනා තමන්ට අයහපත පිණිසත් සිතනවා. අනුන්ට ....(පෙ).... දෙපැත්තටම අයහපත පිණිස සිතනවා. මානසිකවත් දුක් දොම්නස් විඳිනවා. නමුත් මෝහය ප්‍රහාණය වූ විට තමන්ට අයහපත පිණිස සිතන්නේ නෑ. අන් අයට ....(පෙ).... දෙපැත්තේම අයට අයහපත පිණිස සිතන්නේ නෑ. මානසිකව දුක් දොම්නස් විඳින්නෙත් නෑ. එම්බා ආයුෂ්මතුනි, මෝහයෙන් මුලා වූ විට, මෝහයට යට වූ, මෝහයෙන් වෙළාගත් සිත් ඇති කෙනා කයෙන් දුසිරිතේ හැසිරෙනවා. වචනයෙන් ....(පෙ).... මනසින් දුසිරිතේ හැසිරෙනවා. නමුත් මෝහය ප්‍රහාණය වූ විට කයින් දුසිරිතේ හැසිරෙන්නේ නෑ. වචනයෙන් ....(පෙ).... මනසින් දුසිරිතේ හැසිරෙන්නේ නෑ. එම්බා ආයුෂ්මතුනි, මෝහයෙන් මුලා වූ විට, මෝහයට යට වූ, මෝහයෙන් වෙළාගත් සිත් ඇති කෙනා තමන්ගේ යහපත ගැන ඇති සැටියෙන් දන්නේ නෑ. අනුන්ගේ ....(පෙ).... දෙපැත්තේම යහපත ගැන ඇති සැටියෙන් දන්නේ නෑ. නමුත් මෝහය ප්‍රහාණය වූ විට තමාගේ යහපතත් ඇතිසැටියෙන්ම දන්නවා. අනුන්ගේ ....(පෙ).... දෙපැත්තේම යහපත ඇතිසැටියෙන්ම දන්නවා. එම්බා ආයුෂ්මතුනි, මෝහය කියන්නේ සත්වයාව අන්ධ කරවන දෙයක්. ඇස් නැතිකරවන දෙයක්. දුක් පැත්තට ඇද දමන දෙයක්. කෙලෙස් නැති නොවීම පිණිසත් හේතු වෙනවා.

එම්බා ආයුෂ්මතුනි, අපි රාගයෙහි පවතින මෙන්න මේ ආදීනවය දකලා තමයි රාගය ප්‍රහාණය පණවන්නේ. ද්වේෂයෙහි පවතින මෙන්න මේ ආදීනවය දකලා තමයි ද්වේෂයේ ප්‍රහාණය පණවන්නේ. මෝහයෙහි පවතින මෙන්න මේ ආදීනවය දකලා තමයි මෝහයේ ප්‍රහාණය පණවන්නේ."

"ආයුෂ්මතුනි, මේ රාගයේ, ද්වේෂයේ, මෝහයේ ප්‍රහාණය පිණිස මාර්ග යක් තියෙනවාද? ප්‍රතිපදාවක් තියෙනවාද?" "එසේය ආයුෂ්මතුනි. මේ රාගයේ, ද්වේෂයේ, මෝහයේ ප්‍රහාණය පිණිස මාර්ගයක් තියෙනවාමයි. ප්‍රතිපදාවක් තියෙනවාමයි. ඉතින් ආයුෂ්මතුනි, මේ රාගයේ, ද්වේෂයේ, මෝහයේ ප්‍රහාණය

පිණිස තියෙන මාර්ගය කුමක්ද? ප්‍රතිපදාව කුමක්ද? ඒක තමයි මේ ආර්ය අෂ්ටාංගික මාර්ගය. ඒ කියන්නේ සම්මා දිට්ඨි, සම්මා සංකප්ප, සම්මා වාචා, සම්මා කම්මන්ත, සම්මා ආජීව, සම්මා වායාම, සම්මා සති, සම්මා සමාධි යන මෙයයි. ආයුෂ්මතුනි, ඔය රාගයේ, ද්වේෂයේ, මෝහයේ ප්‍රහාණය පිණිස තියෙන මාර්ගය මේක තමයි. ප්‍රතිපදාවත් මේක තමයි." "ආයුෂ්මතුනි, මේ රාගයේ, ද්වේෂයේ, මෝහයේ ප්‍රහාණයට හේතු වන ඒ මාර්ගයත් හරිම සුන්දරයි. ප්‍රතිපදාවත් හරිම සුන්දරයි. ඒ නිසා ආයුෂ්මත් ආනන්දයෙනි, අප්‍රමාදී වෙන්නමයි සුදුසු."

සාදු! සාදු!! සාදු!!!

3.2.3.2.

22. ඒ දිනවල ආයුෂ්මත් ආනන්ද තෙරුන් වැඩවාසය කළේ කොසඹෑ නුවර ඝෝෂිතාරාමයේ. එදා ආජීවකශ්‍රාවක වූ එක්තරා ගෘහපතියෙක් ආයුෂ්මත් ආනන්ද තෙරුන් වෙත පැමිණියා. පැමිණ ආයුෂ්මත් ආනන්ද තෙරුන්ට වන්දනා කොට එකත්පස්ව වාඩිවුනා. එකත්පස්ව වාඩිවුන ආජීවශ්‍රාවක වූ ගෘහපතියා ආයුෂ්මත් ආනන්ද තෙරුන්ට මේ විදිහට කිව්වා. "පින්වත් ආනන්දයන් වහන්ස, කාගේ ධර්මයද මැනැවින් දේශනා කොට තිබෙන්නේ? ලෝකයෙහි මනා වූ ප්‍රතිපත්තියකට පිළිපන් සුපටිපන්න අය කවුද? ලෝකයෙහි සුගත අය කවුද?"

"එහෙනම් ගෘහපතිය, ඒ ගැන මම ඔබගෙන්ම විමසන්නම්. යම් විදිහකට නම් ඔබ කැමති ඒක ඒ විදිහට ප්‍රකාශ කරන්න. පින්වත් ගෘහපතිය, මේ ගැන ඔබ මොකද හිතන්නේ? යමෙක් රාගයේ ප්‍රහාණය පිණිස ධර්මය දේශනා කරනවා නම්, ද්වේෂයේ ප්‍රහාණය පිණිස ධර්මය දේශනා කරනවා නම්, මෝහයේ ප්‍රහාණය පිණිස ධර්මය දේශනා කරනවා නම්, ඉතින් ඒ ඔවුන්ගේ ධර්මය මැනැවින් දේශනා කළ දෙයක්ද? නැද්ද? ඒ ගැන ඔබට කොහොමද හිතෙන්නේ?" "ස්වාමීනී, යමෙක් රාගයේ ප්‍රහාණය පිණිස ධර්මය දේශනා කරනවා නම්, ද්වේෂයේ ප්‍රහාණය පිණිස ධර්මය දේශනා කරනවා නම්, මෝහයේ ප්‍රහාණය පිණිස ධර්මය දේශනා කරනවා නම්, ඒ ඔවුන්ගේ ධර්මය මැනැවින් දේශනා කළ දෙයක්මයි. ඔය විදිහටයි ඒ ගැන මට හිතෙන්නේ."

"පින්වත් ගෘහපතිය, මේ ගැන ඔබ මොකද හිතන්නේ? යමෙක් රාගයේ ප්‍රහාණය පිණිස ප්‍රතිපත්තියට පැමිණුනා නම්, ද්වේෂයේ ප්‍රහාණය පිණිස ප්‍රතිපත්තියට පැමිණුනා නම්, මෝහයේ ප්‍රහාණය පිණිස ප්‍රතිපත්තියට පැමිණුනා

නම්, ඔවුන් ලෝකයේ සුපටිපන්නද? නැද්ද? ඒ ගැන ඔබට කොහොමද හිතෙන්නේ?" "ස්වාමීනී, යමෙක් රාගයේ ප්‍රහාණය පිණිස ප්‍රතිපත්තියට පැමිණුනා නම්, ද්වේෂයේ ප්‍රහාණය පිණිස ප්‍රතිපත්තියට පැමිණුනා නම්, මෝහයේ ප්‍රහාණය පිණිස ප්‍රතිපත්තියට පැමිණුනා නම්, ඒ ඔවුන් ලෝකයේ සුපටිපන්නමයි. ඔය විදිහටයි ඒ ගැන මට හිතෙන්නේ."

"පින්වත් ගෘහපතිය, මේ ගැන ඔබ කුමක්ද සිතන්නේ? යමෙකුගේ රාගය ප්‍රහාණය වුනා නම්, මුලින්ම උදුරලා දමලා නම්, තල්ගසක කරටිය කැඩීම වගේ කරලා නම්, අභාවයට පත්කරලා නම්, නැවත උපදින්නේ නැති ස්වභාවයට පත්කරලා නම්, යමෙකුගේ ද්වේෂය ....(පෙ).... යමෙකුගේ මෝහය ප්‍රහාණය වුනා නම්, මුලින්ම උදුරලා දමලා නම්, තල්ගසක කරටිය කැඩීම වගේ කරලා නම්, අභාවයට පත්කරලා නම්, නැවත උපදින්නේ නැති ස්වභාවයට පත්කරලා නම්, අන්න ඒ අය ලෝකයෙහි සුගතද? නැද්ද? ඒ ගැන ඔබට කොහොමද සිතෙන්නේ?" "ස්වාමීනී, යමෙකුගේ රාගය ප්‍රහාණය වුනා නම්, මුලින්ම උදුරලා දමලා නම්, තල්ගසක කරටිය කැඩීම වගේ කරලා නම්, අභාවයට පත්කරලා නම්, නැවත උපදින්නේ නැති ස්වභාවයට පත්කරලා නම්, යමෙකුගේ ද්වේෂය ප්‍රහාණය වුනා නම් ....(පෙ).... යමෙකුගේ මෝහය ප්‍රහාණය වුනා නම්, මුලින්ම උදුරලා දමලා නම්, තල්ගසක කරටිය කැඩීම වගේ කරලා නම්, අභාවයට පත්කරලා නම්, නැවත උපදින්නේ නැති ස්වභාවයට පත්කරලා නම්, අන්න ඒ අය ලෝකයෙහි සුගතමයි. ඔය විදිහටයි ඒ ගැන මට සිතෙන්නේ."

"පින්වත් ගෘහපති, ඉතින් ඔබ විසින්ම මේ විදිහට ඒ ප්‍රශ්නය විසඳුවා නෙව. ඒ කියන්නේ 'ස්වාමීනී, යමෙක් රාගයේ ප්‍රහාණය පිණිස ධර්මය දේශනා කරනවා නම්, ද්වේෂයේ ....(පෙ).... යමෙක් මෝහයේ ප්‍රහාණය පිණිස ධර්මය දේශනා කරනවා නම් ඔවුන්ගේ ධර්මය ස්වාක්ඛාතයි' කියලා. ඒ වගේම ඔබ විසින්ම අනෙක් ප්‍රශ්නයත් විසඳුවා නෙව. ඒ කියන්නේ, 'ස්වාමීනී, යමෙක් රාගයේ ප්‍රහාණය පිණිස ප්‍රතිපත්තියට පැමිණුනා නම්, ද්වේෂයේ ....(පෙ).... මෝහයේ ප්‍රහාණය පිණිස ප්‍රතිපත්තියට පැමිණුනා නම්, ඔවුන් ලෝකයෙහි සුපටිපන්නයි' කියලා. ඒ වගේම ඔබ විසින්ම ඊළඟ ප්‍රශ්නයත් විසඳුවා නෙව. ඒ කියන්නේ 'ස්වාමීනී, යමෙකුගේ රාගය ප්‍රහාණය වුනා නම්, මුලින්ම උදුරලා දමලා නම්, තල් ගසක කරටිය කැඩීම වගේ කරලා නම්, අභාවයට පත්කරලා නම්, නැවත උපදින්නේ නැති ස්වභාවයට පත්කරලා නම්, යමෙකුගේ ද්වේෂය ප්‍රහාණය වුනා නම්, ...(පෙ).... යමෙකුගේ මෝහය ප්‍රහාණය වුනා නම්, මුලින්ම උදුරලා දමලා නම්, තල් ගසක කරටිය කැඩීම වගේ කරලා නම්, අභාවයට පත්කරලා නම්, නැවත උපදින්නේ නැති ස්වභාවයට පත්කරලා නම්, ඒ අය ලෝකයෙහි සුගතයි' කියලා."

"ස්වාමීනී, ආශ්චර්යයි! ස්වාමීනී, පුදුම සහගතයි! තමන්ගේ ධර්මය හුවාදැක්වීමත් කළෙත් නෑ. අනුන්ගේ ධර්මය හෙලා දැක්කෙත් නෑ. වුවමනා කරන කරුණු පිණිසම ධර්මය දේශනා කළා. අර්ථයත් ප්‍රකාශ කළා. තමන්ව හුවා දැක්වුවෙත් නෑ.

ස්වාමීනී, පින්වත් ආනන්දයන් වහන්ස, ඔබවහන්සේලා රාගය ප්‍රහාණය කිරීම පිණිසයි ධර්මය දේශනා කරන්නේ. ද්වේෂය ප්‍රහාණය කිරීම පිණිසයි ධර්මය දේශනා කරන්නේ. මෝහය ප්‍රහාණය කිරීම පිණිසයි ධර්මය දේශනා කරන්නේ. ස්වාමීනී, ආනන්දයන් වහන්ස, ඔබවහන්සේලාගේ ධර්මය ස්වාක්ඛාතයි. ස්වාමීනී, ආනන්දයන් වහන්ස, ඔබවහන්සේලා ප්‍රතිපත්තියට පැමිණ සිටින්නේ රාගය ප්‍රහාණය කිරීම පිණිසයි. ද්වේෂය ....(පෙ).... මෝහය ප්‍රහාණය කිරීම පිණිසයි. ඔබවහන්සේලා ලෝකයෙහි සුපටිපන්නයි. ස්වාමීනී, ආනන්දයන් වහන්ස, ඔබවහන්සේලාගේ රාගය ප්‍රහීණයි. මුලින්ම උදුරා දමලයි තියෙන්නේ. තල් ගසක කරටිය සිඳ දැම්මා වගේ කරලයි තියෙන්නේ. අභාවයට පත්කරලයි තියෙන්නේ. නැවත නූපදින ස්වභාවයට පත්කරලයි තියෙන්නේ. ඔබවහන්සේලාගේ ද්වේෂය ....(පෙ).... ඔබවහන්සේලාගේ මෝහය ප්‍රහීණයි. මුලින්ම උදුරා දමලයි තියෙන්නේ. තල් ගසක කරටිය සිඳ දැම්මා වගේ කරලයි තියෙන්නේ. අභාවයට පත්කරලයි තියෙන්නේ. නැවත නූපදින ස්වභාවයට පත්කරලයි තියෙන්නේ. ඔබවහන්සේලා ලෝකයෙහි සුගතයි.

ස්වාමීනී, ඉතා සුන්දරයි! ස්වාමීනී, ඉතා සුන්දරයි! යටට හරවා තිබූ දෙයක් උඩු අතට හැරෙව්වා වගෙයි. මං මුලාවූවන්ට නියම මග පෙන්වා දෙනවා වගෙයි. ඇස් ඇති උදවියට රූප දකින්න අඳුරෙහි තෙල් පහනක් දල්වාගෙන දරාසිටිනවා වගෙයි. ඔය විදිහට ආර්ය වූ ආනන්දයන් වහන්සේ විසින් නොයෙක් අයුරින් ශ්‍රී සද්ධර්මය වදාළා. ආනන්දයන් වහන්ස, මේ මමත් භාග්‍යවතුන් වහන්සේව සරණ යනවා. ශ්‍රී සද්ධර්මයත් ආර්ය මහා සංඝරත්නයත් සරණ යනවා. ආර්ය වූ ආනන්දයන් වහන්සේ, මං ගැන අද පටන් දිවි තිබෙන තුරාවටම තෙරුවන් සරණ ගිය උපාසකයෙක් ලෙස සළකන සේක්වා!

සාදු! සාදු!! සාදු!!!

3.2.3.3.

23. ඒ දිනවල භාග්‍යවතුන් වහන්සේ වැඩසිටියේ ශාක්‍ය ජනපදයේ කපිලවස්තු පුරයේ නිග්‍රෝධාරාමයේ. ඒ වන විට භාග්‍යවතුන් වහන්සේ ගිලන් බවින් සුවපත් වෙලා, ගිලන් බවින් නැගී සිට වැඩි කලක් ගත වුනේ නෑ. එදා මහානාම ශාක්‍ය කුමාරයා භාග්‍යවතුන් වහන්සේ වැඩසිටි තැනට පැමිණියා. පැමිණ භාග්‍යවතුන් වහන්සේට ආදරයෙන් වන්දනා කොට එකත්පස්ව වාඩිවුනා. එකත්පස්ව වාඩිවුන මහානාම ශාක්‍යයා භාග්‍යවතුන් වහන්සේ ගෙන් මේ විදිහට ඇහුවා. "ස්වාමීනී, භාග්‍යවතුන් වහන්සේ විසින් බොහෝ කලක් තිස්සේ මේ ආකාර වූ ධර්මයක් වදාරණ ලද බව මා තේරුම්ගෙන සිටිනවා. ඒ කියන්නේ 'සමාහිත සිත් ඇති කෙනාටයි ඤාණය තියෙන්නේ. සමාහිත සිත් නැති කෙනාට නොවෙයි' කියලා. ස්වාමීනී, එතකොට කලින්ම සමාධිය ඇතිවෙලා පස්සේ ඤාණය ඇතිවෙනවාද? නැත්නම් ඤාණය කලින් ඇතිවෙලා පසුව සමාධිය ඇතිවෙනවාද?"

ඒ මොහොතේ ආයුෂ්මත් ආනන්ද තෙරුන් හට මේ අදහස ඇතිවුනා. 'භාග්‍යවතුන් වහන්සේ ගිලන් බවින් සුවපත් වෙලා, ගිලන් බවින් නැගී සිට වැඩි කලක් ගත වුනේ නෑ. නමුත් මේ මහානාම ශාක්‍ය කුමාරයා භාග්‍යවතුන් වහන්සේගෙන් අතිගම්භීර වූ ප්‍රශ්නයක් අහනවා. ඉතින් මම මහානාම ශාක්‍ය කුමාරයාව එකත්පසෙකට කැඳවලා ධර්මය දේශනා කළොත් තමයි හොඳ' කියලා.

ඉතින් ආයුෂ්මත් ආනන්ද තෙරුන් මහානාම ශාක්‍ය කුමාරයාව අතින් අල්ලාගෙන එකත්පසෙකට කැඳවාගෙන ගිහින්, මහානාම ශාක්‍ය කුමාරයාට මේ විදිහට පැවසුවා. "පින්වත් මහානාම, භාග්‍යවතුන් වහන්සේ විසින් සේඛ සීලය ගැන වදාරලා තියෙනවා. ඒ වගේම භාග්‍යවතුන් වහන්සේ විසින් අසේඛ සීලය ගැනත් වදාරලා තියෙනවා. භාග්‍යවතුන් වහන්සේ විසින් සේඛ සමාධිය ගැන වදාරලා තියෙනවා. ඒ වගේම භාග්‍යවතුන් වහන්සේ විසින් අසේඛ සමාධිය ගැනත් වදාරලා තියෙනවා. භාග්‍යවතුන් වහන්සේ විසින් සේඛ ප්‍රඥාව ගැන වදාරලා තියෙනවා. ඒ වගේම භාග්‍යවතුන් වහන්සේ විසින් අසේඛ ප්‍රඥාව ගැනත් වදාරලා තියෙනවා.

පින්වත් මහානාම, සේඛ සීලය යනු කුමක්ද? පින්වත් මහානාම, මෙහිලා භික්ෂුව සිල්වත් වෙනවා. ප්‍රාතිමෝක්ෂ සංවර සීලයෙන් සංවර වෙලා ....(පෙ).... ශික්ෂා පදවල සමාදන් වෙලා හික්මෙනවා. පින්වත් මහානාම මේකට තමයි සේඛ සීලය කියලා කියන්නේ. පින්වත් මහානාම, සේඛ සමාධිය කුමක්ද? පින්වත් මහානාම, මෙහිලා භික්ෂුව කාමයන්ගෙන් වෙන්ව ....(පෙ).... සතරවන

ධ්‍යානයත් ලබාගෙන වාසය කරනවා. පින්වත් මහානාම, මේකට තමයි සේඛ සමාධිය කියලා කියන්නේ. පින්වත් මහානාම, සේඛ ප්‍රඥාව යනු කුමක්ද? පින්වත් මහානාම, මෙහිලා භික්ෂුව 'මෙය තමයි දුක' කියලා ඇතිසැටියෙන්ම දැනගන්නවා. ....(පෙ).... 'මෙය තමයි දුක් නැතිකිරීම පිණිස පවතින ප්‍රතිපදාව' කියලා ඇති සැටියෙන්ම දැනගන්නවා. පින්වත් මහානාම, මේකට තමයි සේඛ ප්‍රඥාව කියලා කියන්නේ.

පින්වත මහානාම, ඔය විදිහට සීලසම්පන්න වූ, ඔය විදිහට සමාධි සම්පන්න වූ, ඔය විදිහට ප්‍රඥාසම්පන්න වූ ඒ ආර්ය ශ්‍රාවකයා ආශ්‍රවයන් ක්ෂය කිරීමෙන්. අනාශ්‍රව වූ චේතෝ විමුක්තියත්, ප්‍රඥා විමුක්තියත් මේ ජීවිතයේදීම තමන් විසින්ම උපදවාගත් විශිෂ්ට ඤාණයෙන් සාක්ෂාත් කරලා එයට පැමිණ වාසය කරනවා.

පින්වත මහානාම, භාග්‍යවතුන් වහන්සේ විසින් සේඛ සීලය ගැන වදාරණ ලද්දේත්, භාග්‍යවතුන් වහන්සේ විසින් අසේඛ සීලය ගැන වදාරණ ලද්දේත්, භාග්‍යවතුන් වහන්සේ විසින් සේඛ සමාධි ගැන වදාරණ ලද්දේත්, භාග්‍යවතුන් වහන්සේ විසින් අසේඛ සමාධිය ගැන වදාරණ ලද්දේත්, භාග්‍යවතුන් වහන්සේ විසින් සේඛ ප්‍රඥාව ගැන වදාරණ ලද්දේත්, භාග්‍යවතුන් වහන්සේ විසින් අසේඛ ප්‍රඥාව ගැන වදාරණ ලද්දේත් ඔය විදිහටයි.

සාදු! සාදු!! සාදු!!!

3.2.3.4.

24. ඒ දිනවල ආයුෂ්මත් ආනන්ද තෙරුන් වාසය කළේ විශාලා මහනුවර මහාවනයේ කූටාගාර ශාලාවේ. එදා අභය ලිච්ඡවීත්. පණ්ඩිතකුමාර ලිච්ඡවීත්, ආයුෂ්මත් ආනන්ද තෙරුන් වැඩසිටි තැනට පැමිණුනා. පැමිණ ආයුෂ්මත් ආනන්ද තෙරුන්ට ආදරයෙන් වන්දනා කොට එකත්පස්ව වාඩිවුනා. එකත්පස්ව වාඩිවූ අභය ලිච්ඡවී ආයුෂ්මත් ආනන්ද තෙරුන්ට මේ විදිහට කිව්වා.

ස්වාමීනී, නිගණ්ඨ නාතපුත්‍ර සර්වඥ බවටත්, සියල්ල දක්නා බවටත්, පරිපූර්ණ වූ ඤාණදර්ශනයකින් යුතු බවටත්, ප්‍රතිඥා දෙනවා නෙව. ඒ කියන්නේ 'මට ඇවිදින විටත්, සිටින විටත්, නිදන විටත්, නිදිවරන විටත් හැම විටම නිරතුරුවම ඤාණදර්ශනය පිහිටලා තියෙනවා' කියලා. උන්නැහේ පණවන්නේ තපස් ක්‍රමවලින් පැරණි කර්ම නැතිකිරීමයි. අලුත් කර්ම නොකිරීමෙන් ඒ සඳහා තිබෙන මාර්ගය වැනසීමයි. ඔය විදිහට කර්මය ක්ෂය වීමෙන් දුක්

ක්ෂය වෙනවාලු. දුක් ක්ෂය වීමෙන් වේදනා ක්ෂය වෙනවාලු. වේදනා ක්ෂය වීමෙන් සෑම දුකක්ම දිරවලා යනවාලු. ඔය විදිහටලු මේ ජීවිතයේදීම දිරවලා පිරිසිඳු වීමෙන් දුක ඉක්මවා යන්නේ. ස්වාමීනී, මෙකරුණෙහිලා භාග්‍යවතුන් වහන්සේ කුමක් වදාරණ සේක්ද?"

"පින්වත් අභය, සත්වයන්ගේ පිරිසිදුබව පිණිස, ශෝක වැළපීම් ඉක්මයෑම පිණිස, දුක් දොම්නස් දුරුවීම පිණිස, ජීවිතාවබෝධය ඇතිවීම පිණිස, ඒ අමා නිවන සාක්ෂාත් කිරීම පිණිස අවබෝධයෙන් යුතුව ලොව දන්නා වූත්, දක්නා වූත් ඒ භාග්‍යවත් වූ අරහත් වූ සම්මා සම්බුදුරජාණන් වහන්සේ විසින් දිරවා පිරිසිඳු වීම් තුනක් ගැන මනාකොට වදාරලා තියෙනවා.

ඒ කවර තුනක්ද යත්? පින්වත් අභය, මෙහිලා භික්ෂුව සිල්වත් වෙනවා. ....(පෙ).... ශික්ෂාපදවල සමාදන්ව හික්මෙනවා. ඔහු අලුත් කර්ම කරන්නෙත් නෑ. පැරණි කර්මත් විපාක විඳිමින් ස්පර්ශ කර කර අවසන් කරනවා. ඕක තමයි අකාලික වූත්, ඇවිත් බලන්න යැයි කිව හැකි වූත්, තමා තුළට පමුණුවාගත හැකි වූත්, නැණවතුන් විසින් වෙන් වෙන්ව අවබොධ කළ යුතු වූත්, මෙලොවදීම ඇති කරගත හැකි දිරවීමෙන් පිරිසිඳු වීම.

පින්වත් අභය, ඒ භික්ෂුව සිල්වත් වෙලා කාමයන්ගෙන් වෙන්ව, ...(පෙ).... සතර වෙනි ධ්‍යානය ලබාගෙන වාසය කරනවා. ඔහු අලුත් කර්ම කරන්නෙත් නෑ. පැරණි කර්මත් විපාක විඳිමින් ස්පර්ශ කර කර අවසන් කරනවා. ඕක තමයි අකාලික වූත්, ඇවිත් බලන්න යැයි කිව හැකි වූත්, තමා තුළට පමුණුවාගත හැකි වූත්, නැණවතුන් විසින් වෙන් වෙන්ව අවබොධ කළ යුතු වූත්, මෙලොවදීම ඇති කරගත හැකි දිරවීමෙන් පිරිසිඳු වීම.

පින්වත් අභය, මේ විදිහට සමාධිසම්පන්න වූ, ඒ භික්ෂුව ආශ්‍රවයන් ක්ෂය කිරීමෙන්, අනාශ්‍රව වූ චේතෝ විමුක්තියත් ප්‍රඥා විමුක්තියත් මේ ජීවිතයේදීම තමා විසින්ම විශිෂ්ට ඥාණයෙන් සාක්ෂාත් කරගෙන එයට පැමිණ වාසය කරනවා. ඔහු අලුත් කර්ම කරන්නෙත් නෑ. පැරණි කර්මත් විපාක විඳිමින් ස්පර්ශ කර කර අවසන් කරනවා. ඕක තමයි අකාලික වූත්, ඇවිත් බලන්න යැයි කිව හැකි වූත්, තමා තුළට පමුණුවාගත හැකි වූත්, නැණවතුන් විසින් වෙන් වෙන්ව අවබොධ කළ යුතු වූත්, මෙලොවදීම ඇති කරගත හැකි දිරවීමෙන් පිරිසිඳු වීම.

පින්වත් අභය, සත්වයන්ගේ පිරිසිදුබව පිණිස, ශෝක වැළපීම් ඉක්මයෑම පිණිස, දුක් දොම්නස් දුරුවීම පිණිස, ජීවිතාවබෝධය ඇතිවීම පිණිස, ඒ අමා නිවන සාක්ෂාත් කිරීම පිණිස අවබෝධයෙන් යුතුව ලොව දන්නා වූත්, දක්නා

වූත් ඒ භාග්‍යවත් වූ අරහත් වූ සම්මා සම්බුදුරජාණන් වහන්සේ විසින් වදාරලා තියෙන්නේ මේ දිරවා පිරිසිඳු වීම් තුන ගැනයි.

මේ විදිහට පැවසූ විට පණ්ඩිතකුමාර ලිච්ඡවී අභය ලිච්ඡවී හට මේ විදිහට කිව්වා.

අභය මිතුරාණෙනි, කිම, ඔබ ආයුෂ්මත් ආනන්දයන් වහන්සේගේ සුභාෂිතය (මැනැවින් වදාරණ ලද) සුභාෂිතයක් වශයෙක් අනුමෝදන් වෙන්නේ නැද්ද?

යහළුවා, කිම, මා ආයුෂ්මත් ආනන්දයන් වහන්සේගේ සුභාෂිතය, සුභාෂිතයක් වශයෙන් අනුමෝදන් නොවෙනවා කියලද හිතන්නේ? යම් කෙනෙක් ආයුෂ්මත් ආනන්දයන් වහන්සේගේ සුභාෂිතය සුභාෂිතයක් වශයෙන් අනුමෝදන් නොවෙනවා නම් ඔහුගේ හිස ගිලිහී යාවි.

සාදු! සාදු!! සාදු!!!

3.2.3.5.

25. එදා ආයුෂ්මත් ආනන්ද තෙරුන් භාග්‍යවතුන් වහන්සේ වැඩසිටි තැනට පැමිණුනා. පැමිණ භාග්‍යවතුන් වහන්සේට ආදරයෙන් වන්දනා කොට එකත්පස්ව වාඩිවුනා. එකත්පස්ව වාඩිවුන ආයුෂ්මත් ආනන්ද තෙරුන්ට භාග්‍යවතුන් වහන්සේ මේ විදිහට වදාළා.

පින්වත් ආනන්ද, යම් කෙනෙකු ගැන අනුකම්පා කරනවා නම්, යම් කෙනෙක් ඔබට සවන් දිය යුතුයි කියා සිතනවා නම්, ඔවුන් මිතුරන් වෙන්න පුළුවනි, යහළුවන් වෙන්න පුළුවනි, නෑදැයින් වෙන්න පුළුවනි, ලේඥාතීන් වෙන්න පුළුවනි, පින්වත් ආනන්ද, තුන් තැනක ඔවුන්ව සමාදන් කරවිය යුතුයි. ඇතුළත් කරවිය යුතුයි. පිහිටුවිය යුතුයි.

කවර තැන් තුනකද? 'මේ මේ කරුණින් ඒ භාග්‍යවතුන් වහන්සේ අරහං වන සේක, සම්මා සම්බුද්ධ වන සේක, ...(පෙ).... දෙව් මිනිසුන්ට ශාස්තෘන් වහන්සේ වන සේක, බුද්ධ වන සේක, භගවා වන සේක' කියලා බුදුරජාණන් වහන්සේ පිළිබඳව නොසැලෙන පැහැදීමෙහි සමාදන් කරවිය යුතුයි. ඇතුළත් කරවිය යුතුයි. පිහිටුවිය යුතුයි.

'භාග්‍යවතුන් වහන්සේ විසින් ශ්‍රී සද්ධර්මය මැනැවින් දේශනා කරන

ලද්දේය. (ඒ ධර්මය) මේ ජීවිතයේදීම අවබෝධ කළ හැකියි. ....(පෙ).... ඥාණවන්තයින් විසින් තම තම නුවණින් අවබෝධ කළ යුතුයි' කියා ධර්මය පිළිබඳව නොසැලෙන පැහැදීමෙහි සමාදන් කරවිය යුතුයි. ඇතුළත් කරවිය යුතුයි. පිහිටුවිය යුතුයි.

'භාග්‍යවතුන් වහන්සේගේ ශ්‍රාව සංඝයා සුපටිපන්න වන සේක. ....(පෙ).... ලොවට උතුම් පින්කෙත වන සේක' කියා ආර්ය සංඝයා පිළිබඳව නොසැලෙන පැහැදීමෙහි සමාදන් කරවිය යුතුයි. ඇතුළත් කරවිය යුතුයි. පිහිටුවිය යුතුයි.

පින්වත් ආනන්ද, පඨවි ධාතු, ආපෝ ධාතු, තේජෝ ධාතු, වායෝ ධාතු යන මේ මහා භූතයන්ගේ වෙනස්වීම සිදුවෙනවා. නමුත් බුදුරජාණන් වහන්සේ ගැන නොසෙල්වෙන පැහැදීමෙන් යුතු ආර්ය ශ්‍රාවකයාගේ ඒ පැහැදීමෙහි වෙනස්වීමක් වෙන්නේ නෑ. මෙහි ඇති වෙනස මේකයි. සැබැවින්ම පින්වත් ආනන්ද, බුදුරජාණන් වහන්සේ පිළිබඳ නොසෙල්වෙන පැහැදීමෙන් යුක්ත වූ ඒ ආර්ය ශ්‍රාවකයා නිරයෙහි හෝ තිරිසන් යෝනියෙහි හෝ ප්‍රේත ලෝකයෙහි හෝ උපදින්නේය යන කරුණ සිදුවෙන දෙයක් නම් නොවේ.

පින්වත් ආනන්ද, පඨවි ධාතු, ආපෝ ධාතු, තේජෝ ධාතු, වායෝ ධාතු යන මේ මහා භූතයන්ගේ වෙනස්වීම සිදුවෙනවා. නමුත් ශ්‍රී සද්ධර්මය ....(පෙ).... පින්වත් ආනන්ද, පඨවි ධාතු, ආපෝ ධාතු, තේජෝ ධාතු, වායෝ ධාතු යන මේ මහා භූතයන්ගේ වෙනස්වීම සිදුවෙනවා. නමුත් ආර්ය මහා සංඝරත්නය ගැන නොසෙල්වෙන පැහැදීමෙන් යුතු ආර්ය ශ්‍රාවකයාගේ ඒ පැහැදීමෙහි වෙනස්වීමක් වෙන්නේ නෑ. මෙහි ඇති වෙනස මේකයි. සැබැවින්ම පින්වත් ආනන්ද, බුදුරජාණන් වහන්සේ පිළිබඳ නොසෙල්වෙන පැහැදීමෙන් යුක්ත වූ ඒ ආර්ය ශ්‍රාවකයා නිරයෙහි හෝ තිරිසන් යේනියෙහි හෝ ප්‍රේත ලෝකයෙහි හෝ උපදින්නේය යන කරුණ සිදුවෙන දෙයක් නම් නොවේ.

පින්වත් ආනන්ද, යම් කෙනෙකු ගැන අනුකම්පා කරනවා නම්, යම් කෙනෙක් ඔබට සවන් දිය යුතුයි කියා සිතනවා නම්, ඔවුන් මිතුරන් වෙන්න පුළුවනි, යහළුවන් වෙන්න පුළුවනි, නෑදෑයින් වෙන්න පුළුවනි, ලේඤාතීන් වෙන්න පුළුවනි, පින්වත් ආනන්ද, ඔවුන්ව සමාදන් කරවිය යුත්තේ, ඇතුළත් කරවිය යුත්තේ, පිහිටුවිය යුත්තේ මේ තැන් තුන තුළයි.

සාදු! සාදු!! සාදු!!!

3.2.3.6.

26. එදා ආයුෂ්මත් ආනන්ද තෙරුන් භාග්‍යවතුන් වහන්සේ වැඩසිටි තැනට පැමිණුනා. පැමිණ ....(පෙ).... භාග්‍යවතුන් වහන්සේගෙන් මෙකරුණ විමසුවා. "ස්වාමීනී, 'භවය, භවය' කියලා කියනවා. ස්වාමීනී, කවර කරුණක් මතද 'භවය' වෙන්නේ?"

"පින්වත් ආනන්ද, කාම ධාතුවෙහි (ලෝකයේ) විපාක දීම පිණිස අදාළ වූ කර්මයක් නැත්නම් එකල්හී 'කාමභවය' කියා දෙයක් පැණවෙනවාද?"

"ස්වාමීනී, එය එසේ නොවේ."

"පින්වත් ආනන්ද, මේ ආකාරයට කර්මය තමයි කුඹුර. විඤ්ඤාණය තමයි බීජය. තණ්හාව තමයි ජලය. අවිද්‍යාවෙන් වැසී ගිය, තණ්හාවෙන් බැඳී ගිය සත්වයාගේ විඤ්ඤාණය හීන ධාතුවෙහි (කාම භවයේ) පිහිටියා වෙනවා. මත්තෙහි පුනර්භවයකින් ඉපදීමක් ඇතිවන්නේ ඔය ආකාරයටයි.

පින්වත් ආනන්ද, රූප ධාතුවෙහි (ලෝකයේ) විපාක දීම පිණිස අදාළ වූ කර්මයක් නැත්නම් එකල්හී 'රූපභවය' කියා දෙයක් පැණවෙනවාද?"

"ස්වාමීනී, එය එසේ නොවේ."

"පින්වත් ආනන්ද, මේ ආකාරයට කර්මය තමයි කුඹුර. විඤ්ඤාණය තමයි බීජය. තණ්හාව තමයි ජලය. අවිද්‍යාවෙන් වැසී ගිය, තණ්හාවෙන් බැඳී ගිය සත්වයාගේ විඤ්ඤාණය මධ්‍යම ධාතුවෙහි (රූප භවයේ) පිහිටියා වෙනවා. මත්තෙහි පුනර්භවයකින් ඉපදීමක් ඇතිවන්නේ ඔය ආකාරයටයි.

පින්වත් ආනන්ද, අරූප ධාතුවෙහි (ලෝකයේ) විපාක දීම පිණිස අදාළ වූ කර්මයක් නැත්නම් එකල්හී 'අරූපභවය' කියා දෙයක් පැණවෙනවාද?"

"ස්වාමීනී, එය එසේ නොවේ."

"පින්වත් ආනන්ද, මේ ආකාරයට කර්මය තමයි කුඹුර. විඤ්ඤාණය තමයි බීජය. තණ්හාව තමයි ජලය. අවිද්‍යාවෙන් වැසී ගිය, තණ්හාවෙන් බැඳී ගිය සත්වයාගේ විඤ්ඤාණය උසස් ධාතුවෙහි (අරූප භවයේ) පිහිටියා වෙනවා. මත්තෙහි පුනර්භවයකින් ඉපදීමක් ඇතිවන්නේ ඔය ආකාරයටයි."

සාදු! සාදු!! සාදු!!!

3.2.3.7.

27. එදා ආයුෂ්මත් ආනන්ද තෙරුන් භාග්‍යවතුන් වහන්සේ වැඩසිටි තැනට පැමිණුනා. ....(පෙ).... එකත්පස්ව වාඩිවුන ආයුෂ්මත් ආනන්ද තෙරුන් භාග්‍යවතුන් වහන්සේගෙන් මෙකරුණ විමසුවා. "ස්වාමීනී, 'භවය, භවය' කියලා කියනවා. ස්වාමීනී, කවර කරුණක් මතද 'භවය' වෙන්නේ?"

"පින්වත් ආනන්ද, කාම ධාතුවෙහි (ලෝකයේ) විපාක දීම පිණිස අදාළ වූ කර්මයක් නැත්නම් එකල්හී 'කාමභවය' කියා දෙයක් පැණවෙනවාද?"

"ස්වාමීනී, එය එසේ නොවේ."

"පින්වත් ආනන්ද, මේ ආකාරයට කර්මය තමයි කුඹුර. විඤ්ඤාණය තමයි බීජය. තණ්හාව තමයි ජලය. අවිද්‍යාවෙන් වැසී ගිය, තණ්හාවෙන් බැඳී ගිය සත්වයාගේ චේතනාව හීන ධාතුවෙහි (කාම භවයේ) පිහිටියා වෙනවා. පැතුම පිහිටියා වෙනවා. මත්තෙහි පුනර්භවයකින් ඉපදීමක් ඇතිවන්නේ ඔය ආකාරයටයි.

පින්වත් ආනන්ද, රූප ධාතුවෙහි (ලෝකයේ) විපාක දීම පිණිස අදාළ වූ කර්මයක් නැත්නම් එකල්හී 'රූපභවය' කියා දෙයක් පැණවෙනවාද?"

"ස්වාමීනී, එය එසේ නොවේ."

"පින්වත් ආනන්ද, මේ ආකාරයට කර්මය තමයි කුඹුර. විඤ්ඤාණය තමයි බීජය. තණ්හාව තමයි ජලය. අවිද්‍යාවෙන් වැසී ගිය, තණ්හාවෙන් බැඳී ගිය සත්වයාගේ චේතනාව මධ්‍යම ධාතුවෙහි (රූප භවයේ) පිහිටියා වෙනවා. පැතුම පිහිටියා වෙනවා. මත්තෙහි පුනර්භවයකින් ඉපදීමක් ඇතිවන්නේ ඔය ආකාරයටයි.

පින්වත් ආනන්ද, අරූප ධාතුවෙහි (ලෝකයේ) විපාක දීම පිණිස අදාළ වූ කර්මයක් නැත්නම් එකල්හී 'අරූපභවය' කියා දෙයක් පැණවෙනවාද?"

"ස්වාමීනී, එය එසේ නොවේ."

"පින්වත් ආනන්ද, මේ ආකාරයට කර්මය තමයි කුඹුර. විඤ්ඤාණය තමයි බීජය. තණ්හාව තමයි ජලය. අවිද්‍යාවෙන් වැසී ගිය, තණ්හාවෙන් බැඳී ගිය සත්වයාගේ චේතනාව උසස් ධාතුවෙහි (අරූප භවයේ) පිහිටියා වෙනවා. පැතුම පිහිටියා වෙනවා. මත්තෙහි පුනර්භවයකින් ඉපදීමක් ඇතිවන්නේ ඔය ආකාරයටයි."

සාදු! සාදු!! සාදු!!!

3.2.3.8.

28. එදා ආයුෂ්මත් ආනන්ද තෙරුන් භාග්‍යවතුන් වහන්සේ වැඩසිටි තැනට පැමිණුනා. ....(පෙ).... එකත්පස්ව වාඩිවුන ආයුෂ්මත් ආනන්ද තෙරුන්ට භාග්‍යවතුන් වහන්සේ මේ විදිහට වදාළා.

"පින්වත් ආනන්ද, උපස්ථාන සාර ඇති, සිල්වත් වූ සෑම බඹසර ජීවිතයක්ම ඵල සහිතද?"

"ස්වාමීනී, ඔය කරුණ පිළිබඳව එකඑල්ලේම 'එසේය' කියල කියන්න අමාරුයි."

"එසේ වේ නම් පින්වත් ආනන්ද, විග්‍රහ කොට දක්වන්න."

"ස්වාමීනී, උපස්ථාන සාරයෙන් යුතු, සිල්වත් වූ යම් බඹසර ජීවිතයක් සේවනය කරද්දී අකුසල් වැඩෙනවා නම්, කුසල් දහම් පිරිහෙනවා නම්, මෙබඳු වූ උපස්ථාන සාරයෙන් යුතු සිල්වත් වූ බඹසර ජීවිතය ඵල රහිතයි.

ස්වාමීනී, උපස්ථාන සාරයෙන් යුතු, සිල්වත් වූ යම් බඹසර ජීවිතයක් සේවනය කරද්දී කුසල් දහම් වැඩෙනවා නම්, අකුසල් පිරිහෙනවා නම්, මෙබඳු වූ උපස්ථාන සාරයෙන් යුතු සිල්වත් වූ බඹසර ජීවිතය ඵල සහිතයි."

ආයුෂ්මත් ආනන්ද තෙරුන් ඔය කරුණ පැවසුවා. ශාස්තෘන් වහන්සේ එය අනුමත කොට වදාළා. එතකොට ආයුෂ්මත් ආනන්ද තෙරුන් 'ශාස්තෘන් වහන්සේ මා පැවසූ දෙය අනුමත කළ සේක'යි හුනස්නෙන් නැගිට භාග්‍යවතුන් වහන්සේට ආදරයෙන් වන්දනා කොට, පැදකුණු කොට පිටත්ව ගියා.

එවිට ආනන්ද තෙරුන් පිටත්ව ගිය නොබෝ වේලාවකින් භාග්‍යවතුන් වහන්සේ භික්ෂූන් අමතා වදාළා.

"පින්වත් මහණෙනි, ආනන්දයන් සේඛ භික්ෂුවක්. නමුත් ප්‍රඥාවෙන් ඔහුට සමසම වූ කෙනෙක් සුලභ නෑ."

සාදු! සාදු!! සාදු!!!

3.2.3.9.

29. එදා ආයුෂ්මත් ආනන්ද තෙරුන් භාග්‍යවතුන් වහන්සේ වැඩසිටි තැනට පැමිණුනා. ....(පෙ).... එකත්පස්ව වාඩිවුන ආයුෂ්මත් ආනන්ද තෙරුන් භාග්‍යවතුන් වහන්සේට මෙකරුණ පැවසුවා.

ස්වාමීනී, සුවඳ උපදවන දේවල් තුනක් තියෙනවා. ඒවායේ සුවඳ හමාගෙන යන්නේ වාතය හමා යන දිශාවටමයි. එයට ප්‍රතිවිරුද්ධ දිශාවට නොවේ.

ඒ තුන මොනවාද? මුල්වලින් හමන්නා වූ සුවඳ, අරටුවෙන් හමන්නා වූ සුවඳ හා මල්වලින් හමන්නා වූ සුවඳයි. ස්වාමීනී, යම් සුවඳක් සුළඟ හමායන දිශාවටම හමාගෙන යයි නම්, ප්‍රතිවිරුද්ධ දිශාවට හමා නොයයි නම් ඒ සුවඳ උපදවන දේවල් තුන මෙයයි.

ස්වාමීනී, යමක සුවඳ සුළඟ හමන දිශාවටත් හමායනවා නම්, ප්‍රතිවිරුද්ධ දිශාවටත් සුවඳ හමායනවා නම්, අනුවාත පටිවාත යන දිශාවන්ට සුවඳ හමා යනවා නම්, එබඳු වූ යම්කිසි සුවඳ උපදවන දෙයක් තියෙනවාද?"

"පින්වත් ආනන්ද, යමක සුවඳ සුළඟ හමන දිශාවටත් හමායනවා නම්, ප්‍රතිවිරුද්ධ දිශාවටත් සුවඳ හමායනවා නම්, අනුවාත පටිවාත යන දිශාවන්ට සුවඳ හමා යනවා නම්, එබඳු වූ යම්කිසි සුවඳ උපදවන දෙයක් තියෙනවා."

"ස්වාමීනී, යමක සුවඳ සුළඟ හමන දිශාවටත් හමායනවා නම්, ප්‍රතිවිරුද්ධ දිශාවටත් සුවඳ හමායනවා නම්, අනුවාත පටිවාත යන දිශාවන්ට සුවඳ හමා යනවා නම්, එබඳු වූ සුවඳ උපදවන දෙය කුමක්ද?"

"පින්වත් ආනන්ද, යම්කිසි ගමක වේවා, නියම්ගමක වේවා, ස්ත්‍රියක් හෝ පුරුෂයෙක් හෝ බුදුරජාණන් වහන්සේ සරණ ගියා නම්, ශ්‍රී සද්ධර්මය සරණ ගියා නම්, ආර්ය සංඝයා සරණ ගියා නම්, ඒ වගේම ප්‍රාණඝාතයෙන් වැළකී සිටිනවා නම්, නුදුන් දේ ගැනීමෙන් වැළකී සිටිනවා නම්, කාමමිථ්‍යාචාරයෙන් වැළකී සිටිනවා නම්, බොරුකීමෙන් වැළකී සිටිනවා නම්, මත්වීමටත්, ප්‍රමාදයටත් හේතුවන මත්පැන් මත්ද්‍රව්‍ය භාවිතයෙන් වැළකී සිටිනවා නම්, සිල්වත් නම්, කල්‍යාණ වූ ගතිගුණ ඇත්නම්, දුරුකරන ලද මසුරුමල ඇති සිතින්, දන්දීම පිණිස අත්හළ, දන් දීම පිණිස දැත් සෝදාගත්, අත්හැරීමෙහි ඇලුණු, ඉල්ලා පැමිණීමට සුදුසු වූ, දන්බෙදීමෙහි ඇලී සිටින්නා වූ ජීවිතයක් ගෙවනවා නම්, ඔහුගේ ගුණ ඒ ඒ දිශාවන්හි ශ්‍රමණ බ්‍රාහ්මණයන් වර්ණනා කරනවා. 'අසවල් ගමේ, අසවල් නියම් ගමේ ස්ත්‍රියක් ඉන්නවා. නැත්නම් පුරුෂයෙක් ඉන්නවා. ඔහු බුදුරජාණන් වහන්සේ සරණ ගිහිනුයි ඉන්නේ. ශ්‍රී සද්ධර්මය

සරණ ගිහිනුයි ඉන්නේ. ආර්ය සංඝයා සරණ ගිහිනුයි ඉන්නේ. ඒ වගේම ප්‍රාණඝාතයෙන් වැළකිලයි ඉන්නේ. නුදුන් දේ ගැනීමෙන් වැළකිලයි ඉන්නේ. කාමමිථ්‍යාචාරයෙන් වැළකිලයි ඉන්නේ. බොරුකීමෙන් වැළකිලයි ඉන්නේ. මත්වීමටත්, ප්‍රමාදයටත් හේතුවන මත්පැන්, මත්ද්‍රව්‍ය භාවිතයෙන් වැළකිලයි ඉන්නේ. සිල්වත්, කල්‍යාණ වූ ගතිගුණ ඇති, දුරුකරන ලද මසුරුමල ඇති සිතින් යුතු, දන්දීම පිණිස අත්හළ, දන් දීම පිණිස දෑත් සෝදාගත්, අත්හැරීමෙහි ඇළුණු, ඉල්ලා පැමිණීමට සුදුසු වූ, දන් බෙදීමෙහි ඇළුණු ජීවිතයක් ගෙවන්නේ' කියලා.

මිනිසුන් නොවන දෙවිවරු පවා ඔහුගේ ගුණධර්ම ගැන පැහැදීමෙන් කතා කරනවා. 'අසවල් ගමේ, අසවල් නියම් ගමේ ස්ත්‍රියක් ඉන්නවා. නැත්නම් පුරුෂයෙක් ඉන්නවා. ඔහු බුදුරජාණන් වහන්සේ සරණ ගිහිනුයි ....(පෙ).... ශ්‍රී සද්ධර්මය සරණ ගිහිනුයි ....(පෙ).... ආර්ය සංඝයා සරණ ගිහිනුයි ඉන්නේ. ඒ වගේම ප්‍රාණඝාතයෙන් වෙන් වෙලා ....(පෙ).... දන් බෙදීමෙහි ඇළුණු ජීවිතයක් ගෙවන්නේ' කියලා.

පින්වත් ආනන්ද, යමක සුවඳ සුළඟ හමන දිශාවටත් හමායනවා නම්, ප්‍රතිවිරුද්ධ දිශාවටත් සුවඳ හමායනවා නම්, අනුවාත පටිවාත යන දිශාවන්ට සුවඳ හමා යනවා නම්, මේ තමයි ඒ සුවඳ උපදවන දෙය."

36. මල් සුවඳ ප්‍රතිවිරුද්ධ දිශාවට හමා යන්නේ නෑ. සඳුන්, තුවරලා, සමන් මල් සුවඳ වුණත් හමා යන්නේ නෑ. නමුත් සත්පුරුෂයන්ගේ සුවඳ නම් ප්‍රතිවිරුද්ධ දිශාවට හමායනවා. සත්පුරුෂයා හැම දිශාවේම සුවඳක් ලෙස හමායනවා.

සාදු! සාදු!! සාදු!!!

3.2.3.10.

30. එදා ආයුෂ්මත් ආනන්ද තෙරුන් භාග්‍යවතුන් වහන්සේ වැඩසිටි තැනට පැමිණුනා. ....(පෙ).... එකත්පස්ව වාඩිවුන ආයුෂ්මත් ආනන්ද තෙරුන් භාග්‍යවතුන් වහන්සේට මේ විදිහට පැවසුවා. "ස්වාමීනී, මා විසින් භාග්‍යවතුන් වහන්සේ ඉදිරියේමයි මේ කරුණ අහලා තියෙන්නේ. ඉදිරියේමයි පිළිගෙන තියෙන්නේ. ඒ කියන්නේ 'පින්වත් ආනන්ද, සිඛී නම් වූ සම්බුදුරජාණන් වහන්සේගේ ශ්‍රාවක වූ අභිභූ නම් භික්ෂුව බ්‍රහ්ම ලෝකයේ සිටිමින් සහස්‍රී ලෝක ධාතුවට කටහඬ අසන්නට සැළැස්සුවා' කියලා. ස්වාමීනී අරහත් සම්මා

සම්බුදු වූ භාග්‍යවතුන් වහන්සේ කොපමණ දුරකට කටහඬ පතුරුවා හරින්නට සමර්ථ වන සේක්ද?"

"පින්වත් ආනන්ද, ඔහු ශ්‍රාවකයෙක් නෙව. නමුත් තථාගතයන් වහන්සේලා ප්‍රමාණ කළ නොහැකියි."

දෙවෙනි වතාවටත් ආයුෂ්මත් ආනන්ද තෙරුන් භාග්‍යවතුන් වහන්සේට මේ විදිහට පැවසුවා. "ස්වාමීනී, මා විසින් භාග්‍යවතුන් වහන්සේ ඉදිරියේමයි ....(පෙ).... "පින්වත් ආනන්ද, ඔහු ශ්‍රාවකයෙක් නෙව. නමුත් තථාගතයන් වහන්සේලා ප්‍රමාණ කළ නොහැකියි."

තුන්වෙනි වතාවටත් ආයුෂ්මත් ආනන්ද තෙරුන් භාග්‍යවතුන් වහන්සේට මේ විදිහට පැවසුවා. "ස්වාමීනී, මා විසින් භාග්‍යවතුන් වහන්සේ ඉදිරියේමයි මේ කරුණ අහලා තියෙන්නේ. ඉදිරියේමයි පිළිගෙන තියෙන්නේ. ඒ කියන්නේ 'පින්වත් ආනන්ද, සිඛී නම් වූ සම්බුදුරජාණන් වහන්සේගේ ශ්‍රාවක වූ අභිභූ නම් භික්ෂුව බ්‍රහ්ම ලෝකයේ සිටිමින් සහස්‍රී ලෝක ධාතුවට කටහඬ අසන්නට සැළැස්සුවා' කියලා. ස්වාමීනී අරහත් සම්මා සම්බුදු වූ භාග්‍යවතුන් වහන්සේ කොපමණ දුරකට කටහඬ පතුරුවා හරින්නට සමර්ථ වන සේක්ද?"

"පින්වත් ආනන්ද, ඔබ සහස්‍රී චූලනිකා ලෝක ධාතුව ගැන අහලා තියෙනවද?"

"භාග්‍යවතුන් වහන්ස, මේ ඒ ගැන දේශනා කිරීමට සුදුසු කාලයයි. සුගතයන් වහන්ස, මේ ඒ ගැන දේශනා කිරීමට සුදුසු කාලයයි. භාග්‍යවතුන් වහන්සේ යමක් වදාරණ සේක් නම්, භාග්‍යවතුන් වහන්සේගෙන් අසා භික්ෂූන් එය මතක තබාගන්නවාමයි."

"එසේ වී නම් පින්වත් ආනන්ද, සවන් යොමා අසන්න. ....(පෙ).... පින්වත් ආනන්ද, යම්තාක් සඳ හිරුගේ ගමන්මග තිබෙනවා නම්, දිශාවන් බබලනවා නම්, ඒ තාක් තැන් සහස්‍රී ලෝකධාතුවයි. ඒ සහස්‍රී ලෝකධාතුවෙහි දහසක් චන්ද්‍රයන් තියෙනවා. දහසක් සූර්යයන් තියෙනවා. දහසක් සිනේරු පර්වත තියෙනවා. දහසක් දඹදිව් තියෙනවා. දහසක් අපරගෝයාන තියෙනවා. දහසක් උතුරුකුරු දිවයින් තියෙනවා. දහසක් පූර්ව විදේහයන් තියෙනවා. හාරදහසක් මහා සමුද්‍රයන් තියෙනවා. හාරදහසක් මහා රාජයන් තියෙනවා. දහසක් චාතුම්මහාරාජික තියෙනවා. දහසක් තව්තිසාවන් තියෙනවා. දහසක් යාමයන් තියෙනවා. දහසක් තුසිතයන් තියෙනවා. දහසක් නිම්මාණරතීන් තියෙනවා. දහසක් පරනිම්මිත වසවත්තීන් තියෙනවා. දහසක් බ්‍රහ්මලෝක

තියෙනවා. පින්වත් ආනන්ද, මේකට තමයි කියන්නේ 'සහස්‍රී චූලනිකා ලෝක ධාතුව' කියලා.

පින්වත් ආනන්ද, යම්තාක් සහස්‍රී චූලනිකා ලෝක ධාතුවක් වෙයිද, එබඳු වූ ලෝකධාතුන් දහසක් ඇද්ද, පින්වත් ආනන්ද, මේකට තමයි 'ද්විසහස්‍රී මජ්ඣිමා ලෝක ධාතුව' කියලා කියන්නේ.

පින්වත් ආනන්ද, යම්තාක් ද්විසහස්‍රී මජ්ඣිමා ලෝක ධාතුවක් වෙයිද, එබඳු වූ ලෝකධාතුන් දහසක් ඇද්ද, පින්වත් ආනන්ද, මේකට තමයි 'තිසහස්‍රී මහාසහස්‍රී ලෝක ධාතුව' කියල කියන්නේ.

පින්වත් ආනන්දය, තථාගතයන් වහන්සේ කැමැති වන සේක් නම්, තිසහස්‍රී මහාසහස්‍රී ලෝක ධාතුවටම කටහඬ අසන්නට සළස්වන්න පුළුවනි. තවත් කැමැති වෙනවා නම් එයටත් එහා කටහඬ අසන්නට සළස්වන්න පුළුවනි."

"ස්වාමීනී, භාග්‍යවතුන් වහන්සේ තිසහස්‍රී මහාසහස්‍රී ලෝක ධාතුවට ස්වරය අසන්නට සළස්වන්නේ කොයි ආකාරයෙන්ද? තවත් එහාට වුනත් කැමැති සේක් නම් ස්වරය අසන්නට සළස්වන්නේ කොයි ආකාරයෙන්ද?"

"පින්වත් ආනන්ද, මෙහිලා තථාගතයන් වහන්සේ තිසහස්‍රී මහාසහස්‍රී ලෝක ධාතුව ආලෝකයෙන් පතුරුවනවා. යම් කලෙක එහි සිටින සත්වයන් ඒ ආලෝකය හඳුනාගන්නවා නම්, එකල්හී තථාගතයන් වහන්සේ බ්‍රහ්මඝෝෂය කරනවා. ශබ්දය අසන්නට සළස්වනවා. පින්වත් ආනන්දය, ඔය ආකාරයටයි භාග්‍යවතුන් වහන්සේ තිසහස්‍රී මහාසහස්‍රී ලෝක ධාතුවට ස්වරය අසන්නට සළස්වන්නේ. තවත් එහාට වුනත් කැමැති සේක් නම් ස්වරය අසන්නට සළස්වන්නේ."

මෙසේ වදාළ කල්හී ආයුෂ්මත් ආනන්ද තෙරුන් භාග්‍යවතුන් වහන්සේ හට මෙකරුණ පැවසුවා. "මාගේ ශාස්තෘන් වහන්සේ මෙවැනි මහා ඉර්ධි ඇති සේක්ද, මෙවැනි මහා ආනුභාව ඇති සේක්ද, එය වනාහී ඒකාන්තයෙන්ම මට ලාභයක්මයි. ඒකාන්තයෙන්ම මට ඉතා යහපත් ලැබීමක්මයි" කියලා.

එසේ පැවසූ විට ආයුෂ්මත් උදායී තෙරුන් ආයුෂ්මත් ආනන්ද තෙරුන් හට මෙය කිව්වා. "කිම ආයුෂ්මත් ආනන්ද, ඔබගේ ශාස්තෘන් වහන්සේ මෙවැනි මහා ඉර්ධි ඇති සේක් නම්, මෙවැනි මහා ආනුභාව ඇති සේක් නම්, මෙහිලා ඔබ කවුද?"

මෙසේ පැවසූ විට භාග්‍යවතුන් වහන්සේ ආයුෂ්මත් උදායි තෙරුන් හට මෙය වදාළා. "පින්වත් උදායි, එහෙම කියන්න එපා! පින්වත් උදායි එහෙම කියන්න එපා! ඉදින් උදායි, ආනන්දයන් රාගය ප්‍රහාණය නොකොට කළුරිය කරනවා නම්, ඔය ඇති වූ චිත්තප්‍රසාදය හේතු කොට ගෙන සත්වරක් දිව්‍ය ලෝකයෙහි දිව්‍ය රාජ්‍යය කරන්නට පුළුවනි. මේ දඹදිව් තලයේම සත්වරක් මහා රාජ්‍යය කරන්ටත් පුළුවනි. නමුත් උදායි, ආනන්දයන් මේ ජීවිතයේදීම පිරිනිවන් පානවා."

සාදු! සාදු!! සාදු!!!

තුන්වෙනි ආනන්ද වර්ගයයි.

4. සමණ වර්ගය

3.2.4.1.

31. සැවැත් නුවරදී.....

පින්වත් මහණෙනි, ශ්‍රමණයෙකුට ශ්‍රමණයෙකු බවට පත් කරවීමට මේ කරුණු තුනක් තියෙනවා. ඒ තුන මොනවාද? අධිශීල ශික්ෂාවේ සමාදන් වීම, අධිචිත්ත ශික්ෂාවේ සමාදන් වීම හා අධිප්‍රඥා ශික්ෂාවේ සමාදන් වීමයි. පින්වත් මහණෙනි, මේ තමයි ශ්‍රමණයෙකුට ශ්‍රමණයෙකු බවට පත්කරවීමට හේතු වන කරුණු තුන. ඒ නිසා පින්වත් මහණෙනි, මේ විදිහට හික්මිය යුතුයි. 'අධිශීල ශික්ෂා සමාදන් වීම ගැන අප තුළ ඉතා දැඩි වූ කැමැත්තක් ඇතිවෙනවාමයි. අධිචිත්ත ශික්ෂා සමාදන් වීම ගැන අප තුළ ඉතා දැඩි වූ කැමැත්තක් ඇතිවෙනවාමයි. අධිප්‍රඥා ශික්ෂා සමාදන් වීම ගැන අප තුළ ඉතා දැඩි වූ කැමැත්තක් ඇතිවෙනවාමයි' කියලා. පින්වත් මහණෙනි, ඔබ විසින් මේ ආකාරයටයි හික්මිය යුත්තේ.

සාදු! සාදු!! සාදු!!!

3.2.4.2.

32. පින්වත් මහණෙනි, යම් විදිහකින් බූරුවෙක් 'මමත් උම්බෑ කියනවා. මමත් උම්බෑ කියනවා' කියලා හරක් පට්ටියක් පිටිපස්සෙන් ලුහුබඳිමින් ගියත්, ඒ බූරුවා තුළ ගවයින්ට තිබෙන ආකාරයේ පෙනුමක් නෑ. ගවයින්ට තියෙන ආකාරයේ ස්වරයක් නෑ. ගවයින්ට තිබෙන ආකාරයේ පා සටහනක් නෑ. නමුත් ඌ 'මමත් උම්බෑ කියනවා. මමත් උම්බෑ කියනවා' කියලා හරක් පට්ටියක් පිටිපස්සෙන් ලුහුබඳිමින් යනවා.

අන්න ඒ වගේම තමයි පින්වත් මහණෙනි, මෙහි ඇතැම් භික්ෂූන් ඉන්නවා. 'මමත් භික්ෂුවක් වෙමි. මමත් භික්ෂුවක් වෙමි' කියමින් සුපේශල වූ භික්ෂු සංඝයා පිටුපසින් ලුහුබඳිමින් ගියත්, ඔහු තුළ අනෙක් සිල්වත් භික්ෂූන්ට මෙන් අධිසීල ශික්ෂා සමාදන් වීම ගැන කැමැත්තක් නෑ. අනෙක් සිල්වත් භික්ෂූන්ට මෙන් අධිචිත්ත ශික්ෂා සමාදන් වීම ගැන කැමැත්තක් නෑ. අනෙක් සිල්වත් භික්ෂූන්ට මෙන් අධිප්‍රඥා ශික්ෂා සමාදන් වීම ගැන කැමැත්තක් නෑ. නමුත් ඒ භික්ෂුව 'මමත් භික්ෂුවක් වෙමි. මමත් භික්ෂුවක් වෙමි' කියමින් සුපේශල වූ භික්ෂු සංඝයා පිටුපසින් ලුහුබඳිමින් යනවා.

ඒ නිසා පින්වත් මහණෙනි, මේ විදිහට හික්මිය යුතුයි. 'අධිශීල ශික්ෂා සමාදන් වීම ගැන අප තුළ ඉතා දැඩි වූ කැමැත්තක් ඇතිවෙනවාමයි. අධිචිත්ත ශික්ෂා සමාදන් වීම ගැන අප තුළ ඉතා දැඩි වූ කැමැත්තක් ඇතිවෙනවාමයි. අධිප්‍රඥා ශික්ෂා සමාදන් වීම ගැන අප තුළ ඉතා දැඩි වූ කැමැත්තක් ඇතිවෙනවාමයි' කියලා. පින්වත් මහණෙනි, ඔබ විසින් මේ ආකාරයටයි හික්මිය යුත්තේ.

සාදු! සාදු!! සාදු!!!

3.2.4.3.

33. පින්වත් මහණෙනි, ගොවිතැන් කරන ගෘහපතියෙකුට කල්තියාම කළ යුතු දේවල් තුනක් තියෙනවා. ඒ තුන මොනවාද? පින්වත් මහණෙනි, මෙහිලා ගොවිතැන් කරන ගෘහපතියා කල්තියාම කුඹුරේ සීසෑම කරනවා. පෝරු ගානවා. කල්තියාම කුඹුර හාලා, පෝරු ගාලා, සුදුසු කලට වේලාවට බීජ පිහිටුවනවා. සුදුසු කාලයට බීජ පිහිටුවලා, සුදුසු කාලයට ජලය වැද්දීමත්, පිටමං කිරීමත් කරනවා. පින්වත් මහණෙනි, ගොවිතැන් කරන ගෘහපතියෙකුට මේ කාරණා තුන තමයි මුලින්ම කරන්න තියෙන්නේ.

අන්න ඒ වගේ තමයි පින්වත් මහණෙනි, භික්ෂුවකටත් මුලින්ම කළ යුතු දේවල් තුනක් තියෙනවා. ඒ තුන මොනවාද? අධිශීල ශික්ෂාවේ සමාදන් වීම. අධිචිත්ත ශික්ෂාවේ සමාදන් වීම. අධිප්‍රඥා ශික්ෂාවේ සමාදන් වීම. පින්වත් මහණෙනි, මේ කාරණා තුන භික්ෂුවක් විසින් මුලින්ම කළ යුතුයි.

ඒ නිසා පින්වත් මහණෙනි, මේ විදිහට හික්මිය යුතුයි. 'අධිශීල ශික්ෂා සමාදන් වීම ගැන අප තුළ ඉතා දැඩි වූ කැමැත්තක් ඇතිවෙනවාමයි. අධිචිත්ත ශික්ෂා සමාදන් වීම ගැන අප තුළ ඉතා දැඩි වූ කැමැත්තක් ඇතිවෙනවාමයි.

අධිප්‍රඥා ශික්ෂා සමාදන් වීම ගැන අප තුළ ඉතා දැඩි වූ කැමැත්තක් ඇතිවෙනවාමයි' කියලා. පින්වත් මහණෙනි, ඔබ විසින් මේ ආකාරයටයි හික්මිය යුත්තේ.

සාදු! සාදු!! සාදු!!!

3.2.4.4.

34. මා හට අසන්නට ලැබුනේ මේ විදිහටයි. ඒ දිනවල භාග්‍යවතුන් වහන්සේ වැඩසිටියේ විශාලා මහනුවර මහා වනයේ කූටාගාර ශාලාවේ. එදා එක්තරා වජ්ජිපුත්තක භික්ෂුවක් භාග්‍යවතුන් වහන්සේ වැඩසිටි තැනට පැමිණියා. පැමිණ ....(පෙ).... එකත්පස්ව වාඩිවුන ඒ වජ්ජිපුත්තක භික්ෂුව භාග්‍යවතුන් වහන්සේට මේ විදිහට පැවසුවා.

"ස්වාමීනී, අඩමසක් පාසා මේ එකසිය පනහකට වැඩි වූ ශික්ෂාපද ප්‍රමාණයක් උදෙසීමට (නැවත පෙන්වා මතක් කර දෙමින්, ඒවා සමාදන් වී සිටින බව සිහිපත් කරවීමට) පැමිණෙනවා. නමුත් ස්වාමීනී, ඔතරම් ශික්ෂාපදවල මට හික්මෙන්නට පුළුවන්කමක් නෑ."

"පින්වත් භික්ෂුව, එහෙමනම් ඔබට අධිශීල, අධිචිත්ත, අධිප්‍රඥා කියන ශික්ෂා තුනේ හික්මෙන්නට පුළුවන්ද?"

"ස්වාමීනී, මට අධිශීල, අධිචිත්ත, අධිප්‍රඥා කියන ශික්ෂා තුනේ නම් හික්මෙන්නට පුළුවනි."

"එහෙනම් පින්වත් භික්ෂුව, ඔබ අධිශීල, අධිචිත්ත, අධිප්‍රඥා කියන ශික්ෂා තුනේ හික්මෙන්න. පින්වත් භික්ෂුව, යම් කලෙක ඔබ අධිශීලයේ හික්මෙනවා නම්, අධිචිත්තයේ හික්මෙනවා නම්, අධිප්‍රඥාවේ හික්මෙනවා නම්, ඒ අධිශීලයේ හික්මෙන, අධිචිත්තයේ හික්මෙන, අධිප්‍රඥාවේ හික්මෙන ඔබගේ රාගය ප්‍රහාණය වෙලා යනවා. ද්වේෂය ප්‍රහාණය වෙලා යනවා. මෝහය ප්‍රහාණය වෙලා යනවා. ඒ ඔබ රාගය ප්‍රහාණය වීම නිසා, ද්වේෂය ප්‍රහාණය වීම නිසා, මෝහය ප්‍රහාණය වීම නිසා, යමක් අකුසල් නම් එය කරන්නේ නෑ. යමක් පව් නම් එය සේවනය කරන්නේ නෑ."

ඉතින් ඒ භික්ෂුව පසු කලෙක අධිශීලයෙත් හික්මුනා. අධිචිත්තයෙත් හික්මුනා. අධිප්‍රඥාවෙත් හික්මුනා. ඒ විදිහට අධිශීලයේ හික්මෙන, අධිචිත්තයේ හික්මෙන, අධිප්‍රඥාවේ හික්මෙන ඔහුගේ රාගය ප්‍රහාණය වුනා. ද්වේෂය

ප්‍රහාණය වුනා. මෝහය ප්‍රහාණය වුනා. ඔහු රාගය ප්‍රහාණය වීම නිසා, ද්වේෂය ප්‍රහාණය වීම නිසා, මෝහය ප්‍රහාණය වීම නිසා, යමක් අකුසල් නම්, ඒ දේ කළෙත් නෑ. යමක් පව් නම් ඒ දේ සේවනය කළෙත් නෑ.

සාදු! සාදු!! සාදු!!!

3.2.4.5.

35. සැවැත් නුවරදී ....

එදා එක්තරා භික්ෂුවක් භාග්‍යවතුන් වහන්සේ වැඩසිටි තැනට පැමිණුනා. ....(පෙ).... එකත්පස්ව වාඩිවුන ඒ භික්ෂුව භාග්‍යවතුන් වහන්සේ හට මේ විදිහට කිව්වා. "ස්වාමීනී, 'සේඛ, සේඛ' කියලා කියනවා. ස්වාමීනී, කොපමණකින්ද සේඛ වෙන්නේ?"

"පින්වත් භික්ෂුව, 'හික්මෙනවා'ය යන අර්ථයෙන් තමයි 'සේඛ' කියලා කියන්නේ. හික්මෙන්නේ කවර දේවල්වලද? අධිශීලයෙත් හික්මෙනවා. අධිචිත්තයෙත් හික්මෙනවා. අධිප්‍රඥාවෙත් හික්මෙනවා. පින්වත් භික්ෂුව, 'හික්මෙනවා'ය යන අර්ථයෙන් තමයි 'සේඛ' කියලා කියන්නේ."

37. නිවනට ඇති සෘජු මාර්ගය වන ආර්ය අෂ්ටාංගික මාර්ගයෙහි ගමන් කරන්නා වූ ත්‍රිශික්ෂාවෙහි හික්මෙනවා වූ ඒ සේඛ පුද්ගලයා හට පළමුව ඇතිවෙන්නේ ආශ්‍රවයන් ක්ෂය වීම පිළිබඳ ඤාණයයි. අරහත්ඵල ඤාණය ඇතිවෙන්නේ ඉන් අනතුරුවයි.

38. එසේ අරහත්ඵල විමුක්තියෙන් යුතු අටලෝ දහමින් කම්පා නොවන තාදී ගුණැති ශ්‍රාවකයා හට ඒකාන්තයෙන්ම ඤාණයක් තියෙනවා. එනම් 'භව බන්ධන ක්ෂය වීම තුළින් ලැබූ මාගේ චේතෝ විමුක්තිය නොපිරිහෙන දෙයක්' කියලා.

සාදු! සාදු!! සාදු!!!

3.2.4.6.

36. පින්වත් මහණෙනි, අඩමසක් පාසා මේ එකසිය පනහකට වැඩි වූ ශික්ෂාපද ප්‍රමාණයක් උදෙසීමට (නැවත පෙන්වා මතක් කරදෙමින්, ඒවා සමාදන් වී සිටින බව සිහිපත් කරවීමට) පැමිණෙනවා නෙව. ඉතින් තම

යහපත කැමැති කුලපුත්‍රයන් ඔය ශික්ෂාපදවල හික්මෙනවා. පින්වත් මහණෙනි, යම් තැනක මේ සියල්ලම එකට එකතු වෙනවා නම්, මේ ශික්ෂාවන් තුනක් තියෙනවා. කවර තුනක්ද? අධිශීල ශික්ෂා, අධිචිත්ත ශික්ෂා හා අධිප්‍රඥා ශික්ෂාවයි. පින්වත් මහණෙනි, යම් තැනක මේ සියල්ලම එකට එකතු වෙනවා නම්, ඒ මේ ශික්ෂාවන් තුනයි.

පින්වත් මහණෙනි, මෙහිලා භික්ෂුව ශික්ෂාපද තුළ පිරිපුන් කරමින් ඉන්නවා. නමුත් සමාධිය තුළ තම පමණටයි කරගනිමින් ඉන්නේ. ප්‍රඥාව තුළත් තම පමණටයි කරගනිමින් ඉන්නේ. ඉතින් ඒ භික්ෂුව යම් ඒ බුද්දානුබුද්දක ශික්ෂාපද ඇත්නම්, ඒ ශික්ෂාපද කැඩීමකටත් ලක්වෙනවා. නැවත එයින් නැගී සිටීමකුත් වෙනවා. එයට හේතුව කුමක්ද? පින්වත් මහණෙනි, මා විසින් බුද්දානුබුද්දක ශික්ෂාපද කඩවීම හා ඉන් නැගිටීම ගැන නිවන් අවබෝධයට නුසුදුසුකමක් වශයෙන් කියල නෑ. පින්වත් මහණෙනි, යම් මේ ශික්ෂාපද නිවන් මගට මූලිකව පිහිටනවා නම්, නිවන් මගටම සරිලනවා නම්, එහිලා නොවෙනස්ව තියෙනවා. පිහිටලා තියෙනවා. ඒ ශික්ෂාපදවල සමාදන්ව හික්මෙනවා. ඔහු සංයෝජන තුනක් ක්ෂය කිරීමෙන් සතර අපායෙහි නොවැටෙන ස්වභාවයෙන් යුතු නියත වශයෙන්ම නිවන් අවබෝධ කිරීම පිහිට කරගත්, සෝවාන් කෙනෙක් වෙනවා.

පින්වත් මහණෙනි, මෙහිලා භික්ෂුව ශික්ෂාපද තුළ පිරිපුන් කරමින් ඉන්නවා. නමුත් සමාධිය තුළ තම පමණටයි කරගනිමින් ඉන්නේ. ප්‍රඥාව තුළත් තම පමණටයි කරගනිමින් ඉන්නේ. ඉතින් ඒ භික්ෂුව යම් ඒ බුද්දානුබුද්දක ශික්ෂාපද ඇත්නම්, ඒ ශික්ෂාපද කැඩීමකටත් ලක්වෙනවා. නැවත එයින් නැගී සිටීමකුත් වෙනවා. එයට හේතුව කුමක්ද? පින්වත් මහණෙනි, මා විසින් බුද්දානුබුද්දක ශික්ෂාපද කඩවීම හා ඉන් නැගිටීම ගැන නිවන් අවබෝධයට නුසුදුසුකමක් වශයෙන් කියල නෑ. පින්වත් මහණෙනි, යම් මේ ශික්ෂාපද නිවන් මගට මූලිකව පිහිටනවා නම්, නිවන් මගටම සරිලනවා නම්, එහිලා නොවෙනස්ව තියෙනවා. පිහිටලා තියෙනවා. ඒ ශික්ෂාපදවල සමාදන්ව හික්මෙනවා. ඔහු සංයෝජන තුනක් ක්ෂය කළා මෙන්ම, රාග ද්වේෂ මෝහයන් තුනීබවට පත්කිරීමෙන් සකදාගාමී වෙනවා. එක්වරක් පමණක් මේ ලෝකයට පැමිණ දුක් අවසන් කරනවා.

පින්වත් මහණෙනි, මෙහිලා භික්ෂුව ශික්ෂාපද තුළ පිරිපුන් කරමින් ඉන්නවා. ඒ වගේම සමාධිය තුළත් පිරිපුන් කරමින් ඉන්නවා. ප්‍රඥාව තුළත් තම පමණටයි කරගනිමින් ඉන්නේ. ඉතින් ඒ භික්ෂුව යම් ඒ බුද්දානුබුද්දක ශික්ෂාපද ඇත්නම්, ඒ ශික්ෂාපද කැඩීමකටත් ලක්වෙනවා. නැවත එයින් නැගී සිටීමකුත්

වෙනවා. එයට හේතුව කුමක්ද? පින්වත් මහණෙනි, මා විසින් බුද්දානුබුද්දක ශික්ෂාපද කඩවීම හා ඉන් නැගිටීම ගැන නිවන් අවබෝධයට නුසුදුසුකමක් වශයෙන් කියල නෑ. පින්වත් මහණෙනි, යම් මේ ශික්ෂාපද නිවන් මගට මූලිකව පිහිටනවා නම්, නිවන් මගටම සරිලනවා නම්, එහිලා නොවෙනස්ව තියෙනවා. පිහිටලා තියෙනවා. ඒ ශික්ෂාපදවල සමාදන්ව හික්මෙනවා. ඔහු ඕරම්භාගීය සංයෝජන පහ (සක්කාය දිට්ඨි, විචිකිච්ඡා, සීලබ්බත පරාමාස, කාමරාග, පටිඝ) ක්ෂය කිරීමෙන්, ඕපපාතිකව සුද්ධාවාස බ්‍රහ්ම ලෝකයෙහි උපදිනවා. ඒ ලෝකයෙන් පහළට නොඑන ස්වභාවයෙන් යුතුව එහිදීම පිරිනිවන් පානවා.

පින්වත් මහණෙනි, මෙහිලා භික්ෂුව ශික්ෂාපද තුළ පිරිපුන් කරමින් ඉන්නවා. නමුත් සමාධිය තුළත් පිරිපුන් කරමින් ඉන්නවා. ප්‍රඥාව තුළත් පිරිපුන් කරමින් ඉන්නවා. ඉතින් ඒ භික්ෂුව යම් ඒ බුද්දානුබුද්දක ශික්ෂාපද ඇත්නම්, ඒ ශික්ෂාපද කැඩීමකටත් ලක්වෙනවා. නැවත එයින් නැගී සිටීමකුත් වෙනවා. එයට හේතුව කුමක්ද? පින්වත් මහණෙනි, මා විසින් බුද්දානුබුද්දක ශික්ෂාපද කඩවීම හා ඉන් නැගිටීම ගැන නිවන් අවබෝධයට නුසුදුසුකමක් වශයෙන් කියල නෑ. පින්වත් මහණෙනි, යම් මේ ශික්ෂාපද නිවන් මගට මූලිකව පිහිටනවා නම්, නිවන් මගටම සරිලනවා නම්, එහිලා නොවෙනස්ව තියෙනවා. පිහිටලා තියෙනවා. ඒ ශික්ෂාපදවල සමාදන්ව හික්මෙනවා. ඔහු ආශ්‍රවයන්ගේ ක්ෂය කිරීමෙන් අනාශ්‍රව වූ චේතෝ විමුක්තියත්, ප්‍රඥා විමුක්තියත් මේ ජීවිතයේදීම තමා තුළ උපදවාගත් විශිෂ්ට ඥාණයෙන් සාක්ෂාත් කොට එයට පැමිණ වාසය කරනවා.

පින්වත් මහණෙනි, මේ ආකාරයට කොටසක් සම්පූර්ණ කරන කෙනා, මාර්ගඵල අවබෝධයෙනුත් කොටසක් ලබනවා. සීල, සමාධි, ප්‍රඥා යන තුනම පරිපූර්ණ කරන කෙනා මාර්ගඵලත් පරිපූර්ණ කරගන්නවා. පින්වත් මහණෙනි, මේ ශික්ෂාපද වඳ (ප්‍රතිඵල රහිත) නැහැ කියලයි මා කියන්නේ.

සාදු! සාදු!! සාදු!!!

3.2.4.7.

37. පින්වත් මහණෙනි, අඩමසක් පාසා මේ එකසිය පනහකට වැඩි වූ ශික්ෂාපද ප්‍රමාණයක් උදෙසීමට (නැවත පෙන්වා මතක් කරදෙමින්, ඒවා සමාදන් වී සිටින බව සිහිපත් කරවීමට) පැමිණෙනවා නෙව. ඉතින් තම

යහපත කැමැති කුලපුත්‍රයන් ඔය ශික්ෂාපදවල හික්මෙනවා. පින්වත් මහණෙනි, යම් තැනක මේ සියල්ලම එකට එකතු වෙනවා නම්, මේ ශික්ෂාවන් තුනක් තියෙනවා. කවර තුනක්ද? අධිශීල ශික්ෂා, අධිචිත්ත ශික්ෂා හා අධිප්‍රඥා ශික්ෂාවයි. පින්වත් මහණෙනි, යම් තැනක මේ සියල්ලම එකට එකතු වෙනවා නම්, ඒ මේ ශික්ෂාවන් තුනයි.

පින්වත් මහණෙනි, මෙහිලා භික්ෂුව ශික්ෂාපද තුළ පිරිපුන් කරමින් ඉන්නවා. නමුත් සමාධිය තුළ තම පමණටයි කරගනිමින් ඉන්නේ. ප්‍රඥාව තුළත් තම පමණටයි කරගනිමින් ඉන්නේ. ඉතින් ඒ භික්ෂුව යම් ඒ බුද්ධානුබුද්ධක ශික්ෂාපද ඇත්නම්, ඒ ශික්ෂාපද කැඩීමකටත් ලක්වෙනවා. නැවත එයින් නැගී සිටීමකුත් වෙනවා. එයට හේතුව කුමක්ද? පින්වත් මහණෙනි, මා විසින් බුද්ධානුබුද්ධක ශික්ෂාපද කඩවීම හා ඉන් නැගිටීම ගැන නිවන් අවබෝධයට නුසුදුසුකමක් වශයෙන් කියල නෑ. පින්වත් මහණෙනි, යම් මේ ශික්ෂාපද නිවන් මගට මූලිකව පිහිටනවා නම්, නිවන් මගටම සරිලනවා නම්, එහිලා නොවෙනස්ව තියෙනවා. පිහිටලා තියෙනවා. ඒ ශික්ෂාපදවල සමාදන්ව හික්මෙනවා.

ඔහු සංයෝජන තුනක් ක්ෂය කිරීමෙන් උපරිම වශයෙන් සත් වතාවක් උපදින 'සත්තක්ඛත්තුපරම' කෙනෙක් බවට පත්වෙනවා. උපරිම වශයෙන් සත් වතාවක් දෙවියන් අතරත්, මිනිසුන් අතරත් ගමන් කොට, සැරිසරා දුක් කෙළවර කරනවා.

ඔහු සංයෝජන තුනක් ක්ෂය කිරීමෙන් ආත්මභාව දෙක තුනක් උපදින 'කෝලංකෝල' කෙනෙක් කෙනෙක් වෙනවා. ආත්මභව දෙකක් හෝ තුනක් හෝ ගමන් කොට, සැරිසරා දුක් කෙළවර කරනවා.

ඔහු සංයෝජන තුනක් ක්ෂය කිරීමෙන් එක ආත්මභාවයකට පමණක් සීමා වන ඒක බීජී කෙනෙක් වෙනවා. එකම මනුෂ්‍ය ආත්මභාවයක උපත ලබා දුක් කෙළවර කරනවා.

ඔහු සංයෝජන තුනක් ක්ෂය කළා මෙන්ම, රාග ද්වේෂ මෝහයන් තුනීබවට පත්කිරීමෙන් සකදාගාමී වෙනවා. එක්වරක් පමණක් මේ ලෝකයට පැමිණ දුක් අවසන් කරනවා.

පින්වත් මහණෙනි, මෙහිලා භික්ෂුව ශික්ෂාපද තුළ පිරිපුන් කරමින් ඉන්නවා. ඒ වගේම සමාධිය තුළත් පිරිපුන් කරමින් ඉන්නවා. ප්‍රඥාව තුළ තම පමණටයි කරගනිමින් ඉන්නේ. ඉතින් ඒ භික්ෂුව යම් ඒ බුද්ධානුබුද්ධක ශික්ෂාපද

ඇත්නම්, ඒ ශික්ෂාපද කැඩීමකටත් ලක්වෙනවා. නැවත එයින් නැගී සිටීමකුත් වෙනවා. එයට හේතුව කුමක්ද? පින්වත් මහණෙනි, මා විසින් බුද්දානුබුද්දක ශික්ෂාපද කඩවීම හා ඉන් නැගිටීම ගැන නිවන් අවබෝධයට නුසුදුසුකමක් වශයෙන් කියල නෑ. පින්වත් මහණෙනි, යම් මේ ශික්ෂාපද නිවන් මගට මූලිකව පිහිටනවා නම්, නිවන් මගටම සරිලනවා නම්, එහිලා නොවෙනස්ව තියෙනවා. පිහිටලා තියෙනවා. ඒ ශික්ෂාපදවල සමාදන්ව හික්මෙනවා.

ඔහු කාම ලෝකයට බැඳ තබන ඕරම්භාගීය සංයෝජන පහ ක්ෂය කිරීමෙන්, බඹලොව ඉපිද පිළිවෙලින් අකනිටා බඹලොව දක්වා ගොස් පිරිනිවන් පානා 'උද්ධංසෝත අකනිට්ඨගාමී' කෙනෙක් වෙනවා.

ඔහු කාම ලෝකයට බැඳ තබන ඕරම්භාගීය සංයෝජන පහ ක්ෂය කිරීමෙන්, බඹලොව ඉපිද ඒ උපන් බඹලොවෙන් තව බඹලෝ කිහිපයකට ගොස් පිරිනිවන් පානා 'සසංඛාර පරිනිබ්බායී' කෙනෙක් වෙනවා.

ඔහු කාම ලෝකයට බැඳ තබන ඕරම්භාගීය සංයෝජන පහ ක්ෂය කිරීමෙන්, බඹලොව ඉපිද එහි ආයුෂ කෙළවර වන තෙක් ඉඳ වෙනත් බඹලොවකට නොගොස් පිරිනිවන් පානා 'අසංඛාර පරිනිබ්බායී' කෙනෙක් වෙනවා.

ඔහු කාම ලෝකයට බැඳ තබන ඕරම්භාගීය සංයෝජන පහ ක්ෂය කිරීමෙන්, බඹලොව ඉපිද ඉතා සුළු කලකදී පිරිනිවන් පානා 'උපහච්ච පරිනිබ්බායී' කෙනෙක් වෙනවා.

ඔහු කාම ලෝකයට බැඳ තබන ඕරම්භාගීය සංයෝජන පහ ක්ෂය කිරීමෙන්, බඹලොව ඉපිද ඒ උපන් සැණින්ම පිරිනිවන් පානා 'අන්තරා පරිනිබ්බායී' කෙනෙක් වෙනවා.

පින්වත් මහණෙනි, මෙහිලා භික්ෂුව ශික්ෂාපද තුළ පිරිපුන් කරමින් ඉන්නවා. සමාධිය තුළත් පිරිපුන් කරමින් ඉන්නවා. ප්‍රඥාව තුළත් පිරිපුන් කරමින් ඉන්නවා. ඉතින් ඒ භික්ෂුව යම් ඒ බුද්දානුබුද්දක ශික්ෂාපද ඇත්නම්, ඒ ශික්ෂාපද කැඩීමකටත් ලක්වෙනවා. නැවත එයින් නැගී සිටීමකුත් වෙනවා. එයට හේතුව කුමක්ද? පින්වත් මහණෙනි, මා විසින් බුද්දානුබුද්දක ශික්ෂාපද කඩවීම හා ඉන් නැගිටීම ගැන නිවන් අවබෝධයට නුසුදුසුකමක් වශයෙන් කියල නෑ. පින්වත් මහණෙනි, යම් මේ ශික්ෂාපද නිවන් මගට මූලිකව පිහිටනවා නම්, නිවන් මගටම සරිලනවා නම්, එහිලා නොවෙනස්ව තියෙනවා. පිහිටලා තියෙනවා. ඒ ශික්ෂාපදවල සමාදන්ව හික්මෙනවා. ඔහු ආශ්‍රවයන්ගේ ක්ෂය

කිරීමෙන් අනාශ්‍රව වූ චේතෝ විමුක්තියත්, ප්‍රඥා විමුක්තියත් මේ ජීවිතයේදීම තමා තුළ උපදවාගත් විශිෂ්ට ඥාණයෙන් සාක්ෂාත් කොට එයට පැමිණ වාසය කරනවා.

පින්වත් මහණෙනි, මේ ආකාරයට කොටසක් සම්පූර්ණ කරන කෙනා, මාර්ගඵල අවබෝධයෙනුත් කොටසක් ලබනවා. සීල, සමාධි, ප්‍රඥා යන තුනම පරිපූර්ණ කරන කෙනා මාර්ගඵලත් පරිපූර්ණ කරගන්නවා. පින්වත් මහණෙනි, මේ ශික්ෂාපද වඳ (ප්‍රතිඵල රහිත) නැහැ කියලයි මා කියන්නේ.

සාදු! සාදු!! සාදු!!!

3.2.4.8.

38. පින්වත් මහණෙනි, අඩමසක් පාසා මේ එකසිය පනහකට වැඩි වූ ශික්ෂාපද ප්‍රමාණයක් උදෙසීමට (නැවත පෙන්වා මතක් කරදෙමින්, ඒවා සමාදන් වී සිටින බව සිහිපත් කරවීමට) පැමිණෙනවා නෙව. ඉතින් තම යහපත කැමැති කුලපුත්‍රයන් ඔය ශික්ෂාපදවල හික්මෙනවා. පින්වත් මහණෙනි, යම් තැනක මේ සියල්ලම එකට එකතු වෙනවා නම්, මේ ශික්ෂාවන් තුනක් තියෙනවා. කවර තුනක්ද? අධිශීල ශික්ෂා, අධිචිත්ත ශික්ෂා හා අධිප්‍රඥා ශික්ෂාවයි. පින්වත් මහණෙනි, යම් තැනක මේ සියල්ලම එකට එකතු වෙනවා නම්, ඒ මේ ශික්ෂාවන් තුනයි.

පින්වත් මහණෙනි, මෙහිලා භික්ෂුව ශික්ෂාපද තුළ පිරිපුන් කරමින් ඉන්නවා. සමාධිය තුළත් පිරිපුන් කරමින් ඉන්නවා. ප්‍රඥාව තුළත් පිරිපුන් කරමින් ඉන්නවා. ඉතින් ඒ භික්ෂුව යම් ඒ ඛුද්දානුඛුද්දක ශික්ෂාපද ඇත්නම්, ඒ ශික්ෂාපද කැඩීමකටත් ලක්වෙනවා. නැවත එයින් නැගී සිටීමකුත් වෙනවා. එයට හේතුව කුමක්ද? පින්වත් මහණෙනි, මා විසින් ඛුද්දානුඛුද්දක ශික්ෂාපද කඩවීම හා ඉන් නැගිටීම ගැන නිවන් අවබෝධයට නුසුදුසුකමක් වශයෙන් කියල නෑ. පින්වත් මහණෙනි, යම් මේ ශික්ෂාපද නිවන් මගට මූලිකව පිහිටනවා නම්, නිවන් මගටම සරිලනවා නම්, එහිලා නොවෙනස්ව තියෙනවා. පිහිටලා තියෙනවා. ඒ ශික්ෂාපදවල සමාදන්ව හික්මෙනවා. ඔහු ආශ්‍රවයන්ගේ ක්ෂය කිරීමෙන් අනාශ්‍රව වූ චේතෝ විමුක්තියත්, ප්‍රඥා විමුක්තියත් මේ ජීවිතයේදීම තමා තුළ උපදවාගත් විශිෂ්ට ඥාණයෙන් සාක්ෂාත් කොට එයට පැමිණ වාසය කරනවා.

ඒ අරහත්ඵල චේතෝ විමුක්තිය අවබෝධ නොකළ, සාක්ෂාත් නොකළ

නමුත් කාම ලෝකයට බැඳතබන ඕරම්භාගීය සංයෝජන පහ ක්ෂය කිරීමෙන් බඹලොව ඉපිද, ඒ උපන් සැණින්ම පිරිනිවන් පානා 'අන්තරා පරිනිබ්බායී' කෙනෙක් වෙනවා.

ඒ අරහත්ඵල චේතෝ විමුක්තිය අවබෝධ නොකළ, සාක්ෂාත් නොකළ නමුත් කාම ලෝකයට බැඳතබන ඕරම්භාගීය සංයෝජන පහ ක්ෂය කිරීමෙන් 'උපහච්ච පරිනිබ්බායී' කෙනෙක් වෙනවා. ....(පෙ).... අසංඛාර පරිනිබ්බායී කෙනෙක් වෙනවා. ....(පෙ).... සසංඛාර පරිනිබ්බායී කෙනෙක් වෙනවා. ....(පෙ).... උද්ධංසෝත අකනිට්ඨගාමී කෙනෙක් වෙනවා.

ඒ අනාගාමීඵලය අවබෝධ නොකළ, සාක්ෂාත් නොකළ නමුත් සංයෝජන තුනක් ක්ෂය කළා මෙන්ම, රාග ද්වේෂ මෝහයන් තුනීබවට පත්කිරීමෙන් සකදාගාමී වෙනවා. එක්වරක් පමණක් මේ ලෝකයට පැමිණ දුක් අවසන් කරනවා.

ඒ සකදාගාමී ඵලය අවබෝධ නොකළ, සාක්ෂාත් නොකළ නමුත් සංයෝජන තුනක් ක්ෂය කිරීමෙන් එක ආත්මභාවයකට පමණක් සීමා වන ඒක බීජී කෙනෙක් වෙනවා. එකම මනුෂ්‍ය ආත්මභාවයක උපත ලබා දුක් කෙළවර කරනවා.

ඒ සකදාගාමී ඵලය අවබෝධ නොකළ, සාක්ෂාත් නොකළ නමුත් සංයෝජන තුනක් ක්ෂය කිරීමෙන් ආත්මභාව දෙක තුනක් උපදින 'කෝලංකෝල' කෙනෙක් වෙනවා. ආත්මභව දෙකක් හෝ තුනක් හෝ ගමන් කොට, සැරිසරා දුක් කෙළවර කරනවා.

ඒ සකදාගාමී ඵලය අවබෝධ නොකළ, සාක්ෂාත් නොකළ නමුත් සංයෝජන තුනක් ක්ෂය කිරීමෙන් උපරිම වශයෙන් සත් වතාවත් උපදින 'සත්තක්ඛත්තුපරම' කෙනෙක් බවට පත්වෙනවා. උපරිම වශයෙන් සත් වතාවක් දෙවියන් අතරත්, මිනිසුන් අතරත් ගමන් කොට, සැරිසරා දුක් කෙළවර කරනවා.

පින්වත් මහණෙනි, මේ ආකාරයට කොටසක් සම්පූර්ණ කරන කෙනා, මාර්ගඵල අවබෝධයෙනුත් කොටසක් ලබනවා. සීල, සමාධි, ප්‍රඥා යන තුනම පරිපූර්ණ කරන කෙනා මාර්ගඵලත් පරිපූර්ණ කරගන්නවා. පින්වත් මහණෙනි, මේ ශික්ෂාපද වඳ (ප්‍රතිඵල රහිත) නැහැ කියලයි මා කියන්නේ.

සාදු! සාදු!! සාදු!!!

3.2.4.9.

39. පින්වත් මහණෙනි, මේ ශික්ෂාවන් තුනක් තියෙනවා. ඒ තුන මොනවාද? අධිශීල ශික්ෂාව, අධිචිත්ත ශික්ෂාව, අධිප්‍රඥා ශික්ෂාවයි.

පින්වත් මහණෙනි, අධිශීල ශික්ෂාව යනු කුමක්ද? පින්වත් මහණෙනි, මෙහි භික්ෂුව සිල්වත් වෙනවා. ....(පෙ).... ශික්ෂාපදවල සමාදන් වෙලා හික්මෙනවා. පින්වත් මහණෙනි, මේකට තමයි අධිශීල ශික්ෂාව කියල කියන්නේ.

පින්වත් මහණෙනි, අධිචිත්ත ශික්ෂාව යනු කුමක්ද? පින්වත් මහණෙනි, මෙහි භික්ෂුව කාමයන්ගෙන් වෙන්ව, ...(පෙ).... සතරවෙනි ධ්‍යානය ලබාගෙන වාසය කරනවා. පින්වත් මහණෙනි, මේකට තමයි අධිචිත්ත ශික්ෂාව කියලා කියන්නේ.

පින්වත් මහණෙනි, අධිප්‍රඥා ශික්ෂාව යනු කුමක්ද? පින්වත් මහණෙනි, මෙහි භික්ෂුව 'මෙය තමයි දුක' කියලා ඇති සැටියෙන්ම දැනගන්නවා. ....(පෙ).... 'මෙය තමයි දුක නැති කිරීම පිණිස පවතින ප්‍රතිපදාව' කියලා ඇති සැටියෙන්ම දැනගන්නවා. පින්වත් මහණෙනි, මේකට තමයි අධිප්‍රඥා ශික්ෂාව කියලා කියන්නේ.

පින්වත් මහණෙනි, මේ තමයි ශික්ෂාවන් තුන.

සාදු! සාදු!! සාදු!!!

3.2.4.10.

40. පින්වත් මහණෙනි, මේ ශික්ෂාවන් තුනක් තියෙනවා. ඒ තුන මොනවාද? අධිශීල ශික්ෂාව, අධිචිත්ත ශික්ෂාව, අධිප්‍රඥා ශික්ෂාවයි.

පින්වත් මහණෙනි, අධිශීල ශික්ෂාව යනු කුමක්ද? පින්වත් මහණෙනි, මෙහි භික්ෂුව සිල්වත් වෙනවා. ....(පෙ).... ශික්ෂාපදවල සමාදන් වෙලා හික්මෙනවා. පින්වත් මහණෙනි, මේකට තමයි අධිශීල ශික්ෂාව කියල කියන්නේ.

පින්වත් මහණෙනි, අධිචිත්ත ශික්ෂාව යනු කුමක්ද? පින්වත් මහණෙනි, මෙහි භික්ෂුව කාමයන්ගෙන් වෙන්ව, ...(පෙ).... සතරවෙනි ධ්‍යානය ලබාගෙන වාසය කරනවා. පින්වත් මහණෙනි, මේකට තමයි අධිචිත්ත ශික්ෂාව කියලා කියන්නේ.

පින්වත් මහණෙනි, අධිප්‍රඥා ශික්ෂාව යනු කුමක්ද? පින්වත් මහණෙනි, මෙහි භික්ෂුව 'මෙය තමයි දුක' කියලා ඇති සැටියෙන්ම දැනගන්නවා. ....(පෙ).... 'මෙය තමයි දුක නැති කිරීම පිණිස පවතින ප්‍රතිපදාව' කියලා ඇති සැටියෙන්ම දැනගන්නවා. පින්වත් මහණෙනි, මේකට තමයි අධිප්‍රඥා ශික්ෂාව කියලා කියන්නේ.

පින්වත් මහණෙනි, මේ තමයි ශික්ෂාවන් තුන.

39. වීරියවන්ත වූත්, දැඩි අධිෂ්ඨානයකින් යුක්ත වූත්, ප්‍රඥාවන්ත වූත්, ධ්‍යාන වඩන්නා වූත්, සිහි නුවණ ඇත්තා වූත්, අකුසලයට වසන ලද ඉඳුරන් ඇත්තා වූත් භික්ෂුව අධිශීලයත්, අධිචිත්තයත්, අධිප්‍රඥාවත් පුරනවා.

40. පළමු දිනවල ත්‍රිවිධ ශික්ෂාවන් පුරන්නේ යම් සේද, පසු දිනවලද එසේය. පසු දිනවල ත්‍රිවිධ ශික්ෂාවන් පුරන්නේ යම් සේද, පළමු දිනවලද එසේය. යටි කයෙහි අසුභය වඩන්නේ යම් සේද, උඩු කයෙහිද එසේය. උඩු කයෙහි අසුභය වඩන්නේ යම් සේද, යටි කයෙහිද එසේය.

41. දහවල් කාලයේ ත්‍රිවිධ ශික්ෂාවන් පුරන්නේ යම් සේද, රාත්‍රී කාලයේද එසේය. රාත්‍රී කාලයේ ත්‍රිවිධ ශික්ෂාවන් පුරන්නේ යම් සේද, දහවල් කාලයේද එසේය. ඔහු අප්‍රමාණ වූ මෛත්‍රී සමාධියෙන්ද හැම දිශාවම මැඩගෙන සිටියි.

42. එබඳු කෙනාට කියන්නේ සේඛ ප්‍රතිපදාවෙන් යුතු කෙනා කියලයි. ඒ වගේම පිරිසිදු හැසිරීමෙන් යුතු කෙනා කියලත් කියනවා. එබඳු කෙනාට කියන්නේ ලෝකයේ ත්‍රිශික්ෂාවෙන් යුතු ප්‍රතිපදාවේ කෙලවරට පත්, වීරියවන්ත වූ, ආර්ය සත්‍යාවබෝධය කළා වූ කෙනා කියලයි.

43. තණ්හාව ක්ෂය වීමෙන් විමුක්තියට පත් වූ ඒ ආර්ය පුද්ගලයා, විඤ්ඤාණය නිරුද්ධ වීමෙන් පහනක් නිවී යන්නා සේ පිරිනිවන් පානා විමෝක්ෂයට පත් වූ සිතින් යුතු කෙනෙක් වෙයි.

සාදු! සාදු!! සාදු!!!

3.2.4.11.

41. කොසොල් ජනපදයේදී..................

ඒ දිනවල භාග්‍යවතුන් වහන්සේ බොහෝ භික්ෂු සංඝයා පිරිවරාගෙන කොසොල් ජනපදයේ චාරිකාවේ වඩිනා අතරේ කොසොල් වැසියන්ගේ පංකධා යන නියම්ගමට වැඩම කළා. එකල්හි භාග්‍යවතුන් වහන්සේ වැඩසිටියේ කෝසලවාසීන්ගේ 'පංකධා' කියන නියම්ගමේ.

ඒ දිනවල කස්සපගොත්ත නම් භික්ෂුවක් පංකධාවේ ආවාසයක නැවතී සිටියා. එහිදී භාග්‍යවතුන් වහන්සේ නිතර නිතර ශික්ෂාපද පිළිබඳ විස්තරවලින් යුතු වූ ධර්ම කථාවෙන් භික්ෂූන් වහන්සේලාට කරුණු පහදා වදාළා. සමාදන් කරවා වදාළා. උනන්දුව ඇතිකරවා වදාළා. පහදවා වදාළා.

භාග්‍යවතුන් වහන්සේ විසින් ඔය අයුරින් නිතර නිතර ශික්ෂාපද පිළිබඳ විස්තරවලින් යුතු වූ ධර්ම කථාවෙන් භික්ෂූන් වහන්සේලාට කරුණු පහදා වදාරණ විට, සමාදන් කරවා වදාරණ විට, උනන්දුව ඇතිකරවා වදාරණ විට, පහදවා වදාරණ විට, කස්සපගොත්ත භික්ෂුව භාග්‍යවතුන් වහන්සේ කෙරෙහි නුරුස්සන බවක් ඇති කරගත්තා. නොසතුටක් ඇති කරගත්තා. 'මේ ශ්‍රමණයන් වහන්සේ ඕනෑවටත් වඩා සියුම් කරකර කියනවා නෙව' කියලා.

ඉතින් භාග්‍යවතුන් වහන්සේ කැමතිතාක් පංකධාවෙහි වැඩවාසය කරලා, රජගහ නුවර දෙසට චාරිකාවේ පිටත් වී වදාළා. අනුපිළිවෙලින් චාරිකාවේ වඩිමින් රජගහ නුවරට වැඩම කළා. ඒ වන විට භාග්‍යවතුන් වහන්සේ වැඩසිටියේ රජගහ නුවර ගිජ්ඣකූට පර්වතයේ. එතකොට භාග්‍යවතුන් වහන්සේ වැඩම කොට නොබෝ කලකින් කස්සපගොත්ත භික්ෂුව තුළ පසුතැවිල්ලක් හටගත්තා. 'අයියෝ! මට අලාභයක්මයි. අයියෝ! මට ලාභයක් නම් නෑ. අයියෝ! මට නපුරු වූ ලැබීමක්මයි. අයියෝ! මට යහපත් ලැබීමක් නම් නෑ. ශික්ෂාපද ප්‍රතිසංයුක්ත වූ ධර්ම කථාවෙන් භික්ෂූන් වහන්සේලා හට නිතර නිතර කරුණු දක්වා වදාරන්නා වූ, සමාදන් කරවා වදාරන්නා වූ, උනන්දු කරවා වදාරන්නා වූ, පහදවා වදාරන්නා වූ, භාග්‍යවතුන් වහන්සේ කෙරෙහි මා තුළ නුරුස්සන බවක් ඇතිවුනා නෙව. අපැහැදීමක් ඇතිවුනා නෙව. මේ ශ්‍රමණයන් වහන්සේ ඕනෑවටත් වඩා සියුම් කරකර කියනවා නෙව' කියලා.

"දැන් ඉතින් මම භාග්‍යවතුන් වහන්සේ යම් තැනක වැඩසිටිනවා නම්, එතැනට ගිහිල්ලා භාග්‍යවතුන් වහන්සේ සමීපයේදී මා අතින් සිදු වූ වරද, වරදක් හැටියට ප්‍රකාශ කරන එක තමයි හොඳ."

ඉතින් ඒ කස්සපගොත්ත භික්ෂුව සේනාසනය පිළිවෙලකට අස්පස් කරලා, පාත්‍ර සිවුරු අරගෙන රජගහ නුවර දෙසට පිටත් වුනා. අනුපිළිවෙලින් රජගහ නුවර, ගිජ්ඣකූට පර්වතයේ භාග්‍යවතුන් වහන්සේ වැඩසිටි තැනට පැමිණුනා. පැමිණ භාග්‍යවතුන් වහන්සේට ආදරයෙන් වන්දනා කොට එකත්පස්ව වාඩිවුනා. එකත්පස්ව වාඩිවුන කස්සපගොත්ත භික්ෂුව භාග්‍යවතුන් වහන්සේට මෙය පවසා සිටියා.

"ස්වාමීනී, ඒ දිනවල භාග්‍යවතුන් වහන්සේ වැඩසිටියේ පංකධාවෙහි පංකධා නම් වූ කෝසලවාසීන්ගේ නියම්ගමේ. එහි වැඩසිටිද්දී භාග්‍යවතුන් වහන්සේ නිතර නිතර ශික්ෂාපද පිළිබඳ විස්තරවලින් යුතු වූ ධර්ම කථාවෙන් භික්ෂූන් වහන්සේලාට කරුණු පහදා වදාළා. සමාදන් කරවා වදාළා. උනන්දුව ඇතිකරවා වදාළා. පහදවා වදාළා.

එතකොට ස්වාමීනී, ශික්ෂාපද ප්‍රතිසංයුක්ත වූ ධර්ම කථාවෙන් භික්ෂූන් වහන්සේලා හට නිතර නිතර කරුණු දක්වා වදාරන්නා වූ, සමාදන් කරවා වදාරන්නා වූ, උනන්දු කරවා වදාරන්නා වූ, පහදවා වදාරන්නා වූ භාග්‍යවතුන් වහන්සේ කෙරෙහි මා තුළ නුරුස්සනා බවක් ඇතිවුනා. අපැහැදීමක් ඇතිවුනා. 'මේ ශ්‍රමණයන් වහන්සේ ඕනෑවටත් වඩා සියුම් කරකර කියනවා නෙව' කියලා. ඊට පස්සේ භාග්‍යවතුන් වහන්සේ කැමතිතාක් පංකධාවෙහි වැඩවාසය කරලා, රජගහ නුවර දෙසට චාරිකාවේ පිටත් වී වදාළා. භාග්‍යවතුන් වහන්සේ වැඩම කොට නොබෝ කලකින් මා තුළ පසුතැවිල්ලක් හටගත්තා. විපිළිසර බවක් හටගත්තා. 'අයියෝ! මට අලාභයක්මයි. අයියෝ! මට ලාභයක් නම් නෑ. අයියෝ! මට නපුරු වූ ලැබීමක්මයි. අයියෝ! මට යහපත් ලැබීමක් නම් නෑ. ශික්ෂාපද ප්‍රතිසංයුක්ත වූ ධර්ම කථාවෙන් භික්ෂූන් වහන්සේලා හට නිතර නිතර කරුණු දක්වා වදාරන්නා වූ, සමාදන් කරවා වදාරන්නා වූ, උනන්දු කරවා වදාරන්නා වූ, පහදවා වදාරන්නා වූ, භාග්‍යවතුන් වහන්සේ කෙරෙහි මා තුළ නුරුස්සන බවක් ඇතිවුනා නෙව. අපැහැදීමක් ඇතිවුනා නෙව. මේ ශ්‍රමණයන් වහන්සේ ඕනෑවටත් වඩා සියුම් කරකර කියනවා නෙව' කියලා. (ඊට පස්සේ මට මෙහෙම හිතුනා.) 'දැන් ඉතින් මම භාග්‍යවතුන් වහන්සේ යම් තැනක වැඩසිටිනවා නම්, එතැනට ගිහිල්ලා භාග්‍යවතුන් වහන්සේ සමීපයේදී මා අතින් සිදු වූ වරද, වරදක් හැටියට ප්‍රකාශ කරන එක තමයි හොඳ' කියලා.

ස්වාමීනී, අසත්පුරුෂ බාලයෙකුට සිතෙන්නේ යම් ආකාරයෙන්ද, මුළාවට පත් වූ කෙනෙකුට සිතෙන්නේ යම් ආකාරයෙන්ද, අකුසලයක් කෙරෙන්නේ යම් ආකාරයෙන්ද, ඒ අයුරින් මේ වරද මාව යට කරගෙන ගියා. ශික්ෂාපද ප්‍රතිසංයුක්ත වූ ධර්ම කථාවෙන් භික්ෂූන් වහන්සේලා හට නිතර නිතර කරුණු

දක්වා වදාරන්නා වූ, සමාදන් කරවා වදාරන්නා වූ, උනන්දු කරවා වදාරන්නා වූ, පහදවා වදාරන්නා වූ භාග්‍යවතුන් වහන්සේ කෙරෙහි යම්බඳු මා තුළ නුරුස්සනා බවක් ඇතිවුනා. අපැහැදීමක් ඇතිවුනා. 'මේ ශ්‍රමණයන් වහන්සේ ඕනෑවටත් වඩා සියුම් කරකර කියනවා නෙව' කියලා. ස්වාමීනී, ඒ මාගේ වරද මත්තෙහි සංවර වීම උදෙසා වරද වශයෙන් භාග්‍යවතුන් වහන්සේ පිළිගෙන වදාරණ සේක්වා!"

"පින්වත් කස්සප, ශික්ෂාපද ප්‍රතිසංයුක්ත වූ ධර්ම කථාවෙන් භික්ෂූන් වහන්සේලා හට නිතර නිතර කරුණු දක්වා වදාරන්නා වූ, සමාදන් කරවා වදාරන්නා වූ, උනන්දු කරවා වදාරන්නා වූ, පහදවා වදාරන්නා වූ මා කෙරෙහි යම්බඳු ඔබ තුළ 'මේ ශ්‍රමණයන් වහන්සේ ඕනෑවටත් වඩා සියුම් කරකර කියනවා නෙව' කියලා නුරුස්සනා බවක් ඇතිවුනා නම්, අපැහැදීමක් ඇතිවුනා නම්, සැබැවින්ම අසත්පුරුෂ බාලයෙකුට සිතෙන්නේ යම් ආකාරයෙන්ද, මුළාවට පත් වූ කෙනෙකුට සිතෙන්නේ යම් ආකාරයෙන්ද, අකුසලයක් කෙරෙන්නේ යම් ආකාරයෙන්ද, ඒ අයුරින් මේ වරද ඔබව යටකොට තිබෙනවා.

පින්වත් කස්සප, යම් කලෙක ඔබ වරද, වරද වශයෙන් දැක, එයට අනුරූප වූ ධර්මානුකූල ප්‍රතිකර්ම කරනවා නම්, ඔබේ ඒ වරද අපි පිළිගන්නවා. පින්වත් කස්සප, යම් කෙනෙක් වරද, වරද වශයෙන් දැක, එයට අනුරූප වූ ධර්මානුකූල ප්‍රතිකර්ම කරනවා නම්, මත්තෙහි සංවර බවට පැමිණෙනවා නම්, පින්වත් කස්සප, එය මේ ආර්ය විනයෙහි දියුණුවක්මයි.

පින්වත් කස්සප, උපසම්පදාවෙන් දසවස් ඉක්මවා ගිය ස්ථවිර භික්ෂුවක් වුනත්, ශික්ෂාකාමී නැත්නම්, ශික්ෂාපද සමාදන් වීම ගැන වර්ණනා කරන්නේ නැත්නම්, ඒ වගේම ශික්ෂාකාමී නොවන අනෙක් භික්ෂූන් වහන්සේලාව ශික්ෂාවෙහි සමාදන් කරවන්නේ නැත්නම්, ඒ වගේම ශික්ෂාකාමී වූ භික්ෂූන් වහන්සේලා හට ඔවුන්ගේ ඇත්තා වූම, සත්‍යය වූ ගුණ සුදුසු කාලයෙහිලා වර්ණනා කරන්නේ නැත්නම්, පින්වත් කස්සප, මෙබඳු වූ ස්ථවිර භික්ෂුවගේ ගුණ මා පවසන්නේ නෑ.

එයට හේතුව කුමක්ද?

'ශාස්තෘන් වහන්සේ පවා ඔහුගේ ගුණ වර්ණනා කරනවා නෙව' කියලා අනෙක් භික්ෂූන් එතකොට ඔහුව ඇසුරු කරනවා. යමෙක් ඔහුව ආශ්‍රය කරනවා නම්, ඒ ආශ්‍රය හේතුවෙන් ඔවුනුත් අර භික්ෂුවගේ ගතිගුණවලට හැඩගැසී යනවා. යමෙක් ඒ භික්ෂුවගේ ගතිගුණවලට හැඩගැසී යනවා නම්, එය ඔහුට බොහෝ කාලයක් අහිත පිණිස, දුක් පිණිස පවතිනවා. ඒනිසා පින්වත් කස්සප, මා මෙවැනි ගතිගුණ ඇති ස්ථවිර භික්ෂුව ගැන වර්ණනා කරන්නේ නෑ.

පින්වත් කස්සප, උපසම්පදාවෙන් දසවස් ඉක්මවා නොගිය මධ්‍යම භික්ෂුවක් වුනත්, ...(පෙ).... නවක භික්ෂුවක් වුනත්, ශික්ෂාකාමී නැත්නම්, ශික්ෂාපද සමාදන් වීම ගැන වර්ණනා කරන්නේ නැත්නම්, ඒ වගේම ශික්ෂාකාමී නොවන අනෙක් භික්ෂූන් වහන්සේලාව ශික්ෂාවෙහි සමාදන් කරවන්නේ නැත්නම්, ඒ වගේම ශික්ෂාකාමී වූ භික්ෂූන් වහන්සේලා හට ඔවුන්ගේ ඇත්තා වූම, සත්‍යය වූ ගුණ සුදුසු කාලයෙහිලා වර්ණනා කරන්නේ නැත්නම්, පින්වත් කස්සප, මෙබඳු වූ නවක භික්ෂුවගේ ගුණ මා පවසන්නේ නෑ.

එයට හේතුව කුමක්ද?

'ශාස්තෲන් වහන්සේ පවා ඔහුගේ ගුණ වර්ණනා කරනවා නෙව' කියලා අනෙක් භික්ෂූන් එතකොට ඔහුව ඇසුරු කරනවා. යමෙක් ඔහුව ආශ්‍රය කරනවා නම්, ඒ ආශ්‍රය හේතුවෙන් ඔවුනුත් අර භික්ෂුවගේ ගතිගුණවලට හැඩගැසී යනවා. යමෙක් ඒ භික්ෂුවගේ ගතිගුණවලට හැඩගැසී යනවා නම්, එය ඔහුට බොහෝ කාලයක් අහිත පිණිස, දුක් පිණිස පවතිනවා. ඒනිසා පින්වත් කස්සප, මා මෙවැනි ගතිගුණ ඇති නවක භික්ෂුව ගැන වර්ණනා කරන්නේ නෑ.

පින්වත් කස්සප, උපසම්පදාවෙන් දසවස් ඉක්මවා ගිය ස්ථවිර භික්ෂුවක්, ශික්ෂාකාමීව සිටිනවා නම්, ශික්ෂාපද සමාදන් වීම ගැන වර්ණනා කරනවා නම්, ඒ වගේම ශික්ෂාකාමී නොවන අනෙක් භික්ෂූන් වහන්සේලාව ශික්ෂාවෙහි සමාදන් කරවනවා නම්, ඒ වගේම ශික්ෂාකාමී වූ භික්ෂූන් වහන්සේලා හට ඔවුන්ගේ ඇත්තා වූම, සත්‍යය වූ ගුණ සුදුසු කාලයෙහිලා වර්ණනා කරනවා නම්, පින්වත් කස්සප, මෙබඳු වූ ස්ථවිර භික්ෂුවගේ ගුණ මා පවසනවා.

එයට හේතුව කුමක්ද?

'ශාස්තෲන් වහන්සේ පවා ඔහුගේ ගුණ වර්ණනා කරනවා නෙව' කියලා අනෙක් භික්ෂූන් එතකොට ඔහුව ඇසුරු කරනවා. යමෙක් ඔහුව ආශ්‍රය කරනවා නම්, ඒ ආශ්‍රය හේතුවෙන් ඔවුනුත් අර භික්ෂුවගේ ගතිගුණවලට හැඩගැසී යනවා. යමෙක් ඒ භික්ෂුවගේ ගතිගුණවලට හැඩගැසී යනවා නම්, එය ඔහුට බොහෝ කාලයක් හිත පිණිස, සැප පිණිස පවතිනවා. ඒනිසා පින්වත් කස්සප, මා මෙවැනි ගතිගුණ ඇති ස්ථවිර භික්ෂුව ගැනයි මා වර්ණනා කරන්නේ.

පින්වත් කස්සප, උපසම්පදාවෙන් දසවස් ඉක්මවා නොගිය මධ්‍යම භික්ෂුවක්, ...(පෙ).... නවක භික්ෂුවක් වුනත්, ශික්ෂාකාමීව සිටිනවා නම්, ශික්ෂාපද සමාදන් වීම ගැන වර්ණනා කරනවා නම්, ඒ වගේම ශික්ෂාකාමී නොවන අනෙක් භික්ෂූන් වහන්සේලාව ශික්ෂාවෙහි සමාදන් කරවනවා නම්, ඒ

වගේම ශික්ෂාකාමී වූ භික්ෂූන් වහන්සේලා හට ඔවුන්ගේ ඇත්තා වූම, සත්‍යය වූ ගුණ සුදුසු කාලයෙහිලා වර්ණනා කරනවා නම්, පින්වත් කස්සප, මෙබඳු වූ නවක භික්ෂුවගේ ගුණ මා පවසනවා.

එයට හේතුව කුමක්ද?

'ශාස්තෘන් වහන්සේ පවා ඔහුගේ ගුණ වර්ණනා කරනවා නෙව' කියලා අනෙක් භික්ෂූන් එතකොට ඔහුව ඇසුරු කරනවා. යමෙක් ඔහුව ආශ්‍රය කරනවා නම්, ඒ ආශ්‍රය හේතුවෙන් ඔවුනුත් අර භික්ෂුවගේ ගතිගුණවලට හැඩගැසී යනවා. යමෙක් ඒ භික්ෂුවගේ ගතිගුණවලට හැඩගැසී යනවා නම්, එය ඔහුට බොහෝ කාලයක් හිත පිණිස, සැප පිණිස පවතිනවා. ඒනිසා පින්වත් කස්සප, මා මෙවැනි ගතිගුණ ඇති නවක භික්ෂුව ගැනයි මා වර්ණනා කරන්නේ."

සාදු! සාදු!! සාදු!!!

හතරවෙනි සමණ වර්ගයයි.

5. ලෝණඵල වර්ගය

3.2.5.1.

42. සැවැත් නුවරදී.....

පින්වත් මහණෙනි, ගොවිතැන් කරන ගෘහපතියෙකුට අත්‍යවශ්‍යම කටයුතු තුනක් තියෙනවා.

ඒ කවර තුනක්ද?

පින්වත් මහණෙනි, මෙහිලා ගොවිතැන් කරන ගෘහපතියා ලහිලහියේ කුඹුර හොඳට සීසානවා. හොඳට පෝරුගා මට්ටම් කරනවා. ලහිලහියේ කුඹුර හොඳට සීසාලා, හොඳට පෝරුගා මට්ටම් කරලා ලහිලහියේ බීජ වපුරනවා. ලහිලහියේ බීජ වපුරලා, ලහිලහියේ වතුර බැඳීමත්, පිටමං කිරීමත් කරනවා. පින්වත් මහණෙනි, මේ තමයි ගොවිතැන් කරන ගෘහපතියෙකුට අත්‍යවශ්‍යයෙන්ම කරන්න තියෙන කටයුතු තුන.

පින්වත් මහණෙනි, ඒ ගොවිතැන් කරන ගෘහපතියාට, 'අදම මගේ ධාන්‍යය වැඩේවා! හෙටම බණ්ඩි හැදී කිරි වැදේවා! අනිද්දාම පැසේවා!' කියා මෙවැනි වූ ඉර්ධියක්වත්, ආනුභාවයක්වත් නෑ. නමුත් පින්වත් මහණෙනි, යම් හෙයකින් ඒ ගොවිතැන් කරන ගෘහපතියා විසින් වපුරන ලද, ඍතු පරිණාමයට අනුව සකස් වෙන ඒ ධාන්‍යය වැඩෙනවා නම්, බණ්ඩි හැදී කිරිවැදෙනවා නම්, පැසෙනවා නම්, එබඳු කාලයක් එනවා.

අන්න ඒ වගේම පින්වත් මහණෙනි, භික්ෂුවටත් අත්‍යවශ්‍යයෙන්ම කළ යුතු මේ කටයුතු තුනක් තියෙනවා.

ඒ කවර තුනක්ද?

අධිශීල ශික්ෂාවේ සමාදන් වීම. අධිචිත්ත ශික්ෂාවේ සමාදන් වීම හා

අධිප්‍රඥා ශික්ෂාවේ සමාදන් වීමයි. පින්වත් මහණෙනි, මේ තමයි භික්ෂුවගේ අත්‍යවශ්‍යම කටයුතු තුන.

පින්වත් මහණෙනි, භික්ෂුවට 'අදම මගේ සිත උපාදාන රහිතව ආශ්‍රවයන්ගෙන් නිදහස් වේවා! හෙටම හෝ අනිද්දාට හෝ එසේ වේවා!' කියා මෙවැනි වූ ඉර්ධියක්වත්, ආනුභාවයක්වත් නෑ. නමුත් පින්වත් මහණෙනි, ඒ විදිහට අධිශීලයේ හික්මෙන්නා වූ, අධිචිත්තයේ හික්මෙන්නා වූ, අධිප්‍රඥාවේ හික්මෙන්නා වූ ඒ භික්ෂුවගේ සිත උපාදාන රහිතව ආශ්‍රවයන්ගෙන් නිදහස් වෙනවා නම්, එවැනි අවස්ථාවක් උදාවෙනවා.

ඒ නිසා පින්වත් මහණෙනි, මේ විදිහට හික්මිය යුතුයි. 'අධිශීල ශික්ෂා සමාදන් වීම ගැන අප තුළ ඉතා දැඩි වූ කැමැත්තක් ඇතිවෙනවාමයි. අධිචිත්ත ශික්ෂා සමාදන් වීම ගැන අප තුළ ඉතා දැඩි වූ කැමැත්තක් ඇති වෙනවාමයි. අධිප්‍රඥා ශික්ෂා සමාදන් වීම ගැන අප තුළ ඉතා දැඩි වූ කැමැත්තක් ඇතිවෙනවාමයි' කියලා පින්වත් මහණෙනි, ඔබ විසින් මේ ආකාරයටයි හික්මිය යුත්තේ."

සාදු! සාදු!! සාදු!!!

3.2.5.2.

43. පින්වත් මහණෙනි, අන්‍යාගමික පිරිවැජියන් මේ හුදෙකලා විවේක තුන පණවනවා. ඒ කවර තුනක්ද? චීවර විවේකය, පිණ්ඩපාත විවේකය හා සේනාසන විවේකයයි.

පින්වත් මහණෙනි, අන්‍යාගමික පිරිවැජියන් මේ චීවර විවේකය පණවන්නේ මේ විදිහටයි. හණවැහැරිත් දරනවා. හණවැහැරි මිශ්‍ර වස්ත්‍රත් දරනවා. ඉවත් කළ කඩමලුත් දරනවා. මිනියෙන් බැහැර කළ රෙදිත් දරනවා. පොතුසුඹුළුවලින් කළ වස්ත්‍රත් දරනවා. අඳුන් දිවිසමත් දරනවා. මැදින් පැලූ අඳුන් දිවිසමත් දරනවා. කුසතණින් ගෙතූ වස්ත්‍රත් දරනවා. නියඳ වැහැරිත් දරනවා. එළුලොමින් කළ වස්ත්‍රත් දරනවා. මිනිස් කෙස්වලින් කළ වස්ත්‍රත් දරනවා. අස්ලොමින් කළ වස්ත්‍රත් දරනවා. බකමූණු පියාපතින් කළ වස්ත්‍රත් දරනවා. පින්වත් මහණෙනි, අන්‍යාගමික පිරිවැජියන් 'චීවර විවේකය' වශයෙන් පණවන්නේ මෙයයි.

පින්වත් මහණෙනි, අන්‍යාගමික පිරිවැජියන් මේ පිණ්ඩපාත විවේකය පණවන්නේ මේ විදිහටයි. කොළ වර්ගත් අමුවෙන් අනුභව කරනවා. ගස්

බොඩත් අනුභව කරනවා. හූරු වැල් වීත් අනුභව කරනවා. සම් තැම්බූ කහට වතුරත් අනුභව කරනවා. ලහටු දියසෙවලත් අනුභව කරනවා. සහල් කුඩුත් අනුභව කරනවා. දන්කුඩත් අනුභව කරනවා. මුරුවටත් අනුභව කරනවා. තණකොළත් අනුභව කරනවා. ගොමත් අනුභව කරනවා. වනමුල් ගෙඩිත් අනුභව කරනවා. ගස්වලින් වැටුණු ගෙඩි පමණකුත් අනුභව කරනවා. පින්වත් මහණෙනි, අන්‍යාගමික පිරිවැජියන් 'පිණ්ඩපාත විවේකය' වශයෙන් පණවන්නේ මෙයයි.

පින්වත් මහණෙනි, අන්‍යාගමික පිරිවැජියන් මේ සේනාසන විවේකය පණවන්නේ මේ විදිහටයි. අරණ්‍යය, රුක් සෙවන, සොහොන, මහා වනය, එළිමහන, පිදුරු ගෙවල්, පැල්පත යන මේවායි. පින්වත් මහණෙනි, අන්‍යාගමික පිරිවැජියන් 'සේනාසන විවේකය' වශයෙන් පණවන්නේ මෙයයි. පින්වත් මහණෙනි, අන්‍යාගමික පිරිවැජියන් පණවන්නේ ඔය විවේක තුනයි.

පින්වත් මහණෙනි, මේ ධර්ම විනයේ (ශාසනයේ) භික්ෂුවට හුදෙකලා විවෙක තුනක් තියෙනවා. ඒ තුන මොනවාද?

පින්වත් මහණෙනි, මෙහිලා භික්ෂුව සිල්වත් වෙනවා. එතකොට ඔහුගේ දුස්සීලබව ප්‍රහාණය වෙලා යනවා. ඒ හේතුවෙන් හුදෙකලා විවේකයෙන් යුක්තයි. සම්මා දිට්ඨියෙන් යුක්ත වෙනවා. එතකොට ඔහුගේ මිත්‍යා දෘෂ්ටිය ප්‍රහාණය වෙලා යනවා. ඒ හේතුවෙනුත් හුදෙකලා විවේකයෙන් යුතු වෙනවා. ක්ෂීණාශ්‍රවයන් වහන්සේ නමක් වෙනවා. එතකොට ඔහුගේ ආශ්‍රවයන් ප්‍රහාණය වෙලා යනවා. ඒ හේතුවෙනුත් හුදෙකලා විවේකයෙන් යුක්තයි. පින්වත් මහණෙනි, යම් කලෙක භික්ෂුව සිල්වත් වෙනවාද, ඔහුගේ දුස්සීලබව ප්‍රහාණය වෙලා යනවාද, ඒ හේතුවෙන් හුදෙකලා විවේකයෙන් යුක්ත වෙනවාද, ඒ වගේම සම්මා දිට්ඨියෙන් යුක්ත වෙනවාද, ඔහුගේ මිත්‍යා දෘෂ්ටිය ප්‍රහාණය වෙලා යනවාද, ඒ හේතුවෙනුත් හුදෙකලා විවේකයෙන් යුක්ත වෙනවාද, ඒ වගේම ක්ෂීණාශ්‍රවයන් වහන්සේ නමක් වෙනවාද, ඔහුගේ ආශ්‍රවයන් ප්‍රහාණය වෙලා යනවාද, ඒ හේතුවෙනුත් හුදෙකලා විවේකයෙන් යුක්ත වෙනවාද, පින්වත් මහණෙනි, ත්‍රිවිධ විවේකයෙහි අග්‍රප්‍රාප්ත වුනා කියල කියන්නෙත්, සාරවත් බවට පත්වුනා කියන්නෙත්, පිරිසිදුව සාරයෙහි පිහිටියා කියන්නෙත් මෙන්න මේ භික්ෂුවටයි.

පින්වත් මහණෙනි, ඒක මේ වගේ දෙයක්. ගොවිතැන් කරන ගෘහපතියෙකුට හොඳ හැල් කෙතක් තියෙනවා. ගොවිතැන් කරන ගෘහපතියා ඒ කෙත ලහිලහියේ වපුරවනවා නම්, ලහිලහියේ වපුරවලා, ලහිලහියේ

ගොයම කපලා, එකතු කරවනවා නම්, ලහිලහියේ එකතු කරවලා, ලහිලහියේ කමතට රැස් කරවනවා නම්, ලහිලහියේ කමතට ගොඩගස්සවලා, ලහිලහියේ කොළ බන්දවනවා නම්, ලහිලහියේ කොළ බන්දවලා, ලහිලහියේ ගොයම පාගවනවා නම්, ලහිලහියේ ගොයම පාගවලා, ලහිලහියේ පිදුරු අස් කරවනවා නම්, ලහි ලහියේ පිදුරු අස්කරවලා, ලහිලහියේ බොල් පොළවනවා නම්, ලහිලහියේ බොල් පොළවලා, ලහිලහියේ හුළං කරනවා නම්, ලහිලහියේ හුළං කරවලා, ලහිලහියේ අටුවට යවනවා නම්, ලහිලහියේ අටුවට යවලා, ලහිලහියේ කොටවනවා නම්, ලහිලහියේ කොටවලා, ලහිලහියේ දහයියා ඉවත් කරවනවා නම්, පින්වත් මහණෙනි, එතකොට මේ අයුරින් ඒ ගොවිතැන් කරන ගෘහපතියාගේ ධාන්‍යය ඇල් සහලින් අගතැන්පත් වෙනවා. සාරවත් බවට පත්වෙනවා. ශුද්ධ බවට පත්වෙනවා. සාරයේ පිහිටියා වෙනවා.

අන්න ඒ වගේම තමයි පින්වත් මහණෙනි, භික්ෂුව සිල්වත් වෙනවාද, ඔහුගේ දුස්සීලබව ප්‍රහාණය වෙලා යනවාද, ඒ හේතුවෙන් හුදෙකලා විවේකයෙන් යුක්ත වෙනවාද, ඒ වගේම සම්මා දිට්ඨියෙන් යුක්ත වෙනවාද, ඔහුගේ මිත්‍යා දෘෂ්ටිය ප්‍රහාණය වෙලා යනවාද, ඒ හේතුවෙනුත් හුදෙකලා විවේකයෙන් යුක්ත වෙනවාද, ඒ වගේම ක්ෂීණාශ්‍රවයන් වහන්සේ නමක් වෙනවාද, ඔහුගේ ආශ්‍රවයන් ප්‍රහාණය වෙලා යනවාද, ඒ හේතුවෙනුත් හුදෙකලා විවේකයෙන් යුක්ත වෙනවාද, පින්වත් මහණෙනි, ත්‍රිවිධ විවේකයෙහි අග්‍රප්‍රාප්ත වුනා කියල කියන්නෙත්, සාරවත් බවට පත්වුනා කියන්නෙත්, පිරිසිදුව සාරයෙහි පිහිටියා කියන්නෙත් මෙන්න මේ භික්ෂුවටයි.

සාදු! සාදු!! සාදු!!!

3.2.5.3.

44. පින්වත් මහණෙනි, ඒක මේ වගේ දෙයක්. සරත් ඍතුවේ, වළාවන්ගෙන් තොර වූ අහසේ හිරු නැග එද්දී, ආකාශගත වූ සකල ඝනාන්ධකාරයම දුරුවෙලා බබලන්න ගන්නවා. රැස් විහිදුවනවා. දීප්තිමත් වෙනවා.

අන්න ඒ වගේම තමයි පින්වත් මහණෙනි, යම් කලෙක ආර්ය ශ්‍රාවකයා හට කෙලෙස් රජස් රහිත වූ, අවිද්‍යා මල රහිත වූ දහම් ඇස පහළ වෙනවාද, පින්වත් මහණෙනි, ඒ චතුරාර්ය සත්‍යය අවබෝධය සත්‍යය ඥාණ වශයෙන් ඇතිවීමත් සමඟම ආර්ය ශ්‍රාවකයා හට සංයෝජන තුනක් ප්‍රහාණය වෙලා යනවා. සක්කාය දිට්ඨියත්, විචිකිච්ඡාවත්, සීලබ්බත පරාමාසයත්.

ඉන්පසු ඔහු අභිධ්‍යාවත්, ව්‍යාපාදයත් යන මේ අනෙක් කාරණා දෙකෙනුත් ඉවත් වෙනවා. ඔහු කාමයන්ගෙන් වෙන්වෙලා ....(පෙ).... පළමුවෙනි ධ්‍යානය උපදවාගෙන එයට පැමිණ වාසය කරනවා. පින්වත් මහණෙනි, ඒ ආර්ය ශ්‍රාවකයා ඒ කාලයේදී කළුරිය කළොත්, යම් සංයෝජනයකින් යුක්ත වූ ආර්ය ශ්‍රාවකයා නැවතත් මේ ලෝකයට පැමිණෙනවාද, ඒ ආකාරයේ සංයෝජනයක් ඔහුට හිටින්නේ නෑ.

සාදු! සාදු!! සාදු!!!

3.2.5.4.

45. පින්වත් මහණෙනි, මේ පිරිස් තුනක් ඉන්නවා. ඒ තුන මොනවාද? අග්ගවතී පිරිස, වග්ග පිරිස, සමග්ග පිරිස.

පින්වත් මහණෙනි, අග්ගවතී පිරිස කවුද? පින්වත් මහණෙනි, මෙහි යම් පිරිසක් තුළ ස්ථවිර භික්ෂූන් වහන්සේලා ඉන්නවා. බහුභාණ්ඩික නෑ. ශාසනය හැල්ලුකොට ගන්නේ නෑ. නීවරණවලින් බැහැරව ඉන්නවා. හුදෙකලා විවේකය පෙරටු කරගෙන ඉන්නවා. නොපැමිණි මාර්ගඵලාවබෝධයකට පැමිණීම පිණිස, අවබෝධ නොකළ මාර්ගඵල ආදිය අවබෝධ කිරීම පිණිස, සාක්ෂාත් නොකළ මාර්ගඵල ආදිය සාක්ෂාත් කිරීම පිණිස, වීරිය පවත්වනවා. ඔවුන්ගේ අනුගාමික පිරිසත් ඒ අදහස්වලටම අනුව හැඩගැසෙනවා. ඔවුනුත් බහුභාණ්ඩික වෙන්නේ නෑ. ශාසනය හැල්ලුකොට ගන්නේ නෑ. නීවරණවලින් බැහැරව ඉන්නවා. හුදෙකලා විවේකය පෙරටු කරගෙන ඉන්නවා. නොපැමිණි මාර්ගඵලාවබෝධයකට පැමිණීම පිණිස, අවබෝධ නොකළ මාර්ගඵල ආදිය අවබෝධ කිරීම පිණිස, සාක්ෂාත් නොකළ මාර්ගඵල ආදිය සාක්ෂාත් කිරීම පිණිස, වීරිය පවත්වනවා. පින්වත් මහණෙනි, මේ පිරිසට තමයි කියන්නේ අග්ගවතී පිරිස කියලා.

පින්වත් මහණෙනි, වග්ග පිරිස කවුද? පින්වත් මහණෙනි, මෙහි යම් පිරිසක භික්ෂූන් හටගත් රණ්ඩු ඇතිව, හටගත් කෝලාහල ඇතිව, වාදවිවාද කරමින්, එකිනෙකාට වචන නැමැති අඩියටිවලින් පහර දෙමින් වාසය කරනවා. පින්වත් මහණෙනි, මේ පිරිසට තමයි කියන්නේ වග්ග පිරිස කියලා.

පින්වත් මහණෙනි, සමග්ග පිරිස කවුද? පින්වත් මහණෙනි, මෙහි යම් පිරිසක භික්ෂූන් සමඟියෙන්, සතුටින්, වාදවිවාද නොකරගනිමින්, කිරියි දියයි සේ පැහෙමින් එකිනෙකාට ප්‍රියමනාප වූ ඇසින් දකිමින් වාසය කරනවා. පින්වත් මහණෙනි, මේ පිරිසට තමයි සමග්ග පිරිස කියල කියන්නේ.

පින්වත් මහණෙනි, යම් විටෙක භික්ෂූන් සමඟිව, සතුටින්, වාදවිවාද නොකරමින්, කිරියි දියයි මෙන් පෑහෙමින්, එකිනෙකාට ප්‍රිය ඇසින් දකිමින් වාසය කරනවා නම්, පින්වත් මහණෙනි, එතකොට ඒ භික්ෂූන් බොහෝ පින් රැස්කරගන්නවා. එතකොට පින්වත් මහණෙනි, ඒ භික්ෂූන් මේ මුදිතා චේතෝ විමුක්තිය නැමැති බ්‍රහ්ම විහරණයෙන් තමයි වාසය කරන්නේ. ප්‍රමුදිත කෙනාට ප්‍රීතිය උපදිනවා. ප්‍රීතිමත් සිතකින් ඉන්න කෙනාගේ කය සංසිඳෙනවා. සංසිඳී ගිය කයක් ඇති කෙනා සැප විඳිනවා. සුවපත් වූ කෙනාගේ සිත සමාධියට පත්වෙනවා.

පින්වත් මහණෙනි, ඒක මේ වගේ දෙයක්. පර්වතයක් මුදුනට ලොකු වැහි බිංදු සහිතව වැස්සක් වහිනවා. එතකොට ඒ ජලය පහළට ගලාගෙන ඇවිදින් පර්වතයේ තියෙන විවරයන්, කානු ඔස්සේ ගලාගෙන ඇවිත්, කුඩා දියපහරවල් පිරී යනවා. ඒ කුඩා දියපහරවල් පිරී යාමෙන්, කුඩා ජලාශ පිරී යනවා. කුඩා ජලාශ පිරී යාමෙන්, මහා ජලාශ පිරී යනවා. මහා ජලාශ පිරී යාමෙන් කුඩා නදී පිරී යනවා. කුඩා නදී පිරී යාමෙන්, මහා නදී පිරෙනවා. මහා නදී පිරී යාමෙන්, මහා සමුද්‍රය පිරී යනවා. පින්වත් මහණෙනි, ඒ අයුරින්ම යම් විටෙක භික්ෂූන් සමඟිව, සතුටින්, වාදවිවාද නොකරමින්, කිරියි දියයි මෙන් පෑහෙමින්, එකිනෙකාට ප්‍රිය ඇසින් දකිමින් වාසය කරනවා නම්, පින්වත් මහණෙනි, එතකොට ඒ භික්ෂූන් බොහෝ පින් රැස්කරගන්නවා. එතකොට පින්වත් මහණෙනි, ඒ භික්ෂූන් මේ මුදිතා චේතෝ විමුක්තිය නැමැති බ්‍රහ්ම විහරණයෙන් තමයි වාසය කරන්නේ. ප්‍රමුදිත කෙනාට ප්‍රීතිය උපදිනවා. ප්‍රීතිමත් සිතකින් ඉන්න කෙනාගේ කය සංසිඳෙනවා. සංසිඳී ගිය කයක් ඇති කෙනා සැප විඳිනවා. සුවපත් වූ කෙනාගේ සිත සමාධියට පත්වෙනවා. පින්වත් මහණෙනි, මේ තමයි පිරිස් තුන.

සාදු! සාදු!! සාදු!!!

3.2.5.5.

46. පින්වත් මහණෙනි, ගුණාංග තුනකින් යුතු රාජකීය වූ යහපත් ආජානීය අශ්වයා රජුට සුදුසු වෙනවා. රජුගේ පරිහරණයට සුදුසු වෙනවා. රජුගේ රාජාංග යක් හැටියට සම්මත වෙනවා. කවර ගුණාංග තුනක්ද?

පින්වත් මහණෙනි, මෙහිලා රාජකීය වූ යහපත් ආජානීය අශ්වයා වර්ණසම්පත්තියෙන් යුක්තයි, බලසම්පන්නයි, ජවසම්පන්නයි. පින්වත්

මහණෙනි, මේ ගුණාංග තුනෙන් යුක්ත වූ රාජකීය වූ යහපත් ආජානීය අශ්වයා රජුට සුදුසු වෙනවා. රජුගේ පරිහරණයට සුදුසු වෙනවා. රජුගේ රාජාංගයක් හැටියට සම්මත වෙනවා.

අන්න ඒ වගේ තමයි පින්වත් මහණෙනි, කාරණා තුනකින් සමන්විත භික්ෂුව ආහුනෙය්‍ය වෙනවා, පාහුනෙය්‍ය වෙනවා, දක්ඛිණෙය්‍ය වෙනවා, අංජලිකරණීය වෙනවා, ලොවට උතුම් පින්කෙත වෙනවා. කවර කරුණු තුනකින්ද?

පින්වත් මහණෙනි, මෙහිලා භික්ෂුව වර්ණසම්පන්නයි, බලසම්පන්නයි, ජවසම්පන්නයි.

පින්වත් මහණෙනි, භික්ෂුව වර්ණ සම්පන්න වෙන්නේ කොයි ආකාරයෙන්ද? පින්වත් මහණෙනි, මෙහිලා භික්ෂුව සිල්වත් වෙනවා. ප්‍රාතිමෝක්ෂ සංවර සීලයෙන් සංවරව වාසය කරනවා. යහපත් පැවැත්මෙන් යුක්තයි. ඉතා කුඩා වරදෙහි පවා භය දකිමින් වාසය කරනවා. ශික්ෂාපදවල සමාදන් වී හික්මෙනවා. පින්වත් මහණෙනි, මේ ආකාරයටයි භික්ෂුව වර්නසම්පන්න වෙන්නේ.

පින්වත් මහණෙනි, කොයි විදිහටද භික්ෂුව බලසම්පන්න වෙන්නේ? පින්වත් මහණෙනි, මෙහිලා භික්ෂුව අකුසල් ප්‍රහාණය කිරීම පිණිස, කුසල් දහම් උපදවා ගැනීම පිණිස පටන්ගත් වීරියෙන් යුතුව, දැඩි ස්ථාවරයෙන් යුතුව, දැඩි වීරියෙන් යුතුව, කුසල්දහම් වඩා ගැනීමේ වැඩපිළිවෙල අත්නොහැර වාසය කරනවා. පින්වත් මහණෙනි, මේ ආකාරයටයි භික්ෂුව බලසම්පන්න වෙන්නේ.

පින්වත් මහණෙනි, කොයි විදිහටද භික්ෂුව ජවසම්පන්න වෙන්නේ? පින්වත් මහණෙනි, මෙහි භික්ෂුව 'මෙය තමයි දුක' කියා ඇතිසැටියෙන්ම දැනගන්නවා. ....(පෙ).... 'මෙය තමයි දුක් නැතිකිරීම පිණිස පවතින ප්‍රතිපදාව' කියලා ඇතිසැටියෙන්ම දැනගන්නවා. පින්වත් මහණෙනි, මේ ආකාරයටයි භික්ෂුව ජවසම්පන්න වෙන්නේ.

පින්වත් මහණෙනි, මේ කාරණා තුනෙන් සමන්විත භික්ෂුව ආහුනෙය්‍යයි. ....(පෙ).... ලොවට උතුම් පින්කෙත වෙනවා.

සාදු! සාදු!! සාදු!!!

3.2.5.6.

47. පින්වත් මහණෙනි, ගුණාංග තුනකින් යුතු රාජකීය වූ යහපත් ආජානීය අශ්වයා රජුට සුදුසු වෙනවා. රජුගේ පරිහරණයට සුදුසු වෙනවා. රජුගේ රාජාංගයක් හැටියට සම්මත වෙනවා. කවර ගුණාංග තුනක්ද?

පින්වත් මහණෙනි, මෙහිලා රාජකීය වූ යහපත් ආජානීය අශ්වයා වර්ණසම්පත්තියෙන් යුක්තයි, බලසම්පන්නයි, ජවසම්පන්නයි. පින්වත් මහණෙනි, මේ ගුණාංග තුනෙන් යුක්ත වූ රාජකීය වූ යහපත් ආජානීය අශ්වයා රජුට සුදුසු වෙනවා. රජුගේ පරිහරණයට සුදුසු වෙනවා. රජුගේ රාජාංගයක් හැටියට සම්මත වෙනවා.

අන්න ඒ වගේ තමයි පින්වත් මහණෙනි, කාරණා තුනකින් සමන්විත භික්ෂුව ආහුණෙය්‍ය වෙනවා, ...(පෙ).... ලොවට උතුම් පින්කෙත වෙනවා. කවර කරුණු තුනකින්ද?

පින්වත් මහණෙනි, මෙහිලා භික්ෂුව වර්ණසම්පන්නයි, බලසම්පන්නයි, ජවසම්පන්නයි.

පින්වත් මහණෙනි, භික්ෂුව වර්ණ සම්පන්න වෙන්නේ කොයි ආකාරයෙන්ද? පින්වත් මහණෙනි, මෙහිලා භික්ෂුව සිල්වත් වෙනවා. ....(පෙ).... ශික්ෂාපදවල සමාදන් වී හික්මෙනවා. පින්වත් මහණෙනි, මේ ආකාරයටයි භික්ෂුව වර්නසම්පන්න වෙන්නේ.

පින්වත් මහණෙනි, කොයි විදිහටද භික්ෂුව බලසම්පන්න වෙන්නේ? පින්වත් මහණෙනි, මෙහිලා භික්ෂුව අකුසල් ප්‍රහාණය කිරීම පිණිස, කුසල් දහම් උපදවා ගැනීම පිණිස පටන්ගත් වීරියෙන් යුතුව, දැඩි ස්ථාවරයෙන් යුතුව, දැඩි වීරියෙන් යුතුව, කුසල්දහම් වඩා ගැනීමේ වැඩපිළිවෙල අත්නොහැර වාසය කරනවා. පින්වත් මහණෙනි, මෙ ආකාරයටයි භික්ෂුව බලසම්පන්න වෙන්නේ.

පින්වත් මහණෙනි, කොයි විදිහටද භික්ෂුව ජවසම්පන්න වෙන්නේ? පින්වත් මහණෙනි, මෙහි භික්ෂුව ඕරම්භාගීය සංයෝජන පහ ක්ෂය කිරීමෙන්, ඕපපාතිකව සුද්ධාවාස බ්‍රහ්ම ලෝකයෙහි උපදිනවා. ඒ ලෝකයෙන් පහළට නොඑන ස්වභාවයෙන් යුතුව, එහිදීම පිරිනිවන් පානවා. පින්වත් මහණෙනි, මේ ආකාරයටයි භික්ෂුව ජවසම්පන්න වෙන්නේ.

පින්වත් මහණෙනි, මේ කාරණා තුනෙන් සමන්විත භික්ෂුව ආහුනෙය්‍යයි. ....(පෙ).... ලොවට උතුම් පින්කෙත වෙනවා.

සාදු! සාදු!! සාදු!!!

3.2.5.7.

48. පින්වත් මහණෙනි, ගුණාංග තුනකින් යුතු රාජකීය වූ යහපත් ආජානීය අශ්වයා රජුට සුදුසු වෙනවා. රජුගේ පරිහරණයට සුදුසු වෙනවා. රජුගේ රාජාංගයක් හැටියට සම්මත වෙනවා. කවර ගුණාංග තුනක්ද?

පින්වත් මහණෙනි, මෙහිලා රාජකීය වූ යහපත් ආජානීය අශ්වයා වර්ණසම්පත්තියෙන් යුක්තයි, බලසම්පන්නයි, ජවසම්පන්නයි. පින්වත් මහණෙනි, මේ ගුණාංග තුනෙන් යුක්ත වූ රාජකීය වූ යහපත් ආජානීය අශ්වයා රජුට සුදුසු වෙනවා. රජුගේ පරිහරණයට සුදුසු වෙනවා. රජුගේ රාජාංගයක් හැටියට සම්මත වෙනවා.

අන්න ඒ වගේ තමයි පින්වත් මහණෙනි, කාරණා තුනකින් සමන්විත භික්ෂුව ආහුණෙය්‍ය වෙනවා, ...(පෙ).... ලොවට උතුම් පින්කෙත වෙනවා. කවර කරුණු තුනකින්ද?

පින්වත් මහණෙනි, මෙහිලා භික්ෂුව වර්ණසම්පන්නයි, බලසම්පන්නයි, ජවසම්පන්නයි.

පින්වත් මහණෙනි, භික්ෂුව වර්ණ සම්පන්න වෙන්නේ කොයි ආකාරයෙන්ද? පින්වත් මහණෙනි, මෙහිලා භික්ෂුව සිල්වත් වෙනවා. ....(පෙ).... ශික්ෂාපදවල සමාදන් වී හික්මෙනවා. පින්වත් මහණෙනි, මේ ආකාරයටයි භික්ෂුව වර්නසම්පන්න වෙන්නේ.

පින්වත් මහණෙනි, කොයි විදිහටද භික්ෂුව බලසම්පන්න වෙන්නේ? පින්වත් මහණෙනි, මෙහිලා භික්ෂුව අකුසල් ප්‍රහාණය කිරීම පිණිස, කුසල් දහම් උපදවා ගැනීම පිණිස පටන්ගත් වීරියෙන් යුතුව, දැඩි ස්ථාවරයෙන් යුතුව, දැඩි වීරියෙන් යුතුව, කුසල්දහම් වඩා ගැනීමේ වැඩපිළිවෙල අත්නොහැර වාසය කරනවා. පින්වත් මහණෙනි, මේ ආකාරයටයි භික්ෂුව බලසම්පන්න වෙන්නේ.

පින්වත් මහණෙනි, කොයි විදිහටද භික්ෂුව ජවසම්පන්න වෙන්නේ? පින්වත් මහණෙනි, මෙහිලා භික්ෂුව ආශ්‍රවයන් ක්ෂය කිරීමෙන් අනාශ්‍රව වූ චේතෝ විමුක්තියත්, ප්‍රඥා විමුක්තියත් මේ ජීවිතයේදීම තමා විසින්ම විශිෂ්ට ඥාණයෙන් සාක්ෂාත් කොට, එයට පැමිණ වාසය කරනවා. පින්වත් මහණෙනි, මේ ආකාරයටයි භික්ෂුව ජවසම්පන්න වෙන්නේ.

පින්වත් මහණෙනි, මේ කාරණා තුනෙන් සමන්විත භික්ෂුව ආහුණෙය්‍යයි. ....(පෙ).... ලොවට උතුම් පින්කෙත වෙනවා.

සාදු! සාදු!! සාදු!!!

3.2.5.8.

49. පින්වත් මහණෙනි, හණ රෙද්දෙන් සැකසූ වස්ත්‍රය අලුත් වුනත් දුර්වර්ණයි. දුක් පහසින් යුක්තයි. වටිනාකමෙනුත් අඩුයි. පින්වත් මහණෙනි, මදක් පාවිච්චි කරන ලද ඒ හණ රෙද්දෙන් සැකසූ වස්ත්‍රය වුනත් දුර්වර්ණයි. දුක් පහසින් යුක්තයි. වටිනාකමෙනුත් අඩුයි. පින්වත් මහණෙනි, ඒ හණ රෙද්දෙන් සැකසූ වස්ත්‍රය දිරාගියත් දුර්වර්ණයි. දුක් පහසින් යුක්තයි. වටිනාකමෙනුත් අඩුයි.

පින්වත් මහණෙනි, දිරා ගිය ඒ හණ රෙද්දෙන් සැකසූ වස්ත්‍රය ඉකිලි පිස්නක් වශයෙන් හෝ ගන්නවා. නැත්නම් කුණු ගොඩකට හරි විසි කරනවා.

අන්න ඒ වගේ තමයි පින්වත් මහණෙනි, නවක භික්ෂුවක් වුනත් දුස්සීල නම්, පාපී ස්වභාවයෙන් යුක්ත නම්, මෙය ඔහුගේ දුර්වර්ණබව කියලයි මා කියන්නේ. පින්වත් මහණෙනි, යම් සේ ඒ හණ වැහැරියෙන් කළ වස්ත්‍රය දුර්වර්ණ වේද, පින්වත් මහණෙනි, එබඳුවූම උපමාවෙනුයි මේ පුද්ගලයා ගැන මා කියන්නේ. යම් කෙනෙක් ඔහුව ආශ්‍රය කරනවා නම්, භජනය කරනවා නම්, සත්කාර සම්මාන කරනවා නම්, ඔහුගේ දෘෂ්ටියට අනුකූල වෙනවා නම්, එය ඔවුන් හට බොහෝ කාලයක් අහිත පිණිස, දුක් පිණිස හේතුවෙනවා. මෙය ඔහුගේ 'දුක් සහිත පහස' කියලයි මා කියන්නේ. පින්වත් මහණෙනි, යම් සේ හණ වැහැරියෙන් කළ වස්ත්‍රය දුක් පහසින් යුක්තයිද, පින්වත් මහණෙනි, එබඳු වූ උපමාවෙනුයි මේ පුද්ගලයා ගැන මා කියන්නේ. පින්වත් මහණෙනි, ඔහු යම් කෙනෙකුගෙන් සිවුරු, පිණ්ඩපාත, සේනාසන, ගිලන්පස, බෙහෙත් පිරිකර ආදී දේ පිළිගන්නවා නම්, ඔවුන්ට (පූජා කරන අයට) එය මහත්ඵල වන්නේ නෑ, මහානිසංස වන්නේ නෑ. මෙය ඔහුගේ නොවටිනාකම හැටියටයි මා කියන්නේ. පින්වත් මහණෙනි, යම් සේ හණ වැහැරියෙන් කළ වස්ත්‍රය නොවටීද, පින්වත් මහණෙනි, එබඳුම වූ උපමාවෙනුයි මේ පුද්ගලයා ගැන මා කියන්නේ.

පින්වත් මහණෙනි, මධ්‍යම භික්ෂුවක් වුනත්, ...(පෙ).... පින්වත් මහණෙනි, ස්ථවිර භික්ෂුවක් වුනත් දුස්සීල නම්, පාපී ස්වභාවයෙන් යුක්ත නම්, මෙය ඔහුගේ දුර්වර්ණබව කියලයි මා කියන්නේ. පින්වත් මහණෙනි, යම් සේ ඒ හණ වැහැරියෙන් කළ වස්ත්‍රය දුර්වර්ණ වේද, පින්වත් මහණෙනි, එබඳුවූම උපමාවෙනුයි මේ පුද්ගලයා ගැන මා කියන්නේ. යම් කෙනෙක් ඔහුව ආශ්‍රය කරනවා නම්, භජනය කරනවා නම්, සත්කාර සම්මාන කරනවා නම්, ඔහුගේ දෘෂ්ටියට අනුකූල වෙනවා නම්, එය ඔවුන් හට බොහෝ කාලයක් අහිත පිණිස, දුක් පිණිස හේතුවෙනවා. මෙය ඔහුගේ 'දුක් සහිත පහස' කියලයි මා

කියන්නේ. පින්වත් මහණෙනි, යම් සේ හණ වැහැරියෙන් කළ වස්ත්‍රය දුක් පහසින් යුක්තයිද, පින්වත් මහණෙනි, එබඳු වූ උපමාවෙනුයි මේ පුද්ගලයා ගැන මා කියන්නේ. පින්වත් මහණෙනි, ඔහු යම් කෙනෙකුගෙන් සිවුරු, පිණ්ඩපාත, සේනාසන, ගිලන්පස, බෙහෙත් පිරිකර ආදී දේ පිළිගන්නවා නම්, ඔවුන්ට (පූජා කරන අයට) එය මහත්ඵල වන්නේ නෑ, මහානිසංස වන්නේ නෑ. මෙය ඔහුගේ නොවටිනාකම හැටියටයි මා කියන්නේ. පින්වත් මහණෙනි, යම් සේ හණ වැහැරියෙන් කළ වස්ත්‍රය නොවටීද, පින්වත් මහණෙනි, එබඳුම වූ උපමාවෙනුයි මේ පුද්ගලයා ගැන මා කියන්නේ.

පින්වත් මහණෙනි, මෙබඳු වූ මේ ස්ථවිර භික්ෂුව සංඝයා මැදදී අවවාද කියනවා නම්, අනෙක් භික්ෂූන් වහන්සේලා ඔහුට මෙසේ කියනවා. 'ඇත්තෙන්ම බාල වූ, අව්‍යක්ත වූ ඔබවහන්සේගේ ඔය කීමෙන් ඇති ඵලය කිම? ඔබවහන්සේත් හිතාගෙන ඉන්නේ අන් අයට අවවාද කළ යුතු කෙනෙක් කියලද?' එතකොට ඔහු කුපිත වෙනවා. නොසතුටු වෙනවා. යම් වචනයක් නිසා සඟ පිරිස ඒ භික්ෂුව අර හණ වැහැරියෙන් කළ වස්ත්‍රය කසල ගොඩකට දමනවා වගේ බැහර කරනවා නම්, එබඳු වූ බැහැර කළ යුතු වචන ඔහුගේ මුවින් පිටවෙනවා.

පින්වත් මහණෙනි, කසී සළුව අලුත් වුනත් ඒක වර්ණවත්. පහසත් සැපයි. වටිනාකමෙනුත් ඉතා වැඩියි. පින්වත් මහණෙනි, කසී සළුව මඳක් පාවිච්චි කළ නමුත් ඒක වර්ණවත්. පහසත් සැපයි. වටිනාකමෙනුත් ඉතා වැඩියි. පින්වත් මහණෙනි, කසී සළුව දිරා ගියා වුනත් ඒක වර්ණවත්. පහසත් සැපයි. වටිනාකමෙනුත් ඉතා වැඩියි. පින්වත් මහණෙනි, දිරාගිය කසී සළුවක් වුණත් එය මැණික් ආදිය ඔතා තැබීමට අරගන්නවා. සුවඳ කරඬුවක වුනත් එය තැන්පත් කරනවා.

අන්න ඒ වගේම තමයි පින්වත් මහණෙනි, නවක භික්ෂුවක් වුනත් සිල්වත් නම්, යහපත් ගුණ දහමෙන් යුක්ත නම්, එය ඔහුගේ වර්ණවත් බව කියලයි මා කියන්නේ. පින්වත් මහණෙනි, යම්සේ ඒ කසී සළුව වර්ණවත් වේද, පින්වත් මහණෙනි, එබඳුම වූ උපමාවෙනුයි මා මේ පුද්ගලයා ගැන කියන්නේ. යම් කෙනෙක් ඔහුව ආශ්‍රය කරනවා නම්, භජනය කරනවා නම්, සත්කාර සම්මාන කරනවා නම්, ඔහුගේ දැක්මට අනුකූල වෙනවා නම්, එය ඒ උදවියට බොහෝ කලක් හිත පිණිස, සැප පිණිස, හේතුවෙනවා. මෙය ඔහුගේ 'සැප පහස' කියලයි මා කියන්නේ. පින්වත් මහණෙනි, යම්සේ ඒ කසී සළුව සැප පහසින් යුක්තයිද, පින්වත් මහණෙනි, එබඳුම වූ උපමාවෙනුයි මා මේ පුද්ගලයා ගැන කියන්නේ. පින්වත් මහණෙනි, ඔහු යම් කෙනෙකුගෙන් සිවුරු,

පිණ්ඩපාත, සේනාසන, ගිලන්පස, බෙහෙත් පිරිකර ආදිය පිළිගන්නවා නම්, එය ඔවුන්ට (පූජා කරන අයට) මහත්ඵල වෙනවා, මහානිසංස වෙනවා. මෙය ඔහුගේ මහත් වූ වටිනාකම කියලයි මා කියන්නේ. පින්වත් මහණෙනි, යම්සේ ඒ කසී සළුව මහත් වටිනාකමකින් යුක්ත වෙයිද, පින්වත් මහණෙනි, එබඳුම වූ උපමාවෙනුයි මා මේ පුද්ගලයා ගැන කියන්නේ.

පින්වත් මහණෙනි, මධ්‍යම භික්ෂුවක් වුනත්, ...(පෙ).... පින්වත් මහණෙනි, ස්ථවිර භික්ෂුවක් වුනත් සිල්වත් නම්, යහපත් ගුණ දහමෙන් යුක්ත නම්, එය ඔහුගේ වර්ණවත් බව කියලයි මා කියන්නේ. පින්වත් මහණෙනි, යම්සේ ඒ කසී සළුව වර්ණවත් වේද, පින්වත් මහණෙනි, එබඳුම වූ උපමාවෙනුයි මා මේ පුද්ගලයා ගැන කියන්නේ. යම් කෙනෙක් ඔහුව ආශ්‍රය කරනවා නම්, භජනය කරනවා නම්, සත්කාර සම්මාන කරනවා නම්, ඔහුගේ දැක්මට අනුකූල වෙනවා නම්, එය ඒ උදවියට බොහෝ කලක් හිත පිණිස, සැප පිණිස, හේතුවෙනවා. මෙය ඔහුගේ 'සැප පහස' කියලයි මා කියන්නේ. පින්වත් මහණෙනි, යම්සේ ඒ කසී සළුව සැප පහසින් යුක්තයිද, පින්වත් මහණෙනි, එබඳුම වූ උපමාවෙනුයි මා මේ පුද්ගලයා ගැන කියන්නේ. පින්වත් මහණෙනි, ඔහු යම් කෙනෙකුගෙන් සිවුරු, පිණ්ඩපාත, සේනාසන, ගිලන්පස, බෙහෙත් පිරිකර ආදිය පිළිගන්නවා නම්, එය ඔවුන්ට (පූජා කරන අයට) මහත්ඵල වෙනවා, මහානිසංස වෙනවා. මෙය ඔහුගේ මහත් වූ වටිනාකම කියලයි මා කියන්නේ. පින්වත් මහණෙනි, යම්සේ ඒ කසී සළුව මහත් වටිනාකමකින් යුක්ත වෙයිද, පින්වත් මහණෙනි, එබඳුම වූ උපමාවෙනුයි මා මේ පුද්ගලයා ගැන කියන්නේ.

පින්වත් මහණෙනි, මෙබඳු වූ ඒ ස්ථවිර භික්ෂුව සංඝයා මැද අවවාද ආදිය ප්‍රකාශ කරනවා නම්, සෙසු භික්ෂූන් වහන්සේලා මෙහෙම කියනවා. 'ප්‍රිය ආයුෂ්මතුනි, නිශ්ශබ්ද වුව මැනැව. මේ ස්ථවිර භික්ෂූන් වහන්සේ නමක් ධර්මයත්, විනයත් ප්‍රකාශ කරනවා' කියලා.

ඒ නිසා පින්වත් මහණෙනි, ඔබ මේ ආකාරයට හික්මිය යුතුයි. 'අපි කසී සළුවේ උපමාවට ගැලපෙන අය වෙනවා. හණ වැහැරියෙන් කළ වස්ත්‍රයේ උපමාවට ගැලපෙන අය වෙන්නේ නෑ' කියලා. පින්වත් මහණෙනි, ඔබ විසින් මේ ආකාරයටම හික්මිය යුතුයි.

සාදු! සාදු!! සාදු!!!

3.2.5.9.

50. පින්වත් මහණෙනි, යම් කෙනෙක් මේ විදිහට කියන්න පුළුවනි. 'මේ පුරුෂයා යම් යම් අයුරකින් කර්ම කරයි නම්, ඒ ඒ අයුරින් ඔහු විපාකය විඳිනවා' කියලා. පින්වත් මහණෙනි, මෙබඳු දෘෂ්ටියක් ඇති කල්හි මේ බඹසර වාසය සිදුවෙන්නේ නෑ. මැනැවින් දුක් කෙළවර කර දැමීමට අවස්ථාව පෑණවෙන්නේ නෑ.

පින්වත් මහණෙනි, යම් කෙනෙක් මේ විදිහට කියන්න පුළුවනි. 'යම් යම් අයුරකින් විපාක වින්ද යුතු කර්ම මේ පුරුෂයා කරයි නම්, ඒ ඒ අයුරින් ඒ කර්මයන්ගේ විපාකය විඳිනවා' කියලා. පින්වත් මහණෙනි, මෙබඳු දෘෂ්ටියක් ඇති කල්හි මේ බඹසර වාසය සිදුවෙනවා. මැනැවින් දුක් කෙළවර කර දැමීමට අවස්ථාව පෑණවෙනවා.

පින්වත් මහණෙනි, මෙහිලා ඇතැම් පුද්ගලයෙකුට අල්පමාත්‍ර වූ පව්කමක් කළත්, එයින් ඔහු නිරයට ඇදගෙන යනවා. පින්වත් මහණෙනි, මෙහිලා ඇතැම් පුද්ගලයෙකුට එබඳුම වූ අල්පමාත්‍ර වූ පව්කමක් කළා වුනත්, එය දිට්ඨධම්මවේදනීය වෙනවා. අණුමාත්‍රයකින්වත් පරලොව විපාක දෙන්නේ නෑ. බොහෝ විපාක දීම ගැන කියන්න දෙයක් නෑ.

පින්වත් මහණෙනි, කෙබඳු පුද්ගලයෙකු විසින් කරන ලද අල්පමාත්‍ර වූ කර්මයක් නිසාද, එයින් ඔහු නිරයට ඇදගෙන යන්නේ?

පින්වත් මහණෙනි, මෙහිලා ඇතැම් පුද්ගලයෙක් අභාවිත කයෙන් යුක්තයි. අභාවිත සීලයෙන් යුක්තයි. අභාවිත සිතෙන් යුක්තයි. අභාවිත ප්‍රඥාවෙන් යුක්තයි. පටු සිතින් යුක්තයි. ගුණදහමෙන් අල්පයි. අල්ප ගුණ ඇතිව දුකසේ වසයි. පින්වත් මහණෙනි, මෙබඳු ආකාරයේ පුද්ගලයා කරන ලද අල්පමාත්‍ර වූ කර්මයක් නිසා එයින් ඔහු නිරයට පැමිණෙනවා.

පින්වත් මහණෙනි, කෙබඳු පුද්ගලයෙකු විසින් එබඳුම වූ අල්පමාත්‍ර වූ පව්කමක් කළොත්ද, එය දිට්ඨධම්මවේදනීය වන්නේ? අණුමාත්‍රයකින්වත් පරලොව විපාක නොදෙන්නේ? බොහෝ විපාක දීම ගැන කියන්න දෙයක් නැතිවන්නේ?

පින්වත් මහණෙනි, මෙහිලා ඇතැම් පුද්ගලයෙක් භාවිත කයෙන් යුක්තයි. භාවිත සීලයෙන් යුක්තයි. භාවිත සිතෙන් යුක්තයි. භාවිත ප්‍රඥාවෙන් යුක්තයි. පටු නොවූ සිතින් යුක්තයි. මහත් වූ ගුණදහමෙන් යුක්තයි. අප්‍රමාණ ගුණ ඇතිව වාසය කරනවා. පින්වත් මහණෙනි, මෙබඳු ආකාරයේ පුද්ගලයා

එබඳුම වූ අල්පමාත්‍ර වූ පව්කමක් කළා වුනත් එය දිට්ඨධම්මවේදනීය වෙනවා. අණුමාත්‍රයකින්වත් පරලොව විපාක දෙන්නේ නෑ. බොහෝ විපාක දීම ගැන කියන්න දෙයක් නෑ.

පින්වත් මහණෙනි, එය මෙන්න වගේ දෙයක්. පුරුෂයෙක් ලුණු කැටයක් අරගෙන කුඩා දිය බඳුනකට දමනවා. පින්වත් මහණෙනි, ඒ ගැන ඔබ කුමක්ද සිතන්නේ? ඒ කුඩා දිය බඳුනේ ඇති ජලය මේ ලුණු කැටය නිසා ලුණු රසයට පත්වෙනවා නේද?" "එසේය, ස්වාමීනී."

"එයට හේතුව කුමක්ද?"

"ස්වාමීනී, ඒ කුඩා දිය බඳුනෙහි තිබෙන්නේ ජලය ස්වල්පයයි. ඒ නිසයි අර ලුණු කැටය නිසා ජලය ලුණු රසයට හැරුනේ."

"පින්වත් මහණෙනි, යම් විදිහකින් පුරුෂයෙක් ලුණු කැටයක් ගෙන ගංගා නම් ගඟට දමනවා නම්, පින්වත් මහණෙනි, ඒ ගැන ඔබ කුමක්ද සිතන්නේ? ඒ ගංගා නදිය අර ලුණු කැටය නිසා ලුණු රසයට පත්වෙනවාද?" "ස්වාමීනී, එහෙම වෙන්නෙ නෑ."

"එයට හේතුව කුමක්ද?"

"ස්වාමීනී, ඒ ගංගා නදියෙහි මහා ජල කඳක් තියෙනවා. ඒ ජල කඳ අර කුඩා ලුණු කැටය නිසා ලුණු රසයට හැරෙන්නේ නෑ."

"අන්න ඒ වගේ තමයි, පින්වත් මහණෙනි, මෙහිලා ඇතැම් පුද්ගලයෙකුට අල්පමාත්‍ර වූ පව්කමක් කළත්, එයින් ඔහු නිරයට ඇදගෙන යනවා. පින්වත් මහණෙනි, මෙහිලා ඇතැම් පුද්ගලයෙකුට එබඳුම වූ අල්පමාත්‍ර වූ පව්කමක් කළා වුනත්, එය දිට්ඨධම්මවේදනීය වෙනවා. අණුමාත්‍රයකින්වත් පරලොව විපාක දෙන්නේ නෑ. බොහෝ විපාක දීම ගැන කියන්න දෙයක් නෑ.

පින්වත් මහණෙනි, කෙබඳු පුද්ගලයෙකු විසින් කරන ලද අල්පමාත්‍ර වූ කර්මයක් නිසාද, එයින් ඔහු නිරයට ඇදගෙන යන්නේ?

පින්වත් මහණෙනි, මෙහිලා ඇතැම් පුද්ගලයෙක් අභාවිත කයෙන් යුක්තයි. අභාවිත සීලයෙන් යුක්තයි. අභාවිත සිතෙන් යුක්තයි. අභාවිත ප්‍රඥාවෙන් යුක්තයි. පටු සිතින් යුක්තයි. ගුණදහමෙන් අල්පයි. අල්ප ගුණ ඇතිව දුකසේ වසයි. පින්වත් මහණෙනි, මෙබඳු ආකාරයේ පුද්ගලයා කරන ලද අල්පමාත්‍ර වූ කර්මයක් නිසා එයින් ඔහු නිරයට පැමිණෙනවා.

පින්වත් මහණෙනි, කෙබඳු පුද්ගලයෙකු විසින් එබඳුම වූ අල්පමාත්‍ර වූ පව්කමක් කළොත්ද, එය දිට්ඨධම්මවේදනීය වන්නේ? අණුමාත්‍රයකින්වත් පරලොව විපාක නොදෙන්නේ? බොහෝ විපාක දීම ගැන කියන්න දෙයක් නැතිවන්නේ?

පින්වත් මහණෙනි, මෙහිලා ඇතැම් පුද්ගලයෙක් භාවිත කයෙන් යුක්තයි. භාවිත සීලයෙන් යුක්තයි. භාවිත සිතෙන් යුක්තයි. භාවිත ප්‍රඥාවෙන් යුක්තයි. පටු නොවූ සිතින් යුක්තයි. මහත් වූ ගුණදහමෙන් යුක්තයි. අප්‍රමාණ ගුණ ඇතිව වාසය කරනවා. පින්වත් මහණෙනි, මෙබඳු ආකාරයේ පුද්ගලයා එබඳුම වූ අල්පමාත්‍ර වූ පව්කමක් කළා වුනත් එය දිට්ඨධම්මවේදනීය වෙනවා. අණුමාත්‍රයකින්වත් පරලොව විපාක දෙන්නේ නෑ. බොහෝ විපාක දීම ගැන කියන්න දෙයක් නෑ.

පින්වත් මහණෙනි, මෙහිලා ඇතැම් කෙනෙක් කහවණු භාගයක් හේතු කරගෙනත් හිරබත් කනවා. කහවණුවක් හේතු කරගෙනත් හිරබත් කනවා. කහවණු සීයක් හේතු කරගෙනත් හිරබත් කනවා. නමුත් පින්වත් මහණෙනි, මෙහි ඇතැම් කෙනෙක් කහවණු භාගයක් හේතු කොට ගෙනත් හිරේට යන්නේ නෑ. කහවණුවක් හේතු කොට ගෙනත් හිරේට යන්නේ නෑ. කහවණු සියයක් හේතු කොට ගෙනත් හිරේට යන්නේ නෑ.

පින්වත් මහණෙනි, කෙබඳු ආකාරයේ කෙනෙක්ද, කහවණු භාගයක් හේතු කරගෙන වුණත් හිරබත් කන්නේ? කහවණුවක් හේතු කරගෙන වුනත් හිරබත් කන්නේ? කහවණු සියයක් හේතු කරගෙන වුනත් හිරබත් කන්නේ?

පින්වත් මහණෙනි, මෙහිලා ඇතැම් කෙනෙක් දිළිඳුව ඉන්නවා. අල්ප ධනයෙන් යුක්තයි. අල්ප භෝගයෙන් යුක්තයි. පින්වත් මහණෙනි, මෙබඳු වූ පුද්ගලයා තමයි කහවණු භාගයක් හේතු කරගෙන වුනත් හිරබත් කන්නේ. කහවණුවක් හේතු කරගෙන වුනත් හිරබත් කන්නේ. කහවණු සියයක් හේතු කරගෙන වුනත් හිරබත් කන්නේ.

පින්වත් මහණෙනි, කෙබඳු ආකාරයේ කෙනෙක්ද, කහවණු භාගයක් හේතු කරගෙන වුණත් හිරේට නොයන්නේ? කහවණුවක් හේතු කරගෙන වුනත් හිරේට නොයන්නේ? කහවණු සියයක් හේතු කරගෙන වුනත් හිරේට නොයන්නේ?

පින්වත් මහණෙනි, මෙහිලා ධනවත් කෙනෙක් ඉන්නවා. මහා ධනයකින් යුක්තයි. මහා භෝගසම්පත්වලින් යුක්තයි. පින්වත් මහණෙනි, මේ

ආකාරයේ කෙනා කහවණු භාගයක් හේතු කරගෙන වුනත් හිරේට යන්නේ නෑ. කහවණුවක් හේතු කරගෙන වුනත් හිරේට යන්නේ නෑ. කහවණු සියයක් හේතු කරගෙන වුනත් හිරේට යන්නේ නෑ.

අන්න ඒ වගේ තමයි, පින්වත් මහණෙනි, මෙහිලා ඇතැම් පුද්ගලයෙකුට අල්පමාත්‍ර වූ පව්කමක් කළත්, එයින් ඔහු නිරයට ඇදගෙන යනවා. පින්වත් මහණෙනි, මෙහිලා ඇතැම් පුද්ගලයෙකුට එබඳුම වූ අල්පමාත්‍ර වූ පව්කමක් කළා වුනත්, එය දිට්ඨධම්මවේදනීය වෙනවා. අණුමාත්‍රයකින්වත් පරලොව විපාක දෙන්නේ නෑ. බොහෝ විපාක දීම ගැන කියන්න දෙයක් නෑ.

පින්වත් මහණෙනි, කෙබඳු පුද්ගලයෙකු විසින් කරන ලද අල්පමාත්‍ර වූ කර්මයක් නිසාද, එයින් ඔහු නිරයට ඇදගෙන යන්නේ?

පින්වත් මහණෙනි, මෙහිලා ඇතැම් පුද්ගලයෙක් අභාවිත කයෙන් යුක්තයි. අභාවිත සීලයෙන් යුක්තයි. අභාවිත සිතෙන් යුක්තයි. අභාවිත ප්‍රඥාවෙන් යුක්තයි. පටු සිතින් යුක්තයි. ගුණදහමෙන් අල්පයි. අල්ප ගුණ ඇතිව දුකසේ වසයි. පින්වත් මහණෙනි, මෙබඳු ආකාරයේ පුද්ගලයා කරන ලද අල්පමාත්‍ර වූ කර්මයක් නිසා එයින් ඔහු නිරයට පැමිණෙනවා.

පින්වත් මහණෙනි, කෙබඳු පුද්ගලයෙකු විසින් එබඳුම වූ අල්පමාත්‍ර වූ පව්කමක් කළොත්ද, එය දිට්ඨධම්මවේදනීය වන්නේ? අණුමාත්‍රයකින්වත් පරලොව විපාක නොදෙන්නේ? බොහෝ විපාක දීම ගැන කියන්න දෙයක් නැතිවන්නේ?

පින්වත් මහණෙනි, මෙහිලා ඇතැම් පුද්ගලයෙක් භාවිත කයෙන් යුක්තයි. භාවිත සීලයෙන් යුක්තයි. භාවිත සිතෙන් යුක්තයි. භාවිත ප්‍රඥාවෙන් යුක්තයි. පටු නොවූ සිතින් යුක්තයි. මහත් වූ ගුණදහමෙන් යුක්තයි. අප්‍රමාණ ගුණ ඇතිව වාසය කරනවා. පින්වත් මහණෙනි, මෙබඳු ආකාරයේ පුද්ගලයා එබඳුම වූ අල්පමාත්‍ර වූ පව්කමක් කළා වුනත් එය දිට්ඨධම්මවේදනීය වෙනවා. අණුමාත්‍රයකින්වත් පරලොව විපාක දෙන්නේ නෑ. බොහෝ විපාක දීම ගැන කියන්න දෙයක් නෑ.

පින්වත් මහණෙනි, ඒක මෙන්න මේ වගේ දෙයක්. බැටළුවන් අයිති කෙනෙක් හෝ බැටළුවන් මරන්නෙක් හෝ ඉන්නවා. ඔවුන් නොදුන්නා වූ බැටළුවෙකු කවුරුන් හෝ සොරකම් කළහොත් ඒ සොරාව නැසීමට හෝ බැඳ දැමීමට හෝ ධනය උදුරා ගැනීමට හෝ කැමැති දෙයක් කිරීමට පුළුවන් වෙනවා. නමුත් ඔවුන් විසින් නොදුන්නා වූ බැටළුවෙකු සොරකම් කරන සමහර

කෙනෙකුව නැසීමට හෝ බැඳ දැමීමට හෝ ධනය උදුරා ගැනීමට හෝ කැමැති දෙයක් කිරීමට පුළුවන්කමක් නෑ.

පින්වත් මහණෙනි, බැටළුවන් අයිතිකාරයා හෝ බැටළුවන් මරන්නා හෝ ඔවුන් නොදුන්නා වූ බැටළුවෙකු සොරකම් කළ කෙබඳු වූ සොරෙකුවද නැසීමට හෝ බැඳ දැමීමට හෝ ධනය උදුරා ගැනීමට හෝ කැමැති දෙයක් කිරීමට ඔවුන්ට පුළුවන් වෙන්නේ?

පින්වත් මහණෙනි, මෙහි ඇතැම් කෙනෙක් දිළිඳුයි. අල්ප ධනයෙන් යුක්තයි. අල්ප භෝගයෙන් යුක්තයි. පින්වත් මහණෙනි, නොදුන්නා වූ බැටළුවෙකු සොරකම් කළ මෙබඳු වූ සොරෙකුවයි නැසීමට හෝ බැඳ දැමීමට හෝ ධනය උදුරා ගැනීමට හෝ කැමැති දෙයක් කිරීමට ඔවුන්ට පුළුවන් වෙන්නේ.

පින්වත් මහණෙනි, බැටළුවන් අයිතිකාරයා හෝ බැටළුවන් මරන්නා හෝ ඔවුන් නොදුන්නා වූ බැටළුවෙකු සොරකම් කළ කෙබඳු වූ සොරෙකුවද නැසීමට හෝ බැඳ දැමීමට හෝ ධනය උදුරා ගැනීමට හෝ කැමැති දෙයක් කිරීමට ඔවුන්ට නොහැකි වෙන්නේ?

පින්වත් මහණෙනි, මෙහිලා ධනවත් කෙනෙක් ඉන්නවා. මහා ධනයකින් යුක්තයි. මහා භෝගසම්පත්වලින් යුක්තයි. එක්කෝ ඔහු රජෙක් වෙන්න පුළුවනි. නැත්නම් රාජමහාමාත්‍යයෙක් වෙන්න පුළුවනි. පින්වත් මහණෙනි, නොදුන්නා වූ බැටළුවෙකු සොරකම් කළ එබඳු වූ සොරෙකුව නැසීමට හෝ බැඳ දැමීමට හෝ ධනය උදුරා ගැනීමට හෝ කැමැති දෙයක් කිරීමට ඒ බැටළුවන් අයිතිකාරයාට හෝ බැටළුවන් මරන්නාට හෝ පුළුවන්කමක් නෑ. අනෙක් අතට ඔහුට සිද්ධ වෙන්නේ දෙඅත් බැඳගෙන 'නිදුකාණෙනි, මගේ බැටළුවා හරි, ඒ සඳහා යම් මුදලක් හරි ලබාදෙන්න' කියලා ආයාචනා කරන එක විතරයි.

අන්න ඒ වගේ තමයි, පින්වත් මහණෙනි, මෙහිලා ඇතැම් පුද්ගලයෙකුට අල්පමාත්‍ර වූ පව්කමක් කළත්, එයින් ඔහු නිරයට ඇදගෙන යනවා. පින්වත් මහණෙනි, මෙහිලා ඇතැම් පුද්ගලයෙකුට එබඳුම වූ අල්පමාත්‍ර වූ පව්කමක් කළා වුනත්, එය දිට්ඨධම්මවේදනීය වෙනවා. අණුමාත්‍රයකින්වත් පරලොව විපාක දෙන්නේ නෑ. බොහෝ විපාක දීම ගැන කියන්න දෙයක් නෑ.

පින්වත් මහණෙනි, කෙබඳු පුද්ගලයෙකු විසින් කරන ලද අල්පමාත්‍ර වූ කර්මයක් නිසාද, එයින් ඔහු නිරයට ඇදගෙන යන්නේ?

පින්වත් මහණෙනි, මෙහිලා ඇතැම් පුද්ගලයෙක් අභාවිත කයෙන් යුක්තයි. අභාවිත සීලයෙන් යුක්තයි. අභාවිත සිතෙන් යුක්තයි. අභාවිත

ප්‍රඥාවෙන් යුක්තයි. පටු සිතින් යුක්තයි. ගුණදහමෙන් අල්පයි. අල්ප ගුණ ඇතිව දුකසේ වසයි. පින්වත් මහණෙනි, මෙබඳු ආකාරයේ පුද්ගලයා කරන ලද අල්පමාත්‍ර වූ කර්මයක් නිසා එයින් ඔහු නිරයට පැමිණෙනවා.

පින්වත් මහණෙනි, කෙබඳු පුද්ගලයෙකු විසින් එබඳුම වූ අල්පමාත්‍ර වූ පව්කමක් කළොත්ද, එය දිට්ඨධම්මවේදනීය වන්නේ? අණුමාත්‍රයකින්වත් පරලොව විපාක නොදෙන්නේ? බොහෝ විපාක දීම ගැන කියන්න දෙයක් නැතිවන්නේ?

පින්වත් මහණෙනි, මෙහිලා ඇතැම් පුද්ගලයෙක් භාවිත කයෙන් යුක්තයි. ....(පෙ).... මහත් වූ ගුණදහමෙන් යුක්තයි. අප්‍රමාණ ගුණ ඇතිව වාසය කරනවා. පින්වත් මහණෙනි, මෙබඳු ආකාරයේ පුද්ගලයා එබඳුම වූ අල්පමාත්‍ර වූ පව්කමක් කළා වුනත් එය දිට්ඨධම්මවේදනීය වෙනවා. අණුමාත්‍රයකින්වත් පරලොව විපාක දෙන්නේ නෑ. බොහෝ විපාක දීම ගැන කියන්න දෙයක් නෑ. (3)

පින්වත් මහණෙනි, යම් කෙනෙක් මේ විදිහට කියන්න පුළුවනි. 'මේ පුරුෂයා යම් යම් අයුරකින් කර්ම කරයි නම්, ඒ ඒ අයුරින් ඔහු විපාකය විඳිනවා' කියලා. පින්වත් මහණෙනි, මෙබඳු දෘෂ්ටියක් ඇති කල්හි මේ බඹසර වාසය සිදුවෙන්නේ නෑ. මැනැවින් දුක් කෙළවර කර දැමීමට අවස්ථාව පැණවෙන්නේ නෑ.

පින්වත් මහණෙනි, යම් කෙනෙක් මේ විදිහට කියන්න පුළුවනි. 'යම් යම් අයුරකින් විපාක වින්ද යුතු කර්ම මේ පුරුෂයා කරයි නම්, ඒ ඒ අයුරින් ඒ කර්මයන්ගේ විපාකය විඳිනවා' කියලා. පින්වත් මහණෙනි, මෙබඳු දෘෂ්ටියක් ඇති කල්හි මේ බඹසර වාසය සිදුවෙනවා. මැනැවින් දුක් කෙළවර කර දැමීමට අවස්ථාව පැණවෙනවා.

සාදු! සාදු!! සාදු!!!

3.2.5.10.

51. පින්වත් මහණෙනි, අමු රන්වල පස්, වැලි, කැටකැබිලිති ආදී ගොරෝසු උපක්ලේශ (අපිරිසිදු දේවල්) තියෙනවා. ඉතින් පස් සෝදන කෙනෙක් වේවා, පස් සෝදන කෙනෙකුගේ ගෝලයෙක් වේවා ඒ අපිරිසිදු අමුරන් දෙණෙහි (පස් සෝදන ඔරුවක් වැනි භාජනයක) විසුරුවලා සෝදනවා. හොඳට සෝදනවා.

පිරිසිදු වෙනතුරුම සෝදනවා. ඒ අපිරිසිදු දේවල් නැති වී ගියහම, ඒවා නැති කරලා දැම්මහම, ඒ අමුරන්වල මධ්‍යම ප්‍රමාණයේ උපක්ලේශ ඉතිරිවෙනවා. ඒ කියන්නේ සියුම් ගල් කැට, ඝන වැලි ආදිය. ඉතින් ඒ පස් සෝදන්නා වේවා, පස් සෝදන්නාගේ ගෝලයා වේවා, ඒ අමුරන් ටික නැවතත් සෝදනවා. හොඳට සෝදනවා. පිරිසිදු වෙනතුරුම සෝදනවා. එතකොට ඒ තිබුණු මධ්‍යම ප්‍රමාණයේ උපක්ලේශ නැතිවෙලා ගියහම, ඒවා නැති කරලා දැම්මහම ඒ අමු රන්වල ඉතා සියුම් වැලි, කළුපාට කුඩු ආදී සියුම් අපිරිසිදු දේ ඉතිරි වෙනවා. ඉතින් ඒ පස් සෝදන්නා වේවා, පස් සෝදන්නාගේ අතවැසියා වේවා ඒ අමුරන් ටික නැවතත් සෝදනවා. හොඳට සෝදනවා. පිරිසිදු වෙනතුරුම සෝදනවා. එතකොට ඒ තිබුණු ඉතා සියුම් ප්‍රමාණයේ උපක්ලේශයන් නැති වුනහම, නැති කරලා දැම්මහම අමු රන් ටික විතරක් ඉතිරි වෙනවා. ඊට පස්සේ රන්කරුවා හෝ රන්කරුවාගේ අතවැසියා හෝ ඒ අමු රන් ටික කබලක (රත් කරන කුටියක) දාලා පිඹිනවා. හොඳින් පිඹිනවා. ඉතාමත් හොඳින් පිඹිනවා. ඉතින් මලකඩ පිඹහැරියද, හොඳින් පිඹහැරියද, ඉතා හොඳින් පිඹහැරියද, ශුද්ධ කරල පසෙකින් නොතැබූ, කහට ඉවත් නොකළ ඒ රන මෘදුත් නෑ. වුවමනා විදිහට සකස් කරන්නත් බෑ. ප්‍රභාෂ්වරත් නෑ. ඉක්මනින් කැඩෙනවා. වැඩේට අවශ්‍ය විදිහට යෙදෙන්නේ නෑ.

පින්වත් මහණෙනි, ඒ රන්කරුවා හෝ රන්කරුවාගේ අතවැසියා හෝ ඒ රනට ගිනිපිඹලා, මලකඩ ඉවත් කරයිද, හොඳින් ඉවත් කරයිද, ඉතා හොඳින් ඉවත් කරයිද, එබඳු කාලයක් එනවා. එතකොට මලකඩ පිඹහැරිය, හොඳින් පිඹහැරිය, ඉතා හොඳින් පිඹහැරිය, ශුද්ධ කරලා පසෙකින් තැබූ, කහට ඉවත් කළ ඒ රන මෘදු වෙනවා. වුවමනා විදිහට සකස් කරන්නත් පුළුවන්. ප්‍රභාෂ්වරයි. කැඩෙන්නෙ නෑ. වැඩේට අවශ්‍ය විදිහට යෙදෙනවා. එතකොට රන්පටක් වේවා, කරාබු වේවා, තැලි වේවා, රන්මාල වේවා යම් යම් ආභරණ මෝස්තරයක් කැමැති වෙනවාද, ඒ ඕන දෙයක් තනාගන්න පුළුවන්.

අන්න ඒ වගේම තමයි පින්වත් මහණෙනි, ධ්‍යාන ආදී භාවනාවේ යෙදෙමින් වාසය කරන භික්ෂුවගේ කාය දුසිරිත්, වචී දුසිරිත්, මනෝ දුසිරිත් කියන මේ ගොරෝසු උපක්ලේශ තියෙනවා නම්, හොඳ සිතක් සකසමින් ඉන්න නුවණැති භික්ෂුව ඒ උපක්ලේශ අත්හරිනවා. දුරු කරනවා. නැති කරනවා. අභාවයට පත්කරනවා. ඒ උපක්ලේශ ප්‍රහාණය වී ගිය විට, නැති වී ගිය විට, ධ්‍යාන ආදී භාවනාවේ යෙදී සිටින භික්ෂුව හට කාම විතර්ක, ව්‍යාපාද විතර්ක, විහිංසා විතර්ක ආදී මධ්‍යම සහගත උපක්ලේශ තියෙනවා නම්, හොඳ සිතක් සකසමින් ඉන්න නුවණැති භික්ෂුව ඒ උපක්ලේශ අත්හරිනවා. දුරු කරනවා.

නැති කරනවා. අභාවයට පත්කරනවා. ඒ උපක්ලේශ ප්‍රහාණය වී ගිය විට, නැති වී ගිය විට, ධ්‍යාන ආදී භාවනාවේ යෙදී සිටින භික්ෂුව හට සියුම් සහගත උපක්ලේශ ඇද්ද, ඒ කියන්නේ තම පවුල්වල ප්‍රශ්න ගැන සිත සිතා සිටීම, ජනපදවල ඇති දේවල් ගැන සිත සිතා සිටීම, තම ධර්ම මාර්ගයට අදාළ නැති දේ ගැන සිත සිතා සිටීම ආදී සියුම් සහගත විතර්ක ඇද්ද, හොඳ සිතක් සකසමින් ඉන්න නුවණැති භික්ෂුව ඒ උපක්ලේශ අත්හරිනවා. දුරු කරනවා. නැති කරනවා. අභාවයට පත්කරනවා. ඒ උපක්ලේශ ප්‍රහාණය වී ගිය විට, නැති වී ගිය විට, ධර්ම මාර්ගයට අදාළ ස්වරූපයෙන් මතුවෙන ධර්ම විතර්ක ඉතිරි වෙනවා. එතකොට ඒ සමාධිය ශාන්ත නෑ. ප්‍රණීතත් නෑ. සංසිඳීමක් ඇතිවෙන්නෙත් නෑ. ඉතා හොඳින් එකඟ වෙන්නෙත් නෑ. උත්සාහයෙන් කෙලෙසුන්ට ගරහා වළක්වාගත් සිතක් විතරයි තියෙන්නේ.

නමුත් පින්වත් මහණෙනි, යම් කලෙක ඒ සිත තමා තුළම මැනැවින් පිහිටනවා නම්, හොඳින් තැන්පත් වෙනවා නම්, එකඟ වෙනවා නම්, සමාධිමත් වෙනවා නම්, එබඳු කාලයක් එනවා. අන්න ඒ සමාධිය නම් ශාන්තයි. ප්‍රණීතයි. සංසිඳීමක් ඇතිවෙලා තියෙන්නේ. ඉතා හොඳින් එකඟවෙලා තියෙන්නේ. උත්සාහයෙන් කෙලෙසුන්ට ගරහා වළක්වාගත් සිතක් නොවෙයි තියෙන්නේ. එතකොට විශිෂ්ට ඤාණයකින් සාක්ෂාත් කළ යුතු යම් යම් ධර්මයකට, විශිෂ්ට ඤාණයෙන් සාක්ෂාත් කිරීම පිණිස සිත යොමුකරනවාද, ඒ ඒ ඤාණයන් උපදවා ගැනීමට අවස්ථාව උදා වූ කල්හි ඒ ඒ ඤාණයන් පිළිබඳව සාක්ෂාත් කිරීමෙහිලා පුළුවන්කමට පත්වෙනවා.

ඉදින් ඔහු කැමැති වෙනවා නම්, 'මං අනේකවිධ වූ ඉර්ධි ප්‍රාතිහාර්යන් දක්වනවා නම් හොඳයි' කියලා, ඒ කියන්නේ මං තනි කෙනෙක්ව ඉඳගෙන බොහෝ දෙනෙක් වශයෙන් පෙනී සිටිනවා නම්, බොහෝ දෙනෙක් වශයෙන් ඉඳගෙන එක්කෙනෙක් වශයෙන් පෙනී සිටිනවා නම්, පෙනෙන්න සලස්වනවා නම්, නොපෙනී යනවා නම්, බිත්තිය විනිවිද, ප්‍රාකාරය විනිවිද, පර්වතය විනිවිද කිසිවක් හා නොගැටී අහසේ යන්නාක් මෙන් යනවා නම්, ජලයේ වගේ පොළොවෙහි කිඳාබැසීමත්, උඩට මතුවීමත් කරනවා නම්, පොළොව මතුපිට වගේ ජලය මත නොගිලී ඇවිද යනවා නම්, අහසෙහි පියාසළන කුරුල්ලන් පරිද්දෙන් පළඟක් බැඳගෙන අහසේ යනවා නම්, මේසා මහත් ඉර්ධි ඇති, මහානුභාව ඇති හිරු සඳු පවා අතින් අල්ලනවා නම්, පිරිමදිනවා නම්, බඹලොව දක්වාම කයෙන් වශී කරගෙන ඉන්නවා නම්' කියලා, ඒ ඒ ඤාණයන් උපදවා ගැනීමට අවස්ථාව උදා වූ කල්හි ඒ ඒ ඤාණයන් පිළිබඳව සාක්ෂාත් කිරීමෙහිලා පුළුවන්කමකට පත්වෙනවා.

ඉදින් ඔහු කැමැති වෙනවා නම්, 'මං මිනිස් හැකියාව ඉක්මවා ගිය පිරිසිදු වූ දිව්‍ය ශ්‍රවණය තුළින් දුර තිබෙන්නා වූත්, ළඟ තිබෙන්නා වූත්, දිව්‍ය වූත්, මනුෂ්‍ය වූත් ශබ්දයන් දෙකම අසනවා නම් තමයි හොඳ' කියලා, ඒ ඒ ඤාණයන් උපදවා ගැනීමට අවස්ථාව උදා වූ කල්හි ඒ ඒ ඤාණයන් පිළිබඳව සාක්ෂාත් කිරීමෙහිලා පුළුවන්කමකට පත්වෙනවා.

ඉදින් ඔහු කැමැති වෙනවා නම්, 'මං වෙනත් සත්වයන්ගේ, වෙනත් පුද්ගලයන්ගේ සිත තම සිතින් පිරිසිඳ දැනගන්නවා නම්, රාග සහිත සිත රාග සහිත සිතක් වශයෙන් දැනගන්නවා නම්, රාග රහිත සිත වීතරාගී සිතක් වශයෙන් දැනගන්නවා නම්, ද්වේෂ සහිත සිත ....(පෙ).... ද්වේෂ රහිත සිත ....(පෙ).... මෝහ සහිත සිත ....(පෙ).... මෝහ රහිත සිත ....(පෙ).... හැකිළුනු සිත ....(පෙ).... විසිරුණු සිත ....(පෙ).... සමාධිමත් සිත ....(පෙ).... සමාධි රහිත සිත ....(පෙ).... නොදියුණු සිත ....(පෙ).... දියුණු සිත ....(පෙ).... එකඟ වෙන සිත ....(පෙ).... එකඟ නොවෙන සිත ....(පෙ).... කෙලෙසුන්ගෙන් නොමිදුනු සිත, කෙලෙසුන්ගෙන් නොමිදුනු සිතක් වශයෙන් දැනගන්නවා නම්, කෙලෙසුන් ගෙන් නිදහස් නොවූ සිතක් ඇත්නම්, කෙලෙසුන්ගෙන් නිදහස් නොවූ සිතක් තියෙනවා කියලා දැනගන්නවා නම්' කියලා ඒ ඒ ඤාණයන් උපදවා ගැනීමට අවස්ථාව උදා වූ කල්හි ඒ ඒ ඤාණයන් පිළිබඳව සාක්ෂාත් කිරීමෙහිලා පුළුවන්කමකට පත්වෙනවා.

ඉදින් ඔහු කැමැති වෙනවා නම්, 'මං කලින් ජීවිතය ගත කළ ආකාරය සිහි කරනවා නම් තමයි හොඳ කියලා. ඒ කියන්නේ එක ජීවිතයක්, ජීවිත දෙකක්, ජීවිත තුනක්, ජීවිත හතරක්, ...(පෙ).... ජීවිත සියයක්, ජීවිත දහසක්, ජීවිත ලක්ෂයක්, අනේකවිධ වූ සංවට්ට කල්පයන්ද, අනේකවිධ වූ විවට්ට කල්පයන්ද, අනේකවිධ වූ සංවට්ට විවට්ට කල්පයන්ද සිහිකරනවා නම්, 'මං ඉස්සර සිටියේ අසවල් තැන. එතකොට මගේ නම මේකයි. ගෝත්‍ර නාමය මේකයි. හැඩරුව මෙහෙමයි. කෑම බීම මෙහෙමයි. දුක් සැප වින්දේ මේ විදිහටයි. මේ විදිහටයි ජීවිතය අවසන් වුනේ. ඒ මං එතැනින් චුත වුනා. අසවල් තැන උපන්නා. එතකොට මගේ නම වුනේ මේකයි. ගෝත්‍ර නාමය මේකයි. හැඩරුව වුනේ මෙහෙමයි. කෑවේ බිව්වේ මෙහෙමයි. සැප දුක් වින්දේ මෙහෙමයි. මේ විදිහටයි ජීවිතය අවසන් වුනේ. මං එතැනින් චුත වුනා. මේ ලෝකයේ උපන්නා' කියලා ආකාර සහිතව, සවිස්තරව, අනේකප්‍රකාර වූ කලින් ගත කළ ජීවිත ගැන සිහිකරනවා නම්' කියලා ඒ ඒ ඤාණයන් උපදවා ගැනීමට අවස්ථාව උදා වූ කල්හි ඒ ඒ ඤාණයන් පිළිබඳව සාක්ෂාත් කිරීමෙහිලා පුළුවන්කමකට පත්වෙනවා.

ඉදින් ඔහු කැමැති වෙනවා නම්, 'මං මිනිසුන්ගේ දැකීමේ හැකියාව ඉක්මවා ගිය පිරිසිදු වූ දිවැසින් චුත වන්නා වූත්, උපදින්නා වූත් සත්වයන් දකිනවා නම්, ඒ ඒ කර්මයන්ට අනුව හීන ප්‍රණීත වූත්, යහපත් අයහපත් වූත්, සුගති දුගතිවල සිටින්නා වූ සත්වයන් දකිනවා නම් තමයි හොඳ' කියලා. ඒ කියන්නේ 'අහෝ! මේ භවත් සත්වයන් කයින් දුෂ්චරිතයෙහි යෙදීම නිසා, වචනයෙන් ....(පෙ).... මනසින් දුෂ්චරිතයෙහි යෙදීම නිසා, ආර්යයන් වහන්සේලාට අපහාස කරලා, මිසදිටු වෙලා, මිසදිටු දේවල් සමාදන් වෙලා ඉඳලා තියෙනවා. ඔවුන් කය බිඳී මරණයෙන් මත්තේ අපාය නම් වූ දුගතිය නම් වූ විනිපාත නම් වූ නිරයේ ඉපදිලා ඉන්නවා. ඒ වගේම මේ භවත් සත්වයන් කයින් සුචරිතයෙහි යෙදීම නිසා, වචනයෙන් සුචරිතයෙහි යෙදීම නිසා, මනසින් සුචරිතයෙහි යෙදීම නිසා, ආර්යයන් වහන්සේලාට අපහාස නොකොට, සම්දිටු වෙලා, සම්දිටු දේවල් සමාදන් වෙලා ඉඳල තියෙනවා. ඔවුන් කය බිඳී මරණින් මත්තේ සුගතිය නම් වූ, ස්වර්ග ලෝකයෙහි ඉපදිලා ඉන්නවා' කියලා. මේ විදිහට මිනිසුන්ගේ දැකීමේ හැකියාව ඉක්මවා ගිය පිරිසිදු වූ දිවැසින් චුතවන්නා වූත්, උපදින්නා වූත් සත්වයන් දකිනවා නම්, ඒ ඒ කර්මයන්ට අනුව හීන ප්‍රණීත වූත්, යහපත් අයහපත් වූත්, සුගති දුගතිවල සිටින්නා වූ සත්වයන් දකිනවා නම්' කියලා ඒ ඒ ඤාණයන් උපදවා ගැනීමට අවස්ථාව උදා වූ කල්හි ඒ ඒ ඤාණයන් පිළිබඳව සාක්ෂාත් කිරීමෙහිලා පුළුවන්කමකට පත්වෙනවා.

ඉදින් ඔහු කැමැති වෙනවා නම්, 'මං ආශ්‍රවයන් ක්ෂය කිරීමෙන් ආශ්‍රව රහිත වූ චේතෝ විමුක්තියත්, ප්‍රඥා විමුක්තියත් මේ ජීවිතයේදීම තමා විසින්ම විශිෂ්ට ඤාණයෙන් අවබෝධ කරගෙන වාසය කරනවා නම් හොඳ' කියලා ඒ ඒ ඤාණයන් උපදවා ගැනීමට අවස්ථාව උදා වූ කල්හි ඒ ඒ ඤාණයන් පිළිබඳව සාක්ෂාත් කිරීමෙහිලා පුළුවන්කමකට පත්වෙනවා.

සාධු! සාධු!! සාධු!!!

3.2.5.11.

52. පින්වත් මහණෙනි, ධ්‍යාන භාවනාවෙහි යෙදී වාසය කරන භික්ෂුව විසින් කලින් කල නිමිති තුනක් සිහිපත් කළ යුතුයි. කලින් කල සමාධි නිමිත්ත සිහිපත් කළ යුතුයි. කලින් කල වීරිය උපදවන කරුණු සිහිපත් කළ යුතුයි. කලින් කල උපේක්ෂාව ඇතිවෙන කරුණු සිහිපත් කළ යුතුයි.

ඉදින් පින්වත් මහණෙනි, ධ්‍යාන භාවනාවෙහි යෙදී වාසය කරන භික්ෂුව ඒකාන්තයෙන් සමාධි නිමිත්ත පමණක් සිහිකරමින් සිටියොත් ඒ සිත කුසීත

බවට වැටෙන්නේය යන කරුණට ඉඩ තියෙනවා.

ඉදින් පින්වත් මහණෙනි, ධ්‍යාන භාවනාවෙහි යෙදී වාසය කරන භික්ෂුව ඒකාන්තයෙන් වීරිය ඇතිවෙන කරුණු පමණක් සිහිකරමින් සිටියොත් ඒ සිත විසිරීමට වැටෙන්නේය යන කරුණට ඉඩ තියෙනවා.

ඉදින් පින්වත් මහණෙනි, ධ්‍යාන භාවනාවෙහි යෙදී වාසය කරන භික්ෂුව ඒකාන්තයෙන් උපේක්ෂා නිමිත්ත පමණක් සිහිකරමින් සිටියොත් ඒ සිත ආශ්‍රවයන් ක්ෂය වීම පිණිස මනාකොට සමාධිමත් නොවන්නේය යන කරුණට ඉඩ තියෙනවා.

පින්වත් මහණෙනි, යම් කලෙක ධ්‍යාන භාවනාවෙහි යෙදී වාසය කරන භික්ෂුව කලින් කල සමාධි නිමිත්ත සිහිකරනවා නම්, කලින් කල වීරිය ඇතිවෙන නිමිත්ත සිහිකරනවා නම්, කලින් කල උපේක්ෂා නිමිත්ත සිහිකරනවා නම්, ඒ සිත මෘදුත් වෙනවා. කර්මණ්‍යත් (අදාළ කරුණට යෝග්‍ය පරිදි සකස්) වෙනවා. ප්‍රභාෂ්වරත් වෙනවා. බිඳීයන ස්වභාවයත් නැති වෙනවා. ආශ්‍රවයන් ක්ෂය වීම පිණිස හොඳින් සමාධිමත් වෙනවා.

පින්වත් මහණෙනි, ඒක මෙන්න මේ වගේ දෙයක්. රන්කරුවෙක් වේවා, රන්කරුවෙකුගේ ගෝලයෙක් වේවා කෝවක් හදනවා. කෝවක් හදලා කෝවේ කටට ගින්දර අවුළුවනවා. කෝවේ කටේ ගින්දර අවුළුවලා, අඬුවෙන් රත්තරන් අරගෙන කෝවේ කටින් තියලා කලින් කල පිඹිනවා. කලින් කල ජලය ඉහිනවා. කලින් කල ඒ රන පැසුන නොපැසුන බව අවධානයෙන් සොයා බලනවා.

ඉදින් පින්වත් මහණෙනි, ඒ රන්කරුවා වේවා, රන්කරුවාගේ ගෝලයා වේවා ඒ රත්තරන් ටිකට ඒකාන්තයෙන් ගින්දර පිඹීම විතරක් කළොත්, ඒ රත්තරන් ටික පිච්චිලා යන එක තමයි සිද්ධ වෙන්නේ.

ඉදින් පින්වත් මහණෙනි, ඒ රන්කරුවා වේවා, රන්කරුවාගේ ගෝලයා වේවා ඒ රත්තරන් ටිකට ඒකාන්තයෙන්ම වතුර ඉසීම විතරක් කරනවා නම්, ඒ රත්තරන් ටික නිවිලා යන එක තමයි සිද්ධ වෙන්නේ.

ඉදින් පින්වත් මහණෙනි, ඒ රන්කරුවා වේවා, රන්කරුවාගේ ගෝලයා වේවා ඒ රත්තරන් ටික ගැන ඒකාන්තයෙන් අවධානයෙන් බලාගෙන සිටීම විතරක් කළොත් ඒ රත්තරන් ටික නියම ආකාරයෙන් පැසීමට පත්වෙන්නේ නැහැ කියන දේ තමයි සිද්ධ වෙන්නේ.

පින්වත් මහණෙනි, ඒ රන්කරුවා වේවා, රන්කරුවාගේ ගෝලයා වේවා ඒ රත්තරන් ටිකට කලින් කල ගින්දර පිඹිනවා නම්, කලින් කල ජලයත් ඉසිනවා

නම්, කලින් කල අවධානයෙන් සොයා බලනවා නම්, අන්න එතකොට ඒ රත්තරන් ටික මෘදු මොළොක් වෙනවා. කර්මණ්‍යයත් වෙනවා. ප්‍රභාෂ්වරත් වෙනවා. නොබිඳෙන ස්වභාවයටත් පත්වෙනවා. රත්තරන්වලින් කරන වැඩවලට සුදුසු තත්වයටත් පත්වෙනවා. එතකොට රන්පටක් වේවා, කරාබු වේවා, තැලි වේවා, රන්මාල වේවා යම් යම් ආභරණ මෝස්තරයක් කැමැති වෙනවාද, ඒ ඕන දෙයක් තනාගන්න පුළුවන් වෙනවා.

අන්න ඒ වගේම තමයි පින්වත් මහණෙනි, ධ්‍යාන භාවනාවෙහි යෙදී වාසය කරන භික්ෂුව විසින් කලින් කල නිමිති තුනක් සිහිපත් කළ යුතුයි. කලින් කල සමාධි නිමිත්ත සිහිපත් කළ යුතුයි. කලින් කල වීරිය උපදවන කරුණු සිහිපත් කළ යුතුයි. කලින් කල උපේක්ෂාව ඇතිවෙන කරුණු සිහිපත් කළ යුතුයි.

ඉදින් පින්වත් මහණෙනි, ධ්‍යාන භාවනාවෙහි යෙදී වාසය කරන භික්ෂුව ඒකාන්තයෙන් සමාධි නිමිත්ත පමණක් සිහිකරමින් සිටියොත් ඒ සිත කුසීත බවට වැටෙන්නේය යන කරුණට ඉඩ තියෙනවා.

ඉදින් පින්වත් මහණෙනි, ධ්‍යාන භාවනාවෙහි යෙදී වාසය කරන භික්ෂුව ඒකාන්තයෙන් වීරිය ඇතිවෙන කරුණු පමණක් සිහිකරමින් සිටියොත් ඒ සිත විසිරීමට වැටෙන්නේය යන කරුණට ඉඩ තියෙනවා.

ඉදින් පින්වත් මහණෙනි, ධ්‍යාන භාවනාවෙහි යෙදී වාසය කරන භික්ෂුව ඒකාන්තයෙන් උපේක්ෂා නිමිත්ත පමණක් සිහිකරමින් සිටියොත් ඒ සිත ආශ්‍රවයන් ක්ෂය වීම පිණිස මනා කොට සමාධිමත් නොවන්නේය යන කරුණට ඉඩ තියෙනවා.

පින්වත් මහණෙනි, යම් කලෙක ධ්‍යාන භාවනාවෙහි යෙදී වාසය කරන භික්ෂුව කලින් කල සමාධි නිමිත්ත සිහිකරනවා නම්, කලින් කල වීරිය ඇතිවෙන නිමිත්ත සිහිකරනවා නම්, කලින් කල උපේක්ෂා නිමිත්ත සිහිකරනවා නම්, ඒ සිත මෘදුත් වෙනවා. කර්මණ්‍යත් වෙනවා. ප්‍රභාෂ්වරත් වෙනවා. බිඳීයන ස්වභාවයත් නැති වෙනවා. ආශ්‍රවයන් ක්ෂය වීම පිණිස හොඳින් සමාධිමත් වෙනවා.

ඉදින් ඔහු කැමැති වෙනවා නම්, 'මං අනේකවිධ වූ ඉර්ධි ප්‍රාතිහාර්යන් දක්වනවා නම් හොඳයි' කියලා, ...(පෙ).... (මෙහි අභිඤ්ඤා හය ඇති වෙන සිත ගැන දත යුතුයි) (ඉදින් ඔහු කැමැති වෙනවා නම්,) 'මං ආශ්‍රවයන් ක්ෂය කිරීමෙන් ආශ්‍රව රහිත වූ චේතෝ විමුක්තියත්, ප්‍රඥා විමුක්තියත් මේ ජීවිතයේදීම

තමා විසින්ම විශිෂ්ට ඤාණයෙන් අවබෝධ කරගෙන වාසය කරනවා නම් හොඳ' කියලා ඒ ඒ ඤාණයන් උපදවා ගැනීමට අවස්ථාව උදා වූ කල්හි ඒ ඒ ඤාණයන් පිළිබඳව සාක්ෂාත් කිරීමෙහිලා පුළුවන්කමකට පත්වෙනවා.

සාදු! සාදු!! සාදු!!!

පස්වෙනි ලෝණඵල වර්ගයයි.

දෙවෙනි මහා පණ්ණාසකය සමාප්තයි.

තුන්වන පණ්ණාසකය

1. සම්බෝධි වර්ගය

3.3.1.1.

01. සැවැත් නුවරදී.....

පින්වත් මහණෙනි, සම්බුද්ධත්වයට කලින්ම, සම්බුද්ධත්වයට පත් නොවී, (මේ ජීවිතයේදීම) බෝධිසත්වයන් වහන්සේ හැටියට සිටියදීම මා හට මේ අදහස ඇතිවුනා. 'ලෝකයෙහි තිබෙන ආශ්වාදය කුමක්ද? ආදීනවය කුමක්ද? නිදහස් වීම කුමක්ද?' කියලා.

පින්වත් මහණෙනි, එතකොට මට මේ කරුණ අවබෝධ වුනා. ලෝකයෙහි යමක් හේතු කරගෙන සැපයක් සොම්නසක් උපදිනවා නම්, මේක තමයි ලෝකයෙහි ඇති ආශ්වාදය. යම් හෙයකින් ලෝකය අනිත්‍ය නම්, දුක නම්, වෙනස් වන ධර්මතාවයට අයිති නම්, මේක තමයි ලෝකයෙහි ඇති ආදීනවය. ලෝකය කෙරෙහි ඇති ඡන්දරාගයේ යම් දුරුකිරීමක් ඇද්ද, ඡන්දරාගය ප්‍රහාණය වීමක් ඇද්ද, මේක තමයි ලෝකයෙන් නිදහස් වීම.

පින්වත් මහණෙනි, මා යම්තාක් කලක් මේ ලෝකය පිළිබඳව ඔය ආකාරයට ආශ්වාදය ආශ්වාදය වශයෙනුත්, ආදීනවය ආදීනවය වශයෙනුත්, නිස්සරණය නිස්සරණය වශයෙනුත් ඒ වූ ස්වභාවයෙන්ම අවබෝධ කළේ නැද්ද, පින්වත් මහණෙනි, ඒ තාක්කල්ම මා දෙවියන් සහිත වූ, මරුන් සහිත වූ, බඹුන් සහිත වූ, ශ්‍රමණ බමුණන් සහිත වූ, මේ දෙව් මිනිස් ප්‍රජාවෙන් යුතු ලෝකයෙහි අනුත්තර වූ සම්මා සම්බුද්ධත්වය අවබෝධ කළ වගට ප්‍රතිඥා දුන්නේ නෑ.

පින්වත් මහණෙනි, මා යම් දිනෙක මේ ලෝකය පිළිබඳව ඔය ආකාරයට ආශ්වාදය ආශ්වාදය වශයෙනුත්, ආදීනවය ආදීනවය වශයෙනුත්, නිස්සරණය නිස්සරණය වශයෙනුත් ඒ වූ ස්වභාවයෙන්ම අවබෝධ කරගත්තාද, පින්වත් මහණෙනි, එතකොටයි මා දෙවියන් සහිත වූ, මරුන් සහිත වූ, බඹුන් සහිත වූ, ශ්‍රමණ බමුණන් සහිත වූ, මේ දෙව් මිනිස් ප්‍රජාවෙන් යුතු ලෝකයෙහි අනුත්තර වූ සම්මා සම්බුද්ධත්වය අවබෝධ කළ වගට ප්‍රතිඥා දුන්නේ. මා තුළ ඥාණදර්ශනය පහළ වුනා, 'මගේ චිත්ත විමුක්තිය නොවෙනස් වන දෙයක්. මේක මාගේ අවසාන උපතයි. ආයෙත් නම් දැන් පුනර්භවයක් නෑ' කියලා.

සාදු! සාදු!! සාදු!!!

3.3.1.2.

02. පින්වත් මහණෙනි, මා ලෝකයෙහි ඇති ආශ්වාදය පිළිබඳව පර්යේෂණ කරමින් ගියා. එතකොට ලෝකයෙහි යම් ආශ්වාදයක් ඇද්ද, එය මට අවබෝධ වුනා. ලෝකයෙහි ආශ්වාදය යම්තාක් ඇද්ද, මා එය මනාව ප්‍රඥාවෙන් දැකගත්තා. පින්වත් මහණෙනි, මා ලෝකයෙහි ඇති ආදීනවය පිළිබඳව පර්යේෂණ කරමින් ගියා. එතකොට ලෝකයෙහි යම් ආදීනවයක් ඇද්ද, එය මට අවබෝධ වුනා. ලෝකයෙහි ආදීනවය යම්තාක් ඇද්ද, මා එය මනාව ප්‍රඥාවෙන් දැකගත්තා. පින්වත් මහණෙනි, මා ලෝකයෙහි ඇති නිස්සරණය පිළිබඳව පර්යේෂණ කරමින් ගියා. එතකොට ලෝකයෙහි යම් නිස්සරණයක් ඇද්ද, එය මට අවබෝධ වුනා. ලෝකයෙහි නිස්සරණය යම්තාක් ඇද්ද, මා එය මනාව ප්‍රඥාවෙන් දැකගත්තා.

පින්වත් මහණෙනි, මා යම්තාක් කලක් මේ ලෝකය පිළිබඳව ඔය ආකාරයට ආශ්වාදය ආශ්වාදය වශයෙනුත්, ආදීනවය ආදීනවය වශයෙනුත්, නිස්සරණය නිස්සරණය වශයෙනුත් ඒ වූ ස්වභාවයෙන්ම අවබෝධ කළේ නැද්ද, පින්වත් මහණෙනි, ඒ තාක්කල්ම මා දෙවියන් සහිත වූ, මරුන් සහිත වූ, බඹුන් සහිත වූ, ශ්‍රමණ බමුණන් සහිත වූ, මේ දෙව් මිනිස් ප්‍රජාවෙන් යුතු ලෝකයෙහි අනුත්තර වූ සම්මා සම්බුද්ධත්වය අවබෝධ කළ වගට ප්‍රතිඥා දුන්නේ නෑ.

පින්වත් මහණෙනි, මා යම් දිනෙක මේ ලෝකය පිළිබඳව ඔය ආකාරයට ආශ්වාදය ආශ්වාදය වශයෙනුත්, ආදීනවය ආදීනවය වශයෙනුත්, නිස්සරණය නිස්සරණය වශයෙනුත් ඒ වූ ස්වභාවයෙන්ම අවබෝධ කරගත්තාද, පින්වත්

මහණෙනි, එතකොටයි මා දෙවියන් සහිත වූ, මරුන් සහිත වූ, බඹුන් සහිත වූ, ශ්‍රමණ බමුණන් සහිත වූ, මේ දෙව් මිනිස් ප්‍රජාවෙන් යුතු ලෝකයෙහි අනුත්තර වූ සම්මා සම්බුද්ධත්වය අවබෝධ කළ වගට ප්‍රතිඥා දුන්නේ. මා තුළ ඥාණදර්ශනය පහළ වුනා, 'මගේ චිත්ත විමුක්තිය නොවෙනස් වන දෙයක්. මේක මාගේ අවසාන උපතයි. ආයෙත් නම් දැන් පුනර්භවයක් නෑ' කියලා.

සාදු! සාදු!! සාදු!!!

3.3.1.3.

03. පින්වත් මහණෙනි, ඉදින් ලෝකයෙහි ආශ්වාදයක් නොතිබුනා නම්, සත්වයන් ලෝකය කෙරෙහි ඇල්මක් ඇති කරගන්නේ නෑ. පින්වත් මහණෙනි, යම් යම් කරුණු නිසා ලෝකයෙහි ආශ්වාදයක් තියෙනවා. ඒ නිසයි සත්වයන් ලෝකය කෙරෙහි ඇලෙන්නේ. පින්වත් මහණෙනි, ඉදින් ලෝකයෙහි ආදීනවයක් නොතිබුනා නම්, සත්වයන් ලෝකය කෙරෙහි කලකිරීමක් ඇති කරගන්නේ නෑ. පින්වත් මහණෙනි, යම් යම් කරුණු නිසා ලෝකයෙහි ආදීනවයක් තියෙනවා. ඒ නිසයි සත්වයන් ලෝකය ගැන සත්‍ය ස්වභාවය තේරුම් ගෙන කලකිරෙන්නේ. පින්වත් මහණෙනි, ඉදින් ලෝකයෙන් නිදහස් වීමක් නොතිබුනා නම්, සත්වයන් ලෝකයෙන් නිදහස් වෙන්නේ නෑ. පින්වත් මහණෙනි, යම් යම් කරුණු නිසා ලෝකයෙන් නිදහස් වීමක් තියෙනවා. ඒ නිසයි සත්වයන් ලෝකයෙන් නිදහස් වෙන්නේ.

පින්වත් මහණෙනි, සත්වයන් යම්තාක් කලක් ලෝකය පිළිබඳව ඔය ආකාරයට ආශ්වාදය ආශ්වාදය වශයෙනුත්, ආදීනවය ආදීනවය වශයෙනුත්, නිස්සරණය නිස්සරණය වශයෙනුත් ඒ වූ ස්වභාවයෙන්ම අවබෝධ කළේ නැද්ද, පින්වත් මහණෙනි, ඒ තාක් කල්ම සත්වයෝ, දෙවියන් සහිත වූ මරුන් සහිත වූ බඹුන් සහිත වූ ශ්‍රමණබ්‍රාහ්මණයන් සහිත වූ මේ දෙව් මිනිස් ප්‍රජාවෙන් යුතු ලෝකයෙහි ජීවත් වුනේ ලෝකයෙන් වෙන් වෙලා නොවෙයි. නොබැඳී නොවෙයි. නිදහස් වෙලා නොවෙයි. එයට හසු නොවුන සිතිනුත් නොවෙයි.

පින්වත් මහණෙනි, සත්වයන් යම්තාක් කලක් ලෝකය පිළිබඳව ඔය ආකාරයට ආශ්වාදය ආශ්වාදය වශයෙනුත්, ආදීනවය ආදීනවය වශයෙනුත්, නිස්සරණය නිස්සරණය වශයෙනුත් ඒ වූ ස්වභාවයෙන්ම අවබෝධ කරගත්තාද, පින්වත් මහණෙනි, ඒ තාක් කල්ම සත්වයෝ, දෙවියන් සහිත වූ මරුන් සහිත වූ බඹුන් සහිත වූ ශ්‍රමණබ්‍රාහ්මණයන් සහිත වූ මේ දෙව් මිනිස් ප්‍රජාවෙන්

යුතු ලෝකයෙන් වෙන් වෙලා වාසය කරන්නේ. එක් නොවී වාසය කරන්නේ. නිදහස් වෙලා වාසය කරන්නේ. එයට හසු නොවුන සිතින් වාසය කරන්නේ.

සාදු! සාදු!! සාදු!!!

3.3.1.4.

04. පින්වත් මහණෙනි, යම්කිසි ශ්‍රමණයන් හරි බ්‍රාහ්මණයන් හරි ඔය ලෝකයෙහි ආශ්වාදයත්, ආදීනවයත්, නිස්සරණයත් ඒ වූ ආකාරයෙන්ම අවබෝධ කළේ නැත්නම්, පින්වත් මහණෙනි, ඒ මේ ශ්‍රමණයනුත්, බ්‍රාහ්මණයනුත් සැබෑම ශ්‍රමණයන් අතර ශ්‍රමණවරුන් බවට සම්මත වෙන්නේ නෑ. සැබෑම බ්‍රාහ්මණයන් අතර බ්‍රාහ්මණවරුන් බවට සම්මත වෙන්නේ නෑ. ඒ ආයුෂ්මත්වරුන් මේ ජීවිතය තුළදීම තමන්ගේම විශිෂ්ට ඤාණයෙන් ශ්‍රමණබවේ ඵලයක් හෝ බ්‍රාහ්මණබවේ ඵලයක් හෝ සාක්ෂාත් කරගෙන එයට පැමිණිලා වාසය කරන්නේ නම් නෑ.

පින්වත් මහණෙනි, යම්කිසි ශ්‍රමණයන් හරි බ්‍රාහ්මණයන් හරි ඔය ලෝකයෙහි ආශ්වාදයත්, ආදීනවයත්, නිස්සරණයත් ඒ වූ ආකාරයෙන්ම අවබෝධ කළොත්, පින්වත් මහණෙනි, ඒ මේ ශ්‍රමණයනුත්, බ්‍රාහ්මණයනුත් සැබෑම ශ්‍රමණයන් අතර ශ්‍රමණවරුන් බවට සම්මත වෙනවා. සැබෑම බ්‍රාහ්මණයන් අතර බ්‍රාහ්මණවරුන් බවට සම්මත වෙනවා. ඒ ආයුෂ්මත්වරුන් තමයි මේ ජීවිතය තුළදීම තමන්ගේම විශිෂ්ට ඤාණයෙන් ශ්‍රමණබවේ ඵලයක් හෝ බ්‍රාහ්මණබවේ ඵලයක් හෝ සාක්ෂාත් කරගෙන එයට පැමිණිලා වාසය කරන්නේ.

සාදු! සාදු!! සාදු!!!

3.3.1.5.

05. පින්වත් මහණෙනි, යම් මේ ගී ගැයීමක් ඇද්ද, ආර්ය විනයෙහි මෙයට කියන්නේ හැඬීම කියලයි. පින්වත් මහණෙනි, යම් මේ නැටීමක් ඇද්ද, ආර්ය විනයෙහි මෙයට කියන්නේ උමතු ක්‍රියාවක් කියලයි. පින්වත් මහණෙනි, යම් මේ දත් විදහා, කොක් හඬලමින් නගන සිනහවක් ඇද්ද, ආර්ය විනයෙහි මෙයට කියන්නේ ළදරුකම කියලයි.

අන්න ඒ නිසා පින්වත් මහණෙනි, ගීතයෙහිලා ඔබේ සම්බන්ධය නැතිවේවා! නැටීමෙහිලා ඔබේ සම්බන්ධය නැතිවේවා! ඔබට ධර්මය තුළින් වන

ප්‍රමුදිතභාවයෙන් යම් සතුටු සිනහවක් ඇතිවෙනවා නම්, එයද දසන් මාත්‍රයක් දක්වමින් ඇතිවන සිනහවක් වීම මැනැවි.

සාදු! සාදු!! සාදු!!!

3.3.1.6.

06. පින්වත් මහණෙනි, කාරණා තුනක් තියෙනවා. එහිලා කොතරම් සේවනයෙහි යෙදුනත් තෘප්තියක් ඇතිවෙන්නේ නෑ. ඒ කරුණු තුන කුමක්ද?

පින්වත් මහණෙනි, නිදාගැනීමෙහිලා කොතරම් යෙදී සිටියත් තෘප්තියක් ඇතිවෙන්නේ නෑ. සුරාපානය කිරීමෙහිලා කොතරම් යෙදී සිටියත් තෘප්තියක් ඇතිවෙන්නේ නෑ. මෛථුන සේවනෙයෙහි කොතරම් යෙදී සිටියත් තෘප්තියක් ඇතිවෙන්නේ නෑ.

සාදු! සාදු!! සාදු!!!

3.3.1.7.

07. එදා අනාථපිණ්ඩික සිටුතුමා භාග්‍යවතුන් වහන්සේ වැඩසිටිය තැනට පැමිණියා. පැමිණිලා භාග්‍යවතුන් වහන්සේට ආදරයෙන් වන්දනා කොට එකත්පස්ව වාඩිවුනා. එකත්පස්ව වාඩිවූ අනාථපිණ්ඩික ගෘහපතියාට භාග්‍යවතුන් වහන්සේ මේ ආකාරයට වදාළා.

පින්වත් ගෘහපතිය සිත නොරැකගත් විට කයින් කරන ක්‍රියාවන්ද නොරැකුනා වෙනවා. වචනයෙන් කරන ක්‍රියාවන්ද නොරැකුනා වෙනවා. මනසින් කරන ක්‍රියාවන්ද නොරැකුනා වෙනවා.

ඒ විදිහට නොරකින ලද කායික ක්‍රියාවන් ඇති, නොරකින ලද වාචසික ක්‍රියාවන් ඇති, නොරකින ලද මානසික ක්‍රියාවන් ඇති ඔහුගේ කායික ක්‍රියාවන් කෙලෙස්වලින් තෙත් වෙනවා. වාචසික ක්‍රියාවනුත් කෙලෙස්වලින් තෙත් වෙනවා. මානසික ක්‍රියාවනුත් කෙලෙස්වලින් තෙත් වෙනවා. ඉතින් කෙලෙස්වලින් තෙත් වුන කායික ක්‍රියා ඇති, කෙලෙස්වලින් තෙත් වුන වාචසික ක්‍රියා ඇති, කෙලෙස්වලින් තෙත් වුන මානසික ක්‍රියා ඇති ඔහුගේ කායික ක්‍රියාවත් කුණුවෙලා තියෙන්නේ. වාචසික ක්‍රියාවත් කුණුවෙලා තියෙන්නේ. මානසික ක්‍රියාවත් කුණුවෙලා තියෙන්නේ. ඉතින් කුණු වූ කායික ක්‍රියා ඇති,

කුණු වූ වාචසික ක්‍රියා ඇති, කුණු වූ මානසික ක්‍රියා ඇති ඔහුගේ මරණය සුන්දර එකක් වන්නේ නෑ. කළුරිය කිරීම සුන්දර වන්නේ නෑ.

පින්වත් ගෘහපතිය, ඒක හරියට මේ වගේ දෙයක් කූටාගාරයක් (පියැසි කිහිපයකින් සමන්විත ගොඩනැගිල්ලක්) වැරදි විදිහට සෙවිලි කළොත් එහි මුදුන නොරැකුනා වෙනවා. මුදුන් යටලීත් නොරැකුනා වෙනවා. බිත්තියත් නොරැකුනා වෙනවා. මුදුනත් තෙත් වුනා වෙනවා. මුදුන් යටලීත් තෙත් වුනා වෙනවා. බිත්තිත් තෙත් වුනා වෙනවා. මුදුනත් දිරල යනවා. මුදුන් යටලීත් දිරල යනවා. බිත්තිත් දිරල යනවා.

පින්වත් ගෘහපතිය, අන්න ඒ විදිහමයි. සිත නොරැකගත් විට කයින් කරන ක්‍රියාවන්ද නොරැකුනා වෙනවා. වචනයෙන් කරන ක්‍රියාවන්ද නොරැකුනා වෙනවා. මනසින් කරන ක්‍රියාවන්ද නොරැකුනා වෙනවා. ඉතින් නොරකින ලද කායික ක්‍රියාවන් ඇති, නොරකින ලද වාචසික ක්‍රියාවන් ඇති, නොරකින ලද මානසික ක්‍රියාවන් ඇති ඔහුගේ කායික ක්‍රියාවන් කෙලෙස්වලින් තෙත් වෙනවා. වාචසික ක්‍රියාවනුත් කෙලෙස්වලින් තෙත් වෙනවා. මානසික ක්‍රියාවනුත් කෙලෙස්වලින් තෙත් වෙනවා. ඉතින් කෙලෙස්වලින් තෙත් වුන කායික ක්‍රියා ඇති, කෙලෙස්වලින් තෙත් වුන වාචසික ක්‍රියා ඇති, කෙලෙස්වලින් තෙත් වුන මානසික ක්‍රියා ඇති ඔහුගේ කායික ක්‍රියාවත් කුණුවෙලා තියෙන්නේ. වාචසික ක්‍රියාවත් කුණුවෙලා තියෙන්නේ. මානසික ක්‍රියාවත් කුණුවෙලා තියෙන්නේ. ඉතින් කුණු වූ කායික ක්‍රියා ඇති, කුණු වූ වාචසික ක්‍රියා ඇති, කුණු වූ මානසික ක්‍රියා ඇති ඔහුගේ මරණය සුන්දර එකක් වන්නේ නෑ. කළුරිය කිරීම සුන්දර වන්නේ නෑ.

පින්වත් ගෘහපතිය, සිත රැකගත් විට කයින් කරන ක්‍රියාවන්ද රැකුනා වෙනවා. වචනයෙන් කරන ක්‍රියාවන්ද රැකුනා වෙනවා. මනසින් කරන ක්‍රියාවන්ද රැකුනා වෙනවා. ඒ විදිහට රකින ලද කායික ක්‍රියාවන් ඇති, රකින ලද වාචසික ක්‍රියාවන් ඇති, රකින ලද මානසික ක්‍රියාවන් ඇති ඔහුගේ කායික ක්‍රියාවන් කෙලෙස්වලින් තෙත් වෙන්නේ නෑ. වාචසික ක්‍රියාවනුත් කෙලෙස්වලින් තෙත් වෙන්නේ නෑ. මානසික ක්‍රියාවනුත් කෙලෙස්වලින් තෙත් වෙන්නේ නෑ. ඉතින් කෙලෙස්වලින් තෙත් නොවූ කායික ක්‍රියා ඇති, කෙලෙස්වලින් තෙත් නොවූ වාචසික ක්‍රියා ඇති, කෙලෙස්වලින් තෙත් නොවූ මානසික ක්‍රියා ඇති ඔහුගේ කායික ක්‍රියාවත් කුණුවෙලා නෑ. වාචසික ක්‍රියාවත් කුණුවෙලා නෑ. මානසික ක්‍රියාවත් කුණුවෙලා නෑ. ඉතින් කුණු නොවූ කායික ක්‍රියා ඇති, කුණු නොවූ වාචසික ක්‍රියා ඇති, කුණු නොවූ මානසික ක්‍රියා ඇති ඔහුගේ මරණය සුන්දර එකක් වෙනවා. කළුරිය කිරීම සුන්දර වෙනවා.

පින්වත් ගෘහපතිය, ඒක හරියට මේ වගේ දෙයක් කූටාගාරයක් (පියැසි කිහිපයකින් සමන්විත ගොඩනැගිල්ලක්) මනාකොට සෙවිලි කළොත් එහි මුදුන රැකුනා වෙනවා. මුදුන් යටලීත් රැකුනා වෙනවා. බිත්තියත් රැකුනා වෙනවා. මුදුනත් තෙත් නොවුනා වෙනවා. මුදුන් යටලීත් තෙත් නොවුනා වෙනවා. බිත්තිත් තෙත් නොවුනා වෙනවා. මුදුනත් දිරල යන්නෙ නෑ. මුදුන් යටලීත් දිරල යන්නෙ නෑ. බිත්තිත් දිරල යන්නෙ නෑ.

පින්වත් ගෘහපතිය, අන්න ඒ විදිහමයි. සිත රැකගත් විට කයින් කරන ක්‍රියාවන්ද රැකුනා වෙනවා. වචනයෙන් කරන ක්‍රියාවන්ද රැකුනා වෙනවා. මනසින් කරන ක්‍රියාවන්ද රැකුනා වෙනවා. ඒ විදිහට රකින ලද කායික ක්‍රියාවන් ඇති, රකින ලද වාචසික ක්‍රියාවන් ඇති, රකින ලද මානසික ක්‍රියාවන් ඇති ඔහුගේ කායික ක්‍රියාවන් කෙලෙස්වලින් තෙත් වෙන්නේ නෑ. වාචසික ක්‍රියාවනුත් කෙලෙස්වලින් තෙත් වෙන්නේ නෑ. මානසික ක්‍රියාවනුත් කෙලෙස්වලින් තෙත් වෙන්නේ නෑ. ඉතින් කෙලෙස්වලින් තෙත් නොවූ කායික ක්‍රියා ඇති, කෙලෙස්වලින් තෙත් නොවූ වාචසික ක්‍රියා ඇති, කෙලෙස්වලින් තෙත් නොවූ මානසික ක්‍රියා ඇති ඔහුගේ කායික ක්‍රියාවත් කුණුවෙලා නෑ. වාචසික ක්‍රියාවත් කුණුවෙලා නෑ. මානසික ක්‍රියාවත් කුණුවෙලා නෑ. ඉතින් කුණු නොවූ කායික ක්‍රියා ඇති, කුණු නොවූ වාචසික ක්‍රියා ඇති, කුණු නොවූ මානසික ක්‍රියා ඇති ඔහුගේ මරණය සුන්දර එකක් වෙනවා. කළුරිය කිරීම සුන්දර වෙනවා.

සාදු! සාදු!! සාදු!!!

3.3.1.8.

08. එකත්පස්ව වාඩි වූ අනාථපිණ්ඩික ගෘහපතියාට භාග්‍යවතුන් වහන්සේ මේ ආකාරයට වදාළා. පින්වත් ගෘහපතිය, සිත පවට පෙරලී ගිය විට කයින් කරන ක්‍රියාවන්ද පවට පෙරලී යනවා. වචනයෙන් කරන ක්‍රියාවන්ද පවට පෙරලී යනවා. මනසින් කරන ක්‍රියාවන්ද පවට පෙරලී යනවා. ඉතින් පවට පෙරලී ගිය කායික ක්‍රියා ඇති, පවට පෙරලී ගිය වාචසික ක්‍රියා ඇති, පවට පෙරලී ගිය මානසික ක්‍රියා ඇති ඔහුගේ මරණය සුන්දර එකක් වෙන්නේ නෑ. කළුරිය කිරීම සුන්දර වෙන්නේ නෑ.

පින්වත් ගෘහපතිය, ඒක හරියට මේ වගේ දෙයක්. කූටාගාරයක් වැරදි විදිහට සෙවිලි කළොත් එහි මුදුන පෙරලී යනවා. මුදුන් යටලීත් පෙරලී යනවා.

බිත්තිත් පෙරළී යනවා. පින්වත් ගෘහපතිය, අන්න ඒ විදිහමයි. සිත පවට පෙරළී ගිය විට කයින් කරන ක්‍රියාවන්ද පවට පෙරළී යනවා. වචනයෙන් කරන ක්‍රියාවන්ද පවට පෙරළී යනවා. මනසින් කරන ක්‍රියාවන්ද පවට පෙරළී යනවා. ඉතින් පවට පෙරළී ගිය කායික ක්‍රියා ඇති, පවට පෙරළී ගිය වාචසික ක්‍රියා ඇති, පවට පෙරළී ගිය මානසික ක්‍රියා ඇති ඔහුගේ මරණය සුන්දර එකක් වෙන්නේ නෑ. කළුරිය කිරීම සුන්දර වෙන්නේ නෑ.

පින්වත් ගෘහපතිය, සිත පවට පෙරළී නොගිය විට කයින් කරන ක්‍රියාවන්ද පවට පෙරළී යන්නේ නෑ. වචනයෙන් කරන ක්‍රියාවන්ද පවට පෙරළී යන්නේ නෑ. මනසින් කරන ක්‍රියාවන්ද පවට පෙරළී යන්නේ නෑ. ඉතින් පවට පෙරළී නොගිය කායික ක්‍රියා ඇති, පවට පෙරළී නොගිය වාචසික ක්‍රියා ඇති, පවට පෙරළී නොගිය මානසික ක්‍රියා ඇති ඔහුගේ මරණය සුන්දර එකක් වෙනවා. කළුරිය කිරීම සුන්දර වෙනවා.

පින්වත් ගෘහපතිය, ඒක හරියට මේ වගේ දෙයක්. කූටාගාරයක් මනාකොට සෙවිලි කළොත් එහි මුදුන පෙරළී යන්නේ නෑ. මුදුන් යටලීත් පෙරළී යන්නේ නෑ. බිත්තිත් පෙරළී යන්නේ නෑ. පින්වත් ගෘහපතිය, අන්න ඒ විදිහමයි. සිත පවට පෙරළී නොගිය විට කයින් කරන ක්‍රියාවන්ද පවට පෙරළී යන්නේ නෑ. වචනයෙන් කරන ක්‍රියාවන්ද පවට පෙරළී යන්නේ නෑ. මනසින් කරන ක්‍රියාවන්ද පවට පෙරළී යන්නේ නෑ. ඉතින් පවට පෙරළී නොගිය කායික ක්‍රියා ඇති, පවට පෙරළී නොගිය වාචසික ක්‍රියා ඇති, පවට පෙරළී නොගිය මානසික ක්‍රියා ඇති ඔහුගේ මරණය සුන්දර එකක් වෙනවා. කළුරිය කිරීම සුන්දර වෙනවා.

සාදු! සාදු!! සාදු!!!

3.3.1.9.

09. පින්වත් මහණෙනි, කර්මයන්ගේ හටගැනීම පිණිස හේතු වෙන කාරණා තුනක් තියෙනවා. ඒ තුන මොනවාද? ලෝභය යනු කර්මයන්ගේ හටගැනීමට හේතුකාරකයක්. ද්වේෂය යනු කර්මයන්ගේ හටගැනීමට හේතුකාරකයක්. මෝහය යනු කර්මයන්ගේ හටගැනීමට හේතුකාරකයක්.

පින්වත් මහණෙනි, ලෝභය විසින් කරන ලද, ලෝභයෙන් උපන්, ලෝභය පදනම් කොටගෙන, ලෝභයෙන් හටගත්තා වූ යම් කර්මයක් ඇද්ද, ඒ කර්මය අකුසලයක්. ඒ කර්මය වැරදියි. ඒ කර්මය දුක් විපාක සහිතයි. ඒ

කර්මය තවත් එබඳු කර්ම හටගැනීම පිණිසයි හේතු වෙන්නේ. ඒ කර්මය කර්ම නිරුද්ධ වීම පිණිස පවතින්නේ නෑ.

පින්වත් මහණෙනි, ද්වේෂය විසින් කරන ලද යම් කර්මයක් ඇද්ද, ...(පෙ).... පින්වත් මහණෙනි, මෝහය විසින් කරන ලද, මෝහයෙන් උපන්, මෝහය පදනම් කොටගෙන, මෝහයෙන් හටගත්තා වූ යම් කර්මයක් ඇද්ද, ඒ කර්මය අකුසලයක්. ඒ කර්මය වැරදියි. ඒ කර්මය දුක් විපාක සහිතයි. ඒ කර්මය තවත් එබඳු කර්ම හටගැනීම පිණිසයි හේතු වෙන්නේ. ඒ කර්මය කර්ම නිරුද්ධ වීම පිණිස පවතින්නේ නෑ.

පින්වත් මහණෙනි, කර්මයන්ගේ හටගැනීම පිණිස හේතු වෙන කාරණා තුනක් තියෙනවා. ඒ තුන මොනවාද? අලෝභය යනු කර්මයන්ගේ හටගැනීමට හේතුකාරකයක්. අද්වේෂය යනු කර්මයන්ගේ හටගැනීමට හේතුකාරකයක්. අමෝහය යනු කර්මයන්ගේ හටගැනීමට හේතුකාරකයක්.

පින්වත් මහණෙනි, අලෝභය විසින් කරන ලද, අලෝභයෙන් උපන්, අලෝභය පදනම් කොටගෙන, අලෝභයෙන් හටගත්තා වූ යම් කර්මයක් ඇද්ද, ඒ කර්මය කුසලයක්. ඒ කර්මය නිවැරදියි. ඒ කර්මය සැප විපාක සහිතයි. ඒ කර්මය කර්ම නිරුද්ධ වීම පිණිසයි පවතින්නේ. ඒ කර්මය තවත් එබඳු කර්ම හටගැනීම පිණිස හේතු වෙන්නේ නෑ.

පින්වත් මහණෙනි, අද්වේෂය විසින් කරන ලද යම් කර්මයක් ඇද්ද, ...(පෙ).... පින්වත් මහණෙනි, අමෝහය විසින් කරන ලද, අමෝහයෙන් උපන්, අමෝහය පදනම් කොටගෙන, අමෝහයෙන් හටගත්තා වූ යම් කර්මයක් ඇද්ද, ඒ කර්මය කුසලයක්. ඒ කර්මය නිවැරදියි. ඒ කර්මය සැප විපාක සහිතයි. ඒ කර්මය කර්ම නිරුද්ධ වීම පිණිසයි පවතින්නේ. ඒ කර්මය තවත් එබඳු කර්ම හටගැනීම පිණිස හේතු වෙන්නේ නෑ.

සාදු! සාදු!! සාදු!!!

3.3.1.10.

10. පින්වත් මහණෙනි, කර්මයන්ගේ හටගැනීම පිණිස හේතුවෙන කාරණා තුනක් තියෙනවා. ඒ තුන මොනවාද? පින්වත් මහණෙනි, ඡන්දරාගය ඇතිවීමට හේතු වූ අතීතයට ගිය කරුණු මුල්කොට ගෙන කැමැත්ත ඇතිවෙනවා. පින්වත් මහණෙනි, ඡන්දරාගය ඇතිවීමට හේතු වූ අනාගතයේ හටනොගත් කරුණු

මුල්කොට ගෙන කැමැත්ත ඇතිවෙනවා. පින්වත් මහණෙනි, ඡන්දරාගය ඇතිවීමට හේතු වූ වර්තමානයේ හටගත් කරුණු මුල්කොට ගෙන කැමැත්ත ඇතිවෙනවා.

පින්වත් මහණෙනි, ඡන්දරාගය ඇතිවීමට හේතු වූ අතීතයට ගිය කරුණු මුල්කොට ගෙන කැමැත්ත ඇතිවෙන්නේ කොහොමද? පින්වත් මහණෙනි, ඡන්දරාගය ඇතිවීමට හේතු වූ අතීතයට ගිය කරුණු මුල්කොට ගෙන සිතෙන් කල්පනා කරයි. නැවත නැවතත් මෙනෙහි කරයි. ඡන්දරාගය ඇතිවීමට හේතු වූ අතීතයට ගිය කරුණු මුල්කොට ගෙන සිතෙන් කල්පනා කරකර නැවත නැවතත් මෙනෙහි කරකර සිටින්නා වූ ඔහු තුළ කැමැත්ත ඇතිවෙනවා. කැමැත්ත ඇති වූ විට ඒ කරුණු සමඟ එක්වෙලා ඉන්නවා. පින්වත් මහණෙනි, සිතෙහි ඇතිවන යම් සරාගී බවක් ඇද්ද, මා මේ සරාගී බව සංයෝජනයක් කියලයි කියන්නේ. පින්වත් මහණෙනි, ඡන්දරාගය ඇති වීමට හේතු වූ අතීතයට ගිය කරුණු මුල්කොට ගෙන කැමැත්ත ඇතිවෙන්නේ ඔය විදිහටයි.

පින්වත් මහණෙනි, ඡන්දරාගය ඇතිවීමට හේතු වූ අනාගතයේ හටනොගත් කරුණු මුල්කොට ගෙන කැමැත්ත ඇතිවෙන්නේ කොහොමද? පින්වත් මහණෙනි, ඡන්දරාගය ඇතිවීමට හේතු වූ අනාගතයේ හටනොගත් කරුණු මුල්කොට ගෙන සිතෙන් කල්පනා කරයි. නැවත නැවතත් මෙනෙහි කරයි. ඡන්දරාගය ඇතිවීමට හේතු වූ අනාගතයේ හටනොගත් කරුණු මුල්කොට ගෙන සිතෙන් කල්පනා කරකර නැවත නැවතත් මෙනෙහි කරකර සිටින්නා වූ ඔහු තුළ කැමැත්ත ඇතිවෙනවා. කැමැත්ත ඇති වූ විට ඒ කරුණු සමඟ එක්වෙලා ඉන්නවා. පින්වත් මහණෙනි, සිතෙහි ඇතිවන යම් සරාගී බවක් ඇද්ද, මා මේ සරාගී බව සංයෝජනයක් කියලයි කියන්නේ. පින්වත් මහණෙනි, ඡන්දරාගය ඇතිවීමට හේතු වූ අනාගතයේ හටනොගත් කරුණු මුල්කොට ගෙන කැමැත්ත ඇතිවෙන්නේ ඔය විදිහටයි.

පින්වත් මහණෙනි, ඡන්දරාගය ඇතිවීමට හේතු වූ වර්තමානයෙහි හටගෙන තිබෙන කරුණු මුල්කොට ගෙන කැමැත්ත ඇතිවෙන්නේ කොහොමද? පින්වත් මහණෙනි, ඡන්දරාගය ඇතිවීමට හේතු වූ වර්තමානයෙහි හටගෙන තිබෙන කරුණු මුල්කොට ගෙන සිතෙන් කල්පනා කරයි. නැවත නැවතත් මෙනෙහි කරයි. ඡන්දරාගය ඇතිවීමට හේතු වූ වර්තමානයෙහි හටගෙන තිබෙන කරුණු මුල්කොට ගෙන සිතෙන් කල්පනා කරකර නැවත නැවතත් මෙනෙහි කරකර සිටින්නා වූ ඔහු තුළ කැමැත්ත ඇතිවෙනවා. කැමැත්ත ඇති වූ විට ඒ කරුණු සමඟ එක්වෙලා ඉන්නවා. පින්වත් මහණෙනි, සිතෙහි ඇතිවන යම් සරාගී බවක් ඇද්ද, මා මේ සරාගී බව සංයෝජනයක් කියලයි කියන්නේ.

පින්වත් මහණෙනි, ඡන්දරාගය ඇතිවීමට හේතු වූ වර්තමානයෙහි හටගෙන තිබෙන කරුණු මුල්කොට ගෙන කැමැත්ත ඇතිවෙන්නේ ඔය විදිහටයි. පින්වත් මහණෙනි, මේ තමයි කර්මයන්ගේ හටගැනීමට හේතුවන කාරණා තුන.

පින්වත් මහණෙනි, කර්මයන්ගේ හටගැනීම පිණිස හේතුවෙන කාරණා තුනක් තියෙනවා. ඒ තුන මොනවාද? පින්වත් මහණෙනි, ඡන්දරාගය ඇතිවීමට හේතු වූ අතීතයට ගිය කරුණු මුල්කොට ගෙන කැමැත්ත ඇතිවෙන්නේ නෑ. පින්වත් මහණෙනි, ඡන්දරාගය ඇතිවීමට හේතු වූ අනාගතයේ හටනොගත් කරුණු මුල්කොට ගෙන කැමැත්ත ඇතිවෙන්නේ නෑ. පින්වත් මහණෙනි, ඡන්දරාගය ඇතිවීමට හේතු වූ වර්තමානයේ හටගත් කරුණු මුල්කොට ගෙන කැමැත්ත ඇතිවෙන්නේ.

පින්වත් මහණෙනි, ඡන්දරාගය ඇතිවීමට හේතු වූ අතීතයට ගිය කරුණු මුල්කොට ගෙන කැමැත්ත ඇති නොවෙන්නේ කොහොමද? පින්වත් මහණෙනි, ඡන්දරාගය ඇතිවීමට හේතු වූ අතීතයට ගිය කරුණු හේතු කොට මතුවට ඇතිවන්නා වූ විපාක ගැන අවබෝධයක් තියෙනවා. මතුවට ඇතිවන විපාක ගැන තේරුම් ගෙන ඒ කරුණු සිතෙහි ඇතිවීම වළක්වනවා. ඒ කරුණු වළක්වලා සිතෙන් බැහැර කරලා ඒ ගැන ප්‍රඥාවෙන් විනිවිද දකිනවා. පින්වත් මහණෙනි, මේ ආකාරයට තමයි අතීතය ගැන ඡන්දරාගය ඇතිවීමට හේතුවන දේවල් අරභයා කැමැත්තක් නූපදින්නේ.

පින්වත් මහණෙනි, ඡන්දරාගය ඇතිවීමට හේතු වූ අනාගතයේ හටනොගත් කරුණු මුල්කොට ගෙන කැමැත්ත ඇති නොවෙන්නේ කොහොමද? පින්වත් මහණෙනි, ඡන්දරාගය ඇතිවීමට හේතු වූ අනාගතයේ හටනොගත් කරුණු හේතු කොට මතුවට ඇතිවන්නා වූ විපාක ගැන අවබෝධයක් තියෙනවා. මතුවට ඇතිවන විපාක ගැන තේරුම් ගෙන ඒ කරුණු සිතෙහි ඇතිවීම වළක්වනවා. ඒ කරුණු වළක්වලා සිතෙන් බැහැර කරලා ඒ ගැන ප්‍රඥාවෙන් විනිවිද දකිනවා. පින්වත් මහණෙනි, මේ ආකාරයට තමයි අනාගතයේ හටනොගත් ඡන්දරාගය ඇතිවීමට හේතුවන දේවල් අරභයා කැමැත්තක් නූපදින්නේ.

පින්වත් මහණෙනි, ඡන්දරාගය ඇතිවීමට හේතු වූ වර්තමානයේ හටගත් කරුණු මුල්කොට ගෙන කැමැත්ත ඇති නොවෙන්නේ කොහොමද? පින්වත් මහණෙනි, ඡන්දරාගය ඇතිවීමට හේතු වූ වර්තමානයේ හටගත් කරුණු හේතු කොට මතුවට ඇතිවන්නා වූ විපාක ගැන අවබෝධයක් තියෙනවා. මතුවට ඇතිවන විපාක ගැන තේරුම් ගෙන ඒ කරුණු සිතෙහි ඇතිවීම වළක්වනවා. ඒ කරුණු වළක්වලා සිතෙන් බැහැර කරලා ඒ ගැන ප්‍රඥාවෙන් විනිවිද දකිනවා.

පින්වත් මහණෙනි, මේ ආකාරයට තමයි වර්තමානයේ හටගත් ඡන්දරාගය ඇතිවීමට හේතුවන දේවල් අරභයා කැමැත්තක් නූපදින්නේ. පින්වත් මහණෙනි, මේ තමයි කර්මයන්ගේ හටගැනීමට හේතුවන කාරණා තුන.

සාදු! සාදු!! සාදු!!!

පළමුවෙනි සම්බෝධි වර්ගයයි.

2. අපායික වර්ගය

3.3.2.1.

11. සැවැත් නුවරදී.....

පින්වත් මහණෙනි, මේ පවිටු කාරණා තුන අත්නොහැර සිටියොත් අපායගාමී වෙනවා. නිරයගාමී වෙනවා. ඒ කරුණු තුන මොනවාද?

යම් කෙනෙක් අබ්‍රහ්මචාරීව සිටිමින් බ්‍රහ්මචාරී බව ප්‍රතිඥා දෙනවා නම්, යම් කෙනෙක් පිරිසිදු බ්‍රහ්මචරියාවේ හැසිරෙන කෙනෙකුට සත්‍යය කරුණුවලින් තොරව අබ්‍රහ්මචාරී කරුණකින් නිග්‍රහ කරනවා නම්, යම් කෙනෙක් 'පංචකාම සේවනයෙහි දෝෂයක් නැත' යන මෙබඳු වාද ඇතිව, මෙබඳු දෘෂ්ටියක් ඇතිව කාමයන්හි වරදවා හැසිරීමකට පැමිණෙයි නම්, මේ කරුණු තුනයි.

පින්වත් මහණෙනි, මේ පවිටු කාරණා තුන් අත්නොහැර සිටියොත් අපායගාමී වෙනවා. නිරයගාමී වෙනවා.

සාදු! සාදු!! සාදු!!!

3.3.2.2.

12. පින්වත් මහණෙනි, මේ තුන් දෙනෙකුගේ ලොව පහළවීම දුර්ලභයි.

පින්වත් මහණෙනි, තථාගත වූ අරහත් සම්මා සම්බුදුරජාණන් වහන්සේ නමකගේ පහළ වීම ලෝකයෙහි දුර්ලභයි. තථාගත සම්මා සම්බුදුරජාණන් වහන්සේ විසින් වදාරණ ලද ධර්මය දේශනා කරන පුද්ගලයා ලෝකයෙහි දුර්ලභයි. කෙළෙහිගුණ දන්නා වූ, කෙළෙහිගුණ සළකන්නා වූ පුද්ගලයා ලෝකයෙහි දුර්ලභයි.

පින්වත් මහණෙනි, මේ තුන් දෙනාගේ පහළ වීම ලෝකයෙහි දුර්ලභයි.

සාදු! සාදු!! සාදු!!!

3.3.2.3.

13. පින්වත් මහණෙනි, ලෝකයෙහි මේ පුද්ගලයන් තුන් දෙනෙක් දකින්නට ලැබෙනවා. කවර පුද්ගලයන් තුන් දෙනෙක්ද? සුප්පමෙය්‍ය හෙවත් පහසුවෙන් මැනිය හැකි පුද්ගලයා. දුප්පමෙය්‍ය හෙවත් අපහසුවෙන් මැනිය හැකි පුද්ගලයා. අප්පමෙය්‍ය හෙවත් මැනිය නොහැකි පුද්ගලයා.

පින්වත් මහණෙනි, පහසුවෙන් මැනිය හැකි පුද්ගලයා කවුද? පින්වත් මහණෙනි, මෙහිලා ඇතැම් පුද්ගලයෙක් අහංකාරයි. අධික මාන්නයෙන් යුක්තයි. චපලයි. කටවාචාලයි. අසංවර වූ වචන විසුරුවමින් කතා කරනවා. මුලා වූ සිහියෙන් යුක්තයි. නුවණින් තොරයි. සිතේ එකඟ බවක් නෑ. බිරාන්ත වෙච්ච සිතෙන් වාසය කරනවා. අසංවර ඉන්ද්‍රිය පැවැත්මෙන් යුක්තයි. පින්වත් මහණෙනි, මෙයාට තමයි සුප්පමෙය්‍ය පුද්ගලයා කියලා කියන්නේ.

පින්වත් මහණෙනි, පහසුවෙන් මැනිය නොහැකි පුද්ගලයා කවුද? පින්වත් මහණෙනි, මෙහිලා ඇතැම් පුද්ගලයෙක් අහංකාර නෑ. අධික මාන්නයෙන් යුක්ත නෑ. චපල නෑ. කටවාචාල නෑ. අසංවර වූ වචන විසුරුවමින් කතා කරන්නේ නෑ. මනා සිහියෙන් යුක්තයි. නුවණින් යුක්තයි. සමාහිත සිතින් යුක්තයි. සිතේ එකඟ බවක් තියෙනවා. සංවර වූ ඉන්ද්‍රිය පැවැත්මෙන් යුක්තයි. පින්වත් මහණෙනි, මෙයාට තමයි දුප්පමෙය්‍ය පුද්ගලයා කියලා කියන්නේ.

පින්වත් මහණෙනි, අප්පමෙය්‍ය පුද්ගලයා කවුද? පින්වත් මහණෙනි, මෙහිලා භික්ෂුවක් ඉන්නවා. ක්ෂීණාශ්‍රව වූ රහතන් වහන්සේ නමක්. පින්වත් මහණෙනි, පින්වත් මහණෙනි, මේ කෙනාට තමයි කියන්නේ අප්පමෙය්‍ය පුද්ගලයා කියලා.

පින්වත් මහණෙනි, මේ තමයි ලෝකයෙහි දකින්න ලැබෙන පුද්ගලයන් තුන් දෙනා.

සාදු! සාදු!! සාදු!!!

3.3.2.4.

14. පින්වත් මහණෙනි, ලෝකයෙහි මේ පුද්ගලයන් තුන් දෙනෙක් දකින්න ලැබෙනවා. කවර පුද්ගලයන් තුන් දෙනෙක්ද?

පින්වත් මහණෙනි, මෙහිලා එක්තරා පුද්ගලයෙක් සියලු ආකාරයේ රූප සඤ්ඤා ඉක්මවා යෑමෙන්, ගොරෝසු සඤ්ඤාවන් නැති කිරීමෙන්, නානා සඤ්ඤාවන් සිහි නොකිරීමෙන්, 'ආකාසය අනන්තයි' කියලා ආකාසානඤ්චායතනය උපදවාගෙන වාසය කරනවා. ඔහු ඒ අරූප ධ්‍යානයෙන් ආශ්වාදයක් ලබනවා. ඒ අරූප ධ්‍යානය ගැන ඉතාමත් කැමැති වෙනවා. එයින් සතුටට පත්වෙනවා. ඒ අරූප ධ්‍යානයෙහි සිටිමින් එහි බැසගත් සිතින් යුතුව, බහුල වශයෙන් එය තුළ වාසය කරමින් ඒ ධ්‍යානයෙන් නොපිරිහී කළුරිය කර ආකාසානාඤ්චායතනයට පැමිණි දෙවියන් සමඟ එක්වීමකට පැමිණෙනවා.

පින්වත් මහණෙනි, ආකාසානඤ්චායතන ලෝකයෙහි උපන් දෙවිවරුන්ගේ ආයුෂ ප්‍රමාණය කල්පවලින් විසිදහසක් වෙනවා. එහිලා පෘතග ජන පුද්ගලයා ආයුෂ ඇති තාක්කල් එහි ඉඳලා ඒ දෙවියන්ගේ ආයුෂ ප්‍රමාණය යම්තාක්ද, ඒ සියලු ආයුෂ ගෙවලා නිරයටත් යනවා. තිරිසන් යෝනියටත් යනවා. ප්‍රේත විෂයටත් යනවා.

නමුත් භාග්‍යවතුන් වහන්සේගේ ශ්‍රැතවත් ආර්ය ශ්‍රාවකයා ආයුෂ ඇති තාක්කල් එහි ඉඳලා ඒ දෙවියන්ගේ ආයුෂ ප්‍රමාණය යම්තාක්ද, ඒ සියලු ආයුෂ ගෙවලා එහිම පිරිනිවන් පානවා. පින්වත් මහණෙනි, යම් මේ පරලොව ගතියක් ඇති කල්හි, ඉපදීමක් ඇති කල්හි ශ්‍රැතවත් ආර්ය ශ්‍රාවකයාගේත්, අශ්‍රැතවත් පෘතග්ජනයාගේත් තියෙන විශේෂත්වය මේකයි. සුවිශේෂීබව මෙයයි. වෙනස්කම මෙයයි.

ඒ ගැන තවදුරටත් කියනවා නම්, පින්වත් මහණෙනි, මෙහිලා එක්තරා පුද්ගලයෙක් සියලු ආකාරයේ ආකාසානඤ්චායතන සඤ්ඤා ඉක්මවා යෑමෙන්, 'විඤ්ඤාණය අනන්තයි' කියලා විඤ්ඤාණඤ්චායතනය උපදවාගෙන වාසය කරනවා. ඔහු ඒ අරූප ධ්‍යානයෙන් ආශ්වාදයක් ලබනවා. ඒ අරූප ධ්‍යානය ගැන ඉතාමත් කැමැති වෙනවා. එයින් සතුටට පත්වෙනවා. ඒ අරූප ධ්‍යානයෙහි සිටිමින් එහි බැසගත් සිතින් යුතුව, බහුල වශයෙන් එය තුළ වාසය කරමින් ඒ ධ්‍යානයෙන් නොපිරිහී කළුරිය කර විඤ්ඤාණඤ්චායතනයට පැමිණි දෙවියන් සමඟ එක්වීමකට පැමිණෙනවා.

පින්වත් මහණෙනි, විඤ්ඤාණඤ්චායතන ලෝකයෙහි උපන් දෙවිවරුන්ගේ ආයුෂ ප්‍රමාණය කල්පවලින් හතලිස්දහසක් වෙනවා. එහිලා

පෘතග්ජන පුද්ගලයා ආයුෂ ඇති තාක්කල් එහි ඉඳලා ඒ දෙවියන්ගේ ආයුෂ ප්‍රමාණය යම්තාක්ද, ඒ සියලු ආයුෂ ගෙවලා නිරයටත් යනවා. තිරිසන් යෝනියටත් යනවා. ප්‍රේත විෂයටත් යනවා.

නමුත් භාග්‍යවතුන් වහන්සේගේ ශ්‍රැතවත් ආර්ය ශ්‍රාවකයා ආයුෂ ඇති තාක්කල් එහි ඉඳලා ඒ දෙවියන්ගේ ආයුෂ ප්‍රමාණය යම්තාක්ද, ඒ සියලු ආයුෂ ගෙවලා එහිම පිරිනිවන් පානවා. පින්වත් මහණෙනි, යම් මේ පරලොව ගතියක් ඇති කල්හි, ඉපදීමක් ඇති කල්හි ශ්‍රැතවත් ආර්ය ශ්‍රාවකයාගේත්, අශ්‍රැතවත් පෘතග්ජනයාගේත් තියෙන විශේෂත්වය මේකයි. සුවිශේෂීබව මෙයයි. වෙනස්කම මෙයයි.

ඒ ගැන තවදුරටත් කියනවා නම්, පින්වත් මහණෙනි, මෙහිලා එක්තරා පුද්ගලයෙක් සියලු ආකාරයේ විඤ්ඤාණඤ්චායතනය ඉක්මවා යෑමෙන්, ‘කිසිවක් නැත’ කියලා ආකිඤ්චඤ්ඤායතනය උපදවාගෙන වාසය කරනවා. ඔහු ඒ අරූප ධ්‍යානයෙන් ආශ්වාදයක් ලබනවා. ඒ අරූප ධ්‍යානය ගැන ඉතාමත් කැමැති වෙනවා. එයින් සතුටට පත්වෙනවා. ඒ අරූප ධ්‍යානයෙහි සිටිමින් එහි බැසගත් සිතින් යුතුව, බහුල වශයෙන් එය තුළ වාසය කරමින් ඒ ධ්‍යානයෙන් නොපිරිහී කළුරිය කර ආකිඤ්චඤ්ඤායතනයට පැමිණ දෙවියන් සමඟ එක්වීමකට පැමිණෙනවා.

පින්වත් මහණෙනි, ආකිඤ්චඤ්ඤායතන ලෝකයෙහි උපන් දෙවිවරුන්ගේ ආයුෂ ප්‍රමාණය කල්පවලින් හැටදහසක් වෙනවා. එහිලා පෘථග්ජන පුද්ගලයා ආයුෂ ඇති තාක්කල් එහි ඉඳලා ඒ දෙවියන්ගේ ආයුෂ ප්‍රමාණය යම්තාක්ද, ඒ සියලු ආයුෂ ගෙවලා නිරයටත් යනවා. තිරිසන් යෝනියටත් යනවා. ප්‍රේත විෂයටත් යනවා.

නමුත් භාග්‍යවතුන් වහන්සේගේ ශ්‍රැතවත් ආර්ය ශ්‍රාවකයා ආයුෂ ඇති තාක්කල් එහි ඉඳලා ඒ දෙවියන්ගේ ආයුෂ ප්‍රමාණය යම්තාක්ද, ඒ සියලු ආයුෂ ගෙවලා එහිම පිරිනිවන් පානවා. පින්වත් මහණෙනි, යම් මේ පරලොව ගතියක් ඇති කල්හි, ඉපදීමක් ඇති කල්හි ශ්‍රැතවත් ආර්ය ශ්‍රාවකයාගේත්, අශ්‍රැතවත් පෘථග්ජනයාගේත් තියෙන විශේෂත්වය මේකයි. සුවිශේෂීබව මෙයයි. වෙනස්කම මෙයයි.

පින්වත් මහණෙනි, මේ පුද්ගලයන් තුන් දෙනා ලෝකයෙහි දකින්නට ලැබෙනවා.

සාදු! සාදු!! සාදු!!!

3.3.2.5.

15. පින්වත් මහණෙනි, මේ විපත් තුනක් තියෙනවා. ඒ තුන මොනවාද? සීල විපත්තිය, චිත්ත විපත්තිය හා දෘෂ්ටි විපත්තියයි.

පින්වත් මහණෙනි, සීල විපත්තිය යනු කුමක්ද?

පින්වත් මහණෙනි, මෙහිලා ඇතැම් කෙනෙක් ප්‍රාණඝාත කරනවා. සොරකම් කරනවා. වැරදි කාමසේවනයෙහි යෙදෙනවා. බොරු කියනවා. කේළාම් කියනවා. පරුෂ වචන කියනවා. හිස් වචන කියනවා. පින්වත් මහණෙනි, මේකට තමයි සීල විපත්තිය කියන්නේ.

පින්වත් මහණෙනි, චිත්ත විපත්තිය යනු කුමක්ද?

පින්වත් මහණෙනි, මෙහිලා ඇතැම් කෙනෙක් අනුන් සතු දෙයට ආශා කරනවා. ද්වේෂ සහගත සිතින් යුතු වෙනවා. පින්වත් මහණෙනි, මේකට තමයි චිත්ත විපත්තිය කියන්නේ.

පින්වත් මහණෙනි, දිට්ඨි විපත්තිය යනු කුමක්ද?

පින්වත් මහණෙනි, මෙහිලා ඇතැම් කෙනෙක් මිත්‍යා දෘෂ්ටියෙන් යුක්තයි. ඒ කියන්නේ; 'දුන් දෙයෙහි විපාක නැත. පුද කළ දෙයෙහි විපාක නැත. ගරු බුහුමන් කිරීමේ විපාක නැත. හොඳ නරක ක්‍රියාවන්ගේ විපාක නැත. මෙලොවක් නැත. පරලොවක් නැත. මවක් නැත. පියෙක් නැත. ඕපපාතිකව උපදින සත්වයන් නැත. යම් කෙනෙක් මේ ලෝකයත්, පරලෝකයත් තමා විසින්ම විශිෂ්ට ඥානයෙන් අවබෝධ කොට පවසනවා නම්, එවන් යහපත් ගති ඇති, යහපත් දෙයට පැමිණි ශ්‍රමණයෝවත්, බ්‍රාහ්මණයෝවත් නැත' කියන විපරීත දර්ශනයෙන් යුක්තයි. පින්වත් මහණෙනි, මේකට තමයි දෘෂ්ටි විපත්තිය කියන්නේ.

පින්වත් මහණෙනි, සීල විපත්තිය හේතු කොට ගෙනත් සත්වයෝ කය බිඳී මරණින් මතු අපාය නම් වූ, දුගතිය නම් වූ, විනිපාත නම් වූ නිරයේ උපදිනවා. පින්වත් මහණෙනි, චිත්ත විපත්තිය හේතු කොට ගෙනත් සත්වයෝ කය බිඳී මරණින් මතු අපාය නම් වූ, දුගතිය නම් වූ, විනිපාත නම් වූ නිරයේ උපදිනවා. පින්වත් මහණෙනි, දෘෂ්ටි විපත්තිය හේතු කොට ගෙනත් සත්වයෝ කය බිඳී මරණින් මතු අපාය නම් වූ, දුගතිය නම් වූ, විනිපාත නම් වූ නිරයේ උපදිනවා. පින්වත් මහණෙනි, මේ තමයි විපත්ති තුන.

පින්වත් මහණෙනි, සම්පත්ති තුනක් තියෙනවා. ඒ තුන මොනවාද?

සීල සම්පත්තිය, චිත්ත සම්පත්තිය හා දෘෂ්ටි සම්පත්තියයි.

පින්වත් මහණෙනි, සීල සම්පත්තිය යනු කුමක්ද?

පින්වත් මහණෙනි, මෙහිලා ඇතැම් කෙනෙක් ප්‍රාණඝාතයෙන් වැළකී සිටිනවා. සොරකමෙන් වැළකී සිටිනවා. වැරදි කාමසේවනයෙන් වැළකී සිටිනවා. බොරු කීමෙන් වැළකී සිටිනවා. කේළාම් කීමෙන් වැළකී සිටිනවා. පරුෂ වචන කීමෙන් වැළකී සිටිනවා. හිස් වචන කීමෙන් වැළකී සිටිනවා. පින්වත් මහණෙනි, මේකට තමයි සීල සම්පත්තිය කියන්නේ.

පින්වත් මහණෙනි, චිත්ත සම්පත්තිය යනු කුමක්ද?

පින්වත් මහණෙනි, මෙහිලා ඇතැම් කෙනෙක් අනුන් සතු දෙයට ආශා කරන්නේ නෑ. ද්වේෂ සහගත සිතින් තොරව ඉන්නවා. පින්වත් මහණෙනි, මේකට තමයි චිත්ත සම්පත්තිය කියන්නේ.

පින්වත් මහණෙනි, දිට්ඨි සම්පත්තිය යනු කුමක්ද?

පින්වත් මහණෙනි, මෙහිලා ඇතැම් කෙනෙක් සම්මා දිට්ඨියෙන් යුක්තයි. ඒ කියන්නේ; 'දුන් දෙයෙහි විපාක ඇත. පුද කළ දෙයෙහි විපාක ඇත. ගරු බුහුමන් කිරීමේ විපාක ඇත. හොඳ නරක ක්‍රියාවන්ගේ විපාක ඇත. මෙලොවක් ඇත. පරලොවක් ඇත. මවක් ඇත. පියෙක් ඇත. ඕපපාතිකව උපදින සත්වයන් ඇත. යම් කෙනෙක් මේ ලෝකයත්, පරලෝකයත් තමා විසින්ම විශිෂ්ට ඥාණයෙන් අවබෝධ කොට පවසනවා නම්, එවන් යහපත් ගති ඇති, යහපත් දෙයට පැමිණි ශ්‍රමණයෝවත්, බ්‍රාහ්මණයෝවත් ඇත' කියන අවිපරීත දර්ශනයෙන් යුක්තයි. පින්වත් මහණෙනි, මේකට තමයි දෘෂ්ටි සම්පත්තිය කියන්නේ.

පින්වත් මහණෙනි, සීල සම්පත්තිය හේතු කොට ගෙනත් සත්වයෝ කය බිඳී මරණින් මතු සුගතිය නම් වූ දෙව් ලොව උපදිනවා. පින්වත් මහණෙනි, චිත්ත සම්පත්තිය හේතු කොට ගෙනත් සත්වයෝ කය බිඳී මරණින් මතු සුගතිය නම් වූ දෙව් ලොව උපදිනවා. පින්වත් මහණෙනි, දෘෂ්ටි සම්පත්තිය හේතු කොටගෙනත් සත්වයෝ කය බිඳී මරණින් මතු සුගතිය නම් වූ දෙව් ලොව උපදිනවා.

සාදු! සාදු!! සාදු!!!

3.3.2.6.

16. පින්වත් මහණෙනි, මේ විපත් තුනක් තියෙනවා. ඒ තුන මොනවාද? සීල විපත්තිය, චිත්ත විපත්තිය හා දෘෂ්ටි විපත්තියයි.

පින්වත් මහණෙනි, සීල විපත්තිය යනු කුමක්ද? පින්වත් මහණෙනි, මෙහිලා ඇතැම් කෙනෙක් ප්‍රාණඝාත කරනවා. ....(පෙ).... හිස් වචන කියනවා. පින්වත් මහණෙනි, මේකට තමයි සීල විපත්තිය කියන්නේ.

පින්වත් මහණෙනි, චිත්ත විපත්තිය යනු කුමක්ද? පින්වත් මහණෙනි, මෙහිලා ඇතැම් කෙනෙක් අනුන් සතු දෙයට ආශා කරනවා. ද්වේෂ සහගත සිතින් යුතු වෙනවා. පින්වත් මහණෙනි, මේකට තමයි චිත්ත විපත්තිය කියන්නේ.

පින්වත් මහණෙනි, දිට්ඨි විපත්තිය යනු කුමක්ද? පින්වත් මහණෙනි, මෙහිලා ඇතැම් කෙනෙක් මිත්‍යා දෘෂ්ටියෙන් යුක්තයි. ඒ කියන්නේ; 'දුන් දෙයෙහි විපාක නැත. පුද කළ දෙයෙහි විපාක නැත. ....(පෙ).... යම් කෙනෙක් මේ ලෝකයත්, පරලෝකයත් තමා විසින්ම විශිෂ්ට ඥාණයෙන් අවබෝධ කොට පවසනවා නම්, එවන් යහපත් ගති ඇති, යහපත් දෙයට පැමිණි ශ්‍රමණයෝවත්, බ්‍රාහ්මණයෝවත් නැත' කියන විපරීත දර්ශනයෙන් යුක්තයි. පින්වත් මහණෙනි, මේකට තමයි දෘෂ්ටි විපත්තිය කියන්නේ.

පින්වත් මහණෙනි, සීල විපත්තිය හේතු කොට ගෙනත් සත්වයෝ කය බිඳී මරණින් මතු අපාය නම් වූ, දුගතිය නම් වූ, විනිපාත නම් වූ නිරයේ උපදිනවා. පින්වත් මහණෙනි, චිත්ත විපත්තිය හේතු කොට ගෙනත් සත්වයෝ කය බිඳී මරණින් මතු අපාය නම් වූ, දුගතිය නම් වූ, විනිපාත නම් වූ නිරයේ උපදිනවා. පින්වත් මහණෙනි, දෘෂ්ටි විපත්තිය හේතු කොට ගෙනත් සත්වයෝ කය බිඳී මරණින් මතු අපාය නම් වූ, දුගතිය නම් වූ, විනිපාත නම් වූ නිරයේ උපදිනවා.

පින්වත් මහණෙනි, හය පැත්තකින් යුතු දාදු කැටය උඩට දමූ විට යම් යම් අයුරකින් බිම පැතලි ලෙස වැටී සිටිනවා නම්, එය මනාකොටම වැටී තිබෙනවා. පින්වත් මහණෙනි, අන්න ඒ වගේමයි, පින්වත් මහණෙනි, සීල විපත්තිය හේතු කොට ගෙනත් සත්වයෝ කය බිඳී මරණින් මතු අපාය නම් වූ, දුගතිය නම් වූ, විනිපාත නම් වූ නිරයේ උපදිනවා. පින්වත් මහණෙනි, චිත්ත විපත්තිය හේතු කොට ගෙනත් සත්වයෝ කය බිඳී මරණින් මතු අපාය නම් වූ, දුගතිය නම් වූ, විනිපාත නම් වූ නිරයේ උපදිනවා. පින්වත් මහණෙනි, දෘෂ්ටි විපත්තිය හේතු කොටගෙනත් සත්වයෝ කය බිඳී මරණින් මතු අපාය නම් වූ,

දුගතිය නම් වූ, විනිපාත නම් වූ නිරයේ උපදිනවා. පින්වත් මහණෙනි, මේ තමයි විපත්ති තුන.

පින්වත් මහණෙනි, සම්පත්ති තුනක් තියෙනවා. ඒ තුන මොනවාද? සීල සම්පත්තිය, චිත්ත සම්පත්තිය හා දෘෂ්ටි සම්පත්තියයි.

පින්වත් මහණෙනි, සීල සම්පත්තිය යනු කුමක්ද?

පින්වත් මහණෙනි, මෙහිලා ඇතැම් කෙනෙක් ප්‍රාණඝාතයෙන් වැළකී සිටිනවා. ....(පෙ).... හිස් වචන කීමෙන් වැළකී සිටිනවා. පින්වත් මහණෙනි, මේකට තමයි සීල සම්පත්තිය කියන්නේ.

පින්වත් මහණෙනි, චිත්ත සම්පත්තිය යනු කුමක්ද?

පින්වත් මහණෙනි, මෙහිලා ඇතැම් කෙනෙක් අනුන් සතු දෙයට ආශා කරන්නේ නෑ. ද්වේෂ සහගත සිතින් තොරව ඉන්නවා. පින්වත් මහණෙනි, මේකට තමයි චිත්ත සම්පත්තිය කියන්නේ.

පින්වත් මහණෙනි, දිට්ඨි සම්පත්තිය යනු කුමක්ද?

පින්වත් මහණෙනි, මෙහිලා ඇතැම් කෙනෙක් සම්මා දිට්ඨියෙන් යුක්තයි. ඒ කියන්නේ; 'දුන් දෙයෙහි විපාක ඇත. පුද කළ දෙයෙහි විපාක ඇත. ....(පෙ).... යම් කෙනෙක් මේ ලෝකයත්, පරලෝකයත් තමා විසින්ම විශිෂ්ට ඥාණයෙන් අවබෝධ කොට පවසනවා නම්, එවන් යහපත් ගති ඇති, යහපත් දෙයට පැමිණි ශ්‍රමණයෝවත්, බ්‍රාහ්මණයෝවත් ඇත' කියන අවිපරීත දර්ශනයෙන් යුක්තයි. පින්වත් මහණෙනි, මේකට තමයි දෘෂ්ටි සම්පත්තිය කියන්නේ.

පින්වත් මහණෙනි, හය පැත්තකින් යුතු දාදු කැටය උඩට දැමූ විට යම් යම් අයුරකින් බිම පැතලි ලෙස වැටී සිටිනවා නම්, එය මනාකොටම වැටී තිබෙනවා. පින්වත් මහණෙනි, අන්න ඒ වගේමයි, පින්වත් මහණෙනි, සීල සම්පත්තිය හේතු කොට ගෙනත් සත්වයෝ කය බිඳී මරණින් මතු සුගතිය නම් වූ දෙව්ලොව උපදිනවා. පින්වත් මහණෙනි, චිත්ත සම්පත්තිය හේතු කොට ගෙනත් සත්වයෝ කය බිඳී මරණින් මතු සුගතිය නම් වූ දෙව්ලොව උපදිනවා. පින්වත් මහණෙනි, දෘෂ්ටි සම්පත්තිය හේතු කොට ගෙනත් සත්වයෝ කය බිඳී මරණින් මතු සුගතිය නම් වූ දෙව්ලොව උපදිනවා. පින්වත් මහණෙනි, මේ තමයි සම්පත්ති තුන.

සාදු! සාදු!! සාදු!!!

3.3.2.7.

17. පින්වත් මහණෙනි, මේ විපත් තුනක් තියෙනවා. ඒ තුන මොනවාද? කම්මන්ත විපත්තිය, ආජීව විපත්තිය හා දෘෂ්ටි විපත්තියයි.

පින්වත් මහණෙනි, කම්මන්ත විපත්තිය යනු කුමක්ද? පින්වත් මහණෙනි, මෙහිලා ඇතැම් කෙනෙක් ප්‍රාණඝාත කරනවා. ....(පෙ).... හිස් වචන කියනවා. පින්වත් මහණෙනි, මේකට තමයි කම්මන්ත විපත්තිය කියන්නේ.

පින්වත් මහණෙනි, ආජීව විපත්තිය යනු කුමක්ද? පින්වත් මහණෙනි, මෙහිලා ඇතැම් කෙනෙක් මිත්‍යා ආජීවයෙන් යුතු වෙනවා. මිත්‍යා ආජීවයෙන් යුතුව ජීවිතය ගතකරනවා. පින්වත් මහණෙනි, මේකට තමයි ආජීව විපත්තිය කියන්නේ.

පින්වත් මහණෙනි, දිට්ඨි විපත්තිය යනු කුමක්ද? පින්වත් මහණෙනි, මෙහිලා ඇතැම් කෙනෙක් මිත්‍යා දෘෂ්ටියෙන් යුක්තයි. ඒ කියන්නේ; 'දුන් දෙයෙහි විපාක නැත. පුද කළ දෙයෙහි විපාක නැත. ....(පෙ).... යම් කෙනෙක් මේ ලෝකයත්, පරලෝකයත් තමා විසින්ම විශිෂ්ට ඤාණයෙන් අවබෝධ කොට පවසනවා නම්, එවන් යහපත් ගති ඇති, යහපත් දෙයට පැමිණි ශ්‍රමණයෝවත්, බ්‍රාහ්මණයෝවත් නැත' කියන විපරීත දර්ශනයෙන් යුක්තයි. පින්වත් මහණෙනි, මේකට තමයි දෘෂ්ටි විපත්තිය කියන්නේ. පින්වත් මහණෙනි, මේ තමයි විපත්ති තුන.

පින්වත් මහණෙනි, සම්පත්ති තුනක් තියෙනවා. ඒ තුන මොනවාද? කම්මන්ත සම්පත්තිය, ආජීව සම්පත්තිය හා දෘෂ්ටි සම්පත්තියයි.

පින්වත් මහණෙනි, කම්මන්ත සම්පත්තිය යනු කුමක්ද? පින්වත් මහණෙනි, මෙහිලා ඇතැම් කෙනෙක් ප්‍රාණඝාතයෙන් වැළකී සිටිනවා. ....(පෙ).... හිස් වචන කීමෙන් වැළකී සිටිනවා. පින්වත් මහණෙනි, මේකට තමයි කම්මන්ත සම්පත්තිය කියන්නේ.

පින්වත් මහණෙනි, ආජීව සම්පත්තිය යනු කුමක්ද? පින්වත් මහණෙනි, මෙහිලා ඇතැම් කෙනෙක් සම්මා ආජීවයෙන් යුතු වෙනවා. සම්මා ආජීවයෙන් යුතුව ජීවිතය ගත කරනවා. පින්වත් මහණෙනි, මේකට තමයි ආජීව සම්පත්තිය කියන්නේ.

පින්වත් මහණෙනි, දිට්ඨි සම්පත්තිය යනු කුමක්ද? පින්වත් මහණෙනි, මෙහිලා ඇතැම් කෙනෙක් සම්මා දිට්ඨියෙන් යුක්තයි. ඒ කියන්නේ; 'දුන් දෙයෙහි විපාක ඇත. පුද කළ දෙයෙහි විපාක ඇත. ....(පෙ).... යම් කෙනෙක්

මේ ලෝකයත්, පරලෝකයත් තමා විසින්ම විශිෂ්ට ඤාණයෙන් අවබෝධ කොට පවසනවා නම්, එවන් යහපත් ගති ඇති, යහපත් දෙයට පැමිණි ශ්‍රමණයෝවත්, බ්‍රාහ්මණයෝවත් ඇත' කියන අවිපරීත දර්ශනයෙන් යුක්තයි. පින්වත් මහණෙනි, මේකට තමයි දෘෂ්ටි සම්පත්තිය කියන්නේ. පින්වත් මහණෙනි, මේ තමයි සම්පත්ති තුන.

සාදු! සාදු!! සාදු!!!

3.3.2.8.

18. පින්වත් මහණෙනි, පිරිසිදුකම් තුනක් තියෙනවා. ඒ තුන මොනවාද? කයෙහි පිරිසිදුබව, වචනයෙහි පිරිසිදුබව හා සිතෙහි පිරිසිදුබවයි.

පින්වත් මහණෙනි, කයෙහි පිරිසිදුබව යනු කුමක්ද? පින්වත් මහණෙනි, මෙහිලා ඇතැම් කෙනෙක් ප්‍රාණඝාතයෙන් වැළකී සිටිනවා. සොරකමෙන් වැළකී සිටිනවා. වැරදි කාමසේවනයෙන් වැළකී සිටිනවා. පින්වත් මහණෙනි, මේකට තමයි කයෙහි පිරිසිදු බව කියන්නේ.

පින්වත් මහණෙනි, වචනයෙහි පිරිසිදුබව යනු කුමක්ද? පින්වත් මහණෙනි, මෙහිලා ඇතැම් කෙනෙක් බොරු කීමෙන්වැළකී සිටිනවා. කේළාම් කීමෙන් වැළකී සිටිනවා. ඵරුෂ වචන කීමෙන් වැළකී සිටිනවා. හිස් වචන කීමෙන් වැළකී සිටිනවා. පින්වත් මහණෙනි, මේකට තමයි වචනයෙහි පිරිසිදු බව කියන්නේ.

පින්වත් මහණෙනි, සිතෙහි පිරිසිදුබව යනු කුමක්ද? පින්වත් මහණෙනි, මෙහිලා ඇතැම් කෙනෙක් අනුන්ගේ දෙයට ආශා කරන්නේ නෑ. ද්වේෂ සහගත සිතින් යුක්ත නෑ. සම්මා දිට්ඨියෙන් යුක්තයි. පින්වත් මහණෙනි, මේකට තමයි සිතෙහි පිරිසිදු බව කියන්නේ. පින්වත් මහණෙනි, මේ තමයි පිරිසිදුකම් තුන.

සාදු! සාදු!! සාදු!!!

3.3.2.9.

19. පින්වත් මහණෙනි, පිරිසිදුකම් තුනක් තියෙනවා. ඒ තුන මොනවාද? කයෙහි පිරිසිදුබව, වචනයෙහි පිරිසිදුබව හා සිතෙහි පිරිසිදුබවයි.

පින්වත් මහණෙනි, කයෙහි පිරිසිදුබව යනු කුමක්ද? පින්වත් මහණෙනි,

මෙහිලා ඇතැම් කෙනෙක් ප්‍රාණඝාතයෙන් වැළකී සිටිනවා. සොරකමෙන් වැළකී සිටිනවා. අබ්‍රහ්මචාරී ජීවිතයෙන් වැළකී සිටිනවා. පින්වත් මහණෙනි, මේකට තමයි කයෙහි පිරිසිදු බව කියන්නේ.

පින්වත් මහණෙනි, වචනයෙහි පිරිසිදුබව යනු කුමක්ද? පින්වත් මහණෙනි, මෙහිලා ඇතැම් කෙනෙක් බොරු කීමෙන්වැළකී සිටිනවා. කේළාම් කීමෙන් වැළකී සිටිනවා. ඵරුෂ වචන කීමෙන් වැළකී සිටිනවා. හිස් වචන කීමෙන් වැළකී සිටිනවා. පින්වත් මහණෙනි, මේකට තමයි වචනයෙහි පිරිසිදු බව කියන්නේ.

පින්වත් මහණෙනි, සිතෙහි පිරිසිදුබව යනු කුමක්ද? පින්වත් මහණෙනි, මෙහිලා භික්ෂුව තමා තුළ කාමච්ඡන්දය තිබෙන විට, මා තුළ කාමච්ඡන්දය තියෙනවා කියලා දැනගන්නවා. තමා තුළ කාමච්ඡන්දය නැතිවිට, මා තුළ කාමච්ඡන්දය නෑ කියලා දැනගන්නවා. යම් ආකාරයකින් නූපන් කාමච්ඡන්දයේ යම් ඉපදීමක් වෙනවාද, එයත් දැනගන්නවා. යම් ආකාරයකින් උපන් කාමච්ඡන්දයේ ප්‍රහීණ වීමක් ඇද්ද, එයත් දැනගන්නවා. යම් ආකාරයකින් ප්‍රහීණ වූ කාමච්ඡන්දයේ නැවත හටගැනීමක් නැත්නම්, එයත් දැනගන්නවා.

තමා තුළ ද්වේෂය තිබෙන විට, මා තුළ ද්වේෂය තියෙනවා කියලා දැනගන්නවා. තමා තුළ ද්වේෂය නැතිවිට, මා තුළ ද්වේෂය නෑ කියලා දැනගන්නවා. යම් ආකාරයකින් නූපන් ද්වේෂයේ යම් ඉපදීමක් වෙනවාද, එයත් දැනගන්නවා. යම් ආකාරයකින් උපන් ද්වේෂයේ ප්‍රහීණ වීමක් ඇද්ද, එයත් දැනගන්නවා. යම් ආකාරයකින් ප්‍රහීණ වූ ද්වේෂයේ නැවත හටගැනීමක් නැත්නම්, එයත් දැනගන්නවා.

තමා තුළ නිදිමත හා අලසබව තිබෙන විට, මා තුළ නිදිමත හා අලසබව තියෙනවා කියලා දැනගන්නවා. තමා තුළ නිදිමත හා අලසබව නැතිවිට, මා තුළ නිදිමත හා අලසබව නෑ කියලා දැනගන්නවා. යම් ආකාරයකින් නූපන් නිදිමත හා අලසබවෙහි යම් ඉපදීමක් වෙනවාද, එයත් දැනගන්නවා. යම් ආකාරයකින් උපන් නිදිමත හා අලසබවෙහි ප්‍රහීණ වීමක් ඇද්ද, එයත් දැනගන්නවා. යම් ආකාරයකින් ප්‍රහීණ වූ නිදිමත හා අලසබවේ නැවත හටගැනීමක් නැත්නම්, එයත් දැනගන්නවා.

තමා තුළ සිතෙහි විසිරීමත් පසුතැවීමත් තිබෙන විට, මා තුළ සිතෙහි විසිරීමත් පසුතැවීමත් තියෙනවා කියලා දැනගන්නවා. තමා තුළ සිතෙහි විසිරීමත් පසුතැවීමත් නැතිවිට, මා තුළ සිතෙහි විසිරීමත් පසුතැවීමත් නෑ කියලා දැනගන්නවා. යම් ආකාරයකින් නූපන්නා වූ සිතෙහි විසිරීම හා පසුතැවීමෙහි

අංගුත්තර නිකාය - 1 (තික නිපාතය) (3.2 අපායික වර්ගය) 461

ඉපදීමක් වෙනවාද, එයත් දැනගන්නවා. යම් ආකාරයකින් ඉපදී තිබෙන සිතෙහි විසිරීම හා පසුතැවීමෙහි ප්‍රහීණ වීමක් ඇද්ද, එයත් දැනගන්නවා. යම් ආකාරයකින් ප්‍රහීණ වූ සිතෙහි විසිරීම හා පසුතැවීමෙහි නැවත හටගැනීමක් නැත්නම්, එයත් දැනගන්නවා.

තමා තුළ සැකය තිබෙන විට, මා තුළ සැකය තියෙනවා කියලා දැනගන්නවා. තමා තුළ සැකය නැතිවිට, මා තුළ සැකය නෑ කියලා දැනගන්නවා. යම් ආකාරයකින් නූපන් සැකයේ යම් ඉපදීමක් වෙනවාද, එයත් දැනගන්නවා. යම් ආකාරයකින් උපන් සැකයේ ප්‍රහීණ වීමක් ඇද්ද, එයත් දැනගන්නවා. යම් ආකාරයකින් ප්‍රහීණ වූ සැකයේ නැවත හටගැනීමක් නැත්නම්, එයත් දැනගන්නවා. පින්වත් මහණෙනි, මේකට තමයි සිතෙහි පිරිසිදු බව කියන්නේ. පින්වත් මහණෙනි, මේ තමයි පිරිසිදුකම් තුන.

01. කයෙන් පිරිසිදු වූ, වචනයෙන් පිරිසිදු වූ, සිතින් පිරිසිදු වූ, ආශ්‍රව රහිත වූ යන මේ අයුරින් පිරිසිදුභාවයෙන් යුක්ත වූ පිරිසිදු භික්ෂුව පව් සෝදාහැරියා කියලයි කියන්නේ.

සාදු! සාදු!! සාදු!!!

3.3.2.10

20. පින්වත් මහණෙනි, මුනිවරයෙකු බවට පත්කරවන කරුණු තුනක් තියෙනවා. ඒ තුන මොනවාද? කයෙන් ඇතිකරගන්නා මුනිබව, වචනයෙන් ඇතිකරගන්නා මුනිබව හා මනසින් ඇතිකරගන්නා මුනිබවයි.

පින්වත් මහණෙනි, කයෙන් ඇතිකරගන්නා මුනිබව යනු කුමක්ද? පින්වත් මහණෙනි, මෙහිලා ඇතැම් කෙනෙක් ප්‍රාණඝාතයෙන් වැළකී සිටිනවා. සොරකමෙන් වැළකී සිටිනවා. අබ්‍රහ්මචාරී ජීවිතයෙන් වැළකී සිටිනවා. පින්වත් මහණෙනි, මේකට තමයි කයෙන් ඇතිකරගන්නා මුනිබව කියන්නේ.

පින්වත් මහණෙනි, වචනයෙන් ඇතිකරගන්නා මුනිබව යනු කුමක්ද? පින්වත් මහණෙනි, මෙහිලා ඇතැම් කෙනෙක් බොරු කීමෙන්වැළකී සිටිනවා. කේළාම් කීමෙන් වැළකී සිටිනවා. එරුෂ වචන කීමෙන් වැළකී සිටිනවා. හිස් වචන කීමෙන් වැළකී සිටිනවා. පින්වත් මහණෙනි, මේකට තමයි වචනයෙන් ඇතිකරගන්නා මුනිබව කියන්නේ.

පින්වත් මහණෙනි, මනසෙන් ඇතිකරගන්නා මුනිබව යනු කුමක්ද?

පින්වත් මහණෙනි, මෙහිලා භික්ෂුව ආශ්‍රවයන් ක්ෂය කිරීමෙන් ආශ්‍රව රහිත වූ චේතෝ විමුක්තියත්, ප්‍රඥා විමුක්තියත් මේ ජීවිතයේදීම තමා විසින් විශිෂ්ට ඤාණයෙන් සාක්ෂාත් කොට එයට පැමිණ වාසය කරනවා. පින්වත් මහණෙනි, මේකට තමයි මනසෙන් ඇතිකරගන්නා මුනිබව කියන්නේ. පින්වත් මහණෙනි, මේ තමයි මුනිවරයෙකු බවට පත්කරවන කරුණු තුන.

02. කයෙනුත් මුනි වූ, වචනයෙනුත් මුනි වූ, සිතෙනුත් මුනි වූ, ආශ්‍රව රහිත වූ මුනිවරයෙකුගේ ගුණයෙන් යුක්ත වූ ඒ මුනි නම් වූ රහත් භික්ෂුව සෑම පාපයක්ම ප්‍රහාණය කළා කියලයි කියන්නේ.

සාදු! සාදු!! සාදු!!!

දෙවෙනි අපායික වර්ගයයි.

3. භරණ්ඩු වර්ගය

3.3.3.1.

21. කුසිනාරා නුවරදී .....

ඒ දිනවල භාග්‍යවතුන් වහන්සේ වැඩසිටියේ කුසිනාරා නුවර බලිහරණ නම් කුඩා වනයේ. එදා භාග්‍යවතුන් වහන්සේ භික්ෂූන් වහන්සේ අමතා වදාළා ....(පෙ)....

පින්වත් මහණෙනි, මෙහිලා භික්ෂුවක් එක්තරා ගමක් හෝ නියම්ගමක් හෝ ඇසුරු කරගෙන ජීවත් වෙනවා. ඒ භික්ෂුව කරා ගෘහපතියෙක් වේවා, ගෘහපති පුත්‍රයෙක් වේවා පැමිණිලා හෙට දවසේ දානය පිණිස ආරාධනා කරනවා. පින්වත් මහණෙනි, එයට කැමැති භික්ෂුව ඒ ආරාධනාව පිළිගන්නවා. ඉතින් ඒ භික්ෂුව ඒ රාත්‍රිය ගෙවී ගියාට පසු පෙරවරුවේ සිවුරු පොරවා පාත්‍ර සිවුරු ගෙන ඒ ගෘහපතියාගේ නිවසට පැමිණෙනවා. පැමිණ පණවන ලද අසුනෙහි වැඩසිටිනවා. එතකොට ඒ ගෘහපතියා හෝ ගෘහපති පුත්‍රයා හෝ ප්‍රණීත වූ වැළඳිය යුතු, අනුභව කළ යුතු ආහාරවලින් සියතින්ම පිළිගන්නවා. තව තවත් පිළිගන්නවා.

එතකොට ඒ භික්ෂුවට මෙහෙම හිතෙනවා. 'සැබැවින්ම මේ ගෘහපතියා හෝ ගෘහපති පුත්‍රයා හෝ ප්‍රණීත වූ වැළඳිය යුතු වූ, අනුභව කළ යුතු ආහාරවලින් මාව හොඳින් වළඳවනවා. තවතවත් පිළිගන්වනවා. ඒක බොහොම හොඳයි' කියලා. මේ විදිහටත් හිතනවා. 'අනේ! සැබැවින්ම මේ ගෘහපතියා වේවා, ගෘහපති පුත්‍රයා වේවා ආයෙමත් මේ ආකාරයෙන් ප්‍රණීත වූ වැළඳිය යුතු, අනුභව කළ යුතු දේවල්වලින් ඔහු අතින්ම මාව වළඳවනවා නම්, තවතවත් පිළිගන්වනවා නම්, කොයිතරම් හොඳද' කියලා. ඒ භික්ෂුව එම පිණ්ඩපාතය ගැන තණ්හාවෙන් ඇලුණු සිතින්, මුසපත් වූ සිතින්, එයින් මැඩගත් සිතින්, ආදීනව නොදකිමින්, එයින් නිදහස් වීම ගැන ප්‍රඥාවක් නැතිව වළඳනවා. ඒ

නිසා ඔහු කාම විතර්කත් හිත හිතා ඉන්නවා. ව්‍යාපාද විතර්කත් හිත හිතා ඉන්නවා. විහිංසා විතර්කත් හිත හිතා ඉන්නවා. පින්වත් මහණෙනි, මෙබඳු භික්ෂුව හට දුන් දේ මහත්ඵල සහිතයි කියලා මා වදාරන්නේ නෑ. එයට හේතුව කුමක්ද? පින්වත් මහණෙනි, ඒ භික්ෂුව ප්‍රමාදීව වාසය කරනවා.

පින්වත් මහණෙනි, මෙහිලා භික්ෂුවක් එක්තරා ගමක් හෝ නියම්ගමක් හෝ ඇසුරු කරගෙන ජීවත් වෙනවා. ඒ භික්ෂුව කරා ගෘහපතියෙක් වේවා, ගෘහපති පුත්‍රයෙක් වේවා පැමිණිලා හෙට දවසේ දානය පිණිස ආරාධනා කරනවා. පින්වත් මහණෙනි, එයට කැමැති භික්ෂුව ඒ ආරාධනාව පිළිගන්නවා. ඉතින් ඒ භික්ෂුව ඒ රාත්‍රිය ගෙවී ගියාට පසු පෙරවරුවේ සිවුරු පොරවා පාත්‍ර සිවුරු ගෙන ඒ ගෘහපතියාගේ නිවසට පැමිණෙනවා. පැමිණ පණවන ලද අසුනෙහි වැඩසිටිනවා. එතකොට ඒ ගෘහපතියා හෝ ගෘහපති පුත්‍රයා හෝ ප්‍රණීත වූ වැළඳිය යුතු, අනුභව කළ යුතු ආහාරවලින් සියතින්ම පිළිගන්නවා. තව තවත් පිළිගන්නවා.

එතකොට ඒ භික්ෂුවට මෙහෙම හිතෙන්නෙ නෑ. 'සැබැවින්ම මේ ගෘහපතියා හෝ ගෘහපති පුත්‍රයා හෝ ප්‍රණීත වූ වැළඳිය යුතු වූ, අනුභව කළ යුතු ආහාරවලින් මාව හොඳින් වළඳවනවා. තවතවත් පිළිගන්වනවා. ඒක බොහොම හොඳයි' කියලා. 'අනේ! සැබැවින්ම මේ ගෘහපතියා වේවා, ගෘහපති පුත්‍රයා වේවා ආයෙමත් මේ ආකාරයෙන් ප්‍රණීත වූ වැළඳිය යුතු, අනුභව කළ යුතු දේවල්වලින් ඔහු අතින්ම මාව වළඳවනවා නම්, තවතවත් පිළිගන්වනවා නම්, කොයිතරම් හොඳද' කියලා මේ විදිහට හිතන්නෙත් නෑ. ඒ භික්ෂුව එම පිණ්ඩපාතය ගැන තණ්හාවෙන් නොඇලුණු සිතින්, මුසපත් නොවූ සිතින්, එයින් නොමැඬගත් සිතින්, ආදීනව දකිමින්, එයින් නිදහස් වීම ගැන ප්‍රඥාවෙන් යුතුව වළඳනවා. ඒ නිසා ඔහු නෙක්ඛම්ම විතර්කත් හිත හිතා ඉන්නවා. අව්‍යාපාද විතර්කත් හිත හිතා ඉන්නවා. අවිහිංසා විතර්කත් හිත හිතා ඉන්නවා. පින්වත් මහණෙනි, මෙබඳු භික්ෂුව හට දුන් දේ මහත්ඵල සහිතයි කියා මා වදාරනවා. එයට හේතුව කුමක්ද? පින්වත් මහණෙනි, ඒ භික්ෂුව අප්‍රමාදීව වාසය කරනවා.

සාදු! සාදු!! සාදු!!!

3.3.3.2.

22. සැවැත් නුවරදී ....

පින්වත් මහණෙනි, යම් දිශාවක වාසය කරන භික්ෂූන් රණ්ඩු වෙමින් සිටිනවා නම්, කෝලාහල කරමින් සිටිනවා නම්, වාදවිවාද ඇතිකරගෙන එකිනෙකා වචන නැමැති ආයුධවලින් විද ගනිමින් වාසය කරනවා නම්, පින්වත් මහණෙනි, මට ඒ දිශාව ගැන සිහි කරන්නවත් පහසු වෙන්නේ නෑ. යෑම ගැන කවර කථාද? ඒ ගැන මා තීරණයකට පැමිණෙනවා. "ඒකාන්තයෙන්ම ඒ ආයුෂ්මත්වරු කරුණු තුනක් අත්හැරියා. කරුණු තුනක් බහුලව පුරුදු කරලා" කියලා.

පින්වත් මහණෙනි, ඒ අත්හැරපු කාරණා තුන මොනවාද? නෙක්ඛම්ම විතර්කය, අව්‍යාපාද විතර්කය හා අවිහිංසා විතර්කයයි. මේ කාරණා තුන තමයි අත්හැරලා තියෙන්නේ.

පින්වත් මහණෙනි, බහුල වශයෙන් පුරුදු කළ කාරණා තුන මොනවාද? කාම විතර්කය, ව්‍යාපාද විතර්කය හා විහිංසා විතර්කයයි. මේ කාරණා තුන තමයි බහුලව පුරුදු කරලා තියෙන්නේ.

පින්වත් මහණෙනි, යම් දිශාවක වාසය කරන භික්ෂූන් රණ්ඩු වෙමින් සිටිනවා නම්, කෝලාහල කරමින් සිටිනවා නම්, වාදවිවාද ඇතිකරගෙන එකිනෙකා වචන නැමැති ආයුධවලින් විද ගනිමින් වාසය කරනවා නම්, පින්වත් මහණෙනි, මට ඒ දිශාව ගැන සිහි කරන්නවත් පහසු වෙන්නේ නෑ. යෑම ගැන කවර කථාද? ඒ ගැන මා තීරණයකට පැමිණෙනවා. "ඒකාන්තයෙන්ම ඒ ආයුෂ්මත්වරු මේ කරුණු තුනයි අත්හැරියේ. මේ කරුණු තුනයි බහුලව පුරුදු කළේ" කියලා.

පින්වත් මහණෙනි, යම් දිශාවක වාසය කරන භික්ෂූන් සමගිව සිටිනවා නම්, සතුටින් සිටිනවා නම්, වාදවිවාද නොකරමින් සිටිනවා නම්, කිරිත් දියරත් එක් වූවා සේ එකිනෙකා ප්‍රිය ඇසින් බලමින් වාසය කරනවා නම්, පින්වත් මහණෙනි, මට ඒ දිශාවට යෑම පවා පහසුවකි. සිහි කිරීම ගැන කවර කථාද? ඒ ගැන මා තීරණයකට පැමිණෙනවා. "ඒකාන්තයෙන්ම ඒ ආයුෂ්මත්වරු කරුණු තුනක් අත්හැරියා. කරුණු තුනක් බහුලව පුරුදු කරලා" කියලා.

පින්වත් මහණෙනි, ඒ අත්හැරපු කාරණා තුන මොනවාද? කාම විතර්කය, ව්‍යාපාද විතර්කය හා විහිංසා විතර්කයයි. මේ කාරණා තුන තමයි අත්හැරලා තියෙන්නේ.

පින්වත් මහණෙනි, බහුල වශයෙන් පුරුදු කළ කාරණා තුන මොනවාද? නෙක්ඛම්ම විතර්කය, අව්‍යාපාද විතර්කය හා අවිහිංසා විතර්කයයි. මේ කාරණා තුන තමයි බහුලව පුරුදු කරලා තියෙන්නේ.

පින්වත් මහණෙනි, යම් දිශාවක වාසය කරන භික්ෂූන් සමගිව සිටිනවා නම්, සතුටින් සිටිනවා නම්, වාදවිවාද නොකරමින් සිටිනවා නම්, කිරිත් දියරත් එක් වූවා සේ එකිනෙකා ප්‍රිය ඇසින් බලමින් වාසය කරනවා නම්, පින්වත් මහණෙනි, මට ඒ දිශාවට යෑම පවා පහසුවකි. සිහි කිරීම ගැන කවර කථාද? ඒ ගැන මා තීරණයකට පැමිණෙනවා. "ඒකාන්තයෙන්ම ඒ ආයුෂ්මත්වරු මේ කරුණු තුනයි අත්හැරියේ. මේ කරුණු තුනයි බහුලව පුරුදු කළේ" කියලා.

සාදු! සාදු!! සාදු!!!

3.3.3.3.

23. විශාලා මහනුවරදී ....

ඒ දිනවල භාග්‍යවතුන් වහන්සේ වැඩසිටියේ විශාලා මහනුවර ගෝතමක චෛත්‍යය අසල. එදා භාග්‍යවතුන් වහන්සේ භික්ෂූන් අමතා වදාළා. ....(පෙ)....

පින්වත් මහණෙනි, මා ධර්මය දේශනා කරන්නේ විශිෂ්ට වූ ඤාණයකින් අවබෝධ කරගෙනයි. විශිෂ්ට ඤාණයකින් අවබෝධ නොකරගෙන නොවෙයි. පින්වත් මහණෙනි, මා ධර්මය දේශනා කරන්නේ හේතු සහිතවයි. හේතු රහිතව නොවෙයි. පින්වත් මහණෙනි, මා ධර්මය දේශනා කරන්නේ ප්‍රාතිහාර්යය සහිතවයි. ප්‍රාතිහාර්ය රහිතව නොවෙයි.

පින්වත් මහණෙනි, විශිෂ්ට ඤාණයකින් අවබෝධ නොකොට නොව, විශිෂ්ට ඤාණයකින් අවබෝධ කරගෙන ධර්මය දේශනා කරන්නා වූ, හේතු රහිතව නොව, හේතු සහිතව ධර්මය දේශනා කරන්නා වූ, ප්‍රාතිහාර්යය රහිතව නොව, ප්‍රාතිහාර්යය සහිතව ධර්මය දේශනා කරන්නා වූ ඒ මාගේ අවවාදය පිළිපැදිය යුතුයි. අනුශාසනාව පිළිපැදිය යුතුයි.

පින්වත් මහණෙනි, ඔබට සතුටු වෙන්නට පුළුවනි. සතුටු සිත් ඇති කරගන්න පුළුවනි. සොම්නසක් ඇති කරගන්න පුළුවනි. 'ඒ භාග්‍යවතුන් වහන්සේ සම්මා සම්බුද්ධයි. භාග්‍යවතුන් වහන්සේගේ ධර්මය ස්වාක්ඛාතයි. ශ්‍රාවක සංඝයා සුපටිපන්නයි' කියලා.

භාග්‍යවතුන් වහන්සේ මේ කාරණය වදාළා. සතුටු සිත් ඇති ඒ භික්ෂූන් වහන්සේලා භාග්‍යවතුන් වහන්සේ වදාළ ධර්මය සතුටින් පිළිගත්තා. මේ ගාථා රහිත වූ දේශනාව (වෙය්යාකරණය) වදාරණ කල්හි සහශ්‍රී ලෝකධාතුව කම්පාවුනා.

සාදු! සාදු!! සාදු!!!

3.3.3.4.

24. කිඹුල්වත් නුවරදී ....

එක් කලෙක භාග්‍යවතුන් වහන්සේ කොසොල් ජනපදයෙහි චාරිකාවේ වඩිමින් සිටියදී කිඹුල්වත්පුරයට වැඩම කළා. එහි මහානාම ශාක්‍යයා හට භාග්‍යවතුන් වහන්සේ කිඹුල්වත්පුරයට වැඩම කළ බව අසන්නට ලැබුනා. ඉතින් මහානාම ශාක්‍යයා භාග්‍යවතුන් වහන්සේ වැඩසිටි තැනට පැමිණුනා. පැමිණ භාග්‍යවතුන් වහන්සේට ආදරයෙන් වන්දනා කොට එකත්පස්ව සිටගත්තා. එකත්පස්ව සිටි මහානාම ශාක්‍යයාට භාග්‍යවතුන් වහන්සේ මෙකරුණ වදාළා.

"පින්වත් මහානාම, යන්න. අද රාත්‍රියට අපට වැඩසිටීමට සුදුසු යම් ආවාසයක් මේ කිඹුල්වත් පුරයේ යම් තැනක තියෙනවා නම්, එහෙම තැනක් දැනගෙන එන්න." එතකොට "එසේය, ස්වාමීනී" කියලා භාග්‍යවතුන් වහන්සේට පිළිතුරු දුන් මහානාම ශාක්‍යයා කපිලවස්තු නුවරට පිවිස මුළු කපිලවස්තුවේම ඔබමොබ ඇවිද භාග්‍යවතුන් වහන්සේට එක් රැයක් වැඩසිටීමට ගැලපෙන යම් ආවාසයක් ඇද්ද, එබඳු ආවාසයක් කපිලවස්තුවේ දැකගන්නට ලැබුනේ නෑ.

එතකොට මහානාම ශාක්‍යයා භාග්‍යවතුන් වහන්සේ වැඩසිටි තැනට පැමිණියා. පැමිණ භාග්‍යවතුන් වහන්සේට මේ කාරණය පැවසුවා. "ස්වාමීනී, මේ කිඹුල්වත්පුරයේ භාග්‍යවතුන් වහන්සේ අද එක් රැයක් වැඩසිටිනවා නම්, ඒ විදිහේ සුදුසු ආවාසයක් ලැබුනේ නෑ. ස්වාමීනී, භාග්‍යවතුන් වහන්සේගේ පැරණි සබ්‍රහ්මචාරී කෙනෙක් වන මේ භරණ්ඩුකාලාම තවුසා ඉන්නවා. භාග්‍යවතුන් වහන්සේ අද ඔහුගේ ආශ්‍රමයෙහි එක් රැයක් වැඩවසන සේක්වා!"

"එසේ නම් පින්වත් මහානාම, යන්න. ඇතිරියක් පණවන්න." "එසේය, ස්වාමීනී" කියලා භාග්‍යවතුන් වහන්සේට පිළිතුරු දුන් මහානාම ශාක්‍යයා භරණ්ඩු කාලාමගේ ආශ්‍රමයට ගියා. ගිහින් ඇතිරියක් පණවා, පා දෝවනය කිරීම පිණිස ජලයත් සූදානම් කරලා භාග්‍යවතුන් වහන්සේ වැඩසිටි තැනට

පැමිණියා. පැමිණ භාග්‍යවතුන් වහන්සේට මෙකරුණ පැවසුවා.

"ස්වාමීනී, ඇතිරිය පැණෙව්වා. පා දෝවනය කිරීම පිණිස පැන් තිබ්බා. යම් දෙයකට දැන් සුදුසු කාලය නම්, භාග්‍යවතුන් වහන්සේ ඒ කාලය දන්නා සේක් නම් මැනැවි."

එතකොට භාග්‍යවතුන් වහන්සේ භරණ්ඩුකාලාමගේ ආශ්‍රමය යම් තැනකද, එතැනට වැඩම කළා. වැඩම කොට පණවන ලද ආසනයෙහි වැඩසිටියා. වැඩසිටි භාග්‍යවතුන් වහන්සේ ශ්‍රී පතුල් දෝවනය කොට වදාළා.

එතකොට මහානාම ශාක්‍යයාට මේ විදිහට හිතුනා. 'අද භාග්‍යවතුන් වහන්සේ සමඟ කතාබස් කිරීමට සුදුසු කාලය නොවෙයි. භාග්‍යවතුන් වහන්සේට වෙහෙසයි. මා භාග්‍යවතුන් වහන්සේ සමඟ හෙට කතා කරනවා' කියලා හිතලා භාග්‍යවතුන් වහන්සේට ආදරයෙන් වන්දනා කොට පැදකුණු කොට පිටත්ව ගියා.

ඉතින් මහානාම ශාක්‍යයා ඒ රාත්‍රිය ඉක්මයෑමෙන් පසු භාග්‍යවතුන් වහන්සේ වැඩසිටි තැනට පැමිණියා. පැමිණ භාග්‍යවතුන් වහන්සේට ආදරයෙන් වන්දනා කොට එකත්පස්ව වාඩිවුනා. එකත්පස්ව හිඳගත් මහානාම ශාක්‍යයා හට භාග්‍යවතුන් වහන්සේ මෙකරුණ වදාළා.

"පින්වත් මහානාම, මේ ලෝකයේ සිටින්නා වූ ශාස්තෘවරු තුන් දෙනෙක් දකින්නට ලැබෙනවා. ඒ තුන් දෙනා කවුද?

පින්වත් මහානාම, මෙහිලා ඇතැම් ශාස්තෘවරයෙක් කාමයන්ගේ පිරිසිඳ අවබෝධ කිරීම පණවනවා. නමුත් රූපයන්ගේ පිරිසිඳ අවබෝධ කිරීම පණවන්නේ නෑ. විඳීම්වල පිරිසිඳ අවබෝධ කිරීම පණවන්නේ නෑ. පින්වත් මහානාම, මෙහි ඇතැම් ශාස්තෘවරයෙක් කාමයන්ගේ පිරිසිඳ අවබෝධ කිරීම පණවනවා. රූපයන්ගේ පිරිසිඳ අවබෝධ කිරීම පණවනවා. නමුත් විඳීම්වල පිරිසිඳ අවබෝධ කිරීම පණවන්නේ නෑ. පින්වත් මහානාම, මෙහි ඇතැම් ශාස්තෘවරයෙක් කාමයන්ගේද පිරිසිඳ අවබෝධ කිරීම පණවනවා. රූපයන්ගේද පිරිසිඳ අවබෝධ කිරීම පණවනවා. විඳීමේද පිරිසිඳ අවබෝධ කිරීම පණවනවා.

පින්වත් මහානාම, මේ ශාස්තෘවරුන් තුන් දෙනාගේ තියෙන්නේ එකම ඉලක්කයක්ද? එහෙම නැත්නම් බොහෝ ඉලක්කද?"

මෙසේ කී විට භරණ්ඩුකාලාම තවුසා මහානාම ශාක්‍යයා හට මෙය පැවසුවා. "එම්බා මහානාමය, එකම ඉලක්කයයි කියන්න."

මෙසේ කී විට භාග්‍යවතුන් වහන්සේ මහානාම ශාක්‍යයා හට මෙය වදාළා. "පින්වත් මහානාම, නා නා ඉලක්කයන් යැයි කියන්න."

දෙවෙනි වතාවටත් ....(පෙ).... තුන්වෙනි වතාවටත් භරණ්ඩුකාලාම තවුසා මහානාම ශාක්‍යයා හට මෙය පැවසුවා. "එම්බා මහානාමය, එකම ඉලක්කයයි කියන්න."

තුන්වෙනි වතාවටත් භාග්‍යවතුන් වහන්සේ මහානාම ශාක්‍යයා හට මෙය වදාළා. "පින්වත් මහානාම, නා නා ඉලක්කයන් යැයි කියන්න."

එතකොට භරණ්ඩුකාලාම තවුසාට මේ විදිහට හිතුනා. 'ඒකාන්තයෙන්ම මේ මහේශාක්‍ය වූ මහානාම ශාක්‍යයා ඉදිරියේදී ශ්‍රමණ ගෞතමයන් වහන්සේ විසින් තුන්වෙනි වතාවක් දක්වාම මාගේ ප්‍රකාශයට අප්‍රසාදයෙන් කථා කළා. දැන් මා කිඹුල්වත් පුරයෙන් පැනගන්නවා නම් තමයි හොඳ' කියලා.

ඉතින් භරණ්ඩුකාලාම තවුසා කිඹුල්වත් පුරයෙන් නික්මිලා ගියා. යම් ලෙසකින් කිඹුල්වත්පුරයෙන් නික්ම ගියේද, එසේ ගියේම වුනා. නැවතත් ආපසු පැමිණියේ නෑ.

සාදු! සාදු!! සාදු!!!

3.3.3.5.

25. සැවැත් නුවරදී ....

ඒ දිනවල භාග්‍යවතුන් වහන්සේ වැඩසිටියේ සැවැත් නුවර ජේතවන නම් වූ අනේපිඬු සිටුතුමාගේ ආරාමයේ. එදා හත්ථක දිව්‍යපුත්‍රයා රැය ඉක්ම ගිය පසු ඉතාමත් දිදුලන වර්ණයෙන් යුතුව මුළු දෙව්රම් වෙහෙරම ආලෝකවත් කරමින් භාග්‍යවතුන් වහන්සේ වැඩසිටි තැනට පැමිණියා. පැමිණ භාග්‍යවතුන් වහන්සේ ඉදිරියේ හිටගෙන සිටිම්යි සිතා උත්සාහ කළත් ගිලෙනවා. වැගිරී යනවා. නැවතී සිටීමට පුළුවන්කමක් නෑ. ඒක මේ වගේ දෙයක්. ගිතෙල් හෝ තෙල් හෝ වැලි මතට ඉසිනා ලද විට යටට ගිලෙනවා. වැලි තුළට වැගිරෙනවා. පිහිටන්නේ නෑ. අන්න ඒ විදිහටම හත්ථක දිව්‍යපුත්‍රයා භාග්‍යවතුන් වහන්සේ ඉදිරියේ සිටිම්ය සිතා උත්සාහ කළත් ගිලෙනවා. වැගිරී යනවා. නැවතී සිටීමට පුළුවන්කමක් නෑ.

එතකොට භාග්‍යවතුන් වහන්සේ හත්ථක දිව්‍යපුත්‍රයාට මෙය වදාළා.

"පින්වත් හත්ථක, ගොරෝසු ආත්මභාවයක් මවාගන්න."

"එසේය, ස්වාමීනී" කියලා හත්ථක දිව්‍යපුත්‍රයා භාග්‍යවතුන් වහන්සේට පිළිතුරු දීලා ගොරෝසු ආත්මභාවයක් මවාගෙන, භාග්‍යවතුන් වහන්සේට වන්දනා කොට එකත්පස්ව සිටගත්තා. එකත්පස්ව සිටි හත්ථක දිව්‍යපුත්‍රයාට භාග්‍යවතුන් වහන්සේ මෙකරුණ වදාළා.

"පින්වත් හත්ථක, ඉස්සර මිනිස් ජීවිතය ගත කරද්දී ඔබ තුළ යම් බණ දහම් වැටහීම පැවතුනාද, දැනුත් ඔබ තුළ ඒ බණ දහම් වැටහී පවතිනවාද?"

"ස්වාමීනී, ඉස්සර මිනිස් ජීවිතය ගත කරද්දී මට යම් බණ දහම් වැටහී පැවතුනා නම්, දැනුත් මා හට ඒ බණ දහම් එසේම වැටහී පවතිනවා. ඒ වගේම ස්වාමීනී, ඉස්සර මිනිස් ජීවිතය ගත කරද්දී මට යම් බණ දහම් නොවැටහී පැවතුනා නම්, දැන් මා හට ඒ බණ දහම්ද වැටහී පවතිනවා. ස්වාමීනී, ඒක මේ වගේ දෙයක්. භාග්‍යවතුන් වහන්සේ මේ දිනවල භික්ෂු භික්ෂුණීන්, උපාසක උපාසිකාවන්, රාජ රාජමහාමාත්‍යාදීන්, අන්‍යාගමික තාපසවරුන්, අන්‍යාගමික ශ්‍රාවකයින් විසින් පිරිවරන ලදුව වැඩවසනා සෙක්ද, ස්වාමීනී, ඒ විදිහමයි. මාත් දිව්‍යපුත්‍රයන් විසින් පිරිවරාගෙනයි වාසය කරන්නේ. ස්වාමීනී, 'හත්ථක දිව්‍යපුත්‍රයා වෙතින් බණ අසන්නට ඕනෑ' කියලා දිව්‍යපුත්‍රයෝ දුර ඉඳලත් එනවා. ස්වාමීනී, මා කළුරිය කළේ කාරණා තුනක් පිළිබඳව තෘප්තියට පත්වෙලා නොවේ. එපා වෙලා නොවේ. ඒ තුන මොනවාද?

ස්වාමීනී, මං කළුරිය කළේ භාග්‍යවතුන් වහන්සේ දැකීමෙන් තෘප්තියකට පත්වෙලා නොවෙයි. එපා වෙලා නොවෙයි. ස්වාමීනී, මං කළුරිය කළේ ශ්‍රී සද්ධර්මය ශ්‍රවණය කිරීමෙන් තෘප්තියකට පත්වෙලා නොවෙයි. එපා වෙලා නොවෙයි. ස්වාමීනී, මං කළුරිය කළේ ආර්ය සංඝයාට උපස්ථාන කිරීමෙන් තෘප්තියකට පත්වෙලා නොවෙයි. එපා වෙලා නොවෙයි. ස්වාමීනී, මං කළුරිය කළේ ඔය කාරණා තුන පිළිබඳව තෘප්තියකට පත්වෙලා නොවෙයි. එපා වෙලා නොවෙයි.

03. මට කවදාවත් භාග්‍යවතුන් වහන්සේ දැකීමෙන් තෘප්තිමත් වූ බවක් ඇතිවුනේ නෑ. ඒ වගේම ආර්ය සංඝයාට උපස්ථාන කිරීමෙනුත්, සද්ධර්ම ශ්‍රවණය කිරීමෙනුත් තෘප්තිමත් වූ බවක් ඇතිවුනේ නෑ.

04. අධි සීලයෙහි හික්මෙමින්, සද්ධර්මය ශ්‍රවණයෙහි ඇලී සිටිමින්, කාරණා තුනක් පිළිබඳව අතෘප්තිමත්වයි හත්ථක අවිහ බඹලොවට ගියේ.

සාදු! සාදු!! සාදු!!!

3.3.3.6.

26. බරණැස් නුවරදී................

ඒ දිනවල භාග්‍යවතුන් වහන්සේ වැඩසිටියේ බැරණැස් නුවර ඉසිපතන නම් මිගදායේ. එදා භාග්‍යවතුන් වහන්සේ පෙරවරුවේ සිවුරු පොරවා, පාත්‍ර සිවුරු ගෙන බරණැස් නුවරට පිණ්ඩපාතය පිණිස වැඩම කළා. එහිදී ගවයන් විකුණන තැනෙක පුලිල ගසක් අසලින් පිඬුසිඟා වඩින භාග්‍යවතුන් වහන්සේ එහි සිටින්නා වූ භාවනාවට ඇති ආශාවෙන් හිස් වූ සිත් ඇති, බාහිර දෙයට ආශා ඇති, මුලා වූ සිහි ඇති, නුවණ නැති, අසමාහිත වූ, භ්‍රාන්ත වූ සිත් ඇති, අසංවර ඉඳුරන් ඇති භික්ෂුවක් දැක වදාළා. දැක ඒ භික්ෂුවට මෙකරුණ වදාළා.

"පින්වත් භික්ෂුව, පින්වත් භික්ෂුව, ඔබ ජීවිතය පිළුනු කරගන්න එපා! පින්වත් භික්ෂුව, ඒකාන්තයෙන්ම පිළී ගඳ වැගිරෙන්නා වූ ඒ පිළුනු වුන ජීවිතයට 'කෙලෙස් නිලමැස්සෝ රොද බැඳගන්නේ නෑ, පසුපසින් ලුහුබඳින්නේ නෑ' යන කරුණ සිදුවෙන දෙයක් නම් නොවෙයි."

එතකොට භාග්‍යවතුන් වහන්සේ විසින් මේ අවවාදයෙන් අවවාද කරන ලද ඒ භික්ෂුව සංවේගයට පත්වුනා.

ඊට පස්සේ භාග්‍යවතුන් වහන්සේ බරණැස් නුවර පිණ්ඩපාතයේ වැඩම කොට දානයෙන් පසු පිණ්ඩපාතයෙන් වැළකුණු සවස් වරුවේ භික්ෂූන් අමතා වදාළා.

"පින්වත් මහණෙනි, මෙහි මා පෙරවරුවේ සිවුරු පොරවා, පාත්‍ර සිවුරු ගෙන බරණැස් නුවරට පිණ්ඩපාතය පිණිස වැඩම කළා. එහිදී ගවයන් විකුණන තැනක පුලිල ගසක් අසලින් පිඬුසිඟා වඩින මා හට එහි සිටින්නා වූ භාවනාවට ඇති ආශාවෙන් හිස් වූ සිත් ඇති, බාහිර දෙයට ආශා ඇති, මුලා වූ සිහි ඇති, නුවණ නැති, අසමාහිත වූ, භ්‍රාන්ත වූ සිත් ඇති, අසංවර ඉඳුරන් ඇති භික්ෂුවක් දැකගන්නට ලැබුනා. දැක ඒ භික්ෂුවට මෙකරුණ පැවසුවා.

'පින්වත් භික්ෂුව, පින්වත් භික්ෂුව, ඔබ ජීවිතය පිළුනු කරගන්න එපා! පින්වත් භික්ෂුව, ඒකාන්තයෙන්ම පිළී ගඳ වැගිරෙන්නා වූ ඒ පිළුනු වුන ජීවිතයට 'කෙලෙස් නිලමැස්සෝ රොද බැඳගන්නේ නෑ, පසුපසින් ලුහුබඳින්නේ නෑ' යන කරුණ සිදුවෙන දෙයක් නම් නොවෙයි' කියලා.

එතකොට පින්වත් මහණෙනි, මා විසින් මේ අවවාදයෙන් අවවාද කරන ලද ඒ භික්ෂුව සංවේගයට පත්වුනා."

මෙසේ වදාළ විට එක්තරා භික්ෂුවක් භාග්‍යවතුන් වහන්සේගෙන් මේ විදිහට ඇහුවා. "ස්වාමීනී, පිළුනු වීම කියන්නේ මොකක්ද? පිළී ගඳ කියන්නේ කුමක්ද? මැස්සන් කියන්නේ කවුද?"

"පින්වත් භික්ෂුව, පිළුනු වීම කියන්නේ අනුන්ගේ දෙයට ආශා කිරීමයි. පිළීගඳ කියන්නේ ව්‍යාපාදයටයි. මැස්සෝ කියන්නේ පවිටු වූ අකුසල විතර්කයන්ටයි. පින්වත් භික්ෂුව, ඒකාන්තයෙන්ම පිළීගඳ වැගිරෙන්නා වූ, ඒ පිළුනු වුන ජීවිතයට 'කෙලෙස් නිලමැස්සෝ රොද බැඳගන්නේ නෑ, පසුපසින් ලුහුබඳින්නේ නෑ' යන කරුණ සිදුවෙන දෙයක් නම් නොවේ."

05. ඇස්, කන් ආදී ඉන්ද්‍රියයන් ආරක්ෂා කරනොගෙන අසංවරව වාසය කළොත්, රාග නිශ්‍රිත වූ අදහස් නැමැති මැස්සෝ රොද බැඳගන්නවා.

06. පිළී ගඳින් තෙත් වූ පිළුනු වූ ජීවිතයක් ඇති භික්ෂුව නිවනින් ඈත්වෙලයි ඉන්නේ. සංසාර දුකටමයි හිමිකාරයෙක් වන්නේ.

07. ගමේ වේවා, අරණ්‍යයේ වේවා වාසය කරන භික්ෂුව තමාගේ දියුණුවට අදාළ කෙනෙක් නොලබා ප්‍රඥා රහිත අන්ධබාල භික්ෂුව යන්නේ කෙලෙස් මැස්සන් පෙරටු කරගෙනයි.

08. යම් කෙනෙක් සීලයෙන් යුක්ත වෙලා, ප්‍රඥාවෙන් යුතුව කෙලෙස් සංසිඳවීමෙහි ඇලී වාසය කරනවා නම්, උපශාන්ත වූ භික්ෂුව ඒ අකුසල් නැමැති මැස්සන් නසා සුවසේ ජීවත් වෙනවා.

සාදු! සාදු!! සාදු!!!

3.3.3.7.

27. සැවැත් නුවරදී ....

එදා ආයුෂ්මත් අනුරුද්ධ තෙරුන් ....(පෙ).... භාග්‍යවතුන් වහන්සේට මෙකරුණ සැළකළා. "ස්වාමීනී, මෙහි මං මිනිස් ඇස ඉක්මවා ගිය දිවැසින් ස්ත්‍රියක් දැක්කා. ඈ බොහෝ සෙයින්ම කය බිඳී මරණින් මතු අපාය නම් වූ, දුගතිය නම් වූ, විනිපාත නම් වූ නිරයේ උපන්නා. ස්වාමීනී, කොපමණ කරුණු වලින් සමන්විත වූ ස්ත්‍රියද කය බිඳී මරණින් මතු අපාය නම් වූ, දුගතිය නම් වූ, විනිපාත නම් වූ නිරයේ උපදින්නේ?"

"පින්වත් අනුරුද්ධ, කරුණු තුනකින් සමන්විත වූ ස්ත්‍රිය කය බිඳී මරණින් මතු අපාය නම් වූ, දුගතිය නම් වූ, විනිපාත නම් වූ නිරයේ උපදිනවා.

කවර කරුණු තුනකින්ද යත්; පින්වත් අනුරුද්ධ, මෙහිලා ස්ත්‍රිය උදේ වරුවේ මසුරුමලයෙන් (තමා සතු දෙයක් තව කෙනෙක් පරිභෝග කොට සැප විඳිනවාට ඇති අකමැත්ත මසුරුකමයි. එයින් වැසී ගිය සිතක් ඇති විට මසුරුමල (මලකඩ) නම් වේ) යට වූ සිතින් යුතුව ගෙදර වසයි. දහවල් කාලයෙහි ඊර්ෂ්‍යාවෙන් යට වූ සිතින් යුතුව ගෙදර වසයි. රාත්‍රී කාලයෙහි කාමරාගයෙන් යට වූ සිතින් යුතුව ගෙදර වසයි.

පින්වත් අනුරුද්ධ, මේ කරුණු තුනකින් සමන්විත වූ ස්ත්‍රිය කය බිඳී මරණින් මතු අපාය නම් වූ, දුගතිය නම් වූ, විනිපාත නම් වූ නිරයේ උපදිනවා.”

සාදු! සාදු!! සාදු!!!

3.3.3.8.

28. එදා ආයුෂ්මත් අනුරුද්ධ තෙරුන් ආයුෂ්මත් සැරියුත් තෙරුන් වැඩසිටි තැනට පැමිණියා. පැමිණ ආයුෂ්මත් සැරියුත් තෙරුන් සමඟ පිළිසඳර කථාබහෙන් සතුටු වුනා. සතුටු විය යුතු සිහි කළ යුතු කථාව නිම කොට එකත්පස්ව වාඩිවුනා. එකත්පස්ව වාඩිවුන ආයුෂ්මත් අනුරුද්ධ තෙරුන් ආයුෂ්මත් සාරිපුත්ත තෙරුන්ට මෙකරුණ පැවසුවා.

“ප්‍රිය ආයුෂ්මත් සාරිපුත්තයන් වහන්ස, මෙහි මම මිනිස් දර්ශන පථය ඉක්මවා ගිය පිරිසිදු දිවැසින් දහසක් ලෝක බලනවා. මා තුළ පටන් ගත් වීරිය තියෙනවා. ඒ වීරිය සැඟවෙලා නෑ. සිහිය හොඳින් පිහිටලා තියෙනවා. මුලා වෙලා නෑ. කයත් සැහැල්ලුයි. බරක් නෑ. සිත සමාහිත වෙලයි තියෙන්නේ. එකඟ වෙලයි තියෙන්නේ. ඒ වුනත් මගේ සිත කිසිවකට ග්‍රහණය නොවී ආශ්‍රවයන්ගෙන් නිදහස් වෙන්නේ නෑ.”

“ප්‍රිය ආයුෂ්මත් අනුරුද්ධ, යම් හෙයකින් ඔබට මෙහෙම සිතෙනවා නෙව. ‘මං මේ විදිහට මිනිස් දර්ශන පථය ඉක්මවා ගිය පිරිසිදු දිවැසින් දහසක් ලෝකයන් බලනවා’ කියලා. ඔය අදහස තියෙන්නේ ඔබගේ මානය තුළයි.

ප්‍රිය ආයුෂ්මත් අනුරුද්ධ, යම් හෙයකින් ඔබට මෙහෙමත් සිතෙනවා නෙව. ‘මා තුළ පටන්ගත් වීරිය තියෙනවා. ඒ වීරිය සැඟවිලා නෑ. සිහිය හොඳින් පිහිටලා තියෙනවා. මුලා වෙලා නෑ. කයත් සැහැල්ලුයි. බරක් නෑ. සිත සමාහිත වෙලයි තියෙන්නේ. එකඟ වෙලයි තියෙන්නේ’ කියලා. ඔය අදහස තියෙන්නේ ඔබගේ ආඩම්බරකම තුළයි.

ප්‍රිය ආයුෂ්මත් අනුරුද්ධ, යම් හෙයකින් ඔබට මෙහෙමත් සිතෙනවා නෙව. 'ඒ වුනත් මගේ සිත කිසිවකට ග්‍රහණය නොවී ආශ්‍රවයන්ගෙන් නිදහස් වෙන්නේ නෑ' කියලා. ඔය අදහස තියෙන්නේ ඔබගේ පසුතැවීම තුළයි.

ප්‍රිය ආයුෂ්මත් අනුරුද්ධයන් ඔය කාරණා තුන ප්‍රහාණය කරලා, ඔය කාරණා තුන සිහි නොකොට ඒ අමා නිවනට සිත යොමු කිරීම තමයි හොඳ."

එතකොට ආයුෂ්මත් අනුරුද්ධ තෙරුන් පසු කාලයේදී මේ කාරණා තුන ප්‍රහාණය කරලා, මේ කාරණා තුන සිහි නොකොට, ඒ අමා නිවනට සිත යොමු කළා. ඉතින් ආයුෂ්මත් අනුරුද්ධ තෙරුන් තනිව වාසය කළා. හුදෙකලා වුනා. අප්‍රමාදීව කෙලෙස් තවන වීරියෙන් යුතුව, දහමට දිවි පුදා වාසය කරද්දී යම් අර්ථයක් පිණිස පින්වත් කුල පුත්‍රයන් මැනැවින් ගිහිගෙයින් නික්ම බුදු සසුනේ පැවිද්ද ලබනවා නම්, නොබෝ කලකින්ම ඒ අනුත්තර වූ බඹසර ජීවිතයේ කෙළවර වන අරහත්වය තමා විසින්ම උපදවා ගත් විශිෂ්ට වූ ඥාණයෙන් මේ ජීවිතයේදීම සාක්ෂාත් කොට එයට පැමිණ වාසය කළා. 'ඉපදීම ක්ෂය වුනා. බඹසර වාසය සම්පූර්ණ කළා. නිවන පිණිස කළ යුතු දෙය කළා. නැවත සසරෙහි ඉපදීමක් නැතැ'යි අවබෝධ වුනා. ආයුෂ්මත් අනුරුද්ධ තෙරුන් රහතන් වහන්සේලා අතර කෙනෙක් බවට පත්වුනා.

සාදු! සාදු!! සාදු!!!

3.3.3.9.

29. පින්වත් මහණෙනි, මේ කරුණු තුන වැසී තිබෙන විට තමයි පවතින්නේ, විවෘත වූ විට නොවෙයි. ඒ කවර කරුණු තුනක්ද?

පින්වත් මහණෙනි, කාන්තාව වැසුණු විටයි පවතින්නේ, විවෘත වූ විට නොවෙයි. පින්වත් මහණෙනි, බමුණන්ගේ මන්තර වැසුණු විටයි පවතින්නේ, විවෘත වූ විට නොවෙයි. පින්වත් මහණෙනි, මිත්‍යා දෘෂ්ටිය වැසුණු විටයි පවතින්නේ, විවෘත වූ විට නොවෙයි.

පින්වත් මහණෙනි, මේ කරුණු තුන වැසී තිබෙන විට තමයි පවතින්නේ, විවෘත වූ විට නොවෙයි.

පින්වත් මහණෙනි, මේ කරුණු තුන විවෘත වූ විට තමයි බබලන්නේ, වැසුණු විට නොවෙයි. ඒ කවර කරුණු තුනක්ද?

පින්වත් මහණෙනි, සඳ මඬල විවෘත වූ විට තමයි බබලන්නේ, වැසුණු විට නොවෙයි. පින්වත් මහණෙනි, හිරු මඬල විවෘත වූ විට තමයි බබලන්නේ, වැසුණු විට නොවෙයි. පින්වත් මහණෙනි, තථාගතයන් වහන්සේ විසින් වදාරණ ලද ධර්ම විනය විවෘත වූ විට තමයි බබලන්නේ, වැසුණු විට නොවෙයි.

පින්වත් මහණෙනි, මේ කරුණු තුන විවෘත වූ විට තමයි බබලන්නේ, වැසුණු විට නොවෙයි.

සාදු! සාදු!! සාදු!!!

3.3.3.10.

30. පින්වත් මහණෙනි, ලෝකයෙහි පුද්ගලයෝ තුන් දෙනෙක් දකින්නට ලැබෙනවා. ඒ තුන් දෙනා කවුද? ගලේ කෙටූ ඉරක් බඳු වූ පාසාණලේඛූපම පුද්ගලයා, පොළොවේ ඇඳි ඉරක් බඳු වූ පඨවිලේඛූපම පුද්ගලයා හා ජලයෙහි ඇඳි ඉරක් බඳු වූ උදකලේඛූපම පුද්ගලයායි.

පින්වත් මහණෙනි, ගලේ කෙටූ ඉරක් බඳු වූ පාසාණලේඛූපම පුද්ගලයා යනු කවුද?

පින්වත් මහණෙනි, මෙහිලා ඇතැම් පුද්ගලයෙක් නිතරම කිපෙනවා. ඔහුගේ ඒ ක්‍රෝධය බොහෝ කාලයක් චිත්තාභ්‍යන්තරයෙහි පවතිනවා. පින්වත් මහණෙනි, ඒක හරියට ගලේ කෙටූ ඉරක් වගෙයි. එය සුළඟින්වත්, ජලයෙන්වත් ඉක්මනින් නැතිවෙලා යන්නේ නෑ. බොහෝ කල් පවතිනවා. ඒ වගේම තමයි පින්වත් මහණෙනි, මෙහි ඇතැම් පුද්ගලයෙක් නිතරම කිපෙනවා. ඔහුගේ ඒ ක්‍රෝධය බොහෝ කාලයක් චිත්තාභ්‍යන්තරයෙහි පවතිනවා. පින්වත් මහණෙනි, මොහුට තමයි ගලේ කෙටූ ඉරක් බඳු වූ පාසාණලේඛූපම පුද්ගලයා කියන්නේ.

පින්වත් මහණෙනි, පොළොවේ ඇඳි ඉරක් බඳු වූ පඨවිලේඛූපම පුද්ගලයා යනු කවුද?

පින්වත් මහණෙනි, මෙහිලා ඇතැම් පුද්ගලයෙක් නිතරම කිපෙනවා. ඔහුගේ ඒ ක්‍රෝධය බොහෝ කාලයක් චිත්තාභ්‍යන්තරයෙහි පවතින්නේ නෑ. පින්වත් මහණෙනි, ඒක හරියට පොළොවේ ඇඳි ඉරක් වගෙයි. එය සුළඟින් හෝ ජලයෙන් හෝ ඉක්මනින් නැතිවෙලා යනවා. බොහෝ කල් පවතින්නේ නෑ. ඒ වගේම තමයි පින්වත් මහණෙනි, මෙහි ඇතැම් පුද්ගලයෙක් නිතරම කිපෙනවා. ඔහුගේ ඒ ක්‍රෝධය බොහෝ කාලයක් චිත්තාභ්‍යන්තරයෙහි පවතින්නේ නෑ.

පින්වත් මහණෙනි, මොහුට තමයි පොළොවේ ඇඳි ඉරක් බඳු වූ පඨවිලේඛූපම පුද්ගලයා කියන්නේ.

පින්වත් මහණෙනි, ජලයෙහි ඇඳි ඉරක් බඳු වූ උදකලේඛූපම පුද්ගලයා යනු කවුද?

පින්වත් මහණෙනි, මෙහිලා ඇතැම් පුද්ගලයෙක් තදින් කියන කොටත්, සැරෙන් කියන කොටත්, අමනාපයෙන් කියන කොටත් එය ගණන් නොගෙන කවුරු සමඟත් පෑහිලාම යනවා. සැසඳිලා යනවා. සතුටටම පත්වෙනවා. පින්වත් මහණෙනි, ඒක හරියට දියෙහි ඇඳි ඉරක් වගෙයි. වහාම මැකිල යනවා. බොහෝ කල් පවතින්නේ නෑ. අන්න ඒ වගේම තමයි පින්වත් මහණෙනි, මෙහි ඇතැම් පුද්ගලයෙක් තදින් කියන කොටත්, සැරෙන් කියන කොටත්, අමනාපයෙන් කියන කොටත් එය ගණන් නොගෙන කවුරු සමඟත් පෑහිලාම යනවා. සැසඳිලා යනවා. සතුටටම පත්වෙනවා. පින්වත් මහණෙනි, මොහුට තමයි ජලයෙහි ඇඳි ඉරක් බඳු වූ උදකලේඛූපම පුද්ගලයා කියන්නේ.

පින්වත් මහණෙනි, ලෝකයෙහි දකින්නට ලැබෙන්නේ මේ පුද්ගලයන් තුන් දෙනා තමයි.

සාදු! සාදු!! සාදු!!!

තුන්වෙනි හරණ්ඩු වර්ගයයි.

අංගුත්තර නිකාය - 1 (තික නිපාතය) (3.4 යෝධාජීව වර්ගය) 477

4. යෝධාජීව වර්ගය

3.3.4.1.

31. සැවැත් නුවරදී ....

පින්වත් මහණෙනි, අංග තුනකින් සමන්විත යුධභටයා රාජකීය වෙනවා. රජුගේ සේවයටම සුදුසු වෙනවා. රජුගේම කොටසක්ය යන ගණයටත් ඇතුළත් වෙනවා. කවර අංග තුනක්ද?

පින්වත් මහණෙනි, මෙහිලා යුධභටයා ඉතා දුරට ඊතලය විදින සුළු වෙයි. විදුලි කොටන එළියෙනුත් ඊතල විදින සුළු වෙයි. ඉතා දැඩි වූ දෙයද බිඳින සුළු වෙයි. පින්වත් මහණෙනි, ඔය අංග තුනකින් සමන්විත යුධභටයා රාජකීය වෙනවා. රජුගේ සේවයටම සුදුසු වෙනවා. රජුගේම කොටසක්ය යන ගණයටත් ඇතුළත් වෙනවා.

පින්වත් මහණෙනි, ඔය අයුරින්ම අංග තුනකින් සමන්විත භික්ෂුව ආහුනෙය්‍ය (දුර සිට නමුත් දන්පැන් ගෙනවුත් පිළිගැන්වීමට සුදුසු) වෙනවා. ....(පෙ).... ලොවට උතුම් පින්කෙත වෙනවා. කවර අංග තුනකින්ද?

පින්වත් මහණෙනි, මෙහිලා භික්ෂුව ඉතා දුරට විදින සුළු වෙයි. විදුලි කොටන එළියෙනුත් විදින සුළු වෙයි. ඉතා දැඩි වූ දෙයද බිඳින සුළු වෙයි.

පින්වත් මහණෙනි, භික්ෂුව ඉතා දුරට විදින සුළු වන්නේ කොයි ආකාරයෙන්ද?

පින්වත් මහණෙනි, මෙහිලා භික්ෂුව අතීත, අනාගත, වර්තමාන වූ යම් රූපයක් ඇද්ද, ආධ්‍යාත්ම වේවා, බාහිර වේවා, ගොරෝසු වේවා, සියුම් වේවා, හීන වේවා, උසස් වේවා, දුර වේවා, ළඟ වේවා යම් රූපයක් ඇද්ද, ඒ සියලු රූප 'මෙය මාගේ නොවෙයි. මෙය මම නොවෙමි. මෙය මාගේ ආත්මය නොවේ' යැයි කියා ඔය විදිහට ඇති සැටියෙන්ම දියුණු කළ නුවණින් දකිනවා.

අතීත, අනාගත, වර්තමාන වූ යම් වේදනාවක් ඇද්ද, ආධ්‍යාත්ම වේවා, බාහිර වේවා, ගොරෝසු වේවා, සියුම් වේවා, හීන වේවා, උසස් වේවා, දුර වේවා, ළඟ වේවා යම් වේදනාවක් ඇද්ද, ඒ සියලු වේදනා 'මෙය මාගේ නොවෙයි. මෙය මම නොවෙමි. මෙය මාගේ ආත්මය නොවේ' යැයි කියා ඔය විදිහට ඇති සැටියෙන්ම දියුණු කළ නුවණින් දකිනවා.

අතීත, අනාගත, වර්තමාන වූ යම් සඤ්ඤාවක් ඇද්ද, ආධ්‍යාත්ම වේවා, බාහිර වේවා, ගොරෝසු වේවා, සියුම් වේවා, හීන වේවා, උසස් වේවා, දුර වේවා, ළඟ වේවා යම් සඤ්ඤාවක් ඇද්ද, ඒ සියලු සඤ්ඤා 'මෙය මාගේ නොවෙයි. මෙය මම නොවෙමි. මෙය මාගේ ආත්මය නොවේ' යැයි කියා ඔය විදිහට ඇති සැටියෙන්ම දියුණු කළ නුවණින් දකිනවා.

අතීත, අනාගත, වර්තමාන වූ යම් සංස්කාර ඇද්ද, ආධ්‍යාත්ම වේවා, බාහිර වේවා, ගොරෝසු වේවා, සියුම් වේවා, හීන වේවා, උසස් වේවා, දුර වේවා, ළඟ වේවා යම් සංස්කාර ඇද්ද, ඒ සියලු සංස්කාර 'මෙය මාගේ නොවෙයි. මෙය මම නොවෙමි. මෙය මාගේ ආත්මය නොවේ' යැයි කියා ඔය විදිහට ඇති සැටියෙන්ම දියුණු කළ නුවණින් දකිනවා.

අතීත, අනාගත, වර්තමාන වූ යම් විඤ්ඤාණයක් ඇද්ද, ආධ්‍යාත්ම වේවා, බාහිර වේවා, ගොරෝසු වේවා, සියුම් වේවා, හීන වේවා, උසස් වේවා, දුර වේවා, ළඟ වේවා යම් විඤ්ඤාණයක් ඇද්ද, ඒ සියලු විඤ්ඤාණ 'මෙය මාගේ නොවෙයි. මෙය මම නොවෙමි. මෙය මාගේ ආත්මය නොවේ' යැයි කියා ඔය විදිහට ඇති සැටියෙන්ම දියුණු කළ නුවණින් දකිනවා. පින්වත් මහණෙනි, භික්ෂුව ඉතා දුරට විදින සුළු වන්නේ ඔය ආකාරයටයි.

පින්වත් මහණෙනි, භික්ෂුව විදුලි කොටන එළියෙනුත් විදින සුළු වන්නේ කොයි ආකාරයෙන්ද?

පින්වත් මහණෙනි, මෙහිලා භික්ෂුව 'මෙය තමයි දුක' කියලා ඇති සැටියෙන්ම දැනගන්නවා. 'මෙය තමයි දුකේ හටගැනීම' කියලා ඇති සැටියෙන්ම දැනගන්නවා. 'මෙය තමයි දුකේ නිරුද්ධ වීම' කියලා ඇති සැටියෙන්ම දැනගන්නවා. 'මෙය තමයි දුක නිරුද්ධ වීම පිණිස පවතින ප්‍රතිපදාව' කියලා ඇති සැටියෙන්ම දැනගන්නවා. පින්වත් මහණෙනි, භික්ෂුව විදුලි කොටන එළියෙනුත් විදින සුළු වන්නේ ඔය ආකාරයටයි.

පින්වත් මහණෙනි, භික්ෂුව ඉතා දැඩි දෙයද බිඳින සුළු වන්නේ කොයි ආකාරයෙන්ද?

පින්වත් මහණෙනි, මෙහිලා භික්ෂුව ඉතා දැඩි වූ අවිද්‍යා කඳ බිඳ හෙලනවා. පින්වත් මහණෙනි, භික්ෂුව ඉතා දැඩි දෙයද බිඳින සුළු වන්නේ ඔය ආකාරයටයි.

පින්වත් මහණෙනි, මේ අංග තුනකින් සමන්විත භික්ෂුව තමයි ආහුනෙය්‍ය (දුර සිට නමුත් දන්පැන් ගෙනවුත් පිළිගැන්වීමට සුදුසු) වන්නේ. ....(පෙ).... ලොවට උතුම් පින්කෙත වන්නේ.

සාදු! සාදු!! සාදු!!!

3.3.4.2.

32. පින්වත් මහණෙනි, මේ තුන් පිරිසක් ඉන්නවා. ඒ තුන් පිරිස කවුද?

කවරෙකුගේවත් උපදෙස් නොලබා හිතුමනාපයට හික්මෙන දුර්විනීත පිරිස, වැඩිහිටියන්ගේ උපදෙස් විමස විමසා හික්මෙන සුවිනීත පිරිස හා ඒ ඒ කටයුත්තට යෝග්‍ය වෙන ලෙස පමණක් හික්මෙන පිරිසයි.

පින්වත් මහණෙනි, මේ තමයි ඒ පිරිස් තුන.

සාදු! සාදු!! සාදු!!!

3.3.4.3.

33. පින්වත් මහණෙනි, මේ ගුණාංග තුනකින් යුක්ත වූ මිතුරා ආශ්‍රය කළ යුතුයි. කවර ගුණාංග තුනකින්ද?

දීමට දුෂ්කර දේ පවා දෙනවා. කිරීමට දුෂ්කර දේ කරනවා. ඉවසීමට දුෂ්කර දේ ඉවසනවා.

පින්වත් මහණෙනි, මේ ගුණාංග තුනකින් යුක්ත වූ මිතුරා ආශ්‍රය කළ යුතුයි.

සාදු! සාදු!! සාදු!!!

3.3.4.4.

34. පින්වත් මහණෙනි, තථාගතයන් වහන්සේලාගේ පහළ වීම සිදුවුනත්, තථාගතයන් වහන්සේලාගේ පහළ වීම සිදු නොවුනත් 'සියලුම සංස්කාර අනිත්‍යයි' යන මෙම මූලික ස්වභාවය එසේම තිබෙන්නා වූ දෙයක්. සොබාදහමට අයත් දෙයක්. ධර්ම නියාමයක්. එය තථාගතයන් වහන්සේ ගැඹුරින් අවබෝධ කරනවා. මැනැවින් අවබෝධ කරනවා. ගැඹුරින් අවබෝධ කොට, මැනැවින් අවබෝධ කොට 'සියලුම සංස්කාර අනිත්‍යයි' කියලා ප්‍රකාශ කරනවා. දේශනා කරනවා. පණවනවා. පිහිටුවනවා. විස්තර කරනවා. බෙදා දක්වනවා. ඉස්මතු කොට පෙන්වනවා.

පින්වත් මහණෙනි, තථාගතයන් වහන්සේලාගේ පහළ වීම සිදුවුනත්, තථාගතයන් වහන්සේලාගේ පහළ වීම සිදු නොවුනත් 'සියලුම සංස්කාර දුකයි' යන මෙම මූලික ස්වභාවය එසේම තිබෙන්නා වූ දෙයක්. සොබාදහමට අයත් දෙයක්. ධර්ම නියාමයක්. එය තථාගතයන් වහන්සේ ගැඹුරින් අවබෝධ කරනවා. මැනැවින් අවබෝධ කරනවා. ගැඹුරින් අවබෝධ කොට, මැනැවින් අවබෝධ කොට 'සියලුම සංස්කාර දුකයි' කියලා ප්‍රකාශ කරනවා. දේශනා කරනවා. පණවනවා. පිහිටුවනවා. විස්තර කරනවා. බෙදා දක්වනවා. ඉස්මතු කොට පෙන්වනවා.

පින්වත් මහණෙනි, තථාගතයන් වහන්සේලාගේ පහළ වීම සිදුවුනත්, තථාගතයන් වහන්සේලාගේ පහළ වීම සිදු නොවුනත් 'සියලුම සංස්කාර අනාත්මයි' යන මෙම මූලික ස්වභාවය එසේම තිබෙන්නා වූ දෙයක්. සොබාදහමට අයත් දෙයක්. ධර්ම නියාමයක්. එය තථාගතයන් වහන්සේ ගැඹුරින් අවබෝධ කරනවා. මැනැවින් අවබෝධ කරනවා. ගැඹුරින් අවබෝධ කොට, මැනැවින් අවබෝධ කොට 'සියලුම සංස්කාර අනාත්මයි' කියලා ප්‍රකාශ කරනවා. දේශනා කරනවා. පණවනවා. පිහිටුවනවා. විස්තර කරනවා. බෙදා දක්වනවා. ඉස්මතු කොට පෙන්වනවා.

සාදු! සාදු!! සාදු!!!

3.3.4.5.

35. පින්වත් මහණෙනි, කෙඳිවලින් වියන ලද යම්කිසි වස්ත්‍රයක් ඇතිනම් ඒ වස්ත්‍ර අතුරින් කේසකම්බිලිය (කෙස්වලින් වියන ලද වස්ත්‍රය) ඉතාම පහත් කියලයි කියන්නේ. පින්වත් මහණෙනි, කේසකම්බිලිය සීතල වෙලාවට සීතලයි.

උණුසුම් වෙලාවට උෂ්ණයි. දුර්වර්ණයි. දුර්ගන්ධයි. එහි පහසත් දුකයි. අන්න ඒ වගේම තමයි පින්වත් මහණෙනි, ශ්‍රමණයින්ගේ යම්කිසි මහත් මතවාදයන් ඇද්ද, ඒවා අතරින් මක්ඛලී ගෝසලගේ මතය තමයි ඉතාමත්ම පහත්ය කියල කියන්නේ.

පින්වත් මහණෙනි, මක්ඛලී නම් වූ හිස් පුරුෂයා මෙබඳු මතවාදයක්, මෙබඳු දෘෂ්ටියක් තමයි පවසන්නේ. 'කර්මය නැත. ක්‍රියාව නැත. වීරිය නැත' කියලයි.

පින්වත් මහණෙනි, අතීතයේ යම්කිසි අරහත් සම්මා සම්බුදුරජාණන් වහන්සේලා වැඩසිටියා නම්, ඒ භාග්‍යවතුන් වහන්සේලා පවා කර්මවාදී වුනා. ක්‍රියාවාදී වුනා. විරියවාදී වුනා. පින්වත් මහණෙනි, ඒත් මේ මක්ඛලී කියන හිස් පුරුෂයා 'කර්මය නැත, ක්‍රියාව නැත, වීරිය නැත' කියල ඒ බුදුවරයන් වහන්සේලාත් ප්‍රතික්ෂේප කරනවා.

පින්වත් මහණෙනි, අනාගතයේ යම්කිසි අරහත් සම්මා සම්බුදුරජාණන් වහන්සේලා පහළ වෙනවා නම්, ඒ භාග්‍යවතුන් වහන්සේලා පවා කර්මවාදී වෙනවා. ක්‍රියාවාදී වෙනවා. විරියවාදී වෙනවා. පින්වත් මහණෙනි, ඒත් මේ මක්ඛලී කියන හිස් පුරුෂයා 'කර්මය නැත, ක්‍රියාව නැත, වීරිය නැත' කියල ඒ බුදුවරයන් වහන්සේලාත් ප්‍රතික්ෂේප කරනවා.

පින්වත් මහණෙනි, මෙකල අරහත් සම්මා සම්බුදුරජාණන් වහන්සේ වන මමද කර්මවාදී කෙනෙක්. ක්‍රියාවාදී කෙනෙක්. විරියවාදී කෙනෙක්. පින්වත් මහණෙනි, ඒත් මේ මක්ඛලී කියන හිස් පුරුෂයා 'කර්මය නැත, ක්‍රියාව නැත, වීරිය නැත' කියල මාවත් ප්‍රතික්ෂේප කරනවා.

පින්වත් මහණෙනි, ඒක හරියට මේ වගේ දෙයක්. ගං මෝයක කෙමනක් අටවලා තියෙනවා. එය බොහෝ මත්ස්‍යයින්ගේ අයහපත පිණිස, දුක පිණිස, අවාසනාව පිණිස, විනාශය පිණිස හේතු වෙනවා. අන්න ඒ වගේම තමයි පින්වත් මහණෙනි, ඔය මක්ඛලී කියන හිස් පුරුෂයා බොහෝ සත්වයින්ගේ අහිත පිණිස, දුක පිණිස, අවාසනාව පිණිස, විනාශය පිණිස ලෝකයෙහි ඉපදිලා ඉන්න මිනිස් කෙමනක් වගෙයි.

සාදු! සාදු!! සාදු!!!

3.3.4.6.

36. පින්වත් මහණෙනි, මේ සම්පත්ති තුනක් තියෙනවා. ඒ තුන මොනවාද?

ශ්‍රද්ධා සම්පත්තිය, සීල සම්පත්තිය හා ප්‍රඥා සම්පත්තියයි. පින්වත් මහණෙනි, මේ තමයි සම්පත්ති තුන.

සාදු! සාදු!! සාදු!!!

3.3.4.7.

37. පින්වත් මහණෙනි, මේ වැඩිදියුණු වීම් තුනක් තියෙනවා. ඒ තුන මොනවාද?

ශ්‍රද්ධාවෙන් වැඩිදියුණු වීම, සීලයෙන් වැඩිදියුණු වීම හා ප්‍රඥාවෙන් වැඩිදියුණු වීමයි.

පින්වත් මහණෙනි, මේ තමයි වැඩිදියුණු වීම් තුන.

සාදු! සාදු!! සාදු!!!

3.3.4.8.

38. පින්වත් මහණෙනි, අශ්ව පැටව් තුන් දෙනෙක් ගැනත්, පුරුෂ පැටව් තුන් දෙනෙක් ගැනත් දේශනා කරන්නම්. එය සවන් යොමා අසන්න. ....(පෙ)....

පින්වත් මහණෙනි, අශ්ව පැටව් තුන් දෙනා යනු කවුද? පින්වත් මහණෙනි, මෙහිලා ඇතැම් අශ්ව පැටියෙක් ජවසම්පන්නයි. නමුත් වර්ණසම්පන්න නෑ. ආරෝහපරිනාහසම්පන්න නෑ. ඒ වගේම පින්වත් මහණෙනි, මෙහිලා ඇතැම් අශ්ව පැටියෙක් ජවසම්පන්න නමුත් වර්ණසම්පන්න නමුත් ආරෝහපරිනාහ සම්පන්න නෑ. පින්වත් මහණෙනි, මෙහිලා ඇතැම් අශ්ව පැටියෙක් ජවසම්පන්න වගේම, වර්ණසම්පන්න වගේම, ආරෝහපරිනාහසම්පන්නයි. පින්වත් මහණෙනි, මේ තමයි අශ්ව පැටව් තුන්දෙනා.

පින්වත් මහණෙනි, පුරුෂ පැටව් තුන් දෙනා යනු කවුද? පින්වත් මහණෙනි, මෙහිලා ඇතැම් පුරුෂ පැටියෙක් ජවසම්පන්නයි. නමුත් වර්ණසම්පන්න නෑ. ආරෝහපරිනාහසම්පන්න නෑ. ඒ වගේම පින්වත් මහණෙනි, මෙහිලා ඇතැම් පුරුෂ පැටියෙක් ජවසම්පන්න නමුත් වර්ණසම්පන්න නමුත් ආරෝහපරිනාහ

සම්පන්න නෑ. පින්වත් මහණෙනි, මෙහිලා ඇතැම් පුරුෂ පැටියෙක් ජවසම්පන්න වගේම, වර්ණසම්පන්න වගේම, ආරෝහපරිනාහසම්පන්නයි. පින්වත් මහණෙනි, මේ තමයි පුරුෂ පැටව් තුන්දෙනා.

පින්වත් මහණෙනි, පුරුෂ පැටියා ජවසම්පන්න වෙන්නෙත්, වර්ණසම්පන්න නොවෙන්නෙත්, ආරෝහපරිනාහසම්පන්න නොවෙන්නෙත් කොහොමද?

පින්වත් මහණෙනි, මෙහිලා භික්ෂුව 'මෙය තමයි දුක' කියලා ඇතිසැටියෙන්ම දැනගන්නවා. 'මේ තමයි දුකේ හටගැනීම' කියලා ඇතිසැටියෙන්ම දැනගන්නවා. 'මේ තමයි දුක නිරුද්ධ වීම' කියලා ඇතිසැටියෙන්ම දැනගන්නවා. 'මෙය තමයි දුක නැතිවීම පිණිස පවතින ප්‍රතිපදාව' කියලා ඇතිසැටියෙන්ම දැනගන්නවා. මෙය ඔහුගේ ජවය කියලයි මා කියන්නේ. නමුත් අභිධර්මය පිළිබඳව, අභිවිනය පිළිබඳව ප්‍රශ්නයක් ඇසූ විට පසුබසිනවා. විසඳන්නේ නෑ. මෙය ඔහුගේ වර්ණසම්පන්න නොවන බව කියලයි මා කියන්නේ. ඒ වගේම චීවර, පිණ්ඩපාත, සේනාසන, ගිලන්පස, බෙහෙත් පිරිකර ලබන සුළු කෙනෙක් නොවෙයි. මෙය ඔහුගේ ආරෝහ පරිනාහසම්පන්නබව නැතිකම කියලයි මා කියන්නේ. පින්වත් මහණෙනි, මේ ආකාරයට පුරුෂ පැටියා ජවසම්පන්න වෙනවා. ඒත් වර්ණසම්පන්න නෑ. ආරෝහපරිනාහසම්පන්න නෑ.

පින්වත් මහණෙනි, පුරුෂ පැටියා ජවසම්පන්න වෙන්නෙත්, වර්ණසම්පන්න වෙන්නෙත්, ආරෝහපරිනාහසම්පන්න නොවෙන්නෙත් කොහොමද?

පින්වත් මහණෙනි, මෙහිලා භික්ෂුව 'මෙය තමයි දුක' කියලා ඇතිසැටියෙන්ම දැනගන්නවා. ....(පෙ).... 'මෙය තමයි දුක නැතිවීම පිණිස පවතින ප්‍රතිපදාව' කියලා ඇතිසැටියෙන්ම දැනගන්නවා. මෙය ඔහුගේ ජවය කියලයි මා කියන්නේ. අභිධර්මය පිළිබඳව, අභිවිනය පිළිබඳව ප්‍රශ්නයක් ඇසූ විට පසුබසින්නේ නෑ. විසඳනවා. මෙය ඔහුගේ වර්ණසම්පන්න බව කියලයි මා කියන්නේ. නමුත් චීවර, පිණ්ඩපාත, සේනාසන, ගිලන්පස, බෙහෙත් පිරිකර ලබන සුළු කෙනෙක් නොවෙයි. මෙය ඔහුගේ ආරෝහ පරිනාහ සම්පන්නබව නැතිකම කියලයි මා කියන්නේ. පින්වත් මහණෙනි, මේ ආකාරයට පුරුෂ පැටියා ජවසම්පන්න වෙනවා. වර්ණසම්පන්න වෙනවා. නමුත් ආරෝහපරිනාහසම්පන්න නෑ.

පින්වත් මහණෙනි, පුරුෂ පැටියා ජවසම්පන්න වෙන්නෙත්, වර්ණසම්පන්න වෙන්නෙත්, ආරෝහපරිනාහ සම්පන්න වෙන්නෙත් කොහොමද?

පින්වත් මහණෙනි, මෙහිලා භික්ෂුව 'මෙය තමයි දුක' කියලා ඇතිසැටියෙන්ම දැනගන්නවා. ....(පෙ).... 'මෙය තමයි දුක නැතිවීම පිණිස පවතින ප්‍රතිපදාව' කියලා ඇතිසැටියෙන්ම දැනගන්නවා. මෙය ඔහුගේ ජවය කියලයි මා කියන්නේ. අභිධර්මය පිළිබඳව, අභිවිනය පිළිබඳව ප්‍රශ්නයක් ඇසූ විට පසුබසින්නේ නෑ. විසඳනවා. මෙය ඔහුගේ වර්ණසම්පන්න බව කියලයි මා කියන්නේ. ඒ වගේම චීවර, පිණ්ඩපාත, සේනාසන, ගිලන්පස, බෙහෙත් පිරිකර ලබන සුළු කෙනෙක් වෙනවා. මෙය ඔහුගේ ආරෝහ පරිනාහසම්පන්නබව කියලයි මා කියන්නේ. පින්වත් මහණෙනි, මේ ආකාරයට පුරුෂ පැටියා ජවසම්පන්න වෙනවා. වර්ණසම්පන්න වෙනවා. ආරෝහපරිනාහ සම්පන්න වෙනවා.

පින්වත් මහණෙනි, මේ තමයි පුරුෂ පැටව් තුන් දෙනා.

සාදු! සාදු!! සාදු!!!

3.3.4.9.

39. පින්වත් මහණෙනි, හොඳ උපත් ඇති අශ්වයන් තුන් දෙනෙක් ගැනත්, හොඳ උපත් ඇති පුරුෂයන් තුන් දෙනෙක් ගැනත් දේශනා කරන්නම්. එය සවන් යොමා අසන්න. ....(පෙ)....

පින්වත් මහණෙනි, හොඳ උපත් ඇති අශ්වයන් තුන් දෙනා යනු කවුද? පින්වත් මහණෙනි, මෙහිලා ඇතැම් හොඳ උපත් ඇති අශ්වයා ජවසම්පන්නයි. නමුත් වර්ණසම්පන්න නෑ. ආරෝහපරිනාහ සම්පන්න නෑ. ඒ වගේම පින්වත් මහණෙනි, මෙහිලා ඇතැම් හොඳ උපත් ඇති අශ්වයා ජවසම්පන්න නමුත් වර්ණසම්පන්න නමුත් ආරෝහපරිනාහ සම්පන්න නෑ. පින්වත් මහණෙනි, මෙහිලා ඇතැම් හොඳ උපත් ඇති අශ්වයා ජවසම්පන්න වගේම, වර්ණසම්පන්න වගේම, ආරෝහපරිනාහ සම්පන්නයි. පින්වත් මහණෙනි, මේ තමයි හොඳ උපත් ඇති අශ්වයන් තුන්දෙනා.

පින්වත් මහණෙනි, හොඳ උපත් ඇති පුරුෂයන් තුන් දෙනා යනු කවුද? පින්වත් මහණෙනි, මෙහිලා ඇතැම් හොඳ උපත් ඇති පුරුෂයා ජවසම්පන්නයි. නමුත් වර්ණසම්පන්න නෑ. ආරෝහපරිනාහ සම්පන්න නෑ. ඒ වගේම පින්වත් මහණෙනි, මෙහිලා ඇතැම් හොඳ උපත් ඇති පුරුෂයා ජවසම්පන්න නමුත් වර්ණසම්පන්න නමුත් ආරෝහපරිනාහ සම්පන්න නෑ. පින්වත් මහණෙනි, මෙහිලා ඇතැම් හොඳ උපත් ඇති පුරුෂයා ජවසම්පන්න වගේම, වර්ණසම්පන්න

වගේම, ආරෝහපරිනාහ සම්පන්නයි. පින්වත් මහණෙනි, මේ තමයි හොඳ උපත් ඇති පුරුෂයන් තුන්දෙනා.

පින්වත් මහණෙනි, හොඳ උපත් ඇති පුරුෂයා ජවසම්පන්න වෙන්නෙත්, වර්ණසම්පන්න නොවෙන්නෙත්, ආරෝහපරිනාහ සම්පන්න නොවෙන්නෙත් කොහොමද?

පින්වත් මහණෙනි, මෙහිලා භික්ෂුව ඕරම්භාගීය සංයෝජන ක්ෂය කිරීමෙන් බඹලොව ඕපපාතිකව උපදින කෙනෙක් වෙනවා. ඒ ලෝකයෙන් නැවත නොඑන ස්වභාවයෙන් යුතුව එහිම පිරිනිවන් පානවා. මෙය ඔහුගේ ජවය කියලයි මා කියන්නේ. නමුත් අභිධර්මය පිළිබඳව, අභිවිනය පිළිබඳව ප්‍රශ්නයක් ඇසූ විට පසුබසිනවා. විසඳන්නේ නෑ. මෙය ඔහුගේ වර්ණසම්පන්න නොවන බව කියලයි මා කියන්නේ. ඒ වගේම චීවර, පිණ්ඩපාත, සේනාසන, ගිලන්පස, බෙහෙත් පිරිකර ලබන සුළු කෙනෙක් නොවෙයි. මෙය ඔහුගේ ආරෝහ පරිනාහසම්පන්නබව නැතිකම කියලයි මා කියන්නේ. පින්වත් මහණෙනි, මේ ආකාරයට හොඳ උපත් ඇති පුරුෂයා ජවසම්පන්න වෙනවා. ඒත් වර්ණසම්පන්න නෑ. ආරෝහපරිනාහ සම්පන්න නෑ.

පින්වත් මහණෙනි, හොඳ උපත් ඇති පුරුෂයා ජවසම්පන්න වෙන්නෙත්, වර්ණසම්පන්න වෙන්නෙත්, ආරෝහපරිනාහසම්පන්න නොවෙන්නෙත් කොහොමද?

පින්වත් මහණෙනි, මෙහිලා භික්ෂුව ඕරම්භාගීය සංයෝජන ක්ෂය කිරීමෙන් බඹලොව ඕපපාතිකව උපදින කෙනෙක් වෙනවා. ඒ ලෝකයෙන් නැවත නොඑන ස්වභාවයෙන් යුතුව එහිම පිරිනිවන් පානවා. මෙය ඔහුගේ ජවය කියලයි මා කියන්නේ. අභිධර්මය පිළිබඳව, අභිවිනය පිළිබඳව ප්‍රශ්නයක් ඇසූ විට පසුබසින්නේ නෑ. විසඳනවා. මෙය ඔහුගේ වර්ණසම්පන්න බව කියලයි මා කියන්නේ. නමුත් චීවර, පිණ්ඩපාත, සේනාසන, ගිලන්පස, බෙහෙත් පිරිකර ලබන සුළු කෙනෙක් නොවෙයි. මෙය ඔහුගේ ආරෝහ පරිනාහ සම්පන්නබව නැතිකම කියලයි මා කියන්නේ. පින්වත් මහණෙනි, මේ ආකාරයට හොඳ උපත් ඇති පුරුෂයා ජවසම්පන්න වෙනවා. වර්ණසම්පන්න වෙනවා. නමුත් ආරෝහපරිනාහ සම්පන්න නෑ.

පින්වත් මහණෙනි, හොඳ උපත් ඇති පුරුෂයා ජවසම්පන්න වෙන්නෙත්, වර්ණසම්පන්න වෙන්නෙත්, ආරෝහපරිනාහසම්පන්න වෙන්නෙත් කොහොමද?

පින්වත් මහණෙනි, මෙහිලා භික්ෂුව ඕරම්භාගීය සංයෝජන ක්ෂය කිරීමෙන් බඹලොව ඕපපාතිකව උපදින කෙනෙක් වෙනවා. ඒ ලෝකයෙන්

නැවත නොඑන ස්වභාවයෙන් යුතුව එහිම පිරිනිවන් පානවා. මෙය ඔහුගේ ජවය කියලයි මා කියන්නේ. අභිධර්මය පිළිබඳව, අභිවිනය පිළිබඳව ප්‍රශ්නයක් ඇසූ විට පසුබසින්නේ නෑ. විසඳනවා. මෙය ඔහුගේ වර්ණසම්පන්න බව කියලයි මා කියන්නේ. ඒ වගේම චීවර, පිණ්ඩපාත, සේනාසන, ගිලන්පස, බෙහෙත් පිරිකර ලබන සුළු කෙනෙක් වෙනවා. මෙය ඔහුගේ ආරෝහ පරිනාහ සම්පන්නබව කියලයි මා කියන්නේ. පින්වත් මහණෙනි, මේ ආකාරයට හොඳ උපත් ඇති පුරුෂයා ජවසම්පන්න වෙනවා. වර්ණසම්පන්න වෙනවා. ආරෝහපරිනාහ සම්පන්න වෙනවා.

පින්වත් මහණෙනි, මේ තමයි හොඳ උපත් ඇති පුරුෂයන් තුන් දෙනා.

සාදු! සාදු!! සාදු!!!

3.3.4.10.

10. පින්වත් මහණෙනි, සුන්දර වූ ආජානීය අශ්වයන් තුන් දෙනෙක් ගැනත්, සුන්දර වූ ආජානීය පුරුෂයන් තුන් දෙනෙක් ගැනත් දේශනා කරන්නම්. එය සවන් යොමා අසන්න. ....(පෙ)....

පින්වත් මහණෙනි, සුන්දර වූ ආජානීය අශ්වයන් තුන් දෙනා යනු කවුද? පින්වත් මහණෙනි, මෙහිලා ඇතැම් සුන්දර වූ ආජානීය අශ්වයා ජවසම්පන්නයි. (....(පෙ).... ආරෝහපරිනාහසම්පන්න නෑ. ....(පෙ).... පින්වත් මහණෙනි, මෙහිලා ඇතැම් සුන්දර වූ ආජානීය අශ්වයා ජවසම්පන්න වගේම) වර්ණසම්පන්න වගේම, ආරෝහපරිනාහසම්පන්නයි. පින්වත් මහණෙනි, මේ තමයි සුන්දර වූ ආජානීය අශ්වයන් තුන්දෙනා.

පින්වත් මහණෙනි, සුන්දර වූ ආජානීය පුරුෂයන් තුන් දෙනා යනු කවුද? (....(පෙ)....)

පින්වත් මහණෙනි, මෙහිලා ඇතැම් සුන්දර වූ ආජානීය පුරුෂයා ජවසම්පන්න වගේම, වර්ණසම්පන්න වගේම, ආරෝහපරිනාහසම්පන්නයි. (....(පෙ)....)

පින්වත් මහණෙනි, මෙහිලා ඇතැම් සුන්දර වූ ආජනීය පුරුෂයා ජවසම්පන්න වෙන්නෙත්, වර්ණසම්පන්න වෙන්නෙත්, ආරෝහපරිනාහසම්පන්න වෙන්නෙත් කොහොමද?

පින්වත් මහණෙනි, මෙහිලා භික්ෂුව ආශ්‍රවයන්ගේ ක්ෂය වීමෙන්, අනාශ්‍රව වූ චිත්ත විමුක්තියත්, ප්‍රඥා විමුක්තියත් මේ ජීවිතයේදීම තමන් තුළ උපදවාගත් විශිෂ්ට ඥාණයෙන් සාක්ෂාත් කොට එයට පැමිණ වාසය කරනවා. මෙය ඔහුගේ ජවය කියලයි මා කියන්නේ. අභිධර්මය පිළිබඳව, අභිවිනය පිළිබඳව ප්‍රශ්නයක් ඇසූ විට පසුබසින්නේ නෑ. විසඳනවා. මෙය ඔහුගේ වර්ණසම්පන්න බව කියලයි මා කියන්නේ. ඒ වගේම චීවර, පිණ්ඩපාත, සේනාසන, ගිලන්පස, බෙහෙත් පිරිකර ලබන සුළු කෙනෙක් වෙනවා. මෙය ඔහුගේ ආරෝහ පරිනාහසම්පන්නබව කියලයි මා කියන්නේ. පින්වත් මහණෙනි, මේ ආකාරයට සුන්දර උපත් ඇති ආජානීය පුරුෂයා ජවසම්පන්න වෙනවා. වර්ණසම්පන්න වෙනවා. ආරෝහපරිනාහ සම්පන්න වෙනවා.

පින්වත් මහණෙනි, මේ තමයි සුන්දර වූ ආජානීය පුරුෂයන් තුන් දෙනා.

සාදු! සාදු!! සාදු!!!

3.3.4.11.

41. ඒ දිනවල භාග්‍යවතුන් වහන්සේ වැඩසිටියේ රජගහ නුවර මොණරුන්ගේ අභයභූමිය නම් වූ මෝරනිවාපයේ පරිබ්‍රාජකාරාමයේ. එදා භාග්‍යවතුන් වහන්සේ භික්ෂූන් වහන්සේලා අමතා වදාළා.

පින්වත් මහණෙනි, කාරණා තුනකින් යුක්ත වූ භික්ෂුව සම්පූර්ණයෙන්ම නිෂ්ටාවට පැමිණියා වෙනවා. සම්පූර්ණයෙන්ම කෙලෙස් බන්ධනවලින් නිදහස් වුනා වෙනවා. සම්පූර්ණයෙන්ම බ්‍රහ්මචාරී වෙනවා. සම්පූර්ණයෙන්ම සසරේ අවසානයට පැමිණියා වෙනවා. දෙවිමිනිසුන්ට ශ්‍රේෂ්ඨ වෙනවා. කවර කාරණා තුනකින්ද?

අසේඛ (පුහුණු වීම සම්පූර්ණ කරන ලද) වූ සීලස්කන්ධයෙන්, අසේඛ වූ සමාධි ස්කන්ධයෙන් හා අසේඛ වූ ප්‍රඥා ස්කන්ධයෙන්ය.

පින්වත් මහණෙනි, මේ කාරණා තුනෙන් යුක්ත වූ භික්ෂුව තමයි සම්පූර්ණයෙන්ම නිෂ්ටාවට පැමිණියා වෙන්නේ. සම්පූර්ණයෙන්ම කෙලෙස් බන්ධනවලින් නිදහස් වුනා වෙන්නේ. සම්පූර්ණයෙන්ම බ්‍රහ්මචාරී වෙන්නේ. සම්පූර්ණයෙන්ම සසරේ අවසානයට පැමිණියා වෙන්නේ. දෙවිමිනිසුන්ට ශ්‍රේෂ්ඨ වෙන්නේ.

සාදු! සාදු!! සාදු!!!

3.3.4.12.

42. පින්වත් මහණෙනි, කාරණා තුනකින් යුක්ත වූ භික්ෂුව සම්පූර්ණයෙන්ම නිෂ්ටාවට පැමිණියා වෙනවා. සම්පූර්ණයෙන්ම කෙලෙස් බන්ධනවලින් නිදහස් වුනා වෙනවා. සම්පූර්ණයෙන්ම බ්‍රහ්මචාරී වෙනවා. සම්පූර්ණයෙන්ම සසරේ අවසානයට පැමිණියා වෙනවා. දෙවිමිනිසුන්ට ශ්‍රේෂ්ඨ වෙනවා. කවර කාරණා තුනකින්ද?

ඉර්ධි ප්‍රාතිහාර්යයෙන්, ආදේසනා ප්‍රාතිහාර්යයෙන් හා අනුශාසනා ප්‍රාතිහාර්යයෙන්ය.

පින්වත් මහණෙනි, මේ කාරණා තුනෙන් යුක්ත වූ භික්ෂුව තමයි සම්පූර්ණයෙන්ම නිෂ්ටාවට පැමිණියා වෙන්නේ. ....(පෙ).... දෙවිමිනිසුන්ට ශ්‍රේෂ්ඨ වෙන්නේ.

සාදු! සාදු!! සාදු!!!

3.3.4.13.

43. පින්වත් මහණෙනි, කාරණා තුනකින් යුක්ත වූ භික්ෂුව සම්පූර්ණයෙන්ම නිෂ්ටාවට පැමිණියා වෙනවා. ....(පෙ).... දෙවිමිනිසුන්ට ශ්‍රේෂ්ඨ වෙනවා. කවර කාරණා තුනකින්ද?

සම්මා දිට්ඨියෙන්, සම්මා ඤාණයෙන් හා සම්මා විමුක්තියෙන්ය.

පින්වත් මහණෙනි, මේ කාරණා තුනෙන් යුක්ත වූ භික්ෂුව තමයි සම්පූර්ණයෙන්ම නිෂ්ටාවට පැමිණියා වෙන්නේ. සම්පූර්ණයෙන්ම කෙලෙස් බන්ධනවලින් නිදහස් වුනා වෙන්නේ. සම්පූර්ණයෙන්ම බ්‍රහ්මචාරී වෙන්නේ. සම්පූර්ණයෙන්ම සසරේ අවසානයට පැමිණියා වෙන්නේ. දෙවිමිනිසුන්ට ශ්‍රේෂ්ඨ වෙන්නේ.

සාදු! සාදු!! සාදු!!!

හතරවෙනි යෝධාජීව වර්ගයයි.

5. මංගල වර්ගය

3.3.5.1.

44. සැවැත් නුවරදී ....

පින්වත් මහණෙනි, කරුණු තුනකින් යුක්ත වූ කෙනා ඔසවාගෙන ආ බරක් බිම තබන්නේ යම් අයුරකින්ද, ඒ අයුරින්ම නිරයේ උපදිනවා. කවර කරුණු තුනකින්ද?

අකුසල් සහිත කාය කර්මයෙන්, අකුසල් සහිත වචී කර්මයෙන් හා අකුසල් සහිත මනෝ කර්මයෙන්ය. පින්වත් මහණෙනි, මේ කරුණු තුනෙන් යුක්ත වූ කෙනා ඔසවාගෙන ආ බරක් බිම තබන්නේ යම් අයුරකින්ද, ඒ අයුරින්ම නිරයේ උපදිනවා.

පින්වත් මහණෙනි, කරුණු තුනකින් යුක්ත වූ කෙනා ඔසවාගෙන ආ බරක් බිම තබන්නේ යම් අයුරකින්ද, ඒ අයුරින්ම සුගතියේ උපදිනවා. කවර කරුණු තුනකින්ද?

කුසල් සහිත කාය කර්මයෙන්, කුසල් සහිත වචී කර්මයෙන් හා කුසල් සහිත මනෝ කර්මයෙන්ය. පින්වත් මහණෙනි, මේ කරුණු තුනෙන් යුක්ත වූ කෙනා ඔසවාගෙන ආ බරක් බිම තබන්නේ යම් අයුරකින්ද, ඒ අයුරින්ම සුගතියේ උපදිනවා.

සාදු! සාදු!! සාදු!!!

3.3.5.2.

45. පින්වත් මහණෙනි, කරුණු තුනකින් යුක්ත වූ කෙනා ඔසවාගෙන ආ

බරක් බිම තබන්නේ යම් අයුරකින්ද, ඒ අයුරින්ම නිරයේ උපදිනවා. කවර කරුණු තුනකින්ද?

සාවද්‍ය වූ කාය කර්මයෙන්, සාවද්‍ය වූ වචී කර්මයෙන් හා සාවද්‍ය වූ මනෝ කර්මයෙන්ය. පින්වත් මහණෙනි, මේ කරුණු තුනෙන් යුක්ත වූ කෙනා ඔසවාගෙන ආ බරක් බිම තබන්නේ යම් අයුරකින්ද, ඒ අයුරින්ම නිරයේ උපදිනවා.

පින්වත් මහණෙනි, කරුණු තුනකින් යුක්ත වූ කෙනා ඔසවාගෙන ආ බරක් බිම තබන්නේ යම් අයුරකින්ද, ඒ අයුරින්ම සුගතියේ උපදිනවා. කවර කරුණු තුනකින්ද?

නිවැරදි වූ කාය කර්මයෙන්, නිවැරදි වූ වචී කර්මයෙන් හා නිවැරදි වූ මනෝ කර්මයෙන්ය. පින්වත් මහණෙනි, මේ කරුණු තුනෙන් යුක්ත වූ කෙනා ඔසවාගෙන ආ බරක් බිම තබන්නේ යම් අයුරකින්ද, ඒ අයුරින්ම සුගතියේ උපදිනවා.

සාදු! සාදු!! සාදු!!!

3.3.5.3.

46. පින්වත් මහණෙනි, කරුණු තුනකින් යුක්ත වූ කෙනා ....(පෙ).... ඒ අයුරින්ම නිරයේ උපදිනවා. කවර කරුණු තුනකින්ද?

විෂම වූ කාය කර්මයෙන්, විෂම වූ වචී කර්මයෙන් හා විෂම වූ මනෝ කර්මයෙන්ය. පින්වත් මහණෙනි, මේ කරුණු තුනෙන් ....(පෙ).... ඒ අයුරින්ම නිරයේ උපදිනවා.

පින්වත් මහණෙනි, කරුණු තුනකින් ....(පෙ).... ඒ අයුරින්ම සුගතියේ උපදිනවා. කවර කරුණු තුනකින්ද?

යහපත් වූ කාය කර්මයෙන්, යහපත් වූ වචී කර්මයෙන් හා යහපත් වූ මනෝ කර්මයෙන්ය. පින්වත් මහණෙනි, මේ කරුණු ....(පෙ).... ඒ අයුරින්ම සුගතියේ උපදිනවා.

සාදු! සාදු!! සාදු!!!

3.3.5.4.

47. පින්වත් මහණෙනි, කරුණු තුනකින් යුක්ත වූ කෙනා ....(පෙ).... ඒ අයුරින්ම නිරයේ උපදිනවා. කවර කරුණු තුනකින්ද?

අපිරිසිදු කාය කර්මයෙන්, අපිරිසිදු වචී කර්මයෙන් හා අපිරිසිදු මනෝ කර්මයෙන්ය. පින්වත් මහණෙනි, මේ කරුණු තුනෙන් ....(පෙ).... ඒ අයුරින්ම නිරයේ උපදිනවා.

පින්වත් මහණෙනි, කරුණු තුනකින් ....(පෙ).... ඒ අයුරින්ම සුගතියේ උපදිනවා. කවර කරුණු තුනකින්ද?

පිරිසිදු වූ කාය කර්මයෙන්, පිරිසිදු වූ වචී කර්මයෙන් හා පිරිසිදු වූ මනෝ කර්මයෙන්ය. පින්වත් මහණෙනි, මේ කරුණු ....(පෙ).... ඒ අයුරින්ම සුගතියේ උපදිනවා.

සාදු! සාදු!! සාදු!!!

3.3.5.5.

48. පින්වත් මහණෙනි, කරුණු තුනකින් යුක්ත වූ බාල වූ අව්‍යක්ත වූ අසත්පුරුෂයා උදුරා දැමූ ගුණ ඇතිව, කෙලෙසුනු ජීවිතයක් පරිහරණය කරනවා. වැරදි බවෙනුත් යුක්තයි. නුවණැත්තන්ගේ ගැරහීමට ලක්වෙනවා. බොහෝ පව්ත් රැස් කරනවා. කවර කරුණු තුනකින්ද?

අකුසල් සහිත කාය කර්මයෙන්, අකුසල් සහිත වචී කර්මයෙන් හා අකුසල් සහිත මනෝ කර්මයෙන්ය.

පින්වත් මහණෙනි, මේ කරුණු තුනෙන් යුක්ත වූ බාල වූ අව්‍යක්ත වූ අසත්පුරුෂයා උදුරා දැමූ ගුණ ඇතිව, කෙලෙසුනු ජීවිතයක් පරිහරණය කරනවා. වැරදි බවෙනුත් යුක්තයි. නුවණැත්තන්ගේ ගැරහීමට ලක්වෙනවා. බොහෝ පව්ත් රැස් කරනවා.

පින්වත් මහණෙනි, කරුණු තුනකින් යුක්ත වූ ඥාණවන්ත වූ, ව්‍යක්ත වූ සත්පුරුෂයා උදුරා නොදැමූ ගුණ ඇතිව, නොකෙලෙසුනු ජීවිතයක් පරිහරණය කරනවා. නිවැරදි බවෙනුත් යුක්තයි. නුවණැත්තන්ගේ ගැරහුම් ලැබීමටත් සුදුසු නෑ. බොහෝ පිනුත් රැස් කරනවා. කවර කරුණු තුනකින්ද?

කුසල් සහිත කාය කර්මයෙන්, කුසල් සහිත වචී කර්මයෙන් හා කුසල්

සහිත මනෝ කර්මයෙන්ය.

පින්වත් මහණෙනි, මේ කරුණු තුනෙන් ....(පෙ).... බොහෝ පිනුත් රැස් කරනවා.

සාදු! සාදු!! සාදු!!!

3.3.5.6.

49. පින්වත් මහණෙනි, කරුණු තුනකින් ....(පෙ)....

සාවද්‍ය වූ කාය කර්මයෙන්, සාවද්‍ය වූ වචී කර්මයෙන් හා සාවද්‍ය වූ මනෝ කර්මයෙන්ය. ....(පෙ)....

පින්වත් මහණෙනි, කරුණු තුනකින් ....(පෙ)....

නිවැරදි වූ කාය කර්මයෙන්, නිවැරදි වූ වචී කර්මයෙන් හා නිවැරදි වූ මනෝ කර්මයෙන්ය .....(පෙ)....

සාදු! සාදු!! සාදු!!!

3.3.5.7.

50. පින්වත් මහණෙනි, කරුණු තුනකින් ....(පෙ)....

විෂම වූ කාය කර්මයෙන්, විෂම වූ වචී කර්මයෙන් හා විෂම වූ මනෝ කර්මයෙන්ය. .....(පෙ)....

පින්වත් මහණෙනි, කරුණු තුනකින් ....(පෙ)....

යහපත් වූ කාය කර්මයෙන්, යහපත් වූ වචී කර්මයෙන් හා යහපත් වූ මනෝ කර්මයෙන්ය ....(පෙ)....

සාදු! සාදු!! සාදු!!!

3.3.5.8.

51. පින්වත් මහණෙනි, කරුණු තුනකින් ....(පෙ)....

අපිරිසිදු වූ කාය කර්මයෙන්, අපිරිසිදු වූ වචී කර්මයෙන් හා අපිරිසිදු වූ මනෝ කර්මයෙන්ය ....(පෙ)....

පින්වත් මහණෙනි, කරුණු තුනකින් ....(පෙ)....

පිරිසිදු වූ කාය කර්මයෙන්, පිරිසිදු වූ වචී කර්මයෙන් හා පිරිසිදු වූ මනෝ කර්මයෙන්ය.

පින්වත් මහණෙනි, මේ කරුණු තුනෙන් යුක්ත වූ ඥාණවන්ත වූ, ව්‍යක්ත වූ සත්පුරුෂයා උදුරා නොදැමූ ගුණ ඇතිව, නොකෙලෙසුනු ජීවිතයක් පරිහරණය කරනවා. නිවැරදි බවෙනුත් යුක්තයි. නුවණැත්තන්ගේ ගැරහුම් ලැබීමටත් සුදුසු නෑ. බොහෝ පිනුත් රැස් කරනවා.

සාදු! සාදු!! සාදු!!!

3.3.5.9.

52. පින්වත් මහණෙනි, මේ වැඳීම් තුනක් තියෙනවා. ඒ තුන මොනවාද?

කයෙන්, වචනයෙන් හා සිතින්ය. පින්වත් මහණෙනි, මේ තමයි වැඳීම් තුන.

සාදු! සාදු!! සාදු!!!

3.3.5.10.

53. පින්වත් මහණෙනි, යම් සත්ව කෙනෙක් පෙරවරුවේ කයෙන් යහපතෙහි හැසිරෙනවා නම්, වචනයෙන් යහපතෙහි හැසිරෙනවා නම්, මනසින් යහපතෙහි හැසිරෙනවා නම්, පින්වත් මහණෙනි, ඒ සත්වයන් හට එය සුභ උදෑසනකි.

පින්වත් මහණෙනි, යම් සත්ව කෙනෙක් මධ්‍යාහ්නයෙහි කයෙන් යහපතෙහි හැසිරෙනවා නම්, වචනයෙන් යහපතෙහි හැසිරෙනවා නම්, මනසින් යහපතෙහි හැසිරෙනවා නම්, පින්වත් මහණෙනි, ඒ සත්වයන් හට එය සුභ දහවලකි.

පින්වත් මහණෙනි, යම් සත්ව කෙනෙක් සවස් වරුවේ කයෙන් යහපතෙහි හැසිරෙනවා නම්, වචනයෙන් යහපතෙහි හැසිරෙනවා නම්, මනසින්

යහපතෙහි හැසිරෙනවා නම්, පින්වත් මහණෙනි, ඒ සත්වයන් හට එය සුභ සන්ධ්‍යාවකි.

10. උතුම් බ්‍රහ්මචාරීන් වහන්සේලා උදෙසා මැනැවින් පුදන ලද දානයක් ඇද්ද, ඒ දන්දෙන වෙලාව තමයි සුභ නැකැත. සුභ මංගල්‍යය. සුභ උදෑසන. සුභ නැගීසිටීම. සුභ මොහොත. සුභ මුහුර්තිය.

11. මැනැවින් කරන ලද කාය කර්මය ඉතා සුභ දෙයකි. මැනැවින් කරන ලද වචී කර්මය ඉතා සුභ දෙයකි. මැනැවින් කරන ලද මනෝ කර්මය ඉතා සුභ දෙයකි. යහපත් අභිප්‍රාය ඉතා සුභ දෙයකි. මනා වූ දේවල් කොට එහි ඒ මනා වූ දේවල්ම ලබනවා.

12. යහපත උදාකරගෙන, සැපවත්ව බුදු සසුනෙහි අභිවෘද්ධිය සළසාගත් ඔබ සියලු ඤාතීන් සමඟ නීරෝග වෙන්න. සුවපත් වෙන්න.

සාදු! සාදු!! සාදු!!!

පස්වෙනි මංගල වර්ගයයි.

තෙවෙනි ඛුද්දක පණ්ණාසකය සමාප්තයි.

6. පටිපදා වර්ගය

3.6.1.

01. සැවැත් නුවරදී ....

පින්වත් මහණෙනි, මේ ප්‍රතිපදාවන් තුනක් තියෙනවා. ඒ තුන මොනවාද?

කාමයෙන් මුසපත් වූ ප්‍රතිපදාව නම් වූ ආගාළ්හ ප්‍රතිපදාව, තමාව පීඩාවට පත්කරන නිසරු තපස්ක්‍රම ඇති ප්‍රතිපදාව නම් වූ නිජ්ඣාමා ප්‍රතිපදාව හා මධ්‍යම ප්‍රතිපදාවයි.

පින්වත් මහණෙනි, කාමයෙන් මුසපත් වූ ප්‍රතිපදාව නම් වූ ආගාළ්හ ප්‍රතිපදාව යනු කුමක්ද?

පින්වත් මහණෙනි, මෙහිලා ඇතැම් කෙනෙක් මෙවැනි මතවාදයක්, මෙවැනි දෘෂ්ටියක් දරනවා. 'කාමයන්හි කිසි දෝෂයක් නැත' කියලා. ඔහු කාමයන්හි මුසපත් වෙන කෙනෙක් බවට පත්වෙනවා. පින්වත් මහණෙනි, මේකට තමයි ආගාළ්හ ප්‍රතිපදාව කියන්නේ.

පින්වත් මහණෙනි, තමාව පීඩාවට පත්කරන නිසරු තපස්ක්‍රම ඇති ප්‍රතිපදාව නම් වූ නිජ්ඣාමා ප්‍රතිපදාව යනු කුමක්ද?

පින්වත් මහණෙනි, මෙහිලා ඇතැම් කෙනෙක් නිරුවත්ව ඉන්නවා. ආචාර ධර්ම අත්හරිනවා. කෑමෙන් පසු අත ලෙවකනවා. 'ස්වාමීනී, මෙහි වඩින්න' කියූ විට එන්නේ නෑ. 'ස්වාමීනී, සිටින්න' කියූ විට ඉන්නේ නෑ. තමා එන්නට කලින් ගෙනා බොජුන් ගන්නේ නෑ. තමා උදෙසා කළ බොජුන් ගන්නේ නෑ. ඇරයුම් පිළිගන්නේ නෑ. වළඳේ උඩ කොටසෙන් දුන් දානය පිළිග න්නේ නෑ. බඳුන්වල උඩින්ම දෙන දන් පිළිගන්නේ නෑ. එළිපත්තේ සිට දෙන දන් පිළිගන්නේ නෑ. කණුවක් අසලදී දෙන දන් පිළිගන්නේ නෑ. මොහොලක්

අතර සිට දෙන දන් පිළිගන්නේ නෑ. දෙදෙනෙක් ආහාර ගනිද්දී දෙන දන් පිළිගන්නේ නෑ. ගැබිනි මවක් දෙන දන් පිළිගන්නේ නෑ. කිරිදෙන මව දෙන දන් පිළිගන්නේ නෑ. පුරුෂයන් අතරට ගිය තැනැත්තිය විසින් දෙන දානය පිළිගන්නේ නෑ. සම්මාදන් කොට පිස දෙන දන් පිළිගන්නේ නෑ. බල්ලෙක් සිටිද්දී උගට නොදී දෙන දන් පිළිගන්නේ නෑ. අධික ලෙස මැස්සන් ගැවසුනු තැනින් දෙන දානය පිළිගන්නේ නෑ. මස් මාළු පිළිගන්නේ නෑ. රහමෙර පිළිගන්නේ නෑ. කාඩිහොදි බොන්නෙ නෑ.

ඒ වගේම ඔහු එක ගෙදරකින් ලැබෙන එක් බත් පිඩකින් යැපෙනවා. ගෙවල් දෙකකින් ලැබෙන බත් පිඬු දෙකකින් යැපෙනවා. ගෙවල් හතකින් ලැබෙන බත් පිඬු හතකින් යැපෙනවා. එක බත් තලියකින් යැපෙනවා. බත් තලි දෙකකින් යැපෙනවා. බත් තලි හතකින් යැපෙනවා. දවසක් හැර දවසක් ආහාර ගන්නවා. දෙදෙවසක් හැර දවසක් ආහාර ගන්නවා. සත් දවසක් හැර දවසක් ආහාර ගන්නවා. මේ විදිහට අඩමාසයක් හැර දවසක් බත් අනුභව කිරීම් වශයෙන් ව්‍රත සමාදානයෙන් වාසය කරනවා.

ඒ වගේම ඔහු කොළ වර්ග අමුවෙන් අනුභව කරනවා. ගස් බොඩ අනුභව කරනවා. හූරු හැල් වී අනුභව කරනවා. සම්තැම්බූ කහට වතුර අනුභව කරනවා. ලහටු දියසෙවෙල අනුභව කරනවා. සහල්කුඩු අනුභව කරනවා. දන්කුඩ අනුභව කරනවා. මුරුවට අනුභව කරනවා. තණකොළ අනුභව කරනවා. ගොම අනුභව කරනවා. වනමුල් ගෙඩි අනුභව කරනවා. ගස්වලින් වැටුණු ගෙඩි පමණක් අනුභව කරනවා.

ඒ වගේම ඔහු හණවැහැරි දරනවා. හණවැහැරි මිශ්‍ර වස්ත්‍ර දරනවා. ඉවත්කළ කඩමලු දරනවා. මිනියෙන් බැහැර කළ රෙදි දරවනවා. පොතුසුඹුලුවලින් කළ වස්ත්‍ර දරනවා. අඳුන් දිවිසම් දරනවා. මැදින් පැලූ අඳුන් දිවිසම් දරනවා. කුසතණින් ගෙතූ වස්ත්‍ර දරනවා. නියදවැහැරි දරනවා. එළුලොමින් කළ වස්ත්‍ර දරනවා. මිනිස් කෙස්වලින් කළ වස්ත්‍ර දරනවා. අස්ලොමින් කළ වස්ත්‍ර දරනවා. බකමූණු පියාපතින් කල වස්ත්‍ර දරනවා. කෙස් රැවුල් උදුරනවා. කෙස් රැවුල් උදුරන වැඩපිළිවෙලක යෙදී සිටිනවා. වාඩිවෙන අසුන් ප්‍රතික්ෂේප කොට හිටගෙන ඉන්නවා. උක්කුටිකයෙන් ඉන්නවා. උක්කුටිකයෙන්ම ගමන් කරනවා. කටුසයනයන්හි වාසය කරනවා. ලෑලිමත කටුගසා එහි සැතපෙනවා. පිලෙහි නිදනවා. ලෑල්ලෙහි නිදියනවා. එක් ඇලයෙන් නිදියනවා. නොනා දූලිකුණු දරා සිටිනවා. එළිමහනේ සිටිනවා. ආසන තිබෙන අයුරින් වෙනස් නොකොට සිටිනවා. තමන්ගේම මලමුත්‍ර අනුභව කරනවා. සිහිල් දිය නොබී ඉන්නවා. සවස තුන්වෙනි කොට දිනකට තුන්වරක් ජලයෙහි ගිලී තපස් කිරීමේ

ව්‍රත සමාදන්ව ඉන්නවා. මෙසේ නොයෙක් ආකාරයෙන් ශරීරයට දුක් පීඩා දෙන වැඩපිළිවෙලක යෙදී වාසය කරනවා. පින්වත් මහණෙනි, මේකට තමයි නිජ්ඣාමා ප්‍රතිපදාව කියන්නේ.

පින්වත් මහණෙනි, මධ්‍යම ප්‍රතිපදාව යනු කුමක්ද?

පින්වත් මහණෙනි, මෙහිලා භික්ෂුව කෙලෙස් තවන වීරියෙන් යුතුව, මනා නුවණින් යුතුව, සිහියෙන් යුතුව, කය නම් වූ ලෝකය ගැන ඇති ඇල්මත්, ගැටීමත් දුරුකොට කය පිළිබඳව කායානුපස්සනා භාවනාවෙන් වාසය කරනවා ....(පෙ).... විඳීම් පිළිබඳව ....(පෙ).... සිත පිළිබඳව ....(පෙ).... කෙලෙස් තවන වීරියෙන් යුතුව, මනා නුවණින් යුතුව, සිහියෙන් යුතුව, ධර්ම නම් වූ ලෝකය ගැන ඇති ඇල්මත්, ගැටීමත් දුරුකොට කය පිළිබඳව ධම්මානුපස්සනා භාවනාවෙන් වාසය කරනවා පින්වත් මහණෙනි, මේකට තමයි මධ්‍යම ප්‍රතිපදාව කියන්නේ.

පින්වත් මහණෙනි, මේ තමයි ප්‍රතිපදාවන් තුන.

සාදු! සාදු!! සාදු!!!

3.6.2.

02. පින්වත් මහණෙනි, මේ ප්‍රතිපදාවන් තුනක් තියෙනවා. ඒ තුන මොනවාද?

කාමයෙන් මුසපත් වූ ප්‍රතිපදාව නම් වූ ආගාළ්හ ප්‍රතිපදාව, තමාව පීඩාවට පත්කරන නිසරු තපස්ක්‍රම ඇති ප්‍රතිපදාව නම් වූ නිජ්ඣාමා ප්‍රතිපදාව හා මධ්‍යම ප්‍රතිපදාවයි.

පින්වත් මහණෙනි, කාමයෙන් මුසපත් වූ ප්‍රතිපදාව නම් වූ ආගාළ්හ ප්‍රතිපදාව යනු කුමක්ද? (කලින් විස්තර කළ ආකාරයටම දත යුතුයි) ....(පෙ).... පින්වත් මහණෙනි, මේකට තමයි ආගාළ්හ ප්‍රතිපදාව කියන්නේ.

පින්වත් මහණෙනි, තමාව පීඩාවට පත්කරන නිසරු තපස්ක්‍රම ඇති ප්‍රතිපදාව යනු කුමක්ද? (කලින් විස්තර කළ ආකාරයටම දත යුතුයි) ....(පෙ).... පින්වත් මහණෙනි, මේකට තමයි නිජ්ඣාමා ප්‍රතිපදාව කියන්නේ.

පින්වත් මහණෙනි, මධ්‍යම ප්‍රතිපදාව යනු කුමක්ද?

පින්වත් මහණෙනි, මෙහිලා භික්ෂුව නූපන් පාපී අකුසල් දහම් නූපදවීම

පිණිස කැමැත්ත උපදවනවා. උත්සාහ කරනවා. වීරිය පටන්ගන්නවා. සිත දැඩි කොට ගන්නවා. ප්‍රධන් වීරිය කරනවා. උපන් පාපී අකුසල් දහම් ප්‍රහාණය කිරීම පිණිස ....(පෙ).... නූපන් කුසල් දහම් ඉපදවීම පිණිස ....(පෙ).... උපන් කුසල් දහම් තවදුරටත් පැවතීම පිණිස, සිතින් ගිලිහී නොයෑම පිණිස, බොහෝ වීම පිණිස, වැඩිවීම පිණිස, භාවනාවෙන් සම්පූර්ණ වීම පිණිස, කැමැත්ත උපදවනවා. උත්සාහ කරනවා. වීරිය පටන්ගන්නවා. සිත දැඩි කොට ගන්නවා. ප්‍රධන් වීරිය කරනවා. ....(පෙ)....

සාදු! සාදු!! සාදු!!!

3.6.3.

03. (පින්වත් මහණෙනි, මේ ප්‍රතිපදාවන් තුනක් තියෙනවා. ....(පෙ)....)

කැමැත්ත තුළින් ඇති කරගත් සමාධිය ඇතිව බලවත් වීරියෙන් යුතුව ඉර්ධිපාදය වඩනවා. වීරිය තුළින් ඇතිකරගත් සමාධිය ....(පෙ).... අධිෂ්ඨානය තුළින් ඇති කරගත් සමාධිය ....(පෙ).... දහම් විමසීම තුළින් ඇති කරගත් සමාධිය ඇතිව බලවත් වීරියෙන් යුතුව ඉර්ධිපාදය වඩනවා. ....(පෙ)....

සාදු! සාදු!! සාදු!!!

3.6.4.

04. (පින්වත් මහණෙනි, මේ ප්‍රතිපදාවන් තුනක් තියෙනවා. ....(පෙ)....)

ශ්‍රද්ධා ඉන්ද්‍රිය වඩනවා. විරිය ඉන්ද්‍රිය වඩනවා. සති ඉන්ද්‍රිය වඩනවා. සමාධි ඉන්ද්‍රිය වඩනවා. පඤ්ඤා ඉන්ද්‍රිය වඩනවා ....(පෙ)....

සාදු! සාදු!! සාදු!!!

3.6.5.

05. (පින්වත් මහණෙනි, මේ ප්‍රතිපදාවන් තුනක් තියෙනවා. ....(පෙ)....)

ශ්‍රද්ධා බලය වඩනවා. විරිය බලය වඩනවා. සති බලය වඩනවා. සමාධි බලය වඩනවා. පඤ්ඤා බලය වඩනවා ....(පෙ)....

සාදු! සාදු!! සාදු!!!

3.6.6.

06. (පින්වත් මහණෙනි, මේ ප්‍රතිපදාවන් තුනක් තියෙනවා. ....(පෙ)....)

සතිය නම් වූ බොජ්ඣංගය වඩනවා. නුවණින් ධර්මය විමසීම නම් වූ බොජ්ඣංගය වඩනවා. විරිය නම් වූ බොජ්ඣංගය වඩනවා. ප්‍රීතිය නම් වූ බොජ්ඣංගය වඩනවා. සැහැල්ලුබව නම් වූ බොජ්ඣංගය වඩනවා. සමාධිය නම් වූ බොජ්ඣංගය වඩනවා. උපේක්ෂාව නම් වූ බොජ්ඣංගය වඩනවා. පින්වත් මහණෙනි, මේකට තමයි මධ්‍යම ප්‍රතිපදාව කියන්නේ.

පින්වත් මහණෙනි, මේ තමයි ප්‍රතිපදාවන් තුන.

සාදු! සාදු!! සාදු!!!

3.6.7.

07. (පින්වත් මහණෙනි, මේ ප්‍රතිපදාවන් තුනක් තියෙනවා. ....(පෙ)....)

සම්මා දිට්ඨිය වඩනවා. සම්මා සංකල්පය වඩනවා. සම්මා වාචා වඩනවා. සම්මා කම්මන්ත වඩනවා. සම්මා ආජීව වඩනවා. සම්මා වායාම වඩනවා. සම්මා සති වඩනවා. සම්මා සමාධි වඩනවා. පින්වත් මහණෙනි, මේකට තමයි මධ්‍යම ප්‍රතිපදාව කියන්නේ.

පින්වත් මහණෙනි, මේ තමයි ප්‍රතිපදාවන් තුන.

සාදු! සාදු!! සාදු!!!

හයවෙනි පටිපදා වර්ගයයි.

7. කම්මපථ පෙය්‍යාලය

3.7.1.

01. පින්වත් මහණෙනි, කරුණු තුනකින් යුක්ත වූ කෙනා ඔසවාගෙන ආ බරක් බිම තබන්නේ යම්සේද, ඒ අයුරින්ම නිරයේ උපදිනවා. කවර කරුණු තුනකින්ද?

තමාත් ප්‍රාණඝාත කරනවා. අන් අයවත් ප්‍රාණඝාතයේ සමාදන් කරනවා. ප්‍රාණඝාතය අනුමතත් කරවනවා. පින්වත් මහණෙනි, මේ කරුණු තුනෙන් යුක්ත වූ කෙනා ඔසවාගෙන ආ බරක් බිම තබන්නේ යම්සේද, ඒ අයුරින්ම නිරයේ උපදිනවා.

සාදු! සාදු!! සාදු!!!

3.7.2.

02. පින්වත් මහණෙනි, කරුණු තුනකින් යුක්ත වූ කෙනා ඔසවාගෙන ආ බරක් බිම තබන්නේ යම්සේද, ඒ අයුරින්ම සුගතියේ උපදිනවා. කවර කරුණු තුනකින්ද?

තමාත් ප්‍රාණඝාතයෙන් වැළකුන කෙනෙක් වෙනවා. අන් අයවත් ප්‍රාණඝාතයෙන් වැළකීමෙහි සමාදන් කරවනවා. ප්‍රාණඝාතයෙන් වැළකීම අනුමතත් කරනවා. ....(පෙ).... ඒ අයුරින්ම සුගතියේ උපදිනවා.

සාදු! සාදු!! සාදු!!!

3.7.3.

03. (පින්වත් මහණෙනි, මේ කරුණු තුනෙන් ....(පෙ)....)

තමාත් සොරකම් කරවනවා. අන් අයවත් සොරකමෙහි සමාදන් කරනවා. සොරකම අනුමතත් කරනවා. ....(පෙ).... ඒ අයුරින්ම නිරයේ උපදිනවා.

සාදු! සාදු!! සාදු!!!

3.7.4.

04. (පින්වත් මහණෙනි, මේ කරුණු තුනෙන් ....(පෙ)....)

තමාත් සොරකමෙන් වැළකුන කෙනෙක් වෙනවා. අන් අයවත් සොරකමෙන් වැළකීමෙහි සමාදන් කරවනවා. සොරකමෙන් වැළකීම අනුමතත් කරනවා. ....(පෙ).... ඒ අයුරින්ම සුගතියේ උපදිනවා.

සාදු! සාදු!! සාදු!!!

3.7.5.

05. (පින්වත් මහණෙනි, මේ කරුණු තුනෙන් ....(පෙ)....)

තමාත් වැරදි කාමසේවනයෙහි යෙදෙනවා. අන් අයවත් වැරදි කාම සේවනයෙහි සමාදන් කරවනවා. වැරදි කාම සේවනය අනුමතත් කරනවා. ....(පෙ).... ඒ අයුරින්ම නිරයේ උපදිනවා.

සාදු! සාදු!! සාදු!!!

3.7.6.

06. (පින්වත් මහණෙනි, මේ කරුණු තුනෙන් ....(පෙ)....)

තමාත් වැරදි කාම සේවනයෙන් වැළකුන කෙනෙක් වෙනවා. අන් අයවත් වැරදි කාම සේවනයෙන් වැළකීමෙහි සමාදන් කරවනවා. වැරදි කාම සේවනයෙන් වැළකීම අනුමතත් කරනවා. ....(පෙ).... ඒ අයුරින්ම සුගතියේ උපදිනවා.

සාදු! සාදු!! සාදු!!!

3.7.7.

07. (පින්වත් මහණෙනි, මේ කරුණු තුනෙන් ....(පෙ)....)

තමාත් බොරු කීමෙහි යෙදෙනවා. අන් අයවත් බොරු කීමෙහි සමාදන් කරවනවා. බොරුකීම අනුමතත් කරනවා. ....(පෙ).... ඒ අයුරින්ම නිරයේ උපදිනවා.

සාදු! සාදු!! සාදු!!!

3.7.8.

08. (පින්වත් මහණෙනි, මේ කරුණු තුනෙන් ....(පෙ)....)

තමාත් බොරු කීමෙන් වැළකුන කෙනෙක් වෙනවා. අන් අයවත් බොරු කීමෙන් වැළකීමෙහි සමාදන් කරවනවා. බොරු කීමෙන් වැළකීම අනුමතත් කරනවා. ....(පෙ).... ඒ අයුරින්ම සුගතියේ උපදිනවා.

සාදු! සාදු!! සාදු!!!

3.7.9.

09. (පින්වත් මහණෙනි, මේ කරුණු තුනෙන් ....(පෙ)....)

තමාත් කේළාම් කියනවා. අන් අයවත් කේළාම් කීමෙහි සමාදන් කරවනවා. කේළාම් කීම අනුමතත් කරනවා. ....(පෙ).... ඒ අයුරින්ම නිරයේ උපදිනවා.

සාදු! සාදු!! සාදු!!!

3.7.10.

10. (පින්වත් මහණෙනි, මේ කරුණු තුනෙන් ....(පෙ)....)

තමාත් කේළාම් කීමෙන් වැළකුන කෙනෙක් වෙනවා. අන් අයවත් වැරදි කේළාම් කීමෙන් වැළකීමෙහි සමාදන් කරවනවා. කේළාම් කීමෙන් වැළකීම අනුමතත් කරනවා. ....(පෙ).... ඒ අයුරින්ම සුගතියේ උපදිනවා.

සාදු! සාදු!! සාදු!!!

3.7.11.

11. (පින්වත් මහණෙනි, මේ කරුණු තුනෙන් ....(පෙ)....)

තමාත් පරුෂ වචන කියනවා. අන් අයවත් පරුෂ වචන කීමෙහි සමාදන් කරනවා. පරුෂ වචන කීම අනුමතත් කරවනවා. ....(පෙ).... ඒ අයුරින්ම නිරයේ උපදිනවා.

සාදු! සාදු!! සාදු!!!

3.7.12.

12. (පින්වත් මහණෙනි, මේ කරුණු තුනෙන් ....(පෙ)....)

තමාත් පරුෂ වචන කීමෙන් වැළකුන කෙනෙක් වෙනවා. අන් අයවත් පරුෂ වචන කීමෙන් වැළකීමෙහි සමාදන් කරවනවා. පරුෂ වචන කීමෙන් වැළකීම අනුමතත් කරනවා. ....(පෙ).... ඒ අයුරින්ම සුගතියේ උපදිනවා.

සාදු! සාදු!! සාදු!!!

3.7.13.

13. (පින්වත් මහණෙනි, මේ කරුණු තුනෙන් ....(පෙ)....)

තමාත් හිස් වචන කියනවා. අන් අයවත් හිස් වචන කීමෙහි සමාදන් කරනවා. හිස් වචන කීම අනුමතත් කරවනවා. ....(පෙ).... ඒ අයුරින්ම නිරයේ උපදිනවා.

සාදු! සාදු!! සාදු!!!

3.7.14.

14. (පින්වත් මහණෙනි, මේ කරුණු තුනෙන් ....(පෙ)....)

තමාත් හිස් වචන කීමෙන් වැළකුන කෙනෙක් වෙනවා. අන් අයවත් හිස් වචන කීමෙන් වැළකීමෙහි සමාදන් කරවනවා. හිස් වචන කීමෙන් වැළකීම අනුමතත් කරනවා. ....(පෙ).... ඒ අයුරින්ම සුගතියේ උපදිනවා.

සාදු! සාදු!! සාදු!!!

3.7.15.

15. (පින්වත් මහණෙනි, මේ කරුණු තුනෙන් ....(පෙ)....)

තමාත් වැරදි අන්සතු දෙයට ආශා කරනවා. අන් අයවත් අන්සතු දෙයට ආශා කිරීමෙහි සමාදන් කරවනවා. අන්සතු දෙයට ආශා කිරීම අනුමතත් කරනවා. ....(පෙ).... ඒ අයුරින්ම නිරයේ උපදිනවා.

සාදු! සාදු!! සාදු!!!

3.7.16.

16. (පින්වත් මහණෙනි, මේ කරුණු තුනෙන් ....(පෙ)....)

තමාත් තමාත් අන්සතු දෙයට ආශා කිරීමෙන් වැළකුන කෙනෙක් වෙනවා. අන් අයවත් අන්සතු දෙයට ආශා කිරීමෙන් වැළකීමෙහි සමාදන් කරවනවා. අන්සතු දෙයට ආශා කිරීමෙන් වැළකීම අනුමතත් කරනවා. ....(පෙ).... ඒ අයුරින්ම සුගතියේ උපදිනවා.

සාදු! සාදු!! සාදු!!!

3.7.17.

17. (පින්වත් මහණෙනි, මේ කරුණු තුනෙන් ....(පෙ)....)

තමාත් ව්‍යාපාදයට පත් සිත් ඇති කෙනෙක් වෙනවා. අන් අයවත් වැරදි ව්‍යාපාදයෙහි සමාදන් කරවනවා. ව්‍යාපාදය අනුමතත් කරනවා. ....(පෙ).... ඒ අයුරින්ම නිරයේ උපදිනවා.

සාදු! සාදු!! සාදු!!!

3.7.18.

18. (පින්වත් මහණෙනි, මේ කරුණු තුනෙන් ....(පෙ)....)

තමාත් ව්‍යාපාදයෙන් වැළකුන කෙනෙක් වෙනවා. අන් අයවත් ව්‍යාපාදයෙන් වැළකීමෙහි සමාදන් කරවනවා. ව්‍යාපාදයෙන් වැළකීම අනුමතත්

කරනවා. ....(පෙ).... ඒ අයුරින්ම සුගතියේ උපදිනවා.

සාදු! සාදු!! සාදු!!!

3.7.19.

19. (පින්වත් මහණෙනි, මේ කරුණු තුනෙන් ....(පෙ)....)

තමාත් වැරදි මිත්‍යා දෘෂ්ටික කෙනෙක් වෙනවා. අන් අයවත් මිත්‍යා දෘෂ්ටියෙහි සමාදන් කරවනවා. මිත්‍යා දෘෂ්ටිය අනුමතත් කරනවා. ....(පෙ).... ඒ අයුරින්ම නිරයේ උපදිනවා.

සාදු! සාදු!! සාදු!!!

3.7.20.

20. (පින්වත් මහණෙනි, මේ කරුණු තුනෙන් ....(පෙ)....)

තමාත් සම්‍යක් දෘෂ්ටික කෙනෙක් වෙනවා. අන් අයවත් සම්‍යක් දෘෂ්ටියෙහි සමාදන් කරවනවා. සම්මා දිට්ඨිය අනුමතත් කරනවා. පින්වත් මහණෙනි, මේ කරුණු තුනෙන් යුක්ත වූ කෙනා ඔසවාගෙන ආ බරක් බිම තබන්නේ යම් අයුරකින්ද, ඒ අයුරින්ම සුගතියේ උපදිනවා.

සාදු! සාදු!! සාදු!!!

කම්මපථ පෙය්‍යාලය නිමා විය.

8. රාග පෙය්‍යාලය

3.8.1. - 170.

පින්වත් මහණෙනි, විශිෂ්ට වූ නුවණින් රාගය අවබෝධ කිරීම පිණිස කාරණා තුනක් වැඩිය යුතුයි. ඒ තුන මොනවාද?

අනාත්මය අවබෝධ වීමෙන් දියුණු කරන සුඤ්ඤත සමාධිය, අනිත්‍ය අවබෝධ වීමෙන් දියුණු කරන අනිමිත්ත සමාධිය, දුක අවබෝධ වීමෙන් දියුණු කිරන අප්පණිහිත සමාධිය. පින්වත් මහණෙනි, විශිෂ්ට වූ නුවණින් රාගය අවබෝධ කිරීම පිණිස මේ කාරණා තුන වැඩිය යුතුයි.

පින්වත් මහණෙනි, රාගය පිරිසිඳ අවබෝධ කිරීම පිණිස ....(පෙ).... ගෙවා දැමීම පිණිස ....(පෙ).... ප්‍රහාණය කිරීම පිණිස ....(පෙ).... ක්ෂය කිරීම පිණිස ....(පෙ).... නැති කිරීම පිණිස ....(පෙ).... නොඇල්ම පිණිස ....(පෙ).... නිරුද්ධ වීම පිණිස ....(පෙ).... අත්හැරීම පිණිස ....(පෙ).... නිදහස් වීම පිණිස ....(පෙ).... මේ කාරණා තුන වැඩිය යුතුයි.

ද්වේෂය ....(පෙ).... මෝහය ....(පෙ).... ක්‍රෝධය ....(පෙ).... බද්ධ වෛරය ....(පෙ).... ගුණමකුකම ....(පෙ).... එකට එක කිරීම ....(පෙ).... ඊර්ෂ්‍යාව ....(පෙ).... මසුරුකම ....(පෙ).... මායාව ....(පෙ).... කපටිකම ....(පෙ).... දැඩිබව ....(පෙ).... උඩඟුබව ....(පෙ).... මාන්නය ....(පෙ).... අතිමාන්නය ....(පෙ).... මත්වීම ....(පෙ).... ප්‍රමාදය ....(පෙ).... විශිෂ්ට ඤාණයෙන් අවබෝධ කිරීම පිණිස ....(පෙ).... පිරිසිඳ අවබෝධ කිරීම පිණිස ....(පෙ).... ගෙවා දැමීම පිණිස ....(පෙ).... ප්‍රහාණය කිරීම පිණිස ....(පෙ).... ක්ෂය කිරීම පිණිස ....(පෙ).... නැති කිරීම පිණිස ....(පෙ).... නොඇල්ම පිණිස ....(පෙ).... නිරුද්ධ වීම පිණිස ....(පෙ).... අත්හැරීම පිණිස ....(පෙ).... නිදහස් වීම පිණිස ....(පෙ).... මේ කාරණා තුන වැඩිය යුතුයි.

භාග්‍යවතුන් වහන්සේ මෙය වදාළ සේක. සතුටු සිත් ඇති ඒ භික්ෂූන්

වහන්සේලා භාග්‍යවතුන් වහන්සේ විසින් වදාරණ ලද දෙසුම සතුටින් පිළිගත්තා.

සාදු! සාදු!! සාදු!!!

රාග පෙය්‍යාලය නිමා විය.

තික නිපාතය සමාප්තයි.

ඒකක නිපාතයද, දුක නිපාතයද, තික නිපාතයද සමාප්තයි.

උද්දාන ගාථා

පරම සුවිශුද්ධ වූ ඥාණදර්ශනයෙන් සමන්විත සර්වඥයන් වහන්සේ විසින් වදාරණ ලද නිපාතයන් එකොළසක් උතුම් වූ අංගුත්තර නිකායෙහි ඇත. ඒවා මුල පටන්ම උද්දාන ගාථාවලින් ඇසුව මැනැව.

ඒකක නිපාතය

02. ස්ත්‍රී රූපය, පුරුෂ රූපය, පඤ්ච නීවරණ සූත්‍ර, අකම්මනීයාදී සූත්‍ර පස, අදන්ත ආදී සූත්‍ර පසය.

03. සූක, පදුට්ඨ, රහද, එන්දන, ලහු පරිවත්ත හා පභස්සර සූත්‍රයන්ය. ආසේවති, භාවේති, මනසිකරෝති යන සූත්‍රයන්ය. අකුසලභාගී කුසලභාගී වශයෙන් තවත් සූත්‍ර දෙකකි.

04. උප්පජ්ජන්ති, පරිහානි, අනත්ථාය, අසම්මෝසාය යන පදවලින් ගත් සූත්‍රයන්ය. අනුයෝගෝ අකුසලානං ආදී වශයෙන් ඇති මෙම සූත්‍රයන් චතුකෝටික නම් වෙයි.

05. අධම්ම, අවිනයය නමින් සූත්‍රයන්ය. භාසිත, ආචිණ්ණ සූත්‍ර හා පඤ්ඤත්ත වශයෙන් ගත් පස්වෙනි සූත්‍රය. ආපත්ති, ලහුක, දුට්ඨුල්ල වශයෙන් ගත් සූත්‍රය. සාවසේස, අනවසේස වශයෙන් ගත් සූත්‍රයන්ය.

06. පුග්ගල, සාරිපුත්ත පදයෙන් ගත් සූත්‍රයන්ය. එමෙන්ම ඒතදග්ග පාළියේ එන සූත්‍රයන්ද, අට්ඨාන පාළියේ එන සූත්‍රයන්ද, නිබ්බිදා, සම්බුද්ධ සූත්‍රයන්ද, අනුප්පන්න, කුසල සූත්‍රයන්ය.

07. මිච්ඡාදිට්ඨී පවඩ්ඪති, යේනේව සත්තා, අසද්ධම්මාවුට්ඨාපෙත්වා යනාදී සූත්‍රයන්ය. එමෙන්ම මහා සාවජ්ජං, ඛිපංඔඩ්ඩෙය්‍ය යන සූත්‍රයන්ද, දුරක්ඛාතේ, යඤ්ච සමාදපේති යනාදී සූත්‍රයන්ය.

08. මනුස්සේසු, මජ්ඣිමේසු, පඤ්ඤාවන්තෝ, අරියේන පඤ්ඤාචක්ඛුනා යනාදී සූත්‍රයන්ය. තථාගතං දස්සනාය, ධම්මවිනයං සවණාය, ධම්මං ධාරෙන්ති යනාදී සූත්‍රයන්ය. අත්ථං උපපරික්ඛන්ති, අත්ථමඤ්ඤාය යන සූත්‍රයන්ය.

09. සංවිජ්ජන්ති, යේ සංවිග්ගා, වවස්සග්ගාරම්මණං යනාදී සූත්‍රයන්ය. යේ අන්නග්ගරසග්ගානං, යේ අත්ථ රසස්ස යනාදී සූත්‍රයන්ය.

10. මනුස්සා චුතා, දේවා චුතා, නිරයා චුතා, තිරච්ඡානයෝනියා චුතා, පෙත්තිවිසයා චුතා යනාදී දෙක බැගින් වූ සූත්‍රයන්ය. එමෙන්ම සෙය්‍යාථී ජම්බුදීපේ යනාදියෙන් වදාළ දේශනා හා සැසඳිය යුත්තේය.

11. අරඤ්ඤේ, පිණ්ඩපාත, පංසුකූල, ධම්මකථික, විනය යනාදී සූත්‍රයන්ය. බාහුසච්චං, ථාවරෙය්‍යං යන සූත්‍රයන්ය. එමෙන්ම ආකප්ප සම්පන්න, පරිවාර සම්පන්න යනාදියෙන් යෙදුණු සූත්‍රයන්ය.

12. පරිවාර, ඣාන, මෙත්තා යනාදී සූත්‍රයන්ය. උට්ඨාන සූත්‍රය, ඡන්දසමාධිපධාන, ඉන්ද්‍රිය, බල, බොජ්ඣංග සූත්‍රයන්ය. සම්මා දිට්ඨිං භාවේති ආදී මාර්ගය ගැන සූත්‍රයන්ය. තානි අභිභුය්‍ය ආදියෙන් වදාළ අභිභායතන සූත්‍රය, විමොක්ඛ සූත්‍රය, කසිණ සූත්‍රය යනාදියයි.

13. සඤ්ඤා සූත්‍ර දෙවර්ගයකි. බුද්ධානුස්සති ආදී අනුස්සති සූත්‍රයන්ය. මෙත්ත සහගතං ආදී සූත්‍රයන්ය. මෙය අච්ඡරාසංඝාත වර්ගයයි. මහාසමුද්ද, සංවේග, පස්සම්භති, අකුසලාධම්මා, කුසලාධම්මා යනාදී සූත්‍රයන්ය.

14. අවිජ්ජා සූත්‍රය, පඤ්ඤාප්පභේදාය සූත්‍රය, අනේකධාතුපටිවේධෝ සූත්‍රය, පටිසම්භිදා ගැන වදාළ සූත්‍ර දේශනාවන් හතර, සෝතාපත්තිඵල සච්ඡිකිරියාය යනාදියෙන් වදාළ සූත්‍ර, පඤ්ඤාපටිලාභාය යන ආදියෙන් වදාළ පටිලාභ, වුද්ධි, වේපුල්ල ආදී සූත්‍රයන්ය.

15. මහා, පුථු, විපුල, ගම්භීර, අසාමන්තා, භූරි, බාහුල්ල, සීඝ, ලහු, හාසු, ජවන, තික්ඛ, නිබ්බේධික ආදී සූත්‍රයන්ය.

16. න පරිභුඤ්ජන්ති, අපරිභුත්තං, පරිහීනං, විරද්ධං, තේ.... පමාදිංසු යනාදී සූත්‍රයන්ය. අනාසේවිතං, අභාවිතං, අබහුලීකතං යනාදී සූත්‍රයන්ය. අනභිඤ්ඤාතං, අපරිඤ්ඤාතං, අසච්ඡිකතං යනාදී සූත්‍රයන්ය.

පළමුවෙනි නිපාතයයි.

දුක නිපාතය

01. වජ්ජ, පධාන, තපනීය සූත්‍ර දෙක, පස්වෙනි උපඤ්ඤාත සූත්‍රය, සඤ්ඤෝජනීය සූත්‍රය, කණ්හ, සුක්ක, චරියා, වස්සූපනායිකාය වශයෙන් පළමු වර්ගයෙහි සූත්‍ර දහයකි.

02. බල, බොජ්ඣංග, ඣාන, ධම්මදේසනා, අධිකරණ, අධම්මචරියා, අකතත්තා, ඒකංස, අකුසල මෙන්ම සම්මෝස වශයෙන් දෙවන වර්ගයෙහි සූත්‍ර දහයකි.

03. බාල, දුට්ඨ, භාසිත, නෙය්‍යත්ථ සූත්‍ර දෙක, පටිච්ඡන්න, කම්මන්ත, මිච්ඡා දිට්ඨික, සම්මාදිට්ඨික, දුස්සීල, අරඤ්ඤ, විජ්ජාභාගීය වශයෙන් තුන්වෙනි වර්ගයෙහි සූත්‍ර එකොළොසකි.

04. භූමි, දුප්පතිකාර, කිංවාදී, දක්ඛිණෙය්‍ය, සඤ්ඤෝජන, සමචිත්ත, චරණ, කච්චායන, චෝර, පටිපත්ති, ව්‍යඤ්ජන පතිරූපක වශයෙන් සිව්වන වර්ගයෙහි සූත්‍ර දහයකි.

05. උත්තාන, වග්ග, අග්ගවතී, අරිය, පරිසකසට, උක්කාචිත, ආමිසගරු, විසමපරිසා, අධම්මිකපරිසා, අධම්මවාදිනී වශයෙන් පස්වෙනි වර්ගයෙහි සූත්‍ර දහයකි.

06. හිත, අච්ඡරියමනුස්ස, ආනුතප්පා, ථූපාරහබුද්ධ සූත්‍ර දෙකකි. අසනි සූත්‍ර තුනකි. කිංපුරිස, විජායන, සන්නිවාස හා වචී සංස්කාර සූත්‍ර දෙක වශයෙන් හයවන වර්ගයෙහි සූත්‍ර දහතුනකි.

07. ගිහිසුඛ, කාමසුඛ, උපධිසුඛ, සාසව, සාමිසසුඛ, අරියසුඛ, කායිකසුඛ, සප්පීතික, සාතසුඛ, සමාධිසුඛ, සප්පීතිකාරම්මණ, සාතාරම්මණ, රූපාරම්මණ වශයෙන් සත්වෙනි වර්ගයෙහි සූත්‍ර දහතුනකි.

08. සනිමිත්ත, සනිදාන, සහේතුක, සප්පච්චය, සරූප, සවේදනා, සසඤ්ඤා, සසංඛාර, සවිඤ්ඤාණ, සංඛතාරම්මණ වශයෙන් අටවෙනි වර්ගයෙහි සූත්‍ර දහයකි.

09. චේතෝවිමුක්ති, පග්ගහ, නාමරූප, විජ්ජාවිමුත්ති, දිට්ඨි, අහිරික, හිරි, දෝවචස්ස, සෝවචස්ස, ධාතුකුසලතා, ආපත්තිවුට්ඨානකුසලතා වශයෙන් නවවෙනි වර්ගයෙහි සූත්‍ර එකොළොසකි.

10. බාල, කප්පිය, ආපත්ති, අධම්ම, විනය යන පදයන්ගෙන් බාලපණ්ඩිත සූත්‍ර දහයද, කුක්කුච්ච, කප්පිය, ආපත්ති, අධම්ම, විනය යන පදයන් ගෙන් ආසව සූත්‍රය දහයද වශයෙන් දහවෙනි වර්ගයෙහි සූත්‍ර විස්සකි.

11. ආසා, පුග්ගල සූත්‍ර හතර, සුභනිමිත්ත මුල්කොට කියවෙන රාගපච්චය සූත්‍රය, දෝසපච්චය, මිච්ඡාදිට්ඨිපච්චය, සම්මාදිට්ඨිපච්චය, ආපත්ති සූත්‍ර තුන යනාදී වශයෙන් එකොළොස්වන වර්ගයෙහි සූත්‍ර දොළොසකි.

12. ආයාචමාන සූත්‍ර හතර, කථ සූත්‍ර සත, සචිත්ත, වෝදාන, කෝධූපනාහ, කෝධූපනාහවිනය යනාදී වශයෙන් දොළොස්වෙනි වර්ගයෙහි සූත්‍ර දහතුනකි.

13. දාන, යාග, චාග, පරිච්චාග, භෝග, සම්භෝග, සංවිභාග, සංගහ, අනුග්ගහ, අනුකම්පා වශයෙන් දහතුන්වෙනි වර්ගයෙහි සූත්‍ර දහයකි.

14. සන්ථාර, පටිසන්ථාර, ඒසනා, පරියේසනා, පරියෙට්ඨි, පූජා, ආතිථෙය්‍ය, ඉද්ධි, වුද්ධි, රතන, සන්නිචය, වේපුල්ල ආදී වශයෙන් දාහතරවෙනි වර්ගයෙහි සූත්‍ර දොළොසකි.

15. සමාපත්තිකුසලතා, අජ්ජය, ඛන්තිසෝරච්ච, සාඛල්‍ය, අවිහිංසා හා ඉන්ද්‍රිය සූත්‍ර දෙක. පටිසංඛාන, සතිබල, සමථ, විපත්ති, සම්පදා හා විසුද්ධි දිට්ඨි දෙක, අසන්තුට්ඨි, මුට්ඨස්සච්ච, සතිසම්පජඤ්ඤ වශයෙන් පසළොස්වෙනි වර්ගයෙහි සූත්‍ර දාහතකි.

16,17. ධම්ම සූත්‍ර දෙක, සේඛ, සාධෙය්‍ය, කුසල, අනවජ්ජ, සුඛුද්‍රය, විපාක, සබ්‍යාපජ්ඣ, පවාරණ, තජ්ජනීය, නියස්ස, සාරාණීය, උක්ඛේප, පරිවාස, මූලායපටිකස්සනා, මානත්ත, අබ්භාන ආදී වශයෙන් සූත්‍ර සංග්‍රහයකි.

දෙවෙනි නිපාතයයි.

තික නිපාතය

01. භය, ලක්ඛණ, චින්ති, අච්චය, අයෝනිසෝ, අකුසල, සාවජ්ජ, සබ්‍යාපජ්ඣ, ඛත, මල වශයෙන් පළමුවෙනි බාලවර්ගයෙහි සූත්‍ර දහයකි.

02. ඤාතක, සාරාණීය, නිරාස, චක්කවත්ති, පචේතන, අපණ්ණක, අත්තව්‍යාබාධ, දේවලෝක, පඨම පාපණික, දුතිය පාපණික වශයෙන් දෙවෙනි රථකාර වර්ගයෙහි සූත්‍ර දහයකි.

03. කායසක්ඛී, ගිලාන, සංඛාර, බහුකාර, අරුකූපම, අසේවිතබ්බ, ජිගුච්ඡිතබ්බ, පුප්ඵභාණී, අන්ධ, අවකුජ්ජ වශයෙන් පුග්ගල වර්ගයෙහි සූත්‍ර දහයකි.

04. සබ්‍රහ්මක, ආනන්ද, සාරිපුත්ත, නිදාන, ආළවි, දේවදූත, චතුමහාරාජ, සක්කදේවරාජ, සුඛුමාල, ආධිපතෙය්‍යය වශයෙන් සිව්වැනි දේවදූත වර්ගයෙහි සූත්‍ර දහයකි.

05. සම්මුඛීභාව, ඨාන, අත්ථවස, කථා, පණ්ඩිත, සීලවා, සංඛත, අසංඛත, පබ්බතරාජ, ආතප්ප, මහාචෝර වශයෙන් පස්වෙනි චූල වර්ගයෙහි සූත්‍ර දහයකි.

06. ජිණ්ණ බ්‍රාහ්මණ සූත්‍ර දෙක, බ්‍රාහ්මණ, පරිබ්බාජක, නිබ්බාන, මහාසාල, වච්ඡගොත්ත, තිකණ්ණ, ජාණුස්සෝණි, සංගාරව වශයෙන් සයවෙනි බ්‍රාහ්මණ වර්ගයෙහි සූත්‍ර දහයකි.

07. තිත්ථායතන, භය, වේනාගපුර, සරභ, අකුසලමූල, කේසපුත්තිය, සාළ්හ, කථාවත්ථු, අඤ්ඤතිත්ථිය, උපෝසථ වශයෙන් සත්වෙනි මහා වර්ගයෙහි සූත්‍ර දහයකි.

08. ඡන්න, ආජීවක, මහානාම සක්ක, නිගණ්ඨ, සමාදපේතබ්බ, භව, චේතනා පත්ථනා, උපට්ඨාන, ගන්ධජාත, අභිභූ වශයෙන් අටවෙනි ආනන්ද වර්ගයෙහි සූත්‍ර දහයකි.

09. සමණ, ගද්‍රභ, ඛෙත්ත, වජ්ජිපුත්ත, සේඛ, සික්ඛාපද සූත්‍ර තුන. සික්ඛාත්තය සූත්‍ර දෙක, පංකධා වශයෙන් නවවෙනි ශ්‍රමණ වර්ගයෙහි සූත්‍ර එකොළොසකි.

10. අච්චායික, පවිවේක, සරද, අග්ගවතී පරිසා, ආජානීය සූත්‍ර තුන, පොත්ථක, ලෝණඵල, පංසුධෝවක, සුවණ්ණකාරක වශයෙන් දසවෙනි ලෝණඵල වර්ගයෙහි සූත්‍ර එකොළොසකි.

11. පුබ්බේව සම්බෝධ, පරියේසන, අස්සාද, සමණබ්‍රාහ්මණ, රුණ්ණ, අතිත්ති, අරක්ඛිත, බ්‍යාපන්න, නිදාන සූත්‍ර දෙක වශයෙන් එකොළොස්වෙනි සම්බෝධ වර්ගයෙහි සූත්‍ර දහයකි.

12. ආපායික, දුල්ලභ, අප්පෙමෙය්‍ය, ආනෙඤ්ජායතන, විපත්තිසම්පදා, අපණ්ණක, කම්මන්ත, සෝචෙය්‍ය සූත්‍ර දෙක, මෝනෙය්‍ය වශයෙන් දොළොස්වෙනි ආපායික වර්ගයෙහි සූත්‍ර දහයකි.

13. කුසිනාරා, භාණ්ඩන, ගෝතමචේතිය, භරණ්ඩුකාලාම, හත්ථක, කටුවිය, අනුරුද්ධ සූත්‍ර දෙක, පටිච්ඡන්න, පාසාණලේඛ වශයෙන් දහතුන්වෙනි භරණ්ඩු වර්ගයෙහි සූත්‍ර දහයකි.

14. යෝධාජීව, පරිසා, මිත්ත, උප්පාදා, කේසකම්බල, සම්පදා, වුද්ධි, අස්සඛළුංක, අස්සදස්ස, අස්සාජානීය, මෝරනිවාප සූත්‍ර තුන වශයෙන් දාහතරවෙනි යෝධාජීව වර්ගයෙහි සූත්‍ර දහතුනකි.

15. අකුසල, සාවජ්ජ, විසම, අසුචි, ඛත සූත්‍ර හතර, වන්දනා, පුබ්බන්හ වශයෙන් පසළොස්වෙනි මංගල වර්ගයෙහි සූත්‍ර දහයකි.

තුන්වෙනි නිපාතයයි.

දසබලසේලප්පභවා නිබ්බානමහාසමුද්දපරියන්තා
අට්ඨංග මග්ගසලිලා ජිනවචනනදී චිරං වහතූති.

දසබලයන් වහන්සේ නමැති ශෛලමය පර්වතයෙන් පැන නැගී
අමා මහ නිවන නම් වූ මහා සාගරය අවසන් කොට ඇති
ආර්ය අෂ්ටාංගික මාර්ගය නම් වූ සිහිල් දිය දහරින් හෙබි
උතුම් ශ්‍රී මුඛ බුද්ධ වචන ගංගාව (ලෝ සතුන්ගේ සසර දුක නිවාලමින්)
බොහෝ කල් ගලාබස්නා සේක්වා !

(සළායතන සංයුත්තය - උද්දාන ගාථා)

සාදු! සාදු!! සාදු!!!

නමෝ තස්ස භගවතෝ අරහතෝ සම්මාසම්බුද්ධස්ස.
ඒ භාග්‍යවත් අරහත් සම්මා සම්බුදුරජාණන් වහන්සේට නමස්කාර වේවා!

මේ උතුම් ගෞතම බුදු සසුනේදීම මේ ආශ්චර්යවත් ශ්‍රී සද්ධර්මය මැනැවින් උගෙන තම තමන්ගේ නුවණ මෙහෙයවා ධර්මයෙහි හැසිරීමෙන් ආර්ය ශ්‍රාවකයන් බවට පත්ව සතර අපා දුකෙන් සදහටම මිදෙනු කැමැති ලංකාවාසී සැදැහැවත් නුවණැතියන් හට වඩාත් හොඳින් තේරුම් ගැනීම පිණිස මහත් ශ්‍රද්ධාවෙන් යුතුව සිංහල භාෂාවට අංගුත්තර නිකායෙහි ඒකක, දුක, තික නිපාත ඇතුළත් පළමු කොටස පරිවර්තනය කිරීමෙන් ලත් සකල විපුල පුණ්‍ය සම්භාර ධර්මයන් පින් කැමැති සියල්ලෝම සතුටින් අනුමෝදන් වෙත්වා! අප සියලු දෙනාටම වහ වහා උතුම් චතුරාර්ය සත්‍ය ධර්මය සත්‍ය ඥාණ වශයෙන්ද, කෘත්‍ය ඥාණ වශයෙන්ද, කෘත ඥාණ වශයෙන්ද අවබෝධ වීම පිණිස ඒකාන්තයෙන්ම මේ පුණ්‍ය වාසනාව උපකාර වේවා!

සාදු! සාදු!! සාදු!!!

නමෝ තස්ස භගවතෝ අරහතෝ සම්මාසම්බුද්ධස්ස.

www.ingramcontent.com/pod-product-compliance
Lightning Source LLC
Chambersburg PA
CBHW080508090426
42734CB00015B/3003
* 9 7 8 9 5 5 0 6 1 4 0 5 9 *